LES
MERVEILLES
DE
FRANCE
ET
D'ITALIE.

Ægid. Rousselet sculp.

A Paris chez Michel Vaugon pres le Puit Certain. Auec priuilege du Roy. 1667.

IOVRNAL
D'VN VOYAGE
DE
FRANCE,
ET
D'ITALIE,

FAIT PAR VN GENTIL-HOMME FRANCOIS.

COMMENCÉ LE QVATORZIÈME
Septembre 1660. & achevé le trente-vniéme
May 1661.

Avec la description de ce qu'il a veu de plus remarquable en ces Païs, les noms des Villes, Bourgs & Villages & leurs distances : Avec la suite des Routes qu'il a tenuës : Les choses les plus considerables qui s'y trouvent ; Distribuées en sept Merveilles : Où il sera dit aussi quelque chose de la maison des Princes, de leur Domaine, & des Païs où il a passé ; Avec les Cartes de France & d'Italie.

Par Mr. Baltasar Grangier de Liverdis,
D. en Th. de la S. Maison de Sorbonne.

A PARIS.

Chez MICHEL VAVGON, près le Puits-Certain, & en
sa Boutique sous l'Horloge du Palais, à l'Image
S. Michel.

M. DC. LXVII.

AVEC PRIVILEGE DV ROY.

AV LECTEVR
CVRIEVX.

MY LECTEVR. Ie vous fais vn present qui est digne de vous, & qui n'est pas indigne de moy. Il est digne de vous, parce qu'il peut vous plaire, & qu'il peut vous estre vtile. Il peut vous plaire, si vous avez dessein de vous divertir dans la France & dans l'Italie, sans sortir de vostre cabinet. Il vous peut-estre vtile si vous entreprenez d'en faire le voyage, & de voir de vos yeux ce que j'ay veu des miens. Enfin ce present n'est pas indigne de moy, parce que d'abord que j'en ay conçeu le dessein je l'ay entrepris pour ma seule satisfaction : & je ne l'ay rendu public qu'à la persuasion de mes amis. Le titre vous a fait voir ce que c'est, mais pour vous parler de son fonds, je peux assurer qu'il a quelque chose de plus particulier & de plus considerable que les autres Voyages, dont

AV LECTEVR.

l'on void tous les jours de nouvelles impressions : en ce que la pluspart de leurs autheurs se fient trop au rapport d'autruy, ou affectent plus la beauté de l'éloquence que la candeur de la verité. Outre que ces descriptions de païs éloignez obligent à croire ce que l'on en rapporte, sans que l'on en puisse estre autrement asseuré : mais je ne dis rien que je n'aye veu & consideré avec attention ; que ie n'en aye fait les memoires sur les lieux & aux endroits mesmes, avec vne entiere fidelité, & qui ne puisse estre iustifié par vn grand nombre de personnes. I'adjoûte que les autres Recits de cette nature ne peuvent satisfaire que l'imagination ; où celuy-cy est instructif & peut donner des lumieres vtiles & necessaires à ceux qui ou pour affaires ou pour autre motif, entreprennent de passer par quelques-vns, ou partous les lieux que ie descris.

Il est d'ailleurs si exact & si ponctuel, que ie n'omets pas les moindres Villages des routes, ce qu'il y a de recõmandable, les chemins, les distances des lieux, & beaucoup d'autres particularitez qui feroient peine s'il faloit s'en informer en chemin faisant.

CVRIEVX.
A la verité le capital de mon deſſein eſtoit, qu'y ayant dans la France & dans l'Italie tant de choſes qui ſembleroient incroyables ſi on ne les avoit veuës, & vn grand nombre de venerables antiquitez, qui inſpirent vne eſpece de reſpect, d'en faire la deſcription generique, mais le grand deſir que i'ay eu de vous ſatisfaire, m'a obligé d'en faire vne plus particuliere: comme par exemple quand ie deſcris la Ville de Rome, ie pouvois dire; Il y a telles & telles Egliſes, telles & telles antiquitez: & non content de ce ſommaire, à l'égard des Egliſes ie parle des Architectures, du Chœur, de la Nef, des Chapelles, des Autels, des Reliques, des Sculptures, des Peintures, de leurs Autheurs, &c. A l'égard des antiquitez, i'en nomme auſſi les autheurs, leurs motifs, ce qui en reſte, &c. Et pour contenter davantage & en vn moment voſtre curioſité, aprés la deſcription d'vn païs ou d'vne contrée conſiderable en ſon étenduë, i'en diſtribuë les particularitez en ſept merveilles, dont vne Renommée vous fait la recommandation avec ſa Trompette. A quoy i'ay ajoûté deux Cartes, l'vne de France & l'autre d'Italie, qui pourront méme iuſti-

AV LECTEVR, CVRIEVX.

fier ce que i'eſcris de la route & des chemins, vous donner quelques nouvelles lumieres & plaire à voſtre curioſité.

I'y ay inſeré quelques points de l'Hiſtoire, quelques autres de Morale, & les Genealogies de quelques Rois & de quelques autres Princes ſouverains.

Mais il faut que ie vous donne avis que ſi ie m'attache davantage à deſcrire l'Italie que la France, la raiſon en eſt que ie ne parle de celle-cy, que comme en paſſant & chemin faiſant. Outre qu'elle eſt déja aſſez connu aux François, à qui ſeuls ie preſente mon ouvrage. Enfin i'ay ſubdiviſé quelques-vnes des ſept Merveilles chacune en ſept autres, par exemples; ſi les Egliſes y ſont compriſes, i'en nomment les ſept principales, & ainſi du reſte. Ioüyſſez en Amy Lecteur, & appliquez vous plûtoſt à ce qui y eſt ſolide, qu'à ce que l'on y pourroit deſirer de ſuperficiel.

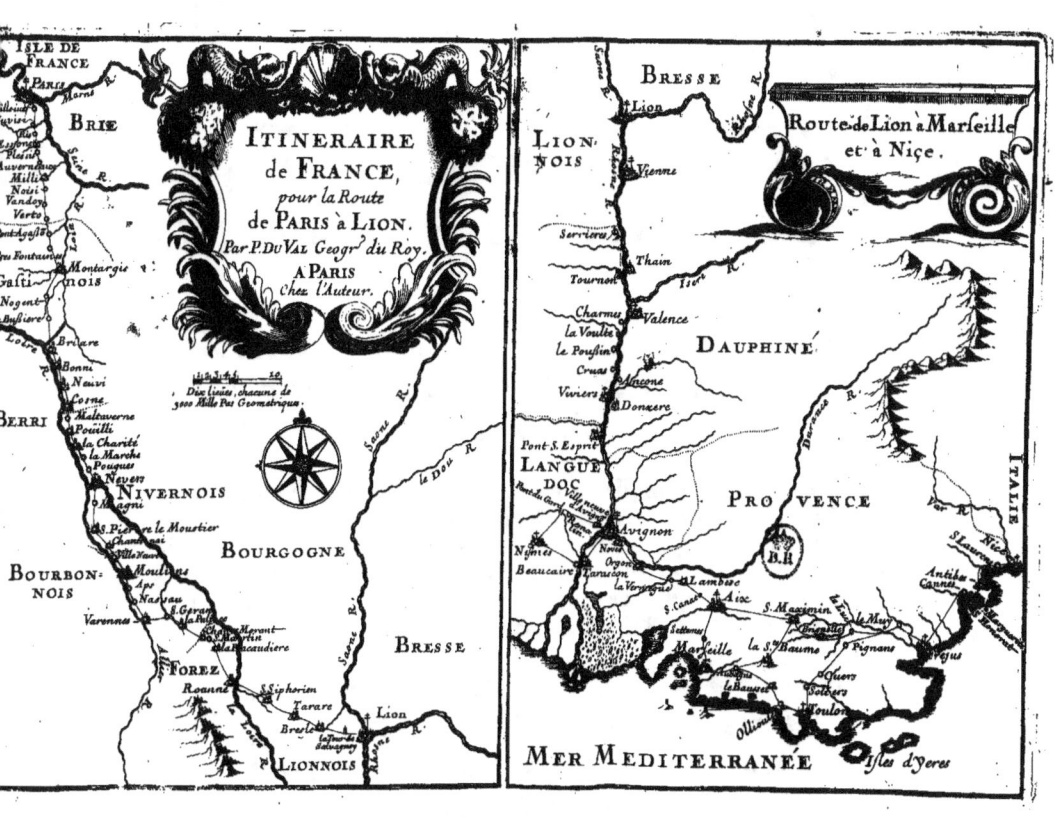

IOVRNAL
D'VN VOYAGE DE FRANCE
ET
D'ITALIE,
FAIT PAR VN GENTIL-HOMME
François.

COMMENCE' LE QVATORZIE'ME
Septembre 1660. & achevé le trente-vniéme
May 1661.

Avec la description de ce qu'il a veu de plus remarquable en ces
Païs, les noms des Villes, Bourgs & Villages & leurs distances,
Avec la suite des routes qu'il a tenuës : Les choses les plus consi-
derables qui s'y trouvent ; Distribuez en sept merveilles : Où il
sera dit aussi quelque chose de la maison des Princes, de leur
Domaine, & des Païs où il a passé.

*Le chemin de Paris à Lyon, avec les noms des
Villes, Bourgs & Villages, & les choses les
plus remarquables qui s'y rencontrent,
distribuées en sept Merveilles.*

Es routes les plus ordinaires pour
aller de France en Italie, sont trois.
La premiere par Marseille où l'on
s'embarque sur la Mer Mediterranée
pour Genes, Ligourne & Ciuita-Vechia, où l'on

A

prend Terre pour Rome qui n'en est qu'à deux petites journées. La seconde est par la Savoye & Mont-Senis pour entrer dans le Milanez. Et la troisiéme par les Suisses. La voye la plus facile, accompagnée neantmoins des incommoditez de la Mer, est Marseille, quand on veut éviter les difficiles & affreuses montagnes des Suisses & le Mont-Senis.

Le quatorziéme Septembre 1660. aprés avoir donné ordre à mes affaires, veu mes amis, & pris congé des miens; je partis de Paris, & en sortis par le faux-Bourg de S. Marcel & passay par Ville-Iuif, Bourg qui en est distant de deux lieuës, & aprés en avoir cheminé deux autres en assez beau païs, je traversay Iuvisy, Bourg qui releve du Prieuré de Nostre-Dame des Champs. En continuant mon chemin au delà, je jettay à main gauche vne œillade sur Petit-bourg, maison qui merite d'estre veuë par les curieux, à quoy je n'aurois pas manqué, si le Cocher du Carrosse de Lyon où j'estois, m'avoit donné ce loisir. Dans sa reputation & dans ce qui a paru à mes yeux, elle peut prendre rang parmy les belles Maisons qui se trouvent aux environs de Paris : elle n'est pas éloignée de Risbourg où je passay à deux lieuës de Iuvisy, & en avançant au delà je laissay à main gauche la Riviere de Seine, & Corbeil, Ville située sur son bord, & arriuay à Essonne, lieu distant de Paris de sept lieuës.

ESSONNE.

ESSonne est vn Bourg celebre pour la gentille Maison de Monsieur Hincelin, charmante dans ses Peintures, agréable dans ses appartemens, diuertissante dans ses eaux partagées avec toute l'industrie que l'on peut desirer; en vn mot tout y est plaisant, tout y est riant: ce qui ne peut estre attribué qu'à l'adresse & à la gentillesse de l'esprit du Maistre, qui y reçoit à cœur ouvert & splendidement ses amis. A son deffaut choisissez pour Hostellerie l'Image saint Iean, vous y aurez contentement.

Le quinziéme Septembre, je partis d'Essonne & aprés auoir passé au Plessis & à Auverneaux, j'arrestay à Milly au Lyon d'or, Hostellerie placée dans le plus beau quartier de la Ville, & dans la plus grande ruë.

MILLY.

MIlly est vne petite Ville à cinq lieuës d'Essonne, érigée en Baronie, dont plusieurs Villages qui sont aux environs, relevent. Elle reconnoist pour Seigneur temporel le President Peraut, & pour spirituel l'Archevesque de Sens. Ce qui y est de plus considerable, est vn Chapitre Collegial, composé d'vn Doyen & de six

Chanoines. Ils ont pour Fondateur vn de la maison de Graville, illustre par vn Admiral que la France a eu de ce nom.

Elle est situëe dans le Gastinois, ainsi appelé à cause des Rochers & lieux sablonneux, que ceux du païs nomment *Gastines*. Il comprend Fontaine-bleau maison Royalle: les Comtez de Rochefort & de Moret : Montargis la Capitale ; les Duchés de Nemours & d'Estampes, & autres lieux.

En sortant de la Ville & continuant ma route, j'ay passé à Noisy & à Vandoy, deux Bourgs situées dans le Gastinois & qui releuent de l'Abbaye de Chelles, & trauersant vne plaine de sable, descouurant de tons costez des païs plats ; je suis arrivé à Vertô à l'escu, Hostellerie où j'ay pris mon repas & mon repos. C'est vn Village à cinq lieuës de Milly, dont le Seigneur qui y a son Chasteau, se nomme Monsieur d'Auerne.

Le seizième Septembre, je suis party de Vertô & ay passé par Pontagasson, Hameau dans le Gastinois : par Prez-fontaines, Village à quatre lieuës de Vertô, & cheminant de ce lieu toûjours dans de grandes plaines, je suis arrivé au Chapeau rouge à Montargis, où j'ay pris mon repas.

MONTARGIS.

Montargis, Ville à sept lieuës de Vertô, Capitale du Gastinois, ainsi appellée comme si l'on disoit *Mons-Argi*, à cause de sa situation sur vn lieu haut, pour le spirituel dépend de l'Archevesque de Sens, & pour le temporel du Duché d'Orleans & mesme releve de son Bailliage, quoy qu'elle en ait vn, comme aussi vne Prévosté, Eslection, Mareschaussée. Elle a d'vn costé vn lieu marescageux, & la Riuiere du Loin qui prend sa souree vers Fergeau, & aprés avoir arrousé Blesneau, Chastillon, Chasteaulandon, va se ietter dans la Seine vers Moret, & le canal de Loire par sa communication favorise le Trafic de cendres, de bois, & autres marchandises. Elle arrouse la prairie contigue à la Ville, & la fertilize merveilleusement, en serpentant à travers, & l'allée qui est au milieu plantée d'arbres bien coiffées, ne luy donne pas vn petit éclat, ny peu de satisfaction aux curieux qui veulent jetter vne œillade de ce côté-là.

Du temps de Charles VII. Roy de France dit le Victorieux ; elle fut secouruë par Iean Comte de Dunois bastard d'Orleans, qui par sa valeur obligea les Anglois d'en lever le siege : & quoy qu'elle fut brûlée l'an 1518. elle fut incontinent aprés rebastie, & depuis donnée par François I. à Madame Renée de France, fille de Loüis XII. & par Loüis XIII. à Monsieur le Duc d'Orleans son frere, qui par sa mort en a laissé Maître, Loüis. XIV.

Le Chasteau merite bien d'estre veu, à cause d'vne Salle qui est autant admirable par les marques qui y paroissent de son Anthiquité ; que par sa longueur, qui est bien de six vingt pieds, & par sa largeur de soixante. L'on y arrive par trois differents escaliers beaux & larges, d'où vous avez vne veuë qui n'est pas moins agréable que charmante pour la diuersité des objets qui se presentent à vos yeux. Parmy quelques Eglises qui sont en cette Ville, j'ay remarqué celle des Recolets, Barnabites, de la Visitation, Benedictines, & autres, quoy que la Magdelaine Parroissialle &

Collegialle ne foit pas grande, elle contient neantmoins dans fon enceinte plufieurs Chapelles où on celebre la Meffe.

En fortant de Montargis je n'ay rien trouué digne d'eftre remarqué jufques à Nogent, où je fuis defcendu au Chapeau rouge, lieu de ma couchée. Aprés auoir cheminé dans vne plaine, ne rencontrant ny Ville ny village, mais feulement vn lieu de Pofte. C'eft vn village du Gaftinois & de l'Archevefché de Sens, dont le Prefident du Tillet eft Seigneur, & eft vn Prieuré-Cure qui vaut quinze cent livres de rente.

Le dix-feptiéme Septembre eftant forty de Nogent, je paffay à la Buffiere, qui n'en eft diftant que de trois lieuës, Chafteau qui appartient au Prefident du Tillet, flanqué de deux Pavillons, entouré de foffez, & accompagné de bois de haute fuftaye, d'où l'on pourroit prendre vne bonne quantité de poutres pour les plus grands bâtimens: & aprés avoir cheminé quelque temps, je me trouvay dans Briare à l'hoftellerie du Chapeau rouge.

BRIARE.

Briare eft vne petite Ville à fept lieuës de Montargis fur la Riuiere de Loire, qui a pour Seigneur temporel le Marquis Deffiat, & pour le fpirituel l'Evefque d'Auxerre. Là commencent les Efclufes qui communiquent toutes les marchandifes de la Loire dans la Seine, ouvrage certainement merveilleux & digne de ce grand genie de ce fiecle, le Cardinal de Richelieu, &

qui luy doit acquerir d'autant plus d'estime qu'il est vtile à cette grande Ville de Paris, remplie d'vne si grande foule de monde, que toutes choses y sont absorbées comme dans vn gouffre. Si vous voulez examiner la beauté de ce Canal, allez jusques à Rogny, vous admirerez comme on a pû dans vne vallée si roide arrester les eaux dans les escluses, pour y faire descendre les bâteaux tout chargez ; ce qui se fait encor tous les jours. Si vous desirez examiner plus long-temps cet ouvrage, je ne suis pas d'avis de m'y amuser d'avantage ; mais bien de passer à Bony village dans le Gastinois, à trois lieuës de Briare. Delà je descouvris avec plaisir la Riviere de Loire, & au delà à main droite le Berry & je j'oüissois d'vne veuë d'autant plus charmante qu'elle est étenduë & fort reculée, & qu'elle se presente long-temps à vos yeux. Aprés vn chemin de trois lieuës, je passay à Neuvy Bourg dans le Gastinois, où se voit vn Chasteau entouré de fossez ; & vne lieuë plus avant i'entray dans la Ville de Cosne à la Croix d'or, où en arrivant je découvray à gauche vne grande place ornée de Noyers d'vne hauteur considerable, ce qui me remit vn peu de la mauvaise idée que j'avois conçû de la situation de la Ville.

COSNE.

Cosne est vne Ville à sept lieuës de Briare dans le Diocese d'Auxerre, située sur la Riviere de Loire & dans le Gastinois. Elle est entourée de fossez & à ses faux-bourgs, dans l'vn desquels Madame de Nevers a justice, comme dépendant de l'ancien Chasteau qui releve de ladite Dame. Quoy qu'elle soit de l'élection de Gyen. Elle a son Bailliage: outre vn Convent d'Augustins il y a le Prieuré de saint Iean, dont le revenu est considerable.

Le dix-huitiéme Septembre, je sortis de Cosne & passay par Maltaverne village du Nivernois qui n'en est distant que de deux lieuës, & trois lieuës au delà par Poüilly. T tournez la veuë à droite & à gauche de temps en temps de celle-là vous considererez avec plaisir la Riviere, & par delà des païsages de verdure à perte de veuë: & de celle-cy les collines bordées de vignes qui produisent le plus excellent vin du païs, dont vous pouvez gouster en arrivant à l'hostellerie de la grande Magdelaine dans la Charité, aprés que vous aurez cheminé deux lieuës par delà Pouilly.

LA CHARITÉ.

LA Charité Ville du Nivernois à sept lieuës de Cosne, partage le chemin de Paris à Lyon, fermée d'anciennes murailles & bastie sur le penchant d'vne colline qui descend agréablement sur le bord de la Loire, & d'vn Pont de pierre vous allez dans le faux-bourg qui est dans vne Isle sur ce fleuve. Elle a pour Seigneur le Prieur, dont le reuenu est de vingt-mille livres de rente où environ de l'ordre de saint Benoist, & dépendant de l'Abbaye de Cluny. Ce Benefice fut fondé par vn Roy de France il y a plus de six cens ans, & depuis reparé & doté par les Comtes de Nevers qui l'ont possedé long-temps : Vn Religieux me conduisit dans l'Eglise appellée Nostre-Dame de la Charité : il y a cent ans ou environ, qu'elle fut brûlée par les Huguenots ; mais de ses restes vous jugerez facilement de son ancienne beauté : considerez-en les pilliers & les pierres qui les composent, voyez dans le Chœur quelques animaux trauaillez à la Mosaïque, je veux dire de petites pieces rapportées ensemble : regardez le Cloître tout voûté & le grãd Refectoire des Religieux ; & n'oubliez pas en sortant de l'Eglise de faire vos prieres dans la Chapelle miraculeuse & frequentée par quelques Pelerins, dediée à sainte Radegonde sixiéme femme du Roy Clotaire, qui par son consentement se fit Religieuse dans l'Abbaye de sainte Croix de Poitiers, & qui mourut l'an 527. Il y a Bailliage en cette Ville & parmy quelques bâtimens assez propres, j'ay remarqué vne Halle d'vne belle longueur.

En sortant de la Charité j'entray dans vn païs plus couvert & passay par la Marche qui en est à vne lieuë & demie, & par Pougues, deux villages du Nivernois. Ce dernier est distant d'vne lieuë & demie de la Marche, & si celebre par ses eaux, qu'il merite bien vne description particuliere.

POVGVES.

LEs jolies maisons de ce lieu dispersées çà & là, & quelques allées couvertes de treilles plantées pour la pourmenade des infirmes, marquent assez que ses eaux ont esté autrefois plus recherchées qu'elles ne le sont presentement, & que celles de Bourbon luy ont enlevé cette reputation : neantmoins cela ne diminuë rien de leur vertu & de leur bonté, dont plusieurs malades ressentent encore tous les jours vn grand soulagement, en quoy il faut admirer & adorer tout ensemble la divine prouidence, d'avoir caché dans ces eaux des proprietez si avantageuses pour le contentement des hommes. En entrant dans le village à main droite vous trouverez dans vn enclos du côté du Midy, la Fontaine medecinale fermée d'vn côté de petites montagnes : ses eaux sont receuës dans un bassin de figure ronde à plus prés de la largeur d'vn muid de vin & profond de huit ou dix pieds, & ce qui est admirable, est que vous y voyrez l'eau boüillonner comme s'il y avoit dessous vne fournaise : si neantmoins vous en goustez, vous la trouverez plus froide que tiede ; & son goust est semblable à l'eau de cristal mineral que l'on donne pour fortifier le cœur & aux eaux de Spâ vers le Liege. Elles le contractent en passant par des veines de Vitriol, Couperose & Nitre, ainsi qu'ont obserué les experts en cet art. Elles sont ordonnées par les Medecins pour divers maux en differentes saisons de l'année ; mais comme je me portois bien je les laissay & leurs bonnes qualitez, & partis de ce lieu sans m'y arrester d'avantage.

DV NIVERNOIS.

LE Nivernois fait vne partie du Duché de Bourgogne, & au temps de nos premiers Rois de la troisiéme race a eu ses Comtes. Charle VII. depuis l'érigea en Pairie l'an 1459. & François I. en Duché & pairie l'an 1538. & subsiste encore aujourd'huy en cét estat. Ce Duché est tombé en la maison de Mantouë en cette maniere. Henriette Duchesse de Nevers succeda à Henry V. qui mourut sans enfans, & épousa Loüis de Gonzague Duc de Mantouë, & eurent pour fils Charles de Gonzague qui leur succeda dans le Duché de Mantouë, comme aussi dans celuy de Nevers, & depuis il est tombé entre les mains du Roy par accommodement. Il est arrousé des Rivieres d'Yonne & de Loire. Son païs est fertile en toutes sortes de choses; mais sur tout remarquable dans ses forges de fer & ses mines de charbon, qui fournissent vn feu aussi ardent, que de quelque matiere que ce soit. La ville Decize est renommée pour ce trafic qui enrichit ses habitans & apporte vne grande vtilité & profit au païs qui enferme dans son enceinte plusieurs villes, comme Luzy, Donzy, Clamecy, Molins en Gilbert, la Charité & autres, où sont des Chastellenies, desquelles la Capitalle est Nevers; où je suis arrivé à l'hostellerie du Loup la meilleure de la ville à cinq lieuës de la Charité, aprés avoir fait deux lieuës en assez beau païs.

NEVERS.

LA Ville de Nevers est appellée par Cesar dans ses commentaires, *Noviodunum*, & luy mesme tesmoigne qu'elle estoit vn de ses magazins. Elle est la Capitale du Duché, autrefois la demeure des Comtes & des Ducs qui y ont encore aujourd'huy vn Chasteau que l'on void dans l'espace de la ville, que l'on appellent la Cité; Il est devant vne grande place quarrée, entourée de maisons bâties en arcades & situé en lieu le plus fort de la ville, qui est Episcopale & suffragante de l'Archevesché de Sens, & s'étend sur plus de deux cent Parroisses. Quelques-vns luy donnent pour premier Evesque Austremonius, du temps de saint Pierre : D'autres saint Aire du temps de saint Gregoire le Grand, cela est incertain ; mais il est asseuré qu'elle est fermée de murailles, de tours & de fossez, & qu'elle est située sur le bord de la Loire, dans laquelle soubs son grand Pont s'embouche le Nievre qui a donné le nom à la ville & à tout le païs.

Ie ne m'arresteray pas à parler des Eglises & des maisons des Iesuistes, des Cordeliers, des Capucins, des Augustins, pas mesme de celle de la Visitation, ny des Abbayes aux Dames, & saint Martin & plusieurs autres ; mais seulement je parleray de celle des Minimes qui est bien bâtie & fondée par vn Duc de Nevers, & qui outre vn beau Parc ou est vn Mail, ont en ce Convent vne Bibliotheque remplie de livres tres-curieux. Ie ne feray pas aucune mention de la

Cathedrale dédiée autrefois à saint Gervais; mais presentement à saint Cyr, depuis Charles le Chauve qui en changea la dédicace par vne devotion particuliere qu'il portoit à ce Saint. En passant soubs silence les Tombeaux de Catherine de Bourbon, & du Duc Iean qui font vne partie de l'ornement de cette Eglise; je diray seulement avoir veu celuy de Loüis de Gonzagues Duc de Nevers, & quelques autres.

Sortons de cette Eglise pour aller au Prieuré de saint Sauveur reüny au grand Prieuré de Cluny. Ie rencontray le grand Prieur de l'Ordre qui me conduisit par tout ce lieu, qui dans l'antiquité de ses Cloîtres, Dortoirs & appartements, fait paraître quelque chose de grand & de majestueux. C'est vn d'entre plusieurs que Charlemagne a fondez en France, qui a monstré vn cœur liberal en toutes ses actions; mais sur tout dans les choses qui regardent le culte Divin. Le Iardin, mais sur tout la terrasse merite d'estre consideréé, delà vous appercevez vne partie de la Ville & la Riviere de Loire qui en moüille les murailles du côté du Midy : au delà vn objet de verdure se presente à vostre veuë qui est terminée ainsi agreablement, c'est asseurément le lieu le plus plaisant & le plus charmant de la ville, & d'où je sortis tres-content de la civilité du Pere Lemperiere, grand Prieur de l'Ordre.

Les habitants sont dans la Verrerie de veritables imitateurs des Venitiens, de Muran, & des Faentins dans la Fayence, & les contrefont avec tant d'artifice que la ville de Nevers pour cét article peut estre appellée vne autre ville de Muran & de Fayence : si vous leur faites monstrer les ouvrages les plus curieux, vous les admirerez comme autant de chef-d'œuvres de l'art, lesquels ne font pas moins paraître leur industrie à faire des bagues, des pendants d'oreilles & autres joyaux qu'ils viennent vous presenter à vôtre arrivée & que vous acheptez sans pouvoir vous en deffendre.

En cette Ville il y a élection pour les Tailles, & les Aydes y sont établis avec des Receveurs, Contrôleurs & autres Officiers Royaux: Les quatres Echevins y sont éleuës par vingt-quatre Conseillers qui representent le Corps de Ville qui n'a point de Presidial ; mais qui releue de celuy de saint Pierre le Moûtier. C'est ce qui m'a esté dît dans vne conversation que j'eus avec vn des plus illustres habitans.

Le dix-neufiéme Septembre, en sortant de la Ville je passay la Riviere sur vn Pont, & aprés avoir traversay Magny qui n'en est distant que de deux lieuës & demie, je me trouuay à l'image Nostre-Dame lieu de ma disnée, dans saint Pierre le Moûtier à cinq lieuës de Nevers.

S. PIERRE LE MOVSTIER.

SAint Pierre le Moûtier, est vne Ville du Nivernois fermée de murailles, dont le Prieur qui est Religieux de l'Ordre de saint Benoist est Seigneur en partie, & est du Diocese de Nevers. Son Presidial est fort ancien & a plusieurs dépendances ; mesme Nevers en releve : Il ne manque rien à la maison du Prieuré, ny pour la propreté, ny pour la commodité où les plus grands Seigneurs ont trouué dequoy se loger commodement. La Chapelle n'est pas seulement considerable pour sa jollie architecture ; mais aussi pour ses beaux ornemens. La Bibliotheque est remplie de bons livres, en vn mot tout ce lieu est en tres-bon ordre par les soins que prend le Prieur.

Ie quittay cette ville & passay à Chantenay dans le Nivernois & qui n'en est distant que de trois lieuës, & à ville-Neuve où j'arrestay à l'hostellerie de la Croix blanche.

VILLE-NEVVE.

Ville-Neuve est le premier Bourg que j'ay trouué dans le Bourbonnois, à neuf lieuës de Nevers, au bas duquel passe la Riviere d'Allier qui prend sa source en Auvergne, & aprés avoir moüillé plusieurs lieux dans le Bourbonnois, se jette dans la Loire, en vn lieu qui se nomme le Bec-d'Allier.

DV BOVRBONNOIS.

CE païs est divisé en haut & bas Bourbonnois. Le haut est à proprement parler le païs de Combrail, & le bas comprend le Beaujolois & le Forez, comme aussi les Villes de Moulins qui

en eſt la Capitalle, Bourbon l'Archambault, Varennes, la Palice, Verneul, Heriſon, Saint-Amand,
& pluſieurs autres. Il a eſté érigé en Duché par
Philippe de Valois & fut autrefois l'Appanage
des Reynes Meres, & appartenoit à la maiſon
de Bourbon ; mais il fut reüny à la Couronne
par la mort de Charle de Bourbon Conneſtable
de France. Ce Duché eſt celebre pour ſes mines
de fer ; mais encore plus pour ſes eaux minera-
les & medecinales qui s'y trouvent en differens endroits. La ſource qui ſe trouve à Nery
à vne lieuë de Monluçon, coulé en ſi grande
abondance, qu'elle fait moudre facilement treize
moulains. Il faut neantmoins tomber d'acord
qu'elles ſont ſurpaſſées par les bonnes qualitez
de celles de Bourbon, qu'elles tirent de la vertu
du Souffre, du Nytre & de l'Alun qui ſe trouuent
dans les veines de la terre où elles coulent, dont
la proprieté eſt ſi grande, & dont les effets ſont
ſi merveilleux, qu'ils ſe font reſſentir par vn grand
concours de monde qui y vient de toutes les
parties du Royaume, qui en reçoivent bien du
ſoulagement.

GENEALOGIE

GENEALOGIE
DE LA MAISON
DE
BOVRBON.

A maison Royale de Bourbon tire son origine de saint Loüis, puis qu'elle descend de Robert Comte de Clermont en Beauvoisis, sixiéme fils de ce Roy. Ce Comte épousa Beatrix de Bourgogne, qui luy apporta la Seigneurie de Bourbon dont elle estoit heritiere. De leur Mariage vint.

Loüis, en faveur duquel Philippe de Valois érigea le Bourbonnois en Duché.

Ce Loüis eut plusieurs enfans; nommément Pierre & Iacques, tige des Comtes de la Marche, des Comtes & Ducs de Vendosme.

Pierre continua la posterité des Ducs de Bourbon; laquelle conserva ce Duché iusqu'à Charles Connestable de France, qui fut tué à la prise de Rome l'an 1527. Aprés la revolte de ce Prince, François I. s'empara du Bourbonnois qu'il laissa aux Rois ses successeurs.

Aujourd'huy ce Duché est possedé par Monsieur le Prince de Condé, à qui le Roy l'a cedé en échange du Duché d'Albret.

La Maison de Bourbon a eu plusieurs branches; mais je ne parleray que de celle de Vendosme, comme estant la plus illustre, ayant donné à la France les Rois qui la gouvernent depuis prés de 80. ans.

Loüis fut le premier qui porta le nom de Comte de Vendosme, & mourut l'an 1447.

Il laissa Iean aussi Comte de Vendosme. Iean eut François qui a continué la posterité, & Loüis tige des Ducs de Montpensier.

François eut Charles I. Duc de Vendosme, qui deceda l'an 1537. Ce Prince eut plusieurs enfans, entre autres Antoine qui fut Roy de Navarre, & Loüis tige des Princes de Condé, & des Comtes de Soissons.

Antoine Roy de Navarre, eut Henry le Grand, Roy de France & de Navarre, pere du Roy Loüis XIII. & ayeul de Loüis XIV. qui regne maintenant.

LES SEPT
MERVEILLES

Je veux dire les sept choses les plus remarquables, depuis Paris jusques en ce lieu ; sont les suivantes.

Le vingtiéme Septembre je forty de Ville-neuve, & aprés avoir fait quatre lieuës en beau chemin; j'entray dans Moulins à l'image faint Iacques pour prendre mon repas.

MOVLINS.

Moulins eſt vne Ville fort ancienne, & comme le cœur de la France, Capitale du Bourbonnois, appellée par Ceſar, *Gergobina*, & fut autrefois le lieu de délices des Princes de Bourbon & la demeure de nos Rois, qui y ont mis Eſchevinage & Préſidial ; duquel tout le Bourbonnois releve, par appel neantmoins au Parlement de Paris. Le Roy qui en eſt le Seigneur, y a ſon Gouverneur, & dépend pour le ſpirituel de l'Eveſché d'Autun. Ses habitans m'ont parû fort propres, courtois & officieux au dernier point, & ont vn langage fort poly. Les Artiſans y travaillent merveilleuſement bien en Coûteaux, Ciſeaux & autres ouvrages qui font admirer leur induſtrie. A voſtre arrivée ils vous expoſent leurs Marchandiſes, & pour vous inuiter de les achepter, il n'eſt point neceſſaire qu'ils employent leur éloquence ; mais ſeulement de vous les faire paroiſtre devant les yeux, qui ſont d'autant plus belles, qu'ils ont l'eau pour la trempe & beaucoup d'adreſſe pour les perfectionner.

Le Chaſteau où j'ay eſté conduit par vn Gentil-Homme de la ville, qui ma ſemblé eſtre bâty de Brique dans ſa plus grande partie, a eſté édifié par les Princes de Bourbon. Il est considerable non seulement pour sa situation agreable, pour sa grande étenduë, pour ses grandes Cours & Corps de Logis ; mais aussi pour son Iardin où vous admirerez la diversité des Arbres estrangers.

Ie ne parle point des Eglises des Capucins, Augustins, Iacobins, ny de celle des Iesuites, qui instruisent la jeunesse jusques à la Retorique, ny mesme de celle de Nostre-Dame qui est la Collegiale ; mais je m'arresteray seulement à celle de la Visitation de sainte Marie, qui reçoit vn grand éclat, non seulement par la demeure qu'y fait Madame de Montmorency Religieuse en ce Convent, & qui a bastie l'Eglise à ses dépens; mais aussi par le Tombeau du Duc de ce mesme nom, bien conceu dans son dessein, magnifique dans sa matiere, & superbe dans son execution. Au dessus du Tombeau est vne Vrne portée par deux petits Anges, & quatre Figures aux quatre costez, qui representent les quatre Vertus ; Mars, Liberalité ; Pallas, Munificence, le tout du plus beau Marbre & du plus poly qui se puisse voir.

Sortez la Ville pour voir la Chartreuse, elle merite vostre curiosité ; puis qu'elle est vne des plus belles de France : Vous y considererez les petits Appartemens des Peres, qui ne sont pas moins beaux que commodes ; vous y verrez le grand corps de Logis du Prieur, où sont obseruées quelques chambres pour les suruenans, quelques Fontaines ; mais sur tout vous en admirerez le Cloistre, en vn mot vous sortirez tres-satisfait d'avoir veu cette Maison, & de la civilité avec laquelle vous y serez receu.

LES SEPT
MERVEILLES;

Ie veux dire, les sept choses les plus considerables, de la Ville de Moulins, sont celles qui s'en suivent.

Ægid. Rousselet sculp.

Ayant quitté la Ville de Moulins je paſſay à Aps Village qui en eſt à trois lieuës, & à Naſſau à vne demie lieuë d'Aps, & arriuay à Varennes, où je pris mon repos à l'image de ſaint Georges.

VARENNES.

Varennes eſt vne Ville du Bourbonnois à ſix lieuës de Moulins, fermée de murailles & du Domaine du Roy ; mais engagé : auſſi dans ſon Preſidial, on ne rend juſtice que ſous ſon nom & non pas ſous celuy de l'Engagiſte. La petite Riviere de Vallenſon qui prend ſa ſource en Auvergne, paſſe à l'extremité du faux-bourg, & plus bas l'Allier, qui a ſa ſource dans le Givaudan près la Montagne de Lauſere.

Le vingt-vniéme Septembre, eſtant ſorty de Varennes je paſſay par ſaint Geran, Bourg au Comte de ce nom. L'on découvre de ce lieu, comme auſſi de plus loin, la Montagne du Puis-Domme en Auvergne, quoy qu'elle ſoit éloignée de douze ou quinze lieuës ; Delà j'arriuay à la Palice à quatre lieuës de Varennes, & fis mon repas à la Teſte noire.

LA PALICE.

LA Palice est vn Bourg du Bourbonnois, celebre par les bonnes Bottes qui s'y font; au bas duquel passe la Riviere de Besbre, qui arrouse vn Pré & fait moudre deux Moulins. Le Comte de Saint-Geran en est le Seigneur, & y a vn Chasteau qui est beau, non seulement pour sa structure, pour ses Peintures & pour son Parc; mais aussi pour son Iardin qui est en terrasse.

Ce mesme jour l'aprés-disnée j'entray dans le Beaujolois & découvris encore cette affreuse Montagne du Puis-Domme, qui dans vn éloignement de quinze lieuës ou environ, ne vous paroist pas fort loin à cause de son horrible hauteur. Aprés avoir fait deux lieuës, je trouvay des chemins rudes, & vn peu au delà je laissay à gauche Chasteau-Morant situé dans le Beaujolois, dont le Chasteau & l'Estang qui est proche, font le principal ornement. Iettez vostre veuë d'vn costé & d'autre dans la Campagne, vous verrez des Païsages qui couvrent de leur verdure les sommets des Collines, & vous aurez pour objet de la veuë des Perspectives naturelles qui ne vous donneront pas vn petit plaisir. En avançant je passay par saint Martin, Village du Beaujolois, & arriuay vne lieuë & demie au delà à la Paccaudiere à l'hostellerie de l'Ange, où me fut envoyé vn bon Ange qui m'y traitta splendidement. Cét Auberge est le meilleur de la route. Ie n'ay rien à dire de ce lieu, sinon que c'est vn Bourg du Beaujolois & du Domaine du Roy.

DV BEAVIOLOIS.

CE païs regarde l'Orient, & est situé entre le Forez & la Bourgogne, & fait vne partie du Duché du bas Bourbonnois. Sa longueur qui est entre la Saone & la Loire, est de dix lieuës ou environ, & sa largeur de huit. Il est fertile en grains ; mais sur tout en gibier, dont le goust m'en a paru merveilleusement délicat & savoureux, & enferme dans son enceinte plusieurs villes : comme Beaujeu qui en est la Capitale & qui donne le nom à tout le païs, Villefranche, Thizi, Belleville & autres. Mademoiselle d'Orleans, fille du Duc d'Orleans est Dame du païs, comme heritiere de la maison de Montpensier qui en joüit avant l'an 1400. par la mort d'Edoüard, qui mourant sans enfans fit son heritier Loüis de Bourbon, & Comte de Montpensier.

Estant sorty de la Pacaudiere sans passer aucun Bourg ny Village, j'arrivay à Roane à l'hostellerie de la Teste d'or.

ROANE.

ROane est vne Ville située dans le Diocese de Clermont sur la Riviere de Loire, & dans le Comté de Forets qui fait vne partie du Duché de Bourbonnois. La Loire prend sa source en Auvergne, d'vn lieu nommé la Font-de-Loire. Et après avoir passé par Roane, Nevers, Suilly, Gergeau, Orleans, Blois, Amboise, Tours, Saumur, le Pont-de-Sé va se jetter dans la Mer vers Nantes, après avoir esté grossie par les Fleuves, le Cher, Vienne, Allier, Maine & autres.

Cette Ville qui appartient au Roy, comme aussi la plus grande partie du Forets, ne peut pas se vanter d'estre forte; mais bien d'avoir vn Port commode pour le Commerce. Plusieurs s'y embarquent dans des Bâteaux couverts pour aller à Orleans, Tours, Angers, Nantes, où l'on arrive plus promptement que par terre, pourveu qu'on n'ait point le vent tout à fait contraire. On passe la Riviere dans vne Barque pour aller dans la ville, le Pont en ayant esté rompu par la violence des eaux. Il y a Bailliage & Élection, & le païs de Roane qui consiste en quatre villes, sçavoir Roane qui en est la principale, saint Any, Arneson & Crosset, porte le tiltre de Duché. Vous y voyez plusieurs Convents de Religieuses & de Religieux: comme Minimes dont l'Eglise est assez bien bâtie. Son maître Autel est industrieusement travaillé. Les

Capucins dont l'Eglife eft belle, non feulement par fa grandeur & par fa largeur, par fon Platfond enjolivé ; mais auffi pour vn Autel bien orné. Ie ne parle point de deux grands quarrés de Iardins que ces Peres ont dans leur Convent, où dans l'vn eft vn grand Potager qui eft arrousé d'vne Fontaine qui eft dans l'autre, ce qui n'apporte pas vne petite commodité à cette Maifon.

Quoy que la maifon des Iefuites qui font de la Province de Lyon, & qui y regentent jufques à la Retorique, foit affez commode ; elle eft toutesfois furpaffée par l'Eglife, où vous admirerez deux Chapelles bien ornées.

FORETS.

LE Forets a eu fes anciens Comtes, (où les enfans mafles ayant manqué, Anne fille & heritiere du dernier Comte fut mariée à Loüis II. Duc de Bourbon) qui ont efté en poffeffion de ce Comté jufques à Charles de Bourbon, Comte de Montpenfier, & Conneftable de France : mais depuis ce temps-là il a efté reüny à la Couronne. Pour le fpirituel, dans fa plus grande partie, il dépend de l'Archevefché de Lyon, & eft ainfi appellé de Feurs, Ville qui y eft comprife & fituée fur la Loire : il regarde au Nort le Bourbonnois : au Midy le Vellay : à l'Orient le Beaujolois : & à l'Occident l'Auvergne. Dans fon étenduë, qui eft de trente lieuës dans fa longueur, & de quinze dans fa largeur, il comprend les Villes de Montbriſſon qui en eſt la Capitale, ſaint Rambart ſur Loire, ſaint Germain la Val, ſaint Marcelin, ſaint Bonnet, ſaint Romain & autres. Parmy pluſieurs choſes que l'on remarque de ce païs, je ne puis paſſer ſous ſilence l'adreſſe des habitans de ſaint Eſtienne de Furens, qui travaillent en Fer avec tout l'artifice imaginable, & qui en font vne grande quantité qu'ils débitent par toute l'Europe, ſi bien qu'on peut appeller ce lieu-là la Boutique de Vulcain; ce qu'il faut attribuer à la proprieté de l'eau, au charbon qui s'y trouve en abondance, mais encore plus à l'induſtrie des Ouvriers. L'on parle auſſi d'vne Fontaine de S. Galinier, dont l'eau a vne vertu merveilleuſe; l'on tient meſme qu'elle a le gouſt de Vin, je m'en rapporte à ce qui en eſt; mais s'il eſtoit vray, l'on en feroit bien-toſt tarir la ſource.

Ie paſſay l'aprés diſnée vne Montagne tres-faſcheuſe, que l'on peut appeller la couſine germaine de celle de Tarare: D'vn coſté eſt vn precipice d'vne ſi grande profondeur, qu'elle donne frayeur à ceux qui y jettent la veuë, qui eſt neantmoins diminuée par vn objet de verdure qui eſt au bas fort agreable, & par le repos que l'on prend à ſaint Siphorien à la Teſte noire.

S. SIPHORIEN.

SAint Siphorien eſt vn Village du Comté de Forets à quatre lieuës de Roane, placé ſur le haut d'vne Montagne. Mademoiſelle d'Orleans en eſt Dame.

Le vingt-troisiéme Septembre je descendis cette horrible & affreuse Montagne de Tarare, qui me donna de l'exercice pendant vne heure toute entiere, & me reposay à Tarare à l'hostellerie du Mouton. Ce Bourg est à trois lieuës de saint Siphorien, mais qui en valent bien six pour la difficulté du chemin ; il n'est point fermé que de deux Montagnes qui sont toutes voisines; entre lesquelles est le grand chemin de Lyon jusques à trois lieuës au delà : c'est-là aussi où commence le Lyonnois du costé de Paris.

Ie passay l'aprés disnée à Bresle petite ville du Lyonnois à quatre lieuës de Tarare, dans vn fond au milieu des Montagnes, & dépendante de l'Abbaye de Sauigny qui y a son Bailliage. En sortant de ce lieu je passay vne Montagne raboteuse & difficile, & par la Tour Village du Lyonnois à vne lieuë & demie de Bresle, & arrivay dans cette belle & grande Ville par la Porte de Vesse à l'hostellerie des trois Rois, qui me charma d'abord si fortement dans sa beauté, qu'elle me fit oublier la meilleure partie de la fatigue passée.

LYONNOIS.

LE Lyonnois a pour limites au Septentrion, la Bresse ; à l'Orient la Savoye, au Midy le Dauphiné & le Languedoc, au couchant le Forets & l'Auvergne. Dans sa longueur qui est environ de douze lieuës & sa largeur de sept lieuës ou environ, il comprend plusieurs Villes, dont la plus grande partie sont au long du Rosne ; comme Coindrieu, Dargoire, saint Andüeil, Guiors, Chasselay, Vimy, saint Chaumont, Bresle, Anse, & plusieurs autres. Quoy qu'il y ait en ce païs quelques terres ingrates, l'on tombe d'accord neantmoins que le franc Lyonnois qui est prés de la Saone est plus fertil & qu'il recompense abondamment la sterilité des autres lieux. Il est temps d'arriver à Lyon & d'en faire la description, aprés que j'auray donné la route qu'il faut tenir de Paris pour y arriver.

LE CHEMIN DE PARIS A Lyon, avec les noms des Villes, Bourgs & Villages, & leurs distances.

DE Paris à Ville-Iuif,	deux lieuës.
De Ville-Iuif à Iuvisy,	deux lieuës.
De Iuvisy à Ris,	deux lieuës.
De Ris à Essonne,	vne lieuë.
D'Essonne au Plessis,	vne lieuë.
Du Plessis à Auverneaux,	deux lieuës.
D'Auverneaux à Milly,	vne lieuë.
De Milly à Noisy,	vne lieuë.
De Noisy à Vandoy,	deux lieuës.
De Vandoy à Verto,	vne lieuë & demie.
De Verto au Pont-Agasson,	trois lieuës.
Du Pont Agasson à Prés-Fontaines,	deux lieuës.
De Prés-Fontaines à Montargis,	trois lieuës.
De Montargis à Nogent,	cinq lieuës.
De Nogent à la Bussiere,	trois lieuës.
De la Bussiere à Briare,	deux lieuës & demie.
De Briare à Ville-Neuve,	trois lieuës.
De Ville-Neuve à Neuvy,	trois lieuës.
De Neuvy à Cosne,	vne lieuë.
De Cosne à Maltaverne,	deux lieuës.
De Maltaverne à Poüilly,	trois lieuës.
De Poüilly à Beuvre,	vn quart de lieuë.
De Beuvre à la Charité,	deux lieuës.
De la Charité à la Marche,	vne lieuë & demie.

C

De la Marche à Pougues, vne lieuë & demie.
De Pougues à Nevers, deux lieuës.
De Nevers à Magny, deux lieuës & demie.
De Magny à S. Pierre le Moûtier, trois lieuës.
De S. Pierre le Moûtier à Chantenay, trois lieuës.
De Chantenay à Ville-Neuve, deux lieuës.
De Ville-Neuve à Moulins, quatre lieuës.
De Moulins à Aps, trois lieuës.
D'Aps à Naſſau, vne demie lieuë.
De Naſſau à Varennes, trois lieuës.
De Varennes à Saint-Geran, deux lieuës.
De Saint-Geran à la Palice, deux lieuës.
De la Paliçe à Château-Morant, deux lieuës & demie.
De Château-Morant à S. Martin, demie lieuë.
De S. Martin à la Pacaudiere, vne lieuë & demie.
De la Pacaudiere à Roane, trois lieuës.
De Roane à ſaint Siphorien, quatre lieuës.
De ſaint Siphorien à Tarare, trois lieuës.
De Tarare à Breſle, quatre lieuës.
De Breſle à la Tour de Salvagney, vne lieuë & demie.
De la Tour de Salvagney à Lyon, vne lieuë & demie.

De Paris à Lyon cent lieuës moins vn quart.

LYON.

LE vingt-quatriéme Septembre, je commençay à visiter cette Ville charmante, appellée par les Grecs λουγδῦνον & par les Latins, *Lugdunum*, de la diction Belgique Luck, qui veut dire fortune, voulant dire qu'elle en est caressée par tant d'auantages, & *Dunum* à cause de sa situation sur vne Montagne que les anciens Gaulois appelloient *Dunes*. Tous les Historiens tombent d'accord que si L. M. Plancus n'en a pas esté le Fondateur, il en a esté le Restaurateur, & qu'il y conduisit vne Colonie Romaine sous l'Empire d'Auguste, & fut pour lors affranchie par plusieurs privileges. Pline l'appelle l'ornement des Provinces: Gregoire de Tours luy donne la qualité de tres-noble, non seulement pour sa charmante situation, ses Palais magnifiques; mais encor plus pour avoir esté le lieu où s'est repandu le sang des Martyrs pour conseruer la Foy de Iesus-Christ, du temps de la persecution de Antoninus Verus. C'est vne belle chose & tout à fait agreable que de voir la Saône, & le Rosne, deux des plus belles Rivieres du Royaume qui la traversent. Cette premiere appellée par les Latins *Araris*, prend sa source du Mont-Vogese en Lorraine, & aprés avoir arrousé Mascon, Chaalons, & la Bourgogne & s'estre grossie de plusieurs Rivieres, vient se jetter dans le Rosne après avoir rendu ses hômages à la Ville de Lyon. Mais cette seconde appellée par les Latins *Rhodanus* est grāde, pro-

C ij

fonde, & dangereuse en quelques endroits, à cause de ses gouffres qui y attirent les Bâteaux dans le precipice, lors qu'on y pense le moins, si les Matelots ne sçavent adroitement les éviter. Elle prend sa source des Alpes & ayant passé par Vienne, Tournon, Valence, Viviers, Avignon, & ayant pris dans son sein, la Saone, Lisere, la Durance & autres, prés d'Arles en Provence se jette dans la Mediterraneé.

La commodité & la proximité de ces deux Rivieres, comme aussi de la Loire, qui n'en est éloignée que de quinze lieuës ou environ, facilitent les transports des Marchandises par toute l'Europe, d'où les Marchands qui sont en cette ville en bien plus grand nombre que les Nobles, y sont attirés; parmy lesquels quelques-vns s'enrichissent de l'âchapt des Livres qu'ils font à la Foire de Francfort, les autres par le débit de la Soye & les derniers par le negoce de l'argent qui y est avec vne correspondance si vniverselle par l'Europe que plusieurs en peu de temps deviennent opulemment riches. Elle est le cœur & la clef du Royaume & vn tres-grand passage pour aller en France par la Bourgogne, par la Savoye en Italie, & par les Suisses en Allemagne. Ses Habitans sont extremement adroits pour le trafic, ont l'humeur aimable & vn naturel charmant; leur langage est meslé de quelques mots Provençaux, leur accent & mesme la prononciation est semblable à celle des Italiens, dont la langue ne leur donne aucune difficulté : C'est ce que j'ay pû remarquer de leurs mœurs dans vn sejour de quinze jours que j'y ay fait. Passons à parler d'autres choses.

Si vous voulez voir la Ville d'vn Poste avantageux, allez à Nostre-Dame de Forviere, Eglise placée dans le lieu le plus éminent ; delà elle paroîtra toute à vos yeux, grande, belle & fort ramassée : vous en admirerez la situation, vous découvrirez facilement comme elle est traversée par le Rosne & la Saône qui luy donnent vn tel éclat que vous la jugerez la plus superbe Ville du Royaume. Vous jetterez vostre veuë au long des Remparts & des murailles, & considererez dans son assiete tantost les Montagnes & les vallées, tantost les Plaines, tantost les beaux Palais qui sont en grand nombre, parmy lesquels ceux qui meritent davantage vostre curiosité, sont la Charité, l'Hostel de Ville & l'Hospital : L'on me fit de ce lieu l'anatomie de toute la Ville, que je vis par aprés plus à loisir, ma curiosité n'estant point encore satisfaite jusques à ce que j'eusse veu en détail ce que je n'avois appris qu'avec confusion.

Le vingt-cinquiéme Septembre j'allay voir l'Eglise de saint Iean, qui fut premierement dédiée par saint Alpin à saint Estienne. Elle est considerable non seulement pour son antiquité, mais aussi pour sa dignité, estant desservie par neuf dignités, & vingt-six Chanoines, qui sont tous Comtes & Nobles de quatre races. Les Rois de France & les Ducs de Savoye en sont Chanoines, comme estoient autrefois les Ducs de Bourgogne qui les ont enrichis & donné de si belles terres qu'ils se trouvent aujourd'huy avoir plus de deux cent mil livres de rente pour partager aux Ecclesiastiques, qui composent le Clergé de cette Eglise, dont je ne puis sortir que je ne dise ce que j'y ay remarqué de particulier. Toutes choses m'y ont paru singulieres : elle est belle & grande, vous

C iij

ny voyez ny Tableaux ny Tapisseries ; mais bien le Chœur des Chanoines, dont les sieges sont de Marbre, & à l'extremité vn Autel fort bas, où sont deux petits Chandeliers & vne Croix : ils chantent par Cœur & officient les jours solennels avec le plus bel ordre que l'on puisse souhaitter. Saint Irenée qui y est mort Martyr en a esté le premier Evesque, & la rendit la Primatie de toutes les Gaules, & reçoit encore aujourd'huy les appellations de toutes les Eglises de France, & delà elles sont portées directement à Rome. Son Archevesque mort l'Evesque d'Autun en est l'Oeconome, & entre dans tous les droits ; comme aussi dans la vacance d'Autun, l'Archevesque de Lyon en joüit par œconomat. Ie ne pourrois pas approuver de laisser ainsi leur Eglise dépoüillée de toutes sortes d'ornemens, si d'ailleurs l'on ne sçavoit qu'ils font cela par vn bon motif, pour conserver l'ancienne maniere de prier des fideles & pour marquer que la veritable pieté consiste plûtost dans l'ornement interieur de l'Ame, que dans l'exterieur.

Le vingt-sixiéme Septembre je suis allé voir l'Hostel de Ville qui est vn des plus beaux, & des plus magnifiques bâtimens de France, non seulement pour son Architecture, mais aussi pour ses Peintures. Il y a quatre grands Corps de logis qui se joignent à quatre Pavillons, sans compter ceux qui ont esté bâtis pour loger les Officiers. Dans vn costé il y a vn escalier à noyau, qui est fort hardy & bien ouvert, c'est vne piece achevée. I'y ay admiré vne autre escalier fort vaste ; mais ce qui surprend davantage, est qu'il se soûtient de soy-mesme, tant l'artifice y est admirable ; & au milieu est vn vestibule à jour à qui rien ne manquera pour la beauté quand il sera enrichy de Peintures selon le dessein projeté.

Ie serois icy trop long-temps si je faisois vne description exacte de ce lieu, & si je voulois parler en détail de toutes les Chambres & Sales de cette superbe maison. Ie m'arresteray seulement à ce qui m'a semblé le plus beau. Cét escalier dont je viens de parler, vous rend dans vne Sale qui n'est pas moins considerable pour sa symmetrie, longueur & largeur, que pour ses belles & exquises peintures, dont elle est enrichie dans le Platfond, qui ne luy donnent pas moins d'ornement, que d'estonnement à ceux qui la regardent, & de l'estime pour Blanchet ouvrier de tous ces chef-d'œuvres.

L'on monstre en cette Sale deux statuës de bois artistement travaillées; l'on les doit dorer pour y mettre la derniere main. L'vne desquelles represente la Vierge & le petit Iesus. De cette Sale l'on passe par vne petite galerie dans vne autre grande Sale de trente-six pieds de largeur, & vne fois autant de longueur, dans laquelle parmy plusieurs Tableaux qui representent tous les Rois de France nommés Loüis; j'y ay admiré celuy de Loüis XIV; regnant presentement; comme aussi plusieurs belles & délicates Peintures, dont le Plat-fond est enrichy : mais celles qui m'ont surpris d'avantage, & qui semblent estre faites pour faire admirer l'ouvrier, & pour tromper les regardans, sont quelques personnages qui y sont representez entre autres vn petit enfant tout nud qui paroist détaché à la veuë du Plat-fond, & vn bâton que tient vn autre petit enfant, paroist tomber sur la teste de ceux qui le regardent, dont vous reculerez non pas qu'il en faille craindre la cheute, mais bien pour voir & examiner mieux cette Perspective dans vne bonne distance. Outre plusieurs autres pieces vous voyez vn fort beau lieu où le Prévost des Marchands s'assemble avec les Echevins & Marchands pour rendre justice: Delà premiere Cour vous avancez dans vne autre qui est fort bien pavée, où est vn beau Bassin qui fournit de l'eau toute l'année, & tout proche est vn Iardin de mediocre grandeur. En sortant la Cour on trouve vne fort belle place, où les Religieuses de S. Pierre de l'Ordre de S. Benoist qui font bâtir vne fort belle maison, qui donnera bien plus d'éclat à cette place sans comparaison que la petite pyramide qui y est.

La Police de la Ville est vne des choses des plus considerables à sçavoir: elle est entre les mains des Consuls & Echevins qui sont au nombre de quatre & de ces quatre en sont élus tous les ans deux; & le Prévost des Marchands est élu de deux ans en deux ans le vingt-vniéme Decembre par les Maistres des Mestiers prealablement nommez qui ont la surintendance sur tous les Arts, & en l'élection sont assistez ou de deux Eschevins ou de l'vn des deux, ou du Prevost des Marchands.

Il ont bureau de Police en l'Hostel de Ville dont ils élisent les Conseillers & Iuges de six mois en six mois, & les appellations vont au Senéchal de Lyon. Le Prevost des Marchands & les Eschevins sont assistez du Conseil d'vn Procureur de la Ville qui l'est à vie, d'vn Secretaire perpetuel. Le Receveur de la Ville a seance dans le Consulat, leve les dons & octrois tenus pour deniers Royaux, d'où vient qu'ayant esté nommé par les Eschevins, il est pourveu par sa Majesté.

Le Capitaine de la Ville est nommé par les Prevosts, & Eschevins & pourveu par le Roy qui reçoit son serment, ou le Gouverneur & Lieutenant General & les Prevost & Eschevins qui ont les Clefs des Portes de la Ville, & qui font marcher en cas de necessité la Milice conservée dans la ville pour sa deffense, pourveu neantmoins qu'ils en ayent receu ordre, ou du Gouverneur ou du Lieutenant General en cas de presence. Il y auroit beaucoup d'autres choses à sçavoir ; mais cecy nous suffira pour le present, & si l'on a la curiosité d'en sçavoir davantage, l'on pourra consulter les livres qui en ont parlé, ou des personnes d'esprit demeurantes dans le lieu.

Le vingt-septiéme Septembre j'allay à l'Hospital de la Charité, aprés avoir passé la belle-Cour. Ce lieu a si grande étenduë, & nourrit vne si grande quantité de pauvres, & dedans, & dehors, que l'on pourroit dire, & avec raison, qu'au lieu d'vn Hospital : il y en a vne vingtaine. Il y a neuf grandes Cours, à l'entour desquelles il y a des bâtiments, où l'on met les pauvres & tous en lieux separés, suivant leur condition, leur âge ou leur sexe, parmy lesquels il ny en a pas qui ne travaille selon sa portée : quelques-vns accommodent la soye, les autres la mettent en ouvrage : ceux-cy font du Passement & celles-là sont employées à d'autres choses selon leur talent, mesme jusques aux vieilles de quatre-vingt ans qui n'ont plus que le mouvement du tremblement des mains, par lequel elles vuident la Soye & par ce moyen gagnent trois ou quatre sols par jour. Mais ce que j'admire particulierement en ce lieu, est le bel ordre que j'y ay remarqué, nonobstant la grande confusion de pauvres qui y sont nourris au nombre de quinze cent, sans compter ceux de la ville qui ne sont pas en moindre nombre, ils ont tous des Refectoires separés ou ils mangent à vne heure reglée : pendant le repas on leur fait lecture, & suit par aprés le temps de recreation, & en suite vont travailler. J'ay pris plaisir de voir le lieu où on prepare leur pain, vn autre où on accommode leur viande, & vn autre où on leur distribue l'vn & l'autre à leur rang & sans confusion, & le tout tres proprement. La Chirurgie est vne chose à voir, comme l'Apotiquairerie où rien ne manque, ny pour la propreté ny pour la commodité des malades, de tout ce que l'on peut desirer. Il fait beau voir le Grenier tres large & tres-long, remply ordinairement du plus beau bled qui se trouve au païs, il ny en a pas moins à la fois de deux ou trois cent muids, il est soustenu de trente deux Pilliers pour l'empescher de succomber au poids : au dessous de celuy-là il y en a quatre autres pleins de farine. En bas est vn grand Iardin ; l'Eglise ou les pauvres vont entendre la messe est assez belle, Monsieur le Cardinal de Lyon Proviseur de Sorbonne y est enterré, & l'on y void son Chapeau de Cardinal pendant à la Voute. En vn mot la Police & l'ordre est si beau dans cét Hopital, qu'il sert de modele à tous les autres de l'Europe. Ce sont veritablement les effets de la grande Police, qui est d'autant plus agreable à Dieu qu'elle est commode & vtile au public. L'on ne sçauroit voir ce lieu à moins d'vne heure pour examiner toutes choses, j'en suis sorty tout remply d'admiration, de voir que la bonté Divine est si grande qu'elle inspire des mouvemens de charité dans le cœur des hommes pour ne pas laisser manquer aucune de ses Creatures.

En sortant de ce lieu je paſſay par la belle Cour que je conſideray avec plaiſir, & qui eſt veritablement appellée belle, eſtant la place la plus conſiderable de la ville. Elle eſt vne fois plus longue & auſſi large que la place Royale de Paris, d'vn coſté il y a des beaux bâtimens où le Roy a demeuré dans le temps de ſon ſejour à Lyon. De l'autre à l'oppoſite eſt vn fort beau Mail qui a toute la longueur de la place, & à l'extremité ſont encor quelques maiſons. L'on pourroit faire de cette place vne des plus regulieres de France.

Le vingt-huictiéme Septembre eſtant ſorty de la Ville pour aller voir les dehors qui me parurent aſſez beaux, je rentray par la Porte de Veze, par laquelle on paſſe quand on vient du coſté de Paris, & en entrant vous trouvez tout court à gauche la Riviere de Saône qui vous paroiſt d'vne belle largeur, & à droite au deſſus de la Porte à coſté eſt le Chaſteau de Pierre-Anciſe ſur vn Rocher eſcarpé d'vne prodigieuſe hauteur, avec garniſon qui ſert de ce coſté-là de Forterelle à la Ville: & de l'autre coſté de la Saône eſt le Boulevart de S. Iean fort & ſpatieux avec garniſon, & digne d'eſtre veu pour l'excellence de ſa Fortification. Il eſt baſty ſur la Montagne de S. Sebaſtien.

Les Portes de la ville ſont au nombre de ſix. Celle de S. Sebaſtien eſt au bas du Convent des Chartreux, qui n'ont oſé par l'ordre de la Ville eſtendre leurs bâtimens à cauſe de l'eminence de leur ſituation, qui luy commande abſolument. Dans l'enclos de leur Iardin qui va en penchant ſur la Saône, ils ont des vignes plantées qui produiſent du vin excellent, & vne allée qu'ils ont plantée de travers à cause de la roideur de la Montagne qui les conduit sur le bord de la Riviere. Ce lieu m'a paru veritablement solitaire & digne d'vne retraite de la vie d'vn Chartreux.

Quoy qu'autrefois l'on ayt dit de la Ville de Lyon, deux Villes, deux Monts, deux Ponts; Il faut presentement corriger cette maniere de parler, puis qu'il est vray qu'il y a quatre Ponts; trois sur la Saône, dont l'vn est de pierre, & les deux autres de bois; mais celuy qui est basty sur le Rosne est plus considerable, tant pour sa hauteur, largeur & longueur, qui est de quatre vingt pas, & qui conduit dans vne belle plaine, que pour ses Arches qui sont au nombre de vingt, au lieu qu'il ny en a que neuf à celuy qui est sur la Saône.

Le vingt-neufiéme Septembre j'allay à N. Dame de Forviere qui fait vne partie de la ville, qui est divisée en deux; sçavoir en celle de S. Nizier qui comprend vingt-deux quartiers, & Forviere qui en comprend quatorze. Ce lieu est le plus élevé de la ville, & autrefois fut profané par vn Temple dedié à Venus, c'est pourquoy on l'appelloit, *Forum Veneris*; mais aujourd'huy il est sanctifié par vne Eglise Collegiale dedié à S. Thomas, que l'on tient vne des quatre plus anciennes de l'Europe, & frequentée par vn grand concours de monde qui y aborde incessamment, & honorée par la presence d'vne Image miraculeuse. De ce lieu en jettant vne œillade sur la ville j'aperçeu l'Hospital bâty au bord du Rosne, dont le bâtiment est tres-beau & tres commode pour les malades qui y sont traitez avec toute la charité que l'on peut desirer, & remarquay que la ville estoit extremement pressée du costé qu'elle est bâtie, entre le Rosne & la Saône, quoy qu'elle puisse s'agrandir au delà du Rosne.

Le trentiéme Septembre j'allay du costé de la Doüane où l'on prend le droit du Roy, qui en reçoit vn revenu tres-considerable, où sont visitées par des Officiers là presens toutes les Marchandises qui arrivent en cette ville en si grand nombre & de toutes les sortes ; mais sur tout des Soyes qui abordent de tous les Cantons d'Italie, comme de Messine, Sicile, Naples, Florence & autres lieux. C'est vne chose digne de la curiosité des Voyageurs d'aller voir les Moulins de Soye, qui dans leur grandeur sont ajustez d'vne telle maniere qu'vne seule femme quoy que foible en peut faire tourner vn facilement, & sont enchaisnés les vns avec les autres, avec tant de dexterité qu'vn seul Mulet en fera tourner sept où huit. Faites parler sur cette matiere les entendus en cét Art, & vous aurez satisfaction : pour moy je n'ay pû m'empescher de faire reflection sur la bonté que Dieu a pour les hommes, & en mesme temps d'admirer sa toute puissance, qui s'est servy d'vn si petit animal, tel qu'est le Vers à Soye, qui n'est pas plûtost né qu'il meurt, & qui perd toute sa substance pour la laisser aux hommes qui en font leur plus grand éclat, & leurs pompes les plus brillantes.

Le premier Octobre j'allay voir l'Abaye d'Ainay qui est à l'extremité de la ville. Elle est deservie par des Religieux de S. Benoist, l'appartement de l'Abbé & le Iardin, dont vn bois & quelques allées font l'ornement, merite bien vne œillade ; mais ce que l'on en doit encore estimer davantage, est son revenu, qui est de dix mil livres de rente, & sa situation proche les remparts de la ville, d'où vous avez vne veuë autant charmante qu'agreable : delà vous découvrez la colline à main droite qui regne au long du Rosne, à gauche vous appercevez vne prairie, delà vous voyez les deux Rivieres du Rosne, & de la Saône qui font alliance, & remarquez la difference de l'eau de la premiere qui est fort claire, & de la seconde qui est fort obscure & qui perd son nom, en vn mot vous sortez de ce lieu tout à fait content. Delà j'allay au Novitiat des Iesuites, dont le Iardin n'est pas moins agreable que le Logis est commode, & ces Peres ont dans les deux villes, deux Colleges où ils ne reçoivent point de pensionnaires.

Le deuxiéme Octobre j'allay voir les Carmes qui sont dans la plus belle & la plus agreable situation de la ville, du costé de N. Dame de Forviere. Ils sont placez sur le bord du Rosne, & ont fait dans leurs Iardins vne terrasse de terres transportées, de laquelle ils ont vne veuë admirable, comme aussi d'vn petit Cabinet basty sur vn Rocher escarpé qui va rendre jusques au pied du Rosne, d'où vous voyez vne profondeur si grande, que vous ne sçauriez regarder du haut en bas que cela ne vous fasse frayeur. Il est d'autant plus agreable qu'il est ouvert de tous costés, & donne liberté à vostre veuë de s'estendre. Ie me suis arresté particulierement à regarder du costé gauche d'où vous voyez le Rosne qui serpente, & en jettant vostre veuë vn peu plus loin, vous découvrez quasi sur le bord du Rosne, l'Eglise des Obseruantins : en vn mot ce lieu merite d'estre veu par les curieux, je tiens pour certain qu'ils en sortiront tres-contents. Ils ont vne Eglise bien propre, à qui vne Chapelle où le Marbre n'est pas espargné, ne donne pas vn petit ornement.

Le troisiéme Octobre je fus visiter les Capucins qui sont dans vne assiette merveilleusement agreable, & aussi sur le bord du Rosne; mais vn peu plus proche du cœur de la ville. Ils ont des vallées, dont le penchant rend sur le Rosne, toutes couvertes d'abres, qui presentent à la veuë vn païsage de verdure tout à fait agreable. Et quoy que la situation n'en soit pas si avantageuse que celle des Carmes, elle ne laisse pas d'avoir ses beautez, representant vn désert. Leur Eglise est assez belle, je ny ay rien neantmoins remarqué d'extraordinaire. J'allay voir l'Academie qui est dans vn des beaux quartiers de la ville, & remplie d'vn bon nombre d'estrangers qui voltigeoient en ma presence sur des Chevaux fort beaux.

Le quatorziéme je vis l'Eglise des Minimes, & ensuite celle de S. Paul, Collegiale, & Paroisse tres-ancienne, dediée à ce qu'on tient visiblement par N. Seigneur mesme. La tradition de la Ville porte qu'vn corps ne seroit pas plûtost enterré dans la fosse qu'on y verroit ruisseler le sang: tellement que S. Laurent qui est proche, est vn secours pour la sepulture des morts. L'Eglise de sainte Croix est attachée à celle de S. Iean; mais non pas S. George qui est vne commanderie de Malte.

Le cinquiéme Octobre je visitay S. Nizier, Eglise Collegiale & Paroissiale, belle, grande & parfaitement bien bâtie, où se void selon quelquesvns le premier Autel qui a esté dedié à la sainte Vierge: Celle des Celestins située proche la Saône, où est vne Chapelle de N. Dame de bonnes nouvelles, renommée pour ses Miracles: Celle de S. Iuste aussi Collegiale, où le Comte de Tournon a rang parmy les Chanoines, en memoire qu'vn Archevesque de ce nom a esté leur Fondateur.

Le sixiéme Octobre je vis le logement du Gouverneur, beau & commode dans les Chambres & Sales qu'il contient ; mais sur tout cela est surpassé par vne platte-Forme qui est à découvert sur le bord de la Saone, où vous joüissez d'vne veuë tout à fait agreable, & considerez avec plaisir cette belle ville, où se sont assemblez deux Conciles Generaux. Le premier qui est le treisiéme Vniversel sous Innocent IV. l'an 1244. pour le recouvrement de la Terre Sainte, & où Frederic fut priué de l'Empire, & S. Loüis étably Chef des expeditions du Levant. Le deuxiéme qui est le quatorziéme Vniversel sous Gregoire X. l'an 1274. où il fut conclud contre les Grecs, que le S. Esprit procedoit du Pere & du Fils.

C'est ce que j'ay pû remarquer de cette fameuse Ville de Lyon, dont on ne peut juger de la beauté, que par sa propre veuë, n'y ayant point de plume qui puisse en faire vne description, qui responde à son éclat.

LES SEPT MERVEILLES

Ie veux dire, les sept choses les plus considerables, de la Ville de Lyon, sont celles qui s'ensuivent.

Ægid. Rousselet sculp.

& d'Italie

Le septiéme Octobre estant invité par vn Bourgeois de Lyon d'aller en sa maison de campagne, je le luy accorday d'autant plus volontiers qu'il me le disoit de bonne grace, & aprés avoir trauersé la meilleure partie de la ville, & monté quelques temps je me trouuay en la maison de sainte Foy Village du domaine des Comtes de Lyon, & à vne lieuë de la ville. Les commoditez dont cette maison estoit fournie, la belle situation du lieu, & l'instance que me fit le Bourgeois, m'inviterent d'y demeurer les 8. 9. 10. 11. 12. 13. 14. 15. & 16. du mois d'Octobre. Toutes les maisons de ce lieu du costé de la Riviere sont dans vne assiette si avantageuse, qu'elles jouïssent d'vne veuë la plus charmante que l'on puisse desirer, estant bâties sur vne colline qui regne au long du Rhosne jusques à Lyon, & qui produit du plus excellent vin de ces quartiers. Il faut neantmoins tomber d'accord que la situation de la maison ou j'estois, surpasse toutes les autres, sur tout quand on se pourmene dans le haut du Iardin qui termine en rempart proche la colline qui va jusques à Lyon, d'où vous avez vne veuë si diversifiée dans ses objets, que cela vous ravit en admiration. Vous avez aux pieds la Colline bordée de vignes, qui fait à la veuë vn objet de verdure vn peu esteinte. Plus bas le Rhosne qui va en serpentant jusques à Lyon, ville qui arreste vôtre veuë agreablement ; Comme aussi le Pont qui est sur la Riviere, au delà de laquelle vous découvrez vne grande prairie à perte de veuë, qui presente à vos yeux vn objet de verdure plus esclatante ; A droite les montagnes de Savoye, & à gauche la colline bornent vostre veuë.

LE CHEMIN DE LYON A Marseille, avec les noms des Villes, Bourgs & Villages, leurs distances, & les choses plus remarquables qui s'y rencontrent, distribuées en sept Merveilles.

LE dix-septiéme Octobre je m'embarquay à Lyon sur la Saône pour Avignon, qui en est éloignée de quarante trois lieuës par eau, & trente six par terre. Cette Riviere me conduisit avec sa lenteur ordinaire dans le Rhosne, qui dans son cours rapide & vehement me fit bien tost voir Vienne, que l'on trouve à gauche sur le bord du Rhosne, à cinq lieuës de Lyon.

VIENNE.

L'On ne peut pas douter de l'antiquité de cette Ville ; puisque quelques-vns asseurent qu'elle a esté bâtie cinq cens ans avant la venuë de I. Christ, par vn nommé Vernerius Africain, qu'il nomma Bienne, & les Latins l'appellent *Vienna Allobrogum*, & les Viennois ont disputé toûjours avec les Lyonnois pour la préséance, & mesme du temps des Empereurs Romains, il y avoit vne Vniuersité fort celebre. Elle est la Capitale du Bas-Dauphiné, fermée de murailles. Son premier Evesque fut S. Crescent, disciple de S. Paul, & son Archevesque qui pretend d'estre le Primat des Primats, a huit cent Parroisses dans l'étenduë de son Diocese.

Cette Ville a Bailliage, Mareschaussée & Presidial, ses habitans ont bon esprit & elle a donné de grands personnages. J'en passeray plusieurs sous silence, & nommeray seulement Ado qui a fait le Martyrologe, & Mamercus qui a composé des livres remplis de grande erudition, touchant l'estat de l'Ame. Les Eglises y sont en bon nombre. Sans m'arrester à parler de celles des Carmes, Minimes, Capucins, Cordeliers, & autres Religieux, ny mesme de S. Estienne, Collegiale tres belle non seulement pour son Architecture; mais pour sa grandeur, ny d'vne autre sur le bord du Rhosne deservie par des Chanoines de S. Pierre; je feray mention de l'Eglise Cathedrale dediée à S. Maurice, considerable dans sa hauteur & dans sa largeur: J'y ay remarquay vne grande nudité, n'y ayant aucuns Tableaux ny Tapisseries, en quoy ils se rendent les imitateurs des Chanoines de S. Iean de Lyon. Ie ne puis passer sous silence, vne Chapelle appellée N. Dame de la vie, que l'on dit avoir esté autrefois le lieu où se tenoit le Pretoire, & l'Auditoire des Romains, & avoir esté habité par Pilate, en horreur dequoy, comme porte la tradition de la Ville, les fondemens se trouvent au lieu ou devroit estre le haut, & le bas a pris la place du haut. En sortant j'apperceû sur la porte ces parolles, *Cecy est la boule du Sceptre de*

Pilate. L'on dit aussi que la Tour qui se void hors de la ville estoit de sa Maison, & qu'il y est mort, & se void vn Lac à deux lieuës de la ville qui porte son nom.

Le College des Iesuites est considerable pour son bâtiment, pour sa situation avantageuse, & pour sa Bibliotheque remplie de fort bons livres. Dans vn quartier de la ville, au haut d'vne pierre, entourée de quatre piliers de fer, sont les armes d'vn Seigneur, à qui on accorda pour avoir sauvé la vie à plusieurs habitans, que ce lieu seroit vn azile pour les criminels. La Riviere de Geré grossie par les eaux qui coulent des Montagnes, vient se jetter dans le Rhosne proche vn Pont qui est dans la ville, son eau a vne vertu merveilleuse pour la trempe des lames d'espée, dont la reputation est connuë par toute la France. Tout au haut de la Coste hors la ville, sont deux Chasteaux, l'vn se nomme Pompée, & l'autre Pippe, que l'on dit avoir est basty par luy.

DV DAVPHINE'.

LE Dauphiné fut autrefois possedé par les Allobroges, qui furent défaits par Quintus Fabius Maximus au Conflant de Lisere & du Rhosne, ensuite par les Romains. Estant depuis devenu vne partie du Duché de Bourgogne, il fut démembré & tomba entre les mains de Seigneurs particuliers appellez Dauphins, qui ont donné le nom à tout le païs. Son dernier Prince fut

Humbert, qui ayant perdu son fils vnique se fit Religieux dans les Iacobins de Paris, & laissa son païs à Iean Roy de France, à condition que les aisnez des Rois à l'avenir se nommeroient Dauphins. Ainsi Charle fils de Iean fut le premier Dauphin, & depuis ce temps-là cela a esté gardé inviolablement. Loüis XIV. regnant presentement nous en a donné vn; duquel on doit attendre par le jugemét que l'on en peut faire, qu'il suivra vn jour les traces du plus grand Monarque de la terre. Ce païs aujourd'huy est vne Province des plus considerables du Royaume, non seulement pour sa fertilité; mais aussi pour son étenduë, on ne la peut traverser dans sa longueur qu'en cinq journées, & dans sa largeur en trois. Les Estats s'y assemblent, où Preside l'Evesque de Grenoble; mesme au dessus des Archevesques de Vienne & d'Embrun.

Il semble que la Nature ayt pris plaisir à élever en cette Province le Theatre de ses merveilles, qu'elle y fait éclater plus qu'en aucune autre. Parmy plusieurs j'en choisiray quelques-vnes, que je n'ay pas veu veritablement; mais qui m'ont esté dites par des personnes dignes de foy. Prés de Grenoble se voit vne Fontaine, dont l'eau boüillonne; laquelle est toute couverte de flammes, & qui conserve son humidité & sa froideur; Ce sont à mon advis des exhalaisons subtiles & déliées qui sortent de terre continuellement, & qui traversant l'eau par leur vivacité paroissent dessus. L'on void aussi en ces quartiers la Tour sans Venin ainsi appellée; parce que nulle beste venimeuse n'y peut viure: l'on tient que dans le païs de Gap autrefois estoient des Fontaines salées que l'on a détourné par des

D iiij

canaux souterrains, & que dans le Briançonnois l'on trouve des Perdrix & des Lievres blancs. Laissons à part ces merveilles pour venir à la suite de mon Voyage, laissant à droite le Vivarais, & à gauche le Dauphiné.

En avançant je jettay l'œil à gauche sur Thain, Village du Dauphiné sur le bord du Rhosne, exposé si favorablement pour recevoir les rayons du Soleil, qu'il produit du plus excellent vin de France, appellé vin de l'hermitage, à cause d'vn Hermite qui se retira en solitude en ce quartier.

De l'autre costé du Rhosne, vis à vis est la Ville de Tournon, sur son bord & dans vne campagne agreable. Le Comte de ce nom est son Seigneur temporel & est vn des deux Barons du Vivarais, le Seigneur spirituel est en partie, l'Archevesque de Vienne, & en partie l'Evesque de Valence. Les Iesuites y ont vn beau Seminaire.

DV VIVARAIS.

LE Vivarais fait vne partie considerable du Languedoc, & est divisé en haut & bas: la Riviere d'Erieu en fait la separation. Sa longueur est de vingt lieuës, & sa plus grande largeur, est de dix-sept. Ce païs est plus fertil pour les vins qu'il produit excellens au long du Rhosne, que pour ses grains. Les onze Barons vont l'vn aprés l'autre comme députez aux Estats du Languedoc, & president aux Estats particuliers du Vivarais. Ce païs a donné de grands hommes, entre autres le Cardinal de Bertrand qui deffendit si vigoureusement les privileges & les droits de l'Eglise contre Pierre de Cugnet.

Vne lieuë & demie plus avant est Charmes, Bourg du Vivarais, & du mesme costé plus loin la Voûte où est vn Chasteau, & à l'entour le Village basty sur vn penchant qui rend sur le bord du Rosne, qui vous découvre si à plain les maisons, que vous pourriez facilement les compter les vnes aprés les autres. Il appartient à la maison de Vantadour.

Le dix-huitiéme Octobre je partis de la Voûte, & poursuivant ma route je m'embarquay sur le Rosne, qui avec son cours impetueux & violent, extremement profond & resserré entre deux Montagnes, en peu de temps me mena à Valence, à vne hostellerie sur le bord du Rosne, où il faisoit bon d'y prendre son repos, avec le plus excellent vin du païs, comme aussi en voyant le Rosne serpenter dans son lit, à droite & à gauche.

A vne lieuë de cette Ville ou environ, je vis à gauche l'Isere qui vient de Grenoble s'emboucher dans le Rosne, qu'elle élargit par l'abondance de ses eaux, & qui par le boüillonnement qu'elle fait, semble contester avec le Rosne pour n'y estre pas confuse. C'est en cét endroit où il faut que le Matelot soit sur ses gardes, c'est vn des escueils du Rosne qu'il doit éviter par son adresse.

VALENCE.

CEtte Ville fut autrefois vne Colonie des Romains, & quelques-vns tiennent qu'elle a esté bâtie par Romus fils d'Allobrox. Elle est appellée par les Latins, *Valentia Segalaunorum*: & est du Dauphiné Capitale du Duché Valentinois, forte avec Citadelle où il y a Gouverneur, dont l'Evesque qui l'est aussi de Die depuis la reunion faite, est Seigneur temporel & spirituel. Son Eglise Cathedrale est dédiée à saint Apollinaire. Il y a Presidial & Vniversité en loix. La residence qu'y afait Cujas, la gloire de ce siecle, dans le droit ne luy a pas donné vn petit éclat. La Ville est remplie de plusieurs Convents de Religieux, comme de Minimes, Cordeliers, Carmes, Capucins & quelques-vns de Religieuses: les Iesuites y ont aussi leur maison. Vn Geant d'vne hauteur extraordinaire, se fit tellement redouter en ce quartier, que ses habitans le tuerent sur les Montagnes du Viuarais, vous pouvez voir ses ossemens dans les Iacobins.

Ils ont en cette Ville des eaux de Fontaine, non seulement en public; mais en particulier, dont les ruisseaux fertilisent merveilleusement les prairies, & dont les sources viennent des Côtaux voisins.

DV VALENTINOIS.

C'Est vn Duché divisé en haut & bas. Le haut va de l'Isere jusques à la Riviere de Droume le long du Rhosne, & le bas va de ce fleuve jusques au Comté de Venaissin, & proche de la Provence. Il a esté donné au Prince de Monaco en eschange d'vne place importante de ce mesme nom, qui est à l'emboucheure de la Mer de Provence.

De l'autre costé est Crussol Comté & vne des deux Baronies & au Duc D'vzez, comme aussi plus haut est Poussin, où les Huguenots furent payez de leur temerité d'y attendre le siege.

Du mesme costé plus avant est l'Abaye de Cruas à six lieuës de Valence. Mais Ancone qui est sur le bord du Rhosne en est à sept lieuës & dans le Dauphiné, & pareillement Donzere Principauté de l'Evesque du Viviers, & au dessus le Viviers dans le Vivarais, dont la Cathedrale en est à trois lieuës.

VIVIERS.

CEtte Ville est appellée par les Latins, *Vivarium Albiensium*, elle est située sur vn lieu escarpé au bord du Rhosne qui s'y élargit extraordinairement. Elle est la Capitale du Vivarais & Episcopale, dont l'Evesque est Prince de Donzere & de Chasteau-neuf, & dans Bourg il a vn beau Chasteau. D'oresnavant j'entreray dans le Languedoc qui est separé du Vivarais par la Riviere d'Ardeche qui vient se jetter dans le Rhosne vers le saint Esprit.

Le mesme jour en avançant sur le Rhosne, je passay le dangereux Pont du S. Esprit, & n'en sçeus le peril que quand je l'eus essuyé. Quelques-vns attribuent ce danger à quelques gouffres qui sont sous le Pont, qui attirent à eux les Bâteaux & les enveloppent dans leurs abysmes. Les autres à l'impetuosité de l'eau qui se resserrant entre les Arches, les fait choquer contre les piliers, & leurs donnent vne secousse si furieuse qu'elle les fait perir si ils sont vn peu plus chargez d'vn costé que d'autre. Ainsi j'arrivay au S. Esprit, à l'hostellerie de la Poste.

S. ESPRIT.

Ville située sur le bord du Rosne dans le Languedoc. Du couchant elle est à couvert des mauvais vents d'vne haute Montagne, qui la domine entierement, & qui fait que sa Citadelle ne luy est pas de grande deffense, du costé qu'on avance dans le Languedoc. Elle est dans vne belle & grande plaine, qui a trois ou quatre lieuës de largeur. Ie vis de terre ferme sans danger ce dangereux Pont, qui n'est pas éloigné de la ville, qui donne communication du Languedoc au Dauphiné, & fus extremement surpris d'apprendre qu'vn ouvrage si dificile avoit esté executé par vn nommé Beneset petit Berger; mais je cessay d'admirer quand je fis reflection que Dieu bien souvent s'estoit seruy des instrumens les plus foibles pour operer les plus grandes merveilles, pour faire éclater davantage sa toute puissance. Ce Pont est droit, & basty de pierres, accompagné de trente trois Arcades ou environ, je remarquay dans ses piliers des fenestres, tant pour l'ornement, que pour rompre l'effort d'vn fleuve le plus rapide de l'Europe, qui a liberté d'écouler son eau, & empescher que les piliers n'en soient endommagez. C'est le raisonnement qu'en font les experts de l'art.

DV LANGVEDOC.

LE Languedoc est vne Province des plus belles & des plus grandes du Royaume; puis qu'elle a bien du couchant au levant soixante & quinze lieuës, & du Midy au Septentrion quarante cinq. Les Romains y passerent de Provence; mais ils en furent chassez par les Visigots, & ceux-cy par les François, sous la conduite du Roy Clovis; & Charlemagne depuis y ayant étably des Gouverneurs qui furent apppellez Comtes de Thoulouse, & l'ont possedé jusques à S. Loüis, dont le frere nommé Alphonse espousa Ieanne fille vnique de Raimond dernier Comte de Thoulouse, & ainsi le Comté fut reuny à la

Couronne de France. Ce païs est divisé en haut & bas Languedoc, & tous deux enferment vingt-deux Eveschez, & a trois Lieutenans Generaux pour le Roy. Les Estats Generaux s'assemblent tous les ans, composez des trois Estats. Il est arrousé de plusieurs fleuves, comme du Rhosne & de l'Aude. Quelques-vns ont donné dessein de joindre cette derniere à la Garonne, pour donner la communication des deux Mers.

Tout ce qui se peut imaginer pour la commodité de la vie, se trouve dans ce païs, que l'on peut appeller vne seconde Italie pour sa beauté & bonté : l'on tire mesme du Marbre du plus fin à Cannes prés de Narbonne, à Roquebrun prés de Besiers, & se trouve aussi dans le Diocese d'Agde de l'Alebastre fort blanc, & à Gabian vne Fontaine d'huile, dont on se sert pour les Lampes, & l'on m'a dit que dans les sables des Rivieres qui coulent du Mont-Pyrenée, se trouve de l'or & de l'argent meslé, comme aussi de quelques autres qui prennent leur source des Montagnes du Languedoc, comme le Gardon & le Tarn. Ses habitans sont vaillans, adroits, & par leur esprit & gentillesse, ils font leur fortune auprés des grands ; mais ils sont au dernier point suffisans.

LES SEPT
MERVEILLES,
Ie veux dire les sept choses les plus remarquables, depuis Lyon jusques en ce lieu; sont les suivantes.

Ægid. Rousselet sculp.

Le dix-neuviéme Octobre ayant laissé le S. Esprit, je remontay dans mon bâteau sur le Rhosne; mais incontinent aprés vn orage s'y estant souslevé, en danger mesme de me faire perir, obligea le Matelot de me mettre à bord en attendant la bonace; mais voyant qu'au lieu de me venir trouver; elle s'en reculoit j'allay prendre à deux lieuës delà la Poste, & passay à Ville-Neuve, Bourg du Languedoc situé sur le Rhosne, & laissant à droite l'Abbaye de S. André où est la separation des terres de France & du Pape; je passay sur le Pont, aprés en avoir payé la bonne entrée, qui est sur le Rhosne, & arrivay à Avignon à l'hostellerie des trois Rois, la moins mauvaise de la ville, éloignée du S. Esprit de sept lieuës.

AVIGNON.

Avignon est appellée des Latins, *Avenio*, Ville sur le bord du Rhosne, Capitale, Papale & Metropolitaine de tout le Comtat, auquel elle donne le nom. Saint Rufs au premier siecle luy annonça l'Evangile & fut son premier Evesque, ses habitans s'estant laissé gagné par l'heresie des Albigeois, il y a cinq cens ans où environ, du temps de Philippe Auguste en furent chastiez par Loüis VIII. qui fit ruïner les maisons des plus puissans, abbatre les murailles & combler les fossez; mais elle s'est si bien relevée de ses cendres qu'elle peut se vanter, non seulement d'estre ancienne; mais tres superbe. Le se-

E

jour que les Papes y ont fait depuis l'an 1307. jusques à 1375. à commencer depuis Clement V. jusques à Gregoire XI. qui par l'instigation de son Precepteur Balde, & de sainte Catherine de Sienne, le transfera à Rome, n'a pas peu contribué à l'embellir, quoy qu'elle ne soit forte que du costé du Septentrion, ou elle est bâtie sur le panchant d'vn Rocher. Les souverains Pontifes y ont étably & pour le spirituel, & pour le temporel, vne justice si conforme à celle de Rome, que cela donne occasion de l'appeller vne seconde Rome. Quoy que l'on en dise sept Portes, sept Palais, sept Convents, sept Colleges, sept Hospitaux, je ne tiens pas que ce nombre soit si fixe, que l'on ne puisse en retrancher, ou y adjouster. En vn mot il n'est rien de si magnifique que la ville, rien de si civil que les habitans, & rien de plus paré que les Dames : Voila en general ce que je pense, faisons en presentement vne description plus exacte.

Le vingtiéme Octobre j'allay hors la ville au long du bord du Rhosne qui luy sert comme de rempart. Là je vis l'endroit où la Sorgues s'y embouche, aprés neantmoins avoir rendu ses hommages à la ville, nettoyés ses ruës, servy aux Teinturiers & aux Drapiers qui y lavent leurs étoffes, au dessus la Durance s'y jette pareillement. Delà considerez le Pont qui vous en fera d'autant plus admirer l'ouvrier, que le fleuve en cét endroit est extraordinairement impetueux, quoy qu'il s'élargisse. Il a esté premierement basty de pierres ; mais ayant esté rompu par la violence des eaux avec succession de temps il a esté rajusté avec des poutres, si bien qu'aujourd'huy il est de bois dans sa meilleure partie, il a plusieurs Arches & est estroit ; mais long d'vn demy quart de lieuë, & dans ses piliers l'on a fait des fenestres, soit pour son embellissement, soit pour donner vn cours à l'eau plus aisé, & aussi pour empescher que l'impetuosité de l'eau n'emporte les piliers, & cette mesme raison a obligé les Architectes à le faire en serpentant. La tradition du païs porte qu'il a esté bâty par S. Beneset petit Berger, qui vivoit il y a 520. ans & depuis canonizé par le peuple, il se monstra, & alla voir le Gouverneur de la ville, auquel il dit qu'il avoit eu inspiration qu'il pourroit bâtir vn Pont sur le Rhosne : sa proposition fut mocquée, & le Gouverneur luy dit qu'il le croyroit s'il pouvoit lever vne pierre qu'il luy monstra, laquelle il prit aussi-tost & l'enleva, bien qu'à peine trois hommes la pûssent remuer au lieu où le Pont a esté basty, au bas duquel il y a vne petite Chapelle où il a esté enterré, & d'où on n'a jamais pû l'en tirer, quoy qu'on l'ayt tenté plusieurs fois.

Ayant passé le Pont je tournay à droite, & allay à Ville-Neuve Bourg sur le Rhosne & à vne demie lieuë de la ville. Là est le Convent des Chartreux, dont l'entrée est charmante, la maison commode & l'Eglise considerable, non seulement dans ses belles Peintures, parmy lesquelles j'ay admiré vn saint Michel qui est vn chef-d'œuvre, mais aussi pour le Tombeau de Marbre d'Innocent VI. & celuy de son Neveu.

Revenant sur mes pas je vis au dessus de la ville le Rhosne, qui se separant en deux, fait vne Isle fort agreable pour la pourmenade des habitans, & puis va se rejoindre au Pont, duquel considerant les murailles de la ville, je ne pû que je n'en admiré la beauté. Elles sont bâties de pierres de taille tres polies, de la hauteur de trente pieds, accompagnées de Tours qui ne leurs donnent pas vn petit éclat, comme aussi les Creneaux dont elles sont ornées.

La maison des Peres de la Doctrine Chrestienne qui ont vn Novitiat en cette ville, est considerable pour estre le lieu où demeuroit Cesar de Bus Gentil'Homme du Comtat d'Avignon, fondateur de cét Ordre. Il me fut dit par vn Pere qu'il y fut si cruellement tourmenté par le Demon, qu'il le portoit souvent tout nud sur la couverture de la maison, dans laquelle l'on me fit voir la chambre où il a demeuré & où il est mort, & l'on me monstra son corps tout entier, où je remarquay de la chair & des cheveux, quoy qu'il soit mort il y a cinquante huit ans. En ce lieu sont les vœux de quelques particuliers, qu'ils ont donné pour avoir esté gueris par l'intercession de ce saint homme. Entre autres vn Malatesta Seigneur Italien y a fondé vne Lampe à perpetuité, & vis aussi celle que le Cardinal de Richelieu y donna aprés qu'il fut rappellé de son exil par le Roy Louis XIII. suivãt le vœu qu'il en avoit fait.

Le vingt-vniéme Octobre je vis les Eglises des quatre Mendians qui meritent vostre curiosité. Celles des grands Augustins, des Cordeliers & des Carmes, sont considerables non seulement dans leurs voûtes; mais aussi dãs leur longueur, largeur & hauteur, & pour n'estre soustenuës d'aucuns piliers, tant l'artifice en est merveilleux. Dans la premiere je remarquay deux chaires, & dans la seconde l'on me fit voir dans vne Chapelle le Tombeau de Laure tant cherie par Petrarque ce grand Poëte Italien. La quatriéme en ordre; mais qui ne sera pas la derniere en beauté, est celle des

Dominiquains appuyée sur des piliers, & qui pour la grandeur peut estre surpassée par celle des Cordeliers; mais si vous mettez toutes choses en comparaison, vous sortirez plus satisfait de la veuë de ce Convent, ou j'admiray dans vn grand corps de Logis les belles & longues Sales, le Dortoir au dessus duquel je me pourmenay sur vne plate-forme faite de pierres de taille, si bien située, que vous découvrez de ce lieu toute la ville, ce qui fait vn objet tres agreable. L'on me monstra dans le Dortoir deux Chapelles, l'vne de S. Vincent Ferrier Religieux de cét Ordre, placée au lieu mesme où il demeuroit autrefois, j'y vis vn Tableau qui le represente divinement au naturel. L'autre de S. Anthoine de Padoüe, bâtie par vne personne qui avoit pour ce Saint vne veneration toute particuliere.

Les Iesuites ont dans leur Novitiat vne Eglise où est vn Dome au dessus du Chœur : mais elle est surpassée par celle de leur College, non seulement considerable par son Portail ; mais aussi par ses belles Chapelles bâties à l'entour de la nef. Il sont logez dans vn des sept Palais d'Avignon.

L'Eglise des petits Augustins est petite; mais bien proportionnée : ils y ont vne Chaire travaillée en bois avec vn grand artifice. Celle de la Visitation est tres propre & bien ornée, & au dessus du Chœur est vn Dome qui ne luy donne pas vn petit éclat. Vn Archevesque d'Avignon a bâty cette Eglise.

En me pourmenant dans la ville j'en remarquay la propreté & la largeur des ruës, j'y admiray la beauté des Palais, & les Iardins plaisans ; mais sur tout je me suis arresté à considerer les murailles qui en sont si belles, qu'elles sont une des sept merveilles de la ville.

Le vingt-deuxiéme Octobre je visitay l'Eglise des Celestins belle & magnifique, bâtie à l'instar de celle des Celestins de Paris. I'y admiray la Chapelle de S. Pierre de Luxembourg, brillante par son or, superbe dans son Marbre, & riche dans ses Peintures. A l'entour sont des Tableaux qui representent les miracles de ce Saint, qui mourut à l'âge de vingt deux ans, en odeur d'une tres grande sainteté. Entre plusieurs miracles j'en diray vn que la tradition du païs tient pour veritable. Par les prieres & l'instance que luy fit vn Pere, il rendit la vie à son enfant, qui estant tombé du haut de la grande Tour d'Avignon est brisé en pieces. Là je vis vn Tombeau superbe & magnifique que Monsieur de Luynes a élevé pour éterniser la memoire de ce Saint son parent. Là est vn Reliquaire ou l'on honore plusieurs Relliques, comme des douze Apostres: du lait de la Vierge: les bras de S. Roch & de saint Sebastien: les Chefs d'vne des onze mille Vierges, & de S. Pierre de Luxembourg. Là auprés de ce Reliquaire contre la muraille, est le portement de la Croix de N. Seigneur, où sont representez plusieurs personnages en bas relief sur vne mesme pierre de Marbre qui est vne piece achevée. Là aussi sont deux personnages en bois, travaillez fort artistement.

Dans le Chœur est le Tombeau d'vn Pape, Clement, qui y est representé en Marbre, & à l'entrée du Cloistre sont écrites ces paroles en lettres Gothiques, & en vers Latins.

Mundus non mundat sed mundus polluit, Ergo
Qui manet in mundo; quomodo mundus erit?

Delà aprés avoir monté plusieurs dégrez, je me trouvay dans l'Eglise de N. Dame Metropolitaine du Comtat, considerable pour son antiquité, pour ses Tombeaux & pour estre la dépositaire de tres saintes Reliques. Sur le maître Autel est vne Chasse d'argent, où sont les corps des quatres saints, Verterme, Maximin, Donat, & Ferme. I'y honoray aussi celles de S. Martin, de S. André : vn Chef des onze mille Vierges : du bois de la Croix : des vestemens de la Vierge : de S. Iean Baptiste, & de plusieurs autres. Parmy les Tombeaux j'y remarquay ceux de Benoist XI. & de Iean XXII. dont on me fit voir la Chape, travaillée toute de soye en personnages, où sont representez des oyseaux merveilleusement bien faits ; c'est vne piece achevée & qui merite la curiosité du voyageur. L'on me montra aussi en cette Eglise vne Chaire de Marbre où le Pape s'asseyoit quand il officioit Pontificalement. Dans l'enceinte du Cloistre est vne Chapelle où estoit autrefois la chambre de S. Marthe.

Dans l'Eglise de S. Didier l'on honore de la sainte Espine de la Couronne de N. Seigneur, & dans celle de S. Martial, deservie par des Religieux de S. Benoist, l'on void vne squelet au bas de son Tombeau, travaillé avec vne industrie merveilleuse. La structure du Tombeau de Pierre Damian Cardinal est admirable, & est de Marbre du plus beau & du plus poly : au tour sont representées avec artifice les plus belles actions de sa vie. Dans l'enfoncement de la muraille, depuis le haut de la voûte jusques en bas, se voyent plusieurs ordres de tres belles statuës de Marbre, qui representent les Mysteres de l'Evangile. Au bas sont les douzes Apostres, où S. Iean paroist le livre à la main, lisant dedans : Cét ouvrage est vn chef-d'œuvre achevé.

Dans la Maison-de-Ville je vis vne Sale tres-belle & tres-longue, comme aussi la Balotiere où sont receus les suffrages pour le choix des Officiers, faite d'vne telle maniere qu'il faudroit estre bien subtil pour découvrir qui donne vne boule noir ou blanche, pour le refus ou pour l'élection d'vn Officier : Ainsi l'on donne son suffrage en grande liberté.

Le vingt-troisiéme Octobre je vis le Palais du Vice-Legat, nommé Gaspar de Lascaris, situé sur vn lieu élevé, considerable dans sa grandeur, Architecture & délicatesse de son bâtiment, j'y consideray les quatre grandes aîles de bâtimens flanquées, de quatre grosses Tours d'vne hauteur prodigieuse, dont il y en a vne qui surpasse les autres en grosseur & en élevation : les cabinets, sales, & chambres sont tout à fait bien ornées, & avez de tout ce lieu vne veuë tout à fait charmante. Les trois grandes Sales que l'on trouve à droite qui sont voûtées & les vnes sur les autres, meritent vne admiration toute particuliere. Dans celle du milieu est vne Eglise où officioient les Papes du temps qu'ils avoient leur Siege à Avignon, où se void vne pierre d'Autel tout d'vne piece d'vne merveilleuse longueur.

La Iuifverie est vn lieu remply d'infection, que j'aurois laissé volontiers en arriere, si d'ailleurs la curiosité ne m'avoit porté de la voir. I'y remarqué les Iuifs avec leurs Chapeaux jaunes, & leurs femmes avec vne Dentelle empesée qui borde leur coiffure à l'entour & au haut de la teste. Ils seroient grièvement chastiez s'ils ne portoient ces marques qui les distinguent des Chrestiens.

Ils sont au nombre de cinq cent dans ce lieu assez estroit, où ils ne peuvent pas s'estendre; mais bien élever leurs bâtimens. Leur Synagogue où ils celebrent l'office trois fois le jour à heures reglées, est vn lieu fort obscur qu'ils éclairent par des Lampes qu'ils y allument pendant l'office qu'ils disent en langue Hebraïque, & le chantent quelquesfois en musique. Les hommes sont en haut & les femmes en bas, quasi tous parmy eux, mesme jusques aux femmes lisent l'Hebreu : plusieurs l'entendent & le parlent ; mais il s'en rencontrent peu qui le sçachent en perfection. Il ne se peut rien voir de si infame que tout ce lieu, rien de si vilain que leurs appartemens, rien de si miserable & de si stupide que les hommes, toutes peines justement deuës à leurs crimes.

Vers le Palais est vne belle & grande place pour la commodité du public. Les Chapitres ont leur rang dans la ville : celuy de N. Dame est le premier : S. Agricole est le second, & celuy de S. Pierre le troisiéme. Dans cette Eglise les Consuls y entendent la Messe chantée solemnellement aprés leur élection, où le Vice-Legat assiste dans vne Chapelle qui luy est destinée.

Le trafic de la Ville gardée par des compagnies Italiennes, consiste en étoffes de soye, gants parfumez, senteurs, rubans & autres marchandises. On peut l'appeller vne seconde Rome, si vous considerez la beauté de ses Palais, la politesse de ses Iardins, & la civilité de ses habitans ; mais sur tout si vous en considerez l'administration de la justice qui l'imite en cela parfaitement. Le Tribunal d'Inquisition est donné par la Congregation du S. Office à Rome, à vn Dominiquain qui est si souverain que l'on n'en peut appeller.

Le Legat qui est Vicaire General du Pape dans le temporel & le spirituel dans le ressort du Comtat, est renouvellé tous les trois ans, s'il n'est continué par le Pape qui le nomme, & le Vice-Legat est nommé par sa Sainteté & le Legat, desquels il prend Bulles que l'on lit en la grande Chapelle du Palais, en presence des Consuls & des députez du Comté. Elles sont pareillement verifiées dans les Parlemens de Provence & de Dauphiné, & mesme par celuy de Thoulouze, quand le Legat est vn Cardinal François. Le gouvernement de la Ville est entre les mains du Vice-Legat, qui nomme non seulement aux Benefices du Comté ; mais aussi de Provence, Dauphiné, qui sont dans le tour du Pape. La charge de General qui concernoit la Guerre, a esté supprimée l'an 1628. & a esté confuse dans celle de Vice-Legat.

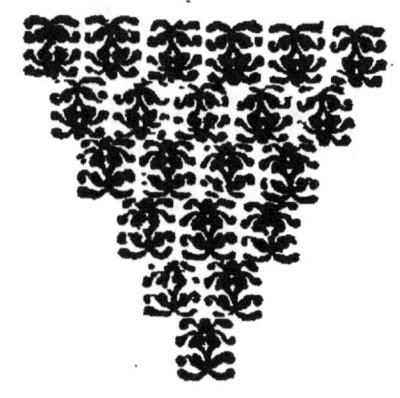

LES SEPT MERVEILLES;

Ie veux dire, les sept choses les plus considerables, de la Ville d'A-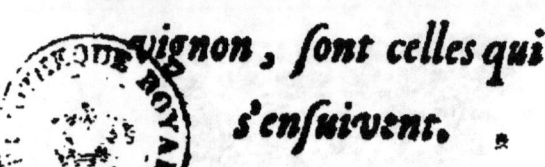vignon, sont celles qui s'ensuivent.

DV COMTÉ D'AVIGNON.

LEs Romains maistres de ce païs, furent chassez par les Goths, & ceux-cy par les Bourguignons, que les François en repousserent. Charles le Chauve en fit vn present à Boson, & aprés l'Empereur Othon s'en empara : les Comtes de Provence l'ont possedé, & depuis est tombé dans la maison Royale, par le Mariage qui se fit de Charles frere de Loüis IX. avec Beatrix, fille de Raimond Comte de Provence, qui l'aisserent pour heritiere Ieanne qui donna ce Comté au Pape Clement VI. pour s'acquiter des arrerages qu'elle n'avoit pas payez depuis plusieurs années pour le Royaume de Naples, fief dépendant de l'Eglise.

Ce Comté d'Avignon, autrement appelé de Venaissin, appartient encore aujourd'huy au Pape, & prend le nom de la ville principalle & Archiepiscopale, qui outre plusieurs autres a trois villes Episcopales, Carpentras, Cavaillon & Vaison. La longueur de ce païs qui abonde en huiles, bleds, vins & fruits, prise depuis Cavaillon jusques à la Palus, est de onze lieuës, & sa largeur depuis Avignon, jusques au delà de Carpentras, est de six lieuës. Il est arrousé des Rivieres du Rhosne, de la Durance, & de la Sorgues qui prend sa source à cinq lieuës d'Avignon, prés de la Fontaine de Vaucluse, où Petrarque a medité ses sçavans ouvrages qu'il a donnez au public. L'eau de cette Riviere est extrémement propre pour les Teintures, & prepare les étoffes pour recevoir la couleur cramoisy aussi belle qu'en lieu de l'Europe.

Le vingt-quatriéme Octobre je sorty d'Avignon & allay à Remolin, village du Languedoc, où je dînay à l'Enseigne du Pont du Gard, & ne me contantant pas de voir ce fameux Pont en peinture, ie continuay mon chemin vne demye lieüe au long de la Riviere du Gardon, sur laquelle ie consideray cette superbe machine : ce magnifique Aqueduc qui servoit à conduire les eaües du Fleuve dans la ville de Nysmes, qui en est éloignée de quatre lieües. Il est composé de pierres de taille d'vne espaisseur, longueur & largeur si surprenātes qu'il est assez difficile de concevoir comme l'on a pû inventer des machines qui fussent capables de les enlever en vn lieu si haut, comme aussi il est malaisé de comprendre comme on a pû faire monter l'eau de son lict naturel dans vne eminence si considerable : Ie ne pouvois me lasser de contempler la hauteur, la structure & les proportions admirables de trois rangs d'Arches les vns sur les autres : Au premier rang qui est plus estroit que les autres à cause que le lieu va en s'élargissant du bas en haut, sont six grandes Arcades moüillées par la Riviere du Gardon : au second rang, onze, faites avec vne si grande industrie, qu'elles fournissent aux deux costés des galleries, qui donnent passage aux Cavaliers & aux Pietons qui veulent passer d'vn costé à l'autre : Au troisiéme, trente-six qui ne sont ny si hautes ny si larges, mais qui ne cedent rien aux autres pour l'artifice de leur structure tout au haut d'vn bout à l'autre regnoit vne Arcade de la hauteur de cinq pieds, qui estoit le lieu par lequel les eaues couloient, couvert encore aujourd'huy de grandes pierres de taille plates & couchées pardessus, les pierres en sont rongées, mais la structure est encore en sa premiere assiette. La grandeur & la magnificence paroist certainement en cét ouvrage, & fait voir que les Romains estoient capables de grandes entreprises: c'est vne antiquité que le Languedoc a l'honneur de posseder, telle qu'il ne s'en trouue pas vne pareille dans le Royaume; & qui merite la curiosité des Voyageurs, elle sera vne des sept Merueilles.

De ce lieu j'allay à Nysmes ville du Languedoc, où j'arriuay à l'Hostelerie du Luxembourg meillieur que celle du Lion d'or qui est vis à vis.

NISMES.

Nismes est vne ville appellée par les Latins *Nemausus*, comme qui diroit, *Nimium ausus*, ainsi dite pour la temerité de Marius, qui ayant esté vaincu par Sylla dans le païs Romain, se reduisit en cette ville dans le dessein d'en faire vne seconde Rome: Il entourra la ville de murailles, il bastit des Palais magnifiques, il fit des Amphitheatres, il y conduisit des fontaines par le moyen des Aqueducs dont on remarque des vestiges, & l'on tient mesme que de son temps s'est fait le pont du Gard; quelques vns tiennent que son estenduë alloit iusques au Temple de Diane, dont on voit encore quelques restes sur vne eminence hors la ville qui fut faite vne Colonie du temps des Romains.

Elle est Episcopale, & sa Cathedrale est dediée à la tres-sainte Vierge, & suffragante de l'Archevesché de Narbonne. Elle a Seneschaussée & Presidial, & est dans sa grandeur extrémement peuplée d'vn grand nombre d'Heretiques qui surmonte celuy des Catholiques, c'est le passage de Tolose & de Montpellier pour aller à Lyon & autres lieux.

L'Amphitheatre appellé par les Latins *Castrum Arenarum*, & encore auiourd'huy nommé les Arenes ou champ de Mars, depuis que les Gots s'y retrencherent est le plus superbe & le plus entier qu'il y ait dans l'Europe ? Rome mesme ne peut pas se glorifier d'en avoir un si achevé: Les maisons qui sont bâties en dedans ostent la liberté de s'y pourmener, ce qui n'a pas empesché que ie ne l'aye fort consideré. Il est d'vne figure ronde, & composé de pierres de taille & d'vne grosseur prodigieuse dans son espaisseur: tout au tour l'on a pratiqué vne galerie, tant pour l'embellissement que pour la commodité des spectateurs qui défiloient par là les ieux estant finis. Au dessous sont les Prisons où l'on enfermoit les Esclaues que l'on destinoit de faire combattre avec les Animaux qui estoient dans les Cavernes, & que l'on faisoit sortir dans le champ de bataille par de grandes arcades qui sont au tour, au nombre de trois ou quatre cens ou environ: Cinquante mille personnes pouvoient s'assoir commodement sur vingt rangs de degrez qui sont si bien placez & qui se suivent avec tant de proportion, que l'on ne s'incommodoit point l'vn l'autre, & le tout est de pierres de taille d'vne grosseur extraordinaire. Au dessus est vne Plate-forme à hauteur d'appuy pour la seureté de ceux qui s'y pourmenent. Delà vous jouyssez d'vne veuë charmante, la hauteur de l'ouvrage & la beauté du païs vous donnant cét

avantage

advantage. Le dehors est environné de Colonnes qui ont des bases bien façonnées : Vous y voyez des Aigles, Armes de l'Empire Romain : Vous y découvrez Remus & Romulus tetans une Louve. En un mot cét Amphitheatre est une des belles Antiquitez de France, & qui merite vostre curiosité. Il sera une des sept Merveilles.

Delà j'allay sous la conduite d'vn Antiquaire, voir le Maison quarrée, quoy qu'elle m'ayt paruë plus longue que large. Quelques-vns tiennent que c'estoit le Pretoire, lieu où on rendoit la Iustice, les autres un Capitole bâti par l'Empereur Adrian en l'honneur de sa Femme Plotine ; Cela est incertain : mais une chose tres certaine est que ce Palais estoit tres magnifique, comme l'on peut juger par ses restes. La couverture est voutée & faite de grosses pierres de taille, où l'on se pourmene commodement & seurement. Le dehors est appuyé sur des colonnes, & au dedans j'y admiray vn grand manteau de cheminée, fait d'vne seule pierre d'vne grande longueur, où sont gravées plusieurs figures ; ouvrage estimé par les experts, & qui merite d'estre consideré par les curieux.

Le Temple qui presentement sert de maison à vn particulier, est en son entier & de forme quarée. En dehors sur la muraille ie vis quelques Aigles, armes de l'Empire Romain, parmi lesquelles i'en remarquay quelques-vnes sans teste, ainsi coupées par les Gots pour marquer que l'Empire étoit sans chef. La curiosité vous peut aussi porter à voir proche les murailles de la vieille ville en vn vallon, vn ancien bâtiment de pierres quarrées, appellé Tourmagne, c'est adire Tour grande, ou selon quelques-vns, Tour Romaine. La fontaine dont l'eau est claire & en abondance, est bonne par ex-

E

cellance & tres commode à la ville ; comme aussi le College des Iesuites qui y enseignent jusques à la Rhetorique. En sortant de la Ville pour continuer ma route, ie jettay la veuë sur l'Amphitheatre qui paroit audessus de tous les autres bâtimens infiniment plus élevé , & en avançant chemin j'arrivay à Beaucaire.

BEAVCAIRE.

Beaucaire est une Ville du Diocese d'Arles, du Languedoc, & sur le bord du Rhosne, éloignée de Nismes de quatre lieuës, ainsi appellée pour un Château de forme quarrée flanqué de quatre tours aux quatre coings qui fut démoli l'an mil six cens trente deux. Il se fait en cette Ville un grand trafic d'huile, estimée la meilleure du païs, il s'en debite vne grande quantité le iour de la Magdelaine, & se tient une foire celebre par tout le païs. Les Peres de la Doctrine Chrestienne y sont établis. Vis à vis est Tarascon où j'arrivay aprés avoir passé le Rhosne, qui en cét endroit est tres large, & si rapide que les Matelots ne pouvans le maistriser à la rame; se laissent aller au gré de l'eau pour aborder à la Ville.

TARASCON.

Ville de Provence sur le Rhosne, d'où vous voyez avec vn singulier plaisir Beaucaire qui est vis à vis de l'autre costé du fleuve, qui estant entrecoupé par des petites Isles fait vn objet agreable, & les deux Forteresses qui se regardent, donnent l'achevement aux charmes de cette perspective.

Le vingt-sixiéme Octobre je visitay l'Eglise Collegiale de sainte Marthe, où j'admiray la Chasse d'or massif donnée par Loüis XI. Elle porte la statuë de la sainte faite avec vn artifice inimitable, à l'entour sont representées les principales actions de sa vie, & quelques miracles qu'elle a faits aprés sa mort. La faisant tourner on m'a monstré diverses Reliques enchassées magnifiquement, specialement vn doigt de la Magdelaine: quatre petits rejettons de l'Espine de N. Seigneur: de la terre qui fut trouvée sur le sein de sainte Marthe, que l'on croit estre de celle qui estoit sur la Croix de N. Seigneur. Vn grand Calice d'argent doré d'vne pesanteur considerable, donné par Loüis XI. en action de graces de ce qu'il fut délivré du poison qui luy avoit esté preparé dans le Calice où il devoit communier: quelques Reliques de la Vierge, de S. Laurent, de S. Front, les doigts de sainte Marthe sont couverts de pierres pretieuses de differentes sortes. Ie remarquay parmy, vne Emeraude d'vn prix considerable donnée par vn Archevesque d'Avignon. Ie vis aussi la petite N. Dame d'Agathe, que Loüis XI. donna à cette Eglise, comme la chose la plus pretieuse qu'il eust. Là se voit aussi le crane de sainte Marthe, comme vne Croix d'vn bois incorruptible qu'elle portoit sur elle, & dont elle se servit pour dompter la Tarasque monstre horrible, qui devoroit les hommes, dont la ville à retenu le nom de Tarascon. Là est vne pierre qui fut trouvée au lieu où sainte Marthe avoit esté enterrée, sur laquelle sont ces paroles, *hic Iacet Martha.*

Delà je descendis dans vne Chapelle sousterraine, le lieu de son sepulchre, qui avoit esté aussi celuy de sa retraite pendant son vivant. L'on y void deux Tombeaux: l'ancien n'est que de pierre, mais bien travaillé: le nouveau beaucoup plus magnifique est de Marbre, sur lequel est admirablement bien representée la figure de la Sainte. Tout au tour sont travaillez quelques miracles de sa vie, la Chapelle sera toute revestuë de Marbre. Mais si le lieu est considerable pour sa beauté & ses richesses, il l'est encore plus pour sa sainteté, contenant quatre Tombeaux, deux de S. Maximin, & saint Sidoine, les deux autres de sainte Marthe, & de sa servante, celle qui dit à N. Seigneur, *Beatus venter qui te portavit.* En vn mot ce lieu est tout saint & tout riche, & il est a craindre que sa magnificence ne diminuë plûtost de sa valeur qu'il ne l'augmente; car si cette nouveauté de Marbre & de dorure donne quelque satisfaction à la veuë, cette merveilleuse, rare & sainte antiquité inspireroit des sentimens de devotion dans le cœur. On void en cette Eglise la representation du Tarasque, monstre horrible qui dévoroit les hommes tous entiers: il est representé avec vne teste de Lyon, le corps couvert d'écailles, & la queuë de serpent. La ville pour sa grandeur contient plusieurs Convents; sçavoir de Cordeliers, Iacobins, des Peres de la Doctrine Chrestienne, des Religieuses de S. Benoist, des Vrsulines: l'Eglise des Capucins qui est hors la ville fut consacrée sous le nom de S. Armand, par le Cardinal de Richelieu. Le jour de sainte Marthe vne foire celebre, où il se vend avec plusieurs autres Marchandises, de l'huile qui ne cede en rien en bonté, à celle du Languedoc.

DE LA PROVENCE.

La Provence située au pied des Alpes, est appellée par les Latins, *Provincia*, pource qu'elle fut choisie par les Romains long-temps auparavant la venuë de N. Seigneur, pour estre reduite en forme de Province. Elle a esté plusieurs fois vnie avec l'Italie, ensuite érigée en Royaume, & par aprés ayant esté encore vne fois reünie à l'Italie, elle fut démembrée & tenuë par des Seigneurs particuliers en tiltre de Comté; mais depuis René Duc d'Anjou Roy de Naples & de Sicile, se voyant sans enfans la laissa à Loüis XI. & depuis ce temps les Rois de France en ont esté en possession. Ce païs a trente six lieuës dans sa longueur, & vn peu moins dans sa largeur. Du Nord, il est borné du Dauphiné, de l'Orient, il a les Alpes; du Midy, la Mer Mediterranée, & du couchant la Principauté d'Orange & le Comtat d'Avignon. Il comprend deux Villes Archiepiscopales, qui sont Aix & Arles, & onze Episcopales, sans parler de plusieurs autres. Il est appellé vne autre Italie pour la fertilité de son terroir, la subtilité de son air, & la bonté de l'esprit de ses habitans. Il produit Orangers, Citroniers, Grenadiers & Oliviers en abondance: ses landes sont couvertes de Rosmarins, Myrthes, Geneuriers, & de Palmiers

F iij

en quelques endroits : fés Collines qui reçoivent l'influence d'vn bon air, font remplies de fruits de toutes fortes : en vn mot la terre y eft merveilleufement feconde. Yeres eft le Theatre que la nature femble avoir choifi pour faire éclater davantage fes merveilles. Elle en fait fon principal Iardin, dont elle bannit l'hiver pour y introduire vn efté continuel : ils y ont des fleurs & des fruits toute l'année, font venir des cannes de fucre, & mefme par vne invention merveilleufe la terre produit du Coton, & en mefme temps fur vn mefme Arbre vous voyez des fruits meurs, d'autres moins avancez, quelques-vns boutonnez, & d'autres auffi eu fleurs. La bonté & la fubtilité de fon air contribuë beaucoup à la viuacité des efprits des habitans, dans lefquels l'on remarque vne fpiritualité qui furpaffe celle des autres nations ; mais auffi l'on nous fait entendre qu'ils font avares & inconftans, & que parmy eux y regne la temperance & la fobrieté, enquoy ils participent beaucoup de l'humeur des Italiens. M'en retournant à Avignon qui eft éloignée de quatre lieuës de cette ville ou environ, je paffay deux bras de la Durance qui en hyver s'étendent extraordinairement, & incommodent fort les paffans, quoy que cette Riviere ne foit pas profonde.

Le vingt-feptiéme Octobre je fortis d'Avignon, & à deux lieuës je paffay deux bras de la Durance, l'vn en Bâteau, & l'autre à Cheval, & me fis conduire par tout par le Voiturin, pour éviter le danger dans lequel font tombez plufieurs voyageurs pour avoir voulu entreprendre de la paffer fans efcorte. Au delà je paffay par Noües Bourg de la Provence éloigné de deux lieuës & demie d'Avignon, & arrivay à Orgon pour prendre mon repas & mon repos.

ORGON.

ORgon est vn Bourg de Provence à cinq lieuës d'Avignon, sur le panchant d'vne Montagne, au bas de laquelle coule la petite Riviere de Durance. Là est vn Chasteau tres fort & celebre par les Miracles quy fait vne N. Dame que l'on y honore. C'est vne chose tout à fait agreable de voir en ces quartiers, la campagne couverte d'Oliviers, de Myrthes, de Rosmarins, Orangers, qui dans sa saison font respirer aux voyageurs vne odeur tres suave.

En avançant & continuant ce jour de cheminer dans vne route agreable, je découvrois à droite & à gauche vne campagne vnie & diversifiée d'Arbres, de Myrthes, de Geneuriers, de Palmiers; mais sur tout d'Amandiers qui sont en si grande quantité qu'ils en font part aux autres Provinces du Royaume, & suis ainsi arrivé à Ouerné Village dans la Provence à cinq lieuës d'Orgon.

Le vingt-huictiéme Octobre je sortis d'Overné & descendis à Lambesc Bourg de la Provence qui en est éloigné d'vne lieuë, & delà je passay à S. Canat Village aussi de Provence, à vne lieuë de Lambesc, & suis arrivé à Aix à l'hôtellerie du Cheval blanc.

AIX.

Aix appellée par les Latins, *Aquæ Sextiæ*, soit qu'elle fut bâtie par Caïus Sextius Conful l'an de la fondation de Rome 631. soit qu'il y eust autrefois des bains d'eauës chaudes, ou pour ses belles Fontaines qui arrousent presentement les Iardins & prairies, contiguës à la ville, qui est située entre des Collines qui regnent tout à l'entour. Elle est la Capitale & la Metropolitaine de la Provence, & son Archevesque est Procureur né & premier du païs. Elle est honorée d'vne Vniversité, d'vn Parlement, d'vne Chambre des Comptes & autres Iuridictions ; ce qui la remplit d'vn grand nombre de Noblesse qui est tres propre en ses habits & polie en ses mœurs. Ie visitay le Palais qui quoy que petit est toutefois tres commode, en ce que sept Iustices differentes s'y exercent. En la grande Chambre, qui est le plus beau lieu, sont nos Rois representez dans le plat-fond, avec le nombre des années qu'ils ont regné, & le lieu où ils sont enterrez. Dans celuy où s'assemblent toutes les trois se void representé le premier President Du-Vair avec les autres Presidens de son temps, & les Conseillers fort au naturel en belles Peintures & en la mesme posture qu'ils estoient assis quand ils exerçoient la justice en leurs places. Cette Peinture merite d'estre veuë, qui est certainement vn chef-d'œuvre. Le College Royal de cette ville nommé S. Loüis, est occupé par les Iesuites.

Parmy les belles places de la ville, sont celles des Iacobins proche leurs Eglises & d'Orbitello, cette derniere est presque toute environnée de magnifiques bâtimens, parmy lesquels celuy d'vn Thresorier de; France, surpassent tous les autres, & pour sa beauté & pour sa gentillesse. Parmy les belles maisons qui sont dispersées çà & là, paroist sur toutes les autres celle du President Oppede, que le Roy honora de sa presence dans le séjour qu'il fit à Aix, & en fit sa demeure.

Ie visitay l'Eglise de saint Sauveur qui est la Metropolitaine : son Chœur est beau pour sa largeur & longueur. Proche le maistre Autel est le Tombeau de René premier Comte de Provence : derriere est la Chapelle de S. Mitre garde-vignes, que l'on dit avoir visiblement multiplié les grappes de raisin d'vn sep pour le reproche qui luy fut fait d'en avoir détaché vne pour la donner à vn pauvre. Il fut depuis décollé & porta sa teste trois cent pas jusques au lieu où sont presentement les Minimes. Dans la Chapelle de N. Dame d'esperance est vn nombre innombrable de Tableaux votifs; plusieurs Lampes d'argent devant l'Autel où est l'image de N. Dame, & au fond se void vn sepulchre de N. Seigneur où les personnages sont representez merveilleusemēt bien en Marbre. Proche le Chœur est vne petite Chapelle obscure bâtie par S. Maximin Évesque de la ville ; quelques-vns tiennent que sainte Magdelaine y mourut, & il en arriveroit autant à vne femme si elle avoit la temerité d'y entrer. Le Baptistere de cette Eglise merite d'estre veu pour sa forme extraordinaire, & sa structure singuliere. Il est fait comme vne Chapelle élevée en Dôme, soustenû par huit grosses Colonnes de Marbre, & au milieu sont les fonds Baptismaux, & à l'entour plusieurs Chappelles ou l'on celebre le saint Sacrifice. L'on y honorent plusieurs saintes Reliques, le corps de S. Mitre, quelques Reliques de S. Maximin, de saint Sidoine, la teste de sainte Ursule, où l'on voit encore quelques poils attachez, le Chef de S. Agacius, trois pointes d'Epines de la Couronne de N. Seigneur qui rougissent à ce qu'on m'a dit le Vendredy Saint à midy, en la presence de tout le peuple : trois gouttes de lait de la sainte Vierge : un morceau de la côte de saint Sebastien, & autres

L'Eglise de la Magdelaine est remarquable, en ce qu'il y en a trois contiguës. Ie jettay la venë sur un Tableau qui est à la porte où plusieurs cœurs sont representez, & deux amours qui les gardent & qui ferment une porte, avec cette devise, *Custodia Regis amor populi*.

La petite Riviere de Larc coule au dessous de la ville, & l'eau des Fontaines qui passe en abondance dans les prairies, & les Iardins, les fertilise d'une telle maniere que la charmante verdure de celles-cy & la diversité des fleurs de ceux-là, ne donnent pas une petite satisfaction à ceux qui les vont voir par curiosité.

Le vingt-neuviéme Octobre je partis d'Aix, & avançant dans un beau chemin, je passay à Pousseaux Village dans la Provence à quatre lieuës & demie de la Ville d'Aix, & à une demie lieuë au delà j'arrivay à l'hostellerie du Mouton, de S. Maximin, Ville qui semble se prévaloir par dessus les autres, par les pretieuses Reliques qui s'y honorent, & qui se monstrent volontiers aux voyageurs qui sont poussez d'une sainte curiosité.

SAINT MAXIMIN.

SAint Maximin Ville de Provence à cinq lieuës d'Aix dans vn plat & beau païs, au milieu d'vne campagne environnée de Collines. Il est dit dans l'histoire que l'an 1590. elle fut assiegée par Emmanuel Duc de Savoye qui vouloit se mettre en possession des Reliques; mais elle fut si vaillamment deffenduë par ses habitans, qu'ils rendirent les efforts du Prince inutiles.

Ce qui rend cette ville considerable, est la belle & superbe Eglise de S. Maximin, gouvernée par les Dominiquains qui ont vn tres beau bâtiment, & bâtie par Charles Duc d'Anjou & Roy de Sicile. Le Superieur de cette maison est Ordinaire du lieu & n'est point soûmis à la puissance d'aucun Evesque. Au frontispice du Portail se void en Peinture l'image de la Vierge, & ces mots, *Speculum innocentiæ*, & de l'autre costé l'image de la Magdelaine, & ces paroles *Speculum pœnitentiæ*.

Ie m'estendray dans la description de cette Eglise pour le grand nombre des belles & saintes choses qui s'y rencontrent. Dans la Sacristie dont la figure quarrée fait davantage paroistre la beauté; l'on me monstra la Chasse de Porphyre où sont les Reliques de sainte Magdelaine, qui sont enfermées dans vn petit coffre de Plomb, & il y a écrit dessus, *Vrbanus VIII. S. P. benedixit anno* 1633. Cette Chasse sera mise sur le grand Autel que l'on bâtit aux despens de la Reyne Mere, qui ne manque en aucune occasion de donner des marques du zele qu'elle a pour la Relligion, & pour la gloire de Dieu.

Dans vn lieu sous terre dans l'Eglise on m'a monstré le Chef venerable de sainte Magdelaine. Il y a vn œil plus enfoncé que l'autre : on void sur le front & sur le nez quelque portion de chair qui est demeurée incorruptible, à cause de l'attouchement de N. Seigneur, quand il luy dit, *Noli me tangere*. Ce Chef est couvert d'vn chrystal, & est dans vne Chasse d'or donnée par Charles II. Roy de Sicile & Comte de Provence l'an. 1270. Les Anges & autres appuys qui la soustiennent ne sont que d'argent doré, donnez par Anne de Bretagne Reyne de France, qui est là representée à genoux.

On me monstra aussi la sainte Ampoulle qui est dans vne phiole de Chrystal, & dans l'Ampoulle il y a huit ou dix petites pierres blanchates, sur lesquelles on remarque quelque teinture du sang de N. Seigneur que la Magdelaine amassa sous la Croix. Tous les ans le Vendredy Saint depuis midy jusques à vne heure, on remarque que ce sang se separe, s'éleve & semble boüillonner visiblement en la presence du peuple, & la mesme chose arrive le jour de sainte Croix quand elle vient le Vendredy. Dans ce mesme lieu sont quatre Tombeaux de Marbre fort anciens, où estoient inhumez sainte Magdelaine, S. Maximin, S. Marcel & saint Sidoine : sur chacun sont des Epitaphes en vers, que la curiosité vous invite de lire.

Dans la plus belle Chapelle de l'Eglise j'ay veu en vn Tableau de sainte Magdelaine representée communiant avec beaucoup de devotion de la main de S. Maximin. A l'ouverture de la premiere Armoire on m'a monstré son corps en vne Chasse dorée, soustenuë d'vne pierre d'Amethiste d'vne grosseur prodigieuse, le Chef de S. Blaise, & celuy de saint Suffran qui furent les premiers convertis par la Magdelaine en Provence, & celuy de saint Sidoine, vne épaule de S. Laurent qui paroist brûlée, deux boîtes hautes & rondes, dans lesquelles sont contenuës plusieurs Reliques. A l'ovuerture d'vne autre Armoire sont enfermez le Chef & le bras de sainte Societé vne des onze mille Vierges & compagne de sainte Vrsule, le Chef de S. Marcelle, que l'on dit estre celle qui a dit à N. Seigneur, *Beatus venter qui te portavit & vbera quæ suxisti*. Les ossemens de deux petits Innocents qui furent massacrez par Herode. Dans vne phiole, des cheveux de la Magdelaine, desquels elle essuya les pieds de N. Seigneur, d'vne belle longueur, & de couleur chastaigné & tout frais comme s'ils estoient encore sur la Teste lors qu'elle vivoit: le Chef de sainte Susanne, qui est celle que N. Seigneur guerit du flux de sang, aprés avoir touché le bord de sa robbe. Dans vne phiole des Reliques de sainte Magdelaine qui furent recueillies de son Tombeau, qui fut au lieu mesme où elle mourut, enfin on m'a monstré vn bras de la Magdelaine enchaſſé dans vn bras d'argent d'oré enrichy de pierres pretieuſes. On peut juger à la longueur de ce bras & à la groſſeur de la Teſte qu'elle eſtoit d'vne taille extraordinare.

LES SEPT
MERVEILLES.

Ie veux dire les sept choses les plus admirables, depuis Avignon jusques en ce lieu; sont les suivantes.

Le trentiéme Octobre je partis de S. Maximin pour aller à la sainte Baûme, qui n'en est distante que de trois lieuës; mais qui en valent bien six pour la difficulté du chemin. Il est par tout tres mauvais; mais particulierement vne lieuë en deça, en avançant à la sainte Baûme l'on va perpetuellement sur des rochers à droite & à gauche dans des chemins que l'on y a taillé & que l'on a fait à la main en serpentant, à cause de la roideur de la Montagne, & il faut croire certainement que le lieu estoit auparavant entierement inaccessible, que la sainte Magdelaine avoit ainsi choisi pour estre dans vne parfaite solitude. A vn demie quart de lieuë en deça de ce saint lieu, vous trouvez quatre ou cinq niches, où la sainte Magdelaine est representée en peinture enlevée par deux Anges, ce qui doit toucher le cœur du voyageur, pour demander à Dieu par l'intercession de la Sainte, vne veritable & sincere penitence.

Aprés avoir monté ces affreuses montagnes & rochers épouvantables, vous perdez la memoire de la fatigue passée, lors que vous appercevez ce fameux Rocher, cette sainte Caverne que l'on appelle en langue Provençale, *la sainte Baûme*, située sur la plus haute montagne de Provence.

LA SAINTE BAVME.

LE lieu où est la sainte Baûme est vn rocher d'vne hauteur prodigieuse, si vni & tellement escarpé, que l'on le prendroit de loin aussi tost pour vn bâtiment, que pour vn lieu naturel de rochers. Dans le milieu est le lieu de la solitude de cette illustre penitente: Il est enuiron de la grandeur d'vne belle sale, de quelque costé que vous iettiez la veüe, vous ne voyez que rochers & n'a point d'autre ornement; l'estant davantage de l'horreur de ce Rocher, qu'il ne le pourroit estre quand il seroit orné des plus grandes richesses de la terre. On a voulu le laisser dans son naturel pour apprendre aux Pelerins que l'on ne fait pas penitence sur les roses. Le marbre, l'or, le porphire, & tout ce qui est de plus precieux au jugement des hommes, perdroit sa valeur dans ce beau Temple de la penitence, qui est si saint & qui imprime dans l'ame de si forts sentimens de devotion, que les cœurs plus insensibles que les rochers, sont touchez par les rochers mémes, qui ont esté le lieu de la penitence de la sainte.

Il y a trois étages de rochers. Dans le premier qui est le plus étroit, est la statue de marbre de Sainte Magdelaine, representée dans l'action la plus severe de la penitence: Elle est entourée de belles lampes d'argent qui éclairent continuellement, pour faire connoistre qu'elle a toûjours veillé pour la gloire de son Maistre; c'estoit en ce lieu où elle faisoit ses plus profondes meditations. Vous descendez quatre ou cinq marches pour aller au second étage, qui est plus spacieux, & où elle faisoit sa demeure ordinaire, où se voit vne fontaine qui ne tarit jamais, dans le lieu le plus creux & le plus affreux du rocher, dont l'eau s'entretient claire & nette & dans son abondance; bien qu'elle ne soit que dans vn roc, qui ne devroit souffrir naturellement que de la secheresse. On ne sçait o trouver sa source, si ce n'est des larmes que la sainte Magdelaine a répanduës autre-fois en abondance pour noyer ses pechez. Aussi void-on encore sans cesse tomber des larmes de ce rocher, pour faire connoistre qu'il a possedé le modelle de la penitence. Le troisiéme étage plus tenebreux & plus épouventable, encore que les autres, estoit l'endroit où elle redoubloit sa discipline, & s'imposoit vne captivité plus rigoureuse, jugeant que ce seroit trop de honte pour vne Criminelle, telle qu'elle s'estimoit, d'estre éclairée de la lumiere du Soleil.

On ne sçauroit assez admirer comme il s'est pû trouver au milieu de ce rocher vne caverne si bien voutée, & vn lieu si commode à ses genereuses & saintes intentions : Il semble que la terre a voulu favoriser sa sainte penitente, pour avoir l'honneur de la contenir auparavant que le Ciel la possedast.

Auprés de cette caverne le rocher fait vne saillie, sur laquelle s'est pratiqué avec beaucoup d'artifice vn petit Convent composé d'vn petit Cloistre, de cinq ou six cellules, où sont les Religieux de saint Dominique, pour honorer perpetuellement ce saint lieu, & favoriser la pieté des Pelerins, qui y sont receus. En vn mot, l'Eglise, la Maison & le Cloistre sont ménagez avec tant d'adresse dans le rocher, qu'il vous sembleroit que cela se soûtient de soy-méme, & qu'il n'y auroit aucun bâtiment.

Au bas de ce rocher est vne plaine toute environnée d'horibles montagnes sur montagnes, qui contribuent toutes à rendre ce lieu encore plus affreux. Au pied du rocher est vne forest de sapins meslez avec d'autres arbres, partie plantez dans la plaine, partie sur le panchant de la montagne, qui ne donne pas vn petit ornement à cette solitude renommée, luy faisant comme vn cercle à l'entour, & representant à la veuë vn desert fort agreable.

De ce lieu vous descendez quelques degrez fort difficiles pour apres remonter au saint Pilon, qui veut dire en langue Provençal Pillier, que l'on mit pour marquer ce lieu où elle fut enlevée par les Anges.

Tout au haut de la Montagne est ce lieu que l'on appelle le S. Pilon, où il y a vne petite Chapelle dans le même lieu où estoit le Pillier, & dans icelle se voit vn Tableau qui represente la sainte Magdelaine enlevée par quatre Anges : & en ce même lieu fut visitée de Nostre-Seigneur : Ainsi cette grande Sainte ne goutoit pas seulement les avant-gousts du Paradis ; mais elle en joüyssoit tout à fait, puis qu'elle estoit honorée de la presence de Iesus & de ses Anges. De ce lieu encore plus élevé par les merites de la Sainte que par son assiette, l'on ne void d'vn costé que montagnes & rochers, & de l'autre la pleine Mer, qui n'en est éloignée que d'vne demy lieuë, qui fait vne veuë estenduë merveilleusement ; & que l'on ne peut que l'on ne regarde d'vn œil favorable, puis qu'elle a apporté vn si grand thresor à la France.

Le trente-vniéme Octobre je sortis de ce S. lieu, & apres avoir descendu vne partie de la premiere montagne je pris mon chemin à main gauche, & continuay de descendre de montagnes en montagnes, qui sont non seulement affreuses, mais tres-dangereuses en quelques endroits, allant bien souvent sur le bord des precipices. L'on a ce chemin pendāt l'espace de trois lieuës, apres quoy

& d'Italie. 101

vous trouvez à vne lieuë en deçà d'Aubagne, beau chemin & asses agreable, qui vous conduit en ce lieu, & où j'arrestay, à l'Hostellerie de la Teste-Noire.

AVBAGNE.

Aubagne Village de Provence, à quatre lieuës de la sainte Baûme, celebre pour ses Vins exquis : mais sur tout pour sa Malvoisie : il est du Diocese de Marseille. En continuant ma route dans vn beau chemin j'arrivay à la Teste-Noire, Hostellerie prohe du Port de Marseille, qui me parû plustost tirer en longueur qu'en largeur, & dans son estenduë fort pressée.

G iij

LE CHEMIN DE LYON A Marseille, auec les noms des Villes, Bourgs & Villages, & leurs distances.

DE Lyon à Vienne, cinq lieuës.
De Vienne à Serrieres, six lieuës.
De Serrieres à Tournon, quatre lieuës.
De Tournon à Valence, trois lieuës.
De Valence à Charmes, vne lieuë & demie.
De Charmes à la Voûte, vne lieuë & demie.
De la Voûte au Poussin, vne lieuë.
De Poussin à Privas, deux lieuës.
De Privas à Cruas, trois lieuës.
De Cruas à Ancone, vne lieuë.
d'Ancone au Viviers, deux lieuës.
De Viviers à Donzere, vne demie lieuë.
De Donzere au S. Esprit, trois lieuës & demie.
Du S. Esprit à Ville-Neuve, dix lieuës.
De Ville-Neuve à Avignon, le Pont du Rosne à passer.

De Lyon à Avignon, quarante trois lieuës.
D'Avignon à Remolin trois lieuës.
De Remolin au Pont du Gard, demie lieuë.
Du Pont du Gard à Nismes, quatre lieuës.
De Nismes à Beaucaire, cinq lieuës.
De Beaucaire à Tarascon, le Rhosne à passer.
De Tarascon à Avignon, cinq lieuës.

d'Avignon à Noves, deux lieuës & demie.
De Noves à Orgon, deux lieuës & demie.
d'Orgon à Overné, cinq lieuës.
d'Overné à Lombesc, vne lieuë.
De Lombesc à S. Canat, vne lieuë.
De S. Canat à Aix, deux lieuës.
d'Aix à Pousseaux, quatre lieuës & demie.
De Pousseaux à S. Maximin, vne demie lieuë.
De Saint Maximin à la sainte Baûme, trois lieuës.
De la sainte Baûme à Aubagne, quatre lieuës.
d'Aubagne à Marseille, trois lieuës.

De Lyon à Marseille, par la sainte Baûme & Aix, quatrevingt-neuf lieues, & vne demie.

MARSEILLE.

QVoy que la Ville de Marseille soit presentement dans le gouvernement de Provence, elle n'a point de voix aux Estats, pource que autre-fois elle n'estoit point comprise dans le Comté. Stephanus Autheur Grec l'a placée dans la Ligurie voisine de la Gaule. Elle fut autrefois vne Republique tres florissante, considerable pour ses forces & pour son antiquité: illustre en ses Victoires qu'elle remporta contre les Gaulois, Carthaginois, Genois, & autres: & conserva avec les Romains vne alliance tres-estroite qui luy accorderent des immunitez qui n'avoient rien de commun avec les autres confoederez; ce qu'ils ont conservé en partie par les prerogatives que le Roy leur accorde, aussi demeurent-ils dans vne fidelité inviolable. Elle fut si celebre par son Academie, que Pline l'a appellée *Athenopolis*, ville de Minerve, & Ciceron a dit qu'elle meritoit d'estre preferée non seulement à la Grece; mais à toutes les nations du monde, & par sa reputation attiroit des estudians de toutes les parties de l'Europe. Agrippa tesmoigne de luy mesme y avoir étudié: aussi a t-elle esté vn seminaire de plusieurs esprits excellens & des plus sçavans hommes, tant devant qu'après l'avenuë de Iesus-Christ. Elle est belle & grande, & appellée par les Latins *Massilia*, vne clef & place des plus importantes du Royaume; mais sur tout considerable par son Port, qui merite bien que j'en fasse vne description toute particuliere.

Le premier Novembre je me pourmenay sur le bord de la Mer, où l'on me fit remarquer que la ville estoit située en vne colline en forme d'vne harpe panchante sur le Midy, au pied de laquelle est le Port considerable dans sa longueur, que l'on me dit avoir mille pas, recommandable pour sa grande capacité, que l'on me dit pouvoir contenir cinq ou six cens Vaisseaux; pour sa seureté, puis qu'ils n'y perissent jamais; pour son pavé qui y est tres propre: en vn mot il peut passer pour vn des plus beaux de l'Europe. Aussi les Vaisseaux y abordent de toutes les parties du monde, qui apportent toutes sortes de Marchandises; ce qui donne reputation aux Marseillois d'estre tres experts sur la Mer Mediterranée.

Des murailles de la ville, du costé de N. Dame la Major, jettant la veuë du costé du Midy, j'apperceus N. Dame de la Garde située sur vne petite montagne, où est vn Fort qui commande à la ville, & d'où on découvre les Vaisseaux qui viennent sur la Mer: les habitans vont en ce lieu faire leur devotion. Sur vne éminence qui est à costé de l'embouchure du Port, l'on a bâty vne Citadelle qui commande, & au Port, & à la ville; remarquable par ses pierres de taille dont elle est composée, & par ses Bastions haut élevez qui la fortifient merveilleusement. Vis à vis du costé de la ville l'on preparoit des materiaux pour en faire vne autre.

L'Eglise Cathedrale appellée N. Dame de la Major, dont l'Evesque est suffragant de l'Archevesché d'Arles, est considerable pour son antiquité, dont la forme en paroist encore toute extraordinaire, dans laquelle l'on n'a rien voulu y adjoûter ny diminuer, pour la conseruer dans son assiette naturelle qui la fait paroistre vn des anciens bâtimens de France. Sa forme fait assez connoistre que c'estoit autrefois vn Temple, & dit on qu'il estoit consacré à Diane d'Ephese. Mais si elle est considerable pour son antiquité, elle l'est encore plus pour estre la dépositaire de tres-saintes Reliques. Là est le Chef de S. Lazare dans vne Chasse d'argent doré d'vne pesanteur considerable & merveilleusement bien travaillée : aux deux costez sont representées Magdelaine & Marthe ses deux sœurs: le Chef de S. Canat, deuxiéme Evesque de Marseille, enchassé en argent doré, trouvé depuis quatre où cinq cens ans, auprès du grand Autel, avec vne inscription sur la pierre qui m'a esté montrée, où sont écrites ces paroles en vieilles lettres, *Hic cõtinentur reliquiæ capitis santi Canati, &c.* des Reliques de S. Antonin, des vêtemens de la sainte Vierge & des SS. Innocens. Dans la Sacristie l'on m'y a fait voir le pied de S. Victor qui luy fut coupé par l'ordre du Tyran, pour en avoir abbatu l'Idole qu'on luy avoit voulu faire adorer ; & qui paroist aussi frais comme si la chose venoit d'être faite: le bras du méme Saint, & celuy de S. Adrian, vn Chef d'vne des compagnes de sainte Vrsule enchassé en argent ; comme aussi vn bras de S. Canat, vne dent de S. Pierre avec quelques poils de sa barbe, vn doigt de sainte Marthe & de S. Anthoine de Padoüe, du voile de la sainte Vierge, le bras droit de la Magdelaine, vn Tableau de la Vierge, qui ayant esté percé par vn infidel d'vn coup de poignard, jetta du sang miraculeusement. Là se monstre aussi le cœur de Monsieur Gof mort en odeur de sainteté, dont la memoire est en si grande veneration que, l'on a bâty vne Chapelle des aumônes qui ont esté données lors qu'il mourut.

Le deuxiéme Novembre je vis les Eglises de saint Sauveur qui est à present vn Monastere de Religieuses, & autrefois vn Temple dedié à Apollon; l'Eglise de N. Dame des Accoules Collegiale, où estoit jadis vn Temple consacré à Pallas. Tous ces lieux sont autant de marques de l'antiquité de la ville, aussi bien que deux autres Temples qui fermoient autrefois le Port, dont les deux Tours, l'vne appellée saint Iean Commanderie des Chevaliers de Malte, & l'autre saint Nicolas, font paroistre l'ancienneté du bâtiment & sont des marques glorieuses de l'antiquité de la ville.

Ie vis ce mesme jour la Citadelle que le Roy a fait bâtir cette année, proche du Port & l'embouchure de la Mer, où le passage est si estroit qu'il ne peut passer qu'vne Galere à la fois. Son dessein est merveilleusement bien conçeu & encore mieux executé. I'en laisse faire la description aux personnes qui sont plus entenduës que moy en cét art.

Le troisiéme Novembre je visitay l'Eglise de S. Victor situeé à costé de la Darse, ancienne Abbaye de l'ordre de S. Benoist bâtie selon quelques-vns, par Estienne Roy de Bourgogne, & selon d'autres par S. Cassian. Ses bâtimens sont considerables pour leur antiquité, le grand bassin tout d'vne pierre est assez remarquable. Sur le frontispice de l'Eglise sont ces paroles adressées à S. Victor nay à Marseille, *Massiliam verè, Victor, ci-*

vesque tuere. Dans vne Chapelle du costé de l'Epistre l'on m'a fait voir le Chef de S. Victor, dont la Chasse est d'argent doré d'vne grande pesanteur & bien travaillée, donnée par Vrbain V. dont on void le Tombeau à côté du Chœur. Dans vne autre Chapelle l'on me fit voir le Chef de S. Cassian autheur des Collations & les bras de S. Victor, S. Cassian, S. Blaise, S. Feriol, S. Isard, S. Ilirie, de la vraye Croix, deux Chefs des Saintes Vincence & Beneditte compagnes de sainte Vrsule, deux Chefs des petits Innocens qui furent martyrisez par Herodes, deux dents de S. Pierre, vn doigt de sainte Magdelaine & de S. Anthoine de Padouë, vne coste de S. Lazare. En cette Eglise sont les corps de S. Cassian, de S. Victor, & de S. Isard.

Dans les Chapelles soûterraines l'on me monstra le Tombeau de S. Eusebe, & de vingt quatre filles qui se defigurerent pour oster l'envie aux VVandales de les violer, qui ne leur ravirent pas l'honneur mais la vie. On lit vn Epitaphe sur vne pierre en vieux characteres : vn Reliquaire où il y a des Reliques de S. Maurice & de ses compagnons ; la Croix de S. André qui est dans son entier, les branches ont sept pieds de longueur, & la largeur du bois est de huit poulces, vn Reliquaire où sont quatre corps des sept Dormans. En vn mot toutes ces Chapelles soûterraines sont remplies de divers monumens de la pieté des premiers Chrestiens. I'y ay veu la petite grotte où la Magdelaine commença sa penitence. Elle y est representée couchée à l'entrée de la grotte, la belle Chapelle de N. Dame, dans laquelle les femmes n'osent entrer depuis le temps qu'vne Reyne y estât entrée avec trop d'hardiesse en sortit aveugle, Sur l'Autel est vn Tableau qui merite d'estre consideré par les curieux, & ce qui est admirable on voit dans la muraille vne pierre transparente, à travers de laquelle on découvre la lueur du flambeau que l'on met exprés par derriere : vn Tombeau où il y a beaucoup de Reliques des Onze-mille Vierges, en vn mot ce lieu ne respire que sainteté, & doit estre consideré avec attention.

En me pourmenant dans la ville, j'y remarquay que les ruës en estoient longues, mais estroites & resserrées, dont la plus grande partie aboutissent au Port pour la commodité des habitans. M'entretenant avec vn homme d'esprit, il me dit que le Viguier estoit éleu tous les ans, comme aussi le Consul que le Roy choisit des trois qui luy sont presentez, qui avec l'Assesseur n'ont pas seulement la Police de la ville, mais aussi president aux causes criminelles. Il y a vn Lieutenant de Senéchal de Provence pour le Civil, & vn autre pour le Criminel, assisté d'vn Lieutenant particulier & de quelques autres Officiers. Les Iuges des Marchands sont pris parmy les Bourgeois & sont changez tous les ans. C'est ce que j'ay appris en peu de mots de l'ordre des Officiers de la ville & de leurs fonctions.

Si vous avez la curiosité de sortir de la ville, vous ne verrez que vignes, prez & Iardins agreables, ses vallons abondent en belles fontaines, ses issuës sont remplies de maisons de particuliers qu'ils nomment Bastides, & en si grande quantité que plusieurs les font monter jusques à dix mille. Le Chasteau d'If à vne lieuë de Marseille où environ, est vne Forteresse considerable, & d'autant plus importante, qu'elle deffend puissamment l'avenuë du Port de Marseille, dont la garde est de si grande importance que l'on veille incessamment à sa conservation.

Pour la satisfaction des curieux de l'histoire, je diray que les Marseillois ont soûtenu le siege contre Berenger III. & dernier Roy de Catalogne, contre Charles I. Comte de Provence, & Alphonse Roy d'Arragon qui voulut en l'an 1245. leur oster le Port de Toulon. Ce premier fit de grands dons à l'Eglise de S. Victor, pour reparation des dommages causez du temps qu'il s'y estoit campé.

LE CHEMIN DE MARSEILLE
à Nice, avec les noms des Villes, Bourgs & Villages, & les choses les plus remarquables qui s'y voyent; distribuées en sept Merveilles.

Le quatriéme Novembre je laissay Marseille & passay à Aubagne Village de Provence qui en est à trois lieuës, & traversay des bois plantez de Pins & de Sapins, & arrestay en la maison du bois de Conjou, à vne lieuë & demie d'Aubagne, & passay au delà dans l'espace d'vne demie lieuë, & plus, par des chemins tres dangereux faits à la main sur des Rochers, d'où vous voyez des precipices qui vous font frayeur. Delà à Lebauset à deux lieuës du bois de Conjou Bourg dans la Provence fort & fermé de murailles, qui n'est qu'à vne demie lieuë de la Mer. Là je commençay à voir les Orangers tres-communs dans les Iardins, & les Capiers qu'ils font sortir en dehors à travers les murailles, qu'ils font venir aussi en buissons par la campagne, en si grande quantité qu'ils n'en fournissent pas seulement dans le Royaume; mais encore dans les païs estrangers, & arrivay à Toulon à l'hostellerie du Port asseuré, qui est hors la ville.

TOVLON.

Ville de Provence, appellée par les Latins, *Telonum*, à neuf lieuës de Marseille, Episcopale & suffragante de l'Archevesché d'Arles, située dans vne plaine avoisinée de hautes montagnes ; mais sur tout considerable pour l'assiette advantageuse de son Port, remarquable pour sa grandeur & pour sa beauté, il n'y en a pas vn pareil dans le Royaume.

La Darse où sont les Vaisseaux & les Galeres du Roy, est vne chose agreable à voir. Son entrée vis à vis de la ville est deffenduë par deux platte-formes, munie de Canon & de Garnison, elle regne au long de la ville, il ne se peut rien de plus vny & de plus poly que son rivage, qui est pavé de Briques : d'vn costé est vne enfilade de belles maisons, & de l'autre les Vaisseaux & Galeres, qui sont en si bel ordre que cela fait vn objet tout à fait charmant à la veuë. Deux Fontaines jettent leurs eauës sur le bord de la Mer, de la plus gentille maniere du monde, dont la douceur semblent mettre la bonace dans l'amertume des flots impetueux de Neptune, qui y conserve vne continuelle tranquillité.

A l'entrée du Port sont deux Tours munies de Canons & de Garnison qui en deffendent l'abord. Du costé de l'Occident il est bordé de jardinages, de prairies & de quelques collines fertiles en Oliviers. De l'Orient il est environné d'agreables

& d'Italie.

d'agreable campagnes, de collines couvertes de Capriers & de tres beaux Vignobles.

Le cinquiéme Novembre je visitay l'Eglise Cathedrale, autant remarquable par sa grandeur que par ses belles Chapelles qui contiennent plusieurs saintes Reliques. Dans vne, l'on me monstra le Chef de S. Cyprien Evesque de Toulon, vne image d'argent de la Vierge, & á son pied destal vne petite Phiole, en laquelle on conserve du lait de la Vierge, & vne portion de son vestement, dans vn autre Reliquaire l'on me fit voir du Pain de la Cene, quelque portion de la Creche de N. Seigneur, & l'on dit que ces Reliques furent apportées par Godefroy de Boüillon, quand il fit ce fameux voyage en la terre Sainte. On me monstra de plus vne Côte de S. Luc l'Evangeliste & vn Poulce de S. Pierre, des Reliques de S. Maure, de sainte Anne, de sainte Marguerite & de sainte Agathe, & vn Chef des petits Innocens. Ie vis deux Chasses aux deux costez de la Chapelle, dont l'vne contient les Reliques de S. Cyprien, & l'autre celuy de S. Honoré Archevesque d'Arles. La Mître pretieuse qui est sur le Chef de S. Cyprien, que j'ay veu dans le Reliquaire, est couverte de pierreries, & telle à ce qu'on dit qu'il la portoit il y a mil quatre cens-ans. Ces Reliques sont enchassées richement en argent, & placées au dessus de l'Autel; devant lequel il y a vingt-deux lampes d'argent, & vn petit Tabernacle artistement travaillez.

Dans la ville qui est d'vne moyenne grandeur, mais bien peuplée & bien bâtie, & sur tout agreable à cause de son Port, est vn Arsenal où l'on a amené & mis les Canons qui estoient à Rose.

H

dans le temps que l'on l'a renduë au Roy d'Espagne par le dernier traitté de paix. Le trafic de Savons, & d'Huile, est fort ordinaire en cette ville, & les Capres sont en si grande abondance, qu'elles se débitent dans toutes les parties du Royaume.

LES SEPT
MERVEILLES,

Ie veux dire les sept choses les plus remarquables, depuis S. Maximin jusques en ce lieu; sont les suivantes.

Ægid, Rousselet sculp.

En sortant de Toulon je remarquay les Capriers plantez à terre en buissons, & d'vn costé & d'autre les campagnes couvertes d'Oliviers les plus beaux & les plus hauts de Provence, & passay Soliers à vne lieuë de Toulon, & continuant mon chemin toûjours à convert des Oliviers j'arrivay à Cuers en l'Hôtellerie de la Croix d'Or.

CVERS.

CVers est vn Bourg de Provence, à quatre lieuës de Soliers. En ce lieu est vn air si doux & vn ciel si temperé, que vous voyez & dans les Iardins & méme par la campagne, des Grenadiers, Citronniers & Orangers; Vn méme arbre de ces derniers portera en méme temps des fleurs, des fruicts verts & d'autres en maturité. Ainsi j'arrivay à Pignans en l'Hôtellerie du Cheval blanc.

PIGNANS.

Pignans, Bourg de Provence, à trois lieuës de Cuers. Là est vne Abbaye desservie par des Chanoines Reguliers de l'ordre de S. Augustin d'vn revenu considerable.

Le sixiéme Novembre, estant sorty de Pignans, je passay à Muy, Bourg de Provence, à cinq lieuës de Pignans. Là est vn beau Château, & bien placé. A vne demy lieuë delà, est vne Eglise des Cordeliers où est le corps tout entier de sainte Vrseline; & à vne lieuë sont les Relligieux de la Trinité au pied d'vne montagne éloignée de tout commerce. Leurs demeure ressemble parfaitement à vn désert.

Continuant mon voyage je cheminay dans vne route agreable & charmante par ses hauts Sapins & Oliviers, qui en couvrent les plaines de la campagne. Le paisage en est beau & la perspective ne vous en déplaira pas, si peu de reflection que vous y fassiez, non plus que le repas & le repos que vous prendrez en l'Hôtellerie du Bacon à Frejus.

FREIVS.

FRejus est vne Ville appellée par les Latins, *Forum Iulij*; pource que selon quelques-vns elle fut bâtie par Iules Cesar dans le temps qu'il vint dans les Gaules; & selon d'autres, par Annibal, fondez sur ce que plusieurs maisons qui y sont bâties, se sont trouvées semblables à celles qui l'ont esté par Annibal dans la ville de Carthage. Elle est de la Provence & à deux lieuës de Muy, Episcopale; dont l'Evesque est suffragant de l'Archevesché d'Aix, située en terre-ferme & en plat-païs, & à vne demie lieuë de la Mer, que l'on pourroit faire venir arrouser le pied de la ville en faisant peu de dépense, sa situation luy donnant cette facilité.

Le septiéme Novembre je visitay la Cathedrale consacrée à N. Dame, où je vis le Tombeau de Messieurs Camelins autrefois Evesques de Frejus.

Les Arenes, autrement appellées l'Amphitheatre, meritent d'estre veuës. Il n'est pas tout à fait rond mais vn peu en oval, dont la structure est merveilleusement bien faite, & si artistement travaillée qu'il en demeure sur pied vne bonne partie, quoy qu'il ne soit composé que de petites pierres. Ie passay par le milieu, & en plusieurs endroits l'on voit le nom de Lastoris, que l'on croit estre celuy qui l'a bâty.

L'on a trouvé en cette ville depuis peu foüillant en terre vne statuë bien faite, qui represente l'Empereur Diocletian, comme l'on peut juger par les anciennes Medailles. L'air y est si doux que vous voyez dans les jardins des particuliers, vne infinité d'Orangers. Elle est remplie de maisons Religieuses: comme de Iesuites, Iacobins, Cordeliers, Religieuses de S. Bernard & autres. Le Beal & le Rairan, deux petites Rivieres, l'arrousent & puis vont se jetter dans la Mediterranée.

En sortant de Frejus j'apperçeus à gauche l'Aqueduc qui conduisoit l'eau de la Riviere de Siane dans la ville qui en est à quatre lieuës. Pour la faire venir, il a falu prendre vn détour de sept à huit lieuës en traversant d'affreuses montagnes, où je vis en plusieurs endroits des restes de ce prodigieux ouvrage digne de Iules Cesar, qui faisoit de cette ville sa place d'armes, & son lieu de délices.

A vn quart de lieuë je commençay à entrer dans des chemins tres fascheux & des montagnes horribles, d'où en tournant la face je découvris Frejus, qui paroist dans vn fond & la Mer à costé. Là je luy fis mon Adieu, comme aussi au beau païs, pour m'ensevelir dans des chemins si pernicieux, que je fus obligé de me retirer dans l'Isterio Hôtellerie, quoy qu'elle ne soit éloignée de Frejus que deux lieuës, d'où je partis pour reprendre vne route encore plus horrible. D'vn costé la Mer se presente à vos yeux, de l'autre les affreuses montagnes arrestent vostre veuë. Et en avançant je descouvris les Isles de sainte Marguerite & S. Honorat, si fameuses par leurs prise & reprise l'année 1637. & 1638. Et aprés avoir passé dans vne Barque la Riviere de Siane à quatre lieuës de Frejus, qui arrouse aussi Grace que j'apperceus à main gauche, ville Episcopale, située au pied d'vne affreuse montagne ; vne lieuë au delà de la Riviere je me trouvay à Cannes en l'Hôtellerie du Cheval blanc.

CANNES.

Cannes est vn Bourg dans la Provence à cinq lieuës de Frejus dans le Diocese de Grace, & dépendant de l'Abbaye de S. Honorat. Là l'on prend des Felouques pour s'embarquer pour Genes, Ligourne & autres lieux. Il n'a pour tout port qu'vne plage.

Si vous avez la curiosité, vous pouvez vous embarquer pour aller voir les Isles de sainte Marguerite & S. Honorat, où le Comte d'Harcour a donné des preuves de sa valeur. Elles sont à vn quart de lieuë de Cannes où environ.

ISLE DE S. HONORAT.

Elle est petite & sterile. Là est vne grosse Tour bâtie de grosses pierres de taille, si forte qu'elle resiste au Canon, & si ample que plus de quatre cent personnes y peuvent loger. Là est aussi vne Abbaye d'vn revenu considerable, & vne Eglise ancienne où est vn thresor de plusieurs saintes Reliques ; parmy lesquelles sont les corps de S. Honoré, de S. Venance son frere, & de S. Irgoulphe.

ISLE DE SAINTE MARguerite.

Cette Isle a bien vne lieuë de circuit, & son terroir est fertile & meilleur que celuy de l'Isle de S. Honorat. Ces Isles sont separées par vn bras de Mer d'vn quart de lieuë. Elle est considerable pour ses trois Forts. L'vn est appellé *Fortin* au bout de l'Isle du costé de l'Orient. On commença par la à prendre terre pour attaquer les Espagnols. Le second est le *Fort d'Arragon*, au bout de l'Isle du costé de l'Occident, & le troisiéme qui est le principal, est le *Fort Royal*, situé sur vn rocher au bord de la Mer, où sont cinq Bastions merveilleusement bien terrassez. C'est ce qu'il y a de plus considerable en ces Isles, sortons-en pour venir sur terre ferme.

Le huictiéme Novembre je sortis de Cannes, & aprés avoir cheminé trois lieuës sur les montagnes, j'arrivay à Antibes, en l'Hôtellerie du Picard.

ANTIBES.

ANtibes est vne Ville appellée par les Latins *Antipolis*. Elle fut autrefois la demeure des Preteurs Romains & colonie des Marseillois, & jadis estoit Episcopale ; mais ce tiltre luy fut osté depuis le temps qu'vn Evesque fut mal traité par les habitans. Elle est la derniere ville de la Provence du costé de l'Italie, & partant la derniere du Royaume sur le bord de la Mer, & à trois lieuës de Cannes. Elle est enceinte de belles murailles & son Port en seroit beau s'il estoit plus profond. A l'entrée est vne Citadelle dont la Forteresse est aussi considerable par son difficile accez & par sa hauteur, que par ses bons bastions. L'on pourroit faire de ce lieu vne place considerable pour le passage de Provence sur la Mer Mediterranée. Cette ville m'a parû autant agreable pour sa situation & ses belles maisons, que pour ses beaux jardins remplis d'Orangers, Citroniers & autres.

Dans l'Eglise de N. Dame de la Place, est vn

Vicaire qui pretend ne relever que du Pape. A la sortie j'entray dans vne des belles ruës de la ville, pavée de petits cailloux bien rangez & rapportez enfemble imitans la Mofaïque. Le jardin des Cordeliers eft remply d'Orangers & de Citroniers, & dans le Cloître il y en a de fi hauts que de leurs cellules ils en peuvent cueïllir les oranges, & ce qui eft plus admirable, ils me monftrerent vne treille de vigne qui produit deux fois l'année.

En avançant toûjours dans des chemins tres fafcheux, ayant la Mer à droite, & à gauche des montagnes efcarpées, trouvant par fois des routes fort eftroites fur le bord des precipices, je paffay le Loup, Riviere qui fe jette dans la Mediterranée, & plus loin par S. Laurent, Village de Provence, renommé pour fon vin Mufcat. Cent pas au delà je paffay la Riviere du Var, qui prend fa fource des Alpes & fe jette vers Nice dans la Mediterranée. Là elle fe divife en trois branches qui font autant de torrens, & fait la feparation du Comté de Provence d'avec celuy de Nice, & partant de la France avec l'Italie. Au delà de la Riviere j'entray dans le Comté de Nice & arrivay à la ville qui prend le nom du Comté, & qui en eft la Capitale, en l'Hôtellerie du Soleil. Avant que de fortir de la France, il eft jufte & à propos de dire vn mot de ce Royaume, que l'on peut appeller l'œil & la perle du monde, & l'on peut avancer avec verité; qu'elle eft à la Chreftienté ce que la Chreftienté eft à l'Europe, & ce que l'Europe eft à l'Afie, Afrique & Amerique, & comme la plus belle partie du monde eft l'Europe, la plus belle partie de l'Europe eft la France. Elle eft les Indes pour les richesses, la Grece pour les lettres, & elle mesme pour les armes. En vn mot elle est la premiere de la Chrestienté; soit qu'on considere sa richesse & fertilité du païs, la valeur des habitans, soit la durée de la Monarchie, qui commença l'an 420. de salut, & qui depuis ce temps a toûjours esté gouvernée par des Rois, dont plusieurs se sont rendus recommandables par leurs pieté, sagesse, prudence & valeur; mais sur tout par l'amour & par le zele qu'ils ont eu pour la veritable religion, qui leur a fait entreprendre la guerre contre ceux qui s'en estoient déclarez les ennemis. Ce mesme zele les a portez à conserver & enrichir l'Eglise Romaine & à prendre la protection des Papes opprimez, qui par vn juste sentiment de reconnoissance leur ont donné le tiltre glorieux de fils-aisnez de l'Eglise, & la préseance sur tous les autres Rois.

On divise ordinairement ces Rois en trois lignées. La premiere commença l'an 420. de salut, sous Pharamond qui passa d'Allemagne dans les Gaules, suivant l'opinion la plus probable qui fait venir les François d'Allemagne & non pas des ruines de Troye, ny des Troyens. Clovis fut le cinquiéme de cette race, il se rendit illustre par ses Victoires, & plus encore par la Religion Chrestienne qu'il embrassa.

Pepin fut le I. de la seconde race. Il commença à regner l'an 752. Charles son fils luy succeda, dont les grandes actions & les signalez services rendus à la Religion & à l'Eglise, luy acquirent le nom de grand, & la Couronne Imperiale qu'il receut du Pape Leon III. l'an 880.

Hugues Capet donna commencement à la troisiéme l'an 889. Voicy le nom & l'ordre de ses successeurs. Robert, Henry I. Philippe I. Loüis le Gros, Loüis le Ieune, Philippe Auguste, Loüis VIII. S. Loüis, Philippe le Hardy, Loüis Hutin, Philippe le Long, Charles le Bel eut pour son successeur son cousin Philippe de Valois à qui la loy Salique observée de toute antiquité par les François, donna la Couronne malgré les oppositions d'Edoüard Roy d'Angleterre, qui avoit épousé la sœur de Charles le Bel.

Iean Charles dit le sage, pour sa prudente conduite dans des temps tres fascheux.

Charles VI. eut vn regne aussi long que malheureux, par la division des maisons d'Orleans & de Bourgogne.

Charles VII. chassa les Anglois de toute la France, à la reserve de Calais.

Loüis XI. Prince fort Politique & adroit.

Charles VIII. posseda fort peu le Royaume de Naples qu'il perdit avec la mesme facilité qu'il l'avoit conquis.

Loüis XII. aima tant son peuple & eut vn si grand soin de le soulager, qu'il merita d'en estre appellé le pere.

François I. Les lettres luy sont fort redevables, car l'estime qu'il eut pour les sçavans, & les biens qu'il leurs fit, obligerent les beaux esprits de son temps de s'adonner à l'étude des sciences humaines, & des belles lettres, où ils reüssirent si heureusement qu'ils chasserent la barbarie & l'ignorance de la France, & qu'ils rendirent Paris vne seconde ville d'Athenes.

Henry II. par la prise de Calais, chassa les Anglois dans leurs Isles.

François II. Charles IX. & Henry III. eurent vn regne traversé de Guerres, & de troubles qui accompagnent l'herefie quand elle veut s'introduire dans vn païs.

Henry IV. de la Royale maifon de Bourbon, mit fin aux guerres civiles qui defoloient ce Royaume depuis tant d'années. Sa prudence, fa valeur & fa bonté eftoient incomparables, il fut l'amour de fes fujets, & encore aujourd'huy fa memoire eft cherie & honorée de tous les François.

Loüis XIII. fon fils par la prife de la Rochelle, abbatit entierement le party des Huguenots, & la guerre ayant efté déclarée entre la France & l'Efpagne, fes armes furent victorieufes prefque en tous les endroits où il les porta.

Loüis XIV. n'a pas feulement confervé les Conqueftes du Roy Loüis XIII. fon pere; mais il les a beaucoup augmentées par la prife de quantité de Villes importantes qu'il a affeurées à fon Eftat par deux Traitez de Paix tres avantageux; fçavoir celuy de Munfter, & par celuy de l'Ifle de la Conference.

LE CHEMIN DE MARseille à Nice, avec les noms des Villes, Bourgs, & Villages.

DE Marseille à Aubagne, trois lieuës.
D'Aubagne à la Maison du bois de Conjou, vne lieuë & demie.
De la Maison du bois de Conjou à Lebausset, deux lieuës.
De Lebausset à Ollioules, vne lieuë.
D'Ollioules à Toulon, vne lieuë & demie.
De Toulon à Soliers vne lieuë.
De Soliers à Cuers, quatre lieuës.
De Cuers à Pignans, trois lieuës.
De Pignans à Muy, cinq lieuës.
De Muy à Frejus, deux lieuës.
De Frejus à l'Isterio, deux lieuës
De l'Isterio, à Cannes, cinq lieuës.
De Cannes aux Isles saint Honorat & sainte Marguerite, vn quart de lieuë.
De Cannes à Antibes, trois lieuës.
D'Antibes à Saint Laurens, trois lieuës & demie.
De Saint Laurens à Nice. vne lieuë & demie.

LES CHOSES LES PLVS remarquables que i'ay veuës depuis la Ville de Paris jusques à la Ville de Nice, distribuées en Merveilles.

Les sept Merveilles, c'est à dire les sept choses les plus considerables depuis Paris jusques à Moulins.

1. La Maison de M. Hincelin à Essonne.
2. Petit Bourg.
3. Sale du Chasteau à Montargis.
4. Le Canal de Briare, à Briare.
5. Eaües de Pougues, à Pougues.
6. Verrerie & Fayence, à Nevers.
7. Eglise de S. Cyr, à Nevers

Les sept Merveilles de la Ville de Moulins.

1. Les Chartreux.
2. Le Château.
3. Tombeau de M. de Montmorency.
4. La Coûtellerie.
5. Eaües de Bourbon.
6. Genealogie de la Maison de Bourbon.
7. La situation de la Ville.

Les sept

Les sept plus belles choses de la ville de Lyon.

1. La Charité.
2. L'Hôtel de ville.
3. La Belle-Court.
4. Nostre Dame de Forviere.
5. Les Chartreux.
6. La Police de la ville.
7. Le Trafic.

Les sept Merveilles depuis Lyon jusques au Saint-Esprit.

1. Situation de Sainte-Foy.
2. Antiquité de la ville de Vienne.
3. Eglise de N. Dame de la Vie.
4. Eglise Cathedrale.
5. La vertu de l'eau pour la trempe du fer, dans Vienne.
6. Ossemés d'un Geant dans Valence.
7. Pont du S. Esprit au S. Esprit.

Les sept choses les plus dignes d'estre remarquées de la ville d'Avignon.

1. Les Peres de la Doctrine Chrestienne.
2. Les Celestins.
3. Les Eglises des quatre Mandiants.
4. La Iustice de la Ville.
5. Le Palais du Vice-legat.
6. Les Murailles de la Ville.
7. Le Pont sur le Rhosne.

Les sept choses les plus remarquables depuis Avignon jusques à saint Maximin.

1. Le Pont du Gard, sur la Riviere du Gardon.
2. Amphitheatre de Nismes, à Nismes.
3. La Maison-quarrée à Nismes.
4. Eglise Ste. Marthe, à Tarascon.
5. L'Eglise de saint Sauveur, à Aix.
6. La place d'Orbitelle, à Aix.
7. L'Eglise de saint Maximin, à saint Maximin.

Les sept Merveilles depuis saint Maximin jusques à Toulon.

1. La sainte Baûme.
2. Le Port.
3. l'Eglise S. Victor.
4. Nostre Dame la Major.
5. La Citadelle de Marseille.
6. Le Port.
7. l'Eglise Cathedrale à Toulon.

Depuis Toulon jusques à Nice.

1. l'Amphitheatre de Frejus, à Frejus.
2. Tour de l'Isle saint Honorat à S. Honorat

Fin du Voyage de France.

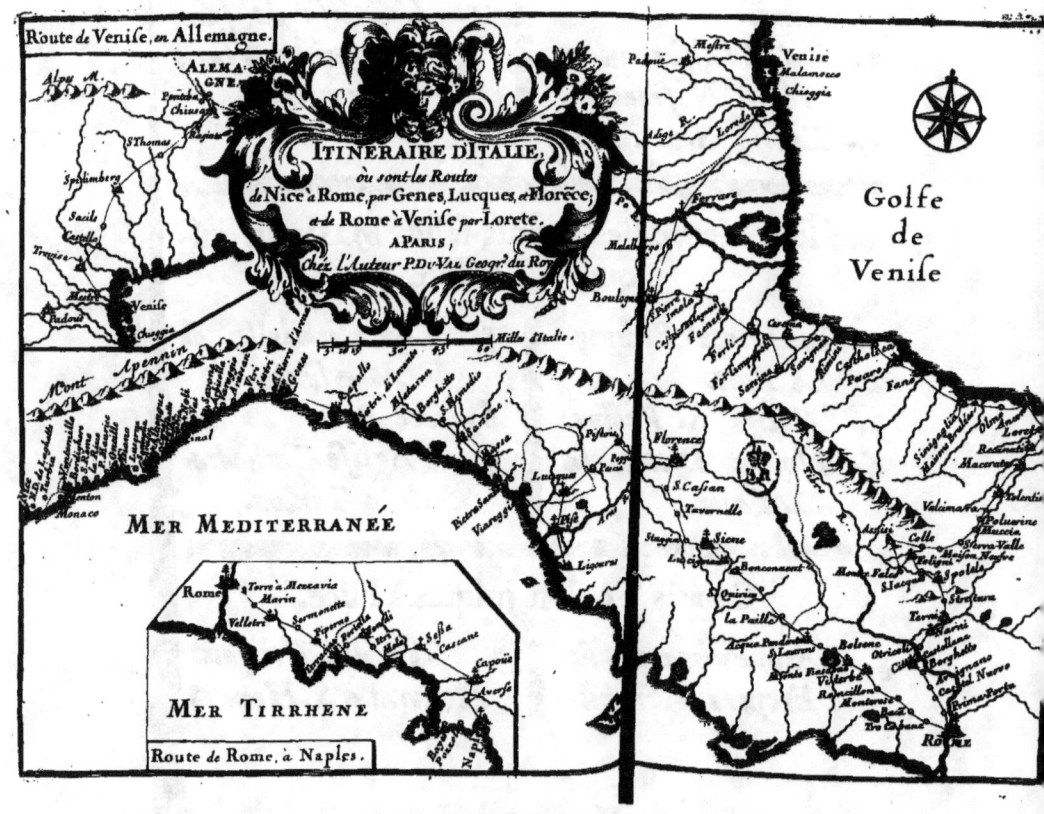

IOVRNAL
D'VN VOYAGE
D'ITALIE,

COMMENCE' LE HVICTIEME
Novembre mil six cens soixante: &
finy à Venise le trente-vnième May
mil six cens soixante-vn.

NICE appelée par les Latins, *Nicea*, & qui doit reconnoistre, selon quelques autheurs, les Marseillois pour fondateurs; est vne ville à trois lieuës d'Antibes, & la premiere que ie rencontray en entrant en Italie. Elle est Episcopale & suffragante de l'Archevesché d'Ambrun, & la capitale du Comté, dont elle prend le nom. Autrefois elle fut nommée Nice de Provence, pource qu'elle estoit vnie à son Comté; depuis les Princes de Piedmont l'ont possedée long-temps, & ensuite les Ducs de Savoye qui en sont aujourd'huy les Maistres. Elle est appuyée au derriere sur les Alpes; & quoy qu'elle soit sur le bord de la Mer, son port est à Ville-fran-

I ij

che, & n'a qu'vne plage où les petites Barques peuvent aborder.

Le neufviéme Novembre me pourmenant dans la ville, je remarquay qu'elle est comme divisée en deux parties, qui se reünissent par le moyen d'vn Pont, & son Château luy est joint par vn costau tres rude, & dont la situation est merveilleusement avantageuse pour dominer à la ville, & l'aspect que l'on y a sur la Mer en est charmant. De l'autre costé est vn beau Palais pour le Prince, & vne Citadelle qui dans vne necessité défendroit la ville, qui est d'autant plus importante, qu'elle est la Frontiere & le boulevart d'Italie. Il y a vn Senat étably pour le Comté, & les vallées qui en dépendent : on y presche, on y plaide, & on y rapporte tous les actes publics en langue Italienne, quoy que le vulgaire parle d'vne langue meslée de l'Italien & du Provençal. Là on commence à compter les heures à l'Italienne; sçavoir la premiere heure aprés le Soleil couché, & les vingt-quatre heures continuent jusques à la mesme heure du l'endemain exclusivement.

En entrant dans les Eglises des Iesuites, des Dominiquains, des Augustins, des Minimes & des Hieronymites ; j'ay remarquay que les Chœurs pour l'ordinaire sont derriere le grand Autel, mesme dans la Cathedrale dediée à S. Reparabe, dont vne partie tomba il y a quelques années, & dont les restes donnent à juger de sa beauté quand elle estoit sur pied. Les habitans sont en reputation d'estre d'vn esprit subtil, polis en leurs mœurs, & adroits en leur negoce: aussi y respirent ils vn Ciel doux & benin, si bien que vous y voyez vn mesme arbre rapporter toute l'année & en toute saison, feüilles, fruits & fleurs d'orange. C'est ce que j'ay pû observer de la Ville de Nice. Disons presentement quelque chose de la maison Royale de Savoye & de ses Estats, ne desirant pas m'éloigner du dessein que je me suis proposé au commencement du voyage, & que j'executeray dans la suite le plus fidelement que je pourray.

DE LA MAISON ROYALE du Duc de Savoye.

ENtre les plus illustres maisons Souveraines, de l'Europe, celle de Savoye tient vn rang considerable, soit à cause de son origine, qu'elle tire de l'ancienne maison de Saxe, soit pour ses alliances avec les principales Couronnes de la Chrestienté, soit enfin pour ses pretensions sur le Royaume de Chypre, qui luy donne le titre d'Altesse Royale. Ces Princes au commencement furent appellez Comtes de Morienne, depuis Comtes de Savoye, jusques à Amedée VIII. qui en fut creé Duc par l'Empereur Sigismond l'an 1416. Les derniers Ducs ont esté Charles-Emmanuel, qui fut autant attaché à l'Espagne, que son fils Victor-Amedée a esté affectionné à la France, qui luy avoit donné pour femme, Christine, fille de Henry le Grand. Cette Princesse pendant sa Regence a esté puissamment secouruë de la France dans la guerre qu'elle eut avec les Espagnols, qui par la Paix ont rendu les places qu'ils avoient prises pendant la guerre. Victor-Amedée a eu pour successeur Charles-Emmanuel son fils, qui gouverne presentement, & que l'on compte pour le XIV. Duc de Savoye. Parlons presentement de ses Estats.

DES ESTATS DV DVC DE Savoye.

ON peut passer les Estats du Duc de Savoye dans leur plus grande longueur, en six ou sept journées, & dans leur largeur en cinq ou six. Ils sont au delà des Alpes, dans les Alpes mesmes, & au deça. Ce qu'il a au deça des Alpes, est appellé la Savoye, prenant vne partie pour le tout. Elle a au Nord la Bourgogne, les Suisses & le Lac de Geneve: au Levant le Piedmont, au Midy & au Couchant le Dauphiné & la Bourgogne. Elle comprend les Duchez de Chablais, d'Aoust, de Geneve, les Comtez de Morienne, Tarentaise, Faussigny, les Villes de Chamberry ancienne demeure des Ducs, où est le Parlement, Montmelian; & plusieurs autres: quelques-vns y enferment la Bresse. La Noblesse de Savoye est d'vne conversation charmante, civile aux estrangers, agreable en son langage, qui aime son Prince dont la Cour est des plus polies de l'Europe. Si le païs est sterile en plusieurs endroits, il est fecond en mines de toute sortes de métaux, & en lacs qui fournissent des poissons tres excellens. Celuy de Geneve surpasse tous les autres. Parmy plusieurs merveilles de la nature dans ce païs, l'on m'a dit qu'ils y trouvent des Lievres & des Perdrix blanches: que l'on void vne fontaine dont l'eau coule & se seiche en vne mesme heure; qu'vn animal nommé Marmot dort sept mois de l'année sans prendre aucune nourriture, & sans discontinuer son sommeil.

Le païs que le Duc de Savoye a au delà des Alpes, est appellé le Piedmont: il est le tiltre de son fils aisné, & est ainsi nommé pource qu'il est placé au pied des monts qui separent la France & la Savoye, de l'Italie. Il fut autrefois habité par les peuples Taurins, & les Lombards y mirent vn Gouverneur, & le redigerent en forme de Province, & les Rois d'Italie s'en emparerent: ensuite les Rois de France, & en dernier lieu les Ducs de Savoye, qui presentement en sont en possession, son étenduë dans sa plus grande longueur est de quatre où cinq journées, & comprend le Marquisat de Suze, celuy de Turin, & celuy de Salusses. Le Comté d'Ast & vne partie du Mont-Ferrat, le Comté de Nice & autres lieux, qui enferment plusieurs villes. Le païs est bon par excellence; il produit des bleds en abondance & des vins les plus exquis, & rend à ce qu'on tient au Prince plus de douze cent mil écus d'or.

Le dixiéme Novembre je partis de Nice & continuant mon chemin sur des montagnes affreuses, je passay à N. Dame de Laghette qui en est à deux lieuës, & dans le Comté & le Diocese de Nice. C'est vne Eglise ainsi appellée pour la proximité d'vn petit Lac, dont on ne void aujourd'huy aucun vestige. C'est vne merveille comme on a pû tailler les rochers pour y trouver sa place. Là est vne Image de N. Dame, illustre par les miracles qu'elle y fait fort frequemment : vne mere sa neuvaine accomplie pour demander à la Vierge le retour de son fils captif, elle le trouua en sa maison. Les pelerins y viennent souvent faire leur devotion.

Continuant ma route toûjours sur des montagnes escarpées, & quelquefois sur le bord des precipices, dont l'eau de la Mer vient moüiller le pied ; je passay au pied du Château de Tourby à trois milles de N. Dame de Laghette sur le bord de la Mer. La Tour qui y est se fait plûtost remarquer par sa hauteur & par son assiette, que par sa Forteresse. Le Duc de Savoye est maistre de ce lieu.

Delà je descendis par des chemins tres fascheux qui vont en serpentant sur des rochers pendant vne bonne heure à la Ville de Monaco, forteresse tres considerable qui merite vne description toute particuliere. Elle est à trois lieuës du Château de Tourby.

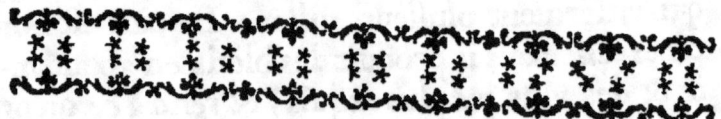

MONACO.

Monaco ainsi appellée des mots Grecs, μόνος qui signifie seul & οἶκος maisō, pource qu'Hercules y estoit adoré seul dans son Temple, ne souffrant point la societé d'vn autre Dieu : aussi disoit-on ce lieu autrefois le port d'Hercules. Cette Ville est dans la partie Occidentale de la

Mer de Genes, & est vne Principauté du Prince Grimaldy qui l'a donnée en échange au Roy pour le Duché de Valence. Cette place est tres importante pour estre nostre Frontiere, & à l'entrée de la Mer de Provence; où les Vaisseaux ne sçauroient passer qu'auparavant ils n'ayent rendu leur hommage à cette Ville : au pied de laquelle est vn Port, & le Château est bâty sur vn rocher escarpé, si haut élevé que delà regardant en bas, cela vous fait frayeur, le pied en est bâtu par les flots de la Mer : en vn mot la Ville, la Citadelle & le Château sont sur vne langue de terre détachée des montagnes & d'vne hauteur prodigieuse, qui fait comme vn Amphitheatre qui avance dans la Mer, & est quasi tout environnée d'eau, faisant comme vne Peninsule, excepté d'vn costé qu'elle est pressée d'vne affreuse montagne, qui dominant à la ville diminuë beaucoup de sa force.

DE L'ESTAT DE LA REPVblique de Genes.

CE qui autrefois estoit appellé *Ligurie*, est dit aujourd'huy Côte de Genes, qui a pris le nom de sa principale Ville. Autrefois ce païs s'étendoit jusques aux rivages du Rhosne dans les Gaules; mais depuis il a esté enfermé en Italie, & ses limites sont aux Rivieres du Var & de la Maigre, le long de la Mer & du Mont-Apennin, du Couchant à les Alpes, du Levant la Toscane, du Midy la Mer Liguſtique, & du Nord l'Apennin. Sa longueur eſt de 167. milles où environ, & dans ſa largeur il eſt arreſté tout court par le Mont-Apennin. Il eſt diviſé en Riviere Occidentale qui comprend toutes les Villes depuis Monaco juſques à celle de Genes, & Orientale, qui enferme la Ville de Genes & autres juſques au Port de Lune. Voila en peu de mots l'étenduë, la diviſion & la ſituation de la Riviere de Genes poſſedée par la Republique. Ils tiennent auſſi l'Iſle de Corſegue, où ils envoient des Officiers tous les ans pour la gouverner. Paſſons preſentement à la ſuite du voyage.

L'aprés-diſnée du meſme jour je ſortis de Monaco, & allant toûjours ſur les montagnes & au bord de la Mer, & bien ſouvent des precipices qui me faiſoient autant apprehender le peril, comme la difficulté de faire cette route, qui auroit eſté du tout inſuportable ſi elle n'euſt eſté accompagnée de quelque plaiſir de voir à vne lieuë de Morgues ou environ, des jardins plantez d'vne diverſité de Citroniers, d'Orangers & d'Oliviers, qui ſe trouvent dans le chemin juſques à la Ville de Menton qui en fourniſſent le païs, & qui communiquent de leur abondance dans les autres. Entre pluſieurs que j'ay veus, je me ſuis arreſté particulierement à conſiderer celuy du Prince de Morgues, dont la ſituation eſt avantageuſe pour produire ces ſortes de fruits. La promenade y eſt d'autant plus agreable, que vous la prenez dans des allées plantées d'Orangers, & l'abondance des fruits y eſt ſi grande, que quoy que la terre ſous les arbres en ſoit couverte, ils en ſont encore tout chargez, ſans qu'il paroiſſe aucune diminution. Et ſuis ainſi arrivé à Menton, lieu de la couchée.

MENTON.

MEnton est vne petite Ville à huit milles de Monaco, sur vne éminence, & au bord de la Mer dans la côte Occidentale de la Riviere de Genes, & dont le Prince de Morgues fait son lieu de plaisir, & qui est dautant plus charmant qu'il est remply de Citroniers, Palmiers & Orangers que vous voyez dans les jardins & par les campagnes, qui produisent des fruits en quantitez, & qui en qualité surpassent tous les autres. Là est vn grenier à sel qui fournit le païs : là on voit trois Châteaux : l'vn est au haut de la montagne, l'autre dans la ville, & le dernier avance vn peu sur la Mer, & la ils font garde pour empescher l'irruption des Pirates de Mer, qui viennent par fois vers ces côtes. Là le peuple a vn langage meslé d'Italien & de Provéçal, ce qui le rend quasi inintelligible. Là sont des Capucins dans le Bourg, & des Recolets hors la ville, sur le haut de laquelle est bâtie l'Eglise de S. Michel, Paroissiale.

Le honziéme Novembre estant sorty de Menton, à vne lieuë delà je trouvay vne Chapelle de N. Dame. Sur la porte sont ces deux vers Latins.

Virginis effigiem qui transis, pronus adora,
Non tamen effigiem, sed quòd designat, honora.

Continuant de cheminer dans vne route fascheuse, j'arrivay à Vintemille à neuf milles de Menton.

VINTEMILLE.

Vintemille ville appellée par les Latins, *Albium Intemelium*, de la Riviere Occidentale de Genes sur le bord de la Mer. Elle est Episcopale, & dans sa Cathedrale l'on y honore quelques saintes Reliques, comme la machoire de sainte Catherine & de S. Blaise, vn doigt de S. Nicolas & quelques autres. Me promenant dans la ville j'y remarquay avec plaisir le pavé des maisons de la belle ruë, fait de petites pierres rapportées ensemble, qui representent diverses figures rondes & quarrées. En sortant de la ville vous trouvez de tres méchant pavé, & quand j'eus passé le Pont qui est sur la Riviere, je vis à gauche vne Eglise deservie par des Religieux Observantins, & vn mille au delà je passay par Bordighere, Bourg situé sur la côte Occidentale de Genes, & au bord de la Mer. Là est vn Château fortifié pour défendre le lieu où veille vne sentinelle pour n'estre point surpris des ennemis. A trois milles au delà est S. Reme, où j'arrivay aprés avoir côtoyé la Riviere de Genes.

SAINT REME.

SAint Reme Ville agreable de l'état & de la côte Occidentale de Genes à trois milles de Bordighere, située dans vn fond tres fertile & plus charmant que tous ceux qui se trouvent sur la Riviere. Vous y voyez les Citroniers, Orangers & Palmiers, non seulement dans les jardins qui en sont remplis; mais encore dans les campagnes & dans la plaine qui est entre la ville, & la Mer, qui en est couverte, & en si grande abondance qu'ils en envoient en Provence & en Languedoc, d'où ils rapportent des grains que la terre ingrate ne produit point en ces quartiers; mais seulement du vin & de l'huile.

En sortant de S. Reme j'eus le plaisir de voir les Palmiers dispersez çà & là par la campagne; mais cette joye ne commença pas plûtost qu'elle eut sa fin, lors que je me vis sur ces affreuses montagnes tellement escarpées dans leur hauteur, qu'elles semblent faire alliance avec les nuës, & souvent je marchois sur le bord des precipices, dont l'eau de la Mer vient battre les rochers, & où les chemins sont si étroits en quelques endroits que l'on y doit apprehender la cheute. Sur les bords ont esté plantées quelques Croix pour vous avertir des lieux les plus dangereux, où quelques-vns se sont perdus, & pour vous faire éviter ces écuëils.

En avançant dans ma route je trouvay la Chapelle de N. Dame de l'Ame, bâtie dans vne grotte, & cheminay dans des lieux aussi étroits que perilleux faits de main d'hommes sur le panchant de ces affreuses montagnes, & arrivay à la Rive où je pris mon repos.

LA RIVE.

La Rive Bourg de l'Estat de Genes sur le bord de la Mer & dans sa côte Occidentale. Quoy qu'en ces quartiers la terre soit sterile comme dans toute la côte, ils ne laissent pas avec leurs soins & leur artifice, de faire venir de tres excellent vin muscat qu'ils envoient à Rome, à Naples, & autres lieux.

Le douziéme Novembre je partis de la Rive, & côtoyant la Mer environ quatre milles, je passay au Port Maurice.

PORT-MAVRICE.

Le Port-Maurice est vn bon Bourg de l'Estat de Genes & dans sa côte Occidentale, bien peuplé, situé sur vn petit côtau bordé de Mer, dont le port a esté comblé par ordre de la Republique : comme aussi quelques autres de l'Estat, pour faire rechercher leur principal port, & le rendre plus fameux. Là est vne Forteresse pour la defense du Bourg : & la curiosité vous doit porter à voir le Convent des Cordeliers. Les Grenadiers & les Oliviers qui sont à l'entour, ne le rende pas peu agreable. Cheminant toûjours dans des routes fascheuses, j'arrivay à Oneille.

ONEILLE.

ONeille, ville agreable & Principauté du Duc de Savoye, à dix milles du Port-Maurice, sur le bord de la Mer, & située dans vne plaine qu'vne vallée merveilleusement belle & riche en Oliviers joint, qui en fournit tout le païs. Elle est fermée de murailles nouvellement rebâties : les ruës en sont belles & polies au dernier point; & les maisons s'appuyent & se soûtiénent par le moyen des arcs-boutans qui les joignent. Comme il n'y a aucune Forteresse, durant les guerres elle fut prise & reprise. Si vous voulez voguer sur Mer, & vous tirer des fascheuses montagnes où je suivis ma route, prenez vn Bâteau ou vne Felouque, vous en trouverez qui partiront à toute heure.

A trois milles delà, est Diano petite ville, bâtie à deux milles de la Mer : dont le terroir qui la joint est abondant en huile : Elle est située sur vne eminence, avec vn château plus considerable pour sa belle situation que pour sa forteresse; quoy qu'il ait assez d'estenduë. Et ayant laissé Luserne,

& franchy vne tres-haute montagne, du haut de laquelle en regardant du costé de la Mer, je découvris deux ou trois Bourgs au long de son rivage, qui ne paroissent rien, en estant la profondeur si grande, qu'elle éloigne vostre veuë, & fait que l'objet semble s'en retirer ; j'arrivay à Santoglia, Bourg sur le bord de la Mer, de l'estat de Genes & de sa coste Occidentale, & vn mille au dela. Ie vins ensuite à Arasse prendre mon repos. Depuis la Rive jusques icy, en quelques endroits se trouve d'excellent vin muscat, qui croist dans le païs.

ARASSE.

ARasse, ville de l'estat de Genes, de sa Riviere Occidentale, a vn mille de Santoglia & de l'Evesché d'Albengue. Elle est marchande, bien peuplée, merveilleusement nette & polie & fournit des pescheurs de Corail. au milieu de laquelle est vne place quarrée tres-proprement, dont les habitans font leur lieu de promenade & de conversation. Là est vne Eglise Collegiale bien rentée. Là sont des Capucins, Cordeliers, Observantins, & des Religieuses de sainte Claire. Là vous pouvez prendre vne barque pour aller à Genes, & par toute la coste. Ce party est beaucoup plus seur que d'aller sur les montagnes.

Le treiziéme Novembre en sortant d'Arasse, & en jettant la veuë du costé de la Mer, j'apperçeus ceus sur son bord vne Tour, où est vne sentinelle pour n'être pas surpris par la trahison des Turcs & des Corsaires, qui voguent assez souvent sur les côtes, & qui aussi le plus souvent sont payez de leur audace : Pour la garantir de leurs inuasions, l'Estat a fait bâtir en plusieurs endroits de la côte des petits forts, gardez continuellement, fortifié les Villes & les Bourgs de tres-bonnes & hautes murailles : garni quelques endroits de canons, & autres munitions de guerre.

A deux milles d'Arasse ou environ, ie commencay à découvrir cette superbe ville de Genes, dont la seule veuë me fit oublier vne partie des fatigues passées ; & en avançant toûjours sur les montagnes, j'arrivay à Albengue, à six milles d'Arasse.

ALBENGVE.

Albengue, ville de l'Estat de Genes, & sur sa coste Occidentale, appellée par les Latins *Albingaunum*, nom qu'elle à pris des Alpes qu'on nommoit autrefois *Albij montes*, qui fut en reputation d'estre fort belliqueuse. Les Tours dont on void encore quelques vestiges, bâties par des Capitaines de Vaisseaux, font paroistre son antiquité ; quoy qu'elle semble estre située advantageusement dans vne plaine agreable, qui se donne de l'espace auparavant qu'elle se joigne aux montagnes, & quoy qu'elle ne soit qu'à cinq cens pas de la Mer, son air n'en est pas sain, & il passe pour proverbe : *Albenga piana si fossa* sana si dimandarebbe Diana. Il fait beau voir ses environs tout couverts d'oliviers, & la terre cultivée plus que dans tout le reste de la coste.

Ce même iour ie passay par Cerial, à vn mille d'Albengue, & Borghette a vn mille de Cerial, Bourgs sur le bord de la Mer de Genes, & dans sa coste Occidentale; qui furent il y a vingt ans ou environ ravagez par les Turcs, qui en emmenerent les habitans esclaves, qui depuis furent racheptez par la Republique. Audela ie passay par Luan, à trois milles de Borghette.

LVAN.

Luan, petite ville de la Riviere Occidentalle de Genes, & Principauté du Prince Doria, vne des plus illustres Familles de l'Estat, qui en fait son seiour de delices & demeure dans son palais, dont les promenades qui sont autour, sont charmantes, non seulement pour les maisons de plaisance de quelques particuliers: mais encore plus pour la situation naturelle du lieu qui est agreable au dernier point. La closture des murailles de la ville, & la garnison en fait la force. Le nombre des Eglises, la devotion, & la situation qui est dans vne plaine, la rend plaisante. En avançant, ie passay à la Pria, Bourg fermé de murailles de l'Estat de Genes & de la riviere Occidentale: & abondant en fruits de plusieurs sortes.

Marchant toûjous dans des routes tres-fascheuses, ie me trouvay sur vne montagne autant affreuse par sa hauteur, que difficile par sa roideur, qui va dans sa descente comme en precipice, & fut surpris quand ie vis le chemin taillé à mains d'hommes dans le panchant des rochers de la montagne, qui me conduisit à Final, ville où ie pris mon repos.

FINAL.

Final est vne bonne ville, appellée par les Latins, *Finalium*, à cause de la subtilité de son air; proche de la Mer, & dans la Riviere Occidentale de l'Estat de Genes. Elle porte titre de Marquisat, dont Philippe III. s'empara au prejudice de la famille des Carractes, l'an mil six cens deux, & que le Roy d'Espagne possede encore à present. Il y a vne Citadelle bâtie presque entierement sur vn rocher; & autant considerable par son assiette, que par ses fortifications tres-bien entretenues. Ce lieu est extremement commode à sa Majesté Catholique, pour la descente des troupes qu'il envoye dans le Milanez, & qui debarquent dans le Bourg, qui est sur le bord de la Mer; où abordent les barques qui apportent toutes sortes de commoditez à la ville: où sont de tres-excellens vins muscats, & où l'on est mieux logé que dans pas vn autre lieu de cet Estat.

En sortant de la ville ie franchis vne montagne tres-haute & tres-rude; & en avançant dans ces mal'heureuses routes, j'apperceus Noli à neuf milles de Final.

NOLI.

NOLI, est vne ville appellée par les Latins, *Nolium*, & située dans vne plaine, sur le bord de la Mer, & dans la coste Occidentale, de mesme que toutes celles que l'on rencontre jusques à Genes : Elle est Episcopale, & son port est fort considerable, non seulement pour sa belle étenduë ; mais encore plus pour les avantages que les habitans en retirent. Les tours que l'on y voit, ont esté bâties par des Capitaines de Vaisseaux, qui ont beaucoup obligé cette ville par vn avantage si necessaire.

A cinq milles audelà est Vai, forteresse de l'Estat, au pied de laquelle est vn port, où debarque la milice que le Roy d'Espagne envoye dans le Milanez, & qui est la retraite de ses Vaisseaux, quand il a dessein de faire la guerre sur la Mediterranée.

On remarque que le long de la Riviere Occidentale de la Mer de Genes, les habitans en sont traîtres & couverts, d'vne humeur noire & melancolique, mais que d'ailleurs ils ne manquent pas d'esprit : ils mangêt la moitié de leurs mots en parlant & leur langage est si corrompu qu'il est est presque impossible de les entendre. Les cheveux blonds & roux y sont tout à fait en estime, & cette couleur est la plus considerée par les femmes. Pour y parvenir elles se servent de toutes sortes d'inventions, elles s'exposent toutes échevelées a l'ardeur du Soleil, elles moüillent mesme leurs cheveux avec des eaües préparées pour les rouffir. C'eft vne chofe plaifante que de voir les Dames avec leurs Vertugadins, qui font si fort relevez en rondeur qu'elles paroiffent comme de petites tours: jufques-là que quelquefois l'on eft contraint d'ouvrir les grandes portes pour leur donner paffage quand elles vont dans les maifons.

Ie ne puis taire la mauvaife chair qu'il font aux paffans. Par l'empreffement qu'ils font paroiftre à voftre arrivée, ils femblent promettre vn merveilleux regale, mais aprés avoir fait cent tours, ils apportent vn mouchoir fur la table & des affiettes de bois; enfuite vn fervice d'vne falade abreuvée d'huile puante, vn morceau de ferpent roty, des petits poiffons marinez, mais en petite quantité, du pain dur comme le fer, & du vin qui n'a point de faveur. Voilà le regale qu'ils vous font mefme les jours gras, aprés les fatigues de tant de mauvais chemins. C'eft auffi vne chofe merveilleufe que de voir ce païs, qui ne confifte dans fa plus grande partie, qu'en montagnes, rochers, & terres ingrates, & qui neantmoins eft fi vniverfellement habité, qu'il n'y a pas vne feule plaine qui ne foit remplie de monde. Peut-eftre que la commodité de la Mer & les fituations avantageufes des lieux les y ont invitez.

En avançant toûjours dans de mauvais chemins fans relafche, mais principalement à quatre milles de Vai, ou environ; je franchis vne montagne affreufe par tout & perilleufe en quelques endroits: mais enfuite côtoyant la Mer par vn beau & agreable chemin j'arrivay à Savone, où je pris mon repas.

K iij

SAVONE.

Savone est la Ville la plus ancienne, la plus grande, & la meilleure de l'Estat, aprés Genes. Elle est située à six milles de Vai dans vne plaine & sur le bord de la Mer. Les Sforces, les Ducs de Milan, & les François en ont esté les maîtres les vns aprés les autres. Elle a mesme eu des Ducs particuliers, & a esté Republique. A present elle est sous la domination des Genois. Elle est fermée de murailles & de quatre ou cinq portes, & deffenduë par vne Citadelle qui est forte par son assiette & par ses fortifications, remplie de plusieurs Eglises de Religieux; comme de Iesuites, Capucins, Cordeliers, Iacobins, Augustins & de Religieuses Carmelites, de l'Annonciade, & autres. Elle est Episcopale, mais sur tout considerable pour avoir donné trois Papes à l'Eglise; sçavoir Sixte IV. Iules II. tous deux de la maison de Roüere, & Gregoire VII. Les deux derniers ont pris naissance dans la ville mesme & le premier à Celle; qui est vn lieu fort peu éloigné de Savone, dont le Port qui est bâty en avançant dans la Mer, est revestu de grandes pierres pour resister à l'impetuosité des eauës, & lequel quoy que la Republique l'ait fait combler, ne laisse pas d'estre fort vtile à la ville par les petits Vaisseaux qui y apportent les danrées qui luy sont necessaire. Cette ville est marchande & frequentée pour le commerce. La considerant par les ruës, j'y apperceus plusieurs Palais magnifiques; parmy lesquels celuy de Iules II. tient bien son rang.

Le quatorziéme Nouembre je sortis de Savone & chemin faisant dans vne route plus agreable, je passay par Arbisolla, & par Varaggio, deux Bourgs où l'on commence à respirer vn air plus doux, à cause du voisinage de la Ville de Genes. Vous y voyez les maisons peintes par le dehors: Vous y considerez avec plaisir les jardins remplis de fleurs les plus odoriferantes & d'Orangers les plus beaux. Delà je passay par Arassan, Vtri, & Sestri, Bourgs où je ne vis rien de remarquable, & poursuivant mon chemin, aprés avoir passé vn fort beau Pont, j'arrivay à S. Pierre d'Arena, où je consideray avec attention & avec plaisir de magnifiques Palais, qui ne luy donnent pas peu d'éclat.

Le quinziéme Novembre en sortant de S. Pierre d'Arena, j'eus encor l'oisir de considerer ses beaux Palais, qui luy donnent vn grand ornement & vn éclat qui satisfait merveilleusement la veuë. Ie vis aussi avec plaisir le Fanal bâty sur vn rocher d'vne hauteur prodigieuse, qui de jour par son élevation se fait voir de loin & facilite l'accés des Vaisseaux au Port, de mesme que de nuit par la lumiere qui n'y manque jamais.

Le chemin qui me conduisit à Genes, est large, beau & facile: mais pour le mettre en cét estat, il a falu employer de grands deniers à cause des rochers qu'il a esté necessaire de tailler. A l'entrée du faux-Bourg vers la droite j'apperceus le Port que l'on a tasché de rendre asseuré par le moyen de la Darse, je veux dire de deux Digues, que l'on a bâtis dans la Mer avec vne dépence incroyable: ce qui n'empesche pas que quand le

K iiij

152 *Journal d'vn Voyage de France, & d'Italie.*
vent Sudoüest vient à donner, il ne fasse faire naufrage aux Vaisseaux jusques dans le Port. A vançant dans la ville, le pavé m'en parut poly ; mais tres-glissant & j'arrivay à l'Hôtellerie de sainte Marthe, l'vne des bonnes de la Ville de Genes.

LES SEPT MERVEILLES;

Ie veux dire les sept choses les plus remarquables, depuis Nice jusques à Genes, sont les suivantes.

Ægid. Rousselet sculp.

LE CHEMIN DE NICE

à Genes, avec les noms des Villes, Bourgs & Villages, qui s'y rencontrent, & leurs distances.

DE Nice à N. Dame de Laghette, quatre milles.
De N. Dame de Laghette au Château de Tourby, trois milles.
Du Château de Tourby à Monaco, trois milles.
De Monaco à Menton, huit milles.
De Menton à Vintemille, neuf milles.
De Vintemille à Bordighere, vn mille.
De Bordighere à S. Reme, trois milles.
De S. Reme à la Rive, cinq milles.
De la Rive au Port Maurice, quatre milles.
Du Port Maurice à Oneille, dix milles.
d'Oneille à Diano, trois milles.
De Diano à l'Vserne, deux milles.
De l'Vserne à Santoglia, trois milles.
De Santoglia à Arasse, vn mille.
d'Arasse à Albengue, six milles.
d'Albengue à Cerial, vn mille.
De Cerial à Borghette, vn mille.
De Borghette à Luan, trois milles.
De Luan à la Pria, cinq milles.
De la Pria à Final, cinq milles.
De Final à Noly, neuf milles.

Le chemin de Nice, à Genes.
De Noly à Vaï,   cinq milles.
De Vaï à Savône,   six milles.
De Savône à Arbifola,   deux milles.
d'Arbifola à Varaggio,   quatre milles.
De Varaggio à Araffan,   six milles.
d'Araffan à Vtrj,   douze milles.
d'Vtri à Seftrj,   sept milles.
De Seftrj à S. Pierre d'Arena,   deux milles &
  demie,
De S. Pierre d'Arena à Genes,   deux milles.

De Nice à Genes, cent trente-cinq milles &
  demie.

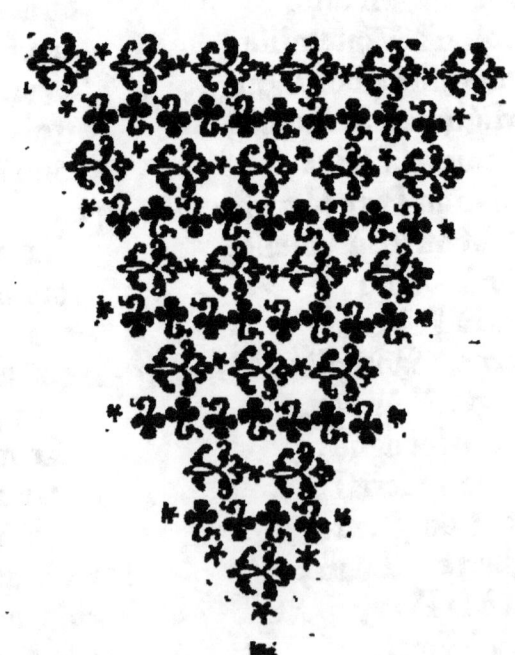

GENES.

Genes est la Ville Capitale & Metropolitaine de l'Estat qui porte ce nom, elle est aussi la premiere qui se trouve sur les côtes de la Riviere Orientale & sur le bord de la Mer Ligustique, quasi au milieu de cét Estat, & l'on peut dire qu'elle est la porte & l'entrée de l'Italie du costé de la Mer Occidentale. Elle est située partie dans vne plaine, & partie dans vne colline. Elle s'estend en longueur, mais elle est fort pressée dans sa largeur, d'vn costé de la montagne qui regne quasi tout au long de la ville, & de l'autre de la Mer, qui luy fait vne perspective naturelle merveilleusement agreable. Son circuit est de cinq milles, & elle est fermée de murailles tres-fortes, du costé du Septentrion elle est couverte de montagnes. Elle est plus marchande qu'aucune autre ville d'Italie, & porte ses marchandises travaillées en soye dans toutes les parties du monde. Les Italiens la nomment, *di superbia altera pianta*, pour dire qu'elle est plantée sur l'orgueil de ses bâtimens. Aussi en verité est elle des plus magnifiques, je ne diray pas seulement de l'Italie mais de l'Europe. Rien de plus poly que le dedans de ses Palais, rien de plus commode que l'ordre de leurs appartemens, rien de plus superbe que la matiere dont ils sont bâtis, rien de plus ingenieusement travaillé que leurs faces, en vn mot rien de plus achevé; puis qu'ils servent de modele à tous les Architectes de l'Europe qui en admirent la politesse, l'industrie, & les belles proportions qui y sont observées.

Si cette ville a esté féconde en beaux esprits qui se sont signalez par leurs doctes écrits, comme Iustinian Evesque de Nebia, Iean Balus, Mascardi & autres, elle ne s'est pas moins renduë illustre en grands Capitaines. Les Doria & les Spinola ont donné en plusieurs rencontres des marques de leur valeur qu'ils ont renduë inseparable de leur noblesse. Ie ne parle point des Fieschi, des Grimaldi, des Pallavicini, des Cibo, qui sont des familles les plus nobles du païs; mais je diray seulement qu'elle a donné à l'Eglise trois souverains Pontifes qui ont joint la pieté avec la doctrine: Hadrian V. de la maison des Fieschi; Innocent IV. de la mesme famille, & Innocent VIII. de l'illustre famille des Cibo. La memoire de Christophe Colombe ne mourra jamais, puis qu'il a découvert tant de païs auparavant inconnûs & qu'il a merité par son industrie d'estre appellé l'Admiral des Rois d'Espagne.

Me promenant dans cette ville, qui est aussi peuplée qu'aucune autre de l'Italie, je ne pûs m'empescher d'admirer ses superbes Palais, dont la hauteur n'attire pas moins l'étonnement de ceux qui les regardent, que leur architecture & la symmetrie qui y est observée: Ce grand nombre de beaux bâtimens a bien relevé la situation naturelle du lieu, & luy a donné vn ornement tout à fait avantageux. Les ruës en sont fort étroittes, & cela oblige les Genois à se servir de Litieres. I'y remarquay les hommes avec leurs grands Manteaux noirs de frise, & les Dames qui se monstroient à leur porte avec des habits somptueux. Quand elles marchent par les ruës, elles prennent des compagnes & vont d'vn pas lent, grave & mesuré. Elles font grand estat des cheveux blonds ou roux, & taschent par toutes sortes d'artifices de leur donner cette couleur. Elles y mettent ou des feüilles, ou de petites paillettes, d'or & les entrelassent avec d'autres qu'elles acheptent pour se donner cét éclat qu'elles desirent. Les hommes sont de belle taille, d'vne hauteur & d'vne grosseur bien porportionnée, avares dans leurs ménages, mais magnifiques au dehors. Leur humeur est couverte ; c'est pourquoy l'on les taxe de trahison, il faut neantmoins demeurer d'accord que les mœurs depuis quelques siecles, en ont esté bien changées, & qu'ils ne tiennent plus de la rudesse des montagnes; mais bien de la subtilité de l'air du païs. De rudes ils sont devenus polis, de grossiers subtils, & de voleurs & corsaires, fideles & vaillans. C'est ce que j'ay observé & ce que l'on m'a fait remarquer des Genois dans le peu de jours que je sejournay à Genes.

L'Eglise de l'Annonciade desservie par des Religieux de l'Ordre de S. François, & bâtie au despens d'vn Gentil-Homme Genois, merite vostre curiosité, puis qu'elle est vne des plus superbes de l'Italie. Sa situation est si avantageuse, que l'on y découvre dans sa grande clarté toutes les beautez qui donnent du plaisir à la veuë. Elle est belle dans sa longueur, dans sa largeur & dans sa hauteur, qui est soûtenuë par des piliers de Marbre d'vne couleur si brillante, qu'ils sembleroient estre peints ; & si bien cannelez, que l'on croyroit qu'ils sont entourez de petites Colonnes. Le grand Autel est entre le Chœur & la Nef tout de marbre. La voute est ornée des plus exquises peintures, & enrichie des dorures les plus vives que l'on se puisse imaginer. Les Chapelles, la Chaire du Predicateur, & les Chaires du Chœur, éblouïssent les yeux de leur éclat, & retiennent l'esprit en admiration. En vn mot de quelque costé que vous jettiez la veuë vous ne voyez que marbre brillant, que dorures & que peintures. Le Convent est spacieux, & superbement bâti, on y monte de l'Eglise par differens degrez. I'y vis Cloistre sur Cloistre, & au dessus des Iardins pleins d'Orangers & mesme encore plus haut, vn lieu où ils reservent de l'eau. Tout enfin y est riant, tout y est commode, tout y est magnifique, & merite bien que l'on se donne la peine de le considerer.

L'Eglise de Saint Laurens est la Metropolitaine de l'Estat, & surpasse toutes les autres en grandeur: mais elle est inferieure en beauté à celles de saint Ambroise & de l'Annonciade, & ie ne puis pas mesme asseurer que les colonnes sur lesquelles elle est soûtenuë, soient de marbre. Derriere l'Autel est le Chœur, où sont les Chaires des Chanoines: au dessus des statuës de marbre des quatre Evangelistes, & dans le fond du Lambris, est representé au vif le martyre de S. Laurens. Parmy plusieurs belles Chapelles i'ay admiré principalement celle de saint Iean, qui brille par dessus toutes les autres, par ses statuës de marbre, où ce Saint est representé en bosse, d'vne sculpture tres-delicate: mais sur tout par vn nombre considerable de lampes d'argent, qui doivent embraser les cœurs de la denotion d'vn si grand Saint. Cette Eglise est depositaire d'vn grand Thresor de Reliques. Là où l'on honore le bras de S. Iacques le Mineur, le chef de S. Barnabé, vne notable partie de la vraye Croix de N. Seigneur, des cendres du corps de S. Iean Baptiste, qui par vn miracle extraordinaire appaisent les furies de la Mer : trois parties considerables du corps de S. Laurens. L'on dit mesme que le plat dans lequel Herodias presenta à sa mere la teste de S. Iean Baptiste, se garde dans vne des Chapelles. Là est vn Vase d'Esmeraude d'vn prix inestimable, apporté il y a cinq cens quatorze ans de Cæsarée en Palestine, par Baudouyn Roy de Ierusalem.

I'entray le mesme iour dans les Eglises de N. Dame de la Vigne, & des Cordeliers. L'vne & l'autre n'ont rien de considerable, si non que cette derniere est grande & embellie de plusieurs Chapelles, où le marbre n'est pas épargné. Celle des Iacobins merite la curiosité du voyageur. Elle est longue & remarquable par ses belles Chapelles, ornées de beaux tableaux, & enrichies de belles colonnes. Du costé de l'Evangile i'en remarquay vne éclairée par vn bon nombre de lampes d'argent, données en vœu par des particuliers qui estoient devots à la sainte Vierge. En suite ie fis vn tour dans le Cloistre, considerable & pour son antiquité & pour son étenduë.

En passant par la place des Marchands, ainsi appellée, parce qu'ils s'y assemblent, j'allay voir la *Strada nuova*, la plus belle & la plus superbe ruë de Genes : belle dans sa largeur, & superbe dans ses palais que l'on voit d'vn costé & d'autre tous si magnifiques dans leur dessein, dans leur matiere & dans leur politesse, qu'ils rauissent en admiration. La curiosité vous doit porter d'en voir quelqu'vn par le dedans, & quand

L

vous l'aurez veu vous jugerez de la beauté de son architecture. Delà j'alay au Palais prendre mon Buletin pour mon logement ; car c'est la coûtume des Estrangers qui logent en cette ville, & il est besoin d'en reprendre vn autre si l'on y arreste plus de trois iours.

Le seiziéme Novembre ie vis & admiray tout ensemble l'Eglise de S. Ambroise, déservië par les Iesuittes, vne des plus magnifiques qui soient dans Genes : sa grandeur, ses exquises peintures, ses belles colonnes attirent l'estonnement de tous ceux qui les considerent : les pilliers qui la soûtiennent sont d'vn marbre dont la couleur est si vive & la grosseur si prodigieuse, qu'elles se font admirer. La Chaire du Predicateur est toute de marbre, mesme le degré par lequel on y monte. Le maistre Autel est appuyé sur des colonnes de marbre, entre lesquelles sont les Statuës de S. Pierre & de S. Paul de méme matiere. Il ne se peut rien voir de plus beau que les Chapelles ornées de colonnes de marbre de diverses couleurs, & enrichies de balustres pareillement de marbre, d'vn bout de l'Eglise à l'autre. Il ne se peut rien de plus magnifique que ses tres-excellentes peintures qui paroissent dans le fond du Lambris : rien de plus poli que le pavé de l'Eglise, qui est d'vn marbre le plus beau que l'on puisse soûhaiter. Les carrieres de marbre qu'ils ont en ces quartiers leur fournissent vne grande facilité pour élever ces superbes edifices.

Le palais où se rend la Iustice, & où ie me transportay, est vn bâtiment fort ample, composé de quatre grandes aisles, où sont de belles Chambres & des sales d'vne prodigieuse grandeur :

& d'Italie. 163

Dans l'vne j'y admiray les douze statuës de marbre blanc que l'on y a mis de differens particuliers, qui ont rendu quelque service considerable à la Republique : Ie vis l'entrée des Senateurs qui accompagnoient le Duc dans la sale où se rend la Iustice, Ils m'ont semblé avoir bonne mine, & marcher gravement avec des robes de damas, & des colets en forme de fraise, & le petit bonnet à la teste, & le Doge habillé de damas rouge & d'vn bonnet de mesme couleur. La court à l'entour de laquelle sont plusieurs artisans, est grande & spacieuse : proche la muraille du costé des degrez du palais sont deux statuës de deux Doria, pere & fils, que la Republique a fait mettre en reconnoissance des services qu'ils luy ont rendus.

Dans le mesme palais, ie vis l'Arsenal, où l'on m'a asseuré qu'il y avoit pour armer quarante mille hommes. I'y vis vne grande quantité de Mousquets, d'Hallebardes, de Corselets, de Cuirasses bien rangées en peu d'étenduë & en peu d'espace. I'y remarquay vne Hallebarde qui a la pointe d'vn costé, & de l'autre tire à deux pistolets : comme aussi toutes les Cuirasses de ces anciennes Amazones de Genes, qui oubliant la foiblesse de leur sexe, allerent genereusement avec vn cœur viril faire la guerre aux Infidelles dans la Terre-Sainte, & en recompense la Republique leur accorda le droit de Noblesse. L'on y conserve ces Cuirasses depuis trois cens ans. l'On me monstra vn Canon de cuir boully si leger, q'vn mulet en peut porter deux facilement : vn Mousquet Turc qui a vn gros calibre & vne hache : deux Estandarts, pris sur le Duc de Savoye, lors qu'il avoit guerre contre la Republique,

L ij

L'Eglife de S. Cyre m'a femblé furpaffer toutes les autres dans la grande quantité de Marbre, dont elle eft enrichie. Les piliers qui foûtiennent la Nef, & les Colonnes qui ornent les Chapelles, font de Marbre, de mefme que le Chœur & les devants de l'Autel, les marche-pieds & les baluftres. J'y remarquay auffi de tres-belles peintures tant au lambris qu'aux tableaux des Chapelles.

De l'Eglife j'allay au Convent où je fus conduit par vn Theatin, qui dans vn lieu de petite étenduë pour fa largeur, me fit voir Cloître fur Cloître, Dortoir fur Dortoir, dont le plus élevé eftoit le plus grand & le plus éclairé. Au deffus de tout cela, je fus mené par le méme Pere dans des jardins remplis d'Orangers & de Citroniers, où les eaux coulent abondamment & en differentes manieres. Je montay par des degrez en trois differens jardins, & qui font les vns deffus les autres, au deffus encor defquels, ce qui eft admirable, l'on trouve vn Moulin à eau, & vne Cifterne, & encor au deffus de tout cela vne plateforme de laquelle on voit toute la ville : ce que je ne pûs voir fans vne admiration toute particuliere, notamment que ces bons Religieux ne fubfiftent que de charitez, & neantmoins ils ne la demandent jamais.

L'Eglife de S. Matthieu eft remarquable pour les Corps faints qui y font honorez : fçavoir entre autres, celuy de fainte Anaftafie Vierge & Martyre apporté de Conftantinople, ceux de S. Maur, & de S. Eleuthere Martyrs, les cendres de S. Maximus & de S. Pelagius Martyrs.

Delà j'allay chez les Peres du S. Efprit Religieux de S. Dominique, qui ont vne Eglife confiderable à caufe de fon Dome. Paffant par la Porte de S. Thomas j'entray dans le Palais Doria, l'vn des plus magnifiques de Genes. Il comprend plusieurs appartemens tres commodes & richement meublez. Il y a au bas vne belle gallerie qui soûtient la maison avec plusieurs piliers de Marbre, & est considerable dans sa longueur & largeur; d'où l'on a veuë sur le Port. Cette maison est accompagnée d'vn tres-beau jardin, au milieu duquel est vne fontaine avec deux bassins de Marbre blanc l'vn dans l'autre, avec la statuë de Neptune sur vne coquille, armé de son Trident, & monté sur trois Chevaux, & douze Sirenes au dessus du mesme bassin. Le grand parterre a ses allées larges & belles, toutes pavées de petites pierres rondes & polies à la Mosaïque. Il y fait aussi beau voir plusieurs especes d'oyseaux qui prennent l'essor dans vne belle & grande voliere. Entre plusieurs j'y apperceus des Paons qui font la rouë de leurs aîles sur des arbres verdoyans & croissans dans cette voliere, en vn mot ce lieu est tout à fait charmant.

Delà j'allay plus avant chez les Peres de la Mission, fondez par le Cardinal Durazzo Archevesque de Genes & leur bien-facteur. Ils sont parfaitement bien logez, & peuvent mesme recevoir des Ordinans en grand nombre & les loger commodement. Car ils ont vne belle sale, de beaux Refectoirs, des Dortoirs sur Dortoirs, & vn jardin commencé dans la Colline qu'ils peuvent élever plus haut que celuy des Theatins. Du Iardin ils ont vne veuë aussi étenduë que charmante : car ils voyent la Mer d'vn côté & toute la ville de l'autre : En vn mot ce lieu est tres plaisant, & dans la plus belle situation que l'on puisse souhaitter. Il meritera bien la curiosité des voyageurs quand il sera achevé selon son premier dessein.

Delà j'allay au jardin du Comte de Neri, considerable par ses grottes qui me donnerent vn divertissement incroyable. On m'y fit entendre vn agreable sifflet: ensuite on fit pleuveoir du haut de la grotte : & rejalir divers jets d'eau, les vns du bas en haut ; d'autres du côté vers l'autre, tant au dedans de la grotte que dehors. La grotte enfin montant par divers dégrés, j'entray dans des jardins remplis d'Orangers, & je vis au haut vne Cascade fort belle, & encor vne autre petite grotte sur la croupe de la Colline, avec des animaux taillez sur de la pierre.

Passant par la ville, je vis en deux endroits vne espece de petit tronc de cuivre enfoncé dans la muraille, & au dessus ces paroles, *avvisi a' signori inquisitori del stato*.

Conferant avec vn homme d'esprit il me dit dans sa conversation, que la Noblesse de cét état possedoit de grands biens, & mesme que les Spinola avoient avancé de l'argent au Roy d'Espagne pour payer ses armées de Flandre ; que la République consume la meilleure partie de son revenu qu'elle tire des Doüanes, Gabelles, Tailles & autres droits, à entretenir des garnisons, & des munitions de guerres dans les places & forteresses de l'Estat, si fort exposé à la rage & à l'incursion des Turcs & des Corsaires, à cause du voisinage de la Mer. Il demeura d'accord avec moy, qu'il faloit attribuer à la legereté & à l'inconstance des habitans, tant de revolutions qui leur ont attiré tant de miseres : car si nous jettons la veuë sur l'histoire, nous y verons qu'ils ont esté gouvernez par des Comtes, par des Con-

& d'Italie. 167

suls, par des Capitaines, par des Gouverneurs, par des Lieutenans, par des Recteurs du peuple, par des Reformateurs & par des Ducs, tantost nommez par le peuple, tantost par les Nobles: en-sorte que depuis l'an 1494. jusques en 1528. ils ont changé de douze sortes de Gouvernemens: enfin qu'en 1528. ou environ, ils établirent vne assemblée de Nobles, vn Duc, des Gouverneurs, des Procureurs, & des Syndics, & retiennent encore aujourd'huy cette maniere de Gouvernement. Que si l'on foüille plus avant dans l'histoire, il se trouvera qu'elle fut prise par Rhotar Roy des Lombards; qu'elle se rendit à Pepin Roy d'Italie, & qu'en suite elle fut sous l'obeïssance des Empereurs successeurs de Charles Martel, qui luy donnerent le pouvoir d'élire des Gouverneurs pour leur conduite : qu'elle a esté sujette à trois ou quatre Rois de France, dont le dernier fut François premier; qu'ils sont presentement sous la protection du Roy d'Espagne, qu'ils ont fait paroistre leur valeur dans la Terre sainte, & qu'ils ont pris l'Isle de Corse laquelle ils possedent encore aujourd'huy ; qu'ils ont remporté de signalées Victoires contre les Pisans & les Veniriens, enfin qu'ils ont fait plusieurs actions memorables que les curieux peuvent voir dans les Livres.

Il poussa plus avant sa conversation pour me donner vne legere connoissance de la methode que cette fameuse Republique observe dans la conduite de son gouvernement. Ie rapporteray en peu de mots ce qu'il me dit, pour ne pas sortir du dessein que je me suis proposé : Elle a vn Duc élen de deux en deux ans, qui sortant de charge demeure Procureur pendant sa vie : Il fait sa demeure dans le Palais & ne s'en peut retirer.

L iiij

sans l'ordre du Senat: Quand il marche en ceremonie, on porte devant luy vne épée dans vn fourreau doré; vingt-quatre Senateurs vêtus de robbes de velour noir, l'accompagnent. Le Senat est composé de quatre cent personnes & se forme tous les ans par trente Electeurs, dont l'élection est faite auparavant. Le Duc, les huit Procureurs & les cinq Syndics avec le Gouverneur, representent le corps de la Seigneurie. Le petit Conseil est de cent Nobles, pris des quatre cent. Ils peuvent décider les choses de moindre consequence, comme aussi les douze Gouverneurs avec le Duc; mais dans les affaires de grande importance le Senat s'assemble. Le Preteur & les Assesseurs de la Rote sont pour les affaires criminelles, & les Syndics ont pouvoir de rechercher, mesme punir le Duc quand il est sorty de charge: Les Assesseurs sont pour les causes civiles, les Censeurs & les Consuls ont la Police & les ventes des marchandises. Finissons cette conversation & poursuivons la route du voyage après que nous aurons fait encore vn tour dans la ville.

Le dix-septiéme Novembre je vis l'Eglise du College des Iesuites qui n'est pourtant que commencée, mais où l'on travaille incessamment. Elle sera magnifique quand elle sera achevée selon son premier dessein, ils ont en cette ville quatre ou cinq maisons. Les Carmes ou je passay aussi, ont vne Eglise assez grande & vn logement commode.

Si la curiosité vous porte à aller voir la Darse, vous y verrez vne grande quantité de Barques; mais si vous jettez la veuë du côté du Couchant, vous appercevrez le Havre, où ils tiennent des

& d'Italie. 169

Galeres toûjours en état de courir sur les Pirates & sur les Corsaires. Ils ont là des Vaisseaux d'vne longueur prodigieuse. Si vous regardez à l'entour du Port, vous découvrez les plus beaux bâtimens de la ville, qui sont les vns sur les autres à mesure que la montagne se porte en hauteur, ce qui represente à la veuë comme vn amphitheatre. Ce Port leur rapporte la fertilité & l'abondance de toutes choses, quoy que la terre dans toute l'étenduë de l'Estat soit tres ingrate. Les vins muscats de Tabia & de Taggio sont parmy eux les plus estimés.

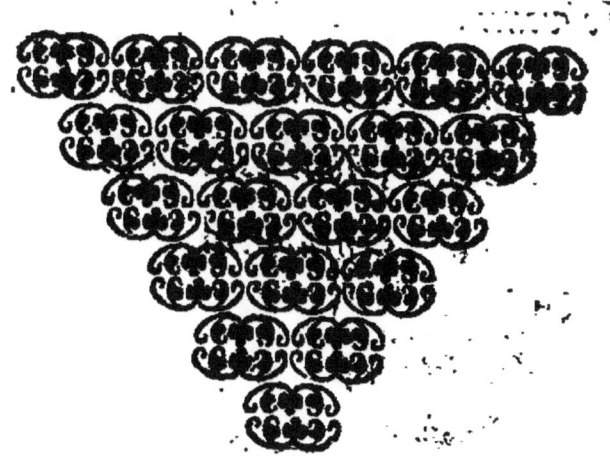

LES SEPT
MERVEILLES

Ie veux dire, les sept choses les plus considerables, de la Ville de Genes, sont celles qui s'ensuivent.

d. Rousselet sculp.

LE CHEMIN DE GENES A Florence, avec les noms des Villes, Bourgs & Villages & les choses qui y sont les plus considerables, distribuées en sept Merveilles.

LE dix-huictiéme Novembre en sortant de Genes par la Porte du côté de Ligourne. J'eus le plaisir de considerer pendant vne lieuë & demie du côté de la Mer, des maisons délicieuses & magnifiques en si grand nombre & si proches les vnes des autres qu'il me sembloit n'avoir point quitté la Ville de Genes : & cette satisfaction dura iusqu'à deux lieuës par delà où l'on va toûjours sur vn pavé qui en est bordé des deux côtés.

Quittant ce pavé je m'engagay dans des montagnes, où je trouvay des chemins tres-fascheux & quelquefois sur le bord des precipices, en des passages tres étroits. Il y a des Croix plantées qui avertissent du danger du lieu, où quelques Cavaliers sont tombez en passant. Ce mauvais chemin me conduisit jusques à Rapallo, qui est à dix-huit milles de Genes, où je pris mon repas.

RAPALLO.

RApallo est vne petite Ville sur le bord de la Mer & de la Riviere Orientale des côtes de Genes. Elle a vn Golphe qui porte son nom.

Continuant ma route par des chemins également perilleux, où il y a aussi plusieurs Croix plantées, pour vous avertir comme dessus, des endroits où des Cavaliers se sont precipitez, j'arrivay à Sestri dit Leuante, où je pris mon repos à quinze milles de Rapallo.

SESTRI DI LEVANTE.

SEstri di Levante, est vne Ville sur le bord de la Mer, ainsi appellée pour la distinguer d'vne autre de ce mesme nom, qui est dans la Partie Occidentale de la Mer de Genes.

Le dix-neuviéme Novembre en partant de Sestri dit Levante, j'entray dans vne route plus fascheuse & plus perilleuse que toutes les precedentes, & je franchis vne montagne la plus haute & la plus difficile de toute la côte. J'apprehendois beaucoup que l'on ne mist vne Croix à mon occasion avec celles que j'y apperçeus, & arrivay à Mataran qui est à douze milles do Sestri dit Levante, où je pris mon repas & mon repos.

MATARAN.

Mataran est vn village au milieu des montagnes, éloigné de tout commerce & de la Mer. J'y trouvay des Hôtes qui me faisoient tres mauvaise mine, mais graces à Dieu je m'en tiray & en sortis aprés avoir pris la Police pour les Chevaux que vous changez de temps en temps.

Le vingtiéme Novembre je continuay ma route dans des chemins plus perilleux que difficiles à cause de la glace que j'y rencontrois dans les endroits les plus étroits, causée par les petits ruisseaux qui coulent du sommet des Montagnes. Ie cheminay aussi long-temps sur le bord d'vn grand torrent, dont les eauës sont ramassées des fontaines & de celles qui coulent des montagnes, que je découvrois d'vn côté & d'autre en plusieurs lieux. L'on y entend vn murmure qui n'est pas desagreable. Ie descendis ensuite dans vn valon, où je passay vne Riviere à Guay par trois fois, & passay à Borghetto Bourg à six milles de Mataran, & à S. Remedio Bourg à huit milles de Borghetto & arrivay enfin à Sarsane à huit milles pareillement de S. Remedio & je pris là mon repas.

& d'Italie. 179

SARSANE.

SArsane est encor vne Ville de l'Estat de Genes, sur sa Riviere Occidentale & la derniere de son Domaine. Son Evesque est suffragant de l'Archevesque de Florence; quoy qu'il pretende estre exempt de sa jurisdiction. La Republique l'entretient assez forte, car il y a des fossez, des canons, des bastions & d'autres munitions de guerre. L'aprés-disnée aprés avoir cheminé dans vne belle route, j'arrivay à Massa à sept milles de S. Remedio.

MASSA.

MAssa, petite ville bien bâtie, agreable dans son assiette & proche de la Mer, est vne principauté possedée par vn Prince de l'Illustre famille des Cibo, située sur le panchant d'vne montagne, & maistrisée par la citadelle qui y est en vn lieu bien plus élevé, & que l'on peut appeller la bride de la ville; où il fait beau voir le Iardin delicieux du Prince, & où il fait ordinairement ses promenades. Si vous pouvez vous transporter jusques à Carrare, qui est à vne demie lieuë de la ville, vous aurez la satisfaction de voir les marbrieres qui fournissent le beau marbre, qui brille dans les plus superbes bâtimens de Genes, & de toute l'Italie. Le Prince en tire vn revenu considerable, & possede encore quelques terres dans le Royaume de Naples, dans la Ombrie, dans le Pisan & dans d'autres païs.

Pour m'acquitter fidellement de ma promesse, je diray ce que i'ay pû apprendre de la Genealogie de ce Prince. Quelques-vns veulent que cette maison est venuë de Grece en Italie, & qu'vn de ce nom appellé Edoüart, se retira à Genes, dont les successeurs ont eu de grands biens, & dans la Toscane, & dans le Royaume de Naples. Parlons presentement en particulier des Princes de Massa. Laurens Cibo en fut Marquis, & eut pour fils Alberic, sous lequel le Marquisat fut erigé en principauté. Alberic eut vn fils nommé Alderan: & ce dernier a eu plusieurs fils dont Charles est l'aisné, qui tient auiourd'huy la principauté. Cette famille a donné à l'Eglise deux souverains Pontifes, Innocent VIII. & Boniface IX.

Le vingt-vniéme Novembre je sortis de Massa, & passay à Pietra Santa, Ville qui en est à sept milles, située dans vne plaine agreable du païs de Lucques, & qui appartient au Prince de Florence. Ie traversay ensuite vne forest aussi agreable pour venir à Viareggio par vn beau & plat païs où je pris mon repas.

Viareggi.

VIAREGGIO.

Viareggio Bourg de l'Estat de Luques & du domaine de la Republique, à cinq milles de Pietra Santa.

En continuant ma route dans vn beau chemin, je traversay vn grand bois, à la sortie duquel je n'eus pas plûtost passé vne Riviere dans vne Barque, que j'apperceus Pise, qui est à douze milles de Viareggio en plat païs & à quatre milles de la Mer. En approchant de la Ville je jettay la veuë à droite sur vne avenuë, qui sert de promenade à ses habitans.

PISE.

Pise fut autrefois & en divers temps gouvernée tantôt par des Consuls, tantôt par des Anciens avec vn Podestat, tantôt par vn Capitaine: elle a esté aussi vne Republique si florissante qu'elle se faisoit redouter dans les païs les plus éloignez où ses habitans ont porté leurs conquestes, & ont esté si braves, qu'ils couroient les Mers d'Europe & d'Asie, & donnoient secours aux Princes les plus puissans. Elle a esté plusieurs fois soumise aux Florentins leurs ennemis capitaux, & dont le gouvernement leur a esté toûjours en horreur. Elle a esté aussi sujette à quelques particuliers & elle est enfin tombée sous la domination des Grands Ducs de Florence qui en sont à present les maîtres, & qui dans la justice de la ville ont étably vn Commissaire General qui a sous luy vn Iuge, vn Notaire appellé le Chevalier du Commissaire, qui Iuge les procés pour debtes : deux autres Notaires qui avec le Iuge & le Commissaire prennent connoissance des crimes. Les deux Consuls jugent les procés des Marchands & des Matelots. Voilà vn abregé de la maniere en laquelle la justice y est exercée.

Quelques-vns attribuent la décadence & les disgraces de cette Republique, au mauvais traitement que receurent les Prelats de France en allant au Concile de Latran, mais plus vray-semblablement la cause de sa perte vient des guerres civiles qui ont esté allumées dans son étenduë par les habitans du païs. Faisons maintenant la description de la ville.

Quoy qu'elle soit fortifiée par vne Citadelle, & fermée de murailles, quoy que les ruës en soient longues & larges & proprement pavées, ses maisons belles & commodes, en vn mot quoy qu'elle soit belle & grande ; cela n'empesche pas qu'elle ne soit abandonnée plus qu'aucune autre d'Italie, aprés que les Grands Ducs ont fait tous leurs efforts pour la peupler. Car pour y attirer la Noblesse, ils y ont étably les Chevaliers de S. Estienne ; pour y faire venir des écoliers, ils y ont fondé des Colleges en toutes sortes de Sciences, en Loix, en Medecine, en Humanitez. Là est vn College où sont les études des Loix: vn autre appellé le College de la Sapience, où les Professeurs & écoliers sont entretenus. Celuy de Ferdinand est destiné pour ceux de l'Estat du Grand Duc. Celuy de Putean pour les écoliers de l'Estat du Duc de Savoye, & celuy de Mont-Pulcian, pour ceux qui sont de Mont-Pulcian. Il y a eu vne Vniversité qui fut établie du temps des Papes Pie IV. & Pie V. mais presentement elle est en décadence. En cette ville deux Conciles furent convoquez: l'vn en 1409. & l'autre en 1511. Parmy plusieurs belles maisons que vous y pouvez voir, celle du Prince paroist par dessus les autres, qui autrefois y faisoit son sejour ordinaire: mais il y vient rarement. Depuis que la ville est deserte, l'air en est mal sain & tres dangereux, principalement pour les Estrangers qui s'en doivent retirer promptement. On remarque de ses habitans, qu'ils sont superbes, vindicatifs, & inconstans au dernier point; du reste civiles aux Etrangers & de bon esprit accompagné d'vne heureuse memoire. C'est ce qui m'en a esté dit par vn homme d'esprit. Les Iuifs y sont établis & payent quelque droit au Grand Duc.

L'Eglise des Chevaliers de S. Estienne que Cosme de Medicis Grand Duc de Florence & leur premier Grand-Maistre a fondé à l'occasion d'vne Victoire qu'il remporta sur Mer le jour de ce saint Pape & Martyr, est considerable dans sa beauté: mais sur tout pour les étendarts que vous voyez déployez à la voûte & qui ont esté pris par les Chevaliers de cet Ordre sur les ennemis de la Foy. L'on y monte par des degrez de Marbre: la place qui est proche est considerable par de tres beaux Palais.

M ij

Le jardin des Simples merite d'estre veu p[ar] les curieux qui y remarqueront toutes sortes d[e] plantes les plus rares & les plus curieuses. Ie le[s] invite de voir aussi la gallerie qui le joint. Ils y verront des monstres autant que dans l'Afrique, & quoy qu'ils soient des productiõs cõntre tou[tes] les loix ordinaires de la generation, & odieuse[s à] la raison, le raisonnement des hommes ne lai[sse] pas de s'y exercer & de s'y perfectiõner. C'est v[ne] bonne échole pour les curieux de la Medecine.

Il y a trois Ponts dans la ville sur la Rivier[e] d'Arne qui la divise. Elle prend sa source de l'A[p]pennin, & aprés avoir coulé entre des roch[ers] & des precipices, elle est grossie de divers t[or]rens & rivieres : enfin ayant passé les Villes [de] Florence & de Pise, elle va se rendre dans [la] Mer Mediteranée.

Quatre choses par dessus toutes les autres m[e]ritent l'admiration des curieux.

La premiere est l'Eglise Cathedrale de S. Ie[an] vne des plus magnifiques d'Italie. On y arrive [du] costé de la ville par vn pavé de Marbre. L'on monte par des dégrez differens, sur vn autre pa[vé] qui est aussi de Marbre ; mais qui est au dehors [si] fort large. Elle est fermée par trois Portes de fo[nte] artistement travaillées, & sur lesquelles sont r[e]presentez divers personnages. L'on pretend m[es]me qu'il y en a deux qui ont esté apportées [du] Temple de Hierusalem bâty par Salomon, [&] qui y servoient d'ornement. Elle est par le d[e]dans soûtenuë d'vn grand nombre de Colon[nes] de Marbre de diverses couleurs : Tout enf[in] est si superbe & si precieux, que l'on est en do[u]te à qui dóner le prix de la beauté, ou au plat-f[ond] de la Voûte de l'Eglise, qui brille par sa dor[ure] ou au pavé de Marbre le plus exquis & le plus admirablement ajusté, ou aux belles Peintures, qui sont audessus de la Voûte du Chœur, & qui ont esté faites par les plus excellens ouvriers. Elle sera la premiere merveille de la Ville de Pise.

La seconde est le Baptistere de S. Iean en forme de Dome qui est separé de l'Eglise, & qui est soûtenu de quantité de belles Colonnes de Marbre, qui ne luy donnent pas vn petit ornement, & qui la rendent fort éclatante. Qui frappe vn coup au dessous de ce Dome où sont les fonds Baptismaux, il se forme vn resonnement dans le creux du Dome qui y dure l'espace d'vn demy quart-d'heure. La chaire du Predicateur est des plus riches qui se puissent voir. Elle est appuyée sur sept Colonnes du plus beau Marbre, dont il y en a trois qui sont portées par trois Lions de marbre si beau & si bien travaillé, que l'on ne sçait ce que l'on doit admirer le plus, ou l'industrie du graveur qui les a taillées, ou la Nature qui a fourny vne matiere si rare. Ce sera la seconde merveille.

La troisiéme est le *Campo Santo*, qui est vn grand Cemetiere environné de murailles de si belles pierres, qu'elles paroissent estre du marbre à ceux qui n'y regardent pas de si prés. Au dehors l'on void vn Crucifix, devant lequel plusieurs viennent se jetter à genoux, & l'on dit méme qu'il a esté apporté de Hierusalem. Le dedans est comme vn grand Cloître dont les allées sont longues & larges, & pavées de marbre avec des parois enrichis de tres belles Peintures tirées des Histoires de l'Ecriture Sainte; anciennes à la verité : mais que l'on rafraischit agreablement de temps en temps. Vous y voyez plusieurs Epitaphes contre les murailles & sur les Tombes de marbre qui sont sur le pavé. Au milieu de ce Cloître sont comme deux grands preaux ou l'on enterre; & dit-on que les corps y sont consommez jusques aux os en vingt-quatre heures. La Tradition porte qu'il y a de la terre sainte qui y a esté transportée de Hierusalem : En vn mot pour vn Cemetiere il ne se peut rien voir de plus singulier, de plus rare, ny de plus magnifique & il sera la troisiéme merveille.

La quatriéme en rang, mais la plus remarquable & la plus digne d'admiration, est le Clocher, *il Campanile*, que l'on appelle autrement la *Tour Royale*. Elle est en forme d'vne Tour ronde fort élevée, au dehors de laquelle paroissent sept ordres de Colonnes qui regnent tout à l'entour d'vne maniere agreable à la veuë: & ce qui est de plus merveilleux, c'est que cette Tour est notablement panchante d'vn côté, & semble toûjours tomber & ne tombe jamais. Ce qui fait qu'entre toutes les villes d'Italie elle est appellée, *Pisa pendente*; c'est le miracle perpetuel de Pise: En bas il y a des balustres de marbre tout à l'entour à hauteur d'homme. En vn mot elle est entierement composée de marbre, & asseurement elle est vne chose surprenante. Nous en ferons la quatriéme merveille.

LES SEPT
MERVEILLES;

Ie veux dire, les sept choses les plus considerables, de la Ville de Pise, sont celles qui s'ensuivent.

Ægid. Rousselet sculp.

Le vingt-deuxième Novembre en sortant de Pise pour Ligourne, où l'on peut aller par vn Canal que les Grands Ducs ont fait faire exprés pour la commodité des voyageurs, ou par terre en Carrosse, je vis la Riviere d'Arne qui separe la ville par le milieu, & ayant passé le Pont, j'apperceus l'Arsenal où l'on fabrique les Galeres & continuant ma route, par vn chemin plat & fort beau, & par vn grand bois planté de chesnes verds, je passay ensuite vn marais sur cinq petits Ponts, d'où peu aprés je découvris Ligourne à seize milles de Pise.

LIGOVRNE.

Ligourne est vne des Villes des plus considerables que possede le Grand Duc dans l'Estat de Toscane, située dans vne Plaine & sur le bord de la Mer; dont l'air autrefois estoit mal sain & tres dangereux, à cause des marescages qui l'avoisinoient, mais par les soins des Grands Ducs qui les ont fait seicher par le moyen de ce Canal qui va de Ligourne à Pise, d'vn lieu mal plaisant a esté rendu agreable, & d'vne ville abandonnée qu'elle estoit, elle a esté frequentée par vn grand peuple. Elle est fermée de hautes murailles & du côté de la terre elle a des fossez remplis d'eau de la Mer, gardée par ses bons remparts & deffenduë par ses bastions. Les ruës en sont belles larges & longues. Plusieurs mesme sont pavées de grandes pierres de taille : les maisons en sont bien bâties, dont plusieurs sont peintes par le dehors & tres commodes par le dedans. Il ma semblé que celles qui sont sur la grande place sont les plus belles.

Par le peu de Doüane que le Grand Duc prend des Marchands qui abordent en cette ville, il la rend tres considerable pour le trafic & pour le commerce.

Le vingt-troisiéme Novembre me promenant par la ville, je remarquay qu'il y a vne petite Darse fermée de murailles. Il fait beau voir le Port qui est dans vne situation avantageuse & la plus charmante du monde, quoy qu'il ne soit pas des plus seurs. Le long du Molle sont bâties quelques Tours, où l'on met des lumieres pour servir de guide, pour éclairer les Vaisseaux qui arrivent au Port pendant la nuit, & pour empescher qu'ils ne fassent naufrage dans le lieu où ils semblent devoir estre en seureté. Là j'admiray la statuë de marbre de Ferdinand le dernier mort troisiéme Duc de Florence, avec quatre Turcs de Bronze enchaisnez à ses pieds, qui est vne piece merveilleuse & qui merite la curiosité du Voyageur. La statuë qui n'est que de marbre, fait vne difference notable parmy les autres statuës qui sont de Bronze.

Les Etrangers viuent en cette ville avec vne si grande liberté, que vous les voyez dans les ruës chacun porter l'habit de son païs, sans qu'on y trouve à redire. Ie vis dans la grande place, des Espagnols, des François & des Armeniens. Ces derniers se promenoient avec leurs turbans & leurs grandes robes de diverses couleurs.

La vieille Citadelle bâtie du côté de la Mer,

n'est pas de grande deffense non plus que la nouvelle, quoy qu'elle soit assez reguliere.

Dans la ville l'on void vn grand bâtiment fait à la maniere d'vn vaste magazin garny de bonnes grilles de fer, que l'on nomme *Bagni*; où les Galeriens au retour du voyage des Galeres sont enfermez & nourris à la taxe galerienne, d'où ils ne sortent que pour quelque necessité ou pour quelque petit commerce en leur particulier, & alors ils sont suivis par des Gardes.

Le Palais où loge le Gouverneur, est celuy du Grand Duc, où sont receuës les personnes de grande consideration quand elles passent en cette ville; au milieu de laquelle il est situé sur vne place entourée de maisons fort gentilles, à laquelle aboutissent trois grandes ruës pavées de grandes pierres de tailles. Il y a vne Iuifverie establie en cette ville que l'on dit estre aisée.

Le vingt-quatriéme Novembre je visitay la principale Eglise qui est Collegiale, plus considerable par son plat-fond d'oré que par sa longueur & par sa largeur qui n'ont rien d'extraordinaire. L'Eglise des Observantins dans son peu d'étenduë, est merveilleusement bien ornée, dont les Chapelles qui sont à l'entour, sont accompagnées d'vn Autel entre deux Colonnes de Marbre & vn beau Tableau. Dans l'Eglise des Grecs il y a quantité d'inscriptions en Grec, des chaires tout à l'entour jusques à la porte, au haut vn Crucifix en peinture bordé de dorure. Au devant du Balustre se presente à main droite le portrait de N. Seigneur portant devant luy des paroles Grecques; & de l'autre côté est l'Image de la sacrée Vierge, avec quelques autres inscriptions en Grec. Au dessus il y a plusieurs Peres Grecs representez.

Au milieu de la ville est vn Canal de forme quarrée, où la Mer vient se rendre par vne grande porte pratiquée dans les murailles de la même ville, pour luy apporter jusques dans son sein ses commoditez dans de petites Barques. Ainsi cét élement furieux se rend & se familiarise avec cette ville pour luy estre favorable.

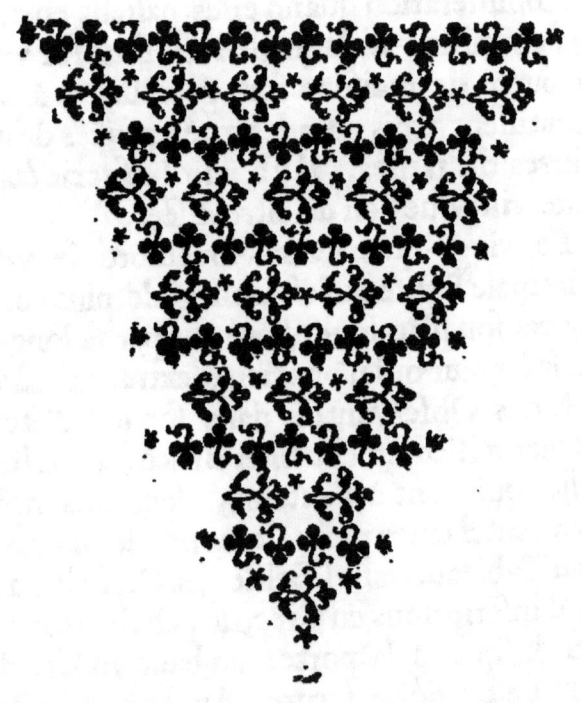

LES SEPT MERVEILLES:

Je veux dire les sept choses les plus remarquables, de Ligourne, sont les suivantes.

Ægid. Rousselet sculp.

Le vingt-cinquiéme Novembre en sortant de Ligourne & reprenant la mesme route, je passay par vne tres ancienne Abbaye nommée, *San Pie-ro in Gradea*, l'vne des premieres Eglises bâties par S. Pierre ; où sur vne pierre on void trois gouttes de sang de ce Saint. Elle est éloignée de quatre milles de Pise où je repassay, & où jeus le loisir de considerer le jardin des Simples fondé comme j'ay dit cy-devant, par Cosme de Medicis en faveur des étudians en Medecine, qui ont toute liberté d'y entrer pour s'exercer en la connoissance des Simples. Quoy que j'en aye déja parlé, je diray encore ce que j'y ay observé cette seconde fois.

A l'entrée l'on void sur la porte du dedans, ces paroles écrites, *Argus esto, non Briareus*; pour avertir qu'il est permis de tout voir, & non pas de rien prendre. On y void aussi les ossemens, les côtes & les machoires d'vne Baleine d'vne grandeur prodigieuse. Ce jardin est enfermé d'vne muraille & est d'vne grandeur mediocre, mais bien proportionné en ses compartimens : Vous y voyez les quartiers bordez de myrthe, & des simples de toute sorte en divers petits parterres. Au bout de l'allée du milieu on trouve vne grotte & fontaine, de laquelle en touchant le robinet, on void rejalir plusieurs jets d'eau tout le long d'vne allée : ce qui est autant agreable & divertissant que surprenant ; comme aussi plusieurs admirent le petit pavé qui est devant la fontaine. Il n'y a personne qui ne trouve cét ouvrage digne d'admiration, & qui ne soit surpris & mouïllé, quelque précaution qu'il y puisse apporter. Il y a aussi vn boccage dans vn coin du jardin, & vn cabinet à la sortie, où se voyent plusieurs livres d'Arboristes. Mais il ne faut pas omettre de voir la galerie qui merite d'estre diligemment examinée.

L'aprés-disnée du mesme jour je sortis de la Ville de Pise, & en consideray les belles murailles; mais j'arrestay particulierement mes yeux & mon attention sur vn grand Aqueduc que l'on laisse à droite, & qui va depuis la ville jusques au pied des montagnes pour y recevoir l'eau, c'est à dire l'espace de deux ou trois milles. Il y a peut estre plus de mille Arches qui sont toutes dans leur entier : ce qui parut extraordinairement beau à mes yeux & me fit concevoir vne plus haute idée de l'ancienneté, & de la beauté de la ville de Pise.

Ensuite ayant quitté de veuë cét objet agreable & surprenant, je passay vne montagne assez rude & assez difficile qui dure vne bonne lieuë; puis je traversay vne grande plaine & arrivay à Luques Ville distante de Pise de dix milles.

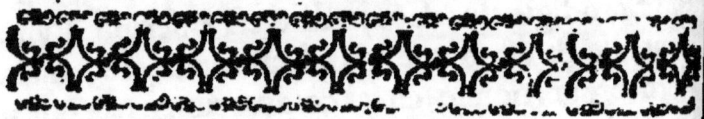

LVQVES.

Luques est vne Ville dite par les Latins, *Lucca*, & ainsi appellée d'vn nommé *Lucanion*, Roy des Toscans. Elle est située dans vne plaine environnée de montagnes de toutes parts, & prés de la Riviere de Serchio, dont vn bras passe dans cette ville & fait tourner plusieurs Moulins à bled. Elle a bien trois milles de circuit, & est fermée de fortes murailles, gardée par des terrasses & des remparts, qui dans leur

plus

& d'Italie.

plus grande partie sont ombragez de Peupliers, & où la promenade est d'autant plus agreable qu'on a la liberté de jour d'y aller à toute heure : fortifiée de bons bastions revestus de briques : bien bâtie, peuplée & pavée de grandes pierres quarrées, qui maintiennent la ville nette, & donnent grande facilité pour marcher à ceux qui vont à pied. Outre que cette ville est vne des plus considerables d'Italie, à cause de sa forteresse, ses habitans y observent vn ordre merveilleux dans leur milice pour la conserver de jour & de nuit, car ils ne permettent pas que les Etrangers y portent ny poignard ny épée, & pour cét effet ils sont arrestez à la porte auparavant que d'y entrer, & il n'est permis qu'aux soldats de la garde de porter ces sortes d'armes. Les études des Loix & de la Medecine sont assez florissantes en cette ville, laquelle a donné à l'Eglise vn Pape nommé Luce III.

Le vingt-sixiéme Novembre m'estant servy de la commodité du pavé pour me promener dans la ville, j'entray dans l'Eglise de S. Martin, qui en est la Cathedrale, & dont l'Evesque a les ornemens d'vn Archevesque, sçavoir la Croix & le *Pallium*, & ne reconnoist point d'autre Superieur que le Pape : & mesme les Chanoines lors qu'ils vont au Chœur, y vont en Rochet & en Camail. Il me fut dit qu'il leur a esté accordé de porter des Capes, des Mossettes & des Mîtres de soye : Devant le grand Autel il y a des balustres de marbre. Entre toutes les Chapelles qui sont dans l'Eglise, je consideray celle qui est bâtie en façon d'vn petit Dome, où est, *il Volto santo*. Cette devotion est fondée sur ce que Nicodeme disciple de N. Seigneur, ayant entrepris de faire

N

le portrait de IESVS-CHRIST, & meditant comme il en representeroit le visage, perdoit cœur quand miraculeusement son ouvrage se trouva achevé : & c'est ce qui est specialement honoré en cette Chapelle. Ie laisse à faire la description de ce saint visage à ceux qui l'ont veu & consideré. Dans cette Eglise sont plusieurs Epitaphes, & au dessous d'vn entre autres, sont ces paroles, *Impares nascimur, pares morimur, cinis aequat omnes.*

En l'Eglise de sainte Croix, l'on voit vne Croix d'or d'vn prix tres considerable, laquelle a esté engagée par les Pisans aux Luquois. En celle de S. Fredian l'on lit l'Epitaphe de Richard Roy d'Angleterre qui mourut à Luques. En celle de N. Dame des Miracles, il y a vne Image de N. Dame qu'ils ont trouvée depuis quelques siecles, & qui est fort honorée des Luquois, & d'autres personnes qui viennent là par devotion. I'ay veu plusieurs autres Eglises, mais qui n'ont rien qui merite que je m'y arreste particulierement.

Entre plusieurs beaux Palais qui sont bien bâtis, & dispersez çà & là dans la ville, celuy où se rend la justice, est le plus considerable ; quoy que j'y aye remarqué plus de propreté que de magnificence & plus de commodité que d'éclat. Les principaux Officiers y demeurent dans le temps de leur charge.

M'entretenant avec vn homme d'esprit, qui pretendoit bien connoistre les mœurs des habitans, il tomboit d'accord de la gentillesse & de la subtilité de leur esprit, de leur affabilité & franchise envers toutes sortes de personnes ; mais sur tout de leur adresse & industrie dans les ouvrages de soye, où ils reüssissent mieux qu'en au-

cune autre ville d'Italie: ce qui fait qu'on l'apel-
le, *Lucca industriosa.* C'est vne chose agreable de
les entendre parler, leur langue estant estimée des
plus pures de Toscane. Ils ont vn accent doux &
ont la beauté de la langue du païs, quoy qu'ils
ne parlent pas du gosier comme la plus part des
Toscans. Cette mesme personne me fit remarquer qu'ils sont tres reconnoissans des bienfaits
qu'ils ont receus, tres passionnez pour leur liberté, & que le peuple porte vn grand respect à la
Noblesse: que cette ville autrefois a esté sous la
domination des Goths, des Empereurs de Constantinople, des Spinola, des Florentins, des Pisans, & mise en liberté par vn Cardinal qui en fut
Gouverneur. Il me dit de plus, que cét Estat estoit
purement Aristocratique, & que le peuple ne prenoit aucune part dans son gouvernement, qu'il
s'estoit mis sous la protection de l'Empereur: que
l'ordre estoit admirablement beau dans l'administration de l'Estat; qu'il estoit gouverné par le
grand Conseil composé de six-vingt personnes, &
par le petit qui n'est que de trente-six, que le
Gonfalonier est le Chef qui ne demeure en charge que deux mois & suivy du Viguier dans les
actions de ceremonie: que le Podesta est le Iuge
Criminel & quatre autres Iuges sont destinez pour
le Ciuil: que les trois Secretaires jugent souverainement avec le Gonfalonier: qu'il y a six personnes qui ont l'office de la bonne garde de la Cité,
qui ont soin de porter les noms des Etrangers à la
Republique: qu'en chaque lieu de leur Estat ils
ont vn Commissaire avec deux Notaires qui prennent connoissance de toutes les causes des lieux,
& plusieurs autres Officiers qui ont de differentes
fonctions, que l'on pourra sçavoir plus exacte-

ment dans les livres. Cela suffira pour en donner vne legere connoissance au voyageur curieux.

DE LA SITVATION ET étenduë de l'Estat des Luquois.

CEt Estat a au Nord, la partie de la Garfagnane qui appartient au Duc de Modene: au Couchant, la Principauté de Masse : au Midy le territoire de Pise : & au Levant le territoire de Pistoye & le lac de *Bientina la pestia*. Son étenduë vers Pise n'est que de cinq milles, vers le Modenois de seize, & du côté de Florence de dix ou environ : Les Luquois ont des places fortes gardées par de bonnes garnisons qui sont respanduës par tout l'Estat. Mais sur toutes choses ils ont soin de bien entretenir la Milice de Luques; où je vis l'Arsenal remply de toutes sortes d'armes que l'art peut inventer pour sa deffense, dont ils croyent pouvoir dans les occasions tirer suffisamment pour armer trente mil hommes : Leur revenu consiste en Gabelles, soyes, étoffes & fours banaux. Si vous vous promenez à deux ou trois milles de la ville, vous aurez le plaisir de voir de belles maisons dans leurs bâtimens & agreables dans leurs jardinages.

LES SEPT
MERVEILLES.

Ie veux dire, les sept choses les plus considerables de la Ville de Luques, sont celles qui s'ensuivent.

Ægid. Rousselet sculp.

Le vingt-septiéme Novembre je sortis de Luques par la porte du côté de Pistoïe, ce qui n'empeſcha pas que je ne fiſſe vn grand tour, pendant quoy j'eus l'oiſir de conſiderer les remparts de la ville ombragez agreablement de grands Peupliers; ce qui fait vn païſage au printemps fort agreable; & ayant paſſé vne belle plaine & bien cultivée d'vn côté & d'autre, où l'on void communement à l'entour des clos, des vignes ſoûtenuës ſur des arbres, ce qui fournit de vin au païs & de fort bon, & ces arbres ſont des Meuriers blancs qui ſervent pour la nourriture des vers à ſoye que l'on void particulierement approchant de Florence, j'arrivay à Pogia.

POGIA.

POgia eſt vn Bourg de la Toſcane éloigné de Luques d'environ neuf milles; & vn peu dauantage de Piſtoïe.

L'aprés-diſnée je ſortis de ce lieu & aprés avoir toûjours cheminé en fort beau chemin, belle plaine, terres fertiles d'vn côté & d'autre, j'arriuay à Piſtoïe lieu de la couchée, éloigné de Pogia de dix milles.

PISTOIE.

Pistoïe appellée par les Latins, *Pistorium*, & par les Italiens, *Pistoia*, est vne Ville qui est vne des premiers de la Toscane, parmy celles qui tiennent le second rang ; renommée par les factions des Blancs & des Noirs, des Chanceliers & autres.

Elle a esté autrefois Republique ; mais quand le Grand Duc se fit maître de Pise, les habitans de Pistoïe se rendirent à luy & luy presenterent les clefs. Elle est située dans vne plaine, & fermée de murailles fortifiées de bastions, mais on ny fait point de garde ; peu peuplée, quoy qu'elle soit assez bien bâtie & que les ruës en soient belles & considerables pour leur longueur & largeur, mais encor plus pour estre pavées de grandes pierres larges & commodes pour marcher.

L'Eglise Cathedrale est assez belle, deservie par trente Chanoines & sept Dignitaires. Il y a deux balustres de marbre devant le grand Autel. Mais ce qui est plus considerable en cette Eglise est vne Chapelle de S. Iacques qui est au bas de la Nef, ou il y a plusieurs Lampes pour honorer quelques Reliques du Saint qui se conservent en ce lieu.

En cette ville sont des Iesuites qui tiennent le Seminaire remply ordinairement de vingt-quatre Seminaristes.

Dans l'Eglise de l'Humilité l'on void les Effigies entieres de Leon X. & de Clement VII. Papes, & de Cosme, & d'Alexādre Ducs de Florence.

La plaine qui va de ce lieu à Florence est remplie de fruits de toutes les sortes ; de Villes, Bourgades, Villages, Métairies, Palais & Maisons de plaisir & est certainement vn des beaux endroits de la Toscane.

Le vingt-huictiéme Novembre continuant mon voyage toûjours dans vn tres beau & tres agreable chemin, je vins à Poggio lieu de ma dîsnée.

POGGIO.

Poggio est vn petit Bourg de la Toscane à dix milles de Pistoïe, lieu particulierement considerable parce qu'il y a vn Palais de plaisance pour le Grand Duc, avec vn Parc remply de bestes farouches, qui me parut dans vne assez belle situation ; & dit-on que le Prince y vient quelquefois en faire son lieu de promenade, de chasse & de délices.

L'aprés-disnée je sortis de ce lieu & passay par le plus beau, & le plus vny chemin qui se puisse voir, & qui me mena jusques dans la Ville de Florence éloignée de dix milles de Poggio, où j'arrivay en l'Hôtellerie du Bourguignon qui fait boire d'excellent vin Italien.

LE CHEMIN DE GENES

à Florence, les noms des villes, bourgs, villages, les choses les plus considerables qui s'y rencontrent, distribuées en sept Merveilles, avec la distance des lieux.

DE Genes à Rapallo, dix-huit milles.
De Rapallo à Sestri di Levante. quinze milles.
De Sestri di Leuante à Mataran, douze milles.
De Mataran à Borghetto, six milles.
De Borghetto à S. Remedio, huit milles.
De S. Remedio à Sarzane, huit milles.
De Sarzane à Massa, sept milles.
De Massa à Pietra-Santa, sept milles.
De Pietra-Santa à Viareggio, cinq milles.
De Viareggio à Pise, douze milles.
De Pise à Ligourne, seize milles.
De Pise à Luques, dix milles.
De Luques à Pogia, neuf milles,
De Pogia à Pistoie, dix milles.
De Pistoie à Poggio, dix milles.
De Poggio à Florence, dix milles.

De Genes à Florence, cent soixante-trois milles.

FLORENCE.

Florence ville ainsi appellée, parce qu'elle fut faite vne Colonie de la ville de Rome, qui estoit la fleur de toutes les Villes du monde. Elle est la capitale de tout l'Estat de Toscane, la demeure des Grands Ducs & le Siege d'vn Archevesque. Elle fut fondée peu de temps aprés le Triumvirat. Quelques-vns asseurent qu'elle fut bâtie par les Soldats de Sylla; & d'autres disent plus vray-semblablement, que les Fiesolins qui estoient voisins luy ont donné commencement: parce que lassez de la fatigue du lieu où ils étoient, abandonnant la montagne peu à peu, ils s'habituerent dans la plaine qui est au bas, & où cette ville est située à present. L'on tient qu'elle fut ruinée par Totila Roy des Goths, & qu'elle demeura abandonnée jusqu'au temps de Charlemagne, qui reuenant de Rome pour s'en retourner en France; & passant par ce lieu en trouva la situation si charmante & si agreable, qu'il commença de la fermer de murailles, & invita tous les voisins de s'y venir habituer. Depuis ce temps elle a toûjours crû en beauté & en richesses: & ses Citoyens ont conserué leur liberté jusqu'au temps que les Medicis s'en sont rendus les maistres absolus. A l'Orient & au Septentrion elle est entourée d'agreables collines, couvertes de belles maisons, de jardins & d'arbres fruictiers : Et à la bien considerer de ce costé-là, elle fait à la veuë comme vn Amphitheatre. À l'Occident est vne plaine de grande estenduë & fortifiée par l'Apennin, qui la met à couvert en temps de guerre de l'effort de ses ennemis. Elle est fermée de tres-bonnes murailles & de portes, dont la plus grande partie ont des fontaines qui donnent au public de l'eau en abondance. Elle est vne des plus grandes villes d'Italie, puis qu'elle a cinq ou six milles de circuit; vne des plus belles, si vous considerez ses ruës toutes pavées de grandes pierres plates; vne des plus superbes, si vous jettez la veuë sur ses magnifiques Palais, mais sur tout sur celuy du Grand Duc, qui passe pour vn des plus beaux de l'Europe, & pour vne merveille d'architecture. Elle passe aussi pour vne des plus peuplées d'Italie.

Si cette ville est considerable pour trois forteresses qui y sont, nommées *Belueder*, *San-Minato* & *San-Giouanni*, elle l'est encor plus pour trois Conciles qui y ont esté convoquez, vn Oecumenique sous Eugene IV. l'an 1439. & les deux autres Provinciaux sous Victor II. & Paschal II. & encore plus illustre pour les grands hommes en toutes sortes de Sciences qui en sont sortis en plus grand nombre qu'en aucune partie de l'Italie. Dans la Peinture, dans la Sculpture & dans l'Architecture, elle a produit des plus grands hommes de l'Europe, & a mesme donné plusieurs Papes, dont la vertu & le grand merite ont paru dans l'administration de l'Eglise. Quatre sont sortis de la Maison de Medicis; sçavoir Leon X. Clement VII. Pie IV. & Leon XI. L'on peut aussi remarquer dans l'histoire, que du temps de Boniface IX. il y avoit à Rome treize Florentins qui venoient de la part de treize differens Princes de l'Europe pour Ambassadeurs auprés de sa Sainteté. Si elle s'est signalée autrefois par vn grand nombre de saints personnages, je diray que ce qui la rend presentement considerable pardessus toutes autres choses, ce sont les marques de Pieté & de Religion qui paroissent dans la multitude des Eglises & des Maisons Religieuses de l'vn & de l'autre sexe, ensemble des Ecclesiastiques qui y sont en tres-grand nombre, & qu'il fait beau voir dans leur Chœur, dans les Offices solemnels.

En vous promenant dans la ville du costé de la porte de Sienne, la curiosité vous doit porter à aller voir travailler à la soye dans les deux galeries destinées pour cét effet. Vous y admirerez le grand nombre d'Ouvriers & l'industrie avec laquelle ils travaillent.

Ses Citoyens ont esté de tout temps en reputation d'estre si industrieux pour le commerce, qu'ils ont fait parler d'eux dans toutes les parties du monde: La subtilité & la bonté de son air, les rend subtils, ingenieux & propres aux arts & aux sciences. Ils se tiennent fort propres sur eux, & n'oublient pas les bienfaits par vne generosité qui leur est comme naturelle, mais ils pardonnent difficilement. Les femmes y sont enfermées plus qu'en aucun endroit d'Italie, & ne voyent le monde qu'à travers de petites ouvertures qui sont en leurs fenestres; qui ne laissent pas de donner de la jalousie dans la maison. Elles sont braves en leurs habits, & les aigrettes qu'elles portent sur leurs chapeaux font paroistre leur port majestueux & leur donnent vne grace merveilleuse.

Si les Florentins joignoient la douceur & la politesse de la pronontiation de leur Langue à l'eloquence, ils l'emporteroient par dessus toutes les villes d'Italie ; mais comme ils parlent avec vne certaine rudesse, ils doivent ceder pour ce chef aux Romains, & mesme aux Siennois.

La ville de Florence est divisée par la riviere d'Arne sur laquelle sont quatre Ponts de pierre: entre lesquels j'admiray celuy qu'on appelle le Pont des quatre Saisons, à cause de quatre grandes & belles statuës de marbre qui y sont, & qui representent les quatre Saisons de l'année, que l'on voit placées à l'extrémité du Pont : Il n'est composé que de trois arches, dont la voute est toute plate, & dont la structure est admirée de tous les experts dans l'art, comme aussi l'Ouvrier, qui en fut Michel Ange Bonarote vn des plus excellens Architectes du siecle passé.

Le 19. Novembre en me promenant dans les ruës j'admiray la politesse & la netteté dans laquelle on les entretient, les belles pierres quarrées dont elles sont pavées, leur longueurs & largeurs & les beaux Palais qui leur apportent vn grand ornement. J'allay voir aussi les Ecuries du Grand Duc, tres-belles & remplies de chevaux de grand prix, qu'il fait rechercher de toutes parts & des plus beaux, dont il est fort curieux, & qui sont donnez à monter à la Noblesse de Florence, qui s'en exerce dans son Manege. Delà j'allay au Serrail du Grand Duc, lieu où il fait nourrir plusieurs sortes d'Animaux farouches: entre lesquels j'admiray vn gros Lion fort grand enfermé dans sa petite loge.

En suite j'allay voir le Dome qu'on appelle la *Chiesa di santa Maria del Fiore.* C'est vne Eglise dont la grandeur & la structure surpassent toutes celles que j'ay veuës jusqu'à present. Il me parut que le dessein a esté pris de la bâtir en forme d'vne Croix. La Nef en est fort longue & large. A l'entour du Chœur il y a comme trois aisles vastes qui forment la Croix : à chacune desquelles il y a cinq Autels bien disposez. Le Chœur est entre la Nef, & ces trois aisles en forme ronde, mais spatieuse. L'Eglise est toute panée du plus beau marbre. Le Chœur est entouré de quantité de colomnes aussi de marbre, & au dehors du Chœur sont merveillesement bien representées quantité de figures sur la mesme matere de marbre. Sur le grand Autel qui est aussi tout de marbre, l'on voit N. Seigneur representé en son Sepulchre, soûtenu par la Pieté, le tout de marbre blanc, ce qui paroist vn Chef-d'œuvre, & le Pere Eternel au dessus, tenant vn Livre en la main, fort bien representé en marbre. De l'autre côté de l'Autel on voit deux statuës, Adam & Eue, d'vne merveilleuse sculpture, l'vne d'vn côté de l'Arbre de vie, qui y est aussi tres-artistement representé, & l'autre de l'autre costé. Ils sont couuerts seulement chacun d'vne feüille, & le tout est taillé en tres-beau marbre. On voit dans les niches qui sont dans les grandes colomnes de l'Eglise, les statuës des Apostres en marbre blanc. J'y remarquay aussi la statuë de marbre de S. Antonin Archevesque de Florence, d'vne hauteur non commune avec plusieurs Epitaphes ; particulierement celuy de Ficinus grand Philosophe Platonicien & Medecin, representé au dessus en Buste. Si je m'arrestois à d'écrire tous ces Epitaphes, je serois trop long-temps & m'éloignerois du dessein que j'ay projetté de décrire simplement mon voyage.

L'on ne peut voir cette Eglise par le dehors sans l'admirer, soit que l'on considere sa vaste grandeur, ou la hauteur de son Dome, où est ce merveilleux Lambris que les Italiens appellent *Cupola*, orné dedans de tres-belles peintures, soit enfin que l'on considere la quantité de marbre dont elle est reuestuë, & la qualité qui en est admirable, estant ornée à l'entour de carreaux de marbre blanc, noir & rouge entremeslez, ce qui luy donne vn éclat qui passe toute imagination; Mais ce qui est encor plus surprenant, & qui paroist incroyable à ceux qui ne l'ont pas veu, est que sur la Coupole tout au haut il y a vne pomme dorée, que l'on ne jugeroit pas d'en bas estre plus grosse que la teste d'vn homme, & cependant vingt personnes y peuuent demeurer ensemble. En vn mot, il n'y a rien de si éclatant que le dehors de cette Eglise, rien de si superbe que le dedans, rien de si surprenant que ses peintures, ses sculptures & ses richesses; rien de mieux travaillé que l'ouvrage de bois de la Sacristie, où sont representez treize petits enfans d'vn travail exquis.

Le clocher qu'ils appellent, *Il campanile*, ou bien *La Torre delle campane*, est d'vne prodigieuse hauteur, tout bâti de marbre, entouré & accompagné de plusieurs belles statuës, dont la matiere est aussi de marbre, & si bien travaillée, que chacune merite vne admiration singuliere, la quantité ne diminuant rien, ni de la delicatesse de l'ouvrage, ni de sa magnificence. Il est separé de l'Eglise, quoy qu'il n'en soit pas éloigné. L'on peut bien compter cét ouvrage parmy les merveilles de Florence.

Le Baptistere qui est auprés du Dome merite

bien d'estre consideré & mis parmi les beautez de Florence. C'est vne Eglise bâtie en forme ronde, où estoit autrefois vn Temple dedié à Mars, & d'vne structure admirable. On voit au dedans tout à l'entour quatorze belles statuës de marbre, dans des niches revestuës aussi de marbre, où sont representez les Apostres & les Euangelistes. Le pavé en est tout de marbre, tres-fin, tres-bien ajusté & entremeslé l'vn avec l'autre.

Les Fonds Baptismaux sont d'vn marbre tres-exquis, & il paroist qu'il y a quelques pierreries meslées parmi. A l'entour il y a des figures parfaitement bien representées ; c'est le lieu où l'on baptise les enfans. Elle est deservie par des Chanoines qui y portent le Camail rouge ; ce que j'apperceus les voyant officier. Là aussi se voit le tombeau de Iean XXIII. nommé Balthazar Cossa, qui fut deposé de la Papauté par le Concile de Constance. Ce tombeau est tout de marbre; L'on le trouve à main droite en entrant par la porte du côté de l'Epistre ; & au bas du tombeau sont écrites ces paroles, *Balthasar Cossa, olim Ioannes Vigesimus tertius.*

Le Chœur est comme ailleurs dans les autres Eglises d'Italie, derriere l'Autel. Il y a trois portes, l'vne au bas vis à vis de l'Autel, & les deux autres comme au milieu de l'Eglise, vis à vis l'vne de l'autre. Sur celle qui est du côté de l'Evangile, l'on voit le decollement de S. Iean Baptiste par la main d'vn bourreau d'vn côté, & Herodias de l'autre ; le tout en fonte & en trois statuës de relief. Au dessus de l'autre porte du côté de l'Epistre, se voyent avec vne admiration toute singuliere, trois autres statuës de mesme ouvrage, qui representent aussi S. Iean Baptiste preschant au Desert, & vn Scribe & Pharisien qui l'écoutent; l'vn d'vn côté & l'autre de l'autre. Sur la porte d'en bas on voit en marbre blanc N. Seigneur baptisé par le mesme S. Iean; & vne autre figure comme d'vne femme d'vn autre côté. Ce mesme Mystere est encor representé en peinture dans vn tableau qui est derriere le Maistre Autel. Sur celle du côté de l'Evangile, on voit representées dans le bas les quatre Vertus Cardinales; & les trois Theologales avec la Foy. Au dessus se voit la vie de S. Ieã Baptiste, representeé en toutes ses parties avec vn artifice nompareil, ce qu'on ne sçauroit voir sans estre surpris & sans en admirer l'ouvrier. Sur celle du costé de l'Epître on voit en bas les quatre Peres de l'Eglise, les quatre Evangelistes avec leurs quatre Hierogliphes, & au dessus vne partie de la vie de N. Seigneur, depuis l'Annonciation jusques à son Ascension. On compte dix-huit belles colomnes dans l'Eglise, qui est dediée à S. Iean. Cela merite bien d'estre consideré & admiré, & d'en faire vne des merveilles de Florence.

L'aprés-disnée du mesme jour j'allay voir l'Eglise de S. Laurens, Collegiale; laquelle quoy que mediocrement spatieuse, & quoy que le marbre n'y paroisse pas si commun que dans celle dont nous venons de parler; cela n'empesche pas qu'elle ne soit mise dans le nombre des belles Eglises, si vous considerez le grand nombre de belles figures, des statuës de marbre fort estimées, & la pluspart faites de la main de Michel Ange: ensemble plusieurs autres belles choses qui meritent bien d'estre dites en détail. La structure m'en parut fort belle, & bâtie de pierres de taille si bien posées & si polies, qu'elles semblent ne rien ceder au marbre. La Nef de l'Eglise est appuyée sur des piliers qui sont de tres-belles pierres. Les deux choses merveilleuses & considerables dans cette Eglise sont, *La Capella nuova,* & la Librairie. Dans *La Capella nuova* il y a sept tombeaux, entr'autres des Princes, sur chacun desquels il y a trois figures parfaitement bien faites en marbre blanc, où l'on voit des Chefd'œuvres de Michel Ange en sculpture, entre lesquels il y en a vne commencée & demeurée imparfaite, & dont le visage n'est qu'ébauché, personne n'ayant osé mettre la main apres Michel Ange. Il y a aussi quelques tombeaux de Princesses de Toscanne & du petit Prince aisné, qui est mort âgé de quatre ou cinq mois. Il y a de plus trois tombeaux de bronze de Grands Princes de Toscanne dans l'Eglise. La Librairie bâtie sur le dessein qu'en avoit donné Michel Ange est fort longue, pavée de marbre, remplie de figures & lambrissée. Les pulpitres y sont au nombre de 45. de chaque costé, sur lesquels sont les Livres enchaînez, tous manuscrits anciens, fort beaux & tres-curieux. On m'y a montré vn Virgile écrit il y a mil ans: vn Livre de Geographie avec des Mignatures fort exquises: vne Bible Hebraïque avec les Commentaires des Rabins en Hebreu, qui est vne piece fort rare & d'vn prix inestimable. Entre les Princes qui ont eu vn soin particulier de cette Bibliotheque, l'on nomme Clement VII. Pape, de la Maison de Medicis. L'Eglise a esté bâtie par Cosme de Medicis.

La Chapelle voisine que l'on nomme de saint Laurens est vne chose à voir, & que l'on ne sçaug roit certainement considerer sans admiration, laquelle quoy qu'imparfaite promet vne infinité de merveilles par les commencemens de ses travaux, & surpasse tous les desseins & les bâtimens des plus Grands Monarques. C'est vn lieu destiné par le Grand Duc pour mettre les sepulchres de ses predecesseurs & le sien. Il y a plus de 60. ans que cet ouvrage est commencé, & il en faut bien encor autant pour l'achever, n'estant pas encor à moitié fait. Le tour de la Chapelle est fort grand, en forme ronde, reuestu au dehors de marbre le plus fin qui se voye, mais au dedans on n'employe autre chose pour ornement que du Porphyre, du Iaspe de Sicile & de Corsegue, de la pierre noire du Liege ou pierre de touche, ou marbre truité fort rare & fort exquis, qu'ils appellent *Pietra pidacchiosa*, de l'Albastre d'Orient, du Lapis de perle & autres pierres tres-precieuses. On voit representez en ces pierres fines les armes de toutes les principales villes qui relevent du Grand Duc, & prés de là des vases avec leurs fleurs de diverses pierres rares de rapport. A l'entour de cette Chapelle en ces pierres fines on voit six tombeaux, dont il y en a deux qui sont achevez, des plus superbes & des plus magnifiques qui soient au monde. Considerant ce tombeau de Porphyre, le Coussin & la Couronne Ducale dessus; le tout chargé de pierres tres-fines & precieuses, l'on ne peut exprimer ses sentimens sans admirer vne si belle chose. Il y a plusieurs belles statues de marbre, & de quelque côté que vous jettiez la veuë dans cette merveilleuse Chapelle, vous ne voyez que Porphyre, que Marbre dont elle est pavée, & toutes sortes de pierres

res precieuses, parmi lesquelles il s'en trouve qui viennent de France. Les villes dont les armes sont representées en pierres precieuses en façon de plate peinture, sont *Firenze, Pisa, Pistoia, Siena, Livorno, Arezzo, &c.*

A la sortie de l'Eglise de la Trinité, où je n'ay rien remarqué qui merite que je m'y arreste, je consideray vne colomne de pierre, qui est d'vne tres-belle hauteur & grosseur, sur laquelle est vne statuë de porphyre tout d'vne piece, & qui represente la Iustice, ayant les balances entre les mains, que Cosme de Medicis Grand Duc fit dresser. Cela paroît par l'inscription qui est au bas de cette colomne. Marchant dans la mesme ruë, je vis le Palais des Strozzi, dont il y en a eu vn Mareschal de France du temps de François I. Le Palais est bâti de grosses pierres taillées bien proprement, sa forme est carrée, il est bien proportionné dans sa hauteur; & il y a vne petite court carrée au milieu, à l'entour de laquelle il y a des colomnes qui soûtiennent les portiques.

Passant encor dans les ruës, je vis vn Hercule domptant vn Centaure, travaillé en marbre blanc d'vn travail exquis.

Le trentiéme Novembre j'allay voir l'Eglise, *di santa Maria Novella*, deservie par les Freres Prescheurs. Elle est belle & grande & d'vne structure tant estimée par Michel Ange, qu'il l'appelloit ses délices. I'y vis le Tombeau du Patriarche de Constantinople qui souscrivit au Concile de Florence celebré sous Eugene IV. Il y est representé avec quelques inscriptions Grecques, & au dessous est écrit en Latin ;

Hic Iacet Ioseph Patriarcha Constantinopolitanus. Obiit anno salutis millesimo quadringentesimo, vigesimo secundo.

Et le sepulchre d'vne femme qui est morte en estime de sainteté. Il faut remarquer que l'Eglise, quoy que tres grande, est presque toute pavée de Tombeaux de marbre blanc & tres fin, avec diverses inscriptions.

Sous la conduite d'vn Pere, j'entray dans le Monastere, & il me fit voir vne Biblioteque qui me sembla d'autant plus belle qu'elle me parut estre remplie de beaux livres. I'y vis aussi les jardins qui sont grands & reguliers; les Dortoirs, les vns en bas où les Religieux se retirent en esté; & les autres au dessus où ils se retirent pendant l'hyver. Ie passay par le grand Cloître, où les miracles de S. Dominique, la vie de S. Antonin Archevesque de Florence, quelques Miracles de S. Vincent Ferrier sont merveilleusement bien representez en peinture. Il me fit voir aussi vne Chapelle, où les souverains Pontifs Martin V. Eugene IV. & Leon X. ont dit la Messe. L'Eglise en a esté consacrée par Eugene IV. Tout est ample & magnifique dans ce Convent, & il est vn des plus considerables de leur Ordre pour son antiquité & merite la curiosité des voyageurs, y estant invitez & par la beauté du lieu, & par la civilité des Peres qui y traitent les estrangers avec affabilité.

Ensuite j'allay à l'Eglise de sainte Croix desservie par les Religieux Conventuels de l'Ordre de S. François. Elle est d'vne merveilleuse structure, des plus larges qui se puissent voir, & le digne ouvrage de Michel Ange. On y voit de front entre le Chœur & la Nef, dix Chapelles sans parler de celles qui sont à côté de l'Eglise. La Chaire pour prescher est vn chef-d'œuvre, mediocre à la verité pour sa grandeur, toute de marbre blanc, d'vn travail fort étudié, dans laquelle on entre à travers le pilier. Plusieurs figures tres bien travaillées y sont representées : en vn mot c'est vn dessein de Michel Ange. On void aussi en cette Eglise plusieurs beaux Tombeaux de marbre ; entre lesquels ceux de Leonardus Aretinus & de Michel Ange sont les plus considerables. L'on trouve celuy de Michel Ange à l'entrée de l'Eglise à main droite sur vn grand piedestal de marbre, où sont trois belles statuës de marbre blanc, qui representent l'Architecture, la Peinture, & la Sculpture, qui sont les Arts dans lesquels Michel Ange avoit excellé. Il en avoit laissé le dessein à son neveu qu'il avoit fait son heritier, à condition qu'il l'executeroit. Au dessus est son Tombeau & son Effigie en buste encor plus élevé. C'est vn ouvrage des plus admirables de l'Europe. L'on y lit son Epitaphe Latin en ces termes.

Michaëli Angelo Bonarotio, ex antiqua Simoniorum familia, Sculptori, Pictori, Architecto excellentissimo, translatis Româ ossibus eius, poni curauit. Vixit 88. &c.

Les Orgues qui se voyent dans cette Eglise, ont coûté de seule façon au Grand Duc Cosme 4000. écus, tant elles sont bien faites & industrieusement travaillées. L'Eglise est quasi toute pavée de Tombeaux de marbre des particuliers.

Le premier Decembre j'allay voir le vieux Palais du Grand Duc, où l'on void vne si grande confusion de belles choses, superbes & magnifiques, que l'on est dans vn ravissement continuel & tout à fait extraordinaire. A l'entrée d'vne galerie je vis le squelet d'vn Elephant, dont on me fit voir la peau à la sortie sur vn édifice de bois, bâty exprés en forme d'Elephant. Delà j'entray dans deux boutiques, ou l'on me fit aussi voir diverses pierres fines, sçavoir, Iaspe, Parangon & autres, & la maniere de les mettre en œuvre.

Dans ce lieu il y a des Ouvriers qui travaillent incessamment pour faire differens joyaux au grand Duc, & pour l'ornement de la Chapelle de S. Laurens. Delà on me mena dans la grande galerie longue environ de deux cent pas, où il y a grande diversité, & multitude de statuës & bustes de marbre. On y void des pieces admirables pour y estre bien achevées. Il y en a plus de deux cent travaillées par les plus excellens ouvriers sculpteurs de l'Europe, & entre autres l'on remarque celles de Michel Ange qui ont vn merveilleux éclat. A l'entour du haut de la galerie il y a vn nombre innombrable de Portraits au naturel, de plusieurs Papes, de Souverains, de Princes, non seulement de l'Europe, mais de tout le monde, & d'hommes illustres qui ont excellé, ou dans la guerre, ou dans les lettres. Delà je fus conduit en divers & plusieurs cabinets, où l'on me moustra mille raretez tres pretieuses.

Entre plusieurs tables faites de pierres fines & de pieces rapportées, j'en admiray deux, l'vne du prix de vingt mil écus, & l'autre de cent mil écus. C'est vne chose digne d'estre consideree, comme en agençant ces pierreries dans leur couleur naturelle, l'on represente toutes sortes, & telles fleurs que l'on veut, mesme des animaux, des Oyseaux, des Villes, & des maisons. Ce que les yeux ne peuvent voir qu'en mesme temps l'esprit par reflection n'admire les ouvriers & les ouvrages. On y fait entrer ordinairement le Iaspe, les Agathes, le Porphyre, les Rubis, & autres sortes de pierreries ; ce qui se fait avec vn tel artifice qu'il m'avoit esté jusques à present inconnu. Parmy ces Cabinets j'en ay sur tout admiré vn, en partie d'ébene, en partie de ces petites pierres fines, dans lequel on fit tourner devant moy trois Chef-d'œuvres. Le premier, vne descente de Croix, ou plusieurs personnages estoient representez ; le tout en yvoire blanc, travaillé si délicatement qu'il ne se peut rien ajoûter à cét ouvrage, où l'art & l'industrie sont à bout. Le second estoit N. Seigneur, & les douze Apotres representez admirablement bien en ambre, & je vis aussi avec admiration vn Tabernacle ou Ciboire destiné pour estre mis en la Chapelle de S. Laurens, où l'on travaille à élever les sepulchres des Grands Ducs. Ce Tabernacle est vne piece incomparable pour sa grandeur, & pour sa matiere, estant tout composé de pierres tres precieuses. On y void des Escarboucles, des Esmeraudes, des Rubis, des Saphirs, des Diamans, des Perles, & autres pierres tres rares. Mesme, ce qui n'est pas moins admirable, on y void à l'entour quantité de petites statuës toutes de pierres fines. La forme en est tres belle, on travaille en ce lieu il y a cinquante ans, & l'ouvrage n'est pas encor achevé.

Ie vis dans ces Cabinets plusieurs Portraits faits par les plus excellens peintres de l'Europe, sçavoir Titian, Michel Ange, Raphael, Rubins & autres. I'arrestay mes yeux à considerer celuy du Cardinal Bentivoglio qui est representé en son habit de Cardinal, assis dans vne chaire, & quantité de bonnes pieces de devotion. Il y a specialement l'vn de ces Cabinets qui est remply de choses si pretieuses en toutes sortes de pierreries & d'autres raretez, qu'il ne se peut rien voir de plus curieux, aussi ne permet on pas d'en approcher.

Plus bas je fus conduit dans le Thresor où sont les services d'or, & d'argent, où l'on m'ouvrit dix ou douze armoires tres grandes remplies de plusieurs Vases d'argent, d'or & d'argent doré. Il y a entre autres vne armoire remplie de services d'or massif; mais ce que je consideray davange; ce fut le parement d'Autel d'or pur, où est representé le Grand Duc en pierreries à genoux, & il y a des pierres pretieuses en de certains endroits d'vn prix inestimable, appliquées à ce chef-d'œuvre, qui avoit esté destiné pour estre porté à Milan dans l'Eglise de S. Charles pendant la maladie du Grand Duc s'il en eust échapé L'on y void écrit en grosses lettres de rubis, *Ferdinandus secundus, magnus Dux Ethruria.*

Delà je fus conduit dans les sales remplies d'armes de toutes sortes : entre lesquelles plusieurs sont plûtost gardées par curiosité, que pour s'en servir ; & elles sont de Princes, ou anciens, ou modernes. I'y vis l'épée de Charlemagne, & celle de Roland, quelques autres d'Henry le Grand: vn Persan à cheval armé de toutes pieces à écailles avec son cheval bardé : des armes de plusieurs nations, & particulierement des Turcs, comme des Cimeteres avec leurs fourreaux couverts d'Emeraudes, & Rubis, ou autres pierreries, & de leurs coûteaux, ou sabres, dont il y en a vn couvert de diamans & d'autres pierres pretieuses. Vous y voyez aussi de leurs selles.

L'on y void vn chapeau de fer qui tire à quatre pistolets, vn pistolet à sept bouches, vne épée au bout de laquelle il y a vn poignard, & vn pistolet à la poignée, & le tout ne se void point tant l'artifice en est admirable. De plus on me monstra l'habit de plume de couleur de feu qui la conserve aussi viue depuis cinquante ans, comme si elle venoit d'estre faite.

On y void aussi la peau d'vn cheval fouré, qui le fait paroistre comme s'il estoit vivant; l'on nous monstra sa queuë longue de sept brasses & demie, qui fut donné en present par vn grand Seigneur au Grand Duc.

J'y vis vne Croix, vne espece de cuir blanc d'vn buffle fort long & tout d'vne piece; & vn petit cheval de bronze fait par Bologne qui a fait aussi celuy où Henry IV. est representé sur le Pont-Neuf de Paris. Ce petit cheval est merveilleusement bien fait & paroist comme animé.

Ie vis aussi vne grosse pierre d'aiman qui attire le fer, pesante soixante livres; c'est la plus belle de son espece que l'on puisse voir. L'on tient qu'il y a pour armer plus de cinquante mil-hommes.

A la sortie je passay par la grande sale, où sont representez les combats, & les conquestes des Ducs de Florence en belles peintures, & les Papes qui ont esté de la maison de Medicis y sont en sculpture avec plusieurs autres statuës.

L'aprés-disnée je sortis de la ville pour aller en *Poge Imperial*, qui fut bâty pour vne grande

Duchesse, sœur de l'Empereur; & depuis a esté & est encor la maison de plaisance des Duchesses. J'allay dans ce lieu qui est élevé par vne longue & large allée, qui a bien vn mille de longueur, qui conduit de la porte de la ville jusques à l'entrée du Poge. Cette allée est d'vne grande largeur, vn peu en montant, bordée des deux côtez de chesnes verds entrelassez de cyprés, ce qui fournit de verdure toute l'année. Il y a vne contre-allée de chaque côté; plantée pareillement en cyprés, & en chesnes verds, sous lesquels on marche à l'ombre en esté. Vn ruisseau coule de chaque côté de la grande allée, & au bout d'en bas il y a vn reservoir d'eau qui vient par ses conduits.

J'entray dans la court qui est en forme de demy rond & entourée de ballustres, sur lesquels il y a diverses statuës à l'entré; entre autres deux remarquables, l'vne d'vn Atlas qui porte le Ciel, l'autre d'vn Iupiter, tenant vn foudre en main & ayant vn aigle à ses pieds.

J'entray ensuite dans le Palais, dans lequel il y a trois appartemens, l'vn pour le Grand Duc, l'autre pour la grande Duchesse, & l'autre pour recevoir les étrangers. Ie fus conduit dans toutes les chambres, & dans les cabinets, ou j'eus sujet d'admirer la multitude & la diversité des Tableaux, dont ils sont ornez. Il y a entre autres vn petit cabinet des plus riches qui se voyent au monde, tout bâty de pierres fines mises en œuvre par pieces rapportées. On y void en chaque cabinet des tables de grand prix faites de matieres les plus rares. Il y a vne grande galerie, à l'entour de laquelle se voyent les Portraits au naturel de tous les Princes du monde. I'y vis ceux

& d'Italie.

de l'Empereur : du Roy de France : de la Reyne Mere : du Duc d'Anjou : du Roy d'Espagne & de toute la famille du Grand Duc. Sortant de ce lieu on est forcé de dire à cause des differentes beautez qui s'y rencontrent, que c'est vne des belles maisons de l'Europe, digne de la magnificence des Grands Ducs.

Ie ne parleray point du jardin dont l'agréement respond à la magnificence du Palais. Il est remply d'Orangers, & de Citroniers les plus curieux, de roses fleuries, & de jasmins en toute saison ; ce que j'ay veu de mes yeux dans le mois de Decembre ; tant l'air y est doux, aidé vn peu du grand soin des Iardiniers.

Ie passeray aussi sous silence le grand nombre des statuës de marbre qui se trouvent tant au dedans que dehors la maison. Ie n'aurois jamais fait, car il y a en ce beau Palais vne si grande quantité de belles choses qu'il seroit difficile de les raconter avec exactitude.

De ce lieu je passay au Monastere des Fueillans, qui est bâty hors la ville sur les fossez. Ils sont tous François, & leur établissement dans cette ville vient d'vne Reine de France, de la maison de Medicis, qui les envoya en ces quartiers, ils ont soin d'enseigner la langue Françoise au Prince. L'on void chez eux vne Chapelle fort jolie, & fort frequentée par devotion par les Florentins, à qui ce lieu sert de promenade en esté y estant attirez par la beauté du lieu, par la civilité des Peres Feüillans, & par les Indulgences accordées à cette Chapelle.

Le deuxiéme Decembre j'allay à l'Eglise de S. Marc, petit Convent de Dominiquains. A l'entrée à main-gauche, je leus l'Epitaphe de Pic de la Mirande, qui consiste en ces deux vers,

Ioannes jacet hic Mirandula, cætera norunt.

Et Tagus, & Ganges, forsan & Antipodes.

Ob. an. S. M. cccc. L. xxxxiiii. Vixit annis 31.

Au deſſous eſt écrit vn autre Epitaphe d'vn de ſes amis, couché en ces termes.

Hieronymus Benevenius ne poſt mortem diſjunctus Locus ſeparet quorum animos in vita amor conjunxit, humo ſuppoſita poni curauit. Obiit an. M. D. xxxxii.

Cette Egliſe eſt ſpecialement conſiderable, à cauſe de la Chapelle où repoſe le corps de S. Antonin Archeveſque de Florence, Religieux de ce Convent. Elle eſt toute revétuë de marbre, & en haut & en bas. Il y a autour ſix grandes ſtatuës de marbre blanc, qui ne luy donnent pas vn petit ornement ; ſçavoir de S. Dominique, de S. Edoüard, de S. Iean Baptiſte, de S. Thomas d'Aquin, de S. Antoine & de S. Philippes. Au deſſus on voit ſix pieces jettées en fonte, qui repreſentent la vie de S. Antonin, & vn beau tableau au milieu, qui eſt de la main de Iean de Boulogne, comme ſont auſſi ces ſtatuës dont je viens de parler, ſans faire mention de pluſieurs autres belles pieces travaillées auſſi en fonte par le meſme Ouvrier. Cette Chapelle a eſté bâtie aux deſpens des Salviati, vne des premieres familles de Florence.

Ie vis en ſuite la Bibliotheque qui eſt aſſez lon-

& d'Italie.

gue, soûtenuë de colomnes des deux côtez, & trop grande pour le peu de Livres qu'il y a.

L'apres-dînée du mesme jour je vis l'Eglise des Iesuites, dont l'ornement parut autant agreable à mes yeux, comme la musique que i'y entendis fut charmante à mes aureilles.

I'allay aussi voir l'Eglise du S. Esprit, gouvernée par les Augustins, soûtenuë sur de beaux piliers des deux côtez, & particulierement admirée à cause de son superbe Tabernacle, appuyé de huit colomnes de marbre, deux à chaque coin; sur 4. desquelles sont les statuës de S. Pierre, de S. Iean Baptiste, de S. Augustin, & de S. Iean l'Evangeliste; & le Tabernacle qui est sur l'Autel, côme aussi le devant de l'Autel est tout de pierres precieuses & raportées, qui representent diverses figures devotes dans vn éclat qui éblouït autant les yeux comme il attire l'étonnement de l'esprit des spectateurs. Ie n'en ay jamais veu de si magnifique. Il a coûté quatre-vingt mille écus en l'état qu'il est; auparavant qu'il soit achevé, il en coustera bien encor quarante. Il y a vne si grande quantité de piliers de marbre aux environs des Autels, que Michel Ange ce fameux Sculpteur avoit coûtume de dire, que ce lieu paroissoit vne petite forest, & l'appelloit *Canetto*.

Ie vis le Cloître qui est double, dont l'vn est à côté de l'autre. Le plus beau est entouré de trente six piliers de tres-belles pierres, & au milieu il y a vne fontaine qui fournit huit jets d'eau dans vn beau bassin, & qui a S. Nicolas Tolentin representé au dessus.

Ie passay dans l'Eglise des Theatins, dont l'architecture bien conceuë, & qui tire son principal ornement du marbre qui y est en assez grande quantité. Sa grandeur est mediocre, & elle a vn Autel qui me parut enfoncé & beau ; mais la Chapelle du bien-heureux Caëtan Instituteur de cet Ordre, me sembla quelque chose de plus beau.

Ie passay aussi par l'Eglise de sainte Marie Majeure, gouvernée par les Carmes. Dans sa petitesse elle est fort bien ornée, & est remplie de marbre, qui semble estre autant cómun en cette ville qu'en aucun endroit d'Italie aprés la ville de Genes.

Le troisiéme Decembre j'allay voir l'Eglise de l'Annonciade, deservie par les Religieux nommez Servites. Il y a vn riche Tabernacle sur le Maistre Autel, lequel est tout d'argent ; & derriere cet Autel il y en a vn autre où se voit vn beau Crucifix en fonte, digne ouvrage de Boulogne. On void à l'entour de la Nef de l'Eglise vne grande quantité d'effigies de differentes matieres, qui sont des vœux faits par diverses personnes de condition ; comme Evesques, Prestres, Gentilhommes, Marchands, &c. qui y sont representées.

Contre chaque pilier des deux costez de l'Eglise, on voit des petits enfans massifs. Il y a plusieurs Chapelles dans cette Eglise ; notamment vne qui est toute revestuë de marbre ; mais la principale, & qui attire le concours & la devotion, & de la ville & de tout le pays voisin, est celle de la Vierge que l'on trouve à main gauche à l'entrée de l'Eglise auprés de la grande porte. C'est là où est honoré le Tableau de l'Annonciade, dont le visage fut achevé de la main des Anges : L'Autel y est d'argent, comme aussi cinquante Lampes toutes allumées, ce que je n'ay remarqué en aucun autre lieu.

A côté

A costé de l'Eglise il y a vn beau & grand Cloistre, soûtenu quantité de piliers, dont le Preau est tout pavé de belles pierres quarrées, les parois ornez de peintures, qui representent les merveilles qui sont arrivées dans l'institution de l'Ordre des Servites.

Ie me transportay le mesme jour dans l'Eglise de S. Estienne, ancienne à la verité, mais qui estoit de son temps vne des plus belles de la ville: l'Autel y est environné de colonnes de marbre, où l'on void vn Tabernacle à la Mosaïque, tout de petites pierres pretieuses. A l'entour de l'Eglise au dehors diverses statuës; & au dessus vn grand Archive où les minutes de tous les Contrats qui se font dans la ville sont conservées.

L'aprés-disnée je fus voir *le Palais de Pitti*, ainsi appellé parce qu'il a esté commencé par des Gentils-Hommes Florentins nommez *Pitti*, & qui à cause de la dépense excessive qu'il faloit faire pour l'achever, furent obligez de le mettre entre les mains du Grand Duc, qui l'a mis en l'état où il est, & où il fait son sejour ordinaire.

Ce Palais est plein de divers marbres les plus beaux, & les plus polis, enrichy de rares peintures, & accompagné de tres beaux jardins avec des fontaines & des petits bocages, qui satisfont la veuë, en donnant vne admiration qui est presque inconcevable.

Il y a dans ce Palais trois corps de logis complets, grande Court au milieu. Du côté du jardin on void vne fontaine qui paroist basse & en forme d'vne grotte, & neantmoins au haut d'vne gallerie on la void couler d'vne hauteur considerable & jusques au dessus des balustres, ce qui est admirable à voir.

P.

En passant au jardin qui va en montant, on trouve vn grand bassin plein d'eau, au delà duquel on void vn parterre sur vne petite éminence, qui presente aux yeux les armes du grand Duc, ce qui est tout à fait agreable à voir.

Si l'on se promene dans les allées, l'on void diverses statuës de marbre, entre lesquelles l'on admire celle d'Adam, & d'Eve qui se repose sur vne de ses épaules ; le tout d'vne mesme piece de marbre, le plus fin & le plus blanc ; mais d'vn travail si étudié, que l'on doute si l'art n'a point surmonté la nature en ce chef-d'œuvre.

Au milieu des bocages & des allées l'on void vn fort grand bassin remply d'eau, au milieu duquel il y a comme vne grande tasse, & au dessus vne statuë de marbre d'vne hauteur considerable, à l'entour de laquelle il y a plusieurs autres petites statuës de marbre de mesme qu'à l'entour du bassin. On va à l'entour sur vn petit pavé fait de petites pierres agencées à la Mosaïque. Ce lieu est vn des plus beaux qui soient en ce jardin; aussi est-ce comme le centre de toutes les belles allées, qui aboutissent de tous costez, & qui sont faites en berceau pour donner de l'ombre pendant l'été.

Delà j'allay voir les differentes especes d'Animaux, qui sont gardez en ce lieu par curiosité; ce qui fait passer vne demie-heure de temps agreablement.

A l'entour du Palais il y a des balcons de pierres de taille qui sortent de la muraille, en sorte qu'on s'y peut promener facilement & en toute seureté. Les Escaliers m'y ont semblez fort beaux parce qu'ils continuent dans leur largeur jusque au haut du corps de logis. Entre plusieurs sales chambres, & cabinets, j'en remarquay vn fort beau dont le plat-fond est enrichy de dorure qui luy donne vn grand éclat.

Depuis ce Palais il y a vne galerie qui traverse la ville, passe sur l'vn des quatre Ponts, conduit dans le vieux Palais, & meine delà au lieu où l'on fait la Comedie, où il y a aussi vn passage pour le grand Duc, & vn autre pour ses serviteurs.

Le quatriéme Decembre me promenant dans la ville je remarquay plusieurs belles places; entre lesquelles il y en a deux principales: l'vne devant le vieux Palais, où l'on void Cosme Premier, representé en vne statuë de bronze à Cheval, ensemble plusieurs autres belles statuës de marbre aux environs de la place, qui representent des geans; & à l'entour d'vne fontaine. L'autre place est devant l'Eglise de l'Annonciade, où Ferdinand premier est aussi representé en vne statuë de bronze, à Cheval. Il n'y a rien de si beau & de si commun en cette ville que les statuës de marbres, tres artistement travaillées, & les belles peintures.

On fait vne Chasse tous les ans vne fois, par la permission du Prince, par deux partis de Gentils-Hommes, à qui prendra vne plus grande quantité de gibier: ce qui s'est fait pendant le sejour que j'ay fait à Floréce, & le party victorieux entra en triomphe à deux heures de nuit, accompagnant vn Vaisseau arboré de deux ou trois cent lievres, avec vne grande acclamation populaire, & le bruit des Trompettes.

La course des Chevaux barbes qui se fait tous les ans, n'est pas moins agreable à voir, & donne vn divertissement pendant quelques jours aux Florentins.

P ij

Le cinquiéme Decembre je sortis la ville, & eus l'cisir d'admirer la situation du lieu, où estoit autrefois bâtie la Ville de Fiesole sur vne colline, d'où on descend agreablement dans vne grande plaine : & là se voyent encor les vestiges de l'ancienne ville où demeuroient les Devins. Elle fut autrefois si puissante, qu'elle donna secours à Stilicon Capitaine des Romains, qui défit l'armée des Goths, en ayant mis cent mille sur la place. Il s'y void beaucoup de maisons de plaisance, & plusieurs Monasteres, entre lesquels est celuy de l'Abbaye de Fiesole, fondée par Cosme de Medicis. Il y a encor vn Monastere de S. Dominique fort agreable.

Parmy plusieurs maisons de plaisance du grand Duc qu'il a prés de Florence, celle du Pratolin est la plus belle. C'est vn agreable édifice, situé entre des montagnes, contenant de fort beaux appartemens, & dont le bâtiment est quarré. Il y a plusieurs chambres enrichies de statuës, & de peintures des meilleures maistres d'Italie ; outre les lits & les tables d'albâtre, ou de marbre.

On y void des grottes d'où sortent des eaux qui donnent du plaisir & du rafraîchissement à ceux qui les regardent : car elles font marcher le Dieu Paon, chassant devant luy son troupeau, & joüant de sa flûte, au son de laquelle quelques oyseaux qui sont sur les arbres font leur concert. L'on y void aussi vn Hercule repoussant avec sa massuë l'Hydre qui lasche contre luy vne grande quantité d'eau, puis vn Dauphin nageant sur les ondes. On void en vne autre caverne, Vulcain avec ses Cyclopes travaillás à la forge, & prés des dégrez par lesquels on descend en ces grottes, Paon qui se leve à l'abord des survenans, & qui portant sa flûte à la bouche en joüe aussi-tost, comme se réjoüissant de leur venuë. Les parois de ces grottes sont faites comme des rochers, entre-mêlées de plusieurs Perles, Coquilles, & pieces de Corail, qui font un mélange de couleurs fort agreables à la veuë. Outre les autres ornemens de bronze & de marbre, vous y voyez des representations d'animaux qui se remüent agreablement par la force de l'eau. Vous n'y admirez pas moins le pavé fait de petites pierres de diverses couleurs. On y void encor vne longue allée avec differens tuyaux d'eau de tous côtez; puis on monte au mont de Parnasse; où les Muses avec Apollon font ouïr le son de leurs instrumens, aussi à l'aide de l'eau, & là auprés l'on entend le chant de divers oyseaux dans leur voliere.

Aprés tout cela on trouve le jardin enrichy de plusieurs beaux parterres, de plusieurs reservoirs, & de la grotte de Cupidon avec sa statuë de bronze, & son flambeau qui moüille & jette de l'eau au lieu de brûler. Vne belle Chapelle au milieu d'vn petit bocage: vn grand colosse, qui recevant toutes ses eaux de l'Apennin, les partage aprés à tous les autres lieux; puis vn admirable labyrinte, & au delà sur vn lieu fort élevé vn Iupiter de marbre qui lance ses eaux au lieu de la foudre.

DE L'ESTAT DV GRAND Duc de Toscanne.

CE païs qui fut premierement nommé, Ombrie, Tyrrhenie, Hetrurie, est presentement appellé, l'Estat de Toscane. Il a au Midy la Mer Mediterranée; au Nort, Le Mont-Apennin; à l'Orient, le Latium: au Couchant, la Ligurie. Ie ne parle point de la bonté & de la fertilité de son terroir, qui est abondant en grains, en vins excellens & en lacs poissonneux. Ie diray seulement ce qui m'a esté raporté, que dans les ruisseaux de Volterre l'on trouve quelques pierres precieuses; comme Agathes, Chalcedoines; & que là proche il y a vne eau, qui a la vertu de convertir en pierre tout ce qu'on y jette. Ie ne sçaurois aussi passer sous silence, qu'il se trouve en ce païs des carrieres de marbre, de porphyre, d'albastre & d'autres pierres curieuses. Cet Estat comprend ceux de Sienne, de Pise & de Florence, dans lesquels sont enfermées plusieurs belles & grandes Villes. Voilà en peu de mots la situation du païs de Toscane & de son estenduë. Passons presentement à dire quelque chose de la maniere en laquelle la Iustice y est administrée.

La Cour de ce Prince est en quelque façon differente des autres, en ce qu'il n'y a aucun Conseiller d'Estat, & qu'en toutes les deliberations &

arrests donnez dans les affaires d'Estat & de Police, & mesme d'vn particulier; il n'est fait mention que du seul vouloir du Prince & non du Conseil. Il y a vne si grande diversité de Tribunaux dans la Iustice, que je n'entreprendray pas d'en faire l'entier dénombrement, mais bien des principaux, pour en laisser seulement vne legere connoissance dans l'esprit des Curieux. Cinq Senateurs sont en charge trois mois, qui sont pris du nombre des quarante-huit, & ont avec eux vn Auditeur & vn Fiscal, qui tous ensemble jugent souverainement. La Rote est composée de six Auditeurs, pardevant lesquels on appelle des Sentences données par les autres Iuges. Les Conservateurs des Loix châtient souverainement les prevaricateurs. Il y a la Chambre des Comptes, la Chambre Ducale, les Tribunaux des 8. des 9. & des 6. Le premier regarde les criminels: Le 2. les bâtimens, & le 3. les marchandises. Dans la Toscane hors de Florence, ils ont des Gouverneurs, des Capitaines, des Vicaires & autres Officiers qui ont differentes fonctions. Il reste presentement à parler de la Genealogie du Grand Duc.

GENEALOGIE DES DVCS de Florence.

Qvoy que l'Histoire fasse mention de l'ancienneté de l'illustre Maison de Medicis, dans laquelle plusieurs se sont signalez, ou par les armes, comme Iean, fils de Bernardin de Medicis, qui l'an 1340. commanda l'armée des Florentins; ou par les dignitez, comme Sylvestre de Medicis, qui l'an 1378. fut Gonfalonier de Iustice, & fut long temps Chef de la Republique ; il faut neantmoins tomber d'accord, que Iean, fils de Bicci, a puissamment relevé la famille par son fils Cosme surnommé le Grand, à qui la Maison de Medicis doit sa principale grandeur, laquelle a conservé depuis ce temps de pere en fils, le Gouvernement de la Republique jusques à Laurens, pere de Catherine de Medicis, qui fut donnée en mariage à Henry II. Roy de France. Or ce Laurens laissa vn bâtard nommé Alexandre, Chef de la Republique, qui ayant esté chassé fut restably par Charles V. Roy d'Espagne : mais cét Alexandre n'ayant laissé qu'vn bâtard, Cosme fut fait premier Grand Duc par Pie V. Il reduisit Sienne, & eut pour fils François II. Grand Duc & pere de Marie de Medicis Espouse d'Henry IV.

Ferdinand son frere luy succeda, qui laissa pour fils Cosme II. qui commença à regner l'an 1609. & mourut l'an 1621. Ainsi Ferdinand II. fils de Cosme II. & sixiéme Grand Duc a commencé en 1621. & regne encore presentement, qui laisse Cosme III. mais qui n'est pas encore couronné.

LES SEPT MERVEILLES.

Ie veux dire, les sept choses les plus considerables, de la Ville de Florence, sont celles qui s'ensuivent.

Ægid. Rousselet sculp.

LE CHEMIN DE FLORENCE à Rome, avec les-noms des Villes, Bourgs & Villages, & les choses les plus considerables, distribuées en sept Merveilles.

LE 6. Decembre je partis de Florence & vassay à S. Cassan, qui en est à 8. milles, & 8. autres milles au delà, à Tavernelle, éloigné de Staggia de dix milles, où je pris mon repos. Par ces chemins je ne trouvay rien de remarquable, sinon vn Torrent qui est tres-fâcheux en de certains temps de l'année, & quelquefois si difficile à passer, qu'il est besoin de prendre vn guide qui ne vous quitte point dans l'eau.

Le 7. Decembre je sortis de Staggia, & apres avoir passé vne riviere encore plus fâcheuse que le jour precedent, ayant esté obligé d'attendre deux ou trois heures au pied pour laisser passer le Torrent; j'arrivay par de belles avenuës & par de beaux & bons païs, à Sienne, qui est à dix milles de Staggia.

SIENNE.

Cette Ville fut autrefois vne Colonie des Romains, elle s'aſſujettit beaucoup de païs, & du temps des Guelphes & des Gibelins elle fut extraordinairement travaillée de leurs factions. Elle a eſté autrefois vne Republique ſi puiſſante, qu'elle s'eſt ſignalée par les victoires qu'elle a remportées ſur les Florentins ; & aprés avoir reſpiré long-temps ſa liberté, toûjours dependemment de l'Empire, elle tomba pendant quelque temps dans les chaînes de la captivité des Petrucci, dont elle fut délivrée par leur exil, & reſtablie dans ſon ancienne liberté, juſques à ce qu'elle chaſſa vne garniſon que Charles V. y avoit envoyée. Cet Empereur ſe ſervit de Coſme de Medicis pour l'aſſieger, & le fit premier Grãd Duc, aprés luy avoir vendu cette même ville de Sienne & ſes dependances. Depuis les Grands Ducs en ont eſté les Princes ſouverains, & quoy que cet Eſtat retienne encor quelque choſe dans ſon Gouvernement de ſon ancienne liberté, il faut neantmoins tomber d'accord qu'elle n'en a plus que l'ombre, & que dans ſa plus grande partie elle reçoit les ordres de ce Prince, qui y a vn Gouverneur qui commande à la Ville & à tout l'Eſtat. Ce Prince s'eſt meſme reſervé l'élection de pluſieurs Officiers, comme du Iuge ordinaire des Cauſes civiles, des Auditeurs de la Rote, des Capitaines de l'Eſtat de Sienne, des 4. Conſervareurs de l'Eſtat, & de pluſieurs autres. Il y a à la verité vn Capitaine du peuple, mais il propoſe les affaires devant le Gouverneur qui preſide au nom du Prince. Il y a auſſi des Prieurs & des Gonfaloniers, qui ont les meſmes privileges qu'ils avoient auparavant, & autres droits dans leſquels ils ſe ſont conſervez; L'on remarque de ſes Citoyens, qu'ils ont bon eſprit & fort propre pour les Sciences, qu'ils ſont civils aux Eſtrangers au dernier point. Les femmes en ſont belles, & dans leur port elles conſervent vne grace tout-à-fait avantageuſe & vn langage agreable, doux & eloquent. Ils entretiennent la langue par le moyen d'vne Academie qui eſt en cette Ville, où pluſieurs Eſtrangers s'arreſtent pour s'y perfectionner. Ie ne parleray point de ſon terroir, qui eſt fertile en beaux fromens & vins excellens; mais je feray la deſcription des plus belles choſes que j'ay veuës dans la Ville, aprés que j'auray dit qu'elle fut faite Archiepiſcopale par Pie II natif de Corſignan proche de Sienne. Elle eſt forte dans ſon aſſiette, grande, puis qu'elle a bien de tour quatre ou cinq milles, & belle en ſes Palais diſperſez çà & là. Faiſons maintenant le détail des plus belles choſes que j'y ay obſervées.

L'Egliſe Cathedrale, que l'on appelle *le Dome*, eſt vne des plus belles qui ſe voyent dans l'Europe, & qui dans mon eſprit a ſurpaſſé par ſa beauté tout ce que j'ay veu dans les Egliſes de Genes, de Florence & de Piſe. Elle eſt toute bâtie de marbre blanc & noir, agreablement meſlé l'vn avec l'autre. Elle eſt d'vne grandeur bien proportionnée; & ce qui la rend admirable, ce ſont les figures des Pontifes repreſentez en marbre blanc à l'entour de la Nef, avec leurs noms au deſſous. Le pavé en eſt orné de riches figures repreſentées à la Moſaïque: On y voit le ſacrifice d'Abraham, l'hiſtoire des Machabées; Moyſe frappant le rocher de ſa verge, & le peuple s'approchant pour recevoir des eaux, &c. ce qui eſt ſi beau, ſi merveilleux & ſi rare, que ce pavé eſt couvert de planches pour la conſervation d'vn ſi bel Ouvrage; mais on les leve facilement, quand il eſt à propos, pour la ſatisfaction des Voyageurs, & pour faire voir cette rareté aux curieux.

Il y a pluſieurs Reliques, entre-autres le Bras de S. Iean Baptiſte tres-richement enchaſſé, & honoré dans vne Chapelle, qui eſt comme au milieu de la Nef du côté gauche en entrant.

La Chaire du Predicateur eſt d'vne fabrique aſſez ordinaire, mais conſiderable pour avoir eſté honorée des Predications de S. Bernardin de Sienne, comme il y eſt marqué en groſſes lettres, *Fulgurantibus Dei vocibus Bernardinus hic intonuit, &c.*

Ie fus enſuite en l'Egliſe des Religieux de S. Dominique, celebre pour ce que le Chef de ſainte Catherine y eſt conſervé, comme vn threſor. Il eſt dans vne Chapelle, où il y a grande devotion & ou l'on tient qu'il ſe fait ſouvent des miracles. Il y a auſſi vne Chapelle remarquable, dediée à S. Dominique, dans vne aîle de l'Egliſe. Cette Chapelle a des deux côtés de ſon Autel deux ſtatuës, ſçavoir celle de la Magdelaine du côté de l'Evangile avec ces paroles au deſſous, *Typus pœnitentiæ*, & celle de ſainte Catherine Vierge & Martyre avec ces paroles, *Decus ſapientiæ*, de l'autre côté; ce qui donne beaucoup de grace à cét Autel, qui tire auſſi vne partie de ſon orbellissement d'vn beau Tableau, qui est au milieu. J'allay ensuite dans la Chapelle, où fut autrefois la chambre de sainte Catherine de Sienne. Sur la porte il est écrit ; *Domus mea domus orationis vocabitur.* Cette Chapelle est ornée de belles peintures à l'entour, où les principales actions de la vie de cette Sainte sont merveilleusement bien representées. Entre autres, l'on void en peinture comme elle persuada au Pape Gregoire XI. qui estoit à Avignon, de restablir son siege à Rome, comme elle persuada aussi au peuple de Rome de se soûmettre au souverain Pontife ; & plusieurs autres choses qui meritent bien l'attention des voyageurs. Il est mal-aisé d'entrer en ce lieu, sans estre sensiblement touché de devotion. Au sortir de cette Chapelle j'entray dans celle d'vn *Crocifisso santo*, où est honoré le Crucifix, devant lequel sainte Catherine faisant sa priere receut les sacrez stigmates, ou les cinq playes semblables à celles de N. Seigneur, comme autrefois S. François d'Assise. La verité de cette histoire est confirmée par vn Pape, comme il est marqué sur vn marbre contre le paroy de la petite Eglise.

Ie vis aussi la place publique, figurée de Coquilles & de petites pierres de briques, si bien agencées ensemble, qu'elle fait vn objet tres-beau & tres agreable à la veuë, & luy represente vne forme de coquille. En vn mot elle est tres-belle & tres-magnifique. Au haut il y a vne belle fontaine, nommée *Branda*, dont Danthes fait mention en ces termes, *per fonte Branda non daraî la vista*, & dont l'eau est fort claire. Elle est si bien situeé, que l'on peut facilement voir ceux qui se promenent en cette place. Au bas il y a vne

Tour d'vne hauteur prodigieuse, & c'est l'Horloge de la ville. A l'entour de cette place, qui est d'vne belle grandeur, il y a des maisons bâties de Brique, comme toutes les autres de la ville. Les ruës mesme en sont pavées, de mesme que la belle place, & toutes les murailles de la ville & des jardins: L'on en void jusques dans les grands chemins.

Passant par la ville je remarquay plusieurs Palais assez beaux & assez gentils, & je m'arrestay particulierement à considerer ceux de la maison des Chigi qui ne cedent pas aux autres de la ville. L'on y void aussi celuy de Pie II. sur le front duquel sont ces mots en grosses lettres, *Pius II. summus Pontifex suis gentibus Picolomineis*: & du côté de la ruë coule vne belle fontaine, ce qui est commun dans Sienne à plusieurs autres Palais, où vous voyez representez sur leurs portes, les armes des familles à qui ils appartiennent.

En me promenant dans la ville, je jettay les yeux sur le Convent des Religieuses de S. Raymond de l'Ordre de S. Dominique, dont le Pape Alexandre VII. qui sied à present sur la Chaire de S. Pierre, a fait faire le frontispice.

Plusieurs personnages illustres & en sainteté, & en doctrine, sont sortis de cette ville, & ils ont porté leur reputation non seulement par toute l'Italie, mais aussi par toute l'Europe: comme S. Bernardin, sainte Catherine de Sienne, le bié-heureux Iean Colombin instituteur de l'Ordre des Iesuates, & le bien-heureux Ambroise de Bianconi de l'Ordre des freres Prescheurs. Les Sienois ont esté aussi instituteurs des Ordres, tant des Chanoines reguliers de S. Sauveur que des Moines du Montolivet.

Cette

& d'Italie.

Cette ville a mesme donné a l'Eglise plusieurs souverains Pontifes, comme Alexandre III. Pie II. & Pie III. tous deux de la famille des Picolomini. Paul V. qui prit naissance à Rome, quoy qu'il fust d'vne ancienne famille de Sienne, & Alexandre VII. qui gouverne aujourd'huy l'Eglise avec tant de conduite, & de prudence que chacun en est dans l'admiration.

Q

LES SEPT
MERVEILLES;
Ie veux dire les sept choses les plus remarquables, de la Ville de Sienne, sont les suivantes.

Le huictiéme Decembre je partis de Sienne par de belles sorties, comme j'y estois entré par des avenuës fort agreables, & passay à *Lucignan*, lieu qui en est à huit milles ; & à *Bonconvent*, Bourg entouré de murailles & de fossez, à quatre milles de Lucignan, situé dans vne plaine, & dont les habitans sont extrémement addonnez à la Marchandise ; remarquable pour estre le lieu ou Henry sixiéme Empereur fut empoisonné.

De Bonconnent l'on va à *San-Quirico*, Village situé sur vne éminence, & fermé de murailles. L'on y void vn Convent de S. François de la fondation d'vn Pape, & vne Tour tres ancienne, & quarrée, au milieu de laquelle est la figure de Pallas avec cette inscription

Sola nec invidias inter nec militis ensem,
Nec mare nec ventos Barbariemque timet.

Cette Tour est environnée de quantité de ruïnes de maisons du temps des Romains, parmy lesquelles l'on void encor le quarré d'vn sale, où auprés d'vne fenestre est vn Taureau de marbre, qui donne de ses cornes contre vn tronc d'arbres, avec cette inscription, *irasci in cornua discit*.

De ce lieu qui n'est qu'à sept milles de Bonconvent, je vins à *la Paille* qui en est éloigné de treize milles, où je pris mon repas & mon repos.

Le neufviéme Decembre je partis de la Paille, & passé à *Aquapendente* petite Ville, qui en est à douze milles, ainsi appellée conjointement avec son Chasteau, tant à cause de sa situation, qu'à cause de l'abondance des eaux claires qui en découlent. Ce Chasteau est basty sur vne éminence qui paroist inaccessible pour vn siege, & d'ont la place m'a parû extrémement forte. Il y a dans la ville quelques Convents de Religieux : l'Eglise du petit Convent de S. François est la plus polie: Les maisons de la ville m'ont semblé estre assez bien bâties, & les habitans assez propres; aussi y joüissent-t'ils d'vne grande liberté.

D'*Aqua pendente*, pour venir à S. Laurens, Bourg bien peuplé, qui en est à quatre milles, il faut passer au long du rivage du Lac qui porte le mesme nom. Aux environs de S. Laurens, l'on remarque plusieurs maisons sous terre, ce qui provient de la facilité qui se trouve à creuser le roc, dans lequel ils prattiquent, & avec grande industrie, de petites chambres fort commodes. L'on y void entre autres choses, vn pré de peu d'étendüe tout en rond, & environné de montagnes, lequel conserve si bien sa verdeur, que cela a invité plusieurs personnes de creuser tout autour au pied de la montagne pour y établir leur demeure.

Le Lac de S. Laurens est vn des plus considerables d'Italie, & à bien trente milles de tour. En passant au long de ce Lac l'on me fit remarquer deux petites Isles qui y sont, dont l'vne s'appelle *Martana*, & l'autre *Guilsena* : l'vne est fort peu de chose, & est habitée par vn Hermite ; dans l'autre qui est plus grande, il y a vn Convent de Religieux de S. Anthoine de Padouë, où sont inhumez tous ceux qui meurent de la maison des Farneses.

De S. Laurens l'on passe à Bolsene petit Bourg à deux milles de S. Laurens, enclos de murailles, situé au pied d'vne montagne, & bâty sur les ruïnes de cette tant renommée ville appellée en Latin, *Vulſinenſium*, que l'on tenoit au rang des plus belles, & des plus grandes villes d'Italie, & qui meſme eſtoit du nombre des douze villes celebres de la Toſcane. L'ancienneté de ce Bourg paroiſt encor par quelques écritures gravées ſur des pierres de marbre qui s'y voyent. Cette ville ayant eſté autrefois ſubjuguée, demanda ſecours aux Romains, & ils y envoyerent Decius Murena qui les reſtablit en leur liberté.

De Bolſene l'on va à *Monteſiaſcone*, mais avant que d'y arriver, l'on paſſe dans vn petit bois; où les anciens ſacrifioient à la Déeſſe Iunon. Cette ville eſt à huit milles de Bolſene, & eſt fort ancienne, ſituée ſur le haut d'vne montagne & fermée de bonnes murailles. Elle eſt Epiſcopale, & fut autrefois la Capitale des Faliſques; & aſſiegée long-temps par Camille, qui ne la peut jamais prendre à cauſe de ſa ſituation avantageuſe. Elle eſt entourée de pluſieurs collines tres-agreables, qui produiſent en abondance toutes ſortes de bons fruits, & ſon terroir eſt celebre pour le vin muſcat qu'il produit par excellence.

Aprés avoir paſſé *Monteſiaſcone*, l'on entre dans vne agreable & large plaine par où on arrive à *Viterbe* qui n'en eſt éloignée que de huit milles.

VITERBE.

Viterbe autrefois appellée *Vetulonia*, eſt la Ville Capitale du patrimoine de S. Pierre, ſituée dans vne agreable plaine, bien peuplée & ornée de beaux édifices.

Le dixiéme Decembre j'allay voir l'Eglise Cathedrale qu'ils appellent, *il Domo*. Elle est d'une grandeur mediocre, & là sont inhumez quatre souverains Pontifes, sçavoir Iean XXI. Alexandre IV. Adrian V. & Clement IV.

J'allay à l'Eglise de sainte Rose, desservie par des Religieuses, où par l'entremise d'vn Pere Cordelier, je vis le corps de cette Sainte qui paroist en son entier quoy qu'il y ait cent ans qu'elle est morte. C'est vne des plus belles Reliques d'Italie, qui se monstre par les Religieuses, qui tirent vn rideau, & la font voir dans son sepulchre, comme endormie dans son lit avec son habit de Religieuse. L'on ne peut voir cette sainte Relique sans avoir quelque sentiment de devotion & sans admirer la toute puissance de Dieu, qui fait souvent des miracles en vertu de ses Saints.

Dans vne des Chapelles de l'Eglise l'on void vne Image de la sacrée Vierge, dont les traits ont tant de douceur, qu'elle inspire quelque sentiment de devotion dans le cœur pour cette sainte Mere de Dieu.

Les eaux de la ville en sont claires. Parmy les fontaines il y en a vne qui surpasse les autres, non seulement par l'abondance de ses eaux, mais encor par l'artifice avec lequel elle est travaillée, car elle jette jusqu'à la hauteur de quarante pieds en forme de fleur de Lys, & ses eaux sont receuës dans vne tasse, qui les rend agreablement par cinq ou six gueules de Lion, dont elle est environnée, & elles remplissent vn grand bassin, soûtenû de quatre piliers, qui donnent moyen aux Lions de s'avancer pour faire sourdre de leurs corps plusieurs belles fontaines.

248 *Iournal d'un Voyage de France & d'Italie.*

L'aprés-dinée je partis de Viterbe & arrivay à Roncillon, bourg à 9. milles de Viterbe.

Le onziéme Decembre je sortis de Roncillon, & arrivay à *Monterose*, petit bourg situé sur le panchant d'vne montagne, & qui est à six milles de Roncillon, & dépend de l'Abbaye des Trois-Fontaines.

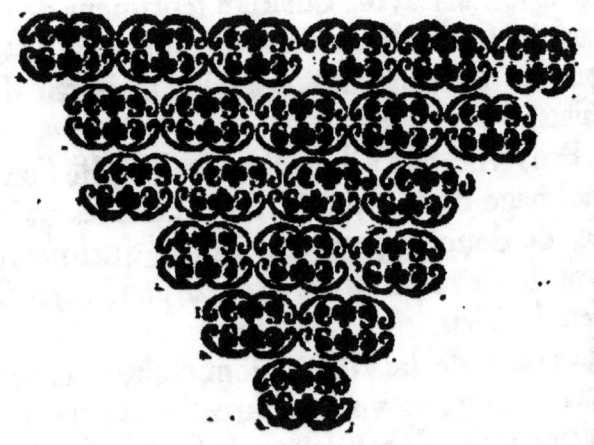

LES SEPT MERVEILLES.

C'est a dire, les sept choses les plus remarquables qui se voyent depuis la ville de Sienne jusques à Monterose.

Ægid. Rousselet sculp.

& d'Italie.

Le 12. Decembre je sortis de Monterose & vins coucher à *Bacan*, métairie éloignée de Monterose de 15. milles. Ce lieu est vne Maison solitaire & tout proche, il y a vn petit Lac.

Passant sur vn Pont qui a esté fait sur le Tibre par l'ordre de Gregoire XIII. pour la commodité des voyageurs & du public ; j'y leus ces deux Vers.

*Omnia dic læta eueniant, & fausta, Viator,
Gregorio, tutum qui tibi reddit iter.*

Le 13. Decembre 1660. estant sorti de Bacan, & approchant de Rome environ dix milles, j'apperceus *La Cupola*, c'est à dire le Dome de saint Pierre, vne des merveilles du monde, & passay à Trecapanne lieu éloigné de Bacan de 5. milles, où je pris ma refection, & passant sur le Tibre sur le Pont-Molle, d'où Maxence se jetta dedans, ayant perdu la bataille contre Constantin, je consideray les marques qu'il avoit laissées de son débordement, il y avoit vn mois, qui fut extraordinaire cette année, s'estant échapé de son lit, ayant entré dans vne bonne partie de la Ville; rempli les ruës de boües qui la rendoient tres-vilaine, a renversé des murailles & des maisons l'arrivay enfin dans la ville de Rome par la Porte *del Popolo*, qui est vne fort belle & agreable entrée. Allant dans vne grande ruë, belle, large & longue, & n'ayant point trouvé de place, ny aux trois clefs d'Avignon, ny à *Monte d'oro*, n'y à l'écu de France, qui sont les trois meilleures & plus fameuses Auberges pour les François, je descendis dans l'hostellerie *del Gambero*.

LE CHEMIN DE FLORENCE

à Rome, avec les noms des Villes bourgs, villages, & leurs distances.

DE Florence à S. Caffan,	8 milles.
De S. Caffan à Tavernelle,	8 milles.
De Tavernelle à Staggia,	10 milles.
De Staggia à Sienne,	10 milles.
De Sienne à Lucignan,	8 milles.
De Lucignan à Bonconvent,	4 milles.
De Bonconvent à S. Quirico,	7 milles.
De S. Quirico à la Paille,	13 milles.
De la Paille à Aquapendente,	12 milles.
D'Aquapendente à S. Laurens,	4 milles.
De S. Laurens à Bolfene,	2 milles.
De Bolfene à Montefiafcone,	8 milles.
De Montefiafcone à Viterbe,	8 milles.
De Viterbe à Roncillon,	9 milles.
De Roncillon à Monterose,	6 milles.
De Monterose à Bacan,	15 milles.
De Bacan à Trecapanne,	5 milles.
De Trecapanne à Rome,	5 milles.

De Florence à Rome cent quarante-deux milles.

ROME.

LE 14. Decembre 1660. je fortis de la ville de Rome par la Porte *del Popolo*, & paſſay ſur le Tibre, qui trois ſemaines auparavant avoit debordé extraordinairement, & avoit porté ſes eaux quaſi par toute cette Ville, renverſé beaucoup de murailles, inondé les maiſons, remply les ruës de bouës, & cauſé beaucoup de dommages & de deſolations dans les lieux circonvoiſins. Son eau me parut extrémement vilaine & bourbeuſe, car il ſe groſſit ordinairement des torrens des montagnes qui entraînent avec-eux le limon de la terre. Auparavant que de parler des raretez qui ſe rencontrent dans la ville de Rome, il me ſemble plus que raiſonnable d'en faire vn petit éloge, & de parler de ſes commencemens, de ſon accroiſſement, & de la maniere en laquelle elle a eſté gouvernée juſqu'à nos jours.

Rome a eſté autrefois la ville capitale d'vn fameux Empire, & la maîtreſſe de la plus belle & de la plus floriſſante partie du monde, encor à preſent vne des plus magnifiques, & la plus grande dans ſon circuit de toute l'Europe, mais deſerte dans ſa plus grāde partie & eſt aujourd'huy la premiere de la Chreſtienté. Elle eſt appellée ſainte, à cauſe de la demeure qu'y fait ſa Sainteté, & des ſaintes actions qui s'y pratiquent tous les jours.

Elle est pompeuse, non seulement à cause de ses beaux Palais, mais beaucoup plus à cause de la splendeur dans laquelle le Clergé y paroist, n'y ayant rien de si majestueux que de voir, ou dans les Consistoires, ou dans les Chapelles, l'assemblée des Cardinaux, des Prelats & des Officiers du Pape, qui y paroissent dans vn éclat si merveilleux qu'ils attirent autant l'admiration des spectateurs, que le respect.

Le nom de Rome luy a toûjours esté conservé, quoy que quelques-vns ayent voulu le changer. L'Empereur Commode eut dessein de la faire appeller *Colonie Commodienne*, le Roy des Goths, *Gothie*. Elle a esté aussi appellée *Valence*, *Cepsalon*, *la ville d'Auguste*; mais l'intention de ces Souverains n'a pas esté secondée par leurs successeurs; le nom *d'Vrbs* luy a esté souvent attribué par les Autheurs Latins, qu'ils luy donnoient par preference à toutes les autres Villes du monde. Et veritablement ce n'a pas esté sans raison, puis qu'elle a esté la Reine des Villes, soit que l'on ait égard à la grandeur de sa fortune, ou à la fermeté de ses mœurs, ou à sa police, ou à la multitude de ses triomphes, ou à la magnificence de ses thresors, ou à l'orgueil de ses bâtimens. Elle a porté ses armes si avant dans l'enceinte de l'Vnivers; elle a esté tourmentée de tant de travaux & de tant de perils qu'il semble que la vertu & la fortune ayent combattu à l'envy l'vne de l'autre, pour fonder son Empire. Mais quoy qu'aujourd'huy sa plus grande pompe soit esteinte, & sa grande magnificence effacée, & que pour ainsi dire, l'on ne trouve plus Rome dans Rome, il est pourtant veritable qu'à present encor elle peut passer pour vne des plus belles de

& d'Italie.

l'Europe, si on considere sa magnificence, ses antiquitez, & les raretez qui s'y rencontrent, & qui y attirent du monde de toutes parts. Mais ce qui me surprend encor davantage, est de voir qu'elle soit aujourd'huy le siege des Papes, nonobstant la grande persecution qu'ils y ont soufferte avant Constantin, qui l'ayant donnée au Pape Sylvestre, transporta le siege Imperial à Bysance, nommée presentement Constantinople. C'est vne marque evidente que Dieu y a attaché la demeure du saint Siege: & ce qui me semble encor considerable, c'est que tant de pillages, tant de feux allumez, & par ses Citoyens, & par les Estrangers, n'ont pas eu le pouvoir d'empescher qu'elle ne se soit relevée de ses cendres, sans changer sa premiere assiette.

Cette ville fut fondée par Remus & Romulus, nez d'Ilia, fille de Numitor, Roy d'Albanie. Quatre mois aprés sa fondation ses Citoyens manquant de filles pour se marier & avoir lignée, Romulus envoya des Ambassadeurs aux Villes voisines, pour en demander en nom de mariage; mais ayant esté refusées, il fit publier qu'vn certain iour l'on celebreroit vne feste à Rome, appellée *Consuale*. Le jour écheu il y eut vn grand concours de peuple, & nommément des Sabins & de Sabines, dont il fit enlever jusqu'au nombre de six cens quatre-vingt filles, qu'il donna en mariage aux Citoyens Romains les plus considerables; entre lesquels il choisit aussi cent hommes pour ses Conseillers, lesquels à cause de leur vieillesse furent appellez Senateurs; & leur College fut appellé le Senat.

Le mesme Romulus divisa la jeunesse de Rome en ordre militaire, de laquelle il choisit trois centuries de Cavaliers qui estoient les plus robustes, & les plus genereux, pour sa garde. Il mit la multitude du peuple, & les plus pauvres, sous la protection des puissans. Les premiers s'appelloient Cliens, & les autres Patrons. Il fit aussi plusieurs loix, & entre autres il ordonna que pas vn Romain n'exerçast vn art qui l'obligeast à s'asseoir, mais qu'ils s'adonnassent tous à la milice & à l'agriculture.

Rome fut premierement gouvernée par sept Rois; sçavoir Romulus, Numa Pompilius, Tullus Hostilius, Ancus Martius, Tarquin l'ancien, Servius Tullius & Tarquin le superbe, qui en fut chassé pour sa tyrannie, & pour la violence que son fils avoit faite à Lucrece, femme de Collatin; & le regne de ces sept Rois dura deux cent quarante trois ans, pendant quoy elle ne fit que combattre contre ses proches voisins, n'ayant pû étendre son Empire qu'environ huit milles dans l'Italie. Après les Rois ils furent gouvernez par les Consuls l'espace de quatre cent trente huit ans, dans lequel temps par vn nombre infiny de Victoires, ils se rendirent maistres de presque tout le monde. Le gouvernement des Decemuirs ne dura que deux ans, & quarante cinq ans celuy des Tribuns, & des Soldats avec la puissance Consulaire. Rome fut sans Magistrats durant quatre ans; après quoy enfin Iules Cesar sous le titre de Dictateur se saisit de l'Empire, & aneantit sa liberté. C'est vne chose merveilleuse de voir dans les histoires, comme les Romains ont étendu leur Empire, luy ayant donné pour bornes vers le Couchant, l'Ocean : vers le Nord, le Rhin, & le Danube; au Levant, le Tigre, au Midy, le Mont-Atlas.

Rome

Rome est située dans le païs Latin, sur la riviere du Tibre. Du temps de Romulus elle contenoit le Mont-Capitolin & le Mont-Palatin, avec les vallées qui se rencontroient au milieu. Depuis elle s'est estenduë sur les sept collines, & a eu vn circuit tres-considerable. Les vns tiennent qu'elle a eu cinquante milles de tour, les autres 31. milles, & quelques-vns ne luy en donnent que vingt; mais ce qui est certain, elle en a à present quinze milles, y compris le Trastevere & le bourg de S. Pierre. C'est vne belle chose de voir la hauteur & l'espaisseur de ses murailles, ensemble le grand nombre de tours, dont elles sont accompagnées. Du temps de Claudius Empereur, il y en avoit plus de 630. mais à present il ne s'en trouve pas plus de 366. Ce grand nombre qui a esté autrefois fortifioit la ville extraordinairement, & luy estoit vn merveilleux ornement.

Le 15. Decembre me promenant par la ruë, qui conduit du Tibre par la porte *del Popolo*, je vis de belles maisons de côté & d'autre avec quelques inscriptions sur les portes; & remarquay cette belle aiguille toute couverte d'Hieroglyphes des Egyptiens, qui est située dans vne place proche l'Eglise *di santa Maria del Popolo*, & placée d'vne telle maniere que l'on la void des bouts des trois plus grandes ruës de Rome; sçavoir de *la ruë du Babouin, du Cours & della ripa*. Cet Obelisque est vn de ceux que Sixte V. fit relever de son temps, & qui sert de guide à ceux qui demeurent en ces quartiers.

Le 16. Decembre j'allay visiter l'Eglise de S. Pierre, qui est estimée la plus belle du monde. Ayant passé le Pont S. Ange qui est sur le Tibre,

R

près de S. Iean des Florentins, je laissay à main droite le Château de S. Ange, duquel le Pont a pris le nom; & je découvris de loin cette superbe Eglise de S. Pierre. A l'arrivée sur la place l'on découvre plusieurs merveilles, qui attirent autant l'admiration des spectateurs, que la surprise de voir en si peu d'espace tant de beautez, qui surprennent certainement les plus difficiles à contenter. On voit là vne fontaine qui jette l'eau en si grande abondance, qu'elle paroist vne riviere ou vn torrent; car elle la jette plus gros que le corps d'vn homme, & jusqu'à la hauteur de 30. ou 40. pieds, tombant d'vn bassin à l'autre en forme de pluye, & également de tous côtez, si le vent ne la pousse plûtost d'vn côté que d'autre.

En cette place l'on voit aussi vne aiguille qui est vne des merveilles, je ne diray pas seulement de Rome, mais de toute l'Europe. Elle est d'vne grosseur considerable, toute d'vne piece, haute de 137. pieds, placée sur 4. Lions de bronze doré, portez sur vn piedestal haut de 35. pieds. Tout au faiste est enfermée vne portion de la vraye Croix. Elle fut dressée par l'ordre de Sixte V. & elle est le travail de Fontana Dominique, de l'industrie duquel ce grand Pape se servit pour lever la plus grande partie des Obeliques qui sont à Rome. Celle-cy estoit de Tibere Cesar, & fut transportée au lieu où elle est, la seconde année du Pontificat du mesme Pape Sixte V. avec des machines inconcevables, qu'il faut inventer, ce qui ne sera point du tout difficile à croire, particulierement à ceux qui auront veu la hauteur de cette merveille, que l'on ne peut voir certainement sans estre surpris.

Le Pape Alexandre VII. à present seant, a fait commencer vn ouvrage depuis trois ou quatre ans, & qui est presentement à moitié fait, qui certainement par ce qui en est fait, promet surpasser, je ne diray pas seulement égaler, toutes les beautez & les raretez qui se trouvent dans Rome. Ie pourrois bien dire avec fondement, mesme toutes celles qui se trouvent dans l'Europe. C'est vne galerie en arcade qui regnera tout à l'entour de cette grande & spatieuse place de S. Pierre; & dont les deux extrémitez aboutiront au Portail de l'Eglise. Elle sera soûtenuë de quatre ordres de colonnes, tres-hautes, tres-grosses & tres-belles, soûtenantes cette galerie bordée des deux côtez d'vn beau balustre, sur lequel seront les statuës des Apostres & d'autres Saints & Saintes. Plus de huit cens colonnes entreront dans ce superbe & merveilleux ouvrage, lesquelles sont si belles que deux seroient capables de former vn beau portail. Ouvrage certainement sans pareil & digne de ce grand Pape Alexandre VII. qui en cela n'a recherché que l'ornement & l'embellissement de cette place, la commodité du public, mais preferablement à toutes ces choses, la gloire de Dieu & l'honneur du S. Sacrement, que l'on portera hors de S. Pierre les Festes de Dieu, & que l'on reportera dans l'Eglise toûjours à couvert.

Approchant de l'Eglise, on monte par plusieurs marches au Portail, qui est large de 200. pas. On void au premier abord huit grosses colonnes, d'vne grosseur si prodigieuse, que trois hommes ensemble auroient peine d'en embrasser vne. Sur le haut du portail (dont l'architecture est merveilleuse, & la hauteur considerable) N. Seigneur est representé au milieu des douze Apostres en des figures de pierres d'vne grosseur prodigieuse, qui d'en bas neantmoins ne paroissent que des statuës d'vne moyenne grandeur, à cause qu'elles sont hautes élevées. Il y a écrit au frontispice, *In honorem Principis Apostolorum, Paulus Quintus Burghesius, Romanus, summus Pontifex, anno* 1612.

Entre l'Eglise & le portail il y a vn beau portique, qui fait vne galerie aussi longue que l'Eglise est large ; Il y a cinq grandes portes, qui sont autant d'entrées, dont chacune est ornée de quatre grandes belles colomnes de marbre, & la voute est de stuc doré. Sur la principale porte, qui est de bronze & fort espaisse, sont representez au faiste, N. Seigneur d'vn costé, & la sacrée Vierge de l'autre, au milieu S. Pierre & S. Paul, & au bas le crucifiement de S. Pierre d'vn costé, & le decollement de S. Paul de l'autre. Du côté droit l'on rencontre la *Porta Santa*, devant laquelle il y a vne grande Croix de bronze : & elle est l'vne des 4. portes qui s'ouvrent en l'année du Iubilé, & sont toûjours fermées en vn autre temps. L'on marque dessus le Pape qui l'a ouverte le dernier, & en quel temps. Ie ne marque point icy les paroles qui y sont couchées, parce qu'il faudroit se resoudre de faire vn gros volume, si je voulois raconter toutes choses par le menu, mais particulierement celles de cette Eglise qui en contient tant de belles de toutes sortes d'especes, qu'il n'y a point d'homme qui vouluft l'entreprendre sans temerité, puisqu'en entrant dans cette Eglise on découvre tant de beautez & tant de merveilles, que les plus forts esprits en sont surpris, & les plus difficiles tres-contents. L'on y a employé les meilleurs Architectes, les plus fameux Peintres, & les plus excellens Sculpteurs : En vn mot, les principaux Coryphées dans chaque Art, & les plus habiles y courent en chacun de ces Arts, pour se perfectionner sur ces ouvrages qui leur servent de modeles & d'originaux.

Ce qui d'abord en entrant dans cette superbe Eglise, se presente à la veuë, & donne de l'admiration, est le grand Autel, sous lequel sont la moitiée des corps des saints Apostres S. Pierre & S. Paul : Le Dais qui le couvre, où est representé le S. Esprit dessous, est soûtenu de quatre grosses & hautes colonnes de bronze dorées & torses, avec des feüillages d'or à l'entour & de petits enfans : Il y a quatre Anges de belle forme sur les coins, qui sont de mesme matiere : & entre les deux qui se presentent les premiers à la veuë, il y en a vn plus petit qui soûtient la Thiare Pontificale, & les deux clefs, & trois abeilles qui sont les armes d'Vrbain VIII. qui a fait dresser cét ouvrage ; du milieu duquel s'élevent des appuis, qui soûtiennent vn globe, & la Croix est au dessus. L'Autel est environné de balustres de marbre, sur lesquels sont allumées douze lampes, six de chaque côté, & deux au milieu. On descend par des dégrez auprés du Tombeau, où sont representez S. Pierre d'vn côté, & S. Paul de l'autre ; & il y a sept Lampes aussi allumées aux pieds de chacun, sans parler de celles qui le sont de mesme au dedans de ce Tombeau. En vn mot c'est vn ouvrage qui doit estre consideré attentivement par les curieux, & veneré avec vn respect tres particulier, en faisant sa soûmission de foy au pied de ces saintes Reliques de S.

R iij

Pierre que N. Seigneur a laissé le premier chef de son Eglise.

De ce lieu où est ce superbe Autel, levant les yeux en haut, on découvre la Coupole de cette Eglise de S. Pierre, qui est la plus belle chose, & la plus surprenante qu'il y ait au monde. Elle est si hardiment bâtie & avec tant d'artifice qu'elle paroist estre soûtenuë par elle mesme. Elle est autant admirable pour sa hauteur qui est si prodigieuse que les hommes qui se promenent dans l'Eglise ne paroissent d'en haut pas plus gros que de petits enfans qui viennent de naistre, que pour son architecture admirée des plus experts, comme la chose la plus hardie qu'il y ait au monde. Elle est justement située au milieu de la Croix de l'Eglise, & sa forme est ronde. On void écrit à l'entour en grandes lettres, & en ouvrage à la Mosaïque, *Tu es Petrus, & super hanc Petram ædificabo Ecclesiam meam, & tibi dabo claves regni cælorum.*

Au haut de cette Coupole est representé le Pere Eternel, les quatre Evangelistes, & autres Saints de pareil ouvrage à la Mosaïque. Le bas de la Coupole est soûtenu de quatre gros piliers, à chacun desquels on void vne grande statuë de marbre dans des niches, les plus belles & les mieux travaillées que l'on en puisse voir. La premiere est la *Veronique*, avec l'inscription portée au dessus par vn Ange ; *Et vultum tuum deprecabuntur* : La seconde est de *sainte Helene*, qui porte la Croix avec ces paroles au dessus, *In hoc vinces* : La troisiéme de *S. Longin avec sa lance*, & ces paroles ; *Lancea latus eius aperuit* : Enfin la quatriéme est de *S. André* se reposant sur sa Croix, avec ces mots, *Crux diu desiderata.* Ces quatre choses tres-considerables se voyent sur quatre Tribunes environnées de beaux balustres du marbre le plus fin. Chacun est éclairé de cinq ou six Lampes pour venerer ces saintes Reliques qui y sont conservées, & que l'on monstre au peuple aux festes de Pasques avec grande preparation, & grand respect.

Le dessein de cette Eglise a esté pris en croix, & elle en a veritablement toute la forme. La longueur s'étend dans la Nef, & se porte dans vne Chapelle enfoncée, qui est au delà de la Coupole, & derriere le maistre Autel, où sont les Tombeaux de Paul III. & d'Vrbain VIII. accompagnez de statuës de marbre les mieux faites que l'on puisse voir au monde. Alexandre VII. fait travailler dans cette Chapelle le Cavalier Bernin vn des illustres Sculpteurs de Rome. Le dessein est d'y faire porter la Chaire de S. Pierre, qui sera soûtenuë de quatre Peres de l'Eglise : sçavoir deux Latins & deux Grecs. Le tour de la Chapelle doit estre revestu de bronze dorée, pour correspondre à ce bel ouvrage d'Vrbain VIII. qui est au dessus du maistre Autel, dont nous venons de parler.

La longueur de cette Eglise peut bien aller à trois cent pas, & sa largeur à deux cent pas, laquelle se prend en deux Chapelles qui sont au travers de l'Eglise ; à chacune desquelles il y a trois Autels. Il y a aussi quatre grandes & belles Chapelles de chaque côté de la Nef, & il y a quatre grands piliers entre lesdites Chapelles & la Nef de chaque côté, dont chacun est soûtenu de quatre colomnes de marbre jaspé, des plus hautes, & des plus belles que l'on puisse jamais voir.

En entrant dans la Nef de cette Eglise à main

gauche, dans la premiere Chapelle, est la Chaire de S. Pierre, qui est d'vne mediocre hauteur, & largeur, & d'vne couleur grise. I'en parleray plus exactement le jour de sa Feste, auquel il se fait vne grande solemnité.

En vne autre Chapelle au dessus est le Chœur, où s'assemblent les Chanoines pour dire leurs Offices, qui ne tient lieu dans cette Eglise que d'vne Chapelle, mais neantmoins qui pourroit passer en vn autre lieu pour vne Eglise : tellement que l'on peut dire que dans l'Eglise de S. Pierre il y en a vne douzaine de comprises. Entre plusieurs choses, dignes d'estre remarquées, je jettay mes yeux principalement sur vne N. Dame de Pitié qui est sur l'Autel, & qui tient N. Seigneur mort devant elle, le tout de marbre blanc, chef-d'œuvre de Michel Ange Bonarote, Florentin, & mise au nombre de ses plus excellents ouvrages.

Le dix-septiéme Decembre je retournay visiter la mesme Eglise de S. Pierre, dont les beautez & les magnificences ne se découvrent pas facilement, qu'aprés que l'on y a retourné plusieurs fois. En entrant dans la Nef de l'Eglise à main droite auprés de la Chapelle qui est prés du Portail, l'on tient enfermé en vne Chapelle grillée, vne colonne du Temple de Salomon, sur laquelle N. Seigneur s'appuyoit lors qu'il y preschoit; & on y enferme les demoniaques, qui bien souvent en sortent tout à fait délivrez. Plus haut est vne Chapelle de N. Dame où est son Portrait fait par S. Luc, & du mesme côté est la Chapelle de Sixte IV. dans laquelle est son Tombeau de bronze, vn peu élevé de terre, où sont representées tout à l'entour, toutes sortes de Sciences d'vn travail de bas relief tres-exquis, & où l'on n'admire pas moins vne colonne du Temple de Salomon qui est sur vn Autel à main droite en entrant dans cette Chapelle.

On void aussi contre les piliers de l'Eglise, les sepulchres de plusieurs Souverains Pontifes, comme de Leon XI. qui vécut seulement 27. jours, *qui brevi 27. dierum lætitia, & longo mœrore Vrbem complevit*, comme il est écrit au dessous de son Effigie, qui est de tres-beau marbre blanc & tres-poly: Vis à vis est le sepulchre d'Innocent X. qui n'est pas encor ajusté, & qui ne peut estre plus simple. Vous y voyez aussi celuy de Sixte IV. qui est representé comme endormy, avec les Vertus au tour de luy, & ces paroles, *Innocentiam ingressus sum, redime me Domine & miserere mei*.

Les sept Autels que l'on visite par devotion en cette Eglise les bons jours de l'année, sont l'Autel du saint Sacrement, que l'on nomme la Chapelle Gregorienne, à cause que le corps de S. Gregoire de Nazianze y repose. La Chapelle de S. Iean Chrysostome, où repose aussi son corps. L'Autel du Crucifix ou de sainte Petronille, sous lequel est son corps. La Chapelle de N. Dame, où sont les Corps de quatre Papes du nom de Leon, sçavoir premier, second, troisiéme, & quatriéme. L'Autel de saint Simon S. Iude Apostres, ou sont de mesme leurs corps. La sixiéme de ces Chapelles est celle où est dépeint le crucifiement de S. Pierre. Enfin le septiéme, est l'Autel de S. Gregoire le Grand, sous lequel est aussi son corps.

Au milieu de la Nef à main droite, l'on void la statuë de S. Pierre, contre vn pilier qui est de bronze, à laquelle on baise les pieds par devo-

tion & on met la teste dessous par forme de soũ-
mission, ou de profession de foy.

Il y a plusieurs beaux ouvrages à la Mosaïque
qui donnent à cette Eglise vn éclat sans pareil. Entre plusieurs, j'y ay remarqué vn S. Michel sur
vn Autel au bout de l'Eglise à droite qui est admiré, & consideré des plus experts comme vn chef-
d'œuvre, & où ils tombent tous d'accord que
l'art est à bout.

Entre les peintures qui se trouvent en cette Eglise, où le grand nombre, & la grande varieté
n'oste rien à la délicatesse, & à l'industrie avec
laquelle elles sont travaillées, & qui representent dans leur plus grande partie la vie de S. Pierre, j'y remarquay le Tableau qui represente le
crucifiement de S. Pierre, celuy qui le represente
soûtenu de N. Seigneur, quand il s'enfonçoit
dans l'eau, la cheute de Simon Magus par la
priere de S. Pierre qui est vne piece achevée &
sans pareille; & vn autre qui represente quand S.
Pierre ressuscita vne femme morte, qui ne cede
en rien au precedent ny pour l'industrie, ny pour
la délicatesse; & vne infinité d'autres.

Entre plusieurs statuës de marbre, outre celles dont j'ay fait mention cy-dessus, & celles que
je passeray sous silence, j'y en remarquay trois,
qui sont vn continuel objet d'admiration, pour
ceux qui les voyent. La premiere qui est dans vne
niche, est vn S. André, piece achevée: les deux
autres sont deux femmes, dont l'vne represente
l'ancien Testament, qui a mine d'vne vieille, &
l'autre le nouveau, qui est representé comme vne
jeune; Cela se void au Tombeau d'Vrbain VIII.
& merite d'estre veu par les curieux.

De quelque côté quasi que vous jettiez la veuë,

& d'Italie.

vous ne voyez que marbre en cette Eglise, qui en est toute pavée, & achevée par Innocent X. Ses armes qui sont vne Colombe qui porte vn rameau d'Olivier sont fort bien representées avec ces paroles, *Innocentius X. Pontifex Maximus* 1650. On void de plus pour le moins cent colonnes du plus beau marbre que l'on puisse voir, & que l'on puisse trouver au monde, qui sont dispersées çà & là dans l'Eglise, & qui ne donnent pas vn petit ornement aux Chapelles.

Il y a encor dix Chapelles, sur chacune desquelles il y a vn Dome, sans y comprendre la Coupole.

Ayant veu la hauteur de cette Eglise, sa largeur, l'étenduë de ses Chapelles, la beauté de toutes ses figures, l'excellence de ses peintures, l'architecture, & son beau marbre; en vn mot toutes les parties qui la composent, il faut reconnoistre que c'est la plus superbe, & la plus magnifique Eglise du monde, & qu'elle surpasse toutes les merveilles qui ont esté & qui sont sur la terre: dequoy l'on ne doit pas tant s'étonner, puisque dix ou douze Papes consecutivement ont mis tous leurs soins, & employé de grands deniers pour la mettre en l'état où elle est.

Le dix-huictiéme Decembre je retournay en cette Eglise, & montay sur son toict par vne montée sans marches. Son tour est fort grand, & ce qui est de merveilleux, c'est de voir les grosses pierres qui composent la voûte qui est vne piece des plus hardies qu'il y ait au monde, ne pouvant pas comprendre comme on a trouvé l'invention de les lever en vn lieu si élevé. De ce toict qui est comme en plate-forme, j'allay par diverses montées, dont les plus hautes estoient les plus étroites, jusques dans la boule qui est sur la Coupole, où j'aurois peu donner la main à vingt personnes pour m'y tenir compagnie ; quoy que d'en bas mesme de dessus le toict elle ne paroisse pas plus grosse que la teste d'vn homme, à ceux qui la regardent. Descendant de la Coupole je regarday du haut dans l'Eglise, dont la profondeur me donna de l'épouvante, voyant que les hommes qui marchoient dans l'Eglise ne me paroissoient rien : & de ce lieu je jettay les yeux sur la ville de Rome qui y paroist en toute son étenduë.

Le dix-neuviéme Decembre je descendis sous l'Eglise de S. Pierre. Ie fus conduit avec vn flambeau sous diverses voûtes & en divers Oratoires, l'on m'y fit remarquer plusieurs rares antiquitez; entr'autres le sepulchre d'Othon II. Empereur, couvert d'vne grande pierre de Porphire tout d'vne piece d'vne longueur & d'vne largeur extraordinaire, environ de deux toises. De tous ceux qui se voyent en Italie, il ne cede qu'à celuy du Tombeau de Theodoric Roy des Ostrogots, qui se void en l'Eglise de Ravenne. Le sepulchre d'vne Reyne de Cypre de Hierusalem & d'Armenie, & les sepulchres d'vn nombre considerable de Papes, sçavoir de quarante ou cinquante.

De plus j'y vis trois belles & anciennes images de la sacrée Vierge, dont l'vne ayant esté frappée d'vn coup de boule, qui fut jettée par mépris par vn joüeur en dépit de ce qu'il avoit perdu, il en sortit du sang qui rejalit sur vne pierre qui est là conservée en memoire de ce miracle, & quelque goutte de sang paroist encor dessus.

De plus on m'y fit remarquer vne ancienne structure de marbre de S. Pierre, comme celle de bronze qui est dans l'Eglise nouvelle : vn buste de N. Seigneur sur vn Autel où on dit la Messe vne fois l'an: & trois Croix tirées des anciens fondemens de la vieille Eglise; comme aussi vn marbre sur lequel sont representées quelques figures de l'ancien & du nouveau Testament.

Il est écrit contre la muraille: *Huc non intrent mulieres nisi secunda feria Pentecostes, & cum intrant, viris intrare prohibetur, qui contra fecerint anathema sunto.*

Là est representé le crucifiement de S. Pierre, & le martyre de S. Paul sur du marbre blanc en relief.

Là se trouvent deux bustes en marbre, de S. André qui y est tout à fait bien representé.

Là aussi se voyent grande quantité de choses qui meritent la curiosité des voyageurs: En sorte que l'on peut dire que sous l'Eglise de S. Pierre il y en a encore vne remplie de choses tres curieuses & tres-remarquables.

En sortant de l'Eglise on me fit voir contre vn pilier de la Nef, & proche le Portail à main droite, vne pierre sur laquelle furent divisez & rompus les os de plusieurs Martyrs; & de l'autre côté vis à vis à vn autre pilier, vne pierre qu'on attachoit aux pieds des Martyrs pour les tourmenter.

Le vingtiéme Decembre j'allay au Palais Vatican, qui est attenant l'Eglise de S. Pierre, & le sejour des Papes pendant vne partie de l'hyver. Il fait beau voir cette confusion de chambres, de sales, & de cabinets. La hauteur de ce Palais n'est pas moins à admirer, où vous voyez étages sur étages: aussi est-ce l'ouvrage de plusieurs souverains Pontifes qui y ont fait travailler; les vns comme les premiers, en y faisant bâtir, les autres l'enrichissant de peintures & de sculptures, & les autres le remplissant de plusieurs raretez & curiositez.

Le premier Pape qui en a jetté les fondemens, selon quelques-vns fut Symmachus, & selon les autres Nicolas troisième, qui le rendit habitable, & lequel fut beaucoup augmenté par ses successeurs, & enfin achevé par Iules II. & Leon X. Depuis Sixte V. & Clement VIII. ont beaucoup contribué à son ornement & à son embellissement par les belles peintures & sculptures qu'ils y ont fait mettre.

Estant dans la Court de ce superbe Palais, j'y admiray les trois galeries qui regnent à l'entour, l'vne sur l'autre, & estant entré plus avant, on me monstra diverses sales & chambres. Dans vne de ces sales, en vn bout de laquelle est representé la Religion, & en l'autre la Charité, on admire vne perspective, où l'on void vn jour parmy des colonnes, si bien representées, que l'on jugeroit qu'elles y sont effectivement. Dans vne autre sale qui est appellée la Constantine, on void le combat que Constantin donna contre Maxence, lequel se précipita dans le Tibre de dessus le Pont Molle, merveilleusement bien representé. On void aussi dans vne autre sale vn Parnasse & d'autres peintures de Raphaël d'Vrbin, le coryphée de la peinture du siecle passé ; comme aussi dans vne autre l'incendie d'vne partie de Rome, tout ce qui peut, bien representé, & qui attire l'admiration de tous ceux qui le voyent.

Dans l'vne de ces sales on me fit remarquer la prison de S. Pierre, où vn Ange rayonnant le vient réveiller & rompre ses chaînes sur vne grille. Le tout paroît comme détaché de la muraille

& d'Italie. 271

& est vne perspective admirée par tous ceux qui la voyent; de la main de Raphaël d'Vrbin. Cét ouvrage fait vne merveille tres-considerable parmi les peintures.

L'on void aussi dans ces sales plusieurs autres belles & rares peintures, ou de la main de Raphaël d'Vrbin, ou de son dessein. On y voit representé l'Assemblée du Pape & des Prelats dans la sale Constantine : Dans vne autre, trois figures qui representent les Vertus & le S. Sacrement : Dans vne autre, la prise de Ravene par Pepin, & deux Conciles : Dans vn autre endroit 58. tableaux, qu'on appelle les Loges de Raphaël, qui representent l'ancien & le nouueau Testament.

L'on y void vne petite Chapelle toute peinte de la main de Pierre de Cortone. Le fond de l'Autel est vne descente de Croix, le reste represente la passion.

Passant par la galerie des Cartes d'Italie, j'eus sujet d'admirer ce dessein, qui n'est pas moins agreable à voir, qu'il est vtile à ceux qui veulent connoistre l'Italie en toutes les parties qui la composent. Paul Brille Flamand a fait vne partie de ces belles pieces.

Ie vis aussi vne sale, dans le plat-fond de laquelle sont representées en peinture la Transfiguration de N. Seigneur, son Ascension, & entre les deux la descente du S. Esprit : où les Personnages sont representez si delicatement & si vivement, qu'il semble qu'il n'y reste que la parole. Passant par ce Palais l'on me fit remarquer l'appartement du Pape, celuy de ses Officiers, les sales & les chambres, où le Pape donne audiance aux Cardinaux & aux Ambassadeurs des Princes Estrangers. Enfin, il y a tant de logemens & tant de sortes d'appartemens que l'on s'y perdroit bien facilement.

Plus avant l'on entre dans vne galerie qui meine sur vne haute terrasse, qui est entre deux beaux jardins; sur laquelle quoy que bien élevée, il ne laisse pas d'y avoir vne belle fontaine qui jette ses eaux fort haut & fort agreablement, ce qui ne donne pas vn petit divertissement aux Curieux, ny vn petit embellissement à ce Palais.

La Chapelle de Sixte merite bien d'estre veuë, laquelle est aussi considerable pour sa grandeur, que pour sa beauté, & qui se peut bien comparer à vne Eglise. Au dessus de l'Autel sur la muraille, est representé le Iugement vniversel, chef-d'œuvre de Michel Ange, admiré & imité des plus fameux Peintres du monde; qui quoy qu'ils fassent demeureront tousiours imitateurs des ouvrages de ce grand homme, quoy qu'ils ne puissent iamais atteindre à la perfection des originaux. En ce lieu les Cardinaux s'assemblent pour faire vn Pape, & s'appelle le Conclave. Tout proche est la Chapelle Pauline, où l'on voit quelques peinture faites par le mesme Michel Ange, mais qui cedent de beaucoup à ces premiers tableaux.

Le 21. Decembre j'allay me promener dans les jardins du Vatican, où j'eus le loisir d'admirer tant de raretez, tant de beautez, & vne si grande diversité de choses curieuses. I'entray dans celuy des Orangers, qui est partagé par de belles allées, par des palissades de toutes sortes de verdure, arrousé de plusieurs fontaines. I'y vis *la Pigna*, ou l'Vrne de l'Empereur Adrian, faite de bronze en forme de Pin, plus grande que deux tonneaux, & deux Paons de bronze qui sont proche

che aux deux costez, mais neantmoins qui en sont separez, & qui sont arrousez de deux jets d'eau. Le tout estoit sur le tombeau d'Adrian, magnifique en toute chose.

Dans l'enclos où sont les statuës, je vis celle de Venus & de Cupidon, & d'vne autre Venus seule, laquelle sort du bain; celle de Laocoon avec ses deux enfans entortillez d'vn serpent, tout d'vne piece de marbre. Michel Ange après Pline l'appelle le miracle de la Sculpture, & témoigne qu'elle fut faite par trois fameux Sculpteurs de Rhodes; sçavoir Agesandre, Polidore, & Athenodore, & qui fut conservée dans le Palais de Vespasian, & trouvée dans la cave des sept sales. Celle d'Apollon Pythien qui tient à ses pieds vn tronc d'arbre avec vne serpe; il tient aussi la fleche & l'arc, du reste il est tout nud, excepté qu'il a le bras couvert d'vn morceau de drap.

Celle de l'Empereur Commode qui est representé comme vn Hercule avec sa massuë & sa peau de Lion. Cét Empereur se plaisoit à estre ainsi representé, comme le raportent les Historiens.

Celle de *Cleopatre* couchée, & moribonde auprés d'vne fontaine, faite avec vn artifice si merveilleux, que quoy qu'elle ait des habits sur elle, on ne laisse pas de reconnoistre au travers la forme de son corps, & d'en voir tous les lineamens.

Celle d'*Antinous*, favory de l'Empereur Adrian, d'vn marbre tres-blanc & tres-fin, & faite avec vn artifice singulier par le commandement du mesme Adrian.

L'on en void encor quelques-vnes que je pourrois nommer icy, mais il suffira d'avoir fait mention des plus belles, qui sont toutes de mar-

S

bre fort beau & fort blanc, & qui ne sont pas remarquées par vne grandeur extraordinaire, estant proportionnées à la hauteur naturelle d'vn homme, mais elles sont travaillées avec toute la delicatesse que l'on peut desirer, & elles peuvent passer certainement pour des miracles de la Sculpture.

Ie ne parle point icy des Fleuves, qui sont representez sur des fontaines, en forme d'hommes, qui jettent de l'eau abondamment, non plus que d'vne douzaine de testes d'idoles, que l'on voit au haut dans la muraille, qui rendoient anciennement les oracles ; dont les vnes sont representées la bouche ouverte, les autres la bouche fermée, & que l'on conserve pour leur antiquité, & pour leur forme extraordinaire.

Entre les fontaines, il y en a vne fort considerable, qui jette ses eaux de la muraille, à la hauteur de plus d'vne pique, & qui tombe de tous costez sur vn rocher en forme de cascade. Au pied il y a vne autre fontaine, dont l'invention est tout à fait agreable, parce que l'on voit au milieu vn navire de fer, qui jette l'eau par la poupe & par la proüe, & par les principales parties qui la composent. Paul V. a merité vne gloire immortelle, pour avoir fait venir cette fontaine, & plusieurs autres dans la ville de Rome. Le Fontenier pour divertir les Curieux, tournant vn robinet en fait rejalir les eaux, tantôt d'vn côté, tantôt de l'autre, en divers & plusieurs jets.

Le 22. Decembre je me transportay à ce fameux *Colisée*, Amphitheatre ainsi appelé, à cause d'vn Colosse de Vespasian qui estoit au milieu, d'vne merveilleuse grandeur : La haute...

& d'Italie.

edifice estoit si remarquable, qu'elle arrivoit quasi à celle des monts, Celien, Palatin & Esquilin, entre lesquels il estoit. Cét Amphitheatre fut bâti par dix ou douze mille Chrestiens qui étoient persecutez par l'Empereur, & detenus captifs, qui employerent le temps de plusieurs années à l'achever, & enfin furent martyrisez. L'on y voit vne Chapelle de S. Ignace, que l'on dit avoir esté bâtie au lieu où son corps fut jetté, aprés avoir esté déchiré par les Lions. C'est vn des plus beaux & des plus hardis ouvrages, que les Romains ayent entrepris; aussi est-il preferé par Martial aux sept merveilles du monde.

Omnis Cæsareo cedat labor Amphitheatro;
Vnum pro cunctis fama loquatur opus.

Quoy qu'il soit à moitié ruïné, & que l'on ait bâti de ses ruïnes les plus grands Palais de Rome, il ne laisse pas neantmoins de donner de l'étonnement à ceux qui le regardent, pour la hauteur, la largeur & l'estenduë de son enceinte, qui est prodigieuse. Car en dehors il y a quatre ordres de colomnes, les vnes sur les autres, & il y a encor plusieurs voutes dans l'épaisseur de la muraille de cét edifice.

Il a esté bâti par l'Empereur Vespasian au milieu de la ville, & il avoit autrefois trois lieux distinguez: le premier pour les Senateurs, le second pour les Chevaliers; & le troisiéme pour le peuple, & ce dernier estoit prés de l'arene, c'est à dire prés de l'aire ou du bas plancher. Titus le dedia, & en le dediant il fit vne feste celebre, en laquelle il distribua ses liberalitez au peuple, & furent veuës en vn seul jour cinq mille bestes

S ij

de toutes sortes, pour donner du plaisir aux Romains.

Il fut bâty dans l'avenuë du Palais de Neron, en vn lieu où estoient quelques lacs, ou estangs. C'est ce que témoigne Martial par ces Vers.

Hic vbi conspicui venerabilis Amphitheatri
Erigitur moles, stagna Neronis erant.

Sa forme en dehors me parut ronde; mais en dedans il est en ovale, & bâti de grosses pierres tiburtines, comme le témoignent quelques Autheurs. En dehors aussi tout au tour, il y avoit vn portique, par lequel l'on entroit. Il y avoit mesme des sales & des galeries de telle sorte, que l'on ne se nuisoit point les vns aux autres pour voir ce qui se faisoit. Quatre-vingt cinq mille personnes y pouvoient tenir fort à l'aise, & voir fort commodement. Pendant que les jeux se faisoient, il estoit couvert de tentes, & l'on y jettoit beaucoup de sable, parce que cela estoit fort commode aux Gladiateurs. Il se peut dire que cet edifice estoit des plus considerables: En effet, par ses beaux & riches restes, il donne à juger de la magnificence des Romains.

Le 23. Decembre j'allay voir l'Arc Triomphal, qui fut dressé à Constantin, apres la victoire qu'il remporta sur Maxence, qui se precipita du Pont-Molle dans le Tibre. Il est bâti dans le commencement de la voye Appie. On y voit representez plusieurs ornemens triumphaux avec des trophées; & il y a deux rangs de statuës tout au tour: Sur le frontispice ces paroles sont gravées.

& d'Italie.

Imperatori, Cæsari Flauio Constantino, Maximo, Augusto, quod instinctu diuinitatis, mentis magnitudine, cum exercitu suo, tam de tyranno, quam de omni eius factione, justis Rempublicam vltus est armis, arcum triumphis insignem dicauit S. P. Q. R.

Sur la face du mesme arc d'vn côté il y a ces paroles, *Liberatori vrbis*, & de l'autre, *Fundatori quietis*.

I'eus aussi loisir d'admirer les restes du Temple de la paix, vn des plus grands & des plus beaux qu'il y eust dans Rome. Il fut commencé par Claudius, & achevé par l'Empereur Vespasian la guerre civile estant finie. Herodote dit que du temps de Commode il fut brûlé de la foudre, & qu'il y eut vne infinité de richesses consommées par le feu : Entr'autres, celles que Titus avoit apportées en triomphe du Temple de Hierusalem. Ce Temple estoit large de deux cent pieds, & & long de trois cent. La Nef en estoit soustenuë par huit grandes colomnes cannelées, dont il en restoit vne sur pied, qui fut apportée par l'ordre de Paul V. devant l'Eglise de sainte Marie Majeure ; & dessus il fit mettre la statuë de la Vierge couronnée de 12. Estoilles, comme celle qui est la Reyne, la Colomne, la Tutrice & la Liberatrice de Rome, la Fondatrice & l'appuy de la Paix de l'Eglise Romaine. Ce qui n'avoit pas esté consommé par le feu, fut pillé par Alaric Roy des Goths : & ainsi le feu, le temps & la perfidie des Barbares l'ont mis aujourd'huy en vn estat

S iij

qui laisse neantmoins à penser de la beauté de cét ouvrage; Ses beaux restes consistent en des Arcades fort élevées, & encor en quelques reliquats de voute trauaillez à compartimens, & dans les murailles qui sont d'vne grande épaisseur: mais à mon advis le Colisée surpasse toutes les autres antiquitez par sa prodigieuse masse, & il fait voir la passion déreglée que le peuple Romain avoit de prendre ses plaisirs aux spectacles publics, qui se faisoient dans le Colisée, comme dans tous les autres Amphitheatres qui estoient à Rome.

Le 24. Decembre j'allay à *Montecauallo*, Palais où le Pape demeure la plus grande partie de l'année, comme estant plus commode pour ses bâtimens, plus agreable pour ses jardins, & plus sain à cause de son air plus temperé, estant dans la plus belle situation de Rome, j'en parleray dans la suite plus exactement. I'entray dans la Chapelle où les Cardinaux s'assemblerent pour dire Vespres, & où le plus ancien des Cardinaux presents officioit. C'est vne chose tout à fait agreable & digne de l'admiration & de la veneration des spectateurs, d'observer les ceremonies qui s'y font dans le plus bel ordre qui se puisse imaginer. I'y en feray cy-aprés la description.

Delà j'allay dans vne sale, où il y avoit vne collation preparée pour les Cardinaux, fort belle & fort magnifique. Il y entre grande quantité de pieces fort ingenieusement inventées, & qui sont travaillées avec vne grande industrie. C'est vne chose fort agreable à voir, comme ils representent en confitures & en sucre, toutes sortes de choses, comme Domes, Pyramides, Eglises & autres pieces d'antiquitez. Cela ne doit pas estre negligé par les Curieux.

A costé de cette sale où estoit la collation, estoit vne autre petite sale où estoient les grandes coupes d'or & d'argent. En descendant en suite le degré, j'eus loisir d'admirer les fruits & les massepins que l'on devoit porter apres le premier service, qui estoient si bien agencez, que cela donnoit sujet d'admirer les ouvriers.

Le 25. Decembre j'allay à *Montecavallo*, où auparavant que d'entrer dans le Palais j'eus loisir d'admirer les ouvrages de Phidias & de Praxiteles, ce qui est marqué sur la base par ces paroles, *Hoc opus Phidiæ, hoc opus Praxitelis.* Dont chacun à l'envy l'vn de l'autre a representé Alexandre domptant le Bucephal en marbre, d'vne sculpture admirée de tous, & d'vn travail inimitable. Ils ont entr'autres si bien representé ce cheval, quoy que diversement, qu'ils ont donné le nom à *Montecavallo*. L'on dit que Tiridates Roy des Armeniens, les fit venir à Rome, & les donna luy-mesme en present à l'Empereur Neron, qui pour regaler ce Roy estranger, suivant la grandeur & la magnificence des Romains, & le traiter selon sa qualité qu'il portoit; fit pendant trois jours representer des jeux dans le theatre de Pompée, qu'il fit couvrir de lames d'or, tant pour le divertissement de ce Roy, que pour luy faire paroistre la grandeur des Romains.

De là j'entray dans la Chapelle qui est dans le Palais, & où ordinairement on tient Chapelle. La Messe y fut celebrée par le Doyen des Cardinaux qui estoient là presens. Elle fut dite haute, & respondüe en Musique en la presence de 33. Cardinaux. Ie parleray en peu de mots de la situation du lieu, & des ceremonies qu'ils obser-

S iiij

vent, avant que de faire le recit de celles qui se font pendant l'Office, & de l'ordre qu'ils observent entr'eux.

Le lieu de la Chapelle est partagé en deux par vne separation. Les Officiants, les Cardinaux qui assistent, & les personnes de consideration qui entrent avec eux, passent par la porte du balustre gardée par des Suisses, & les Gardes demeurent au delà des balustres. En entrant dans le Parquet à gauche proche la muraille, les Cardinaux Prestres sont sur vn banc élevé en suite du Trône du Pape, également distans l'vn de l'autre, & selon l'ordre d'antiquité. De l'autre costé à droite en entrant est le banc des Cardinaux Diacres, se suivans aussi également les vns les autres, selon l'ordre de leur reception, & derriere eux contre la muraille, il y a vn autre banc, où sont assis les Evesques, les Generaux & les Procureurs, les Generaux d'Ordres, les Auditeurs de Rote, & quelques personnes signaleés. Entre le banc des Cardinaux Diacres, & celuy des Generaux d'Ordre, se mettent les Estrangers que l'on laisse entrer auec assez de facilité. Les Prelats qui ne sont Evesques, sont assis à l'entour des marchepieds de l'Autel.

Le Trône du Pape est élevé du côté de l'Evangile proche la muraille, entre l'Autel & le banc des Cardinaux Prestres. Il y monte par six marches, & est couvert d'vn Dais, comme aussi le Maistre Autel, devant lequel il y a vne Nativité representée, fort bien faite & travaillée à l'éguille en soye. On sort de cette Chapelle par vne belle, large & grande sale, dont le plat-fond est travaillé par compartimens dorez. Tout est royal dans ce Palais & magnifique, & l'on y void des choses qui meritent que nous en parlions plus exactement dans la suite.

L'après-dinée du mesme jour de Noël j'allay à *Sainte Marie Majeure*, la plus superbe Eglise de Rome, après celle de S. Pierre. Elle est située sur le Mont Esquilin, & a esté bâtie des deniers d'vn Gentil-Homme Romain & de sa femme, par devotion pour la Vierge, ensuite d'vne revelation qu'ils eurent, qui les confirma dans leur zele & leur fit employer leurs richesses à bâtir vne Eglise en vn lieu couvert de neiges, quoy que ce fut le 5. d'Aoust : où le Pape Liberius qui avoit eu la mesme revelation, alla accompagné de son Clergé, foüilla le premier dans la neige & jetta les premiers fondemens dans le lieu où elle est presentement bâtie.

Cette journée Vespres furent chantés en grande solemnité, & par vne tres-excellente Musique, dont il y avoit trois Chœurs qui faisoient vne harmonie avec les Orgues & vn concert tres-agreable, en la presence de plusieurs Cardinaux.

Le plus sensible objet de devotion pour ce jour estoit en ce lieu, le Berceau de N. Seigneur exposé à la veuë de tout le monde, entre le Chœur & la Nef dans vn grand Tabernacle ouvert de tous costez & fort élevé. La forme de ce Berceau est semblable à vn autre commun d'vne grandeur mediocre, & il paroît à travers les cristaux, enchassé dans vn Berceau d'argent, sur lequel le petit Iesvs est representé en argent massif. Cét ouvrage fut donné par vn Philippe Roy d'Espagne.

L'on doit d'autant plus se presser de voir cette sainte Relique ce jour-là, qu'il n'est pas permis de la monstrer les autres jours de l'année.

Dans cette Eglise il y a plusieurs autres & tres-pretieuses Reliques, comme les corps de S. Mathias Apoſtre, de S. Hieroſme, le drapeau avec lequel la Vierge envelopa N. Seigneur, la tunique, l'étole, & le manipule de S. Thomas de Cantorbery : les teſtes de ſainte Bibiane, & de S. Marcellin Pape, avec vn bras de S. Matthieu. Et l'on monſtre ces Reliques le jour de Paſques avec l'argenterie qui a eſté donnée en preſent par des particuliers.

A l'entour du Chœur l'on void les Tapiſſeries faites en ſoye, ſur le deſſein qu'en avoit donné Raphaël d'Vrbin. En vne piece eſt repreſentée la Nativité de N. Seigneur : dans l'autre l'adoration des trois Rois; en trois pieces differentes, l'on void le maſſacre des Innocens, dans les autres la preſentation de N. Seigneur au Temple, & la deſcente du S. Eſprit ; & cela d'vne main ſi délicate, qu'il ne ſe peut rien voir de plus beau.

La voûte du Chœur eſt embellie d'vn ancien ouvrage à la Moſaïque, N. Seigneur & la ſacrée Vierge y ſont repreſentés au milieu. D'vn côté ſont S. Pierre, S. Paul, & S. François, de l'autre S. Iean, S. Iacques, & vn autre : avec pluſieurs Anges de part & d'autre. On void au deſſous dans le meſme ouvrage ces paroles en charactères viſibles. *Virgo Mater aſſumpta eſt ad æthereum thalamum, in quo Rex Regum ſtellato ſe det ſolio.*

La Nef qui eſt d'vne belle grandeur, a vn plat-fond doré, & le pavé de marbre blanc & noir, agreablement, & adroitement meſlé avec quelques figures à la Moſaïque. Elle eſtoit ornée à l'entour de Tapiſſeries, & de façons de bannieres, ou étendarts, dont il y en avoit ſix, où eſtoient les armes d'Alexandre VII. où chaque année de ſon Pontificat eſtoit marquée.

& d'Italie.

A main droite regardant le grand Autel de la Nef, l'on void la Chapelle de Sixte V. au milieu de laquelle est la Creche de N. Seigneur, où sa Nativité est representée en marbre en vn lieu soûterrain, entouré de grilles, où luisent plusieurs Lampes. Ce lieu est environné de balustres de marbre. Cette Chapelle est enrichie de marbre de tous côtés, ornée de belles dorures, magnifique en ses peintures, & éclatante par plusieurs belles pieces de Sculpture: En vn mot c'est vn ouvrage digne de ce grand Pape Sixte V. & qui l'a mis par ses soins en l'état où il est: & certes il merite vne gloire immortelle pour plusieurs autres, & tres-superbes édifices, qu'il fit de son temps dans la ville de Rome.

En cette Chapelle sont les statuës de Pie V. & de Sixte V. au dessous desquelles sont les abbregez de leurs vies, & de leurs plus belles actions en Latin.

De l'autre côté de la Nef quasi vis à vis de la Chapelle de Sixte, est la Chapelle Pauline, ou de Paul V. qui certainement, & en la beauté de son marbre, & en ses bas reliefs, & en ses sculptures, & en tous ses enrichissemens surpasse non seulement celle de Sixte; mais je diray avec verité, toutes les Chapelles de la Chrestienté. Sur l'Autel je vis plusieurs Reliques qui y estoient exposées ce jour-là, & enchassées dans de l'argent. Il y avoit six Chefs, six bras, treize statuës entieres, le tout d'argent, sans parler de plusieurs Reliquaires d'argent doré au milieu, & de six grands chandeliers de mesme de chaque côté.

Le devant de l'Autel estoit tout d'argent, où estoit representée la sacrée Vierge au milieu, ayant le Chef couronné de douze étoiles, & il y avoit des deux côtés des figures qui la representent, comme le Soleil, la Lune, vn Palmier, vn Cyprés, vn Rosier, vn Olivier, vne Fontaine, vne Eschele conduisante à la porte du Ciel, vn Iardin, vn Clos, &c. piece tres-digne d'admiration.

Au dessus de l'Autel l'on void dans vn enfoncement quarré enrichy de pierreries, l'Image aussi de la sainte Vierge peinte par S. Luc, qui paroist à travers les cristaux, & sur tout le retable est representé le Pape Liberius en bas relief, remuant la neige avec vne espece de pesle, pour marquer le lieu où on devoit prendre les fondemens de cette Eglise, qui est dite *Sancta Maria ad Nives*, & appellée Sainte Marie Majeure, pour marquer son excellence par dessus les autres.

En cette Chapelle de quelque part qu'on se tourne, l'on ne void rien qui ne soit admirable & surprenant. L'on y voit en peinture, en haut dans la Coupole qui est au dessus de cette Chapelle, diverses pieces de Guy de Boulogne, l'vn des plus fameux Peintres d'Italie en son temps, particulierement vn Evesque d'vn côté, & vn Religieux de l'autre : plusieurs pieces de sculptures en bas relief, les plus belles & les mieux faites qu'il se puisse voir. Ce qui est de plus visible, sont plusieurs statuës de marbre, entre lesquelles, sont des deux côtez de la Chapelle, & vis à vis l'vne de l'autre, les statuës de Paul V. & de Clement VIII. de marbre blanc & d'vne grandeur tres-considerable, avec l'abregé de leurs vies au dessous sur du marbre noir.

Il y a plusieurs Tombeaux celebres en cette Eglise, comme de Patricius son fondateur & qui est dans vn sepulchre de Porphire; de Nicolas IV. Pape; de S. Hierosme; de Platina qui a composé l'histoire des Papes; de Luc Gaurique grand Mathematicien; de François Tolede Cardinal; des Cardinaux Sforce & Cesis, & plusieurs autres.

La Sacristie de cette Eglise est d'vne belle structure, & est tout à l'extremité de l'Eglise.

A l'entrée on void vne statuë de bronze qui represente Paul V.

Cette Eglise est vne des sept que l'on visite, & vne des cinq Patriarchales. Elle a vne des quatre portes que l'on ouvre en temps de Iubilé, & que l'on ferme en tout autre temps, & là sont les Penitentiers de l'Ordre de S. Dominique qui y sont établis par Pie V.

Le Cardinal Cesis orna cette Eglise d'vne tresbelle Chapelle, le Cardinal Sforce d'vne autre, & le Cardinal Tolede y a renté quelques Chapellains, qu'ils appellent, *Toletani*. Sous Clement VIII. le Cardinal Pinelli Archiprestre de cette Eglise fit polir les beaux quadres à la Mosaïque, qui sont d'vn côté & d'autre de la Nef sur des colonnes, & entre deux on void de tresbelles peintures, qui representent la vie de N. Dame. Elles sont faites par des excellens Peintres, comme Ferrau, & André Gigli.

Sortant par la porte du bas de la Nef, & allant au milieu de la place, il y a vne belle colonne de marbre blanc & cannelé, tout d'vne piece, quoy qu'elle soit d'vne hauteur considerable, sur laquelle est vne Vierge de bronze d'orée. Cette colomne fut apportée en ce lieu par l'ordre de Paul V. & a esté tirée du Temple de la Paix. De ce lieu vous voyez à côté gauche des restes des trophées de Marius, & à la droite l'Eglise de S. Iean de Latran, qui paroist au bout d'vne longue ruë. Tournant la face vers le Portail de l'Eglise vous voyez & admirez tout enfemble des ouvrages à la Mofaïque, où la facrée Vierge eft reprefentée. Retournant dans l'Eglife je remarquay fur vne Chapelle proche le Chœur, vne Image de la fainte Vierge, tenante en main vn linge où eft le petit Iefus reprefenté, ouvrage qui eft fort eftimé par les Experts. En fortant de l'Eglife par vne des portes qui font des deux côtez du Chœur, j'admiray vn obelifque, qui eft au milieu de la place, érigé comme plufieurs autres dans Rome, par Sixte V. qui fe fervit de Dominique Fontana pour cét effet. Elle s'eft trouvée dans le maufolée d'Augufte, laquelle eftant rompuë demeura long-temps abandonnée, & fut enfin tranfportée de S. Roch au lieu où elle eft. Il n'y a aucune lettre hieroglyphique deffus ny fculpture ; mais bien ces infcriptions.

Dans la premiere face : *Chrifti Dei in æternum viventis cunabula lætiffimè colo, qui mortui fepulchro Augufti triftis serviebam.*

Dans la feconde face : *Chriftus per invictam Crucem populo pacem præbebat, qui Augufti pace in præfepe nafci voluit.*

Dans la troifiéme : *Chriftum Dominum quem Auguftus de Virgine nafciturum vivens adoravit, ipfeque deinceps Dominum dici vetuit, adoro.*

Dans la quatriéme : *Sixtus Quintus obelifcum Ægypto adventum, Augufto in eius maufolæo dicatum, everfum deinde, & in plures confractum partes in via ad fanctum Rocchium jacentem in priftinam faciem reftitutum falutifera Cruci fœliciùs hic erigi juffit.*

Delà je paffay aux Thermes de Diocletian, qui font fituées fur le *Mont Viminal*, ou j'eus fujet d'admirer deux chofes : La premiere eft la fuperbe voûte, prodigieuse en sa hauteur, merveilleuse en sa longueur & surprenante en sa largeur, qui est soûtenuë de huit grosses, tres-belles & tres-hautes colomnes de marbre, avec leurs architraves, frizes & corniches. Illustres monumens de l'antiquité, qui font paroistre la magnificence extraordinaire des Romains, tous sujets d'vn grand étonnement.

Ces Thermes ne veulent dire autre chose que des bains & des étuves. Ce sont des lieux vastes magnifiquement bâtis & voûtez, & que les Romains destinoient, ou pour se baigner, ou pour suer, & mesme pour la pompe, afin de laisser d'eux vne memoire immortelle, se proposant en toutes leurs actions vne ambition déreglée. Elles estoient ornées & appuyées de colomnes de marbre d'vne grandeur merveilleuse qui soûtenoient les voûtes d'vne extréme hauteur. Le pavé estoit de marbre, & on remarque que les murailles en estoient encroûtées de marbre, qui y estoit aussi commun que la pierre.

Il se peut dire que les Bains de Diocletian n'estoient pas des moindres de Rome & pour la grandeur, & pour la beauté. Quarante mille Chrestiens retenus captifs par l'Empereur Diocletian ont travaillé quatorze ans entiers à perfectionner cét ouvrage. Cét Empereur avec Maximain son Collegue, les ont commencez, mais ils ont esté achevez par Constantin & Maximin. On y void cette inscription : *Constantinus & Maximianus invicti Augusti Cæsaris thermas ornarunt & Romanis suis dedicauerunt.*

Auprés de ces Thermes, Diocletian avoit vn fort beau Palais, & là aussi estoit la Bibliotheque dite *Vlpia*, où estoient conservez les livres, El<i>e</i>-plantini.

La seconde chose que j'admiray en ce lieu, est l'établissement des Chartreux qui ont ménagé leur Eglise dans ces Thermes avec tant d'adresse qu'il se peut dire qu'il n'y en a guere dans Rome qui soit d'vne plus grande capacité. Pie IV. la dédia à la sainte Vierge & aux Anges, & en a fait le lieu de sa sepulture.

Leur Cloître est de la plus belle longueur & largeur qu'il se puisse voir, soûtenu de cent quatre colomnes de belles pierres, vingt-six de chaque côté. J'allay voir vn autre petit Cloître en ce mesme lieu soûtenu de colomnes.

Le vingt-sixiéme Decembre j'allay en la maison Professe des Iesuites, pour voir leur Eglise appellée le *Gran Giesu*, qui n'est pas moins belle dans sa grandeur, sa largeur & sa hauteur, qu'elle est considerable dans ses riches Autels. La grande quantité de marbre dont elle est ornée en plusieurs endroits & mesme pavée par tout, ses exquises peintures, & ses autres ornemens sont si considerables que nous en parlerons dans la suite, & en détail. Elle a esté bâtie par Alexandre Farnese Cardinal, & entierement achevée par Odoard aussi Cardinal, de la mesme famille.

Il y a plusieurs belles & riches Chapelles, qui ont esté bâties par plusieurs personnes de condition. La Chapelle de N. Dame a esté richement embellie par des Dames Romaines, comme aussi celle de S. François : & celle des Anges par vn nommé Curtius Victorius & sa femme.

En cette Eglise l'on conserve quelques Reliques, comme la teste de S. Ignace Evesque & Martyr, & le corps de S. Ignace de Loyola Fondateur de l'Ordre des Iesuites.

De plus le bras de S. François Xavier ; vne partie

partie du corps du bien-heureux François de Borgia troisiéme General de leur compagnie. Le Cardinal Bellarmin est dans vne sepulture à la droite du grand Autel, qui fut autrefois celle de S. Ignace : En vn mot cette Eglise est vne des belles de Rome & merite bien la curiosité des voyageurs.

J'eus l'entrée dans la maison par vn Pere françois de la mesme compagnie, dont la civilité ne me fut pas moins connuë dans la reception qu'il me fit, que sa doctrine dans l'entretien que j'eus avec luy. En passant par vne galerie il me fit remarquer les portraits au naturel de S. Ignace, & du bien-heureux Philippe de Neri dans vn mesme quadre, qui furent dépeints estant à table par l'ordre d'vn Cardinal. Delà j'entray dans vn Oratoire, où estoit la chambre de S. Ignace. Il y a vn Tableau sur l'Autel qui represente la Vierge, tenant le petit IESVS, & S. Ioseph luy presentant le petit S. Iean. A côté de l'Autel il y a aussi vn Tableau, où S. Ignace est represente mort en son lit. Et en effet il avoit reçeu en ce lieu beaucoup de lumieres de Dieu, & mesme composé les regles & les Constitutions de la Compagnie de Iesus l'vne des plus illustres de l'Eglise. En ce mesme lieu mourut aussi le bien-heureux François de Borgia Duc de Candie, & depuis Iesuite.

Il y a des cartouches d'orées à l'entour de cét Oratoire, où sont marquées en abregé les principales actions de la vie de S. Ignace, specialement qu'il a operées en ce lieu.

Delà je passay dans le lieu où estoit son étude, qui est à present vne petite Chapelle où les Cardinaux disent souvent la Messe.

Delà je fûs voir leur Bibliotheque qui n'est pas

moins belle qu'elle est commode pour les étudians, ayant remarqué au haut vne galerie qui regne tout à l'entour, de laquelle on peut facilement atteindre aux lieux qui sont les plus hauts, pour prendre les livres à la main sans échelle, & cette galerie est bordée d'vne balustrade à mesure d'appuy pour s'y promener & avec plus de seureté, & avec plus de commodité.

A l'entour du Cloître l'on void divers portraits assés bien faits & au naturel, entre lesquels j'ay remarqué le Cardinal Bellarmin & Rodriguez.

Le vingt-septiéme Decembre j'allay voir l'Eglise de S. Iean de Latran. En y arrivant je consideray cette belle & magnifique éguille qui est dans la place, toute gravée de lettres Hieroglyphiques, par lesquelles les Egyptiens se faisoient entendre & exprimoient leurs pensées. Elle est vne des plus considerables entre celles qui se voyent à Rome, & elle fut apportée d'Egypte par l'Empereur Constantin, sur le Nil à Alexandrie, & aprés à Constantinople, & Constance fils de Constantin l'enleva de ce lieu, & la fit conduire à Rome dans vne Galere d'vne grandeur démesurée, & la fit mettre dans le grand Cirque, d'où elle fut tirée par Sixte V. aprés l'avoir fait reparer, & aprés l'avoir dédiée à la Croix, il la fit mettre au lieu où elle est à present, par l'industrie de Dominique Fontana. Elle est haute de cent douze pieds, sans la base, & large dans le bas de neuf pieds & demy d'vne part, & de l'autre de huit, n'estant pas d'vne juste quadrature. Dans ses quatre faces il y a ces inscriptions.

Sur la premiere, *Flavius Constantinus Augustus, Constantini Augusti filius, obeliscum à Pa-*

loco suo motum, diúque Alexandriæ jacentem, trecentorum remigum impositum navi mirandæ vastitatis, per mare, Tiberímque magnis molibus, Romam convectum in Circo maximo ponendum curavit.

Dans la seconde: *Flavius Constantinus Maximus, Augustus, Christianæ fidei vindex & assertor, obeliscum ab Ægypti rege, impuro voto Soli dedicatum, sedibus avulsum suis, per Nilum transferri curavit Alexandriam, ut novam Romam abse tunc conditam, eo decoraret monimento.*

Sur la troisième face sont gravées ces paroles: *Sixtus Quintus Obeliscum hunc specie eximia temporum calamitate fractum, Circi maximi ruinis humo, limoque, alte demersum multâ impensâ extraxit, hunc in locum magno cum labore transtulit, formæque pristinæ accuratè restitutum Cruci invictissimæ dicavit.*

Sur la quatrième: *Constantinus per Crucem victor, à Sancto Sylvestro hic baptizatus, Crucis gloriam propagavit.*

De ce lieu j'entray dans le Baptistere de Constantin, où dans une Chapelle devant l'Autel, je vis deux pierres qui me parurent noires & rondes, que l'on attachoit anciennement aux pieds des Martyrs pour les tourmenter. On les honore & on les baise par devotion. Quelques-uns pretendent que l'on entend du bruit quand on approche l'oreille de l'une de ces pierres.

Passant dans le Baptistere je vis les fonds Baptismaux assés petits, sur lesquels est representé S. Sylvestre baptizant l'Empereur Constantin, sous un édifice soûtenu de huit belles colomnes de Porphire de belle hauteur, au dessus desquelles sont huit autres colomnes de marbre blanc, qui soû-

T ij

tiennent la coupole. A l'entour du haut de cet édifice par dedans l'on void la vie de S. Iean Baptiste en belles peintures, enrichies de dorures. A l'entour de tout le Baptistere se voyent les actions particulieres de Constantin depuis sa conversion, en tres-belles peintures, comme l'apparition qu'il eut de la Croix, avec ces termes : *en toûte ita, in hoc signo vince*; la bataille qu'il donna à Maxence, qui fut noyé dans le Tibre ; le triomphe de Constantin, qui fit porter la teste de Maxence devant luy: comme dans le Concile de Nicée Il fit brûler les memoires qu'on luy avoit mis en main contre les Evesques, & plusieurs autres de ses actions heroïques, & chrestiennes qui sont là tout à fait bien representées.

A vn bout du Baptistere il y a vn Oratoire de S. Iean Baptiste, où les femmes n'entrent point, en memoire de ce que ce fut à l'occasion d'vne femme, que ce Saint eut la teste tranchée.

Il y a à la porte vne liste des Reliques des Saints qui reposent en ce lieu, & vne statuë de marbre de S. Iean Baptiste sur l'Autel, avec son agneau.

A l'autre bout vis à vis, il y a l'Oratoire de S. Iean l'Evangeliste, édifié par Hilaire Pape, qui le reconnoissoit pour son liberateur. Il y a sur l'Autel vne statuë de bronze de ce saint Apostre & Evangeliste écrivant sur le livre de son Evangile, & ayant son aigle auprés de soy.

Sortant du Baptistere je traversay vne Chapelle, à côté de laquelle il y a deux Autels : sous celuy qui est à la main droite en sortant, sont les ossemens de sainte Ruffine & de sainte Seconde : & est écrit sur le balustre ; *Hic sunt ossa sanctarum Ruffinæ & Secundæ, Virginum & Martyrum.*

Sous l'autre sont les ossemens de S. Cyprian, & de sainte Iustine Martyrs, & est écrit sur le balustre, *Hic sunt ossa sanctorum Cypriani, & Iustinæ Martyrum.* On void en sortant deux belles, & hautes, & grosses colomnes de Porphyre, & deux portes de marbre.

Approchant de l'Eglise principale qui est appellée du Sauveur, *in Laterano*, on void au bas de la Nef par dehors vn Portail haut élevé, sur lequel sont écrites ces paroles en lettres Gothiques, & en vers Leonins.

Mater cunctarum cognominor Ecclesiarum,
Nomine Salvatoris cœlestia cuncta datoris.

Avec encor quelques-vns qui sont du mesme stile.

Delà j'entray dans l'Eglise, dans laquelle l'on découvre d'abord beaucoup de beautez qui meritent bien d'estre débitées par le détail, quand j'auray dit vn mot du lieu où elle est située, & par qui elle a esté fondée ou reparée. Elle est placée sur le mont *Celien*, & a esté bâtie par Constantin le grand qui la dota d'vn grand revenu. Ayant esté ruinée par les Heretiques, Nicolas IV. la rétablit, Martin V. commença à l'orner de peintures, & Eugene quatriéme l'acheva. Depuis Pie V. y fit faire vn tres-beau pavé, & vnir & polir la place. Elle est la principale de toutes les Eglises de la Chrestienté, & où le Pape est couronné. L'on void sur l'architrave du Portique de cette Eglise ces paroles en langue Italienne ; *Per decreto Papale & Imperiale d'ogni chiesa m'é data ch'iosia capo.*

Elle s'appelle l'Eglise du Sauveur, parce qu'elle

fut dédiée par S. Sylvestre en l'honneur du Sauveur, & l'on dit que lors qu'elle fut consacrée l'on vid l'Image du mesme Sauveur, qui aujourd'huy se void sur la Tribune du grand Autel, laquelle n'a jamais pû estre consommée par le feu, quoy que l'Eglise où elle estoit, l'ait esté par deux fois. Elle est appellée S. Iean de Latran, parce que là estoit vn Palais de la noble Famille *de' Laterani*, & elle est appellée S. Iean, parce que d'abord elle fut dédiée à S. Iean Baptiste, & à S. Iean l'Evangeliste. Les Empereurs Romains recevoient autrefois en cette Eglise la Couronne d'or. En vn mot elle est tres-considerable, & merite bien que je m'attache particulierement à en faire icy la description. Elle est vne des cinq Patriarchales, & a cinq portes, entre lesquelles il y en a vne fermée, qui est appellée *la Porta Santa*, & qui ne s'ouvre que tous les 25. ans en l'année du Iubilé. A la porte de cette Eglise on lit en Latin, *Sacro-sancta Ecclesia Lateranensis, omnium Ecclesiarum mater, & caput.* Son pavé est tout de marbre bien travaillé, & le plat-fond est de compartimens à roses dorées des plus beaux qu'il se puisse voir. La Nef est longue & large, soûtenuë de deux rangs de piliers de chaque côté.

Entre les piliers des deux côtés qui sont les plus proches du milieu de la Nef, se voyent douze belles niches de marbre, destinées pour mettre les statuës des douze Apostres, suivant le dessein d'Innocent X. mais on perd de veuë toutes ces choses pour considerer le Tabernacle élevé au haut de la Nef, ou sont les Chefs des glorieux Apostres S. Pierre & S. Paul, j'eus le bon-heur de me trouver au moment qu'on les faisoit voir au peuple, ce qui se fait en cette maniere. Aprés avoir sonné vne clochette, tirant vn rideau qui est tout au haut du Tabernacle, on voit paroistre ces Chefs venerables dans vn fond obscur, pour exciter la devotion du peuple, & pour la consolation des Pelerins.

Au pied de ce Tabernacle du côté du Chœur, il y avoit vn Autel fort bien orné, sur lequel estoit vn Calice d'argent doré avec sa Patine, & douze torches de Cire blanche que le Consul de la Ville avoit donnez suivant la coûtume.

Dans la Chapelle du S. Sacrement, qui est à main gauche venant de la Nef au maistre Autel; il y a autour de l'Autel quatre belles colomnes de bronze d'oré, tres-hautes & creuses par dedans, que l'on dit avoir esté apportées pleines de terre sainte du Sepulchre de Iesvs-Christ par Vespasian, de Hierusalem à Rome. Les autres disent que Sylla les apporta d'Athenes; les vns qu'elles ont esté faites à Rome par l'ordre d'Auguste, des Esperons des galeres qui furent prises dans la bataille Actiaque, & mises en suite dans le Temple de Iupiter Capitolin, pour luy rendre grace d'vne Victoire si signalée. Quoy que c'en soit, il est tres-constant qu'elles sont presentement dans cette Eglise, & qu'elles luy servent d'ornement.

En de petits Oratoires qui sont à côté de cette Chapelle, il y a plusieurs choses qui meritent la veneration des voyageurs. On y void l'Autel que tenoit S. Iean Baptiste dans le desert, l'arche d'Alliance, la Verge d'Aaron, ou de Moyse, la Table sur laquelle N. Seigneur fit la derniere Cene avec ses Disciples, & là auprés est vne colomne divisée par le milieu au mesme temps que N. Sei-

T iiij

gneur souffrit la Mort & Passion. De l'autre côté est vne pierre de Porphyre sur laquelle fut jouée la Robe de N. Seigneur, & tout auprés est la mesure de la hauteur de Iesvs-Christ.

En cette Eglise se trouvent encor plusieurs autres Reliques qui se monstrent à tout le monde le jour de Pasques dans le Tabernacle qui est au dessus de l'Autel de la Magdelaine ; comme la teste de S. Zacharie pere de S. Iean Baptiste, la teste de S. Pancrace Martyr, de laquelle pendant trois jours continuels sortit du sang quand l'Eglise fut brûlée par les Heretiques, vne épaule de S. Laurens, vne dent de S. Pierre Apostre, le Calice dans lequel S. Iean l'Evangeliste bût le venin par le commendement de Domitian, qui ne luy fit aucun mal, la chaisne avec laquelle il fut lié quand il fut amené d'Ephese à Rome, sa Tunicelle, qui ayant esté posée sur trois morts, ils ressusciterent incontinent, des cheveux & des vestemens de la sacrée Vierge Marie, la chemise que la Vierge fit à Iesvs-Christ, le linge avec lequel N. Seigneur essuya les pieds de ses Disciples, aprés les avoir lavez, de la Canne avec laquelle la teste du Sauveur fut frappée ; la Robe rouge que Pilate luy fit mettre, teinte de son sang pretieux, du bois de la vraye Croix, le linge qui luy fut mis sur la face dans le Sepulchre, de l'eau & du sang qui sortirent de son côté.

Dans la Sacristie est la teste de S. Gordian & de S. Epimaque, ensemble vne caisse pleine d'ossemens & de cendres de Saints.

On voit encor en cette Eglise vne Relique tres-pretieuse, sçavoir l'habit de S. Estienne, teint de son sang, & rompu des cailloux qui le frapperent. Le Catalogue de toutes ces Reliques qui se monstrent le jour de Pasques, se lit à la porte : On y void aussi plusieurs Epitaphes, comme de Sylvestre II. Pape, d'Antoine Cardinal & de Laurens Valla qui fut Chanoine de cette Eglise ; où on y lit cét éloge en vers.

Laurens Valla jacet, Romana gloria linguæ,
Primus enim docuit quâ decet arte loqui.

Ie vis en sortant, le Palais de Latran joignant l'Eglise, où le Pape se retire quand il vient officier en cette Eglise. Auparavant que Sixte V. l'eût mis en l'estat où il est, il y avoit vne grande sale dans laquelle le Pape s'assembloit avec son Conseil, quand il s'agissoit d'vne affaire d'importance, & mesme c'estoit le lieu où ont esté celebrez les fameux Conciles de Latran. Les Papes mesme avoient coûtume d'y faire leur residence auparavant Gregoire Onziéme, lequel ayant remis le siege du Pape dans la Ville de Rome & quitté Avignon, commença à demeurer au Vatican y estant attiré par la bonté de l'air.

Le vingt-huitiéme Decembre j'allay voir l'Eglise appellée, *Santa Maria d'ara-cæli*, & déservie par des Religieux de l'Ordre de S. François. Elle est placée sur le mont *Capitolin*, & estoit autrefois le Temple de Iupiter *Ferenien*. On y monte par vn dégré fort large, où il y a cent vingt-trois marches de marbre blanc.

Ce qui est de plus remarquable en cette Eglise, c'est le Tombeau de sainte Helene mere de l'Empereur Constantin, couvert de Porphyre, & bordé de bronze. Sur ce Tombeau estoit exposé, *il Bambino*, qui veut dire vn petit enfant representant IESVS-CHRIST sur la paille, entre le Bœuf

& l'Asne. On y voyoit aussi la representation de la sacrée Vierge, de S. Ioseph, des Pasteurs & des trois Rois à cheval. On ma dit que ce petit Bambino ayant esté emporté plusieurs fois de ce lieu, neantmoins s'y estoit toûjours retrouvé.

Cette Eglise pretend estre la premiere pour l'antiquité, sur ce que l'Empereur Octavian se connoissant homme mortel, quand les peuples le vouloient faire passer pour vn Dieu, consulta la Sybille Cumée, pour sçavoir s'il devoit naître vn plus grand que luy, & la Sybille ayant veu dans vn Cercle à l'entour du Soleil, vne Vierge qui portoit vn Enfant, elle luy dit que cét enfant seroit plus grand que luy: ce qui porta cét Empereur à faire dresser vn Autel, qu'ils appellent *Ara cœli*, & vn Pape le consacra ensuite à la sacrée Vierge; d'où vient que cette Eglise s'appelle *Santa Maria d'ara cœli*.

Il y a dans l'Eglise quelques colomnes à main gauche, sur la troisiéme ces paroles sont gravées, *A cubiculo Augustorum*, c'est l'Eglise du Senat, faite en partie des ornemens du Temple *Quirino*. L'on y lit aussi quelques Epitaphes de personnages illustres qui meritent l'attention des curieux.

Au dedans de l'Eglise sur la porte par où on sort, l'on void les armes d'Vrbain VIII. qui sont trois abeilles d'or, dans vn fond d'azur, lequel est si luisant qu'il ébloüit la veuë de ceux qui le regardent.

L'aprés-disnée du mesme jour j'allay visiter l'Eglise de S. Paul *in via Ostiense* desservie par des Religieux de S. Benoist, vne des sept principales, des 5. Patriarchales, & des quatre où il a vne porte Sainte, que l'on ouvre au grand Iubilé, & que l'on tient fermée en tout autre temps. Elle fut édifiée, rentée & ornée par l'Empereur Constantin, & bâtie au mesme lieu où fut trouvée par vn miracle extraordinaire la teste de S. Paul, auquel elle fut dediée par le Pape Sylvestre. Sa Nef est appuyée d'vne si grande quantité de colomnes, que cela paroist vne forest. Il y en a deux ordres de chaque costé, & à chaque rang, il y en entre plus d'vne vingtaine, dont il y en a de cannelées.

Le grand Autel est orné de deux belles colomnes de porphyre de chaque costé. Au dessus de cét Autel, l'on voit vn bel ouvrage à la Mosaïque, qui passe pour vn chef-d'œuvre dans ces sortes d'ouvrages. L'on y void N. Seigneur representé entre S. Pierre & S. Paul d'vn côté, & S. André de l'autre, avec tous les Instrumens de la Passion & de la Mort de Iesus-Christ, & mesme les paroles qui semblent sortir de la bouche de ces Saints.

Des deux côtez il y a comme de petits Autels soûtenus chacun par deux petites colomnes de porphyre de chaque côté, & par de petits Anges, qui representent de toutes parts des paroles de S. Paul : L'vn portant ces mots : *Omnia omnibus*; L'autre ; *Argue, obsecra* ; L'autre ; *Neque mors, neque vita* ; Vn autre ; *Quæ sursum est*, & ainsi des autres. Cét Autel est tres-beau, & vous n'y voyez que des ouvrages à la Mosaïque : les balustres y sont du plus beau marbre ; l'on y void aussi quantité de porphyre, & le pavé du Chœur y est mesme travaillé à la Mosaïque ; ce qui est vn ouvrage d'Honorius IV. Pape. Le tout enfin est digne d'admiration, & se peut dire vne des belles choses qui se voyent dans les Eglises de Rome.

Entre le Maistre Autel & la Nef il y a vne espece de Tabernacle, élevé sur le lieu, où est la moitié du corps de S. Paul : & qui a deux autres Autels à chacun de ses côtez. Sur celuy devers la Nef il y auoit ce jour-là plusieurs Reliques que l'on avoit tirées du thresor pour les faire voir au peuple qui y arrivoit en foule ce mesme iour.

Cette Eglise n'est pas moins considerable par la grande quantité de Reliques qu'elle conserve : car l'on y peut voir les corps de S. Timothée martyr, de S. Celse, de S. Iulian, & de plusieurs Innocens, vn bras de sainte Anne Mere de la sainte Vierge, la chaîne avec laquelle S. Paul fut lié, le Chef de la Samaritaine, vn doigt de saint Nicolas, vne portion de la vraye Croix, le Chef de S. Marc, celuy de S. Estienne, celuy de saint Ananias, & plusieurs autres.

Ie m'y trouvay dans le moment que l'on montra le Crucifix qui parla autrefois à Ste Brigitte. Il est enfermé dans vne grande armoire peinte, & ces paroles sont écrites dessus : *Loquere Domine quia audit ancilla tua.* Cette Armoire ayant esté ouverte à l'instance de quelques Evesques qui estoient là presens, je vis vne Banniere, où le Crucifix estoit representé, & cette Banniere ayant esté tirée, tous les assistans frappans leurs poictrines, virent le Crucifix miraculeux à travers d'vn crespe. Il me parut fort beau, & j'y remarquay que les pieds sont attachez l'vn auprés de l'autre avec chacun vn cloud. Au dessous d'vne statuë de sainte Brigitte, qui est devant le Crucifix miraculeux, on lit ces deux Vers.

Pendentis pendente Dei verba accipit ore.
Accipit & Verbum corde Brigitta Deum.

Estant entré dans la Sacristie j'y vis plusieurs quadres & plusieurs tableaux fort bien faits, parmy lesquels il s'en trouve de la main de Lanfranc. Entr'autres j'y remarquay la copie du Crucifix qui apparut à sainte Brigitte, qui est vne piece assez bien faite. Il y a encor plusieurs quadres dispersez çà & là dans l'Eglise, qui ont esté faits de la main des plus excellens Peintres; mais je serois trop long-temps si j'en faisois le détail.

En sortant de cette Eglise, tout proche, l'on void vne belle Croix assez élevée avec quatre colomnes de marbre, qui portent la couverture d'vn ouvrage d'architecture assez considerable. L'on y lit ces Vers:

Hanc sacris veteres facibus statuere Columnam,
Quam Cassinenses restituere Cruci.
Olim ignes, nunc clara Dei vexilla triumphant,
Devicta mortis symbola pacis habet.

En revenant de l'Eglise de S. Paul j'arrestay en vn lieu où il y a vne petite Chapelle, où S. Pierre & S. Paul s'entr'embrasserent avant que de se quitter pour aller au martyre.

M'en retournant je consideray les anciennes murailles de la Ville, faites de briques, fortifiées de tours de 30. en 30. pas, & du côté de la mesme Ville, embellies d'vne galerie qui regnoit tout à l'entour, mais qui est à present dans sa plus grande partie, ruinée & soustenuë de petits piliers. On s'y promenoit à couvert, & cela estoit non seulement commode aux Romains, mais servoit aussi d'vn grand ornement à la ville de Rome.

Passant par la porte de S. Paul, ainsi nommée, parce qu'elle meine à l'Eglise de S. Paul, & autrefois dite la porte d'*Oſtie*, parce que c'eſt le paſſage pour aller à Oſtie, je m'arreſtay à conſiderer cette tres-haute & ſuperbe pyramide ; je veux dire le tombeau de *Caius Sextius* fils de Lucius Publicius, qui fut vn des ſept hommes deſtinez pour avoir ſoin des banquets ſolemnels qui ſe celebroient dans les ſacrifices des Dieux. Ce tombeau eſt enclavé dans la muraille de la Ville, & s'éleve dans vne hauteur conſiderable en forme de pyramide. Il eſt revétu de grandes pierres quarrées de marbre blanc, dont la couleur m'a ſemblé eſtre beaucoup effacée & ternie. Mais ce qui eſt admirable, il eſt preſque tout en ſon entier. L'on y voit encor à preſent ces inſcriptions, dont la premiere eſt : *Caius Sextius Lucij Publicij filius, Epulo, Tribunus plebis, Septemvir Epulonum* : Et la ſeconde : *Opus abſolutum ex teſtamento diebus centum triginta, arbitratu Clamela hæredis & Prothi*. Or quoy qu'il ne ſoit fait mention dans cette inſcription que de Sexte, quelques-vns tiennent neantmoins que ce tombeau eſtoit commun aux ſept Sacrificateurs, leſquels avoient le ſoin particulier des feſtes, des banquets, des ſolemnitez extraordinaires, & des ſacrifices des Dieux. Ce Sepulchre eſt certainement d'vne figure toute extraordinaire, & on remarque que ſon pareil n'eſtoit pas dans Rome : Auſſi donne-t'il a deviner à ceux qui n'ont pas appris ce que ſe peut-eſtre.

Entre cette porte & la Ville, l'on voit vn beau baſtion que le Pape Vrbain VIII. fit bâtir au temps qu'il avoit guerre contre le Duc de Parme.

Le 29. Decembre j'allay à l'Eglise de sainte Marie la Minerve, ainsi appellée, parce qu'il y avoit autrefois vn temple dédié à Minerve, qui fut bâti par Pompée, en action de graces des victoires qu'il avoit remportées. On remarque aussi que ce temple fut edifié en partie en la place où est le Convent qui joint l'Eglise, laquelle est à present gouvernée par des Dominiquains, qui s'en mirent en possession du temps de Gregoire XI. en ayant cedé vne autre *in Campo Marzo* aux Religieuses qui y estoient auparavant. Elle est grande & belle, mais ce qui la rend plus considerable est que le corps de sainte Catherine de Sienne y est conservé & honoré. Ie l'ay veu sous l'Autel de la Chapelle du Rosaire dans vne Chasse, en laquelle on voit la representation de cette Sainte au travers d'vn cristal, à la faveur d'vn cierge allumé sous ledit Autel, dont le devant est ouvert à jour. Les peintures ne donnent pas vn petit ornement à cette Chapelle, entre lesquelles il y en a de Marcel Venuste, d'autres comme, la Nostre-Dame qui est sur l'Autel, est du Bien-heureux Iean Fiesole de l'ordre des Dominiquains, que l'on nommoit Peintre Angelique, parce qu'il ne faisoit point de pieces de peinture, qu'elles n'inspirassent de la devotion.

I'ay passay dans la Sacristie pour entrer dans vn Oratoire separé, où l'on dit la Messe sur vn Autel erigé dans le lieu où estoit autrefois la chambre de sainte Catherine de Sienne.

Ie vis en cette Eglise plusieurs tombeaux de souverains Pontifes, de Cardinaux & autres personnes illustres, ou pour leur doctrine, ou pour leur naissance. Les Papes, sont Leon X.

Paul IV. & Clement VII. Les Cardinaux sont Pimantel, Bonel, Aldigantel, & les deux Vrsins en vne mesme Chapelle, & Turrecremata dans la Chapelle de l'Annonciade.

Vous y voyez de plus ceux de Iean Morone *Legat à Latere*, qui présida au Concile de Trente; de Gilles Foscarus Evesque de Modene, qui fut appellé au mesme Concile de Trente grande lumiere; celuy de Guillaume Durand Evesque de Numes qui a composé le livre intitulé *Rationale divinorum officiorum*. De plus ceux de Sylvestre Aldobrandin & de sa femme, Pere & Mere de Clement VIII. dans vne belle Chapelle que le souverain Pontifife a fait bâtir.

Devant la porte en dehors sont ceux du grand Cardinal Cajetan, de Thomas de Vio, de Iean Badie tous deux aussi Cardinaux; & de Paul Mance tres-éloquent & tres-disert. Il y en a vne infinité d'autres ausquels les plus curieux se peuvent attacher, il me suffira icy neantmoins d'avoir nommé les plus celebres & les plus remarquables : ce que je n'aurois pas fait, si je passois sous silence celuy de Raphaël d'Vrbin, appellé par les Italiens, *Prencipe de' pittori*, dont on lit cette Epitaphe :

Hic situs est Raphaël, timuit quo sospite vinci Rerum magna parens, & moriente mori.

Cette Eglise a esté mise en l'estat où elle est, par les presens de differentes personnes. La Chapelle que l'on void au lieu où a demeuré sainte Catherine de Sienne a esté faite & ornée par le Cardinal Barberin, le Chœur par les Seigneurs Savelli; le grand Arc qui est sur le grand Autel avec ses Pilastres, par les Seigneurs Cajetans, & la Nef par le Cardinal Torrecremata.

Dans cette Eglise sont fondées cinq compagniés : La premiere est du Rosaire par S. Dominique : La seconde est de l'Annonciade, laquelle eut son commencement de Iean Torrecremata Cardinal Espagnol, qui donna vne bonne somme pour marier des filles : ce qui se fait le jour de l'Annonciade, avec vne ceremonie tout à fait extraordinaire, le Pape l'honorant de sa presence, & plusieurs Cardinaux & autres personnes de qualité. L'on donne ce jour-là la dote à quatre cent filles.

Cette mesme ceremonie, mais non pas avec vne si grande pompe & magnificence, se fait les jours de la Nativité de la sacrée Vierge, le deuxiéme Dimanche du mois de May, la Feste de sainte Catherine de Sienne, & aux jours de S. Valentin Martyr & de sainte Praxede ; La troisiéme de ces Confrairies est celle du S. Sacrement : La quatriéme est celle de la sainte Trinité : & la cinquiéme est la compagnie de S. Sauveur.

Dans le Coüvent des Dominiquains ont esté tenus deux Conclaves, où Eugene IV. & Nicolas V. ont esté éleus Papes par l'assemblée des Cardinaux.

Entre les choses les plus considerables que j'aye remarquées en cette Eglise ; je ne puis omettre l'incomparable statuë de Michel Ange Bonarote, appellé par les Italiens, *Prencipe de' Scultori*, qui represente N. Seigneur : Elle est estimée des plus fameux sculpteurs & si bien faite, qu'elle leur paroist comme inimitable.

Delà je passay à l'Eglise de la Magdelaine, gou-

V.

vernée par des Cleres reguliers. L'oraison des quarante-heures y estoit & le S. Sacrement exposé, suivant le bel ordre qui s'observe à Rome toute l'année, ce qui entretient beaucoup les Romains dans la pieté & dans la devotion.

Delà je passay dans l'Eglise de S. Augustin, déservie par des Religieux du mesme Ordre, & situèe *nel campo Martio*. Le Cardinal Touteville, Archevesque de Roan, & Camerlingue du Pape, fonda cette Eglise, l'enrichit de quelques dons, & luy donna vne Image de N. Dame qui luy avoit esté mise entre les mains par des Grecs qui vinrent à Rome au temps que la Ville de Constantinople fut prise. Innocent VIII. Pape dans vn temps de peste fit porter en procession cette Image, depuis cette Eglise jusques au Vatican, & la peste cessa incontinent. L'on tient que c'est l'vne de celles qui ont esté dépeintes par S. Luc.

Sur le grand Autel est cette inscription, *Cæli gaudium, mundi auxilium, Purgatorij solatium*, qui marque les principaux effets du saint Sacrifice de la Messe.

En cette Eglise sont les corps des Saints Trifon, Respicio & Ninfa. Mais ce qui est de plus considerable, il y a dans vne Chapelle le corps de sainte Monique mere du grand S. Augustin. Elle est representée au dessus de l'Autel sur le Tombeau qui est élevé, monstrant S. Augustin qui est vis à vis. Ces paroles luy sortent de la bouche, *Hic est fructus lachrymarum mearum*, & l'on y lit cet Epitaphe.

Hic Augustini sanctam venerare parentem,
   Votaque fer tumulo, quo jacet illa, sacro:
Quæ quondam grato toti nunc Monica mundo,
   Succurrat, precibus prosset opemque suis.

Il y a en cette Eglise quelques sculptures & quelques peintures considerables, entr'autres la statuë de sainte Anne faite par André Sansouin, & vne N. Dame de marbre qui est de Iacques Sansouin. On y admire aussi vne sainte Anne, la sacrée Vierge & le petit Iesvs en marbre blanc, d'vne sculpture tres-rare au milieu de cette Eglise: & au bas, vne N. Dame portant le petit Iesvs de pareil ouvrage, sur laquelle sont écrites ces paroles: *Virgo, tua gloria partus*. Là est le fameux Prophete du grand Raphaël, la merveille de la peinture. Là aussi est sainte Apolline de la peinture de Mutian, de mesme que le beau quadre de la Sacristie & plusieurs autres.

On y voit pareillement l'Autel de S. Thomas de Villeneuve, canonizé environ depuis deux ans par Alexandre VII. Cét Autel est environné de plusieurs vœux, qui tesmoignent la grande devotion du peuple pour ce grand Saint.

Le trentiéme Decembre allant du côté de N. Dame *del Popolo*, je m'arrestay dans la belle place qui est devant cette Eglise, où je consideray deux choses. La premiere est *la porte Flumentane* ainsi nommée à cause du Tibre, & *Flaminie*, à cause du Consul Flaminius, lequel fit paver le chemin qui conduisoit jusques à Rimini, mais presentement elle est appellée *la porte du peuple*, soit à cause qu'autrefois en ce lieu il y avoit de certains arbres nommez Peupliers; soit à cause de la proximité de l'Eglise du peuple. Sur cette porte sont les armes du Pape Alexandre VII. & est écrit dessus en grosses lettres, *Felici faustoque ingressui*. Cette porte semble avoir esté toute bâtie à l'occasion de cette heureuse entrée d'Alexandre VII. comme celle par laquelle on va à Sienne qui est le lieu de sa naissance.

La seconde chose que je consideray & admiray tout ensemble, est cette belle Aiguille qui est dans la place que l'on appelle *del Popolo*. Quoy qu'elle ne soit pas des plus considerables pour sa hauteur, n'estant haute que de quatre-vingt huit pieds, elle peut passer pour vne des plus belles entre toutes celles qui sont à Rome, si l'on considere sa graveure & ses lettres qui paroissent aussi bien formées comme si elles venoient d'estre faites. Elle fut apportée par Auguste de Hicrapole à Rome. Elle demeura long-temps dans vn lieu qui est proche S. Laurens, *in Lucina*. Elle fut aussi en mesme temps consacrée au Soleil & mise dans le grand Cirque, d'où elle fut tirée, & conduite avec vne dépence incroyable par Sixte V. au lieu où elle est à present. L'on y voit ces inscriptions.

D'un côté, *Imperator Cæsar Divus Augustus, Ægypto in potestatem populi Romani redacta Soli donum dedit.*

Sixte V. fit mettre de l'autre côté : *Sixtus Quintus obeliscum hunc à Cæsare Augusto, Soli in Circo maximo, ritu dicatum impio, miseranda ruina fractum, obrutumque, erui, transferri, formæ suæ reddi, Crucique inuictissimæ dicari jussit.*

De l'autre côté : *Ante sacram illius ædem augustior, latiorque surgo, cujus ex utero virginali Augusto imperante Sol justitiæ exortus est.*

Elle est tellement placée qu'elle sert de guide pour ces quartiers, dans lesquels elle est veuë de trois grandes ruës.

A l'entour de cette Aiguille est gravée la Philosophie des Egyptiens.

Delà j'allay dans l'Eglise de sainte Marie du peuple, qui est tournée du côté de la place, ainsi appellée, parce qu'elle fut premierement bastie aux dépens du peuple Romain, & en suite dédiée à la sainte Vierge par le Pape Paschal, qui l'enrichit d'vn thresor de plusieurs Reliques, comme du Nombril de N. Seigneur, du Laict, du Voile & des Vestemens de la sacrée Vierge, d'vn morceau de la vraye Croix, des Ossemens de saint Pierre, de S. Paul & de S. André Apostres, de sainte Magdelaine, de S. Sixte, de S. Laurens & de sainte Agnes.

L'on revere particulierement en cette Eglise vne image de N. Dame, dépeinte par S. Luc, & on remarque qu'elle a fait vne grande quantité de miracles. Cette Eglise, pour n'estre pas vn grand vaisseau, est vne des plus jolies qu'il y ait dans Rome. Elle est bâtie avec beaucoup d'artifice, ornée de belles Chapelles, où la peinture & le marbre ne sont point épargnez. Dans sa grandeur & sa largeur elle est claire & belle, & est substituée en Esté dans le temps des grandes chaleurs en la place de celle de S. Sebastien, qui est trop éloignée de la Ville, pour station, estant en ce cas vne des sept Eglises principales, & elle est desservie par des Peres Religieux de l'ordre S. Augustin. La Nef est appuyée de huit piliers de chaque costé, & il y a plusieurs petites Chapelles de part & d'autre, en chacune desquelles communement il y a deux tombeaux; les vns plus magnifiques, les autres moins. Es ailes des deux costez du grand Autel, il y a deux Chapelles, dont les Autels sont bien ornez par les deux Neveux du Pape Alexandre VII. Celuy du costé de l'Evangile par le Cardinal Patron Chigi, & celuy du costé de l'Epistre par Augustin Chigi. Sur chacun de ces deux Autels, il y a vn fort

V iij

beau tableau, soûtenu par deux Anges de marbre blanc, fort bien faits.

Entre plusieurs Chapelles, j'en remarquay vne qui est au bas de la Nef du côté de l'Evangile, où l'on voit deux tombeaux de marbre, & vne pyramide au dessus, erigez à la memoire de deux Seigneurs de la famille des Chigi, dont l'vn estoit Fondateur de cette Chapelle. Ce qui est plus en venë dans cette Eglise, & ce que je regarday avec plus de satisfaction, est la disposition de 16. figures en marbre, qui representent chacune vne grande Sainte. Il y en a huit de chaque côté de la Nef; entre lesquelles je me souviens des suivantes; De sainte Agnes avec son Agneau; de Ste Martine avec vn Lion; de sainte Cecile auprés de ses orgues; de sainte Vrsule avec son estendart, comme estant vne Generale d'armée; de sainte Catherine de Sienne avec vn Crucifix qu'elle baise; de sainte Therese presentant à Dieu son cœur qu'elle porte dans sa main; de sainte Scolastique qui porte vn Livre en sa main; de sainte Claire qui tient le S. Sacrement; de sainte Barbe auprés de sa Tour, de sainte Agathe; de sainte Dorothée; de sainte Apollonie; de sainte Catherine avec vn fragment de sa rouë & vne palme, enfin de quelques autres, dont chacune porte son Hieroglyphe; ce qui est beau & tres-curieux à voir, puisqu'en vn clin d'œil l'on apprend en quoy ces Saintes se sont renduës considerables.

Au bas de l'Eglise sous la porte en dedans, sont deux Anges de marbre, soûtenans les armes d'Alexandre VII. & vne inscription qui designe qu'il est autheur de ce dessein. Il a fait encor quelques ouvrages considerables en cette Eglise de laquelle il estoit Titulaire auparavant que d'estre Pape. Outre plusieurs ornemens qu'il luy a donnez; il y a vn devant d'Autel de broderie d'argent, & plusieurs autres paremens, qui se voient dans la Sacristie, comme aussi son portrait tiré au vif & au naturel, ayant en sa main droite celuy du Bienheureux Iean Chigi, Religieux Augustin de son vivant; & en sa main gauche celuy de la Bienheureuse Angele de Chigi Religieuse.

Entre plusieurs Epitaphes & Tombeaux, dont cette Eglise est ornée, i'y remarquay ceux des deux Cardinaux Pallavicini du païs de Gênes, avec leurs bustes: De plus, à terre dans la mesme Eglise, l'on voit celuy d'vn homme qui est mort de la morsure d'vn chat, & cét accident est exprimé en ces deux Vers.

Hospes, disce novum mortis genus, improba felis
Cum trahitur, digitum mordet, & interit.

L'aprés-disnée du mesme jour j'allay au quartier du Pasquin, où je remarquay cette statuë de marbre au coin d'vne ruë, & d'vne boutique de Drapier toute estropiée, aussi ridicule à voir que la malice de ceux qui y attachent des billets diffamatoires, nonobstant les defenses du S. Pere, est pernicieuse. Comme on parle souvent du mot de Pasquinade, il faut que nous en cherchions l'origine. C'est vne chose plaisante de voir cette statuë qui n'a ni pieds, ni bras, ni jambes, ce qui l'a fait appeller *trunco*. Il ne luy reste plus qu'vne langue qui dit bien des medisances. Vn homme de lettres natif de Ferrare, a nomé pour l'autheur ou le sujet de cette Histoire vn Tailleur dans Rome, appellé Pasquin, qui habillant grand monde de la Ville, fut obligé de prendre plusieurs ouvriers, parmy lesquels quelques-vns estoient ingenieux à railler; ils observoient avec attention toutes les actions, les gestes & les paroles de ceux qui entroient en leur boutique, pour en faire par apres des risées entr'eux, le mesme discours estoit aussi-tost répandu par toute la Ville: ainsi quand vne personne vouloit diffamer son ennemy, il le faisoit adroitement par cette voye. Mais comme cela estoit venu en coustume, l'on commençoit à n'y plus ajouter de foy. Le maistre Pasquin estant mort, & peu de temps aprés vn ouvrier foüillant en terre pour quelques reparations de la Ville, l'on trouva cette statuë ensevelie en terre & toute rompuë, d'où on la releva, & elle fut mise devant la boutique de ce maistre Pasquin, à laquelle depuis on a attaché des brocarts, des médisances, disant que le maistre Pasquin estoit ressuscité, & que comme il estoit permis au maistre Pasquin durant sa vie de parler librement d'vn chacun, il seroit aussi permis de parler & de brocarder par le moyen de cette statuë qui le represente.

Quelques-vns tiennent que cette mesme statuë est faite en Hercule, d'autres en Alexandre le Grand, cela est incertain; mais vne chose asseurée est, qu'elle est de la main d'vn bon Ouvrier. Elle est auprés de la place Navone, qui est sans doute la plus belle, la plus spatieuse & la plus magnifique place de Rome. On l'appelle la place Navone, qui est vn mot corrompu, comme si l'on disoit place de combat, ἀγῶνος.

Aussi en ce lieu l'on celebroit des jeux & des combats pour exercer la milice. Ils estoient instituez par Numa, en l'honneur & en memoire de Ianus. Neron accrut le Cirque Agonal, & apres luy, Alexandre fils de Manca, lequel avoit son Palais & ses bains tout auprés de cette place.

Par l'ordre d'vn Cardinal de Roan, il s'y fait vn marché tous les Mercredis, où l'on vend toutes sortes de marchandises.

Cette place merite bien que je m'areste vn peu à la décrire, car elle contient plusieurs belles choses. L'on y void trois belles fontaines avec leurs bassins, deux aux extrémitez de la place, & vne au milieu, qui est la plus belle de Rome, si vous considerez l'abondance des eaux qui en coulent, & les belles figures dont elle est ornée. Vn bel Obelisque est élevé au milieu, il y a quatre fleuves representez aux quatre coins; sçavoir le Nil, l'Euphrate, le Gange & le Danube en forme d'hommes plus grands que l'ordinaire, avec differentes postures, & versant de l'eau de tous côtez. On void sur l'eau nager vn cheval d'vn côté, & vn lion de l'autre, à l'entour des palmiers fort artistement travaillez, & les armes du Pape Innocent X. d'vn côté, la thiare Papale, & les clefs de l'autre. Au haut de l'aiguille il y a vne colombe avec la branche d'olivier, qui sont les armes du Pape Innocent X. autheur de ce beau dessein, comme aussi d'vn tres-beau Palais, qui est sur la mesme place, & que l'on nomme le Palais de Pamphile, qui est autant beau dans son architecture, qu'il est agreable & considerable dans ses riches peintures faites par vn des plus fameux Peintres d'Italie. Ce Palais estoit destiné pour la Donna Olympia sœur de ce Pape, & aprés sa mort le Prince Pamphile s'en est mis en possession : Enfin, cette magnifique maison donne vn merveilleux ornement à cette place.

Du mesme côté est l'Eglise de sainte Agnes, destinée pour y apporter le corps de cette Sainte, qui est dans vne autre Eglise de ce mesme nom hors la Ville.

Innocent X. l'a commencée & l'a fait bâtir justement au lieu où estoit la prison de cette mesme Sainte, & où elle fut exposée par la cruauté & la malice du Tyran, mais aussi-tost délivrée par son Ange. En ce lieu le Prefet de Rome l'ayant voulu violer, son fils mourut, & en mesme temps, la Sainte le ressuscita.

Cette Eglise est en forme de dome, à l'entour de laquelle il y aura plusieurs Chapelles pratiquées, & des colomnes de marbre aussi tout à l'entour, autant que j'ay pû juger par la disposition. L'on travaille incessamment à l'achever, à quoy le Prince Pamphile prend vn soin extraordinaire pour seconder les vœux de son Oncle, qui avoit vn respect tres-particulier pour cette grande Sainte.

De l'autre côté, vis à vis du Palais Pamphile, sur la mesme place, est l'Eglise de S. Iacques des Espagnols, fondée, & tres-bien rentée par le Pape Alexandre VI. nommé Borgia, Espagnol. L'on y celebroit ce jour avec grande solemnité la feste de la translation du corps de S. Iacques de Hierusalem en Espagne. Vespres y estoient chantées avec divers Chœurs de Musique, accompagnez du son des orgues, & de plusieurs instrumens, qui tous mêlez ensemble faisoient aux oreilles vn concert fort agreable. Elle est gouvernée par vne Communauté des Prestres Espagnols fort richement fondez, & qui avoient exposé en ce jour toute leur argenterie sur l'Autel, parmy laquelle je remarquay vne Croix belle & tres-riche, avec quantité de beaux chandeliers d'argent. On voit en cette Eglise plusieurs Epitaphes d'Espagnols ; entr'autres l'on y remarque vne representation en marbre de Ciaconius Prestre Espagnol de Tolede.

Le 31. Decembre j'allay à l'Eglise de S. Sylvestre, des plus considerables de Rome pour son antiquité. L'on tient qu'elle fut bâtie par S. Denis Pape, qui vivoit dans le troisiéme siecle, & qui fut martyrisé l'an 273. & qu'ayant esté ruinée en partie, Constantin la restablit, & S. Sylvestre y adjousta vne maison, laquelle fut rentée par vn autre Pape, & donnée aux Moines Grecs, qui y ont demeuré jusques à l'année 1286. auquel temps ils furent envoyez à S. Laurens hors la porte ; & elle est presentement gouvernée par des Religieuses de l'Ordre de S. François. Elle estoit dédiée auparavant que le corps de S. Sylvestre y fut apporté à vn autre Saint. L'on a apporté dans cette Eglise plusieurs Reliques de Saints, que l'on a tirées des Cimetieres de Rome de differens endroits, & que l'on conserve tres-precieusement en ce lieu. Entre plusieurs autres j'y remarquay celles-cy comme les plus considerables; Le Chef de S. Iean Baptiste & le corps de S. Sylvestre Pape, qui baptiza Constantin I. Empereur Chrestien.

On garde & on honore aussi en cette Eglise le portrait de N. Seigneur qu'il envoya luy-mesme au Roy Agabarus, où il est representé naïfvement & au naturel : L'on tient qu'Agabarus estant dangereusement malade, prit la liberté d'écrire à Jesus-Christ, & que I. C. luy faisant réponse, adjoûta à sa lettre son Image miraculeusement imprimée dans vn linge, qui est le portrait qui se montre aujourd'huy en ce lieu, où l'on pretend que la Naumachie de Domitian estoit.

Ie vis en ce mesme iour trois antiquitez tres-considerables.

La premiere, qui est la plus ancienne, la plus entiere & la plus noble de Rome est, le *Pantheon*, ainsi appellé, parce que c'estoit autrefois vn Temple dédié à tous les Dieux. Quelques vns veulent aussi qu'il fut consacré à Ops, ou Cibele, comme Mere de tous les Dieux, & Maistresse de la terre, mais ce qui estoit dedié autrefois aux fausses divinitez avec vne execrable impieté, fut dedié par Boniface IV. dans le septiesme siecle en l'honneur de la sacrée Vierge Marie & de tous les saints Martyrs, dont il institua la Feste le premier jour de Novembre, & en suite à tous les Saints sous Gregoire IV. dans le neuviéme siecle, qui procura que la feste de Toussaints qui avoit esté celebrée à Rome il y avoit desia plus de 220. ans, fust solemnisée & continuée d'ores-en-avant par toute l'Eglise.

Ce temple fut bâti par Marc Agrippa, Gendre de l'Empereur Auguste, & qui fut trois fois Consul. Long-temps apres, comme l'on en apprehendoit la ruïne, il fut restauré par Severe & M. Antoine. Sa forme est ronde, & l'on la choisit telle, à dessein qu'il n'y eust point de jalousie entre les Dieux pour la preseance, le Dieu Terme mesme ne cedant pas le pas à Iupiter. Son architecture passe pour vn chef-d'œuvre & pour vn modele dans l'esprit des plus experts, qui ne peuvent que l'admirer, n'estant pas dans leur pouvoir de l'imiter. Il est bâti de pierres de travertine

& il est aussi haut que large. Son grand Autel répond à la porte, & il n'est appuyé d'aucunes colomnes. Il n'y a mesme aucune fenestre, mais il reçoit la lumiere par vn trou qui est au toict, large comme l'ouverture de deux muids ensemble. Vis à vis de ce trou sur le pavé de l'Eglise, il y a vn puits & dessus vne grille de fer à jour, afin que l'eau qui tombe s'écoule par là, pour s'aller rendre ensuite dans le Tibre.

Cette Eglise est Collegiale, & sous son grand Autel sont les corps des saints Rasius & Anastasius, Prestres & Martyrs, ensemble des Reliques de plusieurs autres qui y sont honorées.

Il y a des fonds Baptismaux, & quatorze Autels à l'entour de l'Eglise. Dans l'vne de ses Chapelles l'on voit vne statuë de marbre de la sacrée Vierge qui tient le petit Iesvs, & vne autre de S. Ioseph & du petit Iesvs devant luy, pareillement de marbre. Au pied de celle-cy sont écrites ces paroles, *Sanctus Ioseph de terra Sancta*; pource qu'au dessous il y a de la terre Sainte. Là se voit proche la muraille l'Image de la sacrée Vierge dépeinte par S. Luc, & l'Epitaphe de Raphaël d'Vrbin, comme aussi de Thadée Zuccaro vn des plus fameux Peintres qui fut en son temps, à qui l'on donne pour éloge extraordinaire, qu'il égaloit quasi Raphaël d'Vrbin, & cette pensée est exprimée en ces termes.

Magna quod in magno timuit Raphaële, peraquè, Thadeo in magno pertimuit genitrix.

Le toict de cette Eglise qui est fait en forme d'vne assiette, a esté couvert autrefois de lames d'argent, & en suite de bronze, mais Constantin neveu d'Heraclius les emporta de Rome avec plusieurs autres ornemens; Martin VII. le couvrit d'vn autre métail, & enfin Vrbain VIII. la fait ajuster, & s'est servy du superflu pour estre employé aux autres ornemens de Rome, les plus vtiles & les plus necessaires.

Autrefois il faloit monter sept marches pour aller en cette Eglise, & aujourd'huy l'on en descend onze; ensorte qu'il est à remarquer que le terrein de Rome est haussé de ce côté-là de la hauteur de dix-huit marches par les décombles, & les ruïnes des bâtimens.

Le portique est soûtenu de quatorze colomnes de marbre d'vne grosseur & d'vne hauteur prodigieuse; ce qui est surprenant à voir. L'on voit sous ce portique sur la porte de l'Eglise quelques inscriptions.

La premiere est, couchée en ces termes: *Pantheon ædificium toto orbe terrarum celeberrimum, ab Agrippa Augusti genero, impiè Ioui, cæterisque mendacibus dijs, à Bonifacio IV. Deipara & sanctis Christi Martyribus piè dicatum. Vrbanus Octauus binis ad campani æris vsum turribus exornauit, & bona contignatione muniuit.*

Dans vne autre sont écrites ces paroles: *Vrbanus VIII. vetustas ahenei lacunaris reliquias, in Vaticanas columnas, & bellica tormenta conflauit, vt decora inutilia, & ipsi prope fama ignota, fierent in Vaticano templo Apostolici sepulchri ornamenta, in Adriana arce instrumenta publicæ securitatis.*

On monte à la voûte de ce Temple par cent cinquante dégrez, & auparavant que d'arriver à l'ouverture du toict, l'on marchoit sur quarante dégrez de plomb, mais presentement ils n'y sont plus.

& d'Italie. 319

Sous le portique contre la muraille, l'on void vne ancienne pierre, où sont representées diverses figures de l'ancien & du nouveau Testament, érigées en cét endroit à la confusion des heretiques, Brise-images sous les auspices du Cardinal Mazarini. Devant le Pantheon se void vn grand vase de Numidie de couleur de Porphyre, d'vne grandeur assez considerable, & de forme quarrée, au dessus qui fut là posé par Leon XI. comme aussi vne fontaine environnée de quelques figures qui jettent l'eau dans vn beau bassin, qui ne paroist quasi pas à cause d'vn marché qui se tient en cette place.

La seconde antiquité que je vis & admiray ce jour-là, est *la colomne de Trajan*; laquelle l'on voit *in foro Trajano*, haute de cent vingt-huit pieds, sans compter la base, qui a bien encore douze pieds de hauteur. Toute la colomne n'est composée que de vingt-quatre pierres, & à chaque pierre il y a huit marches en dedans. De là vous pouvez juger de la hauteur, de la largeur & de l'espaisseur de ces pierres, ensemble de la peine & du grand travail que l'on a eu pour les joindre ensemble, & les agencer. Au dedans il y a plus de six vingt dégrez par lesquels on peut monter jusques au faiste, & plus de quinze petites fenestres qui donnent de la lumiere & facilitent le chemin dans le dégré, fait en limaçon. A l'entour de cette colomne en dehors, sont gravées & representées en bas reliefs, les guerres que Trajan a euës contre les Duces, & les victoires qu'il a emportées contre eux, avec vn artifice si merveilleux, que les plus experts en sont surpris, lesquels l'on void attachez à cette colomne, avec vne attention toute particuliere, parce qu'elle leur sert d'vn parfait exemplaire de sculpture. Cette colomne fut faite pendant que Trajan faisoit la guerre contre les Parthes, & bâtie comme elle est, en son honneur, mais il ne l'a jamais venë, parce que retournant de l'entreprise des Perses, il mourut de flux de sang dans la Ville de Seleucie, & au temps qu'on luy preparoit dans Rome vn tres-superbe & tres-magnifique triomphe. L'on dit mesme que ses cendres y furent mises par l'Empereur Adrian, & ensuite celles de tous les Empereurs qui furent enseuelis à Rome. Sixte V. l'an 1588. la dédia à S. Pierre, & fit mettre tout au haut sa statuë de bronze dorée, & autour du chapiteau il y a ces paroles, *Sixtus quintus Pontifex Maximus; sancto Petro Apostolo.*

Au piedestal enfoncé en terre dans vne concauité de quinze pieds) & l'on dit que le solde de Rome s'est éleué d'autant depuis ce temps-là par les ruïnes des bâtimens (sont écrites ces autres paroles. *S. P. Q. R. Imperatori Cæsari diui Nervæ fratri, Nervæ Trajano, Augusto, Germanico, Dacico, ad declarandum quanta altitudinis mons, & locus tantis operibus sit egestus.*

Cette colomne certainement est vne des merveilles du monde, si vous considerez sa hauteur, ses bas reliefs & son artifice. Si l'on vouloit en avoir vne plus parfaite connoissance, il faudroit lire Alphonse Ciacon Dominiquain Espagnol, & Pietro Galesino, qui en ont écrit fort exactement.

La troisiéme & la derniere des antiquitez dont j'ay parlé, ce fut la fameuse *colomne d'Antonin*, qui est placée proche du lieu où estoit autrefois le champ de Mars, où l'on exerçoit la jeunesse pour la guerre. Elle donne presentement le nom au lieu où elle est, puis qu'on le nomme, *la Piazza colonna.*

colonna. Elle est aussi tres-considerable dans sa hauteur & dans son artifice, mais dans ce dernier selon le jugement des experts, elle est de beaucoup devancée par celle de Trajan & Marc Aurele Antonin la fit dresser en l'honneur de son pere Antonin Pie. Ie montay jusques au haut par 190. degrez fort élevez, à la faveur de la lumiere qui y entre par cinquante-six petites fenestres, qui sont depuis le bas jusques en haut, ou m'étant promené tout à l'entour, je consideray la Ville de Rome avec plaisir, & la statuë de S. Paul de bronze dorée, mise par Sixte V. en la place de celle d'Antonin qui y estoit auparavant. En descendant de ce lieu je remarquay que l'escalier est fait en limaçon, & que les pierres dont cette colomne est composée, sont si grosses que mesme quelques-vns assurent qu'il n'y en entre que vingt-huit dans tout le bâtiment. I'estime neantmoins qu'il est tres-difficile de le pouvoir dire, veu qu'elles sont si bien vnies ensemble & si étroitement serrées.

A l'entour en dehors sont representées en bas reliefs les entreprises de M. Aurele Antonin, & les victoires qu'il a remportées sur les Armeniens, sur les Parthes, sur les Allemans, sur les VVandales, sur les Sarmates, sur les Quades, & sur les Marcomans d'Allemagne, lesquels tous il vainquit. L'on y voit aussi l'image de Iupiter, qui envoye de l'eau à son armée, & la foudre sur celle des ennemis, dont on voit la deffaite par les Romains, ce qui est rapporté par Baronius. L'armée d'Antonin estant assiegée de tous costez par les ennemis, estoit preste vn jour de mourir de soif: Alors il tomba du Ciel par la priere des Chrestiens qui estoient dans son armée,

X

vne grosse pluye qui étancha leur soif suffisamment & du côté de ses ennemis, il s'éleva vne horrible tempeste, mélée de fléches qui les foudroya de si étrange sorte que la victoire demeura à Antonin toute entiere, lequel mourut d'apoplexie aprés avoir gouverné l'Empire environ dix ans, associé avec Lucius Commodus Verus, & huit ans luy seul.

Dans les quatre faces de la Base, il y a ces inscriptions.

Dans la premiere sont ces paroles: *Sixtus Quintus Pontifex Maximus, Columnam hanc ab omni impietate expurgatam, sancto Apostolo enea eius statua inaurata a summo vertice posita.*

Dans la seconde: *Sixtus Quintus Pontifex Maximus Columnam hanc choclidem Imperatori Antonino dicatam, miserè laceratam, ruinosamque prima forma restituit.*

Dans la troisiéme: *Marcus Aurelius Imperator, Armenis, Parthis, Germanisque bello maximo devictis, triumphalem hanc columnam rebus gestis insignem Imperatori Antonino pio patri dicavit.*

Dans la quatriéme: *Triumphalis, & sacra nunc sum Christi, vere pium discipulum ferens; qui per crucis prædicationem, de Romanis, Barbarisque triumphavit.*

Le premier jour de l'an mil six cent soixante & vn, allant au *Capitole*, j'eus le plaisir d'admirer du bas sa situation haut élevée, qui paroist estre comme sur vn Amphitheatre, & qui fait à la veuë vne perspective fort agreable. Lieu que l'on avoit choisi exprés, pour rendre des actions de graces, aprés les favorables succés de la Republique, & qui estoit mesme la forteresse de la ville. Il fut autrefois appellé, *Saturnio*, à cause que le Roy Saturnus y habita, & *Tarpeio*, à cause de Tarpeia qui le livra pour vn certain prix aux Sabins, & enfin *Capitole*, à cause que l'on trouua là teste d'vn homme lors qu'on faisoit les fondemens du Temple de Iupiter. Il estoit autrefois enfermé de murailles extrémement fortes, faites de grosses pierres quarrées, comme l'on peut juger par les ruines qui s'y voyent encor aujourd'huy : les portes en estoient de bronze, les thuiles d'airain doré, que le Pape Honorius plaça sur le toict de l'Eglise de S. Pierre. Il fut brûlé dans la guerre de Marius, mais aussi-tost il fut reparé par Sylla : & encor depuis dans la guerre de Vitellius ; mais Vespasian le repara. Il fut encor brûlé aprés la mort de Vespasian, mais incontinent aprés remis sur pied par Domitian : tellement qu'aujourd'huy il ne se voit plus rien de l'ancien Capitole, lieu si fameux autrefois dans Rome.

En montant en ce lieu d'abord j'apperceus deux cheuaux de marbre, tenus à la main, éleuez sur de hauts balustres. Ces ouvrages arrestent les yeux des curieux, & attirent l'admiration des plus excellens sculpteurs. On voit des trophées éleuez des deux costez, & auançant proche d'vne belle fontaine je vis deux fleuves sous de prodigieuses figures d'hommes, couchez sur le bord de la fontaine, sçauoir le Nil sur vn Sphinx, & le Tigre ayant auprés de soy vn Tigre, & tous deux ayans & portans des cornes d'abondance, pour marque de la fertilité de l'vn & de l'autre fleuve. Au milieu est representée Rome, sous la figure d'vne femme en vne posture avantageuse & superbe ; dont le visage est de marbre, & tout le corps de porphyre : A ses costés sont representez

X ij

aussi en marbre des esclaves mélancholiques, & si bien faits qu'il ne leur manque que la parole, & la fontaine qui est au dessous jette de l'eau en abondance.

En tournant face de ce lieu j'arrestay mes yeux sur vne statuë de bronze de Marc Aurele Antonin, qui est au milieu de la place du Capitole & fort estimée, laquelle fut transportée en ce lieu de S. Iean de Latran par l'ordre du Pape Paul III. Quelques-vns croyent qu'elle represente Lucius Verus : les autres Septimius, & mesme plusieurs estiment que c'est la statuë de Metelle.

Delà j'entray dans vne petite Court du Capitole, ou je vis plusieurs pieces anciques ; entr'autres vne Vranie, & vne Melpomene, deux Muses, en marbre blanc tres-bien faites, des fragments du colosse d'Apollon, sçavoir la teste, le col, vne main & les deux pieds d'vne prodigieuse grandeur & grosseur, en marbre. Là vous voyez aussi & admirez diverses pieces de bas relief, merveilleusement bien faites de Marc Aurele. Dans l'vne il est representé faisant vn sacrifice, en l'autre dans son Char de triomphe, traisné par des chevaux tres-artistement travaillés, & dans vne autre on le voit recevant des presens des Romains, ce qui est naïvement representé.

En ce mesme lieu l'on voit vne Minerve de marbre fort bien faite, de plus vn Tombeau orné de differentes figures en bas relief : comme aussi les statuës en marbre de Iules Cesar & d'Auguste, belles en perfection.

Estant monté dans la sale, j'y vis quelques belles peintures de Ioseppin ; où sont representees l'enlevement des Sabines, le combat des Hora-

& d'Italie.

ees, & vne bataille entre deux armées. L'on y void aussi quatre grandes statuës, deux de bronze qui sont celles de Sixte V. & d'Innocent X. avec l'abregé au dessous de leurs plus belles actions & de marbre blanc, sçavoir celles de Leon X. & d'Vrbain VIII. mais toutes faites à merveille, representant ces souverains Pontifes, avec leurs thiares & Chappes en leurs chaires, dans vne grande magnificence en posture de donner leur benediction.

Il y a plusieurs chambres remplies de statuës, de bustes, & de tableaux. Parmy plusieurs j'y remarquay particulierement la statuë d'Hercule en bronze, celles de Ciceron & de Virgile en marbre, celle de Neron enfant auprés de sa nourice, celle de Iulie Agrippine sa mere, assise avec beaucoup de majesté, vne statuë de parangon, vne statuë de bronze d'vn Pasteur qui se tire l'espine du pied, sur vne petite colomne qui est admirée dans sa posture. De plus je remarquay les bustes de plusieurs Empereurs Romains, entre lesquels je consideray celuy de Neron qui est fort bien fait, & de quelques Consuls, entre lesquels est celuy de Brutus, & parmy plusieurs tableaux j'admiray vn quadre de Raphaël d'Vrbin representant la sacrée Vierge & le petit IESVS, S. Ioseph & S. Iean Baptiste estant encor enfant. De plus l'on y void vne sale pleine de peintures tres-exquises, dans laquelle sont aussi les bustes de Socrate, de Platon, & de Diogene. Dans la grande sale, les statuës d'Alexandre Farnese fils d'Octave Duc de Parme, dont la statuë se voit encore en ce lieu, & celle de M. Antoine Colomna, qui remporta la victoire contre les Turcs, conjointement avec Iean d'Austriche, & la

X iij

Louve en bronze, donnant du laict à Remus & à Romulus, laquelle fut transferée de S. Iean de Latran dans ce lieu.

Estant descendu dans la court d'embas, outre les choses que j'ay remarquées cy-dessus, j'y vis le Buste de bronze de l'Empereur Commode, d'vne grosseur extraordinaire, & vn Singe tout rompu que les Egyptiens adoroient, vn Lion qui déchire vn cheval, en marbre, piece tant autrefois admirée de Michel Ange, & aujourd'huy estimée des plus excellens Sculpteurs.

Ie serois trop long-temps si je voulois décrire toutes les belles choses qui se trouvent en ce lieu, qui sont en tres-grande quantité ; il me suffira d'avoir fait mention des plus considerables, & qui meritent davantage la curiosité des voyageurs. Ie ne puis neantmoins passer sous silence la fameuse statuë de Marforio, rompuë en pieces, dont on conserve les morceaux dans le Capitole. Elle estoit autrefois placée contre saint Pierre *in Carcere* à l'entrée *del Campo Vaccino*. Quelques-vns pensent que c'estoit la statuë de *Giove Panario*, parce qu'il semble qu'il ayt du pain autour de luy, en memoire de ces pains qui furent jettez par les Romains, du Capitole sur les Gaulois qui l'assiegeoient, & qui leverent le siege, jugeans par là qu'ils avoient grande abondance de vivres. Les autres croyent qu'elle represente la riviere du Rhin, qui arrouse l'Allemagne, & quelques-vns le fleuve *Nar*, qui vient de la Sabine, & passe proche la Ville de Narni, & changeant *N*. en *M*. au lieu de dire *Nar fluvius*, on dit par corruption *Marforius*. On luy donnoit vne langue autrefois, & on le faisoit répondre aux médisances du Pasquin.

Dans cette mesme place du Capitole, où est à present le cheval Antonin, estoit autrefois vn lieu dit *Asile*, lequel fut fait par Romulus, & où toutes sortes de criminels trouvoient l'impunité de leurs crimes, mais cette franchise fut ostée par Cesar Auguste.

Le 2. Ianvier j'allay *alla chiesa nuova*, Eglise deservie par les Peres de l'Oratoire de Rome. J'y entendis Vespres chantées en tres-belle musique, & vne exhortation familiere qui s'y fit par vn pere de la Congregation. Tous les jours ouvriers, ils en disent quatre l'aprés-disnée, qui durent chacun environ vne demie heure, lesquels sont precedez d'vne lecture spirituelle, faite par vn Pere de la mesme Congregation, qui est asseurement vne des plus celebres d'Italie, & d'vne grande edification, quoy qu'ils ne fassent aucuns vœux.

Saint Philippes de Neri en a esté le premier Fondateur: lequel rempli de charité pour son prochain, se mit à faire tous les jours vne exhortation, & parloit avec tant de ferveur, que dans les commencemens il avoit vn grand nombre de personnes pour l'écouter; qui accrût avec le temps en si grande confusion, qu'il fut obligé de prendre des compagnons, qui l'aydassent, & ainsi s'est formé cette illustre Congregation qui a donné de grands hommes à l'Eglise, entre lesquels est le grand Cardinal Baronius, qui a composé l'Histoire Ecclesiastique.

Cette Eglise est belle, grande & bien bâtie. Le grand Autel en est superbement orné, sur lequel est vn beau Tabernacle, & au dessus vn tableau de la sacrée Vierge portant N. Seigneur devant elle, environnée d'esprits Angeliques.

Au dessus est vn Crucifix en relief, & deux Anges à ses costez, dont l'vn tient d'vne main vn encensoir, & l'autre montre vn Crucifix au peuple. Le Chœur est devant l'Autel à la mode de France ; & le plat-fond qui est au dessus, est enrichy de belles peintures, qui representent l'Assomption de la sainte Vierge, environnée d'vn million d'Anges, & S. Philippe de Neri en extase. Ces ouvrages sont de pierres de Cortone, celebre peintre de ce temps, comme aussi les peintures qui sont autour de la Coupole, qui meritent l'admiration des plus experts, & d'estre consideréés par les plus curieux.

A l'entour de l'Eglise il y a onze Chapelles, entre lesquelles la plus celebre & qui excite le plus à la devotion, est celle de S. Philippe de Neri, où son corps repose sous l'Autel. Elle est remplie de pierres tres-fines & tres-precieuses.

De l'Eglise je montay en vn petit Oratoire, où se voyent l'Autel où il celebroit souvent la sainte Messe sur la fin de ses jours, & s'entretenoit en Oraison avec Dieu, & les tableaux qu'il avoit dans sa chambre, avec vn Crucifix, & son lit est dans vne chambre à côté, dans laquelle j'admiray aussi vn ouvrage en peinture, où est representé *à fresco*, ce Saint dans ses habits Sacerdotaux, au haut du lambris, & aussi vne Vierge de Raphaël d'Vrbin le Prince des Peintres de son temps.

Il y a vne grande Chapelle qui tient à cette Eglise, où toutes les Festes & tous les Dimanches pendant toute l'année, l'on chante en Musique quelques Cantiques spirituels, ou vn Motet composé sur le Saint ou la Sainte, dont on celebre la Feste du Iour : Et il est chanté par les plus excellens Musiciens de Rome, qui vont chanter en ce

& d'Italie. 329

lieu pour se faire connoistre. L'on y fait deux Predications, dont l'vne est comme déclamée par vn petit Garçon, & l'autre est faite par vn de la compagnie. Le pieux dessein de S. Philippe de Neri estoit par ces occupations saintes & innocentes, de détourner les Romains des débauches & de l'oisiveté, qui ordinairement vers les deux ou trois dernieres heures de la journée, qui est le temps que dure cette ceremonie, font leurs visites scandaleuses & criminelles ; notamment ceux qui n'ayant ni employ, ni exercice, ni estude, sont de vrais faineants, & ont tout le loisir de penser à mal faire. Or quoy que les Prestres de cette Congrégation ne fassent aucuns vœux, & n'ayent autre lien qui les vnisse que celuy de la charité ; neantmoins ils vivent d'vne façon bien parfaite & de grande édification pour le peuple.

Le 3. Ianvier j'allay visiter l'Eglise de *sainte Croix en Hierusalem*, située aux extrémitez, & du Mont Celie & de la Ville, tout proche de ses murailles, en vn quartier qui est à present fort desert, mais agreable par les belles & longues allées qui y conduisent. Elle fut édifiée premierement par sainte Helene Mere du Grand Constantin, & consacrée en suite par S. Sylvestre, & depuis environ aprés trois ou quatre siecles, comme elle menaçoit de ruïne, elle fut restablie par Gregoire III. Pierre de Mendoza Cardinal la restaura, & en ce temps-là fut retrouvé le titre de la Croix sur la Tribune du Grand Autel.

L'on croit qu'en ce lieu estoit l'azyle du temps de Romulus, & que Tullus Hostilius estendit la Ville de Rome jusques-là ; tellement que dans le lieu où autrefois les meschans trouvoient l'impunité de leurs crimes sous les premiers Fondateurs de Rome, aujourd'huy sous la Religion Chrestienne Apostolique & Romaine, l'on trouve la remission de tous ses pechez. Quelques-vns croyent qu'autrefois c'estoit vn Temple dédié à Venus & à Cupidon. Elle l'est aujourd'huy à la sainte Croix, & est l'vne des sept principales, que l'on visite par devotion, l'vne aussi des cinq Patriarchales & titulaire d'vn Cardinal. Constantin en son temps luy fit de beaux presens, comme de plusieurs Calices d'or, de Patines & autres.

Cette Eglise est bien proportionée dans sa grandeur, mais plus considerable pour les motifs de pieté qui s'y rencontrent, que pour sa structure, & architecture. Le grand Autel est soûtenu de quatre piliers de marbre qui soûtiennent vne belle tribune. Sous la table de l'Autel sont les corps des saints Cesarius & Anastasius Martyrs, dans vn grand vase qui soûtient cét Autel, & qui est d'autant plus admirable, qu'il est d'vne pierre de parangon toute d'vne piece.

Iettant les yeux sur la voûte qui couvre le Chœur, qui est derriere l'Autel & où le Pape autrefois avoit accoustumé d'officier, on voit les peintures de *Perugini* excellent Peintre, lesquelles sont anciennes, mais tres-belles. Elles paroissent aussi fraisches comme si elles venoient d'estre faites, & representent les ouvriers qui foüissent la terre, & découvrent les trois Croix; ensemble comme la vraye Croix fut reconnuë d'entre les deux autres en presence de Ste Helene, par la guerison d'vn malade qui la toucha, & qui est representé assis dessus : enfin comme elle fut portée en triomphe dans la Ville de Hierusalem par l'Em-

& d'Italie.

pereur Arcadius. Tout au haut de la voûte est representé N. Seigneur portant vn livre en main, où sont écrites ces paroles, *Ego sum via, veritas, & vita.*

Ie fus conduit par vn des Religieux Bernardins, qui me mena dans vne Chapelle sous terre, qui a esté bâtie par sainte Helene mere du grand Constantin, & au lieu mesme où estoit autrefois la chambre de cette Sainte. Il est deffendu aux femmes d'y entrer sous peine d'excômunication, toute l'année, excepté le jour de la Dédicace de l'Eglise, qui est le vingtiéme de Mars. Il y a en écrit sur vne pierre de marbre proche de l'Autel, que la terre qui est sous le pavé de cette Chapelle, est de celle qui a esté apportée de Hierusalem par sainte Helene, laquelle a esté arrousée du sang de N. Seigneur, & que c'est la raison pourquoy cette Eglise est appellée sainte Croix de Hierusalem. Il n'est pas permis à aucun Prestre de celebrer la Messe sur l'Autel de cette Chapelle, & il n'y a que le Pape qui le puisse faire, lequel la dit en ce lieu ordinairement vne fois dans le cours d'vne année.

Sous cét Autel il y a plusieurs saintes Reliques enfermées, comme le corde avec laquelle N. Seigneur fut lié à la colomne, des cheveux de la sainte Vierge, des vestemens de N. Seigneur, du sang mysterieux qu'il repandit sur la Croix, onze petites pointes d'épines de la Couronne de N. Seigneur; le Chef de S. Vincent Martyr; qui ne se monstrent jamais à découvert; mais il y a vn Reliquaire dans vn Oratoire, au dessus où sont trois pieces de la vraye Croix de N. Seigneur, deux épines de sa Conronne, le titre qui fut mis sur la Croix en trois langues par l'ordre de Pilate, & vn des trente deniers que Iudas reçeut des Iuifs pour le livrer; le doigt de S. Thomas qu'il porta dans le côté de N. Seigneur aprés sa Resurrection; & ces Reliques se monstrent en differens jours de l'année.

On voit aussi en cette Eglise qui est pavée à la Mosaïque bien proprement, quelques Tombeaux, comme celuy de François Guignon excellent Sculpteur; du Pape Benoist VII. duquel j'ay veu l'Epitaphe fait en vers contre vn pilier de cette mesme Eglise, qui indique le lieu de sa sepulture, & les principales actions de sa vie.

La tour qui en est fort élevée en quarré, a vne Croix representée en ouvrages à la Mosaïque fort bien faite.

Delà je passay dans vn petit Cloître pour venir en vn plus grand & plus beau, bâty par les Chartreux quand ils occupoient ce lieu, & en traversant le jardin, on me monstra vn reste du Temple de Venus, qui fut détruit par Constantin, qui en a laissé ce reste pour marque d'antiquité, & là tout proche se void vn reste de ruïnes que l'on dit estre des bains de la mesme Venus.

En sortant de ce lieu j'apperceus de loin les beaux & magnifiques restes de l'Aqueduc, par lequel Claudius fit venir des eaux dans Rome, dont la source estoit à quarante milles. Il est d'vne hauteur si considerable que l'on remarque en quelques endroits qu'il a cent pieds de haut, & que dans sa plus grande partie il est composé de pierres de taille. Il fut commencé par Cajus Caligula, & achevé par Claudius. Il alloit par la porte Majeure à l'Eglise de S. Iean de Latran & par le mont Celius, & conduisoit l'eau jusques dans l'Aventin. Caracalla prit soin d'en faire couler de l'eau dans le Capitole, & l'on voit encore sur pied plusieurs arches vers l'Hospital de S. Thomas. Vers Sublac l'eau du fleuve *Aniene nuovo* luy fut jointe & conduite par la *Porta nevia*, autrement *maggiore*, & presentement *di santa Croce*, que l'on croit avoir esté bâtie des restes d'vn Arc triomphal, comme l'on peut juger facilement par la figure de la porte, par la magnificence & par l'industrie avec laquelle elle est travaillée. L'on voit dessus cette porte quelques inscriptions, qui sont en ces termes: *Claudius Drusi filius, pater patriæ, aquas, Claudiam ex fontibus, qui vocabantur Ceruleus & Curtius, à milliario 35. item Anienem novam à milliario 62. suâ impensa in Vrbem perducendas curavit. Vespasianus Imperator aquas Curtiam & Ceruleam perductas à Claudio, & postea intermissas, dilapsasque annos novem, suâ impensâ Vrbi restituit.*

Proche le Monastere l'on me monstra des ruïnes qui sont les restes d'vn Amphitheatre bâty par Statilius Taurus pendant le regne de l'Empereur Auguste. Il a esté quasi tout détruit par l'ordre de Paul III. & l'on s'est servy de ses démolitions pour reparer le Monastere qui alloit en décadence.

Passant à mon retour dans ces longues allées qui menent à l'Eglise de sainte Croix de Hierusalem, je me suis étonné d'vne si grande solitude dans l'enceinte des murailles de Rome, & entrant ensuite dans les ruës, aprés avoir passé sainte Marie Majeure, & admiré derechef la colomne de marbre qui est devant le Portail, & les quatre aigles de bronze dorée qui sont sur les quatre coins de son piedestal, on me monstra le Palais du Prince Palestrine neveu d'Vrbain VIII. qui paroist fort magnifique, & la place Barberine tout proche, qui estoit autrefois celle des Sforza, où il y a vne belle fontaine.

Delà je passay aux quatre fontaines qui jettent de l'eau en abondance, & sont ornées de quatre figures de fleuves couchées, dont deux sont representer sous la forme d'hommes, & deux sous la forme de femmes. Ce qui rend selon mon advis ces fontaines plus agreables, c'est qu'elles jettent leurs eaux sur les coins de deux grandes ruës qui se coupent en Croix ; ce qui ne peut aussi estre consideré sans admiration, & donne à ces quartiers beaucoup d'ornement & de commodité.

Ie passay aussi en la place d'Espagne, ainsi appellée à cause que l'Ambassadeur d'Espagne y a son Palais. Elle devroit neantmoins plûtost estre appellée place de France, puis qu'on n'y voit que des François qui ont là leur rendez-vous pour conferer ensemble : outre qu'elle est dans le quartier où ils demeurent ordinairement. A l'extremité de cette place est le College *de propaganda fide*, institué par Vrbain VIII. pour étendre la foy dans les païs des Infideles, & où on parle des moyens de convertir les Heretiques. Ie jettay aussi la veuë sur la belle fontaine qui est au milieu de cette place, dont le bassin est en forme de Barque. Au dessus de cette place est *la Trinité du mont*, lieu ainsi appellé à cause d'vne Eglise gouvernée par les Minimes François, qui est dédiée à la sainte Trinité.

Le quatriéme Ianvier je visitay la petite Eglise de sainte Marthe proche de S. Pierre, laquelle fut commencée & bâtie en l'an 1537. pour le service de la famille du Pape : aussi les Papes luy ont fait part des mesmes Indulgences, que celles dont joüit l'Eglise de S. Iean de Latran. Le Cardinal Fauste Paul y fit vne nouvelle fabrique. L'on fait aussi en cette Eglise la ceremonie du mariage de quelques Zitelles. L'on voit sur son Autel des Reliques de sainte Artemie Martyre d'vn côté, & de sainte Candide de l'autre. I'y vis deux Tableaux de Lanfrano, l'vn d'vn S. Iacques & S. Anthoine devant la Vierge, & l'autre d'vn S. Hierosme se frappant la poitrine d'vne main, & tenant de l'autre vn Crucifix qui paroist comme détaché de sa Croix; tant il est fait avec artifice. I'admiray en cette Eglise vn Crucifix en relief de terre pure, fait à merveille, & qui a esté le modele d'vn autre en bronze fait par la main de Boulogne. Entrant dans la Sacristie l'on y considere vn Tableau de sainte Marthe fait il y a long-temps, qui paroist neantmoins aussi frais que s'il venoit que d'estre fait. Elle est tres-bien representée dans ce Tableau qui est sur le grand Autel, & dans le plat-fond de l'Eglise en bas relief.

A la sortie de cette Eglise j'entray dans celle de S. Pierre qui me ravit en admiration par ses magnificences, & ébloüit mes yeux par son éclat. A droite dans la Nef proche vn pilier, j'y vis le Tombeau que le Pape Vrbain VIII. a fait dresser à la Comtesse Matilde, sur lequel elle est fort bien representée en marbre blanc, & je vis aussi ces paroles gravées sur ce Tombeau, *Vrbanus VIII. Pontifex Maximus Matildæ Comitissæ, virilis animi fœminæ, Sedis Apostolicæ propugnatrici, Christiana pietate insigni & liberalitate celeberrimæ, gratus hoc Monimentum posuit an. 1635.*

L'après-disnée j'allay vers la porte de sainte Agnes, ainsi appellée parce qu'on y passe pour aller à l'Eglise de sainte Agnes hors la ville. Cette mesme porte a esté nommée, *Numentana*, à cause qu'on alloit par la à *Numento*, Chasteau des Sabins ; de plus *Viminalis*, à cause d'vne oseraye qui estoit-là proche : *Pia* de Pie IV. qui la refit ; *Agonalis*, parce que l'on y transferoit les combats pendant l'inondation du Tibre ; & ainsi les Romains ont nommé toutes les portes de leur ville selon leurs phantaisies.

De ce lieu j'allay dans l'Eglise de *N. Dame de la Victoire*, bâtie à l'extrémité du Mont Quirinal par les Religieux Carmes Deschaussez, comme aussi le Monastere qu'ils desservent. Elle fut autrefois dédiée à S. Paul, mais depuis elle a esté consacrée à sainte Marie de la Victoire, parce qu'en l'an 1620. l'Empereur Ferdinand voulant reduire sous son obeïssance la ville de Prague, qui estoit dans la rebellion, livra trois combats sans succez contre les heretiques qui en estoient les maistres, & qui avoient fait outrage à vne Image de la sacrée Vierge, à qui ils avoient avec vne impieté sans pareille donné vn coup de poignard dans les yeux : Elle fut trouvée en cet estat par vn Soldat, qui la porta à vn Religieux Carme Deschaussé Confesseur de l'Empereur Ferdinand : Ce pere estant touché jusques au vif de l'outrage qui avoit esté fait à la sacrée Vierge, porta l'Empereur à donner bataille contre ces impies pour la quatriéme fois, luy faisant esperer vne victoire asseurée. Ce mesme Pere prit l'Image devant soy, & alla au combat avec l'Empereur, où fut remportée vne victoire tres-signalée contre ces Athées ; en reconnoissance de laquelle cette Eglise des Carmes Deschaussez fut bâtie. Or ces batailles sont fort bien representées dans vne Sale du Convent, où l'on voit ce Carme Deschaus, marchant devant l'Empereur au combat, & portant cette Image de la sacrée Vierge devant sa poictrine.

Cette Eglise est petite, mais belle: Entre plusieurs Chapelles, gentilles & polies; j'y vis celle que le Cardinal Cornaro a fait enrichir. Le devant de l'Autel est d'vne pierre de Lazaret de couleur celeste & tres-pretieuse, sur lequel est representée en bronze dorée, la Cene en laquelle N. Seigneur mangea l'Agneau Paschal avec ses Apostres. Au dessus de l'Autel l'on voit sainte Therese en extase, comme défaillante, & le Seraphim qui luy presente le dart; le tout en marbre blanc le plus beau qui se puisse voir: Et cet Ouvrage paroist d'autant plus, qu'il est comme éclairé des rayons dorez, qui descendent du côté du Ciel. Le tout est vn chef-d'œuvre de la main du Cavalier Bernin, qui a fait plusieurs beaux ouvrages qui rendront sa memoire immortelle. Des deux costez de l'Autel se voyent deux autres ouvrages en marbre blanc, où sont representez six Cardinaux de la famille de Cornaro. De là j'entray dans la Sacristie; où l'on me montra plusieurs Reliques; vne de sainte Agnes dans vne Chasse d'argent, de celles de S. Maurice martyr, vne de sainte Vrsule, de S. Marius & de S. Abdon martyrs. On me fit voir aussi plusieurs richesses données par des Princes & Princesses, entre lesquelles je remarquay vne Lampe d'or du don de l'Archiduc Leopold; & vne couronne d'or donnée par vn Prince d'Italie, vne sepulture de N. Seigneur en yvoir extrémement bien travaillée. Cela merite d'estre veu par les curieux. A la sortie de l'Eglise j'entray dans le jardin, &

Y

je vis de belles allées & d'agreables perspectives.

En passant dans la ruë *Pia*, je m'arrestay à considerer la belle fontaine, qui est appellée *L'Acqua Felice*, parce que Sixte V. qui l'a fait venir avec vne dépense incroyable, d'vn lieu nommé *Columna*, éloigné de Rome de 20. milles, s'appelloit *Frere Felix*, estant Cordelier, & auparavant qu'il fust Pape. C'est vn plaisir extréme d'y voir Moyse representé, qui regarde les eaux couler du rocher qu'il a frapé de sa verge, en pierre bien travaillée. L'on void à sa main droite le Grand Prestre Aaron, qui contemple cette merveille, le peuple tout à l'entour de luy, qui boit & emporte de l'eau pour sa provision, & à la gauche vn Capitaine avec vn autre peuple, qui se rafraischit à cette eau nouvelle. Sur les bords de cette fontaine il y a quatre Lions qui jettent l'eau de la gueule fort agreablement dans le reservoir; outre celle qui coule en abondance dessous ces figures; ce qui est fort commode à ces quartiers. L'on y voit ces paroles gravées. *Sixtus Quintus Pontifex Maximus, Picenus, aquam ex agro Colonnavia Prenestina, sinistrorsum, multarum collectione venarum ductu sinuoso, à receptaculo M. X X. à capite 22. adduxit.*

Au retour je passay à *la Place de Trevi*, où je m'arrestay pour considerer les trois gros boüillons d'eau, qui sont autant de torrens qui coulent de la fontaine de *Trevi*, qui fut reparée par Nicolas V. côme il est marqué par vne inscription, & est ainsi appellée, à cause que trois grandes ruës y aboutissent. Elle est aussi nommée *Acqua Virgine*, pour ce que la source en fut trouvée par vne jeune fille en la campagne, ou parce qu'elle n'est meslée d'aucune autre en chemin faisant, où mesme aussi parce qu'elle est la plus pure, la plus douce & la plus claire de toutes les eaux de Rome, & la meilleure à boire. Agrippa Edile la fit venir de 8. milles de Rome dans la voye Prenestine. Elle passe par vn Aqueduc bas du voisinage du Pont Salario, par la porte Colline, sous la Trinité du Mont & par le Champ de Mars.

Le 5. Ianvier j'allay visiter S. *André de la Valle*, qui est vne Eglise des Clercs Reguliers vulgairement appellez Theatins, qui ont esté fondez dans le commencement de cette maniere : Quatre personnes illustres par leur pieté renoncerent au monde & à sa pompe, pour embrasser le party de IESUS-CHRIST, & pour mener entr'eux vne vie religieuse. Pierre Caraffe Napolitain, illustre par sa doctrine & par sa pieté, estoit du nombre & en fut le premier Fondateur, & celuy qui luy donna son approbation quand il fut Pape du nom de Paul IV. En jettant les fondemens de l'Eglise on trouva des ruines du Theatre de Pompée, jusques où elle s'estend. L'on s'est servi pour la bâtir d'vn Palais donné par la Maison des Picolomini, & elle fut commencée par le Cardinal Iesualde, & achevée par vn autre Cardinal, nommé Montalte, comme tesmoigne vne inscription qui y est, & la place qui est devant l'Eglise est appellée la place de Sienne, pource que cette famille estoit de la ville de Sienne. *Alexander Perettus, Cardinalis Montaltus, in Picolomineorum domo, à Constantia Amalphis Duce Clericis Regularibus dono data, sancto Andreæ Templum ædificauit, Pio secundo & Pio tertio monimentum restituit, & ornauit 1614.*

L'Eglise est grande, & elle peut estre comparée aux plus belles de Rome. La première chose que j'y remarquay fut la peinture du plat-fond tout au haut de l'Eglise, & dans la coupole. On void particulierement vne vive representation du martyre de S. André Apostre en trois figures, qui sont l'ouvrage de Lanfranc. La premiere representente comme il fut attaché à la Croix par les bourreaux : La seconde le represente élevé sur sa Croix : La troisiéme le fait voir mort, & comme on fait effort pour le lever. Il y a aussi d'autres ouvrages de Dominiquain, autre Peintre celebre.

La seconde chose qui se presenta à ma veuë, furent les deux tombeaux des Papes Pie II. & Pie III. Oncle & Neveu, de la Maison des Picolomini, qui sont aux deux costez de la Nef. La structure en est d'autant plus belle & plus agreable à voir, que ces tombeaux sont fort élevez d'vne maniere extraordinaire & bien travaillée dans le marbre. Ie fus d'autant plus surpris, que je n'en avois point veu jusques alors, qui fussent bastis de cette maniere.

La troisiéme chose qui merite d'estre considerée dans cette Eglise, sont les Chapelles qui sont à l'entour, entre lesquelles il y en a quatre qui arresterent ma veuë & mon attention. Celle qui est plus proche de l'Autel du costé de l'Evangile, dédiée au bien-heureux Gaëtan Fondateur des Theatins : L'autre vis à vis du côté de l'Epistre, dédiée au bien-heureux André des Theatins : Les deux autres sont proches de la mesme porte. L'vne est celle de l'Assomption, ou autrement dite des Barberins, à cause qu'Vrbain VIII. l'a mise en l'estat où elle est : Pour son beau dessein, pour la richesse, pour la beauté de sa struture, & pour l'excellence de ses peintures faites par *Passignane*, & de ses sculptures faites par *Mochi*, elle peut passer pour vne des plus belles de Rome, quoy qu'elle ne soit pas des plus grandes. On y voit vn fort beau tableau de l'Assomption de la sacrée Vierge, & en ses environs il y a quatre belles statuës en marbre blanc ; l'vne de S. Iean Baptiste ; la seconde, de S. Iean l'Evangeliste; la troisiéme de la Magdelene, & l'autre de sainte Marthe. Cette Chapelle est riche d'Indulgences, qui les a Plenieres tous les Lundis, & est bâtie au lieu où fut autrefois jetté S. Sebastien dans vne Cloaque, apres avoir esté percé de flé́ches, & mis à mort par Diocletian. L'on y mit cette inscription en Latin. *Sanctus Sebastianus, miles Christi fortissimus, sagittis Diocletiani jussu conficitur, virgis cæditur, in cloacam deijcitur, inde à Lucina Matrona Romana eius monitu in somnis eximitur, & in Callixti Cœmeterio conditur. Facti indicem, plebs olim venerabunda ædiculam excitavit, quam Sixtus V. ea æquari solo permisit, vt illius pars nouæ ædis ambitu includeretur. Ad restituendam loci Religionem, reique memoriam, Cardinalis Barberinus hoc voluit extare monimentum.*

L'autre la derniere Chapelle qui est vis à vis, & qui est des Strozzi Florentins. Elle est richement encroûtée de beau marbre ; il y a sur l'Autel vne N. Dame de Pieté en bronze, & deux statuës aux deux costez de semblable matiere. Le retable est enrichi de Iaspe, lazaret, & autres pierres fines, & des deux costez de cette Chapelle l'on void quatre tombeaux des Strozzi Florentins du plus beau marbre noir qui se puisse voir. Estant entré de l'Eglise dans la Sacristie, l'on me montra quelques Reliques ; sçavoir d'vne Compagne de sainte Vrsule, de S. Fructuose martyr. L'on y montre aussi vne Lettre du Bien-heureux Caïetan (dont le corps est à Naples) & son buste qui est d'argent. Il est representé dans vn tableau de l'Eglise, portant vn Livre en main, & l'on y lit; *Nolite solliciti esse quid manducetis.*

Le 6. Ianvier j'assistay à l'Office du matin, qui se fit dans l'Eglise des Grecs demeurans dans la ruë, qui porte le mesme nom, & est appellée *ruë du Baboüin*, à cause d'vne statuë qui y est couchée proche d'vne fontaine; où mesme *del popolo*, à cause de l'Eglise de sainte Marie du peuple qui est à son extremité du costé de la porte. Dans cette Eglise donc l'on chanta la Grande Messe en Grec, qui fut répondüe par le Seminaire, composé de jeunes estudians du pays de Grece, gouverné par les Iesuites, comme les Seminaires du College Romain, de l'Apollinaire où sont les Allemans, des Anglois, Escossois, Hibernois, des Illyriens, des Maronites, & autres qui ont esté fondez par Gregoire XIII. lequel merite pour cela vne gloire immortelle, ayant par ce moyen retiré plusieurs jeunes gens de la mauvaise education, & du venin de l'heresie qu'on leur auroit fait prendre en ces pays qui en sont infectez.

Aprés la Messe achevée, selon les ceremonies des Grecs, l'on fit vne procession hors de l'Eglise, & en suite la benediction de l'eau pour leurs Fonds de Baptesme par le Celebrant, pource qu'en la feste de l'Epiphanie l'on fait la memoire du Baptesme, que N. Seigneur receut de S. Iean Baptiste, & mesme à ladite Grande Messe l'on y dit l'Evangile de ce Baptesme de N. Seigneur. Cette ceremonie, comme aussi celle de l'aprésdisnée, n'estant pas ordinaire dans l'Eglise Romaine, attire vne grande affluence de curieux.

Le College est proche de l'Eglise, & consiste en vn bâtiment assez beau & tres-commode; en vne Bibliotheque remplie de tres-bons Livres, & en assez bon nombre; en vn jardin qui n'est pas moins agreable pour les orangers qui y sont, qu'il est vtile aux Escholiers pour la promenade. L'aprés-disnée, j'entray dans la Chapelle du College *de Propaganda fide*, institué par Vrbain VIII. où se font des assemblées & des conferences pour trouver les moyens d'estendre la Foy parmy les Heretiques & les Infideles.

De là je me transportay au *Campo Vaccino*, ainsi appellé, parce qu'en ce lieu autrefois estoit le marché des bœufs, des vaches & des bufles, dans l'enceinte duquel je visitay cinq Eglises.

La premiere fut celle de sainte Martine, qui estoit autrefois vn temple de Mars le Vengeur, dédié par Auguste, dans vne maladie qu'il eut au temps de la guerre qu'il avoit contre Antoine. Quelques-vns tiennent aussi que le Senat s'assembloit en ce mesme lieu pour traiter des affaires de la guerre, & que c'estoit le lieu secret où l'on conservoit les actes du Senat; mais presentement cette place qui estoit employée pour les choses prophanes, est honorée de l'Eglise de sainte Martine, martyrisée du temps de Severus.

Cette Eglise a esté donnée aux Peintres au lieu de celle de sainte Lucie qui estoit proche de sainte Marie Majeure, laquelle le Pape Sixte V. fit abattre pour embellir la ville de ce côté-là; elle fut consacrée par S. Sylvestre, & l'on lit ces deux Vers sur la porte.

Martyrij gestans Virgo Martina coronam,
Ejecto hinc Martis numine, templa tenet.

Le Pape Vrbain VIII. l'a renouvellée jusques aux fondemens, & le Cardinal Barberin son neveu en a continué le dessein. Pierre de Cortone contribüera beaucoup à son embellissement par les riches peintures qu'il y a faites, & fait encor tous les jours.

Ie descendis en vne Chapelle sous-terre où le corps de cette Sainte est dessous l'Autel. Il y a esté apporté du Cimetiere de Callixte. L'on y voit déja quelques peintures de Pierre de Cortone qui a commencé de l'enrichir, mais son dessein n'est pas encor achevé. L'on voit, & l'on admire sur l'Autel de cette Eglise vne statuë de sainte Martine, representée couchée en marbre blanc, d'vne sculpture fort délicate, ouvrage du Cavalier Bernin ; comme aussi vn Tableau de Raphaël d'Vrbin representant S. Luc, sous le nom duquel cette Eglise est dédiée.

La seconde Eglise que je visitay, fut celle de *S. Pierre in carcere*, que l'on trouve au côté gauche de la décente du Capitole, à laquelle j'arrivay aprés avoir descendu vingt marches ou environ. Ce lieu fut dédié par S. Sylvestre Pape à S. Pierre, parce que là il fut pris & mis en la prison, dont les Romains se servoient pour emprisonner les méchans. Elle avoit esté bâtie par Ancus Martius, & augmentée de lieux soûterrains par Servius Tullius : d'où vient qu'elle fut appellée *la Tulliana*, où les conjurez selon Saluste furent étranglez. Ce lieu est fort frequenté & visité par devotion. Le premier jour d'Aoust l'on y celebroit la Feste en memoire des chaînes de S. Pierre, mais l'Imperatrice Eudoxie ayant demandé au Pape qu'elle fust transferée & celebrée dans vne Eglise nommée *San Pietro in vincola*, qu'elle avoit fait bâtir exprés : cela luy fut accordé.

La troisiéme est celle de S. Adrian *nel foro Romano*, qui fut autrefois un temple dédié à Saturne, reparé par Manutius Plancus, & qui avoit esté auparavant consacré par Marcus Minutius, & par Sempronius tous deux Consuls : Là fut aussi le thresor de Rome ou l'on conservoit les deniers publics, comme il est fait mention dans les Historiens qu'au temps de Scipion Æmilian il y avoit dedans onze mille livres d'or pur, & quatre vingt douze mille livres d'argent, outre une grande quantité de monnoye battuë, de laquelle l'on a trouvé quelque reste il n'y a pas long-temps en fouillant dans terre. Là aussi se conservoient les tables Elephantines, qui contenoient la description des trente-cinq Tribus de Rome. Quelques-uns veulent que c'est le lieu où l'on conservoit les Archives de toutes les écritures publiques, lesquelles Auguste fit brûler pour mettre fin aux procés & donner la paix à tout le monde.

Cette Eglise est une des anciennes Diaconies de Rome ; elle fut refaite la premiere fois, & consacrée par le Pape Honorius l'an six cent trente, & l'année neuf cent onze menaçant ruïne, elle fut rétablie par Anastase III. Pape, qui en consacra le grand Autel de ses propres mains. Le gouvernement en fut osté aux Chanoines, & fut donné aux Peres de la Mercy, qui ont pour Fondateur trois personnes considerables, entre lesquels le premier est Iacques Roy d'Arragon, lequel ayant remporté une victoire signalée contre les Sarasins, & ayant parce moyen délivré de leur tyrannie des Chrestiens esclaves, fut si agreable à Dieu, que lors qu'il estoit en oraison, il fut environné d'une grande lumiere, au milieu de laquelle la sacrée Vierge luy apparut qui l'exhorta à fonder cét Ordre, l'an 1334. à Barcelone en Espagne.

Le corps de S. Adrien est dessous l'Autel, & dans vne Chapelle à côté reposent les trois enfans, Ananias, Azarias & Misael, (lesquels refusans d'adorer la statuë de Nabuchodonosor, furent jettez dans la fournaise de feu ardent, & en furent retirez par vn Ange,) comme il est gravé dans vn marbre qui est sur l'Autel. On voit en divers endroits de l'Eglise des Catalogues imprimez des Esclaves qu'ils ont racheptez & retirez de l'esclavage des infideles, suivant le quatrieme vœu qu'ils font de s'employer fidelement à cette charité.

La quatriéme est l'Eglise de S. Cosme & S. Damian, *nella via Sacra, & nel campo vaccino*, autrefois le Temple de Castor & de Pollux. Quelques-vns mesme disent de Remus & de Romulus, quoy que sans fondement. Felix III. la consacra à ces Saints, & estant toute ruïnée du temps de S. Gregoire il la rétablit, en sorte qu'elle est titulaire d'vn Cardinal, & gouvernée par des Religieux du tiers Ordre de S. François, qui ont eu leur origine l'an 1221.

Les portes de cette Eglise sont de bronze, & furent apportées de Perouse. Le Pape Vrbain VIII. l'a remise en bon ordre; & cela se void par cette inscription : *Vrbanus Octavus templum geminis Vrbis conditoribus, superstitiosè dicatum, à Felice III. sanctis Cosmæ & Damiano fratribus, piè consecratum, vetustate labefactatum in splendidiorem formam redegit.*

On voit sur l'Autel l'Image de la sacrée Vierge dite de S. Gregoire, que l'on dit luy avoir parlé, le reprenant de ce qu'il avoit discontinué de la saluër depuis qu'il avoit esté élevé au souverain Pontificat. Cette Image paroist fort belle, & comme animée à celuy qui la regarde attentivement. S. Gregoire la transporta du lieu où elle estoit, & la fit mettre en ce lieu, accordant le privilege de délivrer vne ame du Purgatoire, à celuy qui celebreroit la Messe sur cét Autel. L'on void derriere l'Autel N. Seigneur & ses Apostres en ouvrage à la Mosaïque, ancien à la verité, mais fort bien travaillé & fort estimé.

Entre plusieurs Chapelles il y en a vne proche la porte, où l'on me monstra sous son Autel vn vase de Porphyre, remply de Reliques de plusieurs Saints, & sur le mesme Autel vne ancienne Image de N. Seigneur mis en Croix avec sa Robe, & attaché avec quatre clouds. Là sont conservez les corps de S. Cosme & de S. Damian, comme aussi trois autres de leurs compagnons, Anumus, Leontius, Euprepius. Sortant de l'Eglise je fus conduit fort bas dessous les voûtes où les Religieux celebroient autrefois l'office. L'on m'y monstra vn Autel où reposent les ossemens de Felix Pape, comme ceux des saints Marc, Marcellian, & Tranquillian Martyrs. Là aussi est vn Puits tres-profond, où l'on jettoit autrefois les Chrestiens durant les persecutions; l'eau en guerit les malades. Descendant plus bas l'on me monstra vn petit Autel de marbre, sur lequel S. Felix Pape celebroit la Messe, & là se voit aussi vne fontaine d'eau claire qui ne croist, ny de décroist en aucune saison de l'année.

La cinquiéme & la derniere est l'Eglise de sainte Françoise Romaine, Veuve canonizée par Paul V. qui est gouvernée par des Religieuses de l'Ordre de S. Benoist. Ie descendis à la belle Chapelle dessous terre, sur l'Autel de laquelle est le corps de cette Sainte. En ce lieu se voyent de beaux balustres, sur lesquels sont diverses Lampes allumées dans l'Eglise. Dans vne autre Chapelle l'on voit le Tombeau érigé par le Senat du peuple Romain, à Gregoire XI. qui par inspiration divine & par la persuasion de sainte Catherine de Sienne, restablit le saint Siege dans la Ville de Rome aprés avoir esté dans la Ville d'Avignon l'espace de soixante & dix ans. Sainte Françoise Romaine est representée dans les Tableaux en habit de Religieuse, avec son Ange-Gardien auprés d'elle, qui luy presente vn livre, où sont écrites ces paroles en Latin. *Tenuisti manum meam dexteram, & deduxisti me in via tua, & in gloria suscepisti me.*

Dans ce mesme *Campo Vaccino* je vis plusieurs antiquitez. La premiere, sont les restes *du temple de la Concorde*, que les Romains adoroient comme inventrice & conservatrice de toutes choses. Il estoit vn des principaux qui fussent dans Rome, & il fut bâty par Camillus pour s'aquitter du vœu qu'il en avoit fait. Il estoit situé dans le Capitole sous le Palais du Senateur, & élevé au dessus de quelques colomnes, dont huit sont encor restées, & sur l'architrave desquelles l'on lit ces paroles, *Incendio consumptum Senatus Populusque Romanus, restituit*. L'on peut aisément juger qu'il faloit monter plusieurs dégrez pour y aller. L'on s'y assembloit souvent pour haranguer, & pour tenir le Senat. Plusieurs statuës ornoient ce temple, comme celles de Mercure, de Mars, de Minerve, de Ceres, d'Esculape, & de Digia sa fille Déesse de la santé, de Balteus qui adoroit Apollon, & plusieurs autres.

La seconde antiquité que je vis, fut le Temple *di Giove Statore*, qui estoit au pied du mont Pa latin, tout proche de l'Eglise de sainte Marie Liberatrice, dont on voit encor trois colomnes sur pied, enfoncées en terre, qui restent du Temple que Romulus bâtit en l'honneur de Iupiter, appellé *Stator*, en suite du vœu qu'il avoit fait, à cause qu'au mesme lieu il avoit arresté la fuite des soldats Romains qui fuyoient les Sabins déja entrés dans la Ville de Rome qu'ils vouloient surprendre, & qui les en repousserent & chasserent avec avantage. Ce Temple fut pourtant brûlé avec la ville du temps de l'Empereur Neron. Quelques-vns pensent que ces trois colomnes cannelées sont des restes de quatre-vingt, sur lesquelles estoit appuyé le Pont d'or de Caligula qui fut fait avec vne dépence incroyable, & par dessus lequel il alloit de son Palais dans le Capitole.

La troisiéme fut le Temple *di Giove Tonante*, dont on ne void de reste que quelques colomnes. Il fut bâty sur la montée du Capitole, en suite d'vn vœu qu'avoit fait l'Empereur Auguste, parce que la foudre ayant tombé sur sa Litiere, il n'en avoit esté aucunement blessé, quoy que son serviteur y fut tué, desorte qu'en action de graces il fit bâtir ce Temple, où il y avoit vne statuë de Iupiter representé avec le foudre à la main.

La quatriéme fut vn lieu où il y a presentement vne belle fontaine & où autrefois estoit vn gouffre, & vne fondriere qui avoit englouty avec soy plusieurs maisons, & qui exhaloit des vapeurs pestilentielles qui infectoient Rome, ensorte que l'Oracle ayant esté consulté de la cause & de l'origine de ce mal-heur, il respondit qu'il ne cesseroit point, qu'ils n'eussent jetté auparavant dans ce trou tout ce qu'ils avoient de plus precieux:

mais comme on y eut en vain jetté or, argent & pierreries; Curtius jugeant qu'il n'y avoit rien de si pretieux que la vie de l'homme; il se jetta dans cét abysme, monté à cheval & armé de toutes pieces, croyant par ce moyen délivrer la ville de la peste dont elle estoit affligée.

La cinquiéme antiquité que je vis, fut le lieu que l'on nomme, *Rostra nova*, dont il ne reste plus que des murailles qui sont au pied du mont Palatin. Il estoit ainsi appellé, parce que là se mettoient *gli Speroni* des Galeres prises sur les ennemis. Ciceron à souvent parlé & harangué en ce lieu, le peuple Romain. Là mesme on attacha sa teste & sa main au bout d'vne pique, & exposez à ce peuple par le commandement de Marc Antoine l'vn des Triumvirs, contre lequel il avoit composé les Philippiques qui furent le motif d'vne vengeance si cruelle & si rigoureuse. On appelloit ce lieu *Rostra nova*, à la difference d'vn autre qu'on nommoit *Rostra vetera*, & qui estoit aussi appellé *comitia*, parce que là le Senat & le peuple Romain s'assembloit pour traiter des affaires importantes à la Republique; & ce lieu estoit vers sainte Marie nouvelle.

La sixiéme antiquité que j'eus sujet d'admirer, furent les *Arcs triumphaux de Septimius Severus, de Vespasian & de Constantin*: les trois plus beaux que l'on ait veu dans Rome & qui ont esté les moins démolis. Car quoy qu'ils soient dépoüillez de la plus grande partie de leurs ornemens; la figure neantmoins & la forme n'en est point corrompuë. Celuy de *Septimius Severus* est dans son entier, quoy qu'vn peu enfoncé en terre, ce qui est arrivé par les ruïnes des bâtimens qui ont haussé par succession de temps le terrein qui est à l'en-

& d'Italie.

tour. Il fut dressé en son honneur aprés avoir surmonté les Parthes. Des deux costez de cét Arc sont representez en sculpture les trophées & les victoires qu'il a remportez, tant sur mer que sur terre, comme aussi les païs qu'il a conquis. Or cét Empereur ne pouvant aller en triomphe à cause de son incommodité, il en ceda l'honneur à son fils. Sur cét Arc triomphal l'on peut voir cette inscription Latine; *Imperatori Cæsari Lucio Septimio Patri Patriæ, Parthico, Arabico & Parthico Adiabenico, Marco Aurelio Antonino Augusto Pio, optimis fortissimisque Principibus, ob Rempublicam restitutam, imperiumque Populi Romani propagatum, insignibus virtutibus eorum, domi forisque S. P. Q. R.*

Le second est celuy de *Vespasian*, & de son fils *Titus*, qui est vn peu plus éloigné du Capitole que le premier, & situé dans la voye sacrée, & tout proche du lieu qui s'appelloit *Comitia*, où se faisoient les assemblées du Senat. Il fut érigé tout de marbre, par le mesme Senat & le peuple Romain en l'honneur de Vespasian & de Tite son fils, aprés la prise de Hierusalem, qu'ils reduisirent sous la puissance de l'Empire Romain. Cette si celebre victoire est representée en bas relief à l'entour de cet Arc, & y sont gravées les pompes du Triomphe, & les dépoüilles qu'il remporta sur les Iuifs, comme l'arche de l'ancien Testament, le Chandelier à sept branches, la Table où on mettoit les pains de proposition, les Tables des dix commendemens que Dieu donna à Moyse, & les vases sacrez de pur or, dont les Iuifs se servoient dans les sacrifices, avec vn Empereur triomphant dans vn Chariot tiré par quatre chevaux. On y lit cette inscription; *Senatus Populus-*

que Romanus Divo Tito Divi Vespasiani filio Vespasiano Augusto.

Le troisième qui est le plus beau, tant à cause de ses statuës qui estoient si bien faites, que l'on en a coupé les testes par curiosité, qu'à cause des bas reliefs qui sont admirez par les plus sçavans dans la graveure, est celuy *de Constantin*, dressé à l'vn des bouts de la voye Appie, & élevé en son honneur par le peuple Romain, aprés avoir remportée cette signalée victoire sur le Pont Molle contre Maxence, qui aima mieux se précipiter dans le Tibre, que d'entrer dans la ville de Rome pour estre vn objet d'ignominie. L'on y voit plusieurs trophées, & divers autres Arcs triumphaux représentez. Sur le frontispice il y a ces paroles, *Imperatori Cæsari Flavio Constantino, Maximo, Augusto; quod instinctu Divinitatis, mentis magnitudine, cum exercitu suo; tam de Tyranno, quam de omni eius factione iustis Rempublicam vltus est Armis, arcum triumphis insignem dicauit S. P. Q. R.* D'vn costé l'on voit aussi ces paroles escrites, *Liberatori Vrbis;* & de l'autre, *Fundatori quietis.*

Ie me contenteray d'avoir fait mention de ces trois, comme des plus considerables, quoy que l'on voye encor des restes de quelques autres qui estoient erigez en l'honneur de ceux qui se signaloient par de belles actions, comme en soûmettant à l'Empire Romain quelque Pays, Royaume, Province ou Nation estrange, & lesquels on faisoit entrer en triomphe dans la ville de Rome, dans vn chariot, devant lequel les esclaves vaincus & pris en guerre marchoient chargez de chaisnes; comme aussi devant & aprés l'on portoit les figures des Chasteaux, des Forteresses &

des Villes qu'ils avoient subjuguées & reduites sous la puissance de l'Empire Romain.

La septiesme & la derniere antiquité que je vis en ce jour, fut *le Temple d'Antonin & de Fausti-ne*, dont il ne reste plus que dix colomnes, au dessus desquelles sont ces paroles, *Divo Antoni-no, & Diva Faustine & S. C.* L'on a basti sur ses ruines l'Eglise de S. Laurens *in miranda*. Là tout proche estoit l'Arc de Fabius.

Le septiéme Ianvier j'allay à *la Trinité du Mont*, lieu ainsi appellé, à cause d'vne Eglise qui y est dédiée à la tres-sainte Trinité & gouvernée par des Peres Minimes. Elle est située *al colle Pincio*, que l'on nomme ainsi, à cause que Pincius Consul avoit là son Palais, dans vne situation agreable. Cette Eglise a esté fondée par Loüis XI. Roy de France, à la persuasion de saint François de Paule Fondateur de l'Ordre des Minimes, qui a eu son commencement l'année 1450.

En ce Convent dont le Roy de France est Patron, tous les Religieux sont François, & il ne peut y en avoir d'autres. Le General mesme n'y peut demeurer que dans le temps de sa visite, s'il n'est point François. Cette Eglise a esté mise entre les Titres des Cardinaux par Paul V. Quelques Cardinaux & quelques Seigneurs François l'ont ornée à leurs despens, & elle a esté embellie de belles Chapelles avec des Peintures de Daniel de Volterre, de Zuccaro & autres Peintres celebres. Entre ses Chapelles il y en a vne particuliere pour ceux de la Maison de Borghese. Quoy que l'abord de cette Eglise soit vn peu difficile, car elle est située sur vne haute montagne, elle est neantmoins des plus frequentées de Rome, les Romains y estant attirez, ou par la beauté

Z

du lieu, ou par les devotions qui y sont frequentes, ou par la civilité des Peres qui y reçoivent tous venans avec vne grande douceur & vne affabilité particuliere.

Sous la conduite de l'vn d'eux, j'entray dans le Convent, & vis les jardins, où de dessus des terrasses elevées je descouvris facilement & avec vn singulier plaisir, la plus grãde partie de Rome; ce lieu estant fort élevé & proche la vigne de Medicis & du Palais de Federicus Zuccarius ce fameux Peintre; mais en suite montant au Clocher, dont la hauteur est encor plus avantageuse, je découvris à plein vne bonne partie des quartiers de la Ville. L'air y est si doux, que l'on y void des fleurs en toutes les saisons de l'année. Il fait certes beau, & c'est vne chose tout à fait agreable, que de se promener dans ce jardin, qui fait comme vne terrasse en forme d'amphitheatre à l'égard de la ville de Rome.

Dans le Cloistre du Monastere, les miracles de S. François de Paule sont dépeints tout autour; entre lesquels il y en a qui sont tout à fait extraordinaires; Tous les Roys de France y sont aussi tirez au naturel. Passant par les allées des Dortoirs, j'y vis deux agreables perspectives, dont l'vne est de S. François de Paule, & l'autre de S. Iean écrivant son Apocalypse avec son Aigle auprés de luy. Quand on en approche, l'on n'y remarque qu'vn païsage & quelques villages qui sont representez. Il y a aussi vn quadran solaire des plus artificiels & des plus ingenieux qui se puissent voir & inventer. Là vn rayon de lumiere venant de reflection, marque les heures à l'Italienne, &, qui plus est, fait voir qu'elle heure il est en mesme temps en diverses parties du mon-

& d'Italie.

de, que l'on connoiſt pour les differentes couleurs des lignes. Les Curieux ne doivent pas omettre de voir cette Horloge ſolaire, qui merite d'eſtre admirée. De là j'allay dans la Bibliotheque qui eſt remplie de bons Livres, & en aſſez bon nombre, ſi l'on conſidere la petiteſſe du lieu. Dans le Cloiſtre l'on me fit remarquer vne ancienne & aſſez belle peinture, où eſt repreſenté le Pape en ſon Conſiſtoire, recevant de la main d'vn Cardinal la ſupplique pour la canonization de S. François de Paule.

Dans l'Egliſe eſt vn tableau de Raphaël d'Vrbin, qui repreſente la transfiguration de N. Seigneur ſur le Mont Thabor. L'on y voit auſſi les tombeaux des Cardinaux, de Carpi, Craſſo, & Bellai, & celuy de Lucrece de Rovere fille d'vne ſœur de Iules II. & de M. Moret, Orateur tres-eloquent, pour lequel on a fait cét Epitaphe.

Hic Marci caros cineres Roma inclita ſervat,
 Quos patria optaſſet Gallia habere ſinu.
Stat colle hortorum tumulus, ſtat proximus aſtris,
 Qua propius puro contigit ille animo.
Tu ſacros latices lachrymans aſperge Viator;
 Et dic, Heu lingua, hic fulmina fracta jacent.

Il y a vn projet d'vn eſcalier pour monter de la place d'Eſpagne en cette Egliſe, qui ſera vne grande commodité pour ceux qui demeurent en ce quartier, & qui ſera vn ornement conſiderable à la Ville de ce coſté là.

L'aprés-diſnée j'allay dans l'Egliſe Profeſſe des Ieſuites, où j'aſſiſtay à l'Exercice ſpirituel, qui ſe fait tous les Vendredis en memoire de la Paſſion

Z ij

de N. Seigneur, où après quelques prieres qui se chantent par des Prestres en surplis; & auxquelles il est répondu par le peuple qui est dans l'Eglise à genoux devant le S. Sacrement exposé; il se fait deux exhortations par deux Peres Iesuites. La premiere fut pour adorer les cinq playes de N. Seigneur meslée de *Pater noster* à cinq differentes intentions pieuses, & se fit à genoux avec le surplis par le Iesuite qui avoit chanté l'Oraison, que tout le monde escouta aussi à genoux. La seconde, fut comme vn petit entretien aussi par vn Pere Iesuite, le tenant debout avec le surplis: en suite l'on chanta le Salut. I'ay voulu raconter en détail ce qui se passe dans cette devotion publique, qui est vne des plus considerables de Rome, & qui attire vn grand nombre de personnes vertueuses, qui ne manquent pas de s'y trouver, & d'exciter les autres par leur exemple, qui s'entretiennent ainsi dans la pieté & dans la devotion. Vn semblable exercice se fait tous les Samedis en l'honneur de la Vierge par les mesmes Peres, qui par leurs soins ordinaires entretiennent la plus grande partie des devotions qui se font dans Rome.

Le 8. Ianvier j'allay à l'Eglise de S. Iean des Florentins, laquelle est proche le Pont S. Ange, & prés du Tibre, & gouvernée par des Ecclesiastiques. Les Florentins commencerent à la bâtir l'an 1488. en l'honneur de S. Iean Baptiste & des Saints Cosme & Damian qu'ils avoient invoqué par leurs prieres pour faire cesser les grands tremblemens de terre, & la peste qui estoit si forte dans Rome, qu'elle faisoit vn ravage extraordinaire: mais personne n'osant assister les pestiferez les Florentins s'assemblerent & se partagerent dans la Ville, presterent leurs secours aux malades, & ensevelirent les morts. Leon X. donna à cette Eglise titre de Paroisse pour tous les Florentins qui se rencontreroient dans Rome en quelque endroit qu'ils fussent. Clement VII. luy a donné les corps de S. Prothée & de S. Hiacinthe, qui estoient auparavant dans l'Eglise du Sauveur. Le dessein de l'Eglise a esté donné par Iacques de la Porte, & celuy du grand Autel par Cortone. Elle est belle & grande, & contient plusieurs Chapelles, entre lesquelles je remarquay celle des Falconiens Florentins, qui sera magnifique quand elle sera achevée : car elle sera entierement revestuë de beau marbre jaspé ; mais entr'autres, il y a quatre colomnes de marbre jaspé apporté de Narbonne, dont la moindre n'a pas cousté moins de mille escus. Entre ces colomnes il y a deux statuës de marbre blanc, l'vne de N. Seigneur recevant le Baptesme ; & l'autre de S. Iean Baptiste, qui le luy donne ; & ce sont deux pieces dignes d'estre admirées. Proche de là l'on voit la Chapelle du Cardinal Sachetti Florentin, où est vn Crucifix de bronze fort beau, travaillé avec vn grand artifice. Il y a dans les Chapelles divers autres tableaux des plus excellens Peintres ; comme de Sermonette, de Passignan, de Cigoli ; L'on admire sur tout vne Resurrection de Lanfranc, & le raccourcissement de N. Seigneur dans la voute d'vne Chapelle ; vn S. François, ailleurs vne Magdelaine élevée par les Anges, & vne Assomption. Ce sont autant de chef-d'œuvres de Peintres. L'on y voit aussi vne memoire des Barberins, d'où sont sortis tant de personnes illustres ; entr'autres le Pape Vrbain VIII. *Anthonio Barberino Patritio Florentino,*

Z iij

integritate, eruditione, constantiâ, & eximiâ erga patriam charitate conspicuo; cujus ossa ob novam templi constructionem permixtim translata jacent. Carolus Barberinus hic voluit extare monimentum 1602. Cette Eglise est desservie avec beaucoup de solemnité, & dans l'Octave du S. Sacrement l'on y fait vne celebre procession, où il se trouve vn grand coucours de peuple.

Les Florentins firent bâtir vn Hospital pour les pauvres de leur Nation l'an 1608. lesquels ils y recoivent, & traitent avec vne grande charité.

Ie passay au milieu des colomnes que le Pape Alexandre VII. fait élever à l'entour de la place de S. Pierre, Ie consieray qu'il y aura au milieu vne belle allée couverte d'vne voute, par laquelle on fera la Procession du S. Sacrement à couvert, & deux autres moindres allées aux deux costez. Ce dessein paroist des plus magnifiques pour la multitude & la grosseur des colónes. Il y aura au dessus vn balustre des deux costez. Le Cavalier Bernin conduit cét ouvrage, côme aussi celuy de derriere l'Autel de S. Pierre, Eglise la plus superbe de la Chrestienté, pour la multitude de ses belles colomnes, que je vis derechef & admiray. En passant dans les ruës je vis devant toutes les boutiques des Lampes allumées, ce qu'ils font tous les Samedis en l'honneur de la sacrée Vierge, pour laquelle les Romains ont vne veneration tres-singuliere.

Le 9. Ianvier j'allay à l'Eglise de S. Celse & de S. Iulian, proche le Chasteau S. Ange. Quoy qu'elle soit petite & Paroissiale, il y a des Chanoines qui sont assez bien rentez, & l'on y voit vn tableau d'vne Vierge fort bien-fait.

L'Eglise de S. Hierosme, qui n'est pas élignée dn Palais des Farneses, est gouvernée par des Prestres qui vivent ensemble, côme ceux de l'Oratoire de l'Eglise neuve: aussi est-ce le lieu où a commencé cette illustre Congregation, laquelle est acreuë avec vn succez si avantageux à l'Eglise, par les soins & par les veilles de Philippes de Neri, qui en est le Fondateur. Quoy que cette Eglise ne soit pas grande, dans sa structure elle me parût fort agreable & bien proportionnée. La Chapelle des Seigneurs de Spada est belle: aux deux costez vous y voyez deux tombeaux de marbre tres-exquis. On voit devant l'Autel le portrait de S. François d'Assise & celuy du B. Guy de Spada, dont le corps est à Boulogne. Il estoit Religieux de l'Ordre de S. François, & est marqué là comme S. François au commencement de sa conversion, ayant esté maltraité par des voleurs fut receu avec grande charité & treshonorablement par trois Seigneurs de la Maison de Spada, dont la Chapelle que l'on voit en cette Eglise est tout à fait encroûtée de marbre, comme vn baluftre que deux Anges de marbre tiennent en façon de tapis; & quand on entre dans la Chapelle l'on replie les aisles de ces deux Anges, en sorte que l'on croit toucher à vn veritable tapis, tant cela est travaillé avec artifice.

Ie visitay ce mesme jour l'Eglise des Barnabites consacrée à S. Charles Borromée Cardinal, & Archevesque de Milan. Elle est bâtie à la moderne, belle dans ses Chapelles, & considerable pour sa grandeur. Elle est du nombre de celles qui meritent d'estre veuës. L'office s'y fait avec vne devotion si exemplaire que cela attire les bonnes Festes vn grand concours de monde qui se trouve present à ces devotions. Cette Eglise

Z iiij

fut commencée l'année 1612. & Paul V. l'érigea en paroisse, & la substitua à vne autre qui estoit auparavant fort ancienne. Sixte V. mesme luy donna vn titre de Cardinal. La mesme année que ces Peres commencerent cette Eglise, ils fonderent vne Confrairie de l'humilité, dans laquelle plusieurs personnes de condition & plusieurs artisans se sont enrôllez, & s'assemblent tous les Dimanches. L'on fait vn sermon aux premiers le matin, & aux derniers l'aprés-dinée, pour les exhorter à faire la sepmaine, quelque acte de charité ou d'humilité, que ces Peres qui font ces sermons recommandent par dessus toutes choses, & qu'ils tâchent de pratiquer parmy eux. Le saint Sacrement est exposé tous les deux seconds Dimanches des mois. Il y a en cette Eglise plusieurs belles Chapelles & Autels, mais je m'arrestay particulierement à considerer le grand Autel qui est merveilleusement bien orné. Il y a deux colomnes de porphire des deux costez le plus beau qu'il se puisse voir. Le tableau du milieu represente S. Charles ayant la corde au col, pieds nuds, à genoux devant vn Autel, ce qui est vne action d'humilité que ce grand Saint fit à Milan pour appaiser la colere de Dieu qui avoit frappé cette ville du fleau de la peste. Au dessus du tableau est écrit en lettres d'or; *Humilité*, & au dessus il y a vne Couronne d'or. Au dessus du tableau de S. Charles, la Charité & la Prudence sont representées en belles statuës de marbre. Les peintures de cette Eglise sont fort estimées, celles qui sont dans la voûte au dessus de l'Autel, sont de Lanfranc excellent peintre, & representent le Pere, le Fils, & le S. Esprit en forme de Colombe, la Vierge au dessous, & S. Charles en posture de suppliant à ses pieds, tout environné d'Anges; ce qui est aussi industrieusement travaillé qu'il est beau à voir. A l'entour de la coupole qui est au milieu de l'Eglise, ces paroles sont écrites en grosses lettres: *Ecce Sacerdos magnus, qui in diebus suis placuit Deo, & in tempore iracundiæ factus est reconciliatio.* Il y a aux quatre coins qui soûtiennent la coupole, les quatre vertus Cardinales representées en peinture; ce qui donne autant de reputation à Dominiquain autheur de cét ouvrage, que de satisfaction aux curieux qui contemplent avec plaisir ces riches peintures que l'on ne sçauroit voir sans les admirer.

Le dixiéme Ianvier j'allay voir l'Eglise de sainte Cecile *in Trastevere*, ainsi appellée à cause qu'elle est au delà du Tibre. C'est vn Convent de Religieuses de S. Benoist, où l'on ne reçoit que des filles nobles. A l'entour de l'Autel de l'Eglise bâtie au lieu où avoit esté autrefois la maison de sainte Cecile, plusieurs Lampes d'argent sont allumées de mesme qu'en plusieurs autres endroits, comme devant vn Crucifix qui est dans vne Chapelle à l'entrée de l'Eglise, dans quatre Oratoires qui sont dessous l'Eglise, & en d'autres lieux, de sorte que l'on en pourroit bien compter en tout prés d'vne centaine, ce qui est vn témoignage de la veneration des Romains pour cette grande Sainte. Elle est soûtenuë de plusieurs piliers de pierres noires des deux costez, & mesme il y a cinq ou six tombeaux assez remarquables; particulierement celuy d'vn Cardinal Sfondrato neveu de Gregoire XIV. qui eut soin de faire transporter le corps de sainte Cecile du Champ de Mars en cette Eglise, où l'on monstre mesme deux anciens canaux de Bains, Ie descendis de l'Eglise par plusieurs dégrez dans les Oratoires qui sont sous le grand Autel. En celuy du milieu l'on honore le corps de sainte Cecile, en l'vn des deux autres qui sont à côté l'on revere les Reliques de sainte Agnes, & en l'autre celles de sainte Catherine. Faisant vn petit tour l'on monte en l'Oratoire où sont les corps de S. Valerian époux de sainte Cecile, de S. Tiburce frere de Valerian, de S. Vrbain, de S. Luce, & de Maxime Martyrs, ensemble de plusieurs autres alliez de sainte Cecile. Outre ces corps Saints il y a encor en cette Eglise vn grand Reliquaire que l'on ouvre aux grandes Festes, & où se voyent plusieurs Reliques pretieuses qui sont honorées par vn grand concours de peuple.

Ce mesme jour ayant passé le Pont *Fabricius*, ou *Tarpejus*, qui joint la ville à l'Isle de S. Barthelemy, & qui est aujourd'huy appellé le Pont des quatre testes, à cause d'vne petite colomne de pierre où il y a quatre testes representées au haut, qui se voit au bas de la place qui est devant l'Eglise de S. Barthelemy, qui donne le nom à l'Isle où elle est située, & qui fut autrefois vn temple dédié à Iupiter, & plus probablement selon quelques-vns à Esculape; je vis cette Eglise des Religieux de saint François. Le corps de S. Barthelemy Apostre, qui fut apporté de Benevent à Rome par Othon III. Empereur, y est dans vn grand vase de porphyre tout d'vne piece sous le maistre Autel, & ce porphire est des plus beaux qui se voyent dans toute l'Italie. Sur ce mesme Autel il y a quatre belles colomnes aussi de perphire. A main droite au dessus est la Chapelle de la Vierge appellée *Santissima*, à l'entour de laquelle la vie est representée en bel-

& d'Italie.

les peintures. Vn Pape a accordé à chaque Religieux de ce Convent de délivrer vne ame du Purgatoire, pour laquelle il aura celebré la Messe. Cela est écrit contre la muraille. De l'autre côté de l'Eglise il y a vne Chapelle de pareille grandeur à celle de la sacrée Vierge, sur l'Autel de laquelle reposent les corps de S. Paulin Evesque de Nole, de S. Aldobert aussi Evesque, de S. Emperance, & de S. Marcel Diacre & Martyr, lesquels furent trouvez dans le Puits qui est vers le grand Autel ; sans parler de plusieurs autres Reliques qui sont en veneration en cette Eglise ; dans le plat-fond de laquelle le martyre de S. Barthelemy est representé en belles peintures. De là j'entray dans vn petit Cloître fort étroit, où les Religieux ont pratiqué vne plate-formé entre les deux courants du Tibre qui est au pied de leur maison. Ils sont dans l'Isle du Tibre qui se forma des pailles & des bleds de Tarquin le superbe chassé hontensement de Rome, & qui furent par l'ordre du Senat jettez dans le Tibre, pour lors extraordinairement bas, & dont s'est formée cette Isle qu'on appelle, *isola Tiberina*. Elle n'est pas large, & peut-estre longue de la sixiéme partie d'vn mille au plus. Elle porte la figure d'vn Navire, & vous discernez facilement le côté qui fait la proüe & celuy de la poupe, la statuë d'Esculape, d'Epidaure où elle estoit, fut apportée en ce lieu dans vn Navire, dont la figure fut gravée dans la pointe de l'Isle, que les inondations du Tibre ont effacée en partie, comme aussi le serpent de ce Dieu Esculape auquel l'Isle fut dédiée & vn Temple bâty dans son contenu. Auprés de ce Temple il y avoit vn Hospital où on avoit soin des infirmes, & tout proche vn autre temple dédié à Iupiter par *Cajus Fulvius Duumuir*, pour s'aquitter du vœu qu'il avoit fait dans la guerre contre les Gaulois. Dans la prouë de cette Isle qui est tournée du côté du Pont de Sixte, il y avoit autrefois vn temple de Faune dont on voit encor aujourd'huy les vestiges. *Cneus Scribonius*, Edile le fit bâtir des deniers qu'il fit payer aux Bergers pour les dommages que leur bétail avoit faits.

De ce lieu j'allay par le Pont qui joint le Trastevere à l'Isle qui passe de l'autre côté. Il eut autrefois le nom de *Sestio*, ou *Esquilino*, & fut reparé par Valens & Valentinian Empereurs. Il se nomme aujourd'huy le Pont de S. Barthelemy, à cause de l'Eglise dont nous venons de parler. Sur vn marbre on lit ces paroles. *Pontem fœlicis nominis Gratiani ad vsum Senatus ac Populi Romani constitui dedicarique jusserunt.*

Et sur les arches du Pont de quattre capi, sont écrites ces paroles, *Lucius Fabritius c. f. car. na. faciundum curavit, idemque probavit. Quintus Lepidus. M. F. M. Lollius. M. F. coss. probaverunt.*

Le onziéme Ianvier je vis la *rupe Tarpeïa*, qui est vers le Capitole, & qui n'est autre chose qu'vn rocher escarpé, du faîte duquel par ordre du Senat Manlius Capitolinus fut precipité aprés avoir esté convaincu du crime de trahison contre sa patrie, & nommément contre la Ville de Rome, dont il vouloit se rendre le maistre. Quelques-vns pretendent que les ruïnes qui se voyent à sainte Marie de consolation, sont les restes de la maison d'Ovide, & d'autres veulent que ce soit en vn autre lieu qui est proche de la porte Carmentale.

L'on voit encor les restes du *Pont Sublicius*,

sur lequel *Horace* dit *Cocles*, noble Capitaine Romain assisté de deux autres, soûtint l'effort de l'armée des Toscans, qui vouloient forcer la Ville de Rome pour y rétablir Tarquin qui en avoit esté chassé; & par sa resistance il donna temps aux Romains de rompre le Pont, & d'empescher par ce moyen l'entrée aux ennemis dans la ville. Mais il est à remarquer que de ce Pont qu'Æmilius Lepidus fit de pierres, Heliogabale ce monstre de nature fut precipité dans le Tibre avec vne pierre au col.

Le lieu que l'on voit proche de sainte Marie *in Trastevere*, & du Tybre, n'estoit pas celuy où estoit la maison de Pilate, mais bien des bains de quelque particulier.

Le douziéme Ianvier j'allay sur l'Aventin vne des sept montagnes. Elle a gardé son nom ancien, mal-heureuse pour la dispute qu'eurent ensemble Remus & Romulus, & où le premier laissa la vie. L'on tient qu'Ancus Martius quatriéme Roy des Romains la donna aux Sabins pour habiter, & les autres veulent qu'on ne commença à y demeurer que dans le temps de l'Empire de Claudius. Ie laisseray cette dispute, & cependant j'assureray qu'elle n'est pas des moins habitées.

Ie visitay sur cette colline l'Eglise de S. Alexis, qui fut autrefois le temple d'Hercule le Vainqueur. Elle est gouvernée par des Hieronymites, & est titulaire d'vn Cardinal. Quoy qu'elle n'ait rien de considerable, ny pour sa grandeur, ny pour ses peintures & sculptures, elle est neantmoins frequentée pour honorer la memoire de ce grand Saint, lequel vécut dans vne penitence si exemplaire, qu'il demeura inconnû l'espace de dix-sept ans sous l'escalier de son pere, pendant lequel tēps il ne se nourrissoit que d'aumônes. On voit encore au bas de la Nef de l'Eglise, l'escalier qui luy a facilité le chemin du Ciel. Il est a gauche en entrant, & est élevé en forme d'apenty contre la muraille de l'Eglise, & l'on y voit deux Anges aux deux côtés qui soûtiennent ce dégré, que l'on laisse exprés en veuë à ceux qui viennent dans l'Eglise, afin de les exciter à imiter ce grand Saint dans sa penitence, & dans le détachement des choses du monde, comme estant toutes infailliblement perissables.

On voit pourtant dans cette Eglise vne ancienne Image de la sacrée Vierge qui estoit à Edesse, lorsque S. Alexis y passa comme pelerin, laquelle parla au portier de l'Eglise, luy disant qu'il fît entrer le Pelerin qui estoit à la porte, *quia dignus est regno cœlorum*. Sur la porte ce Saint est representé comme vn Pelerin, & il y a en écrit au dessous. *Quærite hominē Dei vt oret pro Roma*. Elle est aussi considerable pour les saintes Reliques qu'on y honore. Sous l'Autel est le corps de S. Alexis, des saints Boniface & Hermes Martyrs: L'on voit encor quelques Reliques de la Robe de N. Seigneur, du laict & du lit de la Vierge, & de plusieurs autres Saints, comme de S. Pierre, de S. Paul, de S. Luc, & d'vne infinité d'autres, dont on voit les noms dans vn long Catalogue. On lit dans le Chœur qui est derriere l'Autel, le narré de la découverte du corps de S. Alexis, & de S. Boniface. Ie descendis par des montées sous l'Autel, où on descend des deux costez. Là se voyent encore les listes de plusieurs Reliques en ce lieu, qui est vne belle voûte sous terre & qui a assés d'étenduë. On y lit ces paroles en grosses lettres, *Qui implorat Sanctorum auxiliū, salutarem consequetur effectum.* En repassant par l'Eglise je vis le Tombeau du Cardinal de Gonzague.

La seconde Eglise que je vis sur le Mont-Aventin, est celle de sainte Sabine, laquelle fut autrefois le Temple de Diane, bâty selon quelques-vns par Ancus Martius, & selon les autres par Servius Tullius sixiéme Roy des Romains ; lequel parce qu'il estoit né d'vne esclave, voulut que tous les ans le treisiéme jour d'Aoust on fist vne solemnité en faveur des Serfs, auquel jour les Maistres mesme n'auroient pas la liberté de leur commander. En ce lieu demeuroit sainte Sabine, & aussi de son temps S. Dominique y habita, & y donna le commencement à sa Religion, qui a donné à l'Eglise tant d'illustres personnages, & en science & en vertu. Là il eut aussi plusieurs visions des Anges, là il donna l'habit à S. Hiacinthe. L'on tient mesme que le Grenadier que l'on voit en ce Convent a esté planté par S. Dominique, estant aidé de S. Hiacinthe. Cét arbre est dépoüillé de ses feüilles & de ses fruits tous les ans par des Prelats & autres personnes de condition, qui y viennent en Cavalcade à la suite du Pape le premier jour de Caresme. Là proche estoient autrefois les Palais des Papes, ils tenoient Chapelle dans l'Eglise & y faisoient le Conclave, Honorius V. y demeura, Pie V. de l'Ordre des Dominiquains y ajoûta quelques bâtimens en faveur de son Ordre, & le Cardinal d'Ascoli du mesme Ordre y fit quelque bâtiment, & vne Chapelle.

L'Eglise est spatieuse, au milieu de laquelle l'on voit vn gros caillou noir, attaché avec vne chaîne de fer sur vn petit pilier, lequel fut jetté par le Diable sur S. Dominique, pendant qu'il estoit prosterné sur vne pierre faisant sa priere, nonobstant le bruit que causa ce caillou, & qu'il toucha son Capuchon. Il continua sa priere sans divertir son esprit ailleurs. On voit encor contre la muraille de l'Eglise la pierre sur laquelle ce Saint estoit prosterné. Il y a dans cette mesme Eglise plusieurs tombeaux, comme ceux des Cardinaux Bertan & Tian: ceux du Cardinal Bichi qui avoit esté à Rome vn des protecteurs de France, & de son frere qui estoit Auditeur de Rote, qui sont tous deux fort bien representez en marbre blanc. Celuy d'Eugene II. avec vn Epitaphe en vers Heroïques. Mais elle est beaucoup plus considerable pour les saintes Reliques qui reposent sous son Autel & qui ont esté transferées en ce lieu par le Pape Eugene II. l'an 822. sçavoir les corps des saints Alexandre Pape, Guence & Theodule martyrs, & ceux des saintes Sabine & Seraphie qui ont esté tous martyrisez sous l'Empereur Adrian, l'an de Salut 135. Au bas de l'Eglise sur vn Reliquaire se lisent ces paroles, *Venerabiles Sanctorum Dei Reliquiæ pretiosæ, vt efficiamur eorum memores, & perpetua gloria consortes.*

De là je passay dans l'Eglise *della bocca della verità*, qui n'est pas considerable; & vis cette fameuse pierre ronde, au milieu de laquelle il y a vne bouche ouverte & vn visage aussi naïvement representé. Elle est à couvert & appuyée contre la muraille sous le portique de l'Eglise.

Ie ne m'arresteray point icy à faire mention des discours fabuleux que l'on fait de cette pierre, de laquelle j'ay seulement voulu parler pour en donner vne legere connoissance.

I'entray de ce lieu dans *l'Eglise N. Dame du Soleil*, où estoit autrefois le temple du Soleil: Elle est toute ronde & entourée de piliers, & elle me parut fort antique.

Ie paſſay dans *l'Egliſe de ſainte Marie Egyptienne*, que l'on dit avoir eſté autrefois le temple de la Fortune virile, òu ſelon quelques-vns, *della pudicitia matronale*. Elle eſt quarrée, entourée de piliers & plus longue que large. Le Pape Pie IV. la donna à Agabarus qui eſtoit de race Royale & venu à Rome, pour ſervir ceux de ſa nation, dont pluſieurs ont eſté inhumez en ce lieu. L'on y voit meſme des inſcriptions ſur leurs Tombeaux, partie en Latin, & partie en characteres Armeniens. De ce lieu je vis ce que les ignorans appellent la maiſon de Pilate, où paroiſſent de vieilles colomnes, & jettant les yeux du côté du Pont-rompu, je vis la petite Iſle de S. Barthelemy qui eſt tout à fait en forme de nacelle.

Prés l'*Egliſe de ſainte Marie dell' Aventino*, qui fut autrefois vn temple dédié à la bonne Déeſſe, eſtoit la maiſon de Iules Ceſar. C'eſt en ce temple que Claudius eſtant amoureux de Calphurnia femme de Iules Ceſar, ſe trouva traveſty en femme pour parler plus librement à ſa maiſtreſſe, les hommes n'ayant pas la liberté d'y entrer.

Ie vis auſſi là auprés l'Egliſe de N. Dame *di Pianto*, laquelle veritablement eſt petite, mais qui me parut d'aſſés belle ſtructure.

Le treiziéme Ianvier j'entray en l'*Egliſe Ieſus Maria* proche l'Egliſe des Grecs, où je ne remarquay rien de conſiderable, & qui merite que je m'y arreſte, ſinon que le S. Sacrement y eſtoit expoſé pour les quarante heures, ſuivant le reglement qui s'obſerve avec grande pieté & benediction dans la Ville de Rome.

Ie ſortis de la ville par la porte *Numentana*, ou *Viminale*, ou *Pia*; mais aujourd'huy dite de sainte Agnes, à cause qu'elle conduit en l'Eglise qui porte ce nom & qui est hors de la ville, & regie par des Chanoines Reguliers qui suivent la regle de S. Augustin. On y descend par cinquante marches, qui sont rangées cinq à cinq dans l'escalier, pour rendre la descente plus facile. Elle est placée dans la voye Numentane, ainsi appellée par ce que ce chemin conduisoit à Numento, Chasteau des Sabins. Elle est toute encroûtée de belles pierres, & soûtenuë de vingt-six colomnes de beau marbre. Au fond de sa voûte l'on void vn ouvrage à la Mosaïque, où sainte Agnes est representée, avec deux autres visages de femmes à ses costez. Dans le plat-fond qui est bien travaillé en bois l'on void sainte Agnes, & deux autres Saintes en bas reliefs, avec quantité d'autres petits ouvrages. L'image de cette Sainte qui est sur l'Autel, est d'albâtre tres-fin, & tres-bien faite. Le Tabernacle ou Ciboire est de bronze dorée, & soûtenu de quatre belles colomnes de porphire, les balustres sont de marbre blanc, sur lesquels sont allumées dix ou douze lampes de cristal, soûtenuës par des pommes de grenade, ouvertes, de bronze dorée. Sous l'Autel sont les corps de sainte Emerentiane & de sainte Agnes: ce dernier y fut mis l'an 1541. Le Portique de cette Eglise avoit esté bâty par le Cardinal Iules neveu de Sixte IV. & mesme autrefois il y avoit vn Monastere, lequel n'ayant pas esté habité pendant vn long-temps est tombé en ruine.

De là ayant pris vn cierge allumé à la main, j'entray dans les Catacombes de sainte Agnés, dont je feray la description aprés avoir dit vn mot des Catacombes en general pour en donner vne connoissance comme ébauchée. Ces Catacombes donc se nomment, Cryptes du mot Grec κρυπτειν, qui signifie estre caché, parce que les Chrestiens s'y cachoient dans le temps de la persecution. L'on les nomme *grottes sous-terraines*, parce que l'on les creusoit dans le tuf sous terre, ou dans les veines de sable : Et enfin on les appelle d'vn mot tres-propre de *Cemetiere*, qui vient de κοιμάω, qui signifie je dors, dautant que c'estoit le lieu où on enseuelissoit les martyrs & les defuncts, parce qu'aussi bien souuent le sommeil, & chez les autheurs profanes, & chez les sacrez, est pris pour la mort mesme, en estant vne parfaite representation. Ces Catacombes ont esté bâties par les Chrestiens, ne voulant pas imiter les Gentils qui brûloient leurs corps morts, & ne voulant pas aussi les exposer dans les lieux publics, dautant que les Tyrans s'en seroient saisis pour leur faire toute sorte d'ignominie, & pour exercer sur eux leur rage & leur furie, en les jettant dans les Riuieres, dans les cloaques, ou les taillant en morceaux, ou les exposant à deuorer aux bestes. Et en cela les Chrestiens imitoient les anciens Patriarches, qui ordonnoient que leurs corps fussent mis dans des cauernes, ou dans des grottes. Ces lieux sont tellement spatieux & amples, que l'on peut dire qu'il y a à l'entour de Rome vne autre Rome sous-terre, où l'on voit plusieurs ruës de grande estenduë, & en longueur & en largeur, dans lesquelles on va par plusieurs tours & destours, bâties comme en labyrinthe, & il est arriué bien souuent que plusieurs y estant allez trop avant s'y sont perdus & y sont morts, ce qui a obligé quelques Papes d'en boucher les passages, je l'ay veu moy-mesme.

Dans la Catacombe de S. Sebastien, vous voyez

des deux costez de ces ruës les sepultures des Chrestiens creusées à deux ou trois estages les vnes sur les autres, & taillées ou dans le roc, ou dans le tuf, ou dans le sable. Ce sont des lieux tres-obscurs, dans lesquels les Chrestiens se seruoient de lampes, mais qui estoient encor beaucoup plus éclairez de la lumiere de leur foy qui y resplendissoit, pour le maintien de laquelle tant de Martyrs de Iesvs-Christ ont enduré la persecution, perdu leurs biens, répandu leur sang & donné leurs vies avec tant de generosité. C'est ainsi que S. Hierosme qui avoit coustume d'aller en ces lieux les Dimanches, parle de leur qualité & de leur forme. Vous les pouvez voir de vos propres yeux, faisant vn peu de reflexion en mesme temps des yeux de l'esprit, & en admirant la constance & la generosité de ces premiers Martyrs, & la grace forte que Dieu leur donnoit pour souffrir constamment toutes les cruautez des Barbares.

De ces Cemetieres l'on a tiré plusieurs tombeaux de marbre, à l'entour desquels sont grauées plusieurs histoires en bas reliefs, & qui marquent avoir esté les sepultures de personnes illustres & de grande consideration, lesquels pour la plusfart servent d'embellissement, ou dans les Eglises ou dans les jardins. L'on voit mesme en ces saints lieux plusieurs chambres belles & grandes, soûtenuës par des arcades tres-proprement travaillées ; quelques-vnes mesme ornées de peintures qui sont à present presque effacées, tant à cause de la longueur du temps qu'il y a qu'elles sont faites, qu'à cause de l'humidité qui est grande dans ces lieux sous-terrains, & qui les a ainsi biffées.

& d'Italie. 373

Ces grottes sous-terraines bâties par les Chrestiens ordinairement en des lieux vn peu éloignez des grands chemins, & à l'entour des murailles de Rome, n'estoient pas seulement destinées pour la sepulture des Chrestiens & des Martyrs, mais aussi pour la demeure des vivans, qui s'y estoient retirez dans les temps de persecution, où des Chrestiens charitables mélez, quoy qu'inconnus parmy les Romains cruels & barbares, leur portoient les alimens necessaires en secret. Là aussi les fideles s'assembloient pour prier Dieu tous ensemble ; Là ils entendoient la parole de Dieu ; Là ils administroient & recevoient les Sacremens ; Là ils faisoient leurs Communions tous ensemble ; Là ils solemnisoient les festes des Martyrs qui y estoient ensevelis, & prioient Dieu auprés de leurs tombeaux, ce qui a donné occasion d'appeller ces Cemetieres, *Concilia Martyrum*.

Nous lisons mesme que les souverains Pontifes s'y retiroient bien souvent au temps de la persecution, y faisans des Synodes, des Ordinations, des Decrets, y administrans les Sacremens, consolans les Chrestiens affligez de la tyrannie des Empereurs, & les encourageans à mourir constamment pour la foy de Iesus-Christ. Quelques-vns y ont souffert le martyre, comme Estienne & Sixte II. Quelques-vns y ont demeuré pendant plusieurs années, comme Caïe ; & mesme quelques-vns s'y sont retirez du temps des Empereurs Heretiques. Nous lisons que le Pape Liberius a demeuré dans le Cemetiere de Novella, où il baptiza le jour de Pasques quatre mille & douze personnes. De plus, il est dit de Boniface I. qu'il a demeuré dans le Cemetiere de sainte Felicité, & Iean III.

A a iij

dans celuy des saints Tiburce & Valerian.

Des Historiens dignes de foy remarquent que les persecutions estant cessées, plusieurs personnes, mais particulierement les souverains Pontifes, ont fait bâtir des Oratoires, Chapelles & Eglises, d'où on descendoit en ces Catacombes.

Entre les Papes qui ont pris grand soin d'entretenir ces devotions parmy le peuple, & qui ont beaucoup contribué pour augmenter dans l'esprit des Chrestiens la veneration pour ces saintes Grottes ; l'on compte S. Fabian, Iean III. Gregoire III. Nicolas I. & autres.

Parmy les Cemetieres, celuy de sainte Agnes estoit vn des plus celebres. L'on tient qu'il fut commencé dans les dernieres années de la persecution de Diocletian & de Maximian, sur vn heritage qui appartenoit à cette Sainte dans le chemin de Numente hors la Ville. Elle y fut ensevelie par ses parens en vne chambre sous-terraine, selon l'vsage des anciens Chrestiens, comme en parle S. Ambroise dans les actes de cette Sainte qu'il a composez, & à laquelle il donne tant de loüanges dans ses écrits ; mais particulierement dans son Traité *de Virginibus ad Marcellinam sororem*. Cette Sainte apparut à ses parens, qui estoient en priere auprés de son tombeau, & leur donna avis de son bon-heur eternel, & à Constance fille du Grand Constantin, qui y estant venuë sur le bruit de ce miracle, fut guerie d'vne grande maladie. Ce Cemetiere fut si celebre, que plusieurs personnes y firent faire des sepulchres & des chambres dans le lieu mesme, ou dans les plus voisins. Deux filles de Constantin, sçavoir Helène & Constantine y ont voulu estre ensevelies. L'on y a trouvé plusieurs tombeaux de marbre, considerables pour les figures gravées à l'entour, des plus belles, & qui témoignent estre de personnes de remarque. Plusieurs particuliers s'en sont emparez pour l'embellissement de leurs maisons.

L'on trouva au commencement de ce siecle le corps de sainte Agnes sans teste, dont les Ossemens sont petits, lorsque le Cardinal Paul Sfondrate faisoit ajuster le lieu où il est presentement, & où il fut mis en grande ceremonie par Paul V. accompagné du sacré College des Cardinaux, aprés que le grand Autel fut achevé.

J'entray donc dans ce Cemetiere si fameux de sainte Agnes, ayant pris vn cierge à la main, & sous la conduite d'vn homme qui en a le gouvernement. Ce sont des voûtes souterraines, où l'on voit dans des concavitez qui sont à droite & à gauche les Reliques des Martyrs & des Chrestiens. J'en vis plusieurs, mais il est defendu à ceux qui y entrent, d'y toucher, sous peine d'excommunication. J'y entray assez avant, & y remarquay qu'il y avoit des voûtes les vnes sur les autres. L'on tient mesme qu'elles vont tres-avant sous terre, & qu'elles s'estendent jusques aux portes de la Ville.

A la sortie de ces Catacombes j'entray dans l'Eglise de sainte Constance fille du grand Constantin; laquelle est tout proche, & qui est mesme dans l'enclos du même Monastere: Elle luy fut dédiée par Alexandre IV. & est de figure ronde & soûtenuë de vingt-quatre colomnes de marbre, & en quelques endroits l'on y void des ouvrages à la Mosaïque. Sous son Autel reposent les corps de sainte Constance, & des saintes Artique, & Artemie, qui estoient ses Demoiselles. A l'entour

A a iiij

de son Dome se voyent de belles peintures, où l'on admire quelques actions de la mesme sainte Constance, & de Gallicanus qui l'avoit demandée en mariage, qui sont parfaitement bien representées ; mais specialement comme elle prit l'habit de Religieuse dans vn Monastere de filles, qui estoit où sont à present des Chanoines Reguliers. L'on croit que cette Eglise estoit autrefois vn temple dédié à Bacchus, & l'on se fonde sur ce que l'on y voit encor aujourd'huy vn tombeau de porphyre que l'on tient estre celuy de Bacchus. Il est composé de deux pieces, du vase & de la couverture : A l'entour du vase sont representez de petits enfans qui écrasent des raisins : ce qui est certes vne belle antiquité, & qui merite d'estre veuë par les curieux. Quelquesvns disent que le Pape Paul II. ayant voulu faire transporter ce tombeau qu'il destinoit pour mettre dans le Vatican, & pour luy servir de sepulture, mourut dans ces entrefaites, en sorte qu'il ne fut transporté qu'à la moitié chemin, d'où le Pape Sixte IV. le fit tirer, & derechef transporter jusques au lieu où il est à present. Tout ce lieu, comprise l'Eglise de sainte Agnes, fait vne Abbaye d'vn revenu considerable.

De ce lieu à mon retour j'entray dans l'Eglise de S. Bernard gouvernée par des Religieux de l'Ordre du mesme saint Bernard, qui est vis à vis de N. Dame de la Victoire. Cette Eglise est en forme ronde, à peu prés comme la Rotonde, & est vn reste des Thermes de Diocletian. A l'entour l'on voit huit belles statuës dans des niches, qui representent saint Bernard, S. François, S. Augustin, S. Hierosme ; & les autres, sainte Magdelaine, saint Scholastique, sainte Catherine de Sienne, & sainte Catherine Martyre. Il y a à côté du Chœur la Chapelle *de' Nobili*, & il y a cinq personnes merveilleusemét bien representées en buste à l'entour de cette Chapelle avec leurs Epitaphes. On y voit aussi vne fort belle statuë de marbre de S. François d'Assise, en l'honneur duquel cette Chapelle est dédiée. Dans le Chœur de l'Eglise l'on honore le corps du B. Pere Iean Berteria qui reforma cét Ordre.

Le quatorziéme Ianvier j'entray dans le Palais Vatican, où aprés avoir veu l'Arsenal remply de toutes sortes d'armes, & curieuses, & vtiles, & qui dans le besoin serviroient pour la deffense de la ville; (je ne parle point des pieces qui y sont en détail, car outre que j'aurois de la peine à le faire exactement, je serois trop long, & m'éloignerois de mon dessein;) je fus conduit dans la Bibliotheque de ce Palais qui est vne des plus belles qu'il y ait au monde : A l'occasion de laquelle, auparavant que d'en faire la description, je diray vn mot du temps que l'Imprimerie & les Bibliotheques ont commencé. Quelques-vns veulent que l'Imprimerie a esté premierement inventée dans la Chine : les autres en font autheur vn nommé Iean Guthembert de la Ville de Mayence qui ébaucha à la verité les premieres lettres ; & les derniers veulent en donner la gloire à vn habitant d'Harlem qui perfectionna l'ouvrage commencé à Mayence. Tout cela est incertain, mais vne chose certaine, est qu'elle a commencé l'an 1460. & que sous le Pape Nicolas V. on imprima les livres *de Civitate Dei* de S. Augustin, les institutions de Lastantius & plusieurs autres. Or c'est vne chose constante que non seulemét les Gentils & les Iuifs conservoient leurs livres dans des Bibliothéques publiques, mais auſſi les Chreſtiens du temps de S. Paul, qui ſemble témoigner dans ſes ouvrages, qu'ils ſe ſervoient de lieux publics pour y enfermer leurs livres & pour les expoſer aux ſtudieux. Saint Auguſtin parle des Bibliothequesde ſon temps, où les livres eſtoient conſervez avec grand ſoin : & S. Hieroſme écrivant à Pammachius, luy dit: Servez-vous des Libraïries de l'Egliſe. Euſebe meſme écrit que l'Egliſe avoit des livres dans des Oratoires qui furent brûlez du temps de Diocletian. Tantoſt ils ont appellé les lieux ou ils les conſervoient, *Archives, Scrigni*, tantoſt *Librairies* ou *Bibliotheques*, qui ont beaucoup augmenté depuis l'Imprimerie, parmy leſquelles ſans conteſtation celle du Vatican eſt la plus conſiderable, ſoit pour les manuſcrits, ſoit pour les livres imprimez. Elle a eſté conſervée long-temps au lieu où eſt le Palais de Latran, d'où Clement V. la fit porter à Avignon, où elle demeura juſques à Martin V. qui la fit tranſporter au Vatican où elle eſt à preſent, & d'vn mauvais ordre où elle eſtoit elle fut miſe en bon eſtat par Sixte IV. qui fit bâtir vne place pour la mettre. Il crea auſſi de nouveaux Officiers & principaux & ſubalternes, qu'il gagea, comme Preſident & trois Eſcrivains pour les Langues Grecque, Hebraïque & Latine. Vn Preſident nommé Marcel Corvin, y a fondé deux Correcteurs de livres Latins, comme auſſi Pie IV. qui y ajoûta vn autre Correcteur pour la langue Grecque. Sixte V. ne s'eſt pas ſeulement contenté de la changer au lieu qu'il a bâty exprés, mais auſſi il l'a ornée de trés-exquiſes peintures : En vn mot elle s'eſt beaucoup augmentée & perfectionnée par les ſoins de Nicolas V. Sixte IV. Sixte V.

& d'Italie. 379

Paul V. qui se sont signalez par dessus tous les autres, & qui ont fait chercher par tout des manuscrits en toutes Langues, dont elle est remplie plus qu'aucune autre de l'Europe. Parmy ces manuscrits l'on me monstra vn Terence & vn Virgile écrits il y a 1400. ans : vn livre apostillé de la main de S. Thomas, sçavoir de ses Sermons : l'histoire Ecclesiastique du grand Baronius en douze volumes, écrits de sa propre main : l'office de la sainte Vierge en belle mignature : vn Messel de pareil ouvrage, mais admirable, & où les personnages sont si vivement representez qu'il ne leur reste que la parole : la vie du Duc d'Vrbin, où il est mis, & au commencement & à la fin en mignature : vn livre d'histoires d'Animaux qui a esté fait du temps de ce Duc, où l'on void les animaux à quatre pieds, les Volatiles, les Poissons, les Serpens & les Insectes, sont representez si artistement dans leur couleur naturelle, qu'il ne se peut rien voir de plus curieux en ce genre. On me fit voir aussi vn Alcoran en Arabe, des feuilles écrites en characteres du Iapon, de la Chine, & de l'écriture sur de l'écorce d'arbre, sur laquelle on écrivoit anciennement. Or cette Bibliotheque est merveilleusement bien située, & divisée en trois longues galeries, en chacune desquelles il y a des armoires des deux costez : Il y en a mesme quatre rangs dans celle par laquelle on entre. On y void representez les Conciles Generaux, principalement d'vn côté de la grande galerie, à droite en entrant, en tres-belles peintures. On y voit aussi tous ceux qui dans l'antiquité ont esté curieux de faire des Bibliotheques, & les portraits des hommes illustres en sciences, comme de *Platon*, d'*Aristote*, de *Ciceron*, de

Caton, d'Horace, & des inventeurs de toutes sortes de lettres. On y void de plus en belles peintures de Michel Ange, le deſſein de l'Egliſe de S. Pierre, qui eſt merveilleux à voir, comme auſſi vis à vis la repreſentation des inſtrumens, deſquels on ſe ſervit pour élever l'Obeliſque qui eſt en la place de S. Pierre. A l'autre bout de cette meſme galerie l'on voit le plan de la Ville de Ferrare, & vis à vis celuy de Civita-Vecchia port de Mer du Domaine du Pape, & de *Centum-Cellarum*. Elle eſt merveilleuſement bien éclairée & conſervée : les livres y eſtant en tres-bel ordre, & enfermez en des armoires avec vne diſtinction remarquable & neceſſaire : car les Bibles manuſcrites ſont en vne armoire, en vne autre les Peres, & meſme il y en a vne où ſont les Bibles de toutes verſions, ainſi du reſte. Ils ſont entretenus tres-proprement & diſpoſez dans vn ordre admirable.

En ſortant je paſſay dans vne ſale où l'on voit les portraits au naturel de tous les Cardinaux qui ont eſté Bibliothequaires. J'admiray particulierement celuy du Cardinal Patron Chigi neveu de ſa Sainteté, & qui eſt à preſent Bibliothequaire. Il y a vn Prelat qui en eſt cuſtode ſous luy, & huit Eſcrivains qui ont ſoin de faire copier des livres, l'vn dans vne Langue, & l'autre dans vne autre.

A la ſortie de cette Bibliotheque j'admiray la longueur de l'allée qui y conduit, qui eſt bien de quatre ou cinq cent pas.

L'aprés-diſnée du meſme jour j'allay dans le *Campo Vaccino*, où je viſitay l'Egliſe *della Madonna liberatrice*, qui eſtoit autrefois vn temple *di Venere generatrice*, ſitué aux pieds du Mont-Palatin. L'on tient qu'elle fut bâtie en l'honneur

& d'Italie.

d'vne Image qui fut trouvée là autrefois, laquelle parla à S. Gregoire ; & elle se voit encor en cette Eglise.

On y lit dans vne table qui est contre la muraille, qu'en ce lieu autrefois S. Sylvestre y enchaisna vn Dragon qui faisoit mourir des hommes à centaines par jour, ce qui obligea les Magiciens à se convertir. L'histoire en est longue, & je ne peux m'arrester à la descrire entiere: Les merveilles qu'y sont contenuës, meritent bien que les curieux la lisent jusqu'à la fin. On y voit aussi vn Crucifix fort ancien où je remarquay les quatre clouds. La colomne qui se voit là, est vne de celles sur lesquelles estoit mise la statuë d'or de Domitian, & auprés estoit la statuë du fleuve du Rhin, qui est celle qu'on appelle aujourd'huy *Marfore*, à cause que cét Empereur triompha des Allemans, & là proche estoit *le temple de la Concorde*, celuy *de Iules Cesar*, & celuy *de Paul Emile*.

En passant par *le Colisée*, ainsi appellé à cause *d'vn colosse de Vespasian* qui estoit au milieu, je ne pûs m'empesche d'admirer ce prodigieux ouvrage des Romains, qui paroist estre plûtost fait de la main des Geants que des hommes ordinaires. Douze mille esclaves ont travaillé l'espace de onze ans pour l'achever : Le côté qui en reste le plus entier, est élevé comme à quatre étages d'vne hauteur de plus de six-vingt pieds. Il y avoit quatre ou cinq galeries dans l'espaisseur de la muraille & en bas, & tout à l'entour toutes éclairées de portes ou de fenestres voûtées. Il n'y a certes que les Romains qui fussent capables d'entreprendre vn tel chef-d'œuvre, qui surpasse tous les autres ouvrages, & toutes les autres merveilles du monde.

Le quinziéme Ianvier, j'allay voir les Bains d'Antonin Caraçalla Empereur Romain, dont je feray la description quand j'auray dit quelque chose des Bains en general. On les appelloit autrement Estuves, du mot Grec θερμαι, d'où est derivé θερμη, qui signifie *chaleur*. C'estoient des lieux spatieux, haut élevez & magnifiquement bâtis, destinez ou pour se baigner, ou mesme pour suer, mais encor plus pour laisser d'eux vne memoire immortelle à la posterité. Effectivement c'estoit vne chose merveilleuse que de voir comme ils estoient ornez de colomnes de marbre d'vne grandeur, grosseur & hauteur prodigieuse, pour soûtenir des arches qui estoient aussi d'vne extréme hauteur & pesanteur.

Il faisoit encor beau voir le pavé de marbre dans ces vastes lieux, sur lequel on marchoit par tout. C'estoit deplus vne chose surprenante de voir les murailles, quoy qu'extrémement hautes, revestuës de marbre le plus beau & de toute sorte de couleurs. Ces ouvrages certes témoignent bien que ces anciens ne travailloient que pour la pompe & pour la vanité.

Là il y avoit des lieux separez, revestus de marbre, ornez de peintures & couverts de plusieurs objets agreables pour le divertissement des personnes qualifiées qui s'y baignoient; & d'autres publics pour le peuple, les vns remplis d'eau chaude, les autres d'eau froide. Là aussi les Romains faisoient exercice en des lieux vastes, pour se baigner par apres, & en suite du bain s'arrouser d'eaux odoriferantes. Il y avoit de plus de grands vases de porphyre où ils se rafraischissoient dans les Estuves, & vn lieu que l'on apelloit *Apodyterion*, où l'on se dépoüilloit pour aller aux

Bains. Il y avoit aussi vne sale ornée dedans & dehors, de statuës, de peintures & d'autres objets charmans, pour la satisfaction de tous ceux qui abordoient en ces lieux: En vn mot, ils n'épargnoient rien pour contenter leur luxe, & pour laisser à la posterité vne memoire eternelle de leur vanité.

Rome en a esté le principal theatre, où ils ont representé leur superbe: neantmoins sans m'arrester à faire mention des Thermes *d'Agrippa*, *de Neron, de Titus, d'Agrippine* & de plusieurs autres, que le temps, qui consomme tout, a corrompuës, ni mesme de quelques piscines publiques & particulieres, dont on ne void que des miserables ruïnes; je feray description des Bains *d'Antonin Caracalla*, dont les restes donnent à connoistre qu'ils surpassoient tous les autres, & que l'on les pouvoit mettre à bon droit au rang des Merveilles du monde. Ils sont situez au pied du Mont Aventin, & furent bâtis par l'Empereur de ce mesme nom. Ie fus surpris de la grandeur de cét ouvrage ancien & merveilleux, dont on ne voit plus que les murailles qui sont debout & haut élevées, avec quelques restes des canaux, par où l'eau estoit conduite & découloit dans les Bains preparez là pour tout le peuple. Il y a aussi trois ou quatre grandes Courts environnées de ces murailles qui sont presque effroyables à cause de leur épaisseur & de leur hauteur, & dans lesquelles on remarque encor de belles voutes dans la portion qui a esté accordée aux Iesuites par le Pape Alexandre VII. pour le divertissement de leurs Pensionnaires. Mais ce qui est encor plus admirable, est que l'on ne voit pas la dixiéme partie de l'étenduë qu'avoient autrefois ces

Bains, & dit-on que dans Rome l'on n'en voyoit point de plus spatieux, ni qui fussent travaillez avec vn plus grand artifice. Cette antiquité me surprit extraordinairement, & me laissa dans l'esprit vne grande idée de la puissance des Romains. L'eau de l'Aqueduc de *l'acqua Claudia*, venoit dans ces Thermes, quoy qu'on l'eust prise d'vn lieu éloigné de Rome de quarante milles.

Les restes des Thermes de Constantin meritent pareillement la curiosité des Voyageurs. Ils estoient situez au bas de la Montagne Quirinale, aujourd'huy appellée *le Mont Caval*, vis à vis l'Eglise de S. Sylvestre, & l'on y voit cette inscription. *Petronius Perpenna Præfectus Vrbis Thermas Constantinianas longa injuria & abolendæ ciuilis vel potius fatalis cladis vastatione vehementer afflictas, ita vt agnitione sui ex omni parte perdita desperationem cunctis reparationis adferrent, deputato ab amplissimo Ordine paruo sumptu, quantum publica patiebantur angustia, ab extremis vindicauit, provisione longissima in primam faciem splendidioremque restituit.* Ces Thermes sont des plus entieres que l'on voye dans Rome, & estoient en leur temps des plus belles & des plus vastes.

L'on me montra *in foro Boario* (ainsi appellé, parce que là se tenoit le marché des bœufs) *le temple de Ianus* à quatre faces, bâti en forme quarrée, & qui paroist vn petit édifice encor dans son entier. Il est ouvert par quatre grandes portes qui sont chacune de son costé dans le quarré du bâtiment; & en chaque face des quatre coins en dehors l'on voit douze niches, où anciennement ils mettoient douze statuës qui representoient les douze mois de l'année, comme aussi quelques

quelques autres qui repreſentoient les quatre ſaiſons de l'année; d'où vient qu'ils appellerent le premier mois de l'année *Ianus,* croyans qu'il fuſt Dieu de l'An, & qu'il preſidât aux quatre Saiſons de l'année; C'eſt pourquoy auſſi on le dépeint avec quatre faces. Ils luy donnoient encor deux faces, parce qu'ils croyoient qu'il ſçavoit les choſes paſſées, & qu'il prévoyoit les futures. L'vne de ces deux faces eſtoit jeune, pour ſignifier le preſent, & l'autre vieille pour marquer le paſſé.

Comme les Romains eſtoient dans la penſée que Ianus preſidoit aux ſacrifices, ils luy en offroient ſouvent ſur des Autels qui luy eſtoient conſacrez en pluſieurs endroits de la Ville par vn reſpect particulier qu'ils portoient à ce Dieu. Numa Pompilius fut vn de ſes adorateurs, qui bâtit vn temple en ſon honneur avec deux portes que l'on fermoit en temps de paix, & que l'on ouvroit en temps de guerre par ſon ordre. Il fut fermé trois fois juſques au temps de N. Seigneur: du temps de Numa Pompilius, de Titus Manlius & de Ceſar Auguſte, & ſelon Suetone, du temps de Neron. Ce qui ſemble confirmer cette verité eſt vne monnoye où l'on lit ces paroles, *Pace populo Romano vbique partâ Ianum clauſit.*

En ces quartiers je vis les voutes ou ſubſtructions *du Palais de Neron,* qui continuent fort loin, ſur leſquelles ce ſuperbe Palais eſt bâti. Elles ſervent à preſent d'eſtables pour retirer ou les chevaux ou les bœufs; & où eſt aujourd'huy le jardin des Farneſes, eſtoient anciennement les grandes ſales de ce magnifique Palais, dont je parleray plus au long cy-après.

J'entray dans *l'Egliſe de ſainte Anaſtaſie,*

Bb

située au pied du Mont Palatin, dans laquelle les souverains Pontifes venoient autrefois dire la Messe au jour de Noël. Ce fut autrefois vn temple dédié à *Nettuno Equestre*, qui s'appelloit encor *Conso*, ainsi appellé, parce que l'on croyoit qu'il penetroit tous les secrets.

L'on me montra aussi le lieu où estoit autrefois la maison de Ciceron *in rostris*, pour laquelle il fit l'oraison *pro domo sua*. Toutes ces choses se voyent vers le Mont Palatin, qui estoit vne des sept collines sur lesquelles la ville de Rome estoit bâtie, d'où vient qu'on l'appelloit *Septigemina*. Et voicy les noms & vne courte description.

Le Mont *Palatin* est presque tout creux par dessous, & on y voit plusieurs ruïnes d'anciens bâtimens: Il y avoit sur ce Mont de grands édifices qui estoient la demeure des Empereurs, & là mesme estoient les Palais d'Auguste, de Ciceron, d'Hortense, de Catilina & d'autres.

Sur le Mont *Capitolin*, autrement appellé *Tarpeius*, au temps du Roy Tarquin, il y avoit vn si grand nombre de Temples, que cela a donné occasion de l'appeller la demeure des Dieux. Il estoit fermé de murailles & orné de tours.

Le Mont *Aventin*, sur lequel fut la premiere demeure des souverains Pontifes, & où est l'Eglise de sainte Sabine.

Le *Mont Celien*, où sont à present les Eglises de S. Iean de Latran & de sainte Croix de Hierusalem, sur lequel estoient de beaux Aqueducs & plusieurs temples des Gentils. Il estoit appellé *Querquetulanus*, pour le grand nombre de chesnes qui y estoient auparavant qu'il fût permis aux Toscans d'y habiter, à cause du secours qu'ils avoient donné aux Romains

& d'Italie.

Le *Mont-Esquilin*, où est à present S. Pierre aux Liens, & où estoient autrefois les maisons de Virgile & de Properce, avec les beaux & delicieux jardins de Mecenas.

Le *Mont-Viminal*, où est l'Eglise de sainte Pudentiane, & celle de *S. Laurens in Palisperna*, & où estoit aussi autrefois la maison de Crassus.

Le *Mont-Quirinal*, qui s'appelle aujourd'huy *Monte Cavallo*, & où furent anciennement les maisons de Catullus & d'Aquilius, le Palais & les jardins de Salluste : Et voilà les sept collines les plus anciennes, entre lesquelles l'on tient que les Monts Capitolin & Aventin ont esté les premiers habités.

Depuis par diverses rencontres l'on y a ajoûté le *Mont de gli hortuli*, ou bien *Pincius*, presentement dit le *Mont de la tres-sainte Trinité*, sur lequel estoit vn temple du Soleil, où se voit cette fabrique ronde avec vn puits tres-profond. Le *Mont Vatican*, où est l'Eglise de S. Pierre, & le palais du Pape. Le *Mont Ianicule*, dit *in Montorio*, où sont les Eglises de S. Onufre, & de saint Pierre, qu'on appelle *in Montorio*. Le *Mont Testace*, ainsi appellé, parce qu'il fut fait d'vn tas de pots cassez que les Potiers qui demeuroient là proche avoient coustume d'y porter, & ainsi cette colline peu à peu se forma. Enfin, toutes ces collines sont enfermées dans les murailles de la ville de Rome.

I'entray aussi en l'Eglise de S. Marcel Pape & Martyr, gouvernée par les Servites. Elle est située *nella via lata*, & fut autrefois le temple d'Isis. Là sont enterrez les Cardinaux, Mercurio, Dandino & Bonuccio. Là aussi l'on honore le corps de S. Marcel, & vne portion de la vraye

B ij

Croix, que l'on porte le Ieudy Saint en Procession. Elle est dans vne petite Chapelle enfermée dans vn tabernacle doré, sur lequel est écrit; *Ecce lignum Crucis sanctissima.*

De là j'allay au tres-grand Cirque, qu'ils appellent *Circo Massimo*, dont je feray la description, quand j'auray parlé des Cirques en general, & de l'vsage auquel ils estoient destinez. Les jeux *Circenses*, estoient ainsi appellez du mot Latin, *Circus*, pource qu'ils estoient representez en des lieux entourez de pyramides ou autres choses qui servoient de bornes aux Antagonistes: Ces lieux estoient bien plus longs que larges, & à l'entour regnoit vne terrasse d'où l'on pouvoit voir commodement les combats & les courses. Les combattans y couroient d'vne extrémité à l'autre, tantôt avec vn cheval, tantôt avec vn chariot attelé de deux chevaux, de quatre ou plus, & les victorieux qui estoient les plus disposts ou les plus vistes, estoient conduits avec grande pompe au temple, couronnez de myrthe. Les Empereurs Romains porterent la chose à vn tel éclat, qu'ils y faisoient paroistre les Images des Dieux, mesme leur propres portraits & avec ceux de quelques Grands Capitaines, avec autant de bruit que l'on avoit coustume de pratiquer en vn triomphe.

Les principaux Cirques, assez ordinaires dãs Rome pour le divertissement des Romains, estoient ceux de *Neron*, qui alloient du lieu aujourd'huy appellé, *Campo santo*, jusques à la porte *Portuense* : de *Flora*, sur le Mont Quirinal : d'*Antonin Caracalla*, dans la voye Appie au delà du sepulchre de Metelle. Le *Cirque Agonal*, ainsi dit, ou du Dieu *Agonius* qui y presidoit, à cause que la parole Grecque, ἀγών. ſignifie combat; ou de ce que ces Feſtes qu'on celebroit particulierement le 9. Ianvier, eſtoient conſacrées à *Ianus.* Il eſtoit où eſt aujourd'huy la fameuſe place Navone, ainſi appellée par vn langage corrompu du peuple, comme qui diroit place τοῦ ἀγῶνος, *du combat.* Il fut nommé le *Cirque d'Alexandre,* pource qu'il eſtoit proche de ſes Thermes.

Le Cirque le plus beau & le plus grand, eſtoit celuy que l'on appelle aujourd'huy, *Circo Maſſimo,* ſitué entre le Mont Palatin & le Mont Aventin, où l'Empereur Neron pouvoit voir commodement de ſon Palais, tous les jeux & toutes les ſolemnitez qui s'y celebroient. Il avoit prés de 400. pas de longueur, 125. de largeur. Tarquin l'ancien en deſigna le lieu, & Tarquin le ſuperbe le bâtit. Il fut orné merveilleuſement par Auguſte, & aggrandi par Caius, mais Trajan le repara, & y ajoûta quelques baſtimens. Il fut pavé d'vne matiere appellée par les Italiens *Criſocolla,* laquelle eſt extrémement dure, & qui ſe forme aprés que l'or eſt fondu. Il peut meſme venir de quelques autres métaux. Il eſtoit doré & orné d'vne prodigieuſe quantité de belles colomnes. Tout autour il y avoit des degrez & vn portique au deſſus de trois ordres de colomnes; d'où beaucoup de perſonnes pouvoient voir facilement les jeux & les combats.

Entre ces degrez & le Cirque, il y avoit vn foſſé de dix pieds de largeur & de profondeur, rempli d'eau, afin que les ſpectateurs en fuſſent ſeparez, & ne puſſent apporter aucun obſtacle aux jeux. Auguſte fit apporter deux Obeliſques d'Egypte, qu'il fit placer en ce lieu, d'où ils ont eſté depuis tranſportez en d'autres endroits pour

B b iij

l'ornement de Rome. Celuy qui est dans la place de S. Pierre en est du nombre.

Il faisoit beau voir aussi la Naumachie, qui s'y faisoit sans vn grand peril des combattans sur l'eau, que l'on y faisoit couler d'vne petite riviere, que l'on retenoit par le moyen des Ecluses que l'on fermoit & ouvroit selon la necessité. Ce lieu qui estoit vn objet de joye & de divertissement pour les Romains, est aujourd'huy vn marais rempli de cannes. C'est ainsi que tout ce qui est sur la terre est caduc & sujet à changement. Ie laisse pourtant au Lecteur à faire cette reflexion.

Le 16. Ianvier j'allay visiter l'Eglise de S. Yves petite Paroisse, située *in campo Marzo*, gouvernée par des Prestres Bretons. Le Curé y reside, & quatre autres Prestres de mesme Nation, qui relevent de la Communauté de S. Louïs pour la déservir. Le jour de S. Yves l'on y fait vne assemblée de Cardinaux pour la solemnité de la Feste, & vn Evesque y dit la Messe; l'on honore en cette Eglise quelques Reliques de ce Saint sçavoir vne coste & vn doigt.

Le 17. Ianvier je visitay l'Eglise des Religieux François de S. Anthoine sur le Mont Esquilin. Cét Ordre commença l'an 1096. par Gaston & Girond, Romains, illustres & pour leur naissance & pour leur pieté; qui aprés avoir esté délivrez d'vn mal incurable par l'intercession de S. Anthoine, consacrerent leurs biens & leurs personnes au service des pauvres Pelerins. Il fait beau voir en ce jour la benediction des animaux qui se fait dans leurs maisons d'Italie, toutes remplies de Religieux François; mais sur tout à Rome cette ceremonie se fait avec bien de l'éclat. Le Pape, les Cardinaux, en vn mot les personnes de toutes conditions y envoyent leurs Chevaux, Mulets & Asnes, qui reçoivent en passant l'eau beniste à vne des portes hors de l'Eglise, de deux Religieux qui portent sur leurs habits vne espece de Rochet blanc. Les vns leur donnent de l'argent, les autres des flambeaux de Cire blanche & les autres autres choses. Cette Feste apporte vn profit notable à ce Convent, & met tout le peuple en joye qui voit passer les Chevaux à bande avec quantité de galants de toutes couleurs, des flocs & bien caparaçonnés. Quoy que cette ceremonie paroisse vn peu extraordinaire aux étrangers, neantmoins comme la conservation des biens temporels dépend de la Providence de Dieu. L'on ne doit pas s'étonner que l'on cherche sa benediction à cette fin dans cette ceremonie exterieure. La grande porte de l'Eglise estoit toute couverte de fers à cheval; au dessus Loüis XIV. Roy de France estoit representé à cheval dans vn grand Tableau. Dans l'Eglise ornée extraordinairement en ce jour, l'on honore quelques Reliques, parmy lesquelles il y en a de ce saint Abbé d'Egypte. Delà j'entray dans le jardin, dont la la propreté & la politesse n'est pas moins considerable, que ses belles allées & ses perspectives sont agreables. On y void aussi les restes du temple de Diane, bâty de brique, à l'entour duquel au dedans, sont representez des animaux travaillez à la Mosaïque.

De ce lieu passant par la foire qui est proche, & sur le Mont Esquilin, j'allay dans l'Eglise de sainte Praxede située sur le mesme mont, laquelle est considerable pour plusieurs choses. L'on voit dans vne de ses Chapelles; en laquelle il est deffendu aux femmes d'entrer fous peine d'excommunication, la petite colomne de marbre qui a efté apportée par le Cardinal Iean Colonna, de Hierufalem, qui eft haute environ d'vn pied & demy, à laquelle fut attaché N. Seigneur quand il fut flagellé pour le falut, & la redemption des hommes. Elle eft à main droite à l'entrée de la Chapelle enfermée fous vne grille, où on la voit clairement à la faveur d'vne Lampe qui y eft allumée. Colomne certes qui a communiqué aux hommes vne tres-grande lumiere, puis qu'elle a chaffé l'Ange de tenebres par les douleurs que N. Sauveur y a endurées. Le grād Autel de cette Eglife eft autant confiderable pour fes ornemens, qu'à caufe qu'il eft foûtenu de fix colomnes de porphire, & de deux de marbre noir, marqué de taches blanches: le mélange de ces couleurs eft auffi fort agreable à la veuë. Sous cét Autel repofent les corps des Saintes Praxede & Pudentiane fa fœur: L'on y honore auffi les Reliques de deux mille trois cent Martyrs, & mefme des deux côtez des deux baluftres, il y a des liftes de plufieurs autres Reliques confiderables, qui repofent en cette Eglife. Leon X. dans vn beau quadre de la Nef du milieu, fit dépeindre les Myfteres de la Paffion de N. Seigneur, & de l'vn & de l'autre côté de la Tribune, font les ftatuës de ces deux Saintes fœurs, Praxede & Pudentiane. Il y a plufieurs belles Chapelles, dont celle des Salviati eft ornée de tres-belles peintures de Giufeppe tres-fameux Peintre. Le quadre eft de Federic Zuccaro, le Chrift flagellé qui eft reprefenté dans la Chapelle des Colonnes, eft de Iules Romain, mais la Chapelle où je m'arreftay davantage, eft celle qui eft ornée de plufieurs riches Tombeaux de marbre, où l'on voit representées en belles peintures la Resurrection & l'Ascension de N. Seigneur, ensemble l'Assomption de la sacrée Vierge. Au bas de l'Eglise il y a vn grand marbre quarré couvert d'vne grille, qui couvre le Puits où Sainte Praxede cachoit comme dans vn thresor le sang des Martyrs, qu'elle avoit recüeilli avec vne éponge, qu'elle faisoit distiller dans vn vaisseau, avec lequel elle est representée en ses images, & en ses tableaux. Le Pape Vrbain y descendit vne bague qu'il retira toute ensanglantée. Contre la muraille du pignon au dedans de l'Eglise l'on voit vn autre marbre quarré, tacheté de noir & de blanc, sur lequel Sainte Praxede prenoit son repos, & son ombre y est encor en quelque maniere representée. L'on lit au dessus ces deux Vers.

Cerne viator vbi Praxedes Virgo cubabat ;
Nam docet vsque modo marmoris vmbra locū.

En ce lieu fut reçeu S. Pierre par Pudens Senateur Romain, pere de saint Timothée, & de saint Novate, de sainte Praxede, & de sainte Pudentiane, & l'on tient que le mesme S. Pierre, celebra le saint sacrifice de la Messe avant que saint Paul y fust arrivé, & fit ses autres fonctions.

Delà je descendis dans l'Eglise de Sainte Pudentiane, qui est située *in monte Viminale*. Pudens Senateur Romain dont nous venons de parler, avoit en ce quartier vn tres-beau Palais & de grande étenduë. Saint Pierre qui convertit toute la famille de Pudens, demeura sept ans en ce Canton & y jetta les premiers fondemens d'vne Eglise, où il dit la Messe, laquelle long-temps après menaçant ruïne, fut restablie & mise en estat d'estre estimée l'vne des plus belles de la ville de Rome. Quelques-vns tiennent qu'elle fut premierement bâtie par le Pape Pie I. y estant particulierement poussé par la priere de sainte Praxede sa sœur. Quoy qu'il en soit, elle est l'vne des plus anciennes de Rome, & gouvernée par des Bernardins. La plus-belle Chapelle qui y soit, est celle où est enterré le Cardinal Caïetan Prince. On y voit quatre colomnes sur l'Autel du plus beau marbre qui se puisse voir pour la couleur; car il est transparent; & mesme il semble qu'on ait pris soin de n'en point employer en cette Chapelle qui fust de couleur commune. Celuy qui s'y voit aux colomnes, est de couleur mélée de verd, de bleu & d'autres; & comme pointillé d'or. Cette diversité, & ce mélange de ces couleurs est tout à fait agreable à la veuë & merite d'estre veuë : En cette mesme Chapelle l'on void deux pierres, sur lesquelles tomba du sang miraculeux qui parut dans vne Hostie, lors qu'vn Prestre ayant consacré, douta de la verité du Corps de N. Seigneur dans le saint Sacrement. L'on y void aussi vn Puits couvert d'vne grille, à vn des côtés de l'Eglise, où il y a vne grande quantité du sang des Martyrs, meslé avec la terre. Les Papes ont donné à cette Eglise plusieurs Indulgences à ceux qui la visitent en faveur de ces Saints, qui ont répandu leur sang pour la confirmation de la Foy, & dont il y a des Reliques, entre autres de trois mille Martyrs. Là est enseveli le Cardinal Radzivil Limano, fort zelé pour la Religion Catholique, quoy que son pere fût heretique.

L'aprés-disnée du mesme jour j'allay voir le

Palais de Farnese, qui passe pour vn des plus beaux, & des plus magnifiques qui soient dans Rome. Il appartient au Duc de Parme, & fut bâty par Paul III. de la maison des Farneses. Il y a vn si grand nombre de belles choses, comme de Peintures & de Sculptures & autres pieces remarquables, que pour les descrire toutes exactement & n'en omettre aucune, il faudroit composer vn livre tout entier. Ie me contenteray de parler icy des plus considerables.

Dans la place qui est proche ce Palais, on void & on admire tout ensemble deux belles fontaines, en chacune desquelles, outre l'abondance de l'eau & les differents jets, on a sujet de regarder vn vaisseau de pierre d'vne grandeur prodigieuse, tout d'vne piece. L'vne de ces fontaines est parfaitement semblable à l'autre en grandeur & en figure, & elles donnent l'vne & l'autre vn merveilleux ornement à cette place qui est parfaitement bien entretenuë, & l'vne des plus belles de Rome, d'où il fait beau voir ce superbe Palais pour son architecture, qui presente à la veuë vn objet charmant, dont la beauté paroist encor davantage quand l'on y entre. Dans la Court il est environné de galeries soûtenuës de piliers. L'on void aussi dans la mesme Court plusieurs belles statuës qui ne luy donnent pas vn petit ornement, car l'on y peut considerer, premierement deux Hercules, entre lesquels le plus petit est infiniment plus estimé que l'autre, vne jambe luy manquant, elle fut faite par ce fameux Sculpteur Michel Ange, qui la luy a si adroitement ajustée & si artistement travaillée, qu'il paroist tout d'vne piece : & cette partie ne cede en rien au reste du corps. En suite d'vn côté & d'autre dans

mesme Court, l'on admire deux Déesses Flora; & deux Gladiateurs, dont l'vn porte vn enfant mort sur son épaule la teste en arriere & les pieds en haut, & l'autre a le fourreau de son épée d'vn côté, & du pied droit foule son bouclier & son casque. Montant dans le dégré l'on void deux grandes & anciennes statuës, qui representent l'Ocean & le Tibre. Estant arrivé au haut du mesme dégré; je remarquay plusieurs statuës, mais j'arrestay mes yeux particulierement sur deux Barbares captifs habillez à l'antique. Allant dans les sales l'on a sujet d'admirer la diversité des belles peintures, des sculptures & autres curiositez qui meritét bien d'estre déduites en détail. Dans la grande sale on voit le Duc de Farnese nommé Alexandre, foulant aux pieds le monstre de l'heresie, la Renommée avec ses aîles mettant vne Couronne sur sa teste, & la Flandre s'humiliant à ses pieds; le tout d'vne mesme piece de marbre; en memoire de ce que ce grand Capitaine fut General d'armée dans la Flandre contre les heretiques. On y voit encor les statuës des trois Horaces d'vn côté; & celles des trois Curiaces de l'autre, ayans l'épée & le poignard à la main. Au bout de la sale, est representée la Charité d'vn côté & la Felicité de l'autre. Delà je passay en huit ou dix chambres richement meublées de riches tableaux & des plus rares qui se puissent voir au monde. Aussi sont ils faits par les plus excellents Peintres, sçavoir par Titian, par Michel Ange, par Raphaël, par les Carasses, par Lanfranc, par Guide, & par plusieurs autres qui ont esté les coryphées de la peinture & qui ont emporté toute la gloire des derniers siecles.
Les mignatures qui se voyent en ce Palais, pour

la plus-part sont de Iules Clovio, qui y reüssissoit parfaitement bien. J'admiray dans l'vne de ses chambres, vn Crucifix d'yvoire fait par Michel Ange, qui est le plus achevé que j'aye jamais veu. Il represente N. Seigneur dans vne posture fort devote, levant la teste vers le Ciel, & comme faisant sa priere.

On me monstra entre plusieurs raretez & curiositez, vne vieille idole, laide & noire comme le Diable, que l'on conserve pour l'antiquité, & deux des douze tables de la Loy du temps de la Republique, où à peine peut-on lire vn mot, tant les characteres en sont vieux & effacez. Parmy plusieurs peintures qui se trouvent en ce Palais l'on y admire sur tout la galerie peinte par les Carasses, Augustin, Annibal, & Anthoine Boulonnois, & Peintres de grande reputation, où sont representées divinement les Metamorphoses d'Ovide. L'on y void de plus vne autre chambre peinte en partie par les mesmes, & aussi par Thadée Zuccaro, dont on ne dit autre chose pour éloge, sinon qu'on le peut comparer en la peinture à Raphaël d'Vrbin. Dans vne sale on voit vne table toute faite de pieces rapportées, & tres-artistement travaillée, mais ce qui la rend sur tout considerable, c'est sa largeur qui est bien de six pieds, & sa longueur qui me parut de quinze pieds. Là aussi se trouvent deux ou trois galeries remplies de bustes de differents personnages, comme de Lysie, d'Euripide, de Solon, de Socrate, de Diogene, de Zenon, de Possidonius, & de Seneque, de Ganimede, de Meleagre, d'Antinous, de Bacchus : Là de plus se void vne belle Bibliotheque remplie de fort beaux livres, où sont renfermées des mignatures & des tableaux faits par Raphaël d'Vrbin & par Titian, les Princes de la peinture. Ce lieu est fermé sous la clef, & ne s'ouvre pas à tout le monde. L'on y void vne Venus avec son Cupidon; le dessein de Michel Ange du jugement vniversel, qui est vne des plus belles pieces qui se soient jamais veuës dans la peinture. Il a achevé ce dessein dans vne des Chapelles du Vatican. L'on y void aussi plusieurs quadres de Raphaël d'Vrbin; mais sur tout j'en admiray trois, dont l'vn represente vne Vierge. Il y a mesme plusieurs desseins, tant de Raphaël, que de Michel Ange.

Ie ne parleray point des vases de toutes les sortes, non plus que de ce jeune Pasteur, qui se tire l'épine du pied, representé en bronze. Ie passeray aussi sous silence plusieurs chiens en marbre tres-artistement travaillez, comme aussi vne infinité d'autres choses que je serois trop long à déduire. Enfin, ce Palais à mon advis, est vn des plus beaux & des plus magnifiques qui se trouvent non seulement dans Rome, mais aussi dans toute l'Italie, si l'on considere son architectures, les sculptures & peintures, & autres curiositez qu'il contient. Il a esté bâti des ruïnes du Colisée, de mesme que la Chancellerie, dont nous parlerons cy-aprés, & qui est vn grand bâtiment quarré.

Descendant au bas de ce Palais, & sortant par la porte de derriere du côté du Tibre, l'on void vne grande statuë, que l'on dit estre de M. Aurele Empereur. Là auprés, l'on voit aussi vne chose qui surpasse encor toutes celles dont nous venons de parler, & que les Venitiens ont voulu achepter au poids de l'or. C'est ce fameux *Taureau* qui represente la fable de Circé, avec plufieurs perfonnages. Vous en pouvez lire l'hiſtoire qui eſt dans vn lieu ſeparé, où eſt ce fameux ouvrage. On voit la figure de cét animal fort élevée, deux jeunes hommes qui l'arreſtent, & attachent Circé par les cheveux à ſes cornes, vn paſteur aſſis au deſſous, vne Reyne qui commande cette action, & tout à l'entour diverſes figures d'animaux, comme vn Cerf, vne Biche, vn Aigle, vn Lion qui devore vn Cheval, vn Renard, vn Liévre, & le tout tant grandes que petites figures eſt d'vne meſme piece de marbre, admirée de tous les Experts, fort ancienne, & tirée à ce qu'on croît des Thermes Antonins. Pline & Properce parlent de ce chef-d'œuvre, qui eſt certainement vne des choſes les plus belles & les plus ſurprenantes qu'il y ait à Rome, & qui merite de faire vne merveille. L'on tient que c'eſt le chef-d'œuvre d'Apollonius & de Thianeus, deux des plus excellens Sculpteurs qui ayent jamais eſté.

Le 18. Ianvier j'allay au matin dans l'Egliſe de S. Pierre, où l'on celebroit la Meſſe avec ſolemnité à l'occaſion de la feſte de la Chaire de ce Saint. Le ſervice y fut fait au Grand Autel, ſur lequel le Pape ſeul peut dire la Meſſe, ſi ce n'eſt qu'il en donne à quelque autre vne commiſſion particuliere, comme il avoit fait en ce jour, auquel vn grand nombre de Cardinaux y aſſiſterent. Il fait certes beau voir leurs ceremonies, & l'ordre qu'ils y obſervent avec tant de particularitez qu'elles ſont vn objet & vn ſujet de grande admiration.

Ie vis la Chaire de S. Pierre tout à fait découverte. Elle eſt de bois, & me parut de couleur griſe, d'vne mediocre grandeur, & à peu prés comme vn fauteüil, quoy qu'à la verité il soit malaisé de juger de sa grandeur & de sa figure, à cause des ornemens dont elle est environnée. Elle est dans vne petite Chapelle, en attendant qu'on la mette dans vne autre plus considerable, derriere le Grand Autel, où elle sera soûtenuë par quatre figures grandes, qui representeront les quatre Peres de l'Eglise, & aura d'vn costé & d'autre les tombeaux de Paul III. & d'Vrbain VIII. où il y a des statuës divinement faites. La muraille de la Chapelle, qui n'est ornée que de stuc, sera encroûtée de bronze dorée, pour répondre à la magnificence du Grand Autel. En vn mot, cét ouvrage sera vn chef-d'œuvre, & il se fait des deniers d'Alexandre VII. qui n'omet rien de toutes les choses qui peuvent contribuer à honorer la memoire de son Predecesseur, dont il est vn tres-digne Successeur.

J'entray en suite dans la Chapelle du S. Sacrement, commencée par Paul V. continuée par Gregoire XV. & achevée par Vrbain VIII. L'on y voit le tombeau de Sixte IV. qui est de bronze dorée & élevé de terre environ deux pieds. Ce Pape y est fort bien representé, & à l'entour de luy les Vertus, comme à l'entour de son tombeau toutes les Sciences les plus considerables, la Theologie, la Philosophie, la Musique, la Perspective, l'Arithmetique & autres. C'est vn ouvrage tres-estimé. L'abregé de sa vie y est gravé en termes avantageux pour la memoire d'vn si grand Pontife, & à peu prés en ces termes. *Sixtus Quartus summus Pontifex de ordine Minorum, Turcis ex Italia summotis, authoritate Sedis aucta, foro, viis, Bibliotheca amplificata, cum modicè, & plano solo se condi voluisset, se-*

pulchrum

pulchrum hoc ei Nepos majori pietate quam ex-
pensâ fieri curavit. Vixit annis septuaginta Obiit
an. 1494. En cette Chappelle il y a vn Autel
outre celuy où est le S. Sacrement, aux bouts duquel l'on void deux belles colomnes torses, en partie couvertes de feüillages de marbre blanc, & apportées de Hierusalem par sainte Helene.

L'aprés-disnée du mesme jour j'allay dans la *vigne Bourghese*, hors la ville, qui est vne des plus belles & des plus agreables qui se voyent à Rome, soit pour son estenduë, soit pour ses eaux, soit pour la diversité des belles allées, dont elle est partagée, & qui fournissent toute l'année la plus charmante verdure qu'il se puisse voir. J'en eus le plaisir, quoy que ce fût dans le mois de Janvier, & mesme en jettant la veuë d'vn costé & d'autre, l'on admire plusieurs fontaines, soit au milieu de ces allées, soit à l'extrémité. L'on y void vn espalier d'Orangers & de Citroniers, vn Mail d'vne longueur & d'vne largeur assez considerable: En vn mot, rien n'y manque de toutes les choses que l'on peut desirer pour le rendre vn des plus gentils Parcs de Rome. A l'entrée je fus conduit par vne longue allée dans vne court, où le Fontenier me donna le plaisir de voir plusieurs jets d'eau, qu'il faisoit rejalir d'vne mesme source, mais en differentes manieres; tantôt comme vne pluye bien menuë, tantôt plus grosse; en suite la diversifiant, comme vn verre, comme vne tasse renversée, comme vne aigrette, & puis persant l'air de la hauteur de plus d'vne pique, selon la difference des tuyaux. L'on passe certainement vn quart-d'heure de temps en cette Place agreablement; & sortant de ce lieu on fit rejalir plusieurs autres jets d'eau le long d'vne allée

C c

raille, qui arrousoient vne allée, & mesme l'on la fit monter sur vne treille, & tomber par des tuyaux le long de cette allée : ce qui surprend ceux qui s'y promennent, & les moüillent s'ils n'y prennent garde de prés.

De là m'avançant en diverses allées, dont les vnes sont couvertes de Pins, les autres de Filaria, & les autres de Chesnes verds, ce qui fait vn objet charmant à la veuë ; j'abordày le Palais, qui est situé entre deux grands Parcs, & devant lequel il y a de belles allées & deux belles fontaines, avec plusieurs tuyaux dans la court. Ce Palais consiste en vn beau corps de logis, qui dans sa grandeur est accompagné de symmetrie, & de proportions qui y sont tres-regulierement observées. Par dehors vous en admirez la delicatesse de l'architecture, les bas reliefs & les statuës de marbre qui sont à l'entour. Estant entré dans ce Palais j'eus sujet d'admirer vne si grande diversité de belles choses, & en si grande quantité, que je n'entreprends pas icy d'en faire vne ample description ; mais je m'arresteray seulement à parler de celles qui m'ont le plus touché les sens. J'y vis donc des ouvrages des plus excellens Sculpteurs & des meilleurs Peintres. Entre les pieces des sculpture, j'y remarquay particulierement vn Seneque mourant, fait en marbre noir dans vne cuve où il est à demy jambe, & où il semble tourner les yeux en haut, mais si bien representé que l'on y voit & l'on remarque les veines de ses bras, & toute la figure de son corps faite au naturel. Vn David la fronde à la main, de marbre blanc : vn Enée portant son pere Anchise, & le petit Iülus auprés de luy, qui est vne piece admirable. Vne Daphné, qui estant poursuivie par Apollon, est changée en laurier. Vn Gladiateur en posture de se battre, qui passe pour vne piece incomparable, & pour vn chef-d'œuvre de sculpture. Vn Hermaphrodite couché sur vn matelas de marbre blanc, si bien fait, que les plus avisez croyent d'abord que c'est vn veritable matelas. Dans la grande sale l'on voit deux belles tables de porphyre, & au bout de chacune, deux belles colônes de mesme matiere. Sur l'vne de ces tables est le buste de Paul V. & sur l'autre celuy de Scipion de Farnese, qui fit bâtir ce Palais. On me montra aussi vne teste horriblement noire, qui semble ouvrir la bouche, & pousse vn son semblable au mugissement d'vn bœuf. Vne Diane de porphyre, revestuë d'albâtre, qui est vne piece considerable & admirée de tout le monde. Vn enfant de pierre de parangon, fort bien fait. Trois petits enfans couchez l'vn auprés de l'autre de marbre blanc & du plus fin. Vne copie en bronze du Taureau de Farnese. Vn Pasteur qui se tire vne espine du pied, en marbre blanc, fort bien fait. Enfin, on me fit voir vne armoire, ou cabinet ; où par de certains miroirs l'on fait paroistre vne Bibliotheque où il n'y en a point, des herbages, & vne grande quantité de perles, ce qui est agreable à la veuë, qui ne se plaist quelquefois pas moins aux choses apparentes, qu'à celles qui sont effectives & veritables. Il y a encor plusieurs beaux tableaux de peintures tres-exquises dignes d'estre veuës ; mais je serois trop long si je voulois faire vne description exacte de toutes ces choses. L'on montre vne peinture sur vne porte que je conseille aux curieux de voir debout & non-pas assis, parce qu'ils ne seroient pas plûtost en cette posture, qu'ils seroient pris au trebuchet.

Cc ij

Le dix-neufiéme Ianvier je sortis la ville par la porte de S. Laurens, ainsi appellée, parce qu'elle côduit à l'Eglise dédiée à ce Saint, qui est hors des murailles de Rome. Cette porte estoient autrefois appellée, *Tiburtina*, à cause qu'elle meine à Tiuoli ; *Taurina*, à cause de quelques testes de Taureaux qui sont en sculpture autour de l'arcade; *Esquilina*, du mont Esquilin où est située sainte Marie Majeure, ainsi appellée des sentinelles qui furent mises sur ce mont au temps de Romulus, lesquelles en Latin se nomment *excubiæ*. Cette colline est separée du Mont-Celius, par la voye Lavicane, & du Mont-Viminal par *il vico Patricio*, ainsi appellé, parce que plusieurs Senateurs habitoient ce Canton.

Par cette porte de S. Laurens entroit, *l'acqua Martia*, ainsi appellée de Quintus Martius, qui en prit la source à quarante milles de Rome, & la fit conduire par vn Aqueduc qu'il fit faire tresmagnifique, comme l'on peut juger par les restes que l'on void en ce chemin, dans les Thermes de Diocletian & autres lieux du voisinage, qui s'en servoient non seulement pour boire, mais aussi pour l'ornement de leurs maisons qui profitoient de l'abondâce de ses eaux. Cét Aqueduc fut reparé par Marcus Agrippa & par trois Empereurs, comme il paroist en l'inscription qui y est. *Imperator Cæsar Divi Iulij filius Augustus, rivos aquarum omnium refecit. Marcus Aurelius Antoninus Pius, fœlix Augustus, Maximus, aquam Martiam varijs casibus impeditam, purgato fonte, excisis & perforatis montibus, restituto formâ acquisito etiam fonte novo in sacram Vrbem suam perducendam curavit. Imperator Vespasianus rivum aquæ Martiæ vetustate dilapsum refecit, & aquam quæ in vsu esse desierat reduxit.*

J'entray donc en l'Eglise de S. Laurens hors de la Ville de Rome, au delà de la porte Esquiline, l'vne des sept Eglises que l'on visite par devotion, du nombre des cinq Patriarchales, & gouvernée par des Chanoines Reguliers de l'Ordre de S. Augustin. Elle est soûtenuë de trente-deux colomnes de marbre, & fut bâtie par Constantin le grand. Son pavé est quasi tout de petites pieces de marbre rapportées ensemble de toutes couleurs. Quelquefois au lieu de cette Eglise on visite celle de S. Pierre aux Liens. Ie descendis auprés de l'Autel, où reposent les corps de S. Estienne, de S. Laurens, & de S. Iustin, ce qui est témoigné par cét escrit qui est au devant. *Hic requiescunt corpora sanctorum Stephani Protomartyris, Laurentij Diaconi, & Iustini Presbyteri, Martyrum.* Il y a vn Tabernacle au dessus soûtenu de quatre belles colomnes de porphire. A côté du Chœur on voit sous vne grille de fer, vne pierre rougie du sang de S. Laurens, de qui le corps estant comme rôty & grillé, fut mis sur cette pierre, & il y a écrit au dessus : *Hic est Lapis super quem positum fuit Corpus assatum sancti Laurentij.* Au haut du Chœur sont les sieges des Cardinaux ; & vne Chaire où le Pape tient Chapelle le jour de S. Laurens.

Hors le Chœur il y a vn Crucifix à l'ombre d'vne petite grille, au dessous duquel est écrit : *Quisquis devoto, & contrito corde accedit ad istam Crucem, & ad alteram, plenariam peccatorum remissionem consequitur.*

L'autre Crucifix dont il est parlé dans cette inscription, est dans le Cloître vis à vis de ce premier, où l'on voit vne pareille inscription à la precedente ; & ces deux Crucifix furent trouvez auprés de la pierre dont nous venons de parler. On lit en cette Eglise deux grandes listes de Corps saints, & de Reliques qui y sont, & que l'on y honore.

Delà sous la conduite d'vn Ecclesiastique j'allay voir les Catacombes. A main gauche en entrant dans l'Eglise du côté de la petite Nef, on descend par quelques dégrez, & auparavant que l'on entre dans les grottes obscures, l'on trouve vn Autel Privilegié, comme il est marqué par cette inscription qui est à l'entrée. *Hæc est tumba illa toto orbe terrarum celeberrima, ex Cemeterio sanctæ Cyriacæ Matronæ Romanæ, vbi sacrum si quis fecerit pro Defunctis, eorum animas à Purgatorij pœnis, divi Laurentij meritis evocabit.* Sous cette Chapelle sont les corps de S. Hypolite Martyr, & de dix-neuf Martyrs de sa maison.

Delà j'entray dans le Cemetiere de sainte Cyriaque, ainsi nommé à cause qu'il fut creusé au dessous de son heritage, situé *in agro Verano*, dans la voye Tiburtine, qui commence dés la porte qui a ce mesme nom. L'on nomme aussi ce lieu les Catacombes de S. Laurens, à cause de l'Eglise qui y est bâtie, & à cause que son corps y est honoré, lequel fut enterré en ce lieu par Iustin Prestre, & par S. Hippolite.

Cette partie de Cemetiere où j'allay tourne vn peu sous l'Eglise, & va à vne autre ouverture, par laquelle on monte dans la mesme Eglise, sçavoir par cette partie laquelle a esté ajoûtée par le Pape Pelage, qui est tout à l'extremité dans ces Catacombes qui peuvent avoir six pieds de hauteur & tout creusées, dans le tuf l'on void des tombeaux ouverts sans Reliques ny inscriptions, des differentes routes & chemins en longueur &

largeur qui vont en tournant & en serpentant, & qui forment comme des labyrinthes que l'on ne frequente plus depuis que plusieurs personnes s'y sont perduës.

Quelques personnes sur la fin du siecle passé poussées d'vne sainte curiosité d'avoir connoissance des choses qui estoient enfermées en ces saints lieux, & pour satisfaire aux vœux des Chrestiens zelez pour la Religion, qui le souhaitoient d'autant plus ardemment, qu'ils sçavoient que l'Eglise a esté fondée sur l'effusiō du sang des Martyrs, qui l'ont respandu pour la confirmation de la foy, se firent quelques passages en ces Catacombes, où elles entroient à demy baissées contre terre, où elles trouvoient tantost des tombeaux couverts, d'autres à demy-ouverts avec des corps des Martyrs; & où elles voyoient tantôt de petites Chapelles, de petites chambres, des inscriptions sur le marbre & d'autres sur la chaux; rencontroient plusieurs sentiers & chemins en longueur & largeur, qui forment des labyrinthes; voyoient dans quelques tombeaux des os reduits en poussiere, dans les autres des ossemens durs comme du fer, & dans les autres rien du tout : les vns fermez avec des thuiles & les autres avec des pieces de marbre. Ils y découvrirent aussi plusieurs marques des Chrestiens, comme des figures d'yvoire, des bagues d'os, des petits vases, des Lampes de terre, des petites phioles de verre & d'autres signes.

Les mesmes personnes du côté de la Vigne des Peres de S. Laurens, trouverent vne ouverture qu'elles penetrerent, & tomberent d'accord que cette partie des Catacombes avoit plus d'étenduë que les autres, quoy qu'elles aboutissent toutes

C iiij

les vnes aux autres. Elles y remarquerent trois ordres de grottes, les vnes sur les autres, des chemins qui vont en serpentant, quelques chambres, des vases de verre, des lanternes & de petites niches creusées dans le tuf, où les Chrestiens conservoient leurs Lampes : & virent sur les tombeaux quelques titres & Epitaphes, les vns sur du marbre, les autres sur de la thuile & de la chaux, parmy lesquels plusieurs se sont trouvez si rompus, qu'il a esté difficile de les rassembler pour en prendre le sens. Ces Catacombes enfin estoient des plus vastes & des plus frequentées, outre que plusieurs Eglises avoient esté bâties en cette voye Tiburtine en l'honneur des Martyrs, parmy lesquels quelques-vns par devotion se faisoient enterrer, dont on ne void aucuns restes, sinon de vieilles murailles dans les Vignes circonvoisines, L'on ne peut entrer en ce Cemetiere qu'en mesme temps l'on n'ait quelques mouvemens de devotion & de veneration ; d'autant plus que c'est le lieu où le corps de S. Laurens au temps du Pape Pelage II. fut trouvé par quelques particuliers, qui tous moururent peu de jours aprés : Cela est rapporté par S. Gregoire, & à cause du grand nombre de Martyrs qui le sanctifient, comme sont S. Hippolite dont vne partie du Cemetiere avoit pris le nom, que l'on visitoit par devotion pour honorer sa memoire : S. Estienne premier Martyr, qui y fut apporté de Constantinople : S. Romain, Claude, Severe, Crescence & Romain compagnons de S. Laurens dans le Martyre : Sainte Concorde : sainte Cyriaque, sainte Trifonie : sainte Cyrille & S. Iustin : les Papes Zozime, Sixte III. & Hilaire, enfin plusieurs autres qui ont esté inhumez en ces saintes Catacombes. Ie croy que ce petit discours suffira pour donner aux curieux vne legere connoissance de ce saint lieu, où les Chrestiens se retiroient du temps de la persecution.

L'on remarque que cette voye Tiburtine estoit remplie de tombeaux & de monumens des anciens Romains. Depuis quelque temps l'on y a trouvé quelques Vrnes, leu quelques Epitaphes, inscriptions, & remarqué quelques ruïnes des Palais qu'ils y bâtissoient d'autant plus volontiers, que la situation en est avantageuse. Là estoit la maison de plaisance d'Adrian, si celebre & plusieurs autres.

Le vingtiéme Ianvier j'allay à l'Eglise des saints Fabian & Sebastien, & passay par l'Arc Triomphal de Constantin, où commence *la via Appia*, qui allant par le *Settizonia* de Severe, conduit aux Thermes d'Antonin, & delà par la *porte Capene* passoit aux ruïnes d'*Alba longa*, puis à Terracine, Fondi, & autres lieux jusques à Brindes. Cette voye ainsi appellée d'Appius Claudius qui la fit faire estant Censeur, & la fit paver de pierre de cailloux jusques à Capouë, mais Iules Cesar l'étendit, & Trajan la mit dans sa derniere perfection.

Ie passay par la porte autrefois nommée *Appia*, à cause d'Appius: *Fontinalis*, à cause du grand nombre des fontaines qui estoient de ce côté-là: *Camena*, à cause du temple des Muses qui estoit tout proche: *Triumphalis*, pource que les Scipions entrerent par cette porte quand ils furent honorez aprés avoir remporté la victoire côtre les Afriquains, mais presentement elle se nomme la porte de S. Sebastien, à cause de l'Eglise dédiée à ce Saint qui en est éloignée d'environ deux milles, & située proche le Cemetiere de Callixte.

L'Eglise donc des saints Fabian & Sebastien est située dans la voye Appie, & gouvernée par des Religieux de l'Ordre de Cisteaux, qui ont là auprés vn Monastere, mais desert. Elle est vne des sept Eglises que l'on visite par devotion, mais au temps des grandes chaleurs, celle de sainte Marie du Peuple est substituée en sa place. Elle a esté bâtie par le Grand Constantin, & d'abord y furent mis les corps de S. Pierre & de S. Paul, qui en ont esté retirez depuis. Son Grand Autel est soûtenu de quatre colomnes, & son toict est de pierre, comme ceux de la plus grande partie des Eglises de Rome. Là reposent les corps de plusieurs Saints. Celuy de S. Fabian Pape & Martyr est dessous le Grand Autel : celuy de saint Sebastien est sous l'Autel de la Chapelle à gauche, que l'on trouve en entrant dans l'Eglise. Dans vne autre Chapelle qui est de l'autre côté, vis à vis celle-là, l'on voit la pierre de marbre sur laquelle N. Seigneur laissa marquez les vestiges de ses pieds quand il apparut à S. Pierre. Cette pierre semble estre d'vne figure quarrée, environ d'vn pied & demy de longueur, & d'vn pied de largeur. Dans cette meme Chapelle il y a plusieurs autres Reliques, qui furent exposées en ce Iour, à cause de la solemnité de la Feste. De là je descendis en vne autre Chapelle qui est sous terre, derriere le Grand Autel, où se voyent sur son Autel les Bustes de S. Pierre & de S. Paul, & derriere cét Autel l'on voit vne concavité où reposoient les corps de ces deux saints Apostres, avant qu'ils en eussent esté transportés. On y voit aussi vne chaise de marbre, en laquelle S. Fabian Pape fut massacré par la cruauté d'vn Tyran, en

& d'Italie 411

celebrant l'Office Divin. L'on honore en cette Eglise plusieurs autres Reliques, comme les fléches desquelles fut percé le corps de sainte Lucine veuve; les testes de S. Callixte & de saint Estienne Pape & Martyr, & plusieurs autres. Sortant de cette Chapelle par l'autre costé, je leus vne réponse Latine de sainte Brigitte en ses Revelations, où elle donne raison pourquoy les corps de S. Pierre & de S. Paul avoient esté si long-temps cachez. *Quia nondum*, dit-elle, *venerat tempus coronationis*, & dit que les hommes ne sçavoient pas où ils estoient, mais que les Anges leur portoient honneur & respect. Au bas de l'Eglise est écrit ce qui est porté dans la vie de saint Philippe de Neri, qui ayant en devotion de visiter les sept Eglises de Rome, il continua l'espace de dix ans cette œuvre de pieté, pendant lequel temps il couchoit souvent la nuit aux Catacombes de saint Sebastien pour faire penitence; les Demons luy ayant apparu vne fois en formes horribles pour le divertir, il les méprisa en continuant sa devotion. Cette Eglise fut autrefois appellée l'Eglise des Apostres, à cause que les corps de S. Pierre & de S. Paul avoient esté apportez par les Grecs dans les Catacombes à dessein de l'enlever, mais ils en furent empeschez par les Romains. Elle fut aussi autrefois gouvernée par diverses sortes de personnes; par des Clercs, par des Moines, par des Chanoines Reguliers *di santa Maria Novella*, & depuis enfin par les Religieux de l'Ordre de Cisteaux. Eugene IV. la repara, & elle fut accruë par vn Abbé. En suite Paul V. l'ayant mise en commande, en donna l'Abbaye au Cardinal Borghese son Neveu, qui l'a mise en l'estat où elle se voit à present: L'on y honore quelques Reliques ; entr'autres le chef de sainte Lucine, dont le corps a esté mis dans les Catacombes, & S. Gregoire y a prononcé sa 37. Homelie sur les Evangiles. Mais sortons de l'Eglise pour entrer dans les Catacombes, & pour en parler à fonds. Le mot de *Catacombes* se dit abusivement, pour ce quils signifient proprement *Catatombes*, puisque c'est vn mot Grec composé de χȣ proche, & τύμβος tombeau : comme qui diroit, proche les tombeaux des Martyrs. Or ce Cemetiere appellé de S. Callixte ou de S. Sebastien, fut commencé par sainte Lucine dessous son heritage, où les Chrestiens s'estant retirez à cause des persecutions qu'ils souffroient, s'accrûrent peu à peu, & se donnerent tant d'espace, qu'ils s'estendirent bien avant dans la campagne sous les vignes de la voye Appie, vers les Eglises de S. Paul, de l'Annonciade & de S. Anastase ; mesme jusques aux murailles de la Ville. Là les Prestres offroient le saint Sacrifice de la Messe ; là ils faisoient tous ensemble leurs prieres ; là les souverains Pontifes ordonnoient les Evesques, & y estant poursuivis, ils ont esté mis à mort par les Tyrans. Là aussi fut mis le corps de S. Sebastien par sainte Lucine : là sont ensevelis les saints Eutychius, Maxime, Tarsice, Tiburce & Gorgonie, & vne infinité d'autres, jusques au nombre de 174. mille ; entre lesquels il y a 46. Papes.

Ces Catacombes sont divisées en Cemetiere *public*, & Cemetiere *secret*. I'entray dans le *public*, qui est ouvert à tout le monde pour la commodité des Pelerins qui y entrent par vne porte, & en sortent par l'autre. Ie remarquay qu'il est creusé dans vn tuf extraordinairement dur, & j'y vis les tombeaux d'vn costé & d'autre dans la muraille, dépoüillez de leurs Titres, Epitaphes & autres ornemens, quelques chambres & en quelques endroits des passages bouchez, de peur que le monde s'y engageant temerairement ne s'y perde, comme il est arrivé quelquefois. L'on y void l'endroit où fut ensevelie Ste Cecile Vierge & Martyre, avec cette inscription. *Hic quondam reconditum fuit corpus beatæ Cæciliæ Virginis & Martyris. Hoc opus fecit fieri Reverendissimus Pater Dominus Guglielmus Archiepiscopus Bituricensis, anno Domini 1409.* En entrant à droite dans l'Eglise pour aller dans le Cemetiere, il y a aussi cette inscription: *Hoc est Cœmeterium B. Callixti Papæ & Martyris incliti. Quicumque illud contritus & confessus ingressus fueris, plenam remissionem omnium peccatorum suorum obtinebit, per merita gloriosa centum septuaginta quatuor millium sanctorum Martyrum, vnà cum 46. summis Pontificibus, quorum ibi corpora in pace sepulta sunt, qui omnes ex magna tribulatione venerunt, & vt hæredes fierent in domo Domini, mortis supplicium pro Christi nomine pertulerunt.*

L'autre partie de ce Cemetiere, appellée *secrette*, le fut veritablement pour moy, parce que je n'y entray point; mais je tascheray de la rendre publique, en rapportant icy ce qui m'en a esté dit par vn homme d'esprit qui a penetré tous les lieux les plus cachez de ces Catacombes. Il m'a asseuré que cette partie a vne étenduë bien plus considerable que la publique; qu'il y a en plusieurs endroits quelques chambres sans peintures & sans ornemens, & mesme plusieurs lieux sans tombeaux & monumens; qu'il y a des passages bouchez qui donnoient entrée dans les Cemetieres voisins, que l'on y marche long-temps, que l'on ne void que le seul tuf, que des tombeaux sans titre ny inscriptions, & quelques fragmens: quoy qu'en plusieurs endroits l'on trouve encore quelques beaux vestiges des anciens Martyrs. Il me fut dit aussi que Sixte III. la repara & fit mettre sur les tombeaux qui y restent, du marbre sur lequel il fit graver le nom des Martyrs, & qu'Innocent I. y bâtit vn Monastere, dont les Religieux avoient soin d'entretenir les Catacombes.

Pour la satisfaction des curieux, je diray qu'à la fin du siecle passé vne personne poussée d'vn saint zele de sçavoir & penetrer toutes choses dans ces saints lieux, alla avec vn courage digne d'vn veritable Chrestien, vers vne grande maison qui est de l'Hospital de S. Iean de Latran, à vn demy mille de saint Sebastien, où ayant trouvé vne ouverture, il entra dans des lieux souscterrains, & aprés avoir fait des tours & des détours en plusieurs endroits, il remarqua vne infinité de choses que je diray en abbregé pour en donner seulement au voyageur curieux vne legere connoissance. Il découvrit donc quelques grotes, les vnes creusées dans vne terre dure, & les autres dans le tuf : il apperçeut d'vn côté & d'autre des tombeaux dans la muraille, creusez aussi dans le tuf, les autres dans vne terre plus tendre ; quelques-vns à plate-terre, couverts de marbre, d'autres en arcade, destinez pour les personnes qualifiées, sur lesquels on celebroit la Messe ; les vns ouverts & les autres à demy ouverts. Dans ceux-cy, des os extrémement durs ; & dans ceux-là les os au seul toucher se reduisoient en cendre. D'espace en espace il voyoit des chambres sans peintures & sans inscriptions, dé-

& d'Italie. 415

poüillées de tous ornemens. Il a asseuré deplus qu'en plusieurs endroits l'on void des piles de tuf qui se sont détachées des murailles, d'autres qui sont prés de tomber ; qui gastent les tombeaux, & les autres monumens & qui mesme bouchent les passages : que la hauteur des Catacombes pour l'ordinaire est de six pieds, quoy qu'en quelques lieux elle soit plus considerable ; y ayant huit ou dix tombeaux les vns sur les autres ; que dans les autres, il falloit se baisser & quasi ramper par terre pour y entrer.

Mais ce qui est encore plus remarquable, c'est qu'il a trouvé du sang gelé & dur, reduit à la couleur de la terre : vne teste fenduë par le milieu, où le fer de la hache est demeuré : d'autres où l'on void visiblement les marques des blesseures. Il trouva vn corps enveloppé dans du linge, qu'il n'eut pas plutost touché qu'il se reduisit en poussiere ; toutes marques qui le confirmoient dans la pensée que ces lieux estoient les Catacombes des Martyrs, quand sur tout il eut apperçeu des palmes, des Couronnes, des flammes de feu, des Colombes ayant dans le bec & sous les pieds des rameaux d'Oliviers ; sur les vns quelques nombres, comme L. X. XX. sur les autres des cœurs ; quelques figures de bronze & d'yvoire, de differens vases de terre cuite, où estoit le sang des Martyrs avec de la poussiere ; & de verre où estoit aussi enfermé le sang pur d'autres saints Martyrs, enfin vne infinité d'autres choses que je passeray pour continuer ma route.

Cette voye Appie fut fort frequentée par les Romains, qui y avoient vne infinité de tombeaux & plusieurs temples ; mais les vns & les autres dans leur plus grande partie sont à present ruïnez ;

& leurs misérables restes sont tout à fait dénuez de leurs ornemens. Entre les temples il y avoit celuy qui estoit dédié au Dieu Ridicule, qui fut bâty à l'occasion d'Annibal qui leva le siege devant Rome, pour vne vision qu'il avoit euë. Entre les tombeaux, il y avoit ceux des Marcelles, d'vn Horace : de Marcus Tullius : de l'Empereur Galien & d'autres.

A la sortie de dette Eglise je jettay la veuë au bout de la ruë où est le tombeau de Metellus, élevé comme vne espece de tour haute & large, qui est dans la voye Appie.

Au retour j'entray dans vne autre petite Eglise dédiée à S. Pierre, & appellée *Domine quo vadis?* où ce Saint fuyant de Rome, & demandant à N. Seigneur qui luy apparut sur ces entrefaites ; Où allez-vous, Seigneur ? Iesus-Christ luy répondit, Ie vas à Rome pour me faire crucifier vne seconde fois : ce qui donna vn tel courage à S. Pierre, qu'il retourna à Rome, où il fut crucifié la teste en bas.

De là j'entray en vne autre Eglise dédiée encor à S. Pierre, & nommée *in via Appia*. Là estoit autrefois la pierre imprimée des vestiges de N. Seigneur, & que j'ay dit estre conservée dans l'Eglise de S. Sebastien, de laquelle mesme l'on voit encor la representation au mesme lieu, où N. Seigneur apparut à cét Apostre.

A la main droite de l'Eglise de S. Sebastien, l'on voit les restes d'vn temple d'Apollon, dépouillé de ses ornemens. Et à costé de cette Eglise l'on trouve encor vn grand temple rond soûtenu par quelques colomnes, qui fut dédié par Sylla à *Mars Gradivus*, dans le temps qu'il fut Edile, & là l'on donnoit audiance aux Ambassadeurs des Ennemis,

Ennemis, les Romains ne voulans pas qu'ils fussent receus dans la Ville, de peur qu'ils n'y vinssent pour épier ce qu'on y disoit, & ce qu'on y faisoit.

L'on dit mesme qu'vne grande partie de ce temple tomba en ruine par les prieres de saint Estienne Pape, lors qu'il refusa d'obeïr à l'Empereur Galien, qui luy commandoit de presenter des sacrifices au Dieu Mars. Là proche les Romains conservoient *la pietra Manale*, qu'ils portoient avec solemnité en procession, lors qu'ils vouloient avoir de la pluye pour les biens de la terre.

Dans vn lieu qui n'est pas éloigné de *capo di bue*, l'on voit de grandes ruines du Cirque, ou de l'Hippodrome fait par Caracalla, où l'Empereur Tibere avoit fait bâtir des Escuries pour les Soldats Pretoriens.

En revenant vers la porte de S. Sebastien, l'on voit vn certain bâtiment quarré, que l'on croit estre le tombeau de Cethegus, comme l'on peut juger par les titres. Ayant passé la porte & entré dans la Ville, je m'estonnay de la solitude que je trouvay de ce costé-là dans son enceinte, & revenant par *Forum Boarium*, qui estoit autrefois *Forum Romanum*, je remarquay que c'est le lieu de Rome presentement le moins habité, quoy qu'autrefois ce fût le plus frequenté. En mesme temps je fis reflexion sur la varieté & sur l'inconstance des choses du monde ; la ville de Rome ayant esté en son temps si peuplée qu'elle estoit vn concours de toutes les Nations.

Le 21. Ianvier j'allay à l'Eglise dédiée à sainte Agnes, que l'on bâtit suivant le dessein d'Innocent X. & qui est située en la place de Navone,

D d

On y descendoit en ce jour-là par plusieurs degrez en deux Oratoires, ou Chapelles qui sont sous terre, & où estoit autrefois le lieu infame où sainte Agnes fut exposée par la malice des Tyrans, mais délivrée par vn Ange. Il y avoit aussi en cedit jour grand concours de peuple. Ie me tiray de la foule pour aller voir *l'Eglise de S. Pierre aux Liens*, située proche le Colisée, sur le Mont Esquilin, & gouvernée par des Chanoines Reguliers. Elle est soûtenuë de belles colomnes cannelées. Sous son Grand Autel sont les Corps des sept Machabées, & les chaînes dont S. Pierre fut lié dans la ville de Hierusalem.

On honore en cette Eglise plusieurs Reliques, dont on voit le catalogue en vne Chapelle : comme des saintes Marguerite, Iuliene, Agnés, & de quantité d'autres. On y voit aussi plusieurs Tombeaux & Epitaphes : comme celuy de Vecchiarellio Doyen des Referendaires, en marbre tres-poli, & au dessous de son Buste il y a deux squelets de marbre qui le soûtiennent & si bien faits qu'ils sont admirez de tout le monde : Là est la sepulture de Iacques Sadolete Cardinal, sans aucune inscription, comme aussi celle du Cardinal Turin ; mais ce qu'il y a de plus curieux en cette Eglise, c'est le tombeau de Iules II. où l'on voit & l'on admire, entre plusieurs statuës de marbre, ce Moyse si celebre ouvrage de Michel Ange Bonarote, qui semble s'estre surpassé en la sculpture par la politesse de ce bel œuvre. Dans le Cloître on voit le plus beau palmier qu'il se puisse voir, à cause de sa hauteur, avec vne Fontaine tres-gentille, où trois Abeilles donnent de l'eau en abondance, faite aux dépens d'vn de la Maison des Barberins. De là je montay sur vne plate-forme, où l'on me fit remarquer plusieurs antiquitez, comme le Colisée, les 7. Sales & autres antiquailles.

Ne me contentant pas de voir les 7. Sales de loin, j'en approchay seulement ; car il est defendu d'y entrer depuis quelques desordres qu'on y a commis. Elles sont situées auprés des Thermes de Traian, & ce sont 9. cavernes qui sont aujourd'huy appellées les 7. Sales. Il paroist par vne inscription que l'on y a trouvée, que ce fut vn lieu destiné pour l'vsage du College des Pontifes, bâti par Vespasian. Cette inscription porte ces termes : *Vespasianus Augustus pro Collegio Pontificum fecit.* Les autres disent que ces edifices sous-terrains sont des restes des bains de Vespasian, dans lesquels on faisoit couler l'eau des reservoirs qui estoient en ce lieu. Là fut trouvée cette belle statuë de Laocoon que l'on voit dans le Vatican, ouvrage appellé par Michel Ange le miracle de la sculpture.

L'Eglise de sainte Marie aux Monts fut bâtie par le Pape Symmache dans les ruïnes des Estuves de l'Empereur Adrian, d'où vient que l'on a appellé ce lieu, *Adrianello.*

Le 22. Ianvier je vis l'Eglise de S. Pierre, située sur le Mont Ianicule, appellé par les Italiens, *Montorio*, comme qui diroit, *Mons auri*, à cause de la couleur brillante de son sablon, qui approche de celle de l'or, & ainsi par corruption il a esté dit, *Montorio.* En vn petit Cloistre l'on voit vne Chapelle ronde bâtie à la Dorique, excellemment selon le dessein de Bramante. C'est le lieu où S. Pierre fut crucifié, & il est quelquefois honoré de la presence des Papes, qui y celebrent la Messe. L'on tient que cette Chapelle fut commencée par vn Roy de France, & achevée aux dépens de Ferdinand Roy d'Espagne : Elle est soûtenuë en dehors par plusieurs piliers : il y a deux Oratoires l'vn sur l'autre ; l'vn fort bas, où il faut descendre par quelques degrez où l'on voit vne concavité, où estoit plantée la Croix, sur laquelle S. Pierre fut crucifié ; L'autre est au dessus, où l'on montre encore vne ouverture, où pouvoit atteindre cette mesme Croix.

Les statues des quatre Evangelistes se voyent aux quatre coins des Oratoires fort bien faites en marbre, quoyque petites.

Il y a proche de là vn Convent nombreux de Recolets, de l'Ordre de S. François, dont l'Eglise est considerable pour ses excellentes peintures. Le tableau de la Transfiguration de N. Seigneur, est vn chef-d'œuvre de Raphaël d'Vrbin. Sa Flagellation y est representée sur le mure, & est vn ouvrage digne de Sebastien Venitien. La Chapelle du Cardinal Politian qui y a son tombeau, ne reçoit pas vn petit éclat des peintures tres-exquises de Michel Ange, comme aussi des statuës de S. Pierre & S. Paul, qui sont deux pieces merveilleuses du mesme Ouvrier, representes en marbre : En vn mot, cette Eglise est remplie de peintures & de sculptures des plus excellens Ouvriers en ces Arts.

On voit huit petits enfans de marbre blanc, devant les balustres des plus hautes Chapelles de l'Eglise, l'vne d'vn côté, & l'autre de l'autre: Dans l'vne de ces Chapelles je vis le tombeau que Iules III. fit accommoder de son vivant, & qu'il avoit destiné pour Antoine Cardinal del Monte son Oncle. Aux deux costez sont ensevelis deux Cardinaux Nevoux d'vn Pape. C'est enfin la Chapelle la plus riche en marbre, la plus considerable en peintures, & la plus belle en sculpture qu'il y ait en cette Eglise. Ie ne parleray point des tombeaux d'Anthoine Massa, de Galesius & du Frere Ange de la Paix, Religieux Observantin, qui a composé vn grand volume sur le Symbole des Apostres.

A la sortie de cette Eglise je passay par le Cloistre où les miracles de S. François sont representez en peintures, & expliquez en des vers Latins, traduits en langue Italienne.

Devant la porte il y a vne fort belle fontaine, qui se trouve au milieu d'vne haute terrasse, sur laquelle l'on voit à plaisir la ville de Rome. Ie montay encor plus haut par vn chemin pavé au dessus du Convent. I'y eus sujet d'admirer la fontaine de Paul V. où l'on voit tomber de bien haut cinq sources d'eau, dont les trois du milieu paroissent comme autant de torrens, ou de rivieres. Le dessein de ce lieu où est cette fontaine, est comme vn portail élevé appuyé de sept belles colomnes, entre lesquelles coulent ces eaux, & se perdent en mesme temps sous terre. Elle s'appelle *Pauline*, à cause que Paul V. la fit venir dans Rome de Bracciane, qui en est éloigné de 15. milles. Au dessus il y a cette inscription. *Paulus V. Pontifex Maximus aquam in agro Braccianensi saluberrimis è fontibus collectam, veteribus aquae Alseatinae ductibus restitutis additis 35. ab vrbe milliario duxit.* Elle passe par le Pont-Sixte, par l'Hospital des Mendians, & dans le commencement *de strada Iulia*, où fut faite autrefois cette inscription : *Paulus Quintus aquam munificentiâ suâ in summum Ianiculum perductam citra Tiberim totius vrbis vsui dedacendam curavit.* Proche le Mont Ianicule estoit le Cirque de Iules Cesar, qui s'estendoit jusques à la porte *Trasteuerina*, & qui est aujourd'huy dite *la porta di ripa*, auquel lieu estoit aussi la naumachie. Par les restes du tombeau de Numa Pompilius qui se voyent en ces quartiers, l'on peut juger facilement qu'il estoit fort simple ; & ainsi qu'en son temps le luxe ne regnoit pas encore parmy les Romains.

Au retour passant par le *Pont Aurelius*, ou *Ianicule*, qui fut depuis appellé *Ponte rotto*, & presentement est dit *le Pont de Sixte*, à cause que Sixte IV. le fit reparer, au bout je vis vne fontaine, où l'on a sujet d'admirer la cheute d'eau qui jette de la hauteur d'vne pique & en si grande abondance, que l'on la peut appeller vne riviere. Elle est du mesme Paul V. Le lieu où est presentement le Port *di ripa*, fut autrefois appellé *città Leonina*, pource que Leon IV. y fit bâtir des maisons, & y éleva des tours pour defendre la Ville contre les courses des Sarrazins : mais depuis Alexandre VI. a fait de grands changemens en ce Bourg, & l'a beaucoup augmenté.

Le 23. Ianvier j'allay voir l'Eglise de S. Gregoire, située sur le Mont Celie, proche le Colisée, qui fut autrefois vn Monastere d'Allemans & de Flamands, mais qui est presentement gouvernée par des Religieux de Camaldoli. Là fut la maison paternelle de S. Gregoire le Grand. I'entray premieremēt en vne Chapelle où je vis vne belle statuë de marbre blāc, du méme S. Gregoire le Grād, qui est representé en habit Pontifical, & le Saint Esprit en forme de colombe à son aureille droite. Cesar Baronius Cardinal fit dresser cette statuë à ce Saint, qu'il appelloit son patron, durant le

Pontificat de Clement VIII. l'an 1600. afin qu'elle fut venerée en ce lieu; où se voit encore vne grande table de marbre, sur laquelle ce saint Pontife donnoit tous les jours à manger à douze pauvres, en l'honneur des douze Apôtres. Vne fois vn Ange s'y trouva pour treiziéme, comme il est marqué sur cette table par deux Vers, qui sont en ces termes.

Bis senos hic Gregorius pascebat egentes,
Angelus & decimus tertius accubuit.

Des deux costez de ce lieu l'on void en peinture S. Pierre & S. Paul si bien representez, que les plus avisez croyent d'abord qu'ils sont en relief enfoncez dans des niches. Vis à vis à l'autre extremité il y en a encor deux autres fort bien faites, qui representent S. André, & vn autre Saint. Au milieu de l'Autel il y a la statuë de sainte Sylvie Mere du Grand S. Gregoire en marbre blanc, fort bien faite, & que le mesme Baronius y fit eriger.

On voit aussi en cette Eglise le tombeau de marbre à plate-terre de la famille de Baronius, qu'il fit luy-mesme mettre pour sa tante Martia Baronia veuve. On y lit cét Epitaphe.

Martia quæ dicor tres Hostes vna subegi;
Non obijs, vt peterem præmia terna abij.

On y admire encor le martyre de S. André representé des deux côtez de la Chapelle par deux Peintres qui travailloient à l'envie l'vn de l'autre, sçavoir Dominiquain d'vn côté, & Guida de l'autre. Cét ouvrage de peinture merite d'estre veu par les curieux, & pareillement ceux de mesme nature d'Annibal Carazzi Boulonnois.

En vne Chapelle de l'Eglise du côté de l'Evangile, on me monstra vne sainte Image de la sacrée Vierge portant le petit Iesvs, & ayans tous deux des Couronnes d'or données par vn Mathei, fameuse depuis quelle parla à S. Gregoire il y a plus de mille ans. Ce qui est marqué en grosses lettres à l'entour de la Chapelle : *Cardinalis Salviatus hanc imaginem ante mille annos sanctum Gregorium alloquutam hoc sacello ornavit an.* 1600. Elle est couverte d'vne grille de fer.

En la mesme Chapelle est representée vne procession où S. Gregoire faisoit porter vne Image de la sacrée Vierge pour la délivrance de la ville affligée de contagion, & alors vn Ange luy aparut sur vn Château, remettant son épée dans le fourreau, pour signifier que la colere de Dieu estoit appaisée : d'où ce Château a esté nommé le Château-saint Ange. Au dessus de l'Autel l'on void vn rare tableau de S. Gregoire, où il est representé faisant sa priere en habit de Cardinal. Du côté de l'Epistre j'entray en vn petit Oratoire, où sous vne grille on voit le lieu où couchoit S. Gregoire, qui y est mesme representé couché & appuyé sur son coude. Là est la sepulture du Cardinal Lomellin, & plusieurs Epitaphes de Florentins, comme aussi d'Edoüard Carne, & de Robert Veccam Anglois, qui aprés avoir esté chassez de leur patrie pour la Religion Catholique qu'ils professoient, vinrent à Rome pour viure & mourir aux pieds de S. Pierre. Là se voit l'Epitaphe du Poëte Stace, en ces termes.

Statio statio F. Dulciss.
Christophora M. Pientiss. P.
Vixit annis XXXIII.

Par l'Epigramme qui suit, l'on remarque qu'il a écrit contre Virgile.

Statius hic situs est, juvenem quem Cypris ademit.
Praconem Æneæ, carmine quod premeret.

Entre les Reliques que l'on honore dans cette Eglise, qui est pavée à la Mosaïque à petites pieces rapportées, il y a principalement le bras de S. Gregoire, dont le corps est dans l'Eglise de S. Pierre, & le bras de S. Pantaleon.

En passant par le Cloître je remarquay avec plaisir les peintures qui y representent la vie de S. Romualde, premier Instituteur des Religieux de Camaldoli. Ce saint aprés avoir demeuré long-temps dans l'Ordre de S. Benoist, dont il a reformé & fondé plusieurs Monasteres jusques au nombre de cent, âgé de 102. ans, se retira sur l'Apennin dans le Duché de Florence, où il eut vne revelation que ses Religieux estoient habillez de blanc, & voyoit vne échelle en ce lieu qui d'vn bout touchoit la terre & de l'autre le Ciel, où ils montoient par son moyen ; ce qui l'encouragea de demander la terre au Seigneur nommé Maldule, qui ayant eu la mesme vision, la luy accorda facilement : & ainsi il y fonda le premier Monastere, où il y mit les Religieux, qui depuis ont esté appellez Camaldoli, comme qui diroit dans le champ de Maldule. Son corps fut trouvé tout entier 440. ans aprés sa mort dans vn Monastere qu'il avoit bâty en la marche d'Ancone.

Delà j'allay voir l'Eglise de S. Iean & S. Paul Martyrs, du temps de Iulian l'Apostat. Elle est située sur le Mont-Celie, vers le Septizone de Severe, & là estoit *Curia Hostilia*, bâtie par Tullus Hostilius, le Senat avoit coûtume de s'y assembler pour déliberer des affaires publiques. Cette Eglise est desservie par les Iesuates Religieux de l'Ordre de S. Hierosme, dont le premier fondateur fut Iean Colombin Gentil-homme Siennois; ainsi appellés, pource qu'ils avoient continuellement le nom de IESVS en bouche. Ils ont commencé en l'an 1355. & depuis ont tellement augmenté qu'ils se sont rendus considerables, sur tout en Italie.

Cette Eglise est fort belle & soûtenuë par plusieurs piliers de part & d'autre, & en partie pavée de pierres de marbre rapportées, à la Mosaïque : L'on y voit le lieu du Martyre des Saints Iean & Paul, au milieu où il y a vne pierre couverte d'vne grille, sur laquelle ils eurent la teste coupée : Les corps de ces deux Saints sont dans vn vase de porphire sous vn Autel à l'entrée de l'Eglise à main gauche, & sous le grand Autel il y a ceux de douze autres Saints, ou Saintes, qui sont tous dépeints à l'entour du Chœur la Palme à la main.

Delà je montay au haut du Mont Celius, où est située l'Eglise de S. Estienne le Rond, qui luy fut dédiée par le Pape Simplicius. & est gouvernée par les Iesuites de l'Apollinaire. Quelques-vns disent que ce fut autrefois vn temple du Dieu Faune, les autres tiennent qu'il fut bâty par Numa Pompilius & consacré à Vesta. Quoy que c'en soit, ce lieu autrefois profané par les faulses divinitez, est aujourd'huy sanctifié par la presence du veritable Dieu. Outre qu'il a esté reparé par Nicolas VI, Gregoire XIII y a ajoûté des peintures des Martyrs il est soûtenu de tous côtés par des colomnes à la Corinthienne, & est de forme ronde. Il y a vn second rond soûtenu par vingt & vne colomnes, & vne arcade qui le traverse, appuyée de deux belles colomnes, entre lesquelles est l'Autel, & sur cét Autel est vn Tabernacle de bois, tout rond, de belle manufacture, chef-d'œuvre d'vn Hongrois : Tout à l'entour de l'Eglise sur les parois sont representez, *à Fresco* sur la muraille, les martyres de plusieurs Saints, dont le Martyrologe est écrit au dessous & en Latin, & en Italien ; avec les noms des Empereurs Tyrans. Il y a dans vne Chapelle vn tableau de la sacrée Vierge, du petit Iesvs, de S. Ioseph & de S. Iean Baptiste, de la main de Raphaël d'Vrbin. La lumiere n'entre en cette Eglise que par vn trou qui est au milieu de son toict.

L'Eglise de sainte Marie *in Dominica*, est aussi située sur le Mont Celius. Elle fut reparée par Leon X. & là autrefois estoit la demeure des Albans. Là auprés est l'Aqueduc *de l' Acqua Claudia* : Sur vn arc sont gravées ces paroles. *P Corn. R. F. Dolabella, Cof. C. Iunius C. F. Silanus Flamen Mart. ex S. C. faciundum curaverunt idemque probaverunt.*

Entre la porte Gabiouse & la Celimontane, l'on voit de grandes ruïnes du Palais de Constantin le Grand, par lesquelles on peut juger de la splendeur & magnificence de cét ouvrage digne de ce grand Empereur.

Le 24. Ianvier je visitay la belle Eglise paroissialle & Collegiale de sainte Marie *in Traste-*

vere, qui fut premierement bâtie par S. Pierre, mais depuis aggrandie & enrichie par les Papes. Le plat-fond de la Nef qui est soûtenu par plus d'une vingtaine de colomnes de chaque côté, est à compartimens dorez, & au milieu il y a une Assomption en belles peintures. L'on voit contre ses murailles la pierre qui fut attachée au col du Pape Callixte & avec laquelle il fut jetté dans un Puits. Au bas de l'Eglise l'on void aussi trois pierres que les Tyrans attachoient aux pieds des Martyrs pour les tourmenter. L'Autel est environné de quatre belles colomnes de porphyre qui soûtiennent le Tabernacle. Dessus on voit les ouvrages à la Mosaïque dans le Chœur, & deux belles Chapelles aux côtez. Sous le grand Autel sont les corps des Saints Callixte, Iules & Innocent Papes & Martyrs; une partie du corps de S. Quirice Evesque, de la vraye Croix, & de l'esponge de N. Seigneur. Proche de la il y a une concavité obscure en terre qui est éclairée par une Lampe, où du temps de la naissance de N. Seigneur coula de l'huile pendant un jour entier, pour signifier que Iesvs-Christ devoit naître pour faire misericorde, dont il est une source inépuisable. On y lit ces paroles.

Nascitur hinc oleum Deus de Virgine, utroque, Oleo sacrata est Roma terrarum caput.

C'est pour cela qu'il y a en cette Eglise une Chapelle dédiée sous le nom de Clemence, ornée par un Cardinal Altemps qui y a son tombeau, comme aussi Stanislas Osius qui fut Presct dans le Concile de Trente, & appellé le tourment des Heretiques, avec plusieurs autres.

& d'Italie.

Devant l'Eglise il y a vne fontaine qui jette de l'eau en si grande quantité, qu'elle paroist vn torrent. Quelques-vns veulent dire qu'en cét endroit sourdit cette fontaine d'huile. Tout proche estoit vn temple dédié à Esculape, en faveur des infirmes qui l'adoroient comme vn Dieu qui preside à la santé.

En suite j'entray dans la maison des Religieux Benedictins du Mont-Cassin, lesquels gouvernent l'Eglise de S. Paul. Ce qui est considerable en cette Abbaye, ce sont des jardins plantez d'Orangers, & vne belle fontaine au milieu qui jette fort haut, & d'vne belle grosseur. Les Cloîtres en sont tres-amples, & il y a des Dortoirs où les chambres sont fort grandes & regnent des deux côtez. Au milieu il y a vne allée considerable pour sa longueur & pour sa largeur, & qui est fort éclairée.

Le vingt-cinquiéme Ianvier je vis *l'Eglise de S. François, in Trastevere*, gouvernée par des Religieux de son Ordre. I'y honoray le tombeau *de la B. Louyse Mathei* du tiers Ordre du mesme S. François. Il y a écrit dessus :

Hic jacet corpus Beatæ Ludovicæ, quæ
fuit filia Stephani Mathei de
Albertonibus, &c.

I'admiray dans vne Chapelle de cette Eglise vn tableau de pitié, chef-d'œuvre d'Annibal Carazzi Boulonois. Delà je fus conduit en haut dans vne Chapelle où estoit autrefois la chambre de S. François d'Assise, dans vn Hospital qui estoit en ce lieu lors qu'il sollicita le commencement de son Ordre, des Convents duquel celuy-cy est censé le premier aprés celuy d'Assise. Il me fut dit que ces Peres avoient vn Coignassier dans leur jardin planté par S. François, dont les fruits ont cinq petits boutons qui representent les cinq playes, ou les Stigmates imprimez miraculeusement sur le corps de ce grand Saint.

Auprés *du pont Fabricius*, il y avoit *vn Theatre* bâty par Auguste en l'honneur de Marcellus fils de sa Sœur Octavie, en memoire de laquelle il fit faire vne galerie remplie de statuës, qui estoient autant de chef-d'œuvres, parmy lesquelles excelloient vn Satyre, ouvrage de Praxitele & les neuf Muses de Timarchide, elles sōt à present les ornemens des cabinets les plus pretieux. Ie ne parle point du temple de l'Esperance que fit bâtir Germanicus vers la place Montanare, où estoit vn temple de l'Aurore si celebre chez les Romains.

Le vingt-sixiéme Ianvier je visitay *l'Eglise de S. Clement* bâtie au mesme lieu, où il a demeuré & sur le Mont-Celie, gouvernée par des Peres Dominiquains, depuis Vrbain VIII. En quelques endroits elle est encroûtée de marbre, & l'on y void plusieurs inscriptions & figures qui representent les instrumens dont se servoient les Gentils dans leurs sacrifices. I'admiray plusieurs choses en cette Eglise : entre autres vne Natiuité où il y a vne N. Dame parfaitement bien faite : vn tableau de sainte Catherine qui paroist vne piece achevée ; & qui y est representée disputant avec les Docteurs, d'vne peinture ancienne, mais tres-estimée : vne Image de la sacrée Vierge, laquelle l'on dit avoir parlé à S. Gregoire : vn ancien Crucifix où je remarquay quatre clouds. I'y honoray les corps de S. Ignace, de S. Cyrille & de S. Clement Pape & Martyr. I'y vis aussi l'Eglise bâtie par Honorius Pape, reparée par Paschal & autres, qui dépend de l'Hospital des Orphelines, qui est gouvernée par des Religieux, Benedictins & qui a à l'entour de sa Tribune diverses peintures qui la rendent assés agreable. Elle est ainsi appellée, pource qu'elle fut dédiée aux quatre saints Soldats, *Severe*, *Severian*, *Carpophore & Victorin*; dont j'honoray les corps qui sont sous l'Autel, où je descendis par quelques dégrez: comme aussi les saints Martyrs Sculpteurs, qui pour n'avoir pas voulu travailler aux statuës des faux dieux, souffrirent le martyre. Leon IV. tira ces Corps saints du Cemetiere de S. Laurens.

De là j'entray dans l'*Hospital de S. Iean de Latran*, situé sur le Mont Celie, où j'admiray la multitude des lits, la grandeur du lieu, la propreté dans laquelle il est entretenu; mais encore plus, quand je vis comme les pauvres y estoient traitez pour l'ordinaire avec grand soin & assiduité par des personnes gagées; & mesme par fois par des Cardinaux, par des Prelats & par d'autres Seigneurs Romains, qui se signalent dans ces actions de charité & dans ces sortes de fondations qui sont tres-communes dans la ville de Rome. Il est du nombre des Hospitaux publics, dans lesquels sont receuës toutes sortes de personnes, & est pourveu de toutes les choses necessaires pour le soulagement des infirmes. I'y vis dans la court diverses sepultures & des lavoirs à l'entour desquels sont representez des Satyres en postures differentes, la bataille des Amazones, la chasse de Meleagre, & autres belles choses.

La curiosité doit porter les Curieux à entrer dás l'Apotiquairerie, qui est fournie de toutes sortes d'herbes medicinales, où je vis les distillations qui s'y faisoient de differens Simples & vne colomne d'albâtre de dix pieds de hauteur, la plus belle que l'on puisse voir.

Parmy les publics sont *les Hospitaux du saint Esprit* sur le Vatican, *& de sainte Marie de la Consolation nel Velabro*, & autres. Les particuliers sont *l'Hospital de S. Louys* pour les François : *de S. Iacques* pour les Espagnols : *de sainte Marie de l'Ame* pour les Allemands & les Flamans, entre plusieurs autres qui sont affectez à differentes Nations.

De là j'allay à la *Scala sancta*, escalier de marbre, qui a 28. degrez, qui fut autrefois en la Maison de Pilate dans Hierusalem, & que Sixte V. fit venir à ses dépens & placer en ce lieu. C'est celuy mesme que N. Seigneur monta & descendit par deux fois dans la maison de ce President, & arrousa de ses larmes & de son sang, qu'il a répandu pour la redemption des hommes ; dont on void encore quelques gouttes couvertes d'vne petite grille de cuivre en quelques endroits de cet Escalier ; qui est entre 4. autres, deux de chaque costé, par lesquels l'on monte & l'on descend de ce mesme lieu. La colomne que l'on void dans le mur se fendit au temps de la Passion de Iesus-Christ.

La pratique des bonnes ames, est de monter à genoux ces dégrez du bas en haut, qui dans la plus grande partie sont creusez par le grand nombre de ceux qui y montent par foules depuis le matin jusques au soir.

Estant monté au haut, j'entray dans la Chapelle ; ce qui n'est pas permis aux femmes. Ce lieu est appellé *Sancta Sanctorum*, pour le grand nombre de saintes Reliques que l'on y honore & j'y vis écrit en grosses lettres

Non est in toto sanctior orbe locus.

Ce lieu fut dédié par Nicolas III. à S. Laurens. Sur le Tabernacle il y a l'Image du Sauveur en la propre figure qu'il avoit en terre à l'âge de 33. ans, designée par S. Luc à la sollicitation de la sacrée Vierge & des Apostres, & achevée par les Anges. L'on tient que l'Empereur Titus l'apporta à Rome, & qu'elle y güerit les possedez. Entre vne infinité de saintes Reliques que l'on honore en ce lieu; je nommeray seulement les plus considerables. Les ossemens des Innocens & de plusieurs autres saints Martyrs, parmy lesquels on voit vne teste avec ses yeux, objet qui inspire de la devotion, & donne de l'admiration : les vestemens teints de S. Estienne, rougis de son sang, & qu'il avoit quand il fut lapidé : ceux de S. Laurens avec des charbons, sur lesquels il fut rosty. Dans vn petit Tabernacle il y a de la terre sainte, tirée des endroits qui y sont les plus saints : du bois de la vraye Croix : vne partie de la Lance dont N. Seigneur eut le costé ouvert. Sous l'Autel il y a le nombril de N. Seigneur, vne partie de son prepuce & les sandales. Dans vne caisse d'argent il y a de la vraye Croix : vn pain de la Cene de N. Seigneur : vne partie de l'esponge avec laquelle on luy donna le Vinaigre, de la canne dont il fut frappé, & plusieurs autres. Dans vne autre caisse qui est d'yvoire, entre plusieurs Reliques de Saints & de Saintes, le chef de sainte Praxede est d'autant plus admirable, que l'on le void avec la peau, la langue, les yeux & les levres. Là sont aussi les esponges avec lesquelles elle ramassoit le sang des Martyrs, & vne phiole qui en est remplie, se void dans le mesme endroit. L'on y void aussi quelques drapeaux rougis, que l'on croit estre ceux avec lesquels S. Hippolite vit les Anges essuyer les playes de S. Laurens dans le temps de son martyre. Contre la muraille il y a vne partie du Siege où N. Seigneur reposa le Ieudy Saint. Il est d'vn bois fort noir, long de deux pieds & large d'vn pied & demy. Il y a écrit à l'entour: *Pars lecti in quo Dominus noster in feria V. in cœna recubuit.* Là est encor vne image que l'on dit estre la plus ancienne de celles de la sacrée Vierge, portant entre ses bras le petit Iesus, sous laquelle sont ces paroles, *Ave vera virginitas, immaculata castitas,* &c.

A propos, de l'antiquité de cette Image de la sacrée Vierge, l'on dit qu'vne Sybille en montra vne semblable à l'Empereur Auguste vers le Soleil toute éclatante de lumiere, & luy dit d'adorer l'enfant qui y estoit, l'asseurant qu'il seroit plus grand que luy; & que depuis ce temps Auguste defendit que l'on l'appellast *Dominus.* Dans l'Eglise de S. Pierre & de S. Marcellin fort ancienne, l'on y honore leurs Corps & autres Reliques.

Le 27. Ianvier j'allay voir *l'Eglise des* 11. *Apostres,* bâtie premierement par le Grand Constantin, mais depuis ruinée par les Barbares, & reparée par plusieurs Papes, dont le dernier fut Iules II. Elle fut autrefois gouvernée par des Chanoines, & par des Grecs, elle l'est enfin par des Religieux de S. François depuis Pie II. Entre plusieurs Corps saints j'y honoray particulierement ceux des Saints Philippe & Iacques le Mineur; & parmy plusieurs Epitaphes je m'arrestay sur tout à celuy du Cardinal Bessarion, qui est en Grec & en Latin. La Chapelle qui en est proche, & à laquelle les colomnes de marbre jaspé ne donnent pas vn petit éclat, sera belle quand elle sera achevée. En marchant dans cette Eglise j'apperceus vne ouverture, environnée de grilles, sur laquelle il y a vne lampe allumée. L'on me dit qu'il y avoit eu autrefois vn Cemetiere. Ie ne peux sortir de cette Eglise, que je ne dise vn mot d'vne pratique de charité qui s'exerce dans Rome à son occasion. Tous les ans on élit douze Nobles & vn Prelat qui en est le Prieur. Ces éleus vont dans tous les cantons de Rome soulager de leurs charitez les pauvres honteux, qui ont mis leurs noms dans vne cassette fermée, exposée en public.

A la sortie sous le porche de cette Eglise, je vis contre la muraille l'Epitaphe d'vn nommé *Gualdus*, qui en mourant laissa au Roy de France vn cabinet rempli de raretez.

De là je passay au Palais du Prince Palestrine, l'vn des plus magnifiques de Rome, & bâti par Vrbain VIII. Il n'est pas encore dans sa perfection, non plus que le jardin qui en est proche, quoy qu'il soit agreable. Entre plusieurs chambres, antichambres & sales, j'en admiray vne toute remplie au plat-fond de peintures de pierres de Cortone tres-fameux en cette Art, où sont representées toutes les divinitez fabuleuses sous differentes figures & postures, fort bien faites & toutes peintes au naturel. I'y admiray aussi deux chevaux qui sont deux chef-d'œuvres. Ie descendis de ce Palais par vn escalier qui passe pour vn des plus beaux de la Ville, mais ce que l'on doit sur toutes choses estimer en ce lieu, c'est la Bibliotheque remplie d'vn grand nombre de Livres & des plus rares.

La grande, belle & charmante *Vigne Montalte* située dans l'enceinte de Rome proche sainte Marie Majeure, & mise en l'estat où elle est par Sixte V. merite bien vne description toute particuliere. Entre plusieurs allées qui conservent leur verdeur en tout temps; j'y admiray celle qui à l'entrée se presenta à ma veuë, tant à cause de sa longueur, qu'à cause de ses palissades de lauriers qui y sont des deux costez, rafraîchies de ruisseaux qui coulent tout au long : I'y consideray avec plaisir les Espaliers d'Orangers & de Citroniers qui regnent le long des murailles : Ie jettay la veuë sur les differentes statuës dispersées de toutes parts, sur les animaux, thermes & vrnes en forme ronde & quarrée. Il y fait beau voir rejalir les fontaines de tous costez, qui quelquefois de l'endroit où vous pensez le moins, vous moüillent d'importance : car soit que vous montiez des degrez, soit que vous vouliez prendre vne boule pour joüer, soit que vous vous reposiez sur vne chaise de marbre, soit que vous passiez par vne porte, soit que vous vous mettiez au milieu d'vn rond entre quatre allées, ou que vous quittiez le milieu pour aller à la circonference, soit enfin que vous touchiez du pied le robinet d'vne de ces fontaines, l'eau vous surprend & vous assaille de tous costez : En vn mot, quelque precaution que vous y apportiez, vous en sortirez tout moüillé.

En allant au Palais à son entrée, j'admiray les deux statuës de Pompée & de Commode, pieces fort estimées, sans parler des autres qui sont dans ce Palais : Parmy le grand nombre de peintures exquises, j'y consideray avec plaisir vn David terrassant Goliath, qui est vn double tableau sous vne

mefme toile ; qui le repreſente en poſture differente : vn tableau d'vn cheval du vieux Baſſan,
tout à fait au naturel : vne autre petit tableau où
pluſieurs perſonnages ſont repreſentez. L'on me
montra auſſi vne table d'albâtre Oriental, & vne
vrne qui eſt eſtimée fort precieuſe : vne Optique
du Pape Sixte V. & du Cardinal Montalte ſon
Neveu : vn Tabernacle de pierres precieuſes rapportées enſemble, qui eſtoit deſtiné pour S. André
de la Valle : Le portrait de la ſœur de Sixte V.
laquelle s'eſtant preſentée à ſon frere en vn habit
trop mondain, il ne fit pas mine de la connoiſtre,
mais ayant pris ſon habit ordinaire de villageoiſe,
il la receut comme ſa ſœur. En vn mot, ce lieu
eſt ſi rempli de differentes beautez qu'on le peut
appeller *le cabinet des Merveilles*.

Le 28. Ianvier j'allay voir l'Egliſe des Capucins, dédiée à la Conception immaculée de la ſacrée Vierge, & bâtie entierement par Vrbain
VIII. qui a transferé ces bons Peres d'vn lieu
proche le Palais Cavallo, à celuy où ils ſont à preſent. Entre les belles peintures qui s'y voyent,
j'admiray vn S. Michel & des Crucifix d'yvoire
en pluſieurs Chapelles, qui repreſentent tous
N. Seigneur en differentes poſtures : ouvrages
tres-achevez d'vn Capucin, car il ne ſe peut rien
de plus beau en ce genre. A platte-terre l'on
void le tombeau du Cardinal Barberin de S. Onuphre, ſur lequel ſont ces paroles qui marquent
vne grande humilité.

Hic Iacet pulvis, cinis & nihil, &c.

I'y honoray les corps de S. Iuſtin Martyr, &
du B. Felix de Cantaliſſe Capucin. Ie viſitay ſa

Chapelle & sa chambre, qui furent transportées de l'ancien establissement au nouveau, & sont toutes couvertes des vœux de plusieurs particuliers.

L'Eglise de sainte Bibiane que je vis ce mesme jour, est sur le Mont Esquilin, & fut bâtie par le Pape Simplicius, restablie par Honoré III. & renouvellée par Vrbain VIII. comme cette inscription fait foy. *Ædem hanc ab Olimpina Matrona sanctissima in honorem sanctæ Bibianæ & Demetriæ & Dafrosæ primum excitatam à Simplicio Papa, deinde restitutam ab Honorio III. Vrbanus octauus instauravit & ornavit.* I'y admiray les peintures de Cortone & de Champelle, excellens en cét art, & l'architecture du portail qui est du Cavalier Bernin; comme aussi l'image de sainte Bibiane. I'y honoray les corps de la mesme sainte Bibiane, & des saintes Dafrose & Demetrie, qui sont sous l'Autel. Il me fut aussi dit qu'en ce lieu il y avoit vn Cemetiere, d'où le Pape Honorius tira plusieurs corps Saints, qui furent distribuées en differentes Eglises de Rome, pour les exposer à la veneration du public.

L'Eglise des saints Iulien & Eusebe déservie par des Celestins, & bâtie sur les ruines du Palais des Empereurs Gordians, merite bien d'estre considerée. C'est vne chose agreable de voir les chaises du Chœur merveilleusement bien faites. L'on honore en cette Eglise les corps des saints Eusebe, Vincent, Orose & Paulin martyrs. La grandeur du Convent répond parfaitement bien à la beauté de l'Eglise; les Dortoirs en sont beaux & commodes : outre que les jardins y sont de grande estenduë; La verdeur y est en toute saison; & i'y en vis vn qui estoit rempli de toutes sortes de fleurs, qui charment de leur bonne odeur, quoy que ce fuſt au cœur d'hyver: Là autrefois eſtoit vn haut bâtiment, dans lequel on conſervoit *L'acqua Martia*, & au deſſus on avoit mis les trophées de Marius. Là auſſi eſtoient les Thermes & le Palais de l'Empereur Gordian.

En paſſant par l'Egliſe de S. Antoine, je jettay la veuë ſur vne Croix de marbre toute d'vne piece, où eſt vn couvert ſoûtenu de quatre piliers. Elle fut plantée en congratulation de ce qu'Henry IV. Roy de France ayant quitté l'hereſie, s'eſtoit rangé au gyron de l'Egliſe.

Sur la colomne qui eſt vis à vis l'Egliſe de ſaincte Marie Majeure, ces paroles ſont écrites:

Vaſta columnam mole, quæ ſtetit diu.
Profana in æde Pacis, Paulus tranſtulit
In Exquilinum Quintus, & ſanctiſsimæ,
Pax vnde vera eſt, conſecravit Virgini.

Ignis columnâ prætulit lumen piis,
Deſerta noctu vt permearent in via;
Securi ad arces hæc præcludit igneas,
Monſtrante ab alta ſede collem Virgine

Impura falſi templa quondam numinis,
Iubente mœſta ſuſtinebam Cæſare:
Nunc læta veri perferens Matrem Dei
Te Paule nullis obticebo ſæculis.

Le 29. Ianvier je ſortis par la porte d'Oſtie, pour aller à *l'Egliſe des Trois-Fontaines*, Abbaye de l'Ordre de Ciſteaux à 3. milles de la Ville ou environ, bâtie par le Cardinal Aldobrandin, qui en fût Abbé. Sur la porte en dehors il y a ces paroles à peu prés. *Hic eſt locus ſancti Pauli Martyris, vbi ex triplici capitis eius ſaltu tres fontes emanarunt*. En entrant dans l'Eglise je vis les trois Fontaines, qui sourdirent aux trois endroits où la teste de S. Paul fit trois bonds. On en goûte de l'eau par curiosité, & on pretend que chacune des trois sources a vn goust different. Elles sont couvertes de grilles, & sur chacune il y a des niches de marbre & des colomnes entre-deux : Ie consideray deplus la colomne de marbre haute de quatre ou cinq pieds, & grosse comme la cuisse d'vn homme, sur laquelle S. Paul eut la teste tranchée : le decollement de ce Saint, & le crucifiement de S. Pierre ; deux beaux tableaux qui meritent bien vne œillade des curieux.

Le lieu qui estoit appellé autrefois, *gutta in giter manans*, à cause d'vne goutte d'eau qui y couloit toûjours, se nomme aujourd'huy *l'Eglise de scala cœli*, gouvernée par des Religieux de l'Ordre de Cisteaux, tout proche des trois fontaines, & ainsi dite pour ce que S. Bernard eut vne vision en ce lieu, en laquelle il voyoit les ames du Purgatoire monter au Ciel par vne échelle ; comme il est representé dans vn tableau qui est sur vn Autel & où il est écrit : *Visio beati Bernardi, cujus merito huic sacello hoc privilegium concessum est*. Ce privilege est que tout Prestre celebrant la Messe sur cét Autel, délivre vne ame des peines du Purgatoire : ce qui est aussi écrit ; *Celebrans in hoc Altari animam vnam pœnis Purgatorij libera*. Au dessus est vn ouvrage à la Mosaïque. La Vierge y est representée au milieu portant le petit Iesvs, & deux Anges la couronnent. D'vn côté sont S. Bernard, S. Anastase, & le Pape Clement VIII. qui est à genoux, de l'autre S. Zenon, & le Cardinal Aldobrandin, aussi à genoux. Il a fait faire cét ouvrage. En descendant par des dégrez sous terre derriere l'Autel, on void le lieu où reposent les corps de S. Zenons & ses compagnons, qui aprés avoir travaillé aux Thermes de Diocletian furent conduits en ce lieu où ils souffrirent le martyre. Il y a écrit à l'entrée & à la sortie: *Hic requiescunt corpora sancti Zenonis Tribuni, & sociorum eius, Militum decies mille ducentorum trium.* Là auprés est l'Eglise des saints Vincent & Anastase, aussi desservie par des Religieux de l'Ordre de Cisteaux. Elle fut premierement bâtie par Honore I. mais depuis entierement rebâtie par Leon III. Là je vis le portrait miraculeux du Chef de S. Anastase Moyne & Martyr; à la veuë duquel les Diables prenoient la fuite & les malades estoient gueris, comme le témoignent les actes du deuxiéme Concile de Nicée. Ce portrait est encore si beau & si bien fait, que l'on le prendroit facilement pour le vray chef, si l'on n'estoit averty qu'il est dans vne petite caisse: A côté il y a en écrit au dessus du Portrait. *Hæc est imago S. Anastasij, cujus aspectu Dæmones fugari, & morbos curari acta 2. Niceni Concilij testantur.*

Le trente-vniéme Ianvier je vis *l'Eglise de S. Louys* gouvernée par vne communauté de Prestres François. Elle est remplie de plusieurs Epitaphes de ceux de la mesme nation qui y ont esté ensevelis; à quoy pourtant je ne m'arresteray pas pour dire qu'en ce mesme jour l'on y faisoit la Communion generale que les Cardinaux & autres Ecclesiastiques distribuent à vne grande foule de peuple qui y vient depuis sept heures du matin jusques à midy. Cette devotion est conduite par les Iesuites qui se trouvent-là à toute heure dans l'Eglise à genoux, excitans de temps en temps les Communians par des Sentences spirituelles, & des actes de contrition qu'ils forment & qu'ils prononcent tout haut. Cette deuotion se pratique tous les derniers Dimanches des mois en 11. Églises differentes. L'on y distribuë des Oraisons spirituelles & des Sentences, en Latin & en Italien. Cela se fait avec vne grande edification, & entretient les Romains dans vne pieté particuliere.

La Chancellerie habitée par le Vice-chancelier du Pape, est vn Palais qui merite d'estre veu, il a esté basty en forme quarrée du debris du Colisée, & passe pour vn des plus grands & des plus elevez de la Ville. Ie vis dans la Court les deux Statuës de Ceres & d'Ops. Montant en haut, & faisant le tour de ce Palais, j'entray dans les Sales d'audience. Dans l'vne, l'on void plusieurs peintures qui ont esté faites en cent jours, comme il est marqué par vne inscription sur la muraille : de là je vis le Mausolée d'Auguste, auquel selon quelques-vns estoit joint celuy de Marcellus. Il est situé *in valle Martia*; & ce canton fut ainsi appellé pour estre la partie la plus basse du champ de Mars. Auguste fit abbatre l'Amphitheatre de Iules Cesar, & y substitua en sa place ce tombeau, qu'il destina pour luy & sa famille. Il est d'vne forme ronde, d'vne hauteur & d'vne largeur assez considerable ; là l'on void vne Statuë ancienne de marbre qui represente Auguste. Là se voyent aussi des tombeaux de pierre, où sont des bas reliefs & des characteres d'ancienne écriture. Là fut trouué dans les ruines la caisse où estoient enfermées les cendres d'Auguste chef-d'œuvre de sculpture d'vn prix inestimable donné à vn grand Duc. Là aussi est vne Vrne quarrée d'vne sculptu-

& d'Italie. 443

re merueilleuse. Là estoient deux Obelisques qui en ont esté enleuez. Aujourd'huy les murailles de ce tombeau entourent vn jardin. Auguste auoit en ces quartiers vn Palais, dont le porche estoit superbe. Là pareillement estoit le Cirque de Iules Cesar, qui auoit son estenduë de ce tombeau jusques au pied de la montagne voisine.

Le trente-vniéme Ianuier, j'assistay à l'exercice de pieté, qui se fait tous les Lundis l'aprésdisné dans l'Eglise de S. André *de la Valle*, pour le soulagement des Ames du Purgatoire. Vn Pere Theatin y presche, & prend d'ordinaire pour son Texte quelque passage de l'Evangile du Dimanche precedent, & l'applique au sujet du Purgatoire, excitant ses Auditeurs à les soulager par leurs prieres. Le saint Sacrement est exposé dans la Chapelle d'Vrbain VIII. qui fut autheur de cette deuotion, où se trouue pour l'ordinaire vne grande foule de peuple.

Le premier Fevrier, je fus *à la Chiesa Nuoua*, où tous les jours ouvrables, excepté le Samedy, suiuant l'institution de S. Philipe de Neri se font l'apresdinée quatre exhortations differentes en Italien dans l'espace de deux heures, si claires & si intelligibles, que l'on peut dire que c'est vne bonne Ecole pour ceux qui commencent la langue Italienne. Cette deuotion est d'vne grande edification au peuple & aux personnes qui s'y rencontrent. La diuersité des sujets, traitez par quatre Peres de l'Oratoire, & chacun en leur maniere qui est agreable, fait qu'il s'y rencontre toûjours des Auditeurs en bon nombre, quoy que l'exercice en soit ordinaire.

Le deuxiéme Fevrier, j'assistay à la Chapelle des Cardinaux, qui se fit à Montecavallo dans le

Palais du Pape, où la benediction & la diftribution des cierges fe fit par le Cardinal Officiant, qui eftant aſſis dans vn fauteüil au milieu de l'Autel, les prenoit de la main du Diacre, & ce Diacre de la main d'vn autre Officier à qui d'autres encore les donnoient. Les Cardinaux Preftres reueſtus de leurs Chapes de Damas blanc, nuës teftes, meſme fans calote, ayant baiſé la main de l'Officiant en receurent leurs cierges. En ſuite les Cardinaux Diacres auec la Dalmatique, qui faifoient bien tous enfemble le nombre de quarante. Les Evefques parurent auſſi avec leurs Chapes, faiſans inclination deuant que de receuoir le cierge, & aprés furuinrent les Officiers du Pape, les Prelats, les Generaux d'Ordres & Procureurs Generaux; le refte du Clergé, la Nobleſſe, particulierement les Eftrangers, qui tous receurent chacun vn cierge, aprés s'eſtre mis à genoux & baiſé la main de l'Officiant: l'en eus ma part comme les autres. Cela fait, l'on en vint à la Proceſſion, où l'on voyoit les Cardinaux avec leurs Mithres de Damas blanc, & les Prelats avec des Mithres de toile; aprés quoy l'on dit la grande Meſſe avec ſolemnité, belle muſique, encenſement non feulement aux Cardinaux & aux Euefques, mais encore aux Prelats, aux Generaux & aux Procureurs Generaux.

Cette ceremonie ſe fait avec pompe, avec majefté, avec beaucoup de devotion, & avec vn ordre qui n'a point ſon pareil, quoy qu'il y ait vn grand nombre de perſonnes qui accompagnent le Celebrant dans cette ſolemnité.

L'Hoſpital du S. Eſprit fut fondé par Innocent III. & augmenté par Sixte IV. ſon revenu eſt tres-conſiderable, & il n'y manque rien de toutes les choses qui peuvent contribuer au soulagement des pauvres qui y sont traitez charitablement. Il y a plusieurs Sales remplies de lits, & plusieurs appartemens : Il y a aussi vne Apotiquairerie remplie de toutes sortes de medicamens : là sont plusieurs Fontaines de l'eau alseatine que Paul V. fit venir dans la Ville. Là sont receus des pauvres de tous pays, & les pauvres Gentilhommes. Cet Hospital est situé *nel Borgo*, dont l'estenduë se prend entre le pont d'Adrian & le Palais Vatican. Il est fermé de la porte Ælie d'vn costé, de l'autre, de la porte de S. Pierre, *de la Pertusa*, & de la porte Triomphale; auprés de laquelle le Connestable de Bourbon fut tué. Là auprés Neron auoit son Cirque & sa Naumachie, ou avec des barques il faisoit faire des batailles Navales.

Le 3. Fevrier, j'allay sur *le Mont Palatin*, duquel les Maisons superbes ont esté appellées Palais. Il fut habité long-temps auparavant que Rome fust bastie, & ainsi appellé selon quelques-vns, de Pallantia Fille d'Evander, qui fut là ensevelie. Il est celebre non seulement, parce qu'il est vne des sept collines de Rome, mais aussi parce qu'il a esté la demeure des Rois, des Consuls & des Empereurs qui y avoient leurs Palais : Sacré, ou pour dire plus veritablement prophané par vne infinité de temples, entre lesquels celuy d'Apollon a fait grand bruit à cause de sa magnificence ; tombant en ruine, il fut reparé par Auguste.

Le Palais de Neron situé sur ce Mont, estoit prodigieux dans son estenduë, & ressembloit plûtost à vne Ville qu'à vne maison. Son porche avoit vn mille d'estenduë, & estoit soûtenu de trois rangs de colomnes de marbre. L'yvoire, l'or, l'argent, le porphyre, le marbre, les perles, l'albastre; en vn mot, tout ce que l'on peut s'imaginer de plus precieux, estoit employé pour l'embellissement de ce Palais, & pour contenter la vanité insupportable de cét Empereur. Le Parc estoit vne vaste campagne, il enfermoit des lacs, des estangs, des bois d'vne longueur considerable, & par dessus tout cela, il jouïssoit d'vne venë la plus charmante que l'on pût souhaiter, & voyoit de sa maison les jeux qui se representoient dans le grand Cirque pour le divertissement du peuple Romain. Toutes ces magnificences sont maintenant détruites, & où estoient ces temples magnifiques & ces riches Palais, l'on ne void aujourd'huy que de miserables ruines: les espines & les ronces ont succedé aux roses, & le lieu qui fut autrefois le plus habité de Rome, est à present le plus abandonné. Il n'y reste plus que des caves voutées où j'entray, & qui ont vne estenduë surprenante. Cét ouvrage certainement fait paroistre le luxe & l'ambition, comme aussi la grandeur & la puissance de ces Empereurs Romains.

La Vigne Farnese placée sur ce Mont, merite bien que l'on s'y arreste, & que l'on y ait quelque satisfaction. De la Court il faut aller dans la Grotte, & y considerer les statuës de Venus & d'Hercules, ensemble plusieurs bustes d'vn bel ouvrage : Mais sur tout il y faut admirer la fontaine que l'on feroit rejalir plus haut, si elle n'estoit arrestée en chemin par vne espece de petite roche qui la convertit en pluye. Si l'on monte plusieurs degrez, l'on void vne autre fontaine, à l'entour de laquelle on fait joüer plusieurs filets d'eau ; & encore plus haut il y a autres differen-

jets, qui donnent leurs eaux en differentes manieres pour surprendre les spectateurs. C'est vne chose tout à fait charmante, que de se promener en ce lieu pendant de grandes chaleurs, & d'y voir les allées ombragées de verdure, & rafraischies des fontaines que l'on void dans les tours & les destours de cette Vigne. Si elle n'estoit point negligée, elle paroistroit encore davantage. Parlons maintenant d'autres choses.

Le 4. Fevrier j'allay voir *l'Eglise de S. Sylvestre*, proche Montecavallo, bastie par S. Denis, reparée par Constantin, & honorée par le Pape Leon X. d'vn titre de Cardinal. Elle a esté long-temps entre les mains des Grecs jusques à Honoré IV. Elle est presentement possedée par les Theatins. Entre plusieurs rares & curieuses peintures qui y sont, je remarquay dans le Chœur vne Vierge qui presente N. Seigneur au petit saint Iean, ouvrage de Raphaël d'Vrbin: vn tableau de S. Roch & de S. Sebastien dans vne obscurité, mais qui est vne piece achevée. Dans la voute sur l'Autel, quatre petits enfans sur des balustres si bien travaillez, qu'ils paroissent en bas reliefs, quoy qu'ils soient en plate-peinture. Dans vne Chapelle, outre 4. statuës de marbre, j'y admiray vn tableau de l'Assomption, & aux 4. coins de la voute quatre peinture; l'vne de Salomon, qui se leve de son Thrône pour saluër sa mere: l'autre d'Assuerus qui s'entretient avec Esther assise à sa droite. La troisiéme est Iudith montrant la teste d'Holoferne qu'elle a tirée du sac de sa servante, & qu'elle montre au peuple. On y void vn vieillard appuyé sur son baston qui admire; & vn petit enfant qui semble se lever pour voir; & neantmoins tremble à l'aspect de ce chef. La quatriéme est la conduite de l'Arche d'Alliance, & en suite des joüeurs d'instrumens. L'on y void aussi vn bœuf & vn mouton fort bien faits. Ces quatre pieces sont de Dominiquain, comme aussi le martyre de S. Estienne que l'on void dans la mesme Chapelle qui ne cede rien aux autres, ni pour l'art, ni pour la delicatesse.

Le Palais Mazarin que je visitay en ces quartiers, est vn des plus beaux & des plus élevez de la Ville, considerable pour ses grands appartemens, pour son jardin agreable par sa belle fontaine & situation, & pour la belle peinture de l'aurore, piece inimitable. Là proche est l'Eglise du Noviciat des Iesuites, où repose le corps du B. Stanislas de Kostka. On travaille presentement à en bastir vne nouvelle aux despens du Prince Pamphile.

L'Eglise des Religieuses de S. Dominique bâtie par le Pape Pie V. des ruines des bains de Paulus Æmilius, merite d'estre veuë, à cause de ses belles colomnes de marbre le plus poli, & de ses tableaux qui ornent les Chapelles qui sont autour de cette Eglise, si bien disposées, que les Religieuses de leur Convent peuvent entendre la Messe dans les vnes & les autres de ces Chapelles. On honore en ce lieu vn tableau commencé par saint Luc, & achevé miraculeusement: & croit-on que c'est celuy qui parla à S. Dominique, lors qu'il la portoit en procession pour détourner la peste de la Ville.

Là auprés est vne grosse Tour de brique, haut eslevée, que l'on dit estre celle d'où le cruel Neron voyoit avec plaisir l'embrasement de Rome; quoy que quelques-vns veulent que ce fut de la Tour de Mecenas.

& d'Italie.

Ce Mont Quirinal estoit remply de plusieurs Temples, parmy lesquels il y en avoit vn dedié à Apollon, & l'autre à Neptune. Là estoient aussi les Bains de Paulus Æmilius, & ceux de Constantin s'estendoient jusques à cet endroit, dont on void encor quelques restes.

Le cinquiéme Fevrier, j'entray dans la petite Eglise d'vne N. Dame miraculeuse, située dans la ruë des Grecs, gouvernée par des Perès Carmes, & l'apresdinée je me trouvay dans l'Eglise des Iesuites, où l'on celebroit avec solemnité la Feste des B. Iacques, Iean & Paul Iesuites, Iaponois & Martyrs. Ils en font l'Office par toute leur Compagnie.

Le sixiéme Fevrier, je me trouvay dans l'Eglise de S. Paul hors de la Ville, où j'honoray le Crucifix qui parla à sainte Brigitte, que l'on monstre tous les premiers Dimanches des mois à vn grand concours de monde qui y vient, & qui en sort continuellement.

Le septiéme Fevrier, j'allay voir la Vigne du Prince Ludovise, ouvrage de Gregoire XV. Elle est dans l'enceinte de la Ville, dont mesme les murailles la bornent d'vn costé. Il fait beau voir ses belles & longues allées, comme à perte de veuë, palissadées ou de Lauriers ou de Cyprés, parmy lesquelles quelques-vnes sont couvertes de Chesnes verds. C'est vn plaisir tout à fait charmant de voir les petits Cabinets de palissades, ronds, ou quarrez, embellis de statuës, d'vrnes, de tombeaux, de thermes, ce qui ne donne pas moins d'agréement au jardin que de satisfaction aux Spectateurs. Les eaux y sont belles & en abondance, & rejalissent fort agreablement. En descendant des degrez, on est assailly de jets

F f

d'eau, qui moüillēt lors que l'on y pense le moins. Les deux Palais de cette Vigne sont veritablement deux cabinets de merveilles pour la varieté & le grand nombre des raretez qu'ils contiennent. Parmy les sculptures, j'y admiray vn Gladiateur, qui ayant receu vn coup mortel est representé assis, s'appuyant à terre d'vne main, & ayant la teste panchée, comme estant prés d'expirer : L'enlevement de Proserpine par Pluton, & tout auprés vn Cerbere, qui est le chien des enfers, & que l'on dépeint avec trois testes, de marbre blanc ; ouvrage merveilleux du Cavalier Bernin, Sculpteur tres-fameux : Vn grand Bacchus sur vn piedestal de Porphyre : Deux jeunes gens qui se tiennent par la main, & qui representent l'amitié en marbre blanc, tout d'vne piéce : Vn Buste de Seneque, dont la seule teste de marbre noir cendré a coûté, à ce que l'on dit, douze mille escus : Vne flagellation où N. Seigneur est attaché à la Colomne, & où l'on void deux bourreaux, qui le fustigent, en marbre blanc : Vn petit enfant, qu'vn serpent mort à la jambe, qui témoigne visiblement sa douleur, & semble s'écrier, aussi en marbre blanc, du plus poli : Vn autre enfant qui ayant esté blessé par vn Dauphin, & en suite estant mort, est porté sur le rivage par le mesme Dauphin encor en marbre blanc : Vn Hermaphrodite : Vn Berger qui se tire l'épine du pied, en partie de marbre blanc, & en partie de marbre noir : Vn Buste de Ciceron : Vn autre de Caligula : Vne grosse teste de marbre qui a la teste tres-large, & deux trous dans la face ; l'on tient que les Gentils s'en servoient pour entendre leurs oracles : Vne Idole de marbre noir : Vn enfant qui porte la teste d'vn Vieillard pour masque, & qui mon-

& d'Italie.

ſtre ſa main par la bouche de ce maſque, & fait entrevoir par les yeux ſon viſage riant; le tout eſt de marbre. L'on y admire en bronze les quatre Saiſons par Michel Ange, repreſentées couchées: Vne copie du Taureau de Farneſe: Vne copie du Laocoon du Vatican, en albâtre: Vne belle colomne: Vne deſcente de Croix toute d'vne piece, ouvrage merveilleux, & admiré de tous. Quatre ou cinq tables, toutes de pieces rapportées: I'en remarquay vne d'vne grandeur extraordinaire, qui fut donnée en preſent par le grand Duc au Pape Gregoire XV. & vne autre de tresbeau Porphire. I'y admiray auſſi ſept ou huit cabinets de pierres tres-precieuſes, qui ſont tous fort riches, & ce qui me ſurprit plus que toutes autres choſes, eſt vn lit, dont les piliers ſont de pierres de Lazareth, & d'Amethiſtes; le chevet eſt enrichy d'vne infinité de pierres precieuſes, comme auſſi tout le tour du chalit. Il ne ſe peut rien voir de plus ſuperbe, quoy que pluſieurs choſes reſtent à faire à ce lit pour l'achever. De plus, l'on monſtre vne piece d'Optique, où l'on fait voir des vaiſſeaux ſur l'eau, vne batterie de cuiſine arrangée ſur des planches, des Parterres; des Païſages.

Entre les peintures que l'on voit en ces Palais, & qui ne ſont pas moins admirées que les Sculptures; je vis vne Aurore traiſnée dans ſon Char par quatre chevaux, tout brillans de lumiere, & deux ou trois Tableaux de Raphaël d'Vrbin, vn des plus fameux Peintres de ſon temps, dont il y a vne Noſtre-Dame, qui eſt vne piece achevée: Il y a auſſi vne Circé de Guide, comme vne Lucrece, vne Cleopatre: & quantité d'autres qui ſont des Caraſſes, de Guide Boulonnois, & d'au-

Ff ij

tres les plus excellents Peintres qui ont porté leur reputation non seulement par toute l'Italie, mais aussi par tout le monde.

Ie ne puis passer sous silence vn Quadre en Tableau fait à la Mosaïque, de pierres fines, qui represente des Païsages à la perfection, auquel on a travaillé durant vn grand nombre d'années, & ou l'on se mire comme dans vn miroir, le regardant de côté : outre que les traits y sont aussi fins, & aussi delicats comme dans la plus fine peinture ; & cependant cet ouvrage est tout de pieces rapportées, qui merite bien d'estre consideré attentivement par les Curieux.

Le huitiéme Fevrier, j'allay à l'Eglise de saint Apollinaire, Paroisse : lieu qui fut autrefois vn temple dedié à Apollon gouvernée par des Iesuites, comme aussi le Seminaire remply d'Allemans de qualité, qui fut commencé par Iules III. & specialement fondé par Gregoire XIII. autheur de plusieurs autres Colleges qui sont dans Rome. Les Festes & Dimanches les belles voix s'y font entendre devant vne bonne compagnie qui y est attirée ; mais sur tout de François qui sont charmez, non seulement par les voix delicieuses, mais aussi par la diversité des instrumens qui resonnent agreablement. I'y vis à découvert l'Image de la Vierge miraculeuse, qui fut trouvée sous des ruines, & depuis exposée & venerée par les peuples pour ses miracles.

L'Eglise qui fut autrefois dediée à S. André, est aujourd'huy consacrée sous le nom de Nostre-Dame de la Paix par Sixte IV. à cause d'vne Image de la sacrée Vierge, qui jetta du sang apres avoir esté frappée par vn insolent, & laquelle on conserve depuis ce temps là en cette Eglise : &

& d'Italie.

aussi à cause de la paix dont ce Pape fut le mediateur entre les Princes Chrestiens. Alexandre VII. y a souvent adressé ses vœux à Dieu pour la demander entre les Rois de France & d'Espagne, & ses prieres ont esté exaucées. Au dessus de l'Autel sont gravées ces paroles, *Et in terra pax*. Parmy les Chapelles qui sont autour de l'Eglise, je remarquay dans celle *des Cesis*, vn S. Pierre & vn S. Paul en marbre blanc, de la main de Michel Ange : & dans vne autre, vne Trinité en bronze de bas relief, où le Pere Eternel est representé en haut, & le S. Esprit en forme de Colombe, comme au milieu, & N. Seigneur mort, soustenu par plusieurs Anges, détaché au dessus de la Croix.

Le neuviéme Fevrier, j'entendis dans l'Eglise des Grecs vne Messe basse en langue Esclauonique, dans laquelle je remarquay que les mesmes ceremonies y sont observées que dans les Liturgies des Grecs. Ie n'entreprens pas icy d'en faire la description: je renvoye le Lecteur curieux aux Livres qui en traitent. Ie sort presentement de cette Eglise pour entrer dans celle des Augustins, où se fit la ceremonie de la dot des Zitelles avec vne grande solemnité. L'on y entend les instrumens gronder, vne excellente Musique y charme les aureilles, la Messe s'y chante solemnellement : aprés quoy les Filles y reçoivent leur dot. Ie consideray cette ceremonie avec d'autant plus de curiosité & de soin, qu'elle est commune dans Rome, & qu'elle se fait cinquante fois l'année.

Dans l'Eglise des Carmes Deschaus, qui n'est pas éloignée de celle de sainte Apollonie, j'ay sur toutes choses consideré le Tabernacle tout

Ff iij

de marbre, qui est sur le grand Autel. Sur le fond où est l'armoire du S. Sacrement, on void quatorze petites colomnes meslées de blanc & de rouge, & deux piliers qui soûtiennent le haut de ce Tabernacle, qui s'éleve beaucoup par trois differens estages. Entre ces colomnes l'on voit la representation du saint Sacrement environné de rayons dorez, & devant le haut du Tabernacle il y a en écrit en grosses lettres d'or; *Tabernaculum Dei cum hominibus.*

De là je montay sur le Mont Ianicule, où j'entray dans *l'Eglise de S. Onuphre*, titulaire d'vn Cardinal, & qui est dans vne situation si avantageuse, que l'on y peut facilement découvrir toute la Ville. Elle fut bastie par Eugene IV. & est gouvernée par des Religieux Hermites de saint Hierosme. Cét Ordre commença l'an 1380. & a pour Fondateurs Pierre de Pise & le B. Nicolas de Poussole. Parmy les peintures qui ornent les Chapelles, j'y remarquay sur tout vne Nativité de N. S. & quand il fut veu avec les Docteurs à l'âge de 12. ans. Parmy les sculptures, la statuë de saint Onuphre est merveilleusement bien faite, & il y est representé avec ses cheveux. Parmy les Reliques on honore le Corps de S. Nicolas; vn Bras de S. Onufre & autres. Parmy les Epitaphes, celuy de Torquato Tasso, appellé le Prince des Poëtes Italiens, mort à l'âge de 51. an l'an 1548.

En sortant de ce lieu je remarquay plusieurs Palais, comme ceux du Duc de Parme, des Salviati & du Cardinal Giori, où est vne fontaine qui jette aussi haut que le premier estage.

Le 10. Fevrier j'allay voir *l'Eglise des saints Nerée & Achillée,* située dans la voye Appie, &

qui fut autrefois vn temple dédié à la Deesse Isis, & aujourd'huy gouvernée par les Peres de l'Oratoire de l'Eglise neuve. Sous l'Autel où est vn Tabernacle appuyé de quatre colomnes de marbre, sont les Corps des saints Nerée & Achillée, Pancrace & autres. Ie vis dans le fond du Chœur vne chaire de marbre, dans laquelle S. Gregoire dit l'Homelie qu'il a faite de la guerison du serviteur du Centenier, gravée tout au long dans le marbre de cette chaire. Ce Saint est representé dans le plat-fond au milieu de plusieurs Prelats & Ecclesiastiques. A l'entour de la Nef l'on void les martyres differens de tous les Apostres. Saint Pierre crucifié la teste en bas : Saint Paul décapité, & sa teste produisant trois fontaines par trois sauts differens qu'elle fit : Saint Iacques le Grand decapité : Saint Simon sié depuis la teste jusques en bas : Saint André attaché à sa croix & y mourant : Saint Philippe attaché aussi à la sienne, qui est en forme de fourche : Saint Barthelemy écorché : Saint Iean dans la chaudiere d'huile boüillante : Saint Iacques le Mineur assommé d'vn baston : Saint Thadée, S. Iude & S. Thomas percé de trois coups de pique : Saint Mathieu arraché de l'Autel & poignardé : Saint Mathias, &c.

Au bas de l'Eglise sont dépeints saint Cesarius Diacre : Saints Nerée & Achillée Martyrs : Sainte Domitille : Sainte Euphrosine & sainte Theodore Martyres. A l'entour du haut de la Nef l'on voit dépeint le Baptesme de sainte Domitille par S. Pierre, & de l'autre costé, celuy des saintes Theodore & Euphrosine ; & ensuite comme toutes les trois passerent heureusement de cette vie en l'autre, le feu ayant esté mis en leur maison : leurs corps neantmoins ayans demeuré entiers au milieu des flammes. Ie remarquay ces particularitez de peintures de l'histoire de la vie de ces Saints & Saintes, pour ce qu'elles ont esté faites suivant l'ordre du Grand Cardinal Baronius, qui estoit titulaire de cette Eglise, qu'il fit rebâtir, ou plûtost restaurer par vne devotion particuliere qu'il avoit à ce lieu ; qui le recommande mesme à ses successeurs en ces termes: *Rogo te Successor quisquis fueris, per gloriam Dei, & merita sanctorum Martyrum, nihil demas, nihil minuito, nec mutato, sed piè sanctam antiquitatem venerato. Sic te Deus per merita sanctorum Martyrum adjuvet.*

L'Eglise de S. Sixte qui fut autrefois vn temple de l'honneur & de la Vertu, est vne des premieres que S. Dominique a fait bastir, & où il rendit la vie à vn enfant écrasé, ce qui y est representé en peinture. Vne inscription qui y est, fait foy que les Anges l'accompagnoient lors qu'il alloit de ce lieu à sainte Sabine, & qu'ils luy ouvroient la porte de l'Eglise. Ce fut aussi en ce lieu où il rassembla les Religieuses qui estoient dispersées dans la Ville, duquel elles ont esté transferées vers Montecavallo, à cause du mauvais air ; & elle est aujourd'huy regie par des Dominiquains. Elle est la depositrice des corps des saints Sixte, Anthere, Luce, Lucian, Sother, & Zephyrin Papes & Martyrs. On y voit vn beau tableau de S. Vincent Ferrier Religieux de cet Ordre, qui monstre d'vne main N. Seigneur descendant du Ciel pour juger le monde, & porte vn Livre de l'autre où sont écrites ces paroles: *Timete Deum & date illi honorem, quia venit hora judicij.*

Le 11. Fevrier je passay la porte qui fut autrefois appellée *Aurelia*, du Conful *Aurélius*, & *Traiana* de l'Empereur *Trajan*, presentement dite *de S. Pancrace*, à cause d'vne Eglise de ce nom qui en est proche, & arrivay à *la Vigne Pamphile*, ouvrage d'Innocent X. qui outre qu'elle a vne grande estenduë, est sur tout charmante dans sa situation, agreable dans la diversité de ses belles & longues allées, bordées de Cyprés, qui donent de la verdeure toute l'année, & qui fournissent à la veuë vn objet d'vne perspective naturelle, éloignée dans la campagne. A l'extrémité de l'vne de ces allées je consideray la fontaine, qui jette son eau en panache, qui se termine en pluye, & qui la verse encore plus abondamment par deux tuyaux. En avançant je vis & admiray tout ensemble vn parterre, qui dans le milieu de l'hyver me fit paroistre vn beau Printemps pour estre rempli d'vne grande diversité de fleurs : En vn mot, il n'y a rien de si beau & de si charmant que ce lieu ; & il merite la veuë des curieux, qui descouvriront toute la campagne qui s'estend jusques à Ostie : Les raretez qui se voyent dans le petit Palais respondent bien aux charmes du jardin. L'entrée en est ornée de plusieurs belles statuës qui ne donnent pas moins d'ornement à cette place que de reputation à ceux qui en sont les autheurs. On void dedans ce Palais plusieurs pieces de sculpture, specialement la Lutte de Iacob avec l'Ange en marbre blanc: Vne fille portée par vn Lion : Vne statuë de Seneque : les Bustes des douze Empereurs en marbre : & le Buste d'Innocent X. de porphyre, qui a la teste de bronze avec plusieurs autres.

L'on y admire aussi plusieurs ouvrages de peintures. Le crucifiement de S. Pierre & la conversion de S. Paul, qui sont de Michel Ange : Vn autre grand quadre de Raphaël d'Vrbin : L'entrée des Animaux dans l'Arche, qui est admirable pour la multitude des bestiaux qui y paroissent en confusion : Agar emportant son pacquet de la maison de Sara, & l'Ange qui l'avertit d'y retourner : Le portrait d'Innocent X. fort bien fait : Celuy de la Reyne de Suede sous vn miroir : Vn quadre où est représentée vne Demoiselle ornée à l'entour de fleurs ; deux colombes & plusieurs autres belles pieces.

De là je montay en haut sur la plate-forme qui regne à l'entour du Palais, bordée de balustres, où il y a diverses statuës qui ne luy donnent pas vn petit agréement ; & d'où l'on a vne veuë fort estenduë dans la campagne, quoy qu'elle soit bornée du costé de la Ville de Rome.

En sortant de ce lieu, & repassant par la mesme porte je consideray les fortifications que les Papes ont fait de ce costé de la Ville, par lequel elle a esté prise plus d'vne fois. Hors la porte l'on voit vn Aqueduc qui n'est pas d'vne grande hauteur, par lequel on faisoit couler l'eau du lac Alsatin, que l'on faisoit venir dans les Bains de Severe & de Philippe, & dans la Naumachie d'Auguste & autres lieux.

Le 12. Fev. j'allay à l'*Eglise de la Trinité*, proche le Pont Sixte, dit autrefois Aurelien, ou j'entendis le Sermon fait aux Iuifs en langue Italienne, entremeslé quelquefois de passages Hebreux, par vn sçavant religieux de S. Dominique, si pathetique, qu'il auroit touché des cœurs moins endurcis, & des ames moins infideles que les leurs ; & si persuasif qu'il auroit convaincu des esprits moins rebelles & moins opiniastres que ceux des Iuifs, qui sous peine d'amende sont obligez tous les Samedis de l'année de s'y trouver, en comptant les hommes & les femmes au nombre de deux ou trois cens, & qui font écrire leurs noms en entrant: Là est vn Sbirre avec vne grande gaule, pour tenir ce peuple insolent dans son devoir, & châtier les opiniastres: Les hômes portent vn chapeau couvert d'vn taffetas oranger, & les femmes vne petite piece de couleur au dessus d'vne serviette qu'elles ont sur la teste: mais vne marque commune entre eux, est je ne sçay quel égarement qui paroist sur leur visage qui les distinguent des Chrestiens, & qui leur attire la haine & l'aversion de toutes sortes de Nations.

De là je m'en allay à *S. Nicolas in carcere*, où autrefois estoit la prison publique, & où fut bâty vn temple dédié à la Pieté, en memoire de ce qu'vne fille venant tous les jours à la prison voir son pere, le nourrissoit de son propre laict. Valere Maxime rapporte cette Histoire.

De là je m'en allay à l'Oratoire de l'Eglise neuve, où je me trouvay en compagnie de deux ou trois mille personnes des plus apparentes de la Ville, à l'exercice de pieté qui s'y fait pendant deux bonnes heures en la plus grande partie des Festes & Dimanches de l'année. Ie trouvay cette ceremonie de S. Philippe de Neri qui en est l'autheur, & qui se fait le soir, voulant par ce moyen tirer les Romains des comedies & des entretiens trop familiers & trop perilleux, conduite avec vne devotion si exemplaire que j'en feray icy vn petit recit.

Premierement l'on chante les Litanies de la sacrée Vierge en belle Musique: en suite vn Pere de l'Oratoire fait faire quelques petites prieres mentales & vocales, & aprés avoir chanté tout l'Antienne *Sub tuum præsidium*, vn petit enfant de dix ou douze ans monte en chaire, & fait vn discours d'vn quart-d'heure sur l'Evangile du jour : puis l'on chante des vers Italiens spirituels sur le sujet du Saint & de la Sainte, dont on celebre la Feste à pareil jour par les plus belles voix de Rome, qui s'y trouvent pour l'ordinaire afin de se faire connoistre : Enfin vn Pere de l'Oratoire monte aussi en chaire, qui fait vne predication d'vne demie heure, en suite la musique continuë avec des diversitez & des douceurs si agreables, que personne ne s'y peut ennuyer. Cette devotion est d'vne grande edification, & vn sujet d'admirer le zele de S. Philippe de Neri: Elle se fait en quelques temps de l'année, ou à S. Onufre, ou à S. Eustache.

Le 14. Fevrier j'allay voir le College des Sclavons, que le Pape Gregoire XIII. a transferé de Lorette à Rome, la huitiéme année de son Pontificat. Il en a fondé & doté plusieurs autres dans Rome, comme celuy que l'on nomme le Romain: celuy de l'Apollinaire ; ceux des Neophytes, des Anglois, des Grecs, des Maronites; des Viennois; & d'autres Seminaires : ce grand Pape voulant par ces fondations retirer la jeunesse de la mauvaise doctrine de leurs pays infectez d'heresie, pour les instruire dãs la veritable. L'on en void encore plusieurs autres fondez par des particuliers, comme celuy de S. Bonaventure par Sixte V. le Clementin par Clement VIII. le Capranique par vn Cardinal de ce nom, & autres.

Le 15. Fevrier je passay sur le Pont autrefois appellé Elien, à cause que l'Empereur Elie Adrian le fit bastir auprés de son tombeau ; & pour cette mesme raison on le nomme encore aujourd'huy le Pont d'Adrian, mais plus communément *le Pont S. Ange*, à cause d'vn chasteau de ce nom qui est à son extrémité. Au temps de Clement VII. plusieurs belles statuës furent placées sur des piedestaux, dont on void encore quelques restes; mais la grande inondation du Tybre l'an 1530. les emporta dans le fleuve. De ce lieu je jettay la veuë sur les restes du *Pont Triomphal*, ainsi appellé, pource que ceux qui avoient remporté quelque victoire signalée, passoient par ce Pont pour aller au Capitole.

J'entray dans *le Chasteau Saint-Ange*, qui est à l'extrémité du Pont, ainsi appellé, à cause d'vn Ange de marbre que l'on a placé tout au haut de la forteresse, pour faire souvenir les spectateurs de l'Ange qui parut du temps de S. Gregoire, remettant vne épée dans son fourreau, ce qui signifioit que la colere de Dieu estoit appaisée, & que la peste n'affligeroit plus la Ville : aussi cessa-t-elle incontinent aprés.

En ce lieu estoit le tombeau que l'Empereur Adrian auoit destiné pour luy & pour son Favory Antinous. Des pierres qui restent de cét ouvrage l'on peut juger facilement qu'il estoit magnifique, & que sa forme estoit ronde. Le marbre n'y estoit point épargné non plus que les statuës & les colomnes, qui en ont esté tirées pour l'embellissement de l'Eglise de S. Pierre, du Palais Vatican & d'autres lieux. Cette place fut autrefois appellée la forteresse de Crescentius, à cause que ce Tyran s'y retira aprés avoir chassé de la Ville de Rome le Pape Iean XVI. & depuis a esté le lieu de retraite des souverains Pontifes, ou en temps de siege ou de sedition dans la Ville. Plu-

plusieurs Papes ont travaillé à la fortifier; Boniface VIII. en a donné les commencemens, mais ils ont esté bien accrûs par Alexandre VI. qui fit faire ce Corridore, je veux dire cette longue Galerie couverte, qui s'estend jusques au Vatican, & enfin a esté tellement perfectionnée par Vrbain VIII. qu'elle passe mesme dans le sentiment des Experts en cet art, pour vne place de défense, & regulierement fortifiée.

Ie penetray ce lieu, & montay par vn escalier couvert jusques au pied de l'arbre planté tout au haut du Château, & je fis le tour de cette Forteresse en considerant toutes les fortifications, mais sur tout les quatre Boulevards, appellez des noms des quatre Evangelistes. Là sont plusieurs logemens pour les Officiers & pour les Soldats. Là se trouvent toutes sortes de munitions de guerre. Entre vn grand nombre de Canons, j'en admiray six d'vne belle longueur & largeur donnez à Vrbain VIII. par la Reyne d'Angleterre. Si vous jettez la veuë de ce lieu en bas, vous verrez le Tybre qui est au pied, & vous découvrirez vne grande partie de la Ville, qui fait vn objet agreable à la veuë. L'on tient que là où est l'Eglise de sainte Marie *Transpontina in Borgo*, titulaire d'vn Cardinal, & gouvernée par des Carmes, fut autrefois vn Temple de l'Empereur Adrian, & le mesme lieu où S. Pierre & S. Paul furent attachez à des colomnes, que l'on monstre en ce lieu, & flagellez. Parmy plusieurs peintures qui ne donnent pas aux Chapelles vn petit ornement, je consideray les martyres de S. Pierre & de S. Paul, ausquels vn Crucifix apparut & parla, lors qu'ils estoient dans les tourmens. On le void dans la muraille au dessus de l'Autel.

& d'Italie. 463

Le *Campo santo*, qui est en ces quartiers, est ainsi appellé à cause de la terre sainte qui y a esté transportée dans le Cimetiere qui en est remply, & d'où quelques-vns mesme par devotion en emportét. Là est vne petite Eglise gouvernée par des Prestres seculiers, commis par des Allemans qui demeurent dans Rome.

Le seiziéme Fevrier, j'allay sur le Mont-Celie, autrefois habité par les Romains, & mesme par les Albans, comme l'on peut encore juger par les ruines qui y sont dispersées. Il est presentement sacré par vn grand nombre d'Eglises qui y sont basties, comme S. Iean de Latran, sainte Croix en Hierusalem, *la Scala santa*; *le Sancta Sanctorum*: S. Iean & Paul, & plusieurs autres. J'entray dans celle de *sainte Marie in Dominica*, qui a esté restablie par Leon X. & où l'on ne remarque rien de remarquable, ce qui me fait passer en la vigne Matthei, dont la situation esleuée luy donne cet avantage, qu'on l'apperçoit de loin; mais quand l'on en approche, l'on admire dans sa grande estenduë ses diverses beautez: Elle n'est pas moins celebre dans ses antiquitez, tombeaux, vrnes, & autres choses, qu'elle est remarquable dans ses belles allées, dont les vnes sont bordées de Lauriers, & les autres couvertes de Palissades, qui donnent de la verdeur toute l'année, & du frais dans la plus grande chaleur de l'Esté. Il fait beau voir la diversité des fontaines qui jettent toutes fort agreablement. C'est vne chose aussi bien divertissante que de les voir se livrer le combat les vnes aux autres, les vnes poussant leurs eaux d'en bas, les autres les faisant rejalir d'en haut, & les meslant ainsi, elles semblent ne s'attaquer que pour mieux s'accorder. Il y en a vne autre où vn rocher affreux est representé, & qui est encor agreable par l'abondance de ses eaux. Il y a de plus quantité de jets d'eau, & dans les allées, & mesme sur les degrez, dont il faut se donner de garde, parce qu'ils sont là placez autant pour surprendre & baigner ceux qui ne s'y attendent pas, que pour l'embelissement du lieu.

Si le jardin a ses charmes & ses agréemens, le Palais qu'elle a en son milieu a ses beautez & ses raretez que j'eus loisir d'admirer. I'y vis en sculpture vne belle statuë de Marc Aurele: Vn Hercule de marbre blanc, entre deux belles colomnes d'Albâtre: Vn Buste d'Antonin: Vne seule piece de marbre y represente en buste Brutus, & Portia sa femme: Vne table belle & grande de Porphire verd, appuyée sur deux piliers de Porphire rouge: Vne autre couverte de pierres precieuses. En peinture entre plusieurs pieces, je remarquay vne boucherie, & vne poissonnerie merveilleusement bien representées: Le portraict du Cardinal Matthei. Le Cabinet qui est de l'autre côté du jardin merite vne œillade des curieux, pour des pieces de sculpture qui y sont admirable. Ce sont des statuës de marbre blanc, & d'vne seule piece, où sont representées vn jeune homme & vn vieillard, lesquels ayans parié à qui joüeroit le mieux du Violon, entrent en dispute, & se terrassent l'vn l'autre: L'on void à leurs pieds les Violons, la flûte, & le coûteau. La statuë de Venus travaillée en marbre blanc est vne piece aussi curieuse: En vn mot, tout le Palais est vne chose à voir avec ceux de la maison de Matthei ont pris plaisir de l'entretenir.

Le dix-septiéme Fevrier, j'allay à la Iniversité

& d'Italie.

lieu separé dans la Ville pour la demeure des Juifs, où ils sont enfermez la nuit, & d'où ils ne peuvent sortir sans la permission du Gouverneur; mais pendant le jour ce peuple endurcy, a la liberté d'aller par la Ville faire son petit negoce.

M'entretenant avec vn Rabin, il me dit beaucoup de particularitez de leurs sectes. Premierement qu'ils observoient exactement parmy eux la Loy de Moyse, mais qu'il ne leur estoit pas permis de faire aucun sacrifice; qu'ils s'abstenoient de manger de la chair de porc, & de toute autre viande suffoquée : que les enfans sont circoncis au huitiéme jour : que le pere donne le nom à son enfant, & non pas le Parain ny la Maraine : que le mariage se contracte parmy eux en la presence d'vn Rabin, que l'Espoux donne à l'Epouse vn anneau d'or. Il me dit de plus qu'ils ont vn Cemetiere où ils enterrent leurs morts avec des prieres que les parens continüent pendant toute l'année : que les Rabins mesme vont exhorter les moribonds à la penitence, à la reconciliation avec le prochain & à la restitution. Luy demandant si tous sçavoient la langue Hebraïque, il me répondit que tous la sçavoient lire, que la plus grande partie l'entendoit, que plusieurs la parloient, mais que tres-peu y estoient consommez : que les Rabins estoient obligez d'instruire la jeunesse, & de leur expliquer l'ancien Testament de langue Hebraïque en langue Italienne qu'ils parlent ordinairement : qu'ils chantent leur Office en langue Hebraïque : qu'ils jeûnent exactement en plusieurs jours de l'année : qu'ils ont de certaines Festes qu'ils solemnisent aussi dans l'année, & plusieurs autres ceremonies qu'ils conservent parmy eux avec autant d'opiniastreté que d'aveugle-

Gg

ment, dans lequel cette nation endurcie persiste avec vne dureté incroyable. Il m'expliqua encore beaucoup d'autres particularitez : mais si le Lecteur est curieux d'en sçavoir davantage, il pourra lire le Deuteronome, Ioseph en ses antiquitez Iudaïques, & le Talmud. Il y apprendra bien au long la pratique de leurs mœurs, de leur estat & de leurs ceremonies; pour moy je continueray ma roûte dans la Ville de Rome.

Le 18. Fevrier, j'entray dans *l'Eglise de S. André nel Trivio*, gouvernée par des Minimes Espagnols, & fondée par le Marquis de Bubali. Me promenant dans le Cloistre, j'y apperceus l'arbre de l'Ordre fort bien representé en vne Carte, soustenu par S. François de Paule, tenant en main vn Livre, sur lequel sont écrites ces quatre paroles en Latin, *Obedientia, Castitas, Paupertas, Vita quadragesimalis* : & des deux côtez sont representez les Martyrs, autres Saints & Saintes, & grands Personnages qui ont esté dans l'Ordre les plus celebres, ou pour la doctrine ou pour la sainteté.

Le dix-neufiéme Fevrier, j'allay voir *l'Eglise de sainte Susanne* sur le Mont Quirinal, où je ne vis rien de considerable, mais vne personne sçavante dans les antiquitez de la Ville, me fit remarquer à côté le lieu où estoient les fameux jardins de Saluste, qui occupoient la Vallée voisine & s'estendoient au long des murs jusques à la *porte Salarie*, ainsi appellée, parce que les Sabins portoient leur sel par ce lieu. Elle fut aussi nommée *Agonalis*, à cause des jeux qui se faisoient hors cette porte. On a trouvé dans les jardins de Saluste la teste d'vn homme d'vne grandeur extraordinaire, que l'on croit estre de Pison, qui fut enfevely en ces quartiers. En vn lieu proche, fe voyent encore quelques reftes de la maifon de Salufte. Ce lieu par corruption s'appelle *Sallofrico*, & là fut auffi trouvé vne pierre avec ces paroles: *Aurelius Bacorus, Cocceius Stratocles, aditui templi veneris, hortorum Saluftianorum bafem cum pavimento marmorato Dianæ dedicaverunt.*

Entre les jardins de Salufte & la porte Salarie, eftoit *il Campo fcelerato*, lieu où on enterroit les Vierges Veftales toutes vives, quand elles avoient foüillé leur pudicité.

En ces quartiers, je vis les Florentins penitens, qui eftoient veftus d'vn fac noir, qui n'avoit point d'autre ouverture que devant les yeux, & qui accompagnoient deux criminels pour les difpofer à fouffrir patiemment le dernier fupplice, c'eft la fonction ordinaire de ceux de cette nation.

Le vingtiéme Fevrier 1661. Dimanche de la Sexagefime, fut pour moy le jour le plus heureux de tout mon voyage; puifqu'ayant efté introduit dans le Palais, j'entray dans vne Sale, où aprés avoir fait trois genuflexions, vne en entrant, l'autre au milieu, & la derniere aux pieds de fa Sainteté affife dans fa chaife vn peu eflevée, ombragée d'vn Dais, en Rochet pliffé, & fon Camail rouge, j'y receus fa benediction, & fis ma profeffion de foy en luy baifant les pieds; & aprés avoir eu l'honneur de l'entretenir quelque temps, il me renuoya tout remply de refpect & d'eftime de fon profond merite, & avec des Indulgences, & vne feconde benediction.

Du Palais, j'allay à *fainte Marie in via*, Eglife gouvernée par les Servites, & qui fut baftie au

G g ij

temps d'Alexandre IV. à l'occasion d'vne Image qui fut trouvée dans vn puits qui est en ce lieu, & dont l'eau guerit les Febricitans. Cette Image se monstre sur vn Autel de la Chapelle de la sainte Vierge.

Le vingt-vnième Fevrier, je m'en allay au Palais Iustinian, considerable pour son architecture, mais encor plus pour ses sculptures, & pour ses peintures. Entre les pieces de sculpture, qui sont en confusion dans vne Galerie de ce Palais, & en quantité, & en qualité, pour estre tres-artistement travaillées, je remarquay vne Minerve fort bien faite. Entre les peintures, qui sont des Peintres les plus celebres d'Italie, comme des Carasses, de Guide, de Lantfranc, de Bassan, de Raphaël, de Michel Ange, & quantité d'autres, j'admiray le tableau d'vn Cardinal de la Maison de Iustinian, mort du temps de Paul V. Pape, & celuy d'Innocent X. Il y a dans cette Galerie plusieurs belles & excellentes peintures, & l'on la peut nommer le Cabinet des Peintres, à cause de la diversité des ouvrages parfaitement beaux, qui ne se monstrent pas à tous venans.

En me promenant dans la Ville, l'on me fit remarquer prés de l'Eglise de la Consolation, vn lieu que les Romains appelloient *Clivo*, qui veut dire vne colline, rude à monter. Il y en avoit plusieurs autres dans Rome, mais les plus celebres estoient celles qui rendoient au Capitole.

Ce mesme jour, qui estoit vn Lundy, j'allay à Montecauallo au Consistoire, qui se tient à pareil jour toutes les semaines, où le Pape & 40. Cardinaux estoient assemblez, où sa Sainteté estoit en habit ordinaire, sçavoir vne Soutano blanche, vn camail rouge deſſus & fouré d'ermines comme auſſi la calotte & vn rochet, aſſiſe dans vn ſiege élevé ſeulement d'vne haute marche & vn dais au deſſus. Les Cardinaux font en s'approchant du Thrône du Pape, deux inclinations profondes, comme auſſi en s'en retournant en leurs places. Ils parlent tout bas & debout, ſans bonnet ni calotte, & ſa Sainteté leur donne à tous la benediction en particulier. Ces entretiens familiers achevez on fit ſortir tout le monde qui s'eſtoit rangé à l'entour du Parquet, pour laiſſer la liberté aux Cardinaux de parler tout haut.

C'eſt la couſtume de Rome, que le Carnaval s'ouvre le Samedy devant la Sexageſime, auquel jour les Gouverneurs, Senateur & Conſervateurs font porter par le Cours les *Palij*, ſçavoir cinq ou ſix pieces d'étoffes, qui ſont la recompenſe de ceux qui courent mieux, & qui attrapent plus promptement le but dans la ruë du Cours. Le Lundy en ſuite du Samedy courent les Iuifs que l'on choiſit les plus diſpoſts & les plus agils: celuy qui va le plus viſte au but, a vne piece d'eſtoffe de lame d'argent: ainſi ce ſeul jour de l'année ils donnent quelque plaiſir par leurs courſes, mais le reſte du temps ils ſont des objets de compaſſion & de miſere.

Le 22. Fevrier je vis la courſe ridicule des Sommares ou Aſnes: Les eſperons qui ſervent à les faire aller, ſont des emplaſtres qu'on leur met ſur le corps qui ſe fondent ſur eux, qui penetrent la peau quand ils ſont échauffez, & qui excitent leur nature pareſſeuſe à marcher en diligence.

Le 23. Fevrier ſe fit la courſe des Cavalles, & l'on donna vne piece de velous verd à celuy qui

Gg iij

fournit la Cavalle qui alla la premiere au but.

Le 24. Fevrier, propre jour du Iceudy gras, on s'abstient de toutes courses, & non pas du débordement de la vie, dans lequel on se jette pour l'ordinaire en cette journée: mais aussi d'vn autre costé les bonnes ames & fideles à Dieu en tout temps, redoublent leurs prieres pour opposer le bien au mal, & pour détourner les justes châtimens qu'ils pourroient attendre de sa divine Majesté: Le S. Sacrement paroist sur les Tabernacles de plusieurs Eglises : les Reliques les plus precieuses sont exposées à la veneration des peuples: les Predicateurs les plus fameux montent en chaire : quatre ou cinq mille hommes du bas peuple vont en differentes troupes sous la conduite des Peres de l'Oratoire qui leur font des exhortations familieres, & les conduisent aux 7. Eglises, à quoy ils sont attirez par l'esperance d'avoir quelque douceur pour leur nourriture. Cette pratique de devotion fondée par S. Philippe de Neri, est d'autant plus à estimer qu'elle est de grande edification & vtile pour retirer des débauches ce peuple, qui semble en ce jour laisser aller la bride à toutes ses passions & s'oublier de soy-mesme.

Le 25. Fevrier derriere le Mont-Aventin on me montra dans vne plaine, la place où estoient les Greniers publics des anciens Romains, qui en avoient encore en bon nombre de dispersez çà & là par la Ville. Gregoire XIII. fit bâtir ceux qui sont vers les Thermes de Diocletian, où il y a cette inscription. *Gregorius XIII. Pontifex Maximus, adversus annonæ difficultatem subsidia præparans, horreum in Thermis Diocletianis extruxit.* Et Paul V. les ayant accruës y a fait mettre pareillement cette inscription : *Paulus Quintus adversus majores annonæ difficultates, majora subsidia præparans, nova hæc horrea veteribus adjecit.*

Le 26. Fevrier se fait la course des Chevaux Barbes, qui partent au bruit des trompettes, qui semblent les animer à arriver au but avec plus de vistesse.

Le 27. Fevrier Dimanche de la Quinquagesime la ferveur de la devotion commença plus que jamais à s'allumer dans les cœurs des Ames fidelles, pour l'opposer à la vie déreglée des meschans, qui continua les deux jours suivans. Ie fus à l'Eglise du *Gran Giesù*, où il y avoit vn grand concours de Monde, qui consideroit le Tabernacle, chef-d'œuvre de Maria Romani, où estoit exposé le S. Sacrement. Or quoy que l'on m'ait dit que ces Peres changent tous les ans à pareil jour de dessein, je ne puis neantmoins m'empescher d'en faire icy vne description. Là j'admiray la vision du Prophete Ezechiel en perspective sur la ville de Babylone, où l'on voyoit vn Arc-enciel qui se venoit perdre dans les roues d'vn chariot, qui y estoit merveilleusement bien representé, & qui soûtenoit l'Autel des Sacrifices ; & vn Tabernacle où le S. Sacrement estoit exposé dans vn beau jour, formé d'vne grande quantité de lumieres qui se communiquoient à travers les tentes. Six Seraphims, sçavoir trois de chaque costé, & vne multitude innombrable d'Anges au dessus, & les quatre Animaux aux quatre coins. On voyoit en bas le Prophete Ezechiel fort bien representé dans vn petit desert. Plus avant, l'entrée de Babylone, les Ponts & le Fleuve Gobar coulant dessous & dessus des Cavaliers. Il y avoit en cet ouvrage de grosses machines de bois, éloignées les vnes des autres, mais qui s'vnissoient si bien dans la perspective, qu'on les eût prises pour vne mesme peinture. Il ne se pouvoit rien voir de plus beau.

Le 28. Fevrier, allant par la Ville, je rencontray le Pape, devant qui marchoient cinquante chevaux legers, portans vne lance en main avec vn petit drapeau au bout, suivoient les Corcelets aussi à cheval au nombre de cent cinquante, ayans leurs épées nuës, puis la famille & les Officiers de sa Sainteté, les Cardinaux Patron & Rospigliosi, En dernier lieu, sa Sainteté portée dans vne chaire vitrée de tous costez, afin qu'il puisse estre veu de tout le monde, qui se jette à genoux dans les ruës, pour y recevoir sa benediction. Ie le vis arriver dans l'Eglise du *Gran Giesù*, où il se jetta à genoux sur vn banc y preparé, pour adorer le S. Sacrement exposé sur vn grand Tabernacle, où il fit ses prieres pendant quelque temps, & entendit la sçavante & judicieuse predication du Pere Oliva Iesuite. Tous les spectateurs furent fort edifiez de voir ce souverain Pontife, Vicaire de IESVS-CHRIST en terre, marcher dans l'Eglise teste nuë, sans calote, avec grande modestie, & laissa vn chacun dans l'admiration de sa haute pieté.

En ce jour l'aprés-disnée, se fit la course des Chevaux, des Barbes & des Cavalles tout ensemble, qui donna aux spectateurs encor plus de plaisir que toutes les precedentes.

Le premier Mars jour du Mardy-gras se fit la course des Buffles. Les aiguillons de fer & pointus, que l'on accommode sur eux, servant merveilleusement à exciter leur nature pesante &

tardive ; en sorte que s'oublians d'eux-mesmes, ils convertissent leur paresse en vistesse. Les Romains mettent fin en ce jour à tous ces divertissemens qui les occupent pendant vne semaine, & que l'on ne pourroit pas approuuer, si ce n'est que par là on les divertit d'vn plus grand mal.

Ces courses commencent d'vn lieu appellé *Mossa*, à vn bout de la ruë du Cours du costé de la place du peuple ; & ces Animaux partent au bruit & au fanfare des trompettes, suivis d'Officiers montez à cheval pour estre tesmoins des victorieux, pour empescher le desordre, & pour estre juges de ceux qui courent le plus promptement au Palais de S. Marc, qui est le terme de ces courses.

Le 2. Mars j'allay à Montecavallo, où je me trouvay à la ceremonie des Cendres, conduite par sa Sainteté en presence de quarante Cardinaux ou environ, qui les vns aprés les autres allerent de fil faire leur obedience au Pape : Premierement les Cardinaux Evesques, en suite les Cardinaux Prestres, & enfin les Diacres qui faisoient au bas du Throsne où le Pape estoit assis, vne profonde inclination ; puis y estant montez vne seconde, & ayant baisé le genoüil du Pape en se retirant, ils en faisoient vne troisiéme. Aprés cela le Pape proceda à la benediction des Cendres, & fit les Ceremonies & Prieres ordinaires, accompagné de huit ou dix Cardinaux qui le servoient en cette fonction. La Benediction faite, le Cardinal Celebrant monta sur le Thrône du Pape, auquel il donna des Cendres sans qu'il se levast de son siege, ayant toutefois la teste nuë, & la baissant vn peu pour les recevoir. En suite le Pape donna des Cendres à ce Cardinal Celebrant, & aprés à tous les autres, qui faisoient en la maniere accoûtumée les trois inclinations profódes, & baisoient le genoux du Pape, aprés les avoir receuës. Les Cardinaux Evesques faisoient genuflexion devant sa Sainteté, en cét estat prenoient les Cendres, & en se levant, ils baisoient les genoux du Pape. Les Prelats & tous les autres qui les receurent en suite, les prenoient à deux genoux, & baisoient la Pantoufle de sa Sainteté. Aprés les Prelats suivirent les Ambassadeurs qui estoient au costé du Pape, les parens de sa Sainteté, vn Colonna, les Senateur & Conservateurs, les Officiers de la Maison du Pape, les Clercs de sa Chambre, les Generaux & Procureurs Generaux d'Ordres, les Penitentiers & les Estrangers : Ie fus assez heureux pour me trouver dans ce nombre.

Cette Ceremonie achevée le Pape commença la Messe, en suite dequoy estant remonté sur son Thrône, cette Messe continuant, il en descendit plusieurs fois accompagné des Cardinaux Diacres, de ses Officiers, comme de son Majordome, de son Secretaire de chambre, de son Maistre aussi de chambre, & de quelques Evesques Officiers, qui le conduisoient dans le mesme ordre sur son Thrône. Il en descendit premierement au *Tractus* aprés l'Epistre, se mettant à genoux sur le pied de la chaise qui estoit au bas de l'Autel. Tous les Cardinaux descendirent aussi de leurs places pour se mettre à genoux dans le parquet de la Chapelle. Sa Sainteté descendit aussi aux élevations, & à l'*Agnus Dei*. L'Evangile fut chantée, le Pape estant debout, & ayant baisé le Livre, vn Pere Theatin revestu d'vne fourrure de Docteur, monta en Chaire, où ayant fait vne genu-

& d'Italie.

flexion au Pape, il prescha en Latin, & finissant, il fit encore vne genuflexion au Pape, qui donna la Benediction en cette maniere. Le Diacre s'estant mis à genoux, dit le *Confiteor* tout haut; Le Pape dit en suite *Misereatur Indulgentiam*, &c. aprés quoy il donna la Benediction à toute l'assistance à trois reprises, comme les Evesques. Pour ce qui est de la Paix, le Pape la donna aux Cardinaux Diacres & au Cardinal Prestre son Assistant: en suite le Prestre Assistant l'ayant receuë du Celebrant, la porta au premier Cardinal Evesque, qui la donna à son voisin, & de suite les vns aux autres. Le mesme Assistant la porta de l'autre costé au 1. Cardinal Diacre, & ils se la donnerent successivement les vns aux autres. Il la donna aprés aux Evesques, Prelats, Ambassadeurs: & le Maistre des Ceremonies la porta aux Senateur, Conservateurs, & enfin à quelques personnnes de qualité qui estoient dans la Chapelle. Le Cardinal Prestre Assistant du Pape luy presentoit l'encens pour le benir & le luy donnoit. Le Sousdiacre à l'ordinaire alla encenser les Cardinaux, Evesques, continuant par les Prestres & par les Diacres, leur donnant deux coups d'encens à chacun; & aux autres, tant Evesques que Prelats & Officiers du Pape à chacun vn seul coup, mais fort promptement. La Messe finie, le Pape donna la benediction de dessus son Thrône aprés avoir dit, *Adiutorium*, & le reste.

Voilà ce que j'observay de plusieurs Ceremonies qui s'y passerent dans le plus bel ordre que l'on puisse desirer, nonobstant le grand nombre d'Officiers qui accompagnent le Pape en cette fonction, lequel fit cette ceremonie avec vne grande grauité, meslée de douceur & d'vne grande pieté. On le porta dans sa chaise cette matinée jusques à l'Eglise de sainte Sabine; où il fut accompagné des Cardinaux, de ses parens & Officiers, & des principaux Seigneurs de la Ville de Rome, qui font la Cavalcade. Au soir on fit dans l'Oratoire du *Gran Giesù*, vne exhortation familiere en presence d'vn grand monde; ce qui se pratique tous les Mercredis du Caresme.

Le 3. Mars j'entendis la Predication dans l'Oratoire de S. André *de la Valle*, qui fut suivie d'vne charmante Musique, ce qui se pratique aussi tous les Ieudis de Caresme. En allant du costé de S. Pierre vers le Chasteau S. Ange, on me dit que là estoient les prez de *Cincinatus*, qui de Laboureur fut élevé par les Romains à la Dictature, de laquelle il se démit quelques jours aprés, pour retourner à son labourage.

Là proche sont des restes d'vn Cirque: & vers les rivages du Tybre estoient les prez de *Mutius Scævola*, lesquels le Senat luy donna en recompense du dessein qu'il avoit eu de délivrer sa patrie de la tyrannie de Porsenna Roy des Hetrusques; mais ayant par mesprise tué vn des mignons de ce Roy au lieu de luy, il brûla dans vn feu ardent la main qui avoit failli le coup qu'il avoit si genereusement premedité.

Le 4. Mars j'entendis le matin la Predication qui se fit dans le Palais devant le Pape, les Cardinaux, les Prelats & autres. Cela se pratique tous les Vendredis de Caresme, & sa Sainteté accompagnée des Cardinaux alla en devotion à l'Eglise de S. Pierre: ce qui se pratique aussi tous les Vendredis du mois de Mars.

L'apresdisnée l'on me montra entre la porte de S. Laurens & celle de S. Agnes, vn lieu appellé autrefois *Vivarium*, où l'on conservoit plusieurs animaux farouches destinez, pour le divertissement du Peuple Romain.

Le 5. Mars j'entendis l'apresdinée au *Gran Giesù* la Predication d'vn Pere Iesuite, qui est ordinairement sur le sujet de la sainte Vierge Mere de Dieu : Elle fut precedée de quelques prieres accompagnées des jeux d'orgues. Cette devotion se fait tous les Samedis de l'année, où l'on propose toûjours quelque motif & quelque pratique de la devotion à la sacrée Vierge, que chacun des Peres Iesuites ont soin d'expliquer. Cela se fait avec vne grande edification, & tous les jours de Caresme sont tellement compassez qu'il n'y en a point qui ne soit solemnisé par quelque devotion particuliere ; ce qui entretient beaucoup les Romains dans la pieté. Par la bonne compagnie qui s'y trouve, l'on croiroit que la Ville est plus peuplée qu'elle n'est veritablement, puis qu'il s'en faut plus de la dixiéme partie qu'elle le soit autant qu'elle l'estoit au téps d'Auguste & de Tibere, auquel il y avoit 13. cens milles ames.

Le 6. Mars j'allay le matin dans l'Eglise de S. Pierre, où j'admiray derechef ce superbe edifice, & où je remarquay que les Peres Iesuites Penitentiers de cette Eglise occupoient les Confessionaux pour entendre toutes sortes de Nations en toutes Langues, ce qu'ils faisoient à l'occasion du Iubilé, dont l'on faisoit l'ouverture cette semaine, pour implorer le secours divin contre le Turc ennemy de la Foy. Il me fut dit que les Observantins sont Penitentiers en l'Eglise de S. Iean de Latran, & les Dominicains en l'Eglise de sainte Marie Majeure.

Le mesme jour je conferay avec vn Ecclesiastique Grec sur les ceremonies de leurs Liturgies que je joindray à celles que j'ay remarqueés moy-mesme, qui me suis trouvé à quelques-vnes, dont je rapporteray l'ordre icy en abregé, pour la satisfaction des Curieux, qui en auront dans les Livres vne parfaite connoissance.

Les Grecs donc ont trois manieres de celebrer la sainte Messe, qu'ils appellent Liturgie, & se servent des ceremonies instituées, ou par S. Marc, ou par S. Basile, mais le plus ordinairement de celles de Iean Chrysostome, & pour cet effet le Prestre se revest de ces ornemens : Le premier s'appelle στιχάριον, au lieu d'Aube, les Grecs ne se servant point de toile de lin : Le second ἐπιτραχήλιον, qui est l'Estole, & qui s'appelle ainsi, à cause qu'elle se met tout autour du col : Le troisiéme φελώνιον, au lieu de Chasuble, & est comme vn grand sac en forme ronde, retroussé sur les bras : Le quatriéme ἐπιμανίκια, au lieu de Manipule qu'ils mettent aux deux bras, non pas pendante à la Romaine, mais comme des demy-manches : Le cinquiéme ζώνη, qui est la Ceinture L'ἐπιγονάτιον se met sur les genoux, & n'est porté que par les Prestres élevez en quelque dignité. Le Diacre porte les mesmes ornemens, excepté le φελώνιον, & l'ἐπιγονάτιον, il porte aussi l'Orarium sur les espaules, pour signifier la vistesse des Anges qu'ils doivent avoir pour le Ministere. Le Prestre, & le Diacre estant habillez, préparent sur le petit Autel, qui est à côté du grand Autel, ce qui est necessaire pour le Sacrifice en cette maniere.

Le Prestre coupe vn morceau de pain en quarré, avec la λόγχη, qui veut dire Lance, & avec la mesme Lance, fend ce morceau de pain en croix, sans l'ouvrir tout à fait, & le mettant au milieu de la Patene, dit vne Oraison dessus, le destinant pour la principale partie du Sacrifice en memoire de N. Seigneur. En suite, il coupe vn autre morceau de pain, mais plus petit que le premier, le met sur la Patene au côté droit, qui répond à la main gauche du Prestre, & dit encor quelques prieres, destinât ce morceau en l'honneur de la sainte Vierge. Avec la mesme Lance, il coupe neuf autres petits morceaux de pain, qu'il range trois à trois sur l'autre côté de la Patene, en l'honneur & memoire des neuf Chœurs des Anges, disant toûjours des prieres. Enfin il laisse tomber sur la mesme Patene grand nombre d'autres petits morceaux, & autant qu'il veut, en memoire de ceux pour qui il a intention de prier, & les place les vns sur les autres au bas de la Patene : puis la couvre de *l'Estoile*, qu'ils appellent *asw*. Qui est faite en forme d'vn petit Trepied, qui represente l'Estoile qui parut aux Mages, & sur cette Estoile il met vn petit Voile.

Cela fait, le Prestre verse du vin dans le Calice, & y mesle vn peu d'eau; il le couvre d'vne Paste, & puis étend sur le tour vn grand Voile, qui couvre le Calice d'vn côté & la Patene, descendant en apenti. Enfin le Prestre, pour commencer la Messe monte à l'Autel, fait trois signes de croix, & plusieurs prieres ausquelles le Diacre répond, & que je ne diray point icy, parce que je serois trop long, non plus que les Psaumes que le Chœur chante jusques au Trisagion, qui est ἅγιος ὁ Θεός. ἅγιος ὁ ἰσχυρός. ἅγιος ὁ ἀθάνατος. Et c'est la premiere partie de la Messe à laquelle les Catecumenes pouvoient assister. Vn Clerc ou vn Epistolaire chante l'Epistre. Le Diacre en suite sortant du Sanctuaire par la porte Basilique ou Royale; crie tout haut σοφία, ρθοὶ. & monstrant le Livre de l'Evangile, il le chante à Rome à l'entrée du Chœur, mais en Grece sur un Pupitre élevé. Pendant le Credo, le Prestre fait remuer en tremblant le Voile, pour signifier le profond respect, & la crainte avec laquelle nous devons approcher des choses divines.

En la seconde partie de la Messe, le Prestre descend du grand Autel, & prend le Voile qui est *super oblata*, il le met sur les espaules du Diacre; le Diacre prend la Patene avec le pain, & le Prestre le Calice. Alors ils se tournent tous deux vers le peuple, & disent ces paroles, μετὰ πίστεως, φόβου, ἀγάπης προσέλθετε : En suite ils retournent à l'Autel, le Prestre y pose le Calice, & prend la Patene de la main du Diacre pour la mettre auprés du Calice.

La consecration se fait, le Prestre prononçant bien haut les paroles Sacramentales, ou pour mieux dire les chantant. Il ne fait point d'élévation, mais le Diacre met son bras en croix par deux fois sur la sainte Hostie, aprés quoy il se retire, & dit ces paroles ἅ σοι προσφέρομεν, τὰ σὰ ἐκ τῶν σῶν ἐν παντὶ καιρῷ ᾗ ἀεί. &c. En suite il sort hors du Sanctuaire pour avertir les Fidelles d'approcher dignement du saint Sacrifice.

Pendant le *Pater*, le Diacre prend l'*Orarium*, & le met en croix sur sa poitrine, pour signifier la veneration & l'humilité que le Diacre doit avoir dans son Ministere.

En suite, le Prestre prend de l'eau chaude en petite quantité, qu'il verse dans le Calice aprés la Consecration, ce qui represente premierement le saint Esprit, qui est exprimé par le feu & l'eau: en second lieu la ferveur avec laquelle les Fideles doivent approcher des choses divines, & enfin l'vnion de la Divinité avec l'Humanité.

En la Communion, le Prestre prend vne partie des especes du pain qu'il met dans le Calice, il en donne vne autre partie au Diacre en sa main, qu'il va prendre au bout de l'Autel aprés avoir fait sa preparation; le Prestre en prend vne autre partie, & ce qui reste, il le met tout ensemble dans le Calice.

En suite le Prestre prend le Sang, & le Corps de N. Seigneur tout ensemble dans le Calice, il le donne en suite au Diacre qui en reçoit semblablement vne partie, & qui portant le Calice à la veuë des Fideles, les avertit d'approcher de la Cōmunion avec foy, crainte & charité, ce qu'estant fait, le Prestre communie ceux qui sont disposez, leur donnant avec vne cüeilliere d'or, des deux especes qui sont dans le Calice.

Aprés la Communion, le Diacre Prestre chante, *Amen. Benedictus qui venit in nomine Domini, Ozanna in excelsis*, & le Prestre dit en suite, *Salva Domine populum tuum, & benedic Domine hereditatem tuam.*

Aprés que le Prestre ou le Diacre ont fait tomber ce qu'il y avoit d'especes sur la Patene dans le Calice, le Prestre donne le tout au Diacre, qui le porte au petit Autel, où il acheve la Communion.

C'estoit la coustume ancienne des Fideles de communier aux Messes ausquelles ils estoient presens, mais la charité s'estant refroidie, l'on a introduit la benediction du pain, qui est distribué chez les Grecs aussi bien que dans l'Eglise Romaine en signe de charité, & pour representer l'vnion dont ils doivent estre liez tres-étroitement ensemble.

Voila ce que j'ay pû remarquer des ceremonies que les Grecs observent dans leurs Messes solemnelles, qui sont bien plus longues, & qui contiennent bien plus de choses que celles des Latins. Ils ont pourtant des sens mysterieux de toutes leurs ceremonies; mais qui voudra en sçavoir davantage, pourra les voir officier dans leur Eglise qu'ils ont dans la ruë du peuple, où ils disent la Messe les Festes & Dimanches, & quelquefois aussi les jours ouvrables. Ou bien il pourra voir les Livres qui en ont parlé, comme celuy d'Arcudius, & autres.

Les Grecs qui sont en cette Eglise communient le plus souvent sous les especes du pain azyme, & rarement sous celles du pain levé, suivant la liberté qu'on leur en a accordée dans le Concile de Florence, où l'vnion des Latins avec les Grecs fut maintenuë & conservée. Venons à la suite de nostre voyage.

Le septiéme Mars, j'allay voir le beau *Iardin de Montecavallo*, considerable pour la diversité de ses belles allées, bordées de Myrthes & de Lauriers; pour la multitude des Fontaines qui se trouvent au milieu, & au bout desdites allées, & qui jettent continuellement quantité de filets d'eau: Mais il y en a vne entre les autres que j'admiray particulierement, à cause de son grand & beau bassin de Porphire tout d'vne piece. Ce qui me ravit, & surprit particulierement, ce fut la Grotte qui est au dessous du jardin, où par vn artifice qui me parut tout à fait ingenieux; le mouvement de l'eau fait tourner des roües, qui levant les touches de l'Orgue d'vn côté, les abaisse de l'autre, comme si elles estoient touchées de la main de l'Organiste, & l'eau en tombant se brise, & produit du vent en quantité, qui se poussant par des soûpiraux, est conduit dans les tuyaux des Orgues, & fait vne harmonie tout à fait agreable. Ie ne diray pas qu'elles imitent les Orgues que l'on fait joüer dans les Eglises, mais qu'elles les representent parfaitement, & personne ne peut se vanter d'estre assez subtil pour y mettre quelque difference : Cet ouvrage est de Clement VIII. Par le mesme artifice on fait entendre le chant d'vne grande diversité d'oyseaux, qui mêlé avec le son des Orgues, font vn concert autant charmant aux Oreilles, comme il est agreable par son art. Dans la voûte de la Grotte sont representées diverses histoires de l'ancien Testament; le serpent d'airain élevé au milieu du desert : les miracles que Moyse opera avec sa Verge en la presence de Pharaon, & ailleurs. Proche la Fontaine, la manducation de l'Agneau Paschal, le Chandelier à sept branches, & plusieurs autres choses.

Il fait aussi beau voir le Fontenier, qui de la plate forme en bas fait rejalir mil filets d'eau de la circonference au centre, & du centre à la circonference. Il en fait aussi rejalir du haut des degrez en bas si abondamment, qu'il n'y a personne, si avisé qu'il puisse estre, qui n'y fust moüillé & percé, si le Fontenier vouloit vser de suprise.

En ce jardin l'on voit quelques statuës, comme de Iupiter tonant, d'Apollon qui est moüillé de plusieurs jets d'eau dans vne Fontaine, & autres.

L'on y void vne belle voliere, remplie d'vne

grande quantité de Tourterelles, de Poules, de Paons, de Faisans, & d'autres especes. Les Liévres & les Lapins qui sont en quantité dans le Parc, & qui passent & repassent dans le jardin, ne donnent pas peu de divertissement, particulierement à ceux qui ont passion pour la chasse, où ils croyent estre. Ce jardin est situé sur le Mont Quirinal, où l'air est aussi pur & subtil qu'en aucun endroit de Rome. Il appartenoit à vn Cardinal d'Este, mais depuis il a esté aggrandi & embelli par les soins de plusieurs Papes, depuis le temps qu'ils y ont fait leur sejour. En vn mot les Studieux ont dequoy observer dans ce lieu, & les Curieux dequoy admirer.

Me promenant vers le Colisée, l'on me fit remarquer le lieu où estoit *la Metasudante*, ainsi appellée, à cause d'vne Fontaine qui y estoit, où les Spectateurs des jeux & des combats qui se representoient dans l'Amphitheatre venoient se rafraischir. Il y avoit deux sortes de *Meta* ou bornes, les petites bornoient les terres, & les grandes estoient placées dans les Cirques pour les limites de ceux qui y couroient.

Allant vers l'Arc de *Septimius Severus*, on me fit voir *in Foro Romano*, le lieu où estoit la *Colomne Milliaire* appellée *Aurea*, pource qu'elle estoit de fonte dorée, vis à vis le Temple de Saturne & au milieu de Rome, à laquelle tous les chemins de toutes les parties de la terre aboutissoient, comme de la circonference au centre. L'on y faisoit voir les lieux où on devoit aller, & la quantité de milles qu'il y avoit à faire. Caius Gracchus fut Autheur de cet ouvrage, comme aussi des colomnes Milliaires que l'on trouvoit en chemin faisant, & qui monstroient le nombre des

Milles que l'on avoit fait, & celuy de ceux qui restoient à faire.

Le 8. Mars m'entretenant avec vne personne d'esprit & sçavante dans les Antiquitez de Rome, elle me dit que la *Colomne Belliqne* de porphyre estoit placée devant le Temple de Bellone, de laquelle on lançoit vn dard du costé où l'on devoit declarer la guerre. Elle fut enlevée par Constantin, & portée à Constantinople : Entre plusieurs autres il me fit encore mention d'vne colomne appellée *Lattare in foro Olitorio*, aujourd'huy dit *la place de Montanare*, en laquelle on portoit secretement les enfans bâtards, qui estoient nourris aux despens du public.

Le 9. Mars 1661. en l'Eglise de sainte Marie des Anges, gouvernée par les Chartreux, & pratiquée dans sa plus grande partie dans les voûtes des Thermes de Diocletian, se fit l'ouverture du Iubilé accordé par le Pape Alexandre VII. pour demander l'assistance divine contre le Turc. Et l'on fit defiler de ce lieu des le matin à bonne heure vn grand nombre de Religieux de plusieurs & divers Convents de Rome, qui avoient esté advertis le jour d'auparavant, & qui allerent à sainte Marie Majeure où estoit la Station : Ie diray à peu prés l'ordre qu'ils garderent dans leur marche, estant difficile de le raconter dans la derniere fidelité & exactitude. Ie vis marcher premierement trois communautez de petits enfans orphelins, & à la teste de chacune precedoit vne Croix portée par vn d'entre eux. Suivoient les Mendians en tres-grand nombre, suivant l'Ordre de leur fondation, & à la teste de chacune communauté & mesme de plusieurs estoit portée vne Banniere: en suite les Religieux de S. Benoist

h iij

ces derniers estoient suivis par les Religieux qu'ils appellent *Clerici*, à la teste desquels estoient les Religieux de sainte Geneviefve : Les Collegiates suivoient ces derniers : & puis tous les Curez de la Ville qui marchoient en Corps : en suite les Beneficiers de remarque, les Prelats, les Evesques, les Officiers de la Cour de Rome : & immediatement la famille du Pape, alloient en leur rang les cinq Eglises Patriarchales sous des Banieres qui ont la forme de pavillons qui cachent ceux qui les portent : comme S. Laurens *in Damaso* : sainte Marie in Trastevere : sainte Marie Majeure, S. Pierre & S. Iean de Latran precedée de deux Banieres, pour signifier qu'elle est le chef de l'Eglise d'Orient & d'Occident. Aprés ces Eglises, suivoit la Famille du Pape & ses premiers Officiers, comme Thresorier, Secretaire, Maistre de chambre & autres, marchans devant sa Sainteté, qui avoit fait ses prieres dans l'Eglise des Chartreux en presence de plusieurs Cardinaux qui l'y avoient accompagnée : Sa Sainteté qui ne manque en aucune occasion de donner des tesmoignages de sa pieté, alla à pied des Chartreux jusques à la Station, en donnant de temps en temps sa benediction à ceux qui le jettoient à genoux. Elle estoit suivie de sa chaise revestuë par dedans & par dehors d'vn drap rouge & fort éclatant, & à l'entour du passement d'or, & au dessus vne Estoile d'or : de ses litiers, carosses, & de son écurie, de ses Lanciers & Cuirassiers, & d'autres de sa suite ordinaire. Les Cardinaux suivoient sa Sainteté deux à deux selon l'ordre de leur ancienneté, & pour rendre cette ceremonie plus majestueuse, ils estoient entrecoupez de leurs corteges, meslez d'vn nombre infini, soit de Noblesse, soit de peuple, soit mesme quelquefois de quelques Prelats & Evesques qui les suivoient immediatement pour leur faire honneur. Les Religieux que l'on avoit fait défiler entrerent par vne porte dans l'Eglise de sainte Marie Majeure, où estoit la Station, & en sortirent par l'autre sans s'arrester, mais sa Sainteté y resta & monta sur son Thrône qui luy avoit esté preparé derriere l'Autel : & à ses costez avoit les Cardinaux qui firent ensemble de belles prieres pour demander à Dieu sa protection contre l'Ennemy commun de la Chrestienté : & sa Sainteté en descendant de son Thrône entra dans la Chapelle Pauline pour faire son oraison, comme aussi plusieurs Cardinaux, & le Pape monta en sa chaise, & s'en retourna à son Palais, & les Cardinaux en leurs maisons. Cette ceremonie me parut d'vne tres-grãde edification, & d'autant plus considerable que parmy vn grand nombre de Religieux & vne grande foule de monde, il n'y avoit aucune confusion, mais vn bel ordre, marchans tous à leur rang sans aucun desordre : Chacun admiroit la pieté exemplaire de ce grand Pape, & je fus assez heureux pour estre present à cette ceremonie, & pour estre vn de ses admirateurs.

Ie passay ce mesme jour par l'Eglise de N. Dame du Rachapt, & par celle de sainte Françoise Romaine, *in foro Romano*, à laquelle vn Magistrat donna vn Calice d'argent & quelques torches de cire. Ces sortes de presens qui se pratiquent toutes les bonnes Festes de l'année, ne contribuent pas peu à entretenir l'ornement & l'embellissement des Eglises.

Le 10. Mars conferant avec vn curieux & sçavant dans les antiquitez Romaines, il me dit que le lieu nommé *Rostra*, où autrefois l'on haranguoit le peuple, & où l'on publioit les Loix, estoit situé *in foro Romano*, & qu'il a esté ainsi appellé, parce qu'il fut couvert du métail qui avoit esté pris des proües des navires des Antiates que les Romains avoient pris sur eux dans vne bataille navale que les Hippodromes estoient destinez pour la coarse des chariots à quatre chevaux, ou à deux ; où l'on y representoit aussi des jeux & des spectacles que les Romains voyoient estant aux bâtimens d'alentour : que ceux de Caius & Neron n'estoient pas cloignez du tombeau d'Adrian, quoy que quelques-vns veulent dire qu'ils approchoient plus du *Campo Santo*, que proche le temple de la Paix les Romains avoient vn Arsenal appellé *Armamentarium*, lequel ils destinoient pour mettre l'équipage des vaisseaux : & qu'en vn lieu vers *ripa grande*, où sont à present des jardins : ils en avoient vn autre, dans lequel ils enfermoient toutes sortes d'armes ; qu'ils tiroient aussi pareillement pour aller faire la guerre : que *Gregostasis* estoit vers le Mont Palatin, où est presentement l'Eglise de sainte Marie Liberatrice ; & qu'il estoit dit ainsi, pour ce que les Ambassadeurs de Grece y estoient splendidement traitez en faveur des belles lettres qui florissoient chez eux plus qu'en aucune autre partie du monde.

Le 11. Mars, veille de mon départ, je me disposay pour le voyage de Naples, que la paix concluë alors entre les Roys de France & d'Espagne me donna plus de liberté d'entreprendre, & dont le grand nombre de belles choses qui se trouvent en cette route, caressée autrefois par les Romains sur toutes les autres, me donna vn plaisir pressant & vne passion plus violente.

L'on y peut aller par mer, mais je laissay cette voye, comme tres-incommode & perilleuse, pour aller par terre avec la commodité du Messager, qui part les Mercredis & les Samedis. Il dépend de vous de prendre des Voituriers qui partent à toute heure, ou bien de vous servir de la commodité du carosse. Ie ne prendray pourtant pas encore congé de la ville de Rome ; à mon retour de Naples, j'acheveray de crayonner les restes des beautez & des raretez que j'y ay remarquées.

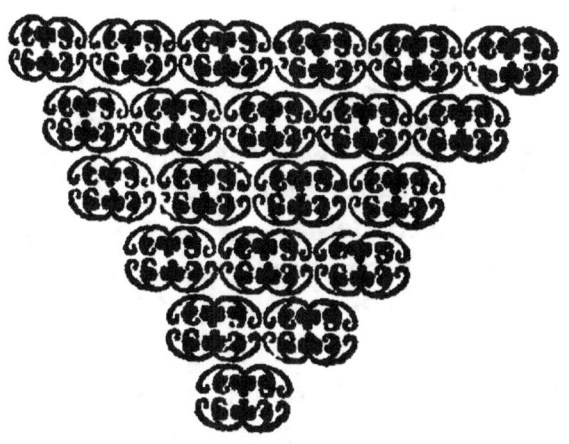

LE CHEMIN DE ROME

à Naples, avec les noms des Villes, Bourgs & Villages, leurs distances & toutes les choses remarquables qui s'y rencontrent, distribuées en Merveilles.

LE 12. Mars 1661. jour de mon départ pour Naples: la mesme personne qui m'asseura que ce voyage estoit penible pour les mauvaises Hostelleries que l'on trouve dans cette route, demeura d'accord que cette peine estoit bien recompensée par plusieurs avantages, & qu'il y a bien dequoy contenter le voyageur curieux, qui oubliera facilement ses fatigues, quand il considerera les restes des Mausolées superbes, des temples magnifiques, & des beaux Palais, quand il verra les chemins commodes, les agreables & fertiles Campagnes. Il est vray qu'il semble que les Romains ayent pris à tasche de faire paroistre de ce costé là leurs magnificences, pour se rendre redoutables aux pays ennemis, par la connoissance que leur en pouvoient donner les Ambassadeurs qui venoient du costé de l'Orient, tesmoins oculaires de ces ouvrages merveilleux. Pour peu de reflexion que l'on y fasse, l'on est tout à fait surpris de tant de prodiges, &

en mesme temps l'on est atteint de douleur, quand on les considere dépoüillez de tous leurs ornemens, dont il ne reste plus aujourd'huy que des ruines; où les Romains voulans laisser à la posterité des marques eternelles de leur grandeur, nous ont donné au contraire vne preuve de la corruption de toutes les choses de la terre, mesme de celles qui sembloient promettre vne durée sans fin. Venons à la suite de mon voyage.

En partant de Rome, je passay par le Colisée que l'on pavoit alors pour la commodité des passans, sous l'Arc de Septimius Severus & de Vespasian & sortant par la porte de S. Iean, dite *Celimontana*, j'entray dans *le chemin Appie*, ainsi appellé, pour ce qu'Appius Claudius en fut l'Autheur qui le pava de grandes pierres de cailloux. Il commençoit depuis l'Arc de Constantin & alloit jusques à Brindes, en passant par le Septizone de Severe, par les Thermes d'Antonin, par la porte Celimontane, Terracine, Fondi & autres lieux. *Caligula* le fit paver en partie de pierres quarrées, *Cesar* l'estendit, mais *Traian* l'acheva & le mit dans vn si bon estat, qu'il merita d'estre appellé le Roy des chemins par dessus les 28. qui estoient pour lors aux issuës de Rome. Pour le rendre plus agreable aux passans, Traian le fit border des deux costez d'vne haye de Lauriers meslée de Lentisques: en vn mot les Romains avoient d'autant plus de soin de l'entretenir, qu'il estoit frequenté plus qu'aucun autre par ceux qui venoient triomphans du costé de l'Orient, aprés des victoires remportées; & par les Romains mesme, qui alloient à Naples, comme en leur maison de campagne.

En sortant la porte Celimontane j'entray dans

vne plaine de 5. à 6. milles de longueur, où à main gauche je remarquay l'Aqueduc de l'*Aqua Felice*, que Sixte V. repara & fit venir dans Rome, proche les restes d'vn autre que je conduisis de veuë durant six milles ou environ, & poursuivant ma route je descouvris à droite des ruines d'vn autre Aqueduc, dont il reste des arcades toutes entieres, quoy qu'il y ait plus de 1600. ans qu'elles sont faites : en sorte que ni le temps qui consume toutes choses, ni la rage des Barbares n'ont pû faire éclipser cet ouvrage, & le cacher aux yeux des hommes, qui n'en sont pas peu surpris.

En avançant je descouvris à main droite Castelgandolphe, & le chemin qui y conduit ; comme aussi à Albane. A gauche, Frescati en vne situation tres-avantageuse, qui presente à la veuë ses beaux Palais, mais sur tout celuy du Prince Bourghese, dont on void les deux colomnes qui sont placées dans la court.

Ayant passé la riviere de Torre à Meza, lieu où est la premiere poste, & distant de Rome de huit milles, l'on entre par de là dans les terres de la maison de Colonna, l'vne des plus illustres de Rome. Au deçà de *Marino*, l'on voit à droite & à gauche des jardins de plaisance, qui ne donnent pas vn petit contentement aux voyageurs. Ils appartiennent au Cardinal Colonna, qui n'épargne rien pour les entretenir en bon estat. Vous voyez dans le chemin la source d'vne belle fontaine, qu'il a fait accommoder pour le rafraischissement des Laboureurs, & pour la commodité des passans. Il y a cette inscription au dessus.

Columna sancta Romana Ecclesia Cardinalis, Marinensium, & Paliani dux, sacri Romani

Imperij Princeps, agrorum cultoribus aquarum venas aperuit.

Auparavant que d'entrer dans *Marino*, le Voyageur est invité de donner vne œillade du costé de Rome, il verra avec plaisir vne partie du pays que l'on appelloit autrefois *Latium*, sçavoir la campagne de Rome, & cette grande & premiere ville de la Chrestienté, qui termine la veuë, & qui luy fait vne perspective tres-agreable.

MARINO.

MARINO est vne petite Ville dans l'Estat Ecclesiastique, à six milles de *Torre à Meza*, & où il a y vne poste. Son entrée me parut agreable par ses maisons jolies qui se sont presentées à ma veuë. Mais ce que j'y ay trouvé de plus charmant, est sa situation ; car il semble que la nature ait pris plaisir à faire vne terrasse qui sert comme d'vn amphiteatre, d'où l'on a vne veuë fort estenduë, & on descouvre d'vn costé la campagne & quelques prairies, & la mer de l'autre. L'on void vne grande place, & l'on y admire vne belle fontaine qui jette ses eaux d'vne maniere fort agreable. Le Cardinal Colonna y fait bâtir vne Eglise qu'il dédiera à S. Thomas de Villeneuve.

Autrefois ce lieu estoit appellé *Villa Mariana*, pour ce que Marius y avoit sa maison de plaisance; mais presentement c'est vn Duché possedé par ceux de la maison de Colonna, qui en font leur sejour le plus ordinaire.

Là auprés estoient à main droite les maisons de

campagne de *Murena*, de *Lucullus* & de *Ciceron*, & aux environs vn peu plus loin estoient les maisons de plaisance *des Portius*, & de plusieurs autres qui avoient choisi cette agreable situation pour en faire leur lieu de divertissement.

En sortant de Marino j'entray en vn pays beau & fertile, où je ne vis pourtant rien qui fust considerable; & apres avoir cheminé quelque temps, j'arrivay à Velletri en l'hostellerie du Paon pour prendre mon repos.

VELLETRI.

VELLETRI est vne ville Episcopale dans l'Estat du Pape, proche de la mer, & a 8. milles de Marino. Les Volsques firent autrefois de ce lieu leur place de retraite, & Tite Live raconte dans son histoire, comme elle fut assiegée par *Ancus Martius* Roy des Romains, qui l'obligea de se rendre. Elle tomba tant de fois dans la rebellion, qu'enfin elle en fut rigoureusement punie, car ses murailles furent abbatuës, & ses Habitans chassez. Les Romains aprés l'avoir repeuplée, en firent vne colonie, & par la loy Sempronia, l'on y enuoya des Habitans pour y demeurer. En suite Claude Cesar en fit vne colonie Militaire en distribuant les terres aux Soldats.

Ce lieu fut fort frequenté par les Ancestres de Cesar Auguste, & luy mesme y avoit vne place de reserve, d'où il faisoit apporter à Rome plusieurs choses necessaires à la vie. Ses environs estoient

& d'Italie.

couvers de palais & de maisons de plaisance des Romains, qui y estoient attirez par le voisinage de Rome, par la situation charmante & par la fertilité du fonds qui produisoit du vin par excellence, dont Pline mesme fait mention.

Le 13. Mars je sortis de Velletri & j'entray en vn pays dont les terres sont si fertiles, qu'elles produisent en abondance toutes sortes de biens; comme Orangers, Oliviers, & des bleds en tres-grande quantité, principalement dans vne plaine qui est à droite, & d'autant plus agreable qu'elle continuë pendant 7. ou 8. milles. A gauche l'on découvre des montagnes, sur l'vne desquelles à 9. milles de Velletri est le Bourg *Gore*, & sur vne autre, *Setia*, autre Bourg de la Chambre Apostolique, & autrefois renommé chez les anciens Poëtes pour la bonté de son vin. Tout proche il y a vne Abbaye bâtie sur le panchant d'vne Montagne, auprés de *Molino*, & aprés avoir passé le ruisseau de Sermonette, j'arrivay à l'hostellerie qui est au bas de la Ville de ce nom, à 13. milles de Velletri.

SERMONETTE.

SERMONETTE est vne ville de l'Estat du Pape, fermée de bonnes murailles, dont l'accés est difficile, pour estre située sur vne haute montagne. Elle est honorée du titre de Duché, duquel relevent plusieurs Bourgs & Villages qui luy donnent vne grande estenduë, & qui appartiennent au Duc Gaëtan.

En sortant de Sermonette je continuay mon chemin dans vn pays plus considerable pour sa fertilité que pour sa beauté. J'arrivay sur le soir à *Priverno Novello*, & en costoyant ses murailles, je descendis à l'hostellerie de la Poste, qui est au bas de la Ville, & à dix Milles de Sermonete.

PRIVERNO NOVELLO.

Priverno novello, est vne Ville presentement appellée *Piperno*. Elle est icy l'Estat Ecclesiastique, & du Domaine de la Chambre Apostolique, entourée de bonnes murailles, & en si belle assiette, que l'on voit de ce lieu les rivages de la mer Mediterranée, quelques Promontoires qui en sont neantmoins éloignez, & le fleuve *Amaseno* qui en arrouse les environs.

Le 14. Mars, je sortis de *Piperno*, & aprés avoir marché vn mille & demy, ou environ, dans des terres fertiles, j'entray dans vn bois qui a vne fort belle estenduë, & qui est de la dépendance de l'Abbaye de *Sforzanuova*, dans laquelle mourut S. Thomas au temps qu'il vouloit partir pour aller au Concile general de Lyon, & laquelle je vis à main gauche à la sortie du bois ; le bastiment m'en parut beau, mais la situation dans vn lieu marescageux en est desagreable.

En continuant ma route, je cheminay tantost
dan

dans vn païs fertile, tantoſt dans vn autre qui eſtoit ſterile, & aprés avoir fait douze Milles, j'arrivay en l'hoſtellerie qui eſt au bas de la Ville de Terracine, où il faut remarquer, que pour la commodité des voyageurs l'on a placé les Auberges au bas des Villes, principalement de celles qui ſont ſituées ſur les montagnes.

TERRACINE.

Terracine fut autrefois habitée par les Volſques, en ſuite par les Romains qui en firent vne colonie, & ſelon le témoignage de Solin, elle fut environnée de la mer dont elle eſt voiſine. Elle fut nommée *Anxur* en langage Grec corrompu, comme ſi l'on diſoit ἀ ξυρῦ ſans raſoir, pour ce que là eſtoit vn lieu baſty par les Sparthes conſacré à l'Enfant Iupiter qui n'avoit jamais fait raſer ſa barbe. Les meſmes Grecs l'ont appellée pareillement τραχυ. du mot τραχυ. aſpre, pource que ſa ſituation qui eſt ſur des rochers & ſur vne montagne, la rend d'vn accés difficile: & depuis par corruption les Latins l'ont nommé *Tarricina*, & les François *Terracine*.

C'eſt vne Ville Epiſcopale de l'Eſtat Eccleſiaſtique, & fermée de murailles, peuplée, mais mal entretenuë par ſes habitans, quoy que le terroir en ſoit fertile & abondant en Limons, Citrons, & Orangers, ſur leſquels vous voyez autant de fruits que de feüilles. Il n'y a rien de ſi agreable que la câpagne du côté de la mer; auſſi eſt-ce pour ce ſujet que les Romains y avoient leurs maiſons de plaiſance, & avoient choiſi ce lieu pour en faire leur sejour de dilices, dont on voit encore les restes en quelques endroits, comme aussi de ce port fameux *qu'Antoninus Pius* repara avec vne dépense incroyable.

Sortant de *Terracine*, je passay par vne porte, où il falut contenter le Maltotier; ce qui arrive assez ordinairement dans le Royaume de Naples. En avançant j'apperceus la grande Mer, que j'avois à main droite; & cheminant sur ses rivages, j'entendois vn grand bruit causé par son mouvement, qui est si violent & si rapide, que rien ne resiste à son impetuosité, n'épargnant pas mesme les rochers qu'elle creuse & qu'elle mine par dessous le chemin, & à main gauche on laisse vne montagne fort roide, & aprés avoir cheminé trois Milles ou environ, l'on quitte les bords de la mer, & l'on passe par la porte appellée *Portello*, & éloignée de quatre Milles de *Terracine*, & qui fait la separation des terres de l'Estat Ecclesiastique d'avec celle du Royaume de Naples. L'on y lit ces paroles sur vne pierre enclavée dans la muraille, *Philippo secundo Rege Catholico regnante, Hospes, hic sunt fines regni Neapolitani, si amicus es, omnia pacata invenies &c* Anno M. D. LXIII.

Entrant dans le Royaume de Naples au delà de cette porte, je commençay à cheminer dans vne plaine que l'on a à droite & à gauche, & qui n'est pas moins agreable pour la Perspective qu'elle represente d'vne verdeur mêlée de differentes couleurs, qu'elle est fertile, produisant en abondance du Froment, des Olives, du Vin, & d'autres grains necessaires pour la vie. L'on marche en seureté dans ce chemin jusques à Capoüe sous la conduite d'vne douzaine de Soldats viennent vous escorter à l'entrée du Royaume, & qui sont gagez du Roy d'Espagne pour cet effet. L'on ne laisse pas neantmoins de leur donner quelque petite gratification, mais qui dépend de la liberalité des Voyageurs.

L'on n'a pas seulement cette seureté, mais aussi la commodité du pavé, qui est vne chose merveilleuse, & qui tient le Voyageur dans vne admiration continuelle de la grandeur des Romains, qui avoient si bien ajusté ce chemin depuis Rome jusques à Capouë, que l'on s'en sert encor presentement. En plusieurs endroits, ils ont applany des vallées, & coupé des montagnes, soit en ostant la terre, soit en coupant les rochers: en vn mot, ils ont rendu cette route si commode, qu'il n'y a personne qui ne soit surpris de voir ces merveilles.

Ce chemin est pavé de grandes pierres de cailloux, vnies, plates, larges & longues, & qui sont toutes au niveau l'vne de l'autre, & est assez large pour donner passage à deux chariots de front. Le milieu en est tres-solide, & est ainsi retenu dans sa fermeté par les bordures d'vn côté & d'autre, qui consistent en vne rangée de pierres moins longues & moins larges que celles du milieu, & que l'on met en terre. Ie remarquay mesme que de dix en dix pas en quelques endroits il y avoit des pierres plus élevées que les autres, pour la plus grande commodité des gens de pied, qui pouvoient s'y ranger quand ils rencontroient des chariots, ou mesme de ceux qui estoient à cheval ou en charette. En quelques lieux, vous voyez d'vn côté & d'autre dans les chemins, que le pavé des bords estoit élevé de deux pieds, afin que les gens de pied ayant vn terrein sec, pûssent cheminer plus commodement. Ce sont encor les restes du pavé que les Romains employerent pour ajuster cette route. Ie m'en servis dans l'espace de deux ou trois milles au delà de Terracine, & cinq ou six milles en deçà, en sorte qu'il me conduisit jusques à Fondi. D'espace en espace vous trouvez de grandes ruines de Palais, de Mausolées, de Temples, & d'vne infinité d'autres bâtimens qui donnent à connoistre que ce chemin estoit autrefois fort frequenté par les Romains. Il a esté pratiqué le plus en droite ligne que l'on a pû, suivant & laissant la mer à main droite, tantôt plus, tantôt moins éloignée. L'on va quelquefois sur son bord, & souvent l'on arreste en des lieux qui en sont tout proches. L'on s'en éloigne quelquefois de quatre milles, de 6. de 8. de 10. ou environ. On l'a bien souvent en veuë, ou quand on ne la void pas, l'on en entend le bruit qui penetre jusques fort loin.

En avançant j'arrivay sous l'escorte de ces Soldats Napolitains, armez de bons mousquetons à Fondi en l'Hostellerie des trois Roys.

FONDI.

FONDI est vne ville du Royaume de Naples à 7. milles de *Portello*, fermée de murailles, fortifiée d'vn Chasteau, & située dans vne plaine du chemin d'Appius. Il y a cent ans ou environ qu'elle fut ravagée par Ariaden Barberousse Capitaine de l'armée du Grand Seigneur, qui emmena ses habitans esclaves en

& d'Italie.

Turquie, & qui fit encore plusieurs autres desordres sur la mer Mediterranée.

Le 15. Mars je sortis de *Fondi*, sous la conduite d'vne escoüade de Soldats Napolitains, bien armez, qui se donnent le change de Ville en Ville jusques à Capouë, pour vous servir de guide, & pour vous garantir des courses des Bandis, que l'on dit estre en ce Royaume en grand nombre. Ie cheminay sur ce pavé bien entretenu pour la commodité des Voyageurs, qui ont sujet de se ressouvenir des Romains, qui leur ont preparé vne route si facile.

Ie remarquay qu'ils ont taillé en quelques endroits des Rochers, coupé des montagnes, rempli les profondeurs & les vallées, & qu'ils ont eslevé des ponts en terrasse, soûtenus de grosses pierres de taille les vnes sur les autres, pour reduire les chemins au niveau de la campagne. L'on reconnoist par là que rien n'estoit impossible aux Romains, & qu'ils n'omettoient rien de leur industrie pour le contentement du public.

Ie passay à *Itri*, qui est vn Bourg à 5. milles de Fondi, & qui n'est considerable que par son Château, qui est d'autant plus fort qu'il est ramassé. En jettant la veuë d'vn costé & d'autre, je descouvris dans les jardins, & mesme en quelques endroits dans la campagne, des Orangers en grand nombre, remarquables par leur hauteur & par l'abondance des fruits qu'ils produisent ; ce qui est vne marque asseurée de la fertilité de la terre abondante en toutes sortes de grains.

En continuant mon chemin j'arrivay à *Mola* à 10. milles d'Itry, en vne Hostellerie qui est sur le bord de la Mer.

MOLA.

MOLA est vn Bourg du Royaume de Naples, autrefois nommé *Fornia*, fameux pour la beauté de ses jardins ; dont la situation est d'autant plus agreable qu'elle est sur le bord de la Mer ; & ce qui est de surprenant, c'est qu'il est dans vn lieu aussi bas que la Mer, sans neantmoins en estre endommagé ; cét element furieux ne sortant point des limites que Dieu luy a prescrites ; ce qui est vne merveille que l'on a toûjours devant les yeux, & sur laquelle on ne fait point de reflexion.

L'on prend vn bâteau à *Mola* pour aller à *Gaete*, qui en est à quatre milles, dont la situation paroist estre sur la Mer, & fait vne perspective qui ne donne pas moins de satisfaction à la veuë qu'elle fait paroistre la Ville dans vne assiette avantageuse. Elle est celebre pour son port, pour sa forteresse, pour estre le lieu de la sepulture du Connestable de Bourbon, & pour y avoir vne Montagne qui se fendit en deux au temps que N. Seigneur souffrit Mort & Passion.

A la sortie de Mola je cheminay sur le rivage de la Mer vn mille ou environ, & me servis de la commodité du beau pavé dans vn espace de cinq ou six milles. Deux milles au delà l'on peut considerer sur le chemin les restes d'vn Aqueduc que l'on dit avoir esté fait pour conduire les eaux dans *Traieto*, Ville qui paroist là auprés sur vne Montagne. L'on y void aussi les ruines comme d'vn Amphitheatre, dont la figure semble avoit esté en ovale, & dont il reste si peu de chose, que l'on ne peut dire certainement si c'estoit vne maison ou quelque autre bâtiment.

Trois milles au delà je passay la riviere du *Garillan*, dans le Bac fameux par le naufrage qu'y fit Pierre de Medicis en allant à la Ville de Gaëte pour la secourir. Ce passage est à onze milles de Mola, & au delà l'on entre dans vne belle & grande prairie, laquelle n'est pas moins considerable dans sa longueur, que dans sa largeur, où je cheminay l'espace d'vne heure avec plaisir, ayant à main-gauche la riviere de garillan, autrefois appellée *Liris*, qui en est proche, & la Mer à droite qui en est plus éloignée, où cette riviere aprés avoir arrousé la prairie & la campagne, & aprés avoir passé par les ruines de la ville de Minturne, vient s'emboucher dans le Golphe de Gaëte vers Nole. A trois milles au delà de cette riviere, l'on passe à *Sesse*.

SESSE

SESSE est vne ville du Royaume de Naples, située sur vne eminence à 14. milles de Mola, dont le Seigneur est vn Duc qui en porte le nom. Quoy qu'elle paroisse assez belle & grande dans son enceinte de murailles, elle est pourtant bien décheuë de son premier estat, & plus considerable pour son antiquité que pour le reste. Ie diray en peu de mots ce que j'en ay appris des Historiens les plus celebres. Les *Pometins* ayans esté chassez de leur patrie par Tarquin l'Ancien Roy des Romains, s'y retirerent, & dés ce temps là fut appellée *Suessa*. Les *Aurunces* pareillement s'y refugierent aprés avoir esté vaincus par *Titus Manlius* Consul, qui donna secours aux *Sidicins* leurs ennemis. Elle fut aussi vne des principales Villes *des Volsques*. Enfin, elle se soûmit aux *Romains*, qui en firent vne Colonie 440. ans aprés la fondation de Rome. Elle a esté affligée de guerres estrangeres & civiles, mais peu à peu elle s'est restablie au temps des Empereurs Romains, Adrian & Antonin ; ce que l'on a remarqué par les inscriptions que l'on y a trouvé.

Ie cheminay ce jour avec beaucoup de plaisir dans vne route belle & droite, tantôt sur le pavé, & tantôt sur la terre, tantôt dans des plaines agreables remplies d'vne grande quantité d'Oliviers, chargez en leur saison dautant de fruits que de feüilles. L'on rencontre de temps en temps des petits ruisseaux qui vont arrousans les campagnes, & qui les fertilisent merveilleusement, dont l'eau est si rapide & si vive, quelle creuse avant dans terre, & se fait à elle-mesme vn canal.

Auparavant que d'arriver dans Cascane, je remarquay vn bon nombre de maisons de plaisance des Habitans de la Ville, qu'ils appellent *Casali di Cascana*, & dont la quantité fait assez connoistre que ce pays est habité. L'on laisse la mer à main droite, mais on ne l'a pas sitost quittée qu'elle se presente à la veuë. L'on en entend le mesme bruit en quelques endroits, semblable à celuy que le vent fait en remuant les arbres d'vne forest. Sur le soir j'arrivay à *Cascane*, lieu où je pris mon repos & mon repas.

CASCANE.

Cascane est vn Bourg du Royaume de Naples, fort peuplé, à seize milles de Mola, comme aussi de Capouë. Ie n'y ay rien veu de considerable, ce qui fait que je passe à d'autres choses.

Le seiziéme Mars je sortis de Cascane, & passay sur vn Pont que Monsieur de Pimantel Viceroy a fait faire pour la commodité du public. On y voit cette inscription en Latin sur vne pierre: *Philippo Tertio Catholico regnante, Pimantel, & Carafa mulier ad vtilitatem publicam pontem hunc fecit anno 1608.*

Ie ne pûs m'empescher d'admirer encor vne fois l'industrie des Romains, qui ont applany ce chemin, à present si facile qu'il n'y a personne, si peu de curiosité qu'il ait, qui ne soit invité de le considerer, & qui en mesme temps ne soit dans l'admiration quand il verra qu'ils transportoient les terres, tailloient les rochers & remplissoient les profondeurs pour faciliter ce chemin au public. De la commodité duquel je me servis & passay sur le Pont qui est sur la Riviere de *Volturne* extrémement profonde, à cause de la rapidité de son eau, & fortifie de ce côté-là la Ville de Capouë, dont je consideray la situation, qui fait à la veuë vne charmante perspective, quoy que ce ne soit aujourd'huy qu'vne figure de l'ancienne Capouë, où j'arrestay pour la considerer avec plus de loisir, & commençay en ce lieu à profiter dans le repas de la bonté du païs, qui produit toutes choses en abondance.

CAPOVE.

Ville tres-ancienne du Royaume de Naples à dix-sept milles de Cascane, autrefois vne des plus grandes du monde & mise en mesme rang que Rome & Carthage; ainsi appellée, ou de la fecondité de sa campagne, ou bien parce qu'elle estoit le chef des douze villes qui estoient dans la Campanie. *Les Opices & les Ausons* en furent premierement les maistres: ensuite *les Osces* qui en ayans esté chassez par *les Cumans*, la reprirent sur eux & l'augmenterent si fort qu'ils la firent la premiere des douze. Elle fut si puissante qu'elle donna de l'inclination & de la jalousie aux Romains, qui l'ayans reduite sous leur Empire, firent tuër les principaux Magistrats qui en composoient le Conseil, deffendirent que d'oresnavant l'on y fist aucune assemblée, ordonnerent que les plus beaux Palais fussent habitez par des Artisans; en vn mot d'vne Republique tres-florissante, elle fut reduite à n'en representer qu'vn phantosme & vne image.

Cajus Cesar dans le temps de son Consulat la ferma de murailles, & y établit *vne Colonie*: & ainsi peu à peu elle s'aggrandit tellement qu'elle devint vne des plus belles villes de l'Europe, & fut soûmise aux Romains jusques à *Genselaris*

Roy des Vandales qui la saccagea. En suite elle fut possedée par *les Ostrogoths* qui en furent chassez par *Narses* Capitaine sous l'Empereur Justinian, qui la rétablit dans sa premiere splendeur; mais en suite elle fut détruite *par les Lombards*, & depuis elle a changé de situation, estant presentement à deux milles delà, où est *la nouvelle Capoüe*. L'on ne sçait qui en est le fondateur, mais l'on conjecture que les habitans de l'ancienne ayant esté chassez par les barbares, ils se sont peu à peu établis en ce lieu, se servans de ses ruines & ne voulant point quitter vne situation si avantageuse, où il semble que la nature s'efforce de donner à l'homme tout ce qui se peut imaginer d'vtile & de commode pour la vie. C'est l'abondance de ce païs qui perdit l'armée d'Annibal, que plusieurs autres n'avoient pû vaincre; car les soldats s'enyvrerent si fort de ses délices, qu'ils se rendirent incapables de combattre.

Ce n'est pas sans raison que Ciceron appelle ce païs, l'image des délices & le domicile de la superbe, dont il accuse les Capoüans par dessus toutes les autres nations; ce qu'il attribuë non seulement à la fertilité du païs, mais aussi au bon air qu'ils respirent & à la nature du lieu qui les rendoit insolens dans leur abondance.

Je ne feray point icy la description de *l'ancienne Capoüe*, mais je diray seulement que de ses ruines l'on peut juger de sa magnificence, car l'on y void encor quelques restes des portes de la ville, de theatres, d'Aqueducs, de temples, de Portiques, de Bains, & de Palais; L'on y admire aussi sous terre des voûtes prodigieuses pour leur longueur & leur hauteur, des reservoirs d'eau & autres bâtimens : parmy les épines des pieces de colomnes de marbre, des pierres d'vne prodigieuse grosseur, & vne infinité d'autres choses qui jettent les spectateurs dans l'admiration, & qui donnent à connoistre que cette *ancienne Capoüé* estoit tres-considerable, dont les débris ont seruy à enrichir la nouvelle qui subsiste aujourd'huy.

Cette nouvelle Capoüé est Archiepiscopale, fortifiée par le fleuve Volturno, par des bons bastions & par son enceinte de murailles. Elle est située dans vne plaine autant fertile qu'aucun autre païs, non seulement de l'Italie, mais de toute l'Europe. Elle produit toutes sortes de grains, de fruits & de vins en si grande quantité, qu'elle en fournit non seulement aux villes voisines, mais aussi à celles qui sont éloignées. Vne mesme terre en mesme temps & en mesme lieu, produit du vin, du bois, des fruits & du froment en abondance, tant son terroir est fecond & fertile.

Sur la porte par où on entre dans la ville du côté de Cascane, l'on y voit representé saint Sebastien en peinture, percée de fléches, & au dessous de ses pieds on lit ces paroles : *Sancte Sebastiane ora pro nobis* : Au dessus ; *Noli timere, quia protector tuus sum.*

Quoy qu'elle soit décheuë tout à fait de sa premiere beauté, on ne laisse pas d'y trouver quelque chose de remarquable : Parmy plusieurs Eglises, comme celles des Capucins, des Iesuites & des Cordeliers; je consideray celles des Dominiquains qui est considerable & dans sa grandeur & dans ses tombeaux fort anciens: comme aussi l'Eglise de l'Annonciade toute environnée de beaux pilastres cannelez, qui sortent hors de la muraille. Son plat-fond est riche dans ses peintures & dorures. Les Chapelles qui sont à l'entour de cette Eglise, sont placées d'vne telle maniere qu'on les découvre d'vne extrémité à l'autre ornées de tres-belles peintures.

La Cathedrale est mediocrement grande, & a plat-fond à compartimens dorez. Parmy plusieurs Palais qui sont dispersez çà & là, je remarquay celuy de l'Archevesque qui surpasse les autres.

La ville me parut bien peuplée, & mesme remplie de Noblesse. Il ne se peut rien de plus honeste & de plus humain que ses habitans, ce que j'ay experimenté moy mesme dans le peu d'heures que j'y demeuray.

LES SEPT
MERVEILLES,

Ie veux dire les sept choses les plus remarquables depuis Rome jusques à Capouë, sont les suivantes.

Rouselet sculp.

Quand j'eus passé la Riviere de Garillan, je commençay à cheminer dans la *Campanie*, Province autant remarquable par son abondance de toutes sortes de biens, qu'elle est considerable par la beauté de ses campagnes habitées. La difficulté que l'on y a à labourer la terre, qui resiste à la charuë, fait qu'on l'appelle, *Terre de labeur*, mais elle produit des biens en si grande affluence qu'à la recolte on est payé de sa peine avec vsure. D'où vient que cette terre est aussi appellée, *Felice*, pour les délices & la fertilité de sa campagne qui paroist particulierement depuis Capouë jusques à Averse, dont la plaine est si feconde que je ne doute pas qu'en ce point l'Arabie heureuse luy doive ceder. Vne mesme terre produit des Meuriers, dont ils prennent les feüilles pour nourrir des vers à soye, & qui sont chargez de vignes qui donnent du vin en abondance & du plus exquis : & au dessous la moisson du bled est fort ample, ensorte que comme je viens de dire, vne mesme terre produit du vin, du bois & du bled : Elle a esté appellée, *Leborua*, ou *Laborina*, pource qu'elle invite l'homme à travailler & à tirer de son sein toutes commoditez : *Campagna stellata*, pource que les Astres la caressent de leurs douces influences ; d'où vient aussi que Ciceron dans l'oraison qu'il a faite de *Lege Agraria*, la qualifie la plus agreable & la plus belle partie du monde. Ainsi il ne faut pas s'étonner si les Romains en prenoient les munitions de bouche, pour entretenir leurs armées, & si ce païs a esté habité par tant de differens peuples, *par les Opices, les Cumans, les Toscans & les Samnites* qui y ont esté attirez par la beauté & la bonté du lieu.

Aprés

Aprés avoir cheminé en cette plaine si fertile, j'arrivay à Averse Ville située à huit milles de Capouë.

AVERSE.

AVerse fut premierement appellée, *Adversa*: Il est dit dans l'histoire que les Normands logerent dans *Atella* Bourg à moitié du chemin de Capouë à Naples, pour empescher l'vnion de ces deux grandes villes, qui se seroient opposées à leurs desseins. C'est vne ville Episcopale du Royaume de Naples, plus longue que large, qui me parut bien peuplée & remplie de gens de bonne mine & mesme de quelques maisons agreables; ce qu'il faut attribuër au voisinage de la Ville de Naples. Les macarons y sont des meilleurs & le vin qu'ils appellent, *il vino asprino*, est des plus délicieux.

Poursuivant ensuite ma route dans vne plaine autant agreable que fertile, je passay à Meliton, terre d'vn Gentil-homme Napolitain, & à la Doüane où l'on arreste pour payer la maletôte.

En avançant je découvris cette grande Ville de Naples, la merveille du monde, qui represente à la veuë la plus charmante perspective que l'on puisse desirer.

Ayant passé par le Bourg remply de Palais les plus superbes, j'entray dans la ville par la porte de Constantinople. Aprés avoir traversé la ruë de Tolede, où la grande foule de peuple que j'y vis me fit juger que la Ville est vne des plus peuplées d'Italie; je descendis en l'Hôtellerie des trois Rois.

LE CHEMIN DE ROME
à Naples, les noms des Villes, Bourgs & Villages, avec la distance des lieux.

DE Rome à la Torre à Meza, huit milles.
De la Torre à Meza à Marino, six milles.
De Marino à Velletri, huit milles.
De Velletri à Sermonette, treize milles.
De Sermonette à Piperno, dix milles.
De Piperno à Terracine, douze milles.
De Terracine à Portello, où est la separation de l'Estat Ecclesiastique & du Royaume de Naples. quatre milles.
De Portello à Fondi, sept milles.
De Fondi à Itry, cinq milles.
d'Itry à Mola, dix milles.
De Mola à Garillan Riviere, onze milles.
De Garillan à Sesse, trois milles.
De Sesse à Cascane, trois milles.
De Cascane à Capoüe, six milles.
De Capoüe à Averse, huit milles.
d'Averse à Naples, huit milles.

De Rome à Naples, cent trente-deux milles.

NAPLES.

LES mesmes *Cumans* qui avoient esté les Fondateurs de cette ville, la ruinerent de peur que par sa puissance & par sa grandeur elle ne s'élevast au dessus de la Ville de Cumes, où s'étant retirez ils furent attaquez d'vne cruelle peste, & en mesme temps furent avertis par l'Oracle, qu'elle ne cesseroit point jusques à ce qu'ils eussent rebâty la ville de *Parthenope*, & qu'ils y honorassent le tombeau de cette Déesse qui y estoit ensevelie, & avoit donné le nom à la ville qu'ils remirent sur pied & fut appellée, *Neapolis*, des mots Grecs νέα, nouvelle, & πόλις, ville. Les vns disent qu'elle fut l'ouvrage de Phalere Roy de Sicile qui y fit mourir tous les estrangers sans en excepter aucun, pas mesme la Sirene *Parthenope*, dont les habitans depuis ont honoré le tombeau, & qu'ils adorent comme vne Déesse, sous la figure d'vn oyseau. D'autres veulent qu'elle fut bâtie par Hercules, d'où elle a esté appellée *le nouveau champ d'Hercules*.

Cela est incertain, mais vne chose tres-certaine est, qu'elle est plus ancienne que la Ville de

Rome, à laquelle elle se soûmit & garda toûjours inviolablement sa foy, en reconnoissance dequoy les Romains non seulement au temps des Consuls, mais mesme des Empereurs, l'ont mise au nombre des villes libres & confederées, & l'ont toûjours cherie par dessus toutes les autres.

Là les jeunes gens venoient de toutes parts pour faire leurs études, là plusieurs abordoient pour y respirer l'air qui y est si doux, & pour passer le reste de leur vie dans la douceur. Là les Empereurs, les Rois, les Princes & de grands Seigneurs du Royaume se sont retirez ne trouvans point vn sejour plus charmant : Là plusieurs grands personnages ont élevé leur Parnasse. *Virgile* y a composé ses Georgiques, comme l'on peut juger par ce qu'il dit dans la fin du quatriéme Livre.

Illo Virgilium me tempore dulcis alebat
Parthenope, studiis florentem ignobilis oti.

Estant mort à Brindes, il voulut qu'on portast son corps en cette ville.

Elle est la Capitale & la Metropolitaine du Royaume, laquelle pour la beauté de sa situation, l'abord de la Noblesse du Royaume, & la multitude de ses Marchands, doit estre mise entre les plus belles d'Italie ; pour la quantité de ses magnifiques Palais, entre les plus superbes ; pour l'excellence de ses peintures, entre les plus rares ; pour la magnificence de ses Eglises, dont le grand nombre n'ôte rien de la splendeur, entre les plus considerables de l'Europe ; pour la beauté de son pavé entre les plus commodes du monde & enfin pour toutes choses, entre les premieres & les plus remarquables, non seulement de l'Italie mais de toute l'Europe.

L'air que l'on y respire, est si doux, que l'on peut dire que l'hyver en est banny, & que l'on y est dans vn printemps continuel, qui paroist dans les jardins au dessus des maisons, remplis pendant toute l'année de toutes sortes de fleurs qui luy donnent le nom d'*olorifero & gentile*.

Que diray-je de sa situation, la plus charmante que l'on puisse souhaiter ? D'vn côté est la pleine Mer qui fait vn objet agreable à la veuë: de l'autre regne vne colline remarquable par sa fertilité & par ses belles maisons, sejour ordinaire de délices de la Noblesse de la ville : A l'extremité est le *Pausilippe* ouvrage merveilleux, qui fait connoistre la grandeur des Romains.

Ie ne parle point de ses fortes tours, de ses murailles, de ses remparts, de ses fossez profonds, ny de ses Châteaux qui la rendent vne des places des plus fortes de l'Europe; ouvrages ou de Charles V. ou de Philippe II. ou mesme des Princes qui les precedoient.

Ie ne fais point aussi de mention de ses antiquitez, des ruines de ses anciens Palais, des Épitaphes, des statuës, des tombeaux, des colomnes de marbre ny d'vne infinité d'autres choses. Ie diray seulement que Naples est le miracle de la nature & de l'art, où l'on possede tout ce que l'on peut s'imaginer d'agreable. C'est la demeure des Nymphes ; la fleur des villes d'Italie, où la Déesse Flora a son thrône : où Neptune triomphe : la Déesse Bellona regne ; le Paradis delicieux d'Italie ; en vn mot pour me servir des termes des Poëtes anciens, où tous les Dieux font leur principal séjour. C'est l'idée generale que j'en donne au lecteur : Décriuons presentement les choses en particulier.

Le 17. Mars, me promenant dans la Ville, qui me fut vn sujet d'admiration, je remarquay la longueur de ses rües, tirées en droite ligne, qui font à la veüe vne perspectiue esloignée, & d'autant plus belle, qu'elle se ramasse entre les maisons esleueés de 6. à 7. estages, de tous côtez, qui s'approchent extrémement & qui donnent de l'ombre en tout temps, qui garantit des chaleurs qui sont tres vehementes en ces quartiers. La rüe de Tolede est vne des plus remarquables, & pour sa longueur, & pour sa largeur. Des deux costés l'on void de beaux Palais, dont la structure par le dehors est magnifique, & les richesses par le dedans tres-somptueuses. Vous voyez aussi par la Ville vne si grande quantité de superbes maisons, qu'en plusieurs endroits elle paroist aux yeux vn Palais continué. Ses Fauxbourgs sont si bien bâtis, que l'on se persuade facilement qu'ils sont au cœur de la Ville, & l'on s'imagine que les Fauxbourgs sont dans la Ville & la Ville dans les Fauxbourgs. C'est vne chose tout à fait agreable de voir l'abondance de ses Fontaines, il n'y a rien de si plaisant & de si commode que son paué bien entretenu de grandes pierres de cailloux plates, longues & larges: C'est vn diuertissement de voir la grande affluence de noblesse & de peuple, dont cette Ville est remplie, qui a bien 6. ou 7. Milles de tour, & dont la meilleure partie est bâtie au long de la Mer, qui a sur son riuage *le Chasteau de l'Oeuf*, qui auance sur elle, ainsi appellé parce qu'en s'élargissant en manière d'Isle, il represente vne figure en ouale. On tient qu'il fut premierement nommé le *Chasteau de Lucule*, & *Megaris*, acause d'vne plante sauuage, ou mesme parce que l'on n'en sort pas aisement quand on y est vne fois entré : comme si on disoit, *la ragua degli presi*. Il fut pareillement appellé, *le Chasteau Normand*, pource que Guillaume III. Normand le bâtit, mais Alphonse I. Roy d'Arragon le repara. Il est presentement gardé par vne garnison Espagnole, auec d'autant plus de soin qu'il commande sur le Port.

Il n'y a rien de si beau & de si ordinaire, que les beaux Palais en cette Ville. Sur celuy des Vrsins, ces paroles sont escrites en latin, *Ferdinandus Vrsinus genere Romanus, Etrulanorum Princeps, sibi suisque & amicis, à fundamentis erexit*. Il n'y a rien de si superbe & de si commun, que les Eglises qui y sont au nombre de plus de troiscent, parmy lesquelles il y en a vne vingtaine, qui sont riches en leurs Peintures, magnifiques dans leur marbre & bien proportionneés dans leur grandeur; Les Dominiquains pour leur part en ont vingt & deux, sans compter les Religieuses du mesme Ordre, qui en ont sept. Les Cordeliers sept, & les Cordelieres neuf, les Iesuites cinq; En vn mot il ny a point de Religieux dispersez en toute l'Italie, qui n'ait vn Convent en cette Ville. Ie parleray en détail des plus belles que j'ay veuës.

Quoi que l'Eglise de Saincte Claire puisse prendre son rang parmy les plus grandes, elle n'est pourtant pas des plus magnifiques. Elle est occupée par quatre cent Religieuses Recoletes, des meilleures maisons du Royaume, & gouuerneé par des Recolets qui y chantent en corps, en disant l'Office. Ils ont leur Maison tout proche de l'Eglise, sur le grand Autel de laquelle qui est avancé en deça de la muraille; où est la grille des Religieuses, il y a vn Tabernacle percé à jour, afinque le celebrant soit veu, & des Religieuses & du Peuple qui est dans la Nef. Auprés de la muraille sont les Tombeaux haut esleuez, des Rois, des Reines & des Enfans de Rois, de la Maison de Duras, de Charles I. Roy de Naples, Comte d'Anjou & Frere du Roy S. Louys. Le Couuent bâti par *Santia*, que quelques vns appellent, *Agnes*, Femme du Roy Robert, est beau & magnifique.

L'Eglise du *Giesu nuovo*, merite d'estre veuë, & passe dans mon esprit, pour vne des plus belles de Naples, soit que l'on considere son Architecture, qui est bien entenduë & encor mieux pratiquée; soit que l'on jette la veuë sur les Peintures, sur les Sculptures & sur les autres richesses qui y sont rares & communes. I'eus sujet d'admirer les Chapelles, qui sont à l'entour de la Nef, ornées des plus exquises Peintures des Maistres les plus fameux, & enrichies de Sculptures en bas reliefs, qui sont autant de chef-dœuvres. Les balustrades de marbre qui regnent au long des Chapelles, & les colomnes de mesme matiere, qui sont sur les Autels, ne leur donnent pas vn petit éclat. Ie ne parle point des piliers de marbre, qui y sont en bon nombre, & du plus beau qu'il se puisse voir, que l'on employe communement en cette Eglise, & qui est de toutes couleurs, blanc, rouge & noir; ce qui contente toute sorte de gousts.

Il ne se peut rien de plus ingenieux, que le dessein du Maistre Autel : ce sera certes vn chef-d'œuvre, quand il sera achevé. Dans ce qui est commencé, ie vis la Vierge soustenuë par des Anges, des colomnes des deux costez, S. Pierre à main droite, & S. Paul à la gauche. I'inuite le curieux de jetter la veuë sur la Coupole qui est au milieu de l'Eglise : Sa situation basse & le beau jour qui y est, descouuriront les exquises Peintures de Lantfranc.

La Sacristie en peut estre appellée, *vn Cabinet de merueilles*, pour les raretez qui s'y trouuent. Elle n'est pas seulement considerable par ses richesses, mais aussi par sa longueur & par sa largeur. Le haut de la muraille à l'entour est encrousté, d'vne menuiserie fort delicate. Au bas sont les armoires remplies des ornemés de l'Eglise. I'admiray dans la voûte, le plat-fond & les excellentes Peintures du mesme Lantfranc, qui s'est signalé en ce lieu par ses ouvrages ; j'entray dans vne autre petite Sacristie, où l'on me fit voir dans les armoires, des Thresors d'argenterie, des chandeliers d'argent en quantité, & d'vne grosseur & grandeur prodigieuse ; deux lampes grandes & profondes si bien travaillées, qu'il n'y a personne qui ne soit surpris quand il verra cét ouvrage; 8. Bustes de Saints d'argent, vn parement d'Autel de mesme matiere, & plusieurs autres richesses, le tout valant soixante mille escus. En vn mot rien de si commun en cette Eglise que le marbre, rien de si magnifique que les Peintures, & rien de si charmant que toute son estenduë, que les peres Iesuites monstrent volontiers aux Estrangers curieux.

Le Monastere des Religieux du mont Olivet, est beau, magnifique & dans la plus belle situation que l'on puisse desirer. Ils y ont huit ou dix Cloistres, dont il y en a trois les vns sur les autres, & au dessus encor trois terrasses. De dessus la plus haute, je consideray la Ville auec plaisir qui represente vne figure en ouale, & dont les Iardins qui sont au dessus des maisons, & que l'on découvre de ce lieu tout à plein, ne satisfont pas peu les curieux.

I'allay aussi voir *l'Eglise de la sainte Trinité*, où estant monté par vn escalier bordé de balustres des deux côtez, le tout d'vn marbre blanc & tres-beau ; j'eus sujet d'admirer la diversité des beautez que l'on y découvre : Elle est occupée par des Religieuses de sainte Claire, qui y sont en grand nombre, & plusieurs des plus illustres maisons du Royaume. Dans sa mediocre grandeur elle est gentille, pour ne pas dire superbe. Le Dome qui est au milieu de cette Eglise, est considerable par son architecture & les peintures : les Chapelles pour leur peu d'espace sont ingenieusement pratiquées, enrichies de colomnes de marbre, & ornées de beaux tableaux : En vn mot il n'y a rien de si brillant & de si poly que cette Eglise, mise en l'estat où elle est par les presens des Religieuses.

Là auprés est l'Eglise de N. Dame des Servites qui peut passer pour gentille, mais qui n'a rien qui merite d'estre remarqué.

Delà j'allay voir les Chartreux, ou aprés avoir franchy la montagne tres-difficile, j'oubliay facilement la peine qui fut recompensée par la veuë d'vn des Monasteres les plus achevés de l'Europe. I'y admiray sur tout quatre choses qui me furent toutes en particulier vn sujet d'étonnement, la situation du lieu, l'Eglise, la Sacristie, & le Monastere.

Il ne se peut rien voir de plus agreable que tout ce lieu, d'où l'on a vne veuë autant charmante que l'on puisse desirer, mais sur tout d'vne petite galerie qui est en forme de balcon, d'où je consideray à droite la Mer dans vne grande étenduë, *l'Isle de Caprée* qui y avance trente milles, celebre par la demeure qu'y fit Tibere pendant quelque temps : *l'Isle d'Ischie* appellée par les anciens *Ænarie*, pareillement à trente milles de Naples, où Ferdinand Roy de Naples se refugia avec sa femme au temps que Charles VIII. Roy de France conquit son Royaume : *l'Isle de Prochyte* vers le Golphe de Puteoles, & vis à vis *le Pausilippe* : *le Golphe de Surrente*, & autres lieux que l'on découvre quand particulierement le temps est serein. A gauche l'on void *la vaste campagne Holaxe & le Mont-Vesuue*, tant fameux dans les histoires. Ie donnay vne œillade sur la grande Ville de Naples ; j'y admiray derechef les jardins sur les maisons où regne vn printemps continuel, & où la Déesse Flora ne quitte point son Thrône toute l'année. Il fait beau voir aussi le jardin des Peres Chartreux remply d'vne grande diversité de fleurs, & d'vne grande varieté de plantes Medecinales : en vn mot il ne se peut rien voir de si charmant que la situation de ce lieu, & je ne croy pas que dans l'Europe il y en ait vne plus avantagtuse.

L'Eglise est vn chef-d'œuvre dans son architecture, & vne merveille pour toutes ses beautez. I'y admiray les exquises peintures de Lantfranc, des Carazzi, de Guide & d'autres Peintres les plus celebres : Les sculptures en sont merveilleusement bien travaillées sur du marbre le plus éclatant que l'on puisse souhaitter. L'or & l'argent y brillent de tous côtez; & je ne croy pas qu'en ce genre l'on puisse rien voir de plus beau.

La beauté de la Sacristie respond parfaitement à la magnificence de l'Eglise. Sa voûte est dorée & enrichie de peintures. Sur le bois qui est du plus poly, & dont elle est encroûtée à l'entour, sont representez en bas reliefs les douze Apostres, ouvrage estimé vn chef-d'œuvre. Sur la porte je remarquay en belles peintures le pretoriat de Pilate & l'escalier que N. Seigneur monta pour paroistre devant luy.

De ce lieu j'entray dans vne autre Sacristie où l'on me fit voir tant de choses si rares que je ne sçavois ce qu'il faloit loüer d'avantage, où la matiere de ces ouvrages, qui est l'or & l'argent, ou l'art avec lequel ils sont travaillez. Parmy plusieurs que l'on m'y monstra en differentes armoires, j'admiray vn Soleil environné de rayons d'argent meslé avec du Corail: des pieces d'Ambre délicatement travaillées: des Chandeliers d'argent massif d'vn grand prix: vne Croix d'argent d'vne grande pesanteur, travaillée en bas reliefs qui est d'vn prix inestimable: des Bustes d'argent de S. Bruno qui tient vne Croix d'argent où sont de ses Reliques, & de celles d'autres Saints: vne espine de la Couronne de N. Seigneur, enchassée dans vn christal enrichy d'or & d'argent, autre chef-d'œuvre: mais ce qui me fut vn plus grand sujet d'amiration, sont les pots à Bouquets & à Fleurs si artistement travaillez, que l'on croiroit facilement qu'ils sont des ouvrages de la nature & non pas de la main de l'Artisan.

La quatriéme chose que je vis en ce lieu, fut le Monastere qui en beauté ne tient pas le dernier rang. La demeure n'en est pas seulement agreable par sa situation, mais aussi par sa commodité. Le logement du Prieur peut estre comparé aux beaux Palais d'Italie, soit que vous consideriez quatre ou cinq belles chambres de plein pied pavées de marbre du plus poly, ornées d'agreables peintures, éclairées d'vn tres-beau jour: soit que l'on fasse reflection sur la veuë que l'on a de ce lieu, qui est tout à fait charmante.

Le Cloître est quarré & d'vne belle longueur, & d'autant plus considerable qu'il est soûtenu de grosses colomnes de marbre blanc & pavé de mesme matiere. Des piliers soûtiennent le balcon qui regne tout à l'entour. En vn mot en ce Convent tout est charmant, tout y est éclatant & je sortis tout à fait content de la beauté de ce lieu: mais sur tout de la civilité des Peres qui monstrent volontiers aux étrangers leurs raretez pour satisfaire à leur curiosité.

Le dix-huictiéme Mars je visitay *la grande Eglise de S. Dominique*, dont la voûte fort élevée est à compartimens dorez & ornée de quelques peintures. Parmy plusieurs Chapelles qui sont à l'entour de l'Eglise, & dont il y en a quelques-vnes bâties en Dome; j'admiray sur tout celle de S. Thomas pour son marbre, sa dorure & ses peintures, que l'on void au dessus de l'Autel, sur la muraille où est representé le Crucifix qui parla à S. Thomas, & vne descente de Croix. Ie consideray aussi vne autre Chapelle qui ne cede à celle-cy qu'en grandeur. Elle est couverte de bas-reliefs de jolies figures, de beaux tableaux & enrichie de marbre de differentes couleurs. L'Autel & le dessus de l'Autel sont d'vn beau marbre de pieces rapportées. Au dessus d'vne porte qui est de bronze au dedans de l'Eglise, est representé S. Thomas avec ces paroles qui luy vót jusqu'à la bouche : *Bene scripsisti de me Thoma*. L'Eglise est remplie de tombeaux élevez de terre, dans leur plus grande partie : mais sur tout la Sacristie, à l'entour de laquelle regne vne maniere de balcon de bois, où sont placez de grands coffres de bois qui enferment les corps d'Alphonse I. de Ferdinand I. & II. du Marquis de Pesquier; d'vn Vrsin & de plusieurs autres, ou Princes ou Seigneurs de remarque.

En ce Convent il y a vne Chapelle, au lieu mesme où a demeuré S. Thomas.

En allant par les ruës je m'arrestay à considerer, *il seggio di Nilo*, ainsi appellé pour vne statuë du Nil qui represente ce fleuve & qui en est proche. C'est vn lieu quarré, dont la voûte est élevée comme en rond ; & contre la muraille je vis Charles Quint representé en peintures, & plusieurs autres personnages. Il est vn des sept qui sont dispersez par la ville, où la Noblesse & les Officiers s'assemblent pour traitter des affaires qui regardent la Police du Royaume, comme aussi dans le *Seggio Capoano* que je vis en passant.

De ce lieu j'allay au *Tourrion des Carmes* ainsi appellé, pour vn Clocher qui y est bâty en espece de Tour ; celebre pour estre le lieu où le peuple Napolitain mutiné retira du Canon pour battre les Galeres du Roy qui estoient au Port, & qui estoit en si grande foule, qu'il remplissoit tout ce quartier, mesme la grande place qui est devant & qu'ils appellent, *il mercato*.

L'Eglise des Religieux Carmes & leur Monastere sont fermez d'vne forte & haute muraille, ce qui avoit peut estre donné occasion à ce peuple rebelle de s'y retirer.

Dans ce marché que l'on pourroit appeller vne campagne pour son étenduë, il y a deux fontaines qui ne luy donnent pas vn petit ornement; vne grande commodité au public & vne gloire immortelle au Comte d'Ognac qui les a mis en l'estat où elles sont.

Le Palais où se rend la Iustice n'a rien d'extraordinaire. Il fut donné & destiné pour cét effet par l'Empereur Charles V. comme il est expliqué par vne inscription qui est sur la porte, sur laquelle pareillement sont representées les armes de ce Roy.

L'Eglise Cathedrale dédiée à S. Ianvier Evesque de Puteoles, Martyr & Patron de la ville, dont le corps est honoré sous le grand Autel, est belle, grande & fort exhaussée; particulierement au dessus du Chœur. Son plat-fond est enrichy de dorures & de peintures, que l'on apperçoit par toute l'Eglise, comme aussi des tombeaux elevez de terre d'vn côté & d'autre. Ce que j'admiray davantage, est la Chapelle de S. Ianvier qui n'est pas moins superbe que celles de Sixte V. & de Paul V. qui sont dans l'Eglise de sainte Marie Majeure à Rome. De quelque côté que l'on jette la veuë, l'on n'apperçoit que bas reliefs & sculptures des plus belles, où vous ne sçavez si vous devez davantage admirer le marbre dont elles sont composées, que l'industrie des Ouvriers, qui les ont travaillées avec tant de délicatesse. Les Peintures sont autant de chef-d'œuvres, où plusieurs figures sont si bien representées qu'il ne leur manque que la parole, qu'elles semblent vouloir proferer.

L'on y void briller l'or de tous côtez : Son pavé est de marbre noir & blanc, du plus beau qu'il se se puisse voir. Il semble que la nature & l'art ayent travaillé à l'envie l'vn de l'autre, pour former vn ouvrage achevé; & je ne croy pas qu'il se puisse rien ajoûter à la beauté de cette Chapelle. La Coupole, je veux dire le Dome, n'est pas seulement considerable pour sa belle architecture, & pour sa dorure qui luy donne beaucoup d'esclat; mais encor plus par ses peintures de grand prix, chef-d'œuvres de Dominiquain.

Sans faire mention de plusieurs bas reliefs qui meritent bien en particulier vne œillade & l'attention des curieux, je parleray seulement des treize statuës de bronze placées dans des niches qui sont autour de la Chapelle, qui representent les treize Patrons de la ville. I'y ay remarqué S. Ianvier derriere l'Autel: S. François de Paule, S. Dominique, S. Thomas & autres.

Derriere le principal Autel, il y en a vn autre qui ne reçoit pas vn petit ornement de six belles colomnes de marbre, entre lesquelles sont placées trois autres statuës de bronze. Là est vn armoire pratiquée dans la muraille, qui est vn Thresor de Reliques les plus rares & les plus pretieuses, enchassées richement ou en or ou en argent; mais celle qui m'a esté vn plus grand sujet d'attention, est le Chef de S. Ianvier & la phiole où est enfermé son pretieux Sang, que l'on m'y monstra tout liquefié, quoy qu'il fust dur & sec auparavant qu'on l'eust approché du Chef, ce qui me fut dit par des François dignes de foy, qui furent presens à cette merveille, que l'on ne peut voir sans faire reflection sur les miracles que Dieu fait en faveur de ses Saints. Sur les deux autres Autels qui sont en cette Chapelle, il y a vn beau quadre de Peintures, accompagnées de quelques colomnes de marbre, qui sont pareillement dispersées çà & là ; & ce qui est encor remarquable, est qu'il y a quatorze armoires travaillées à la Mosaïque, qui enferment les Reliques de plusieurs Saints dans des Buttes, des bras, des jambes & des doigts d'argent. En vn mot cette Chapelle m'a semblé si belle, qu'elle sera vne des sept Merveilles de la Ville de Naples.

Sortons de cette Eglise pour considerer l'Obelisque qui est devant. Son piedestal est de marbre, orné de bas reliefs : Sa hauteur est de soixante pieds ou enuiron. Au haut sont representez quatre Anges, dont l'vn porte vne Mithre ; l'autre vne Croix, le troisiéme des burettes & le quatriéme autre chose. Il a esté erigé en l'honneur de S. Ianvier Protecteur de la Ville, comme il y est marqué au bas. *Divo Ianvario patriæ regnique Tutelari Civitas Neapolitana de se optime merito posuit.*

L'Eglise de S. Paul gouvernée par des Theatins, fut autrefois vn Temple bâti par Auguste, suivant le vœu qu'il avoit fait, en cas qu'il remportât la victoire contre Marc Antoine, & ensuite Tibere le dédia à Castor & Pollux, comme il est marqué au dessus de huit grosses colomnes de marbre en lettres Grecques, que l'on a laissées au frontispice au déhors de cette Eglise pour faire voir son antiquité. Estant monté dans l'Eglise par quelques marches, j'en admiray la grandeur & la beauté. Sa voûte est ornée de compartimens, enrichis de dorures & de Peintures. Parmy plusieurs Chapelles où le marbre, les statuës, les riches Peintures, & l'or ne sont point espargnez, j'arrestay particulierement ma veuë sur celle de la sacrée Vierge, qui est dessus l'Autel tenant le petit Iesus, & qui est accompagnée de plusieurs autres statuës.

Il y a en cette Eglise vne devotion si grande pour le Bien-heureux Caëtan, protecteur de la Ville, que l'on void de tous costez ses murailles couuertes de petits Tableaux d'argent, qui sont des vœux des particuliers, & vn grand nombre de lampes d'argent. La Chapelle qui luy est consacrée en est couuerte du haut en bas, où je compay soixante & neuf lampes d'argent, dont quelques vnes éclairent continuellement, pour faire briller la vertu de ce grand Saint, & pour inuiter les spectateurs à l'admirer & ensemble à l'imiter. Avant que de descendre dans la Chapelle sousterraine qui luy est aussi dédiée, je remarquay au dessus d'vne porte ces paroles en latin, *Supplex descende, voti compos ascendes.* Après auoir descendu quelques marches, j'entray en cette Chapelle, où le corps de ce Saint est honoré, lequel on void en Peintures mort & ensevely,

De l'Eglise j'entray dans la Sacristie, où est vn Thresor de raretez tres pretieuses. Celles qui me frapperent le plus les sens, furent des Chasubles & des Chappes trauaillées à l'aiguille auec vne si grande delicatesse, que l'on se persuade facilement que ce sont des ouurages de Peinture. I'y vis vn grand nombre de paremens d'Autels, dont l'vn est parsemé de Perles, de Rubis, & d'autres pierres rares. Les vns sont couuerts d'or & d'argent & les autres d'vne autre maniere: C'est vne chose bien curieuse que d'y voir l'argenterie, qui est tres riche & tres magnifique. Vn Pere Theatin me monstra auec beaucoup de

LI ij

patience toutes ces richesses, qui certainement ne donnent pas vne petite satisfaction aux curieux.

La Maison des Peres est belle & agreable, par la diversité des fleurs qu'ils font venir avec grande industrie dans toutes les saisons de l'Année.

Au temps que j'estois là, ie vis arriver des Penitens couverts chacun d'vn drap blanc, qui estoient tous pleins de sang qui couloit de leurs espaules, lesquelles ils disciplinoient avec des pointes de fer. Cela fait plus d'horreur qu'il ne donne de devotion.

En allant par les ruës ie vis vne statuë sur vn piedestal du Bien-heureux Gaëtan, erigée par les Napolitains en sa memoire, & remarquay que plusieurs ruës sont tirées en droite ligne auec vne symmetrie si proportionnée, que jettant la veuë d'vne extremité à l'autre, vne charmante perspective se presente à la veuë.

J'entray dans l'Eglise de S. Estienne occupée par des Religieuses de l'Ordre de S. Dominique, & qui ne consiste qu'en vn Dome qui est dans vne belle elevation, enrichi de rares Peintures, orné de bas reliefs tres artistement travaillez & embelly de plusieurs belles colomnes de marbre, qui ne contribuent pas peu à sa beauté. C'est vne des plus jolies Eglises de la Ville de Naples.

Le dixneuviéme Mars jour de S. Ioseph feste des Charpentiers, je me trouvay en l'Eglise dédiée à ce Saint, où la Messe fut chantée avec grande solemnité, pendant laquelle la plus delicieuse musique ne discontinua pas, & elle fut accompagnée de jeux d'orgues & autres instrumens, qui rendoient vne harmonie charmante,

Cette Messe estoit entenduë par les Charpentiers, qui estoient là en habit de ceremonie & en presence d'vn grand concours de peuple & de noblesse. Le Maistre Autel estoit éclairé d'vne grande quantité de cierges allumez, qui donnoient vn lustre merveilleux à l'argenterie qui y estoit.

Les Napolitains m'ont parut de bonne mine & avoir bon visage, avantagez & bien proportionnez dans leurs tailles. Quoy qu'ils ayent grande conformité dans leurs mœurs avec les Romains, il faut neantmoins tomber d'accord, que ces derniers les surpassent pour la franchise & la sincerité qui est bannie des Napolitains, qui n'ont pas mesme tant d'ouverture d'esprit dans la politique que les Romains. Les Dames Napolitaines ont pareillement vne riche taille & ont vn teinct assez beau, si elles ne se fardoient pas si souvent. Leurs habits ont quelque chose de plus galant que ceux des Dames Romaines. Elles ont des cottes froncées, des manches tailladées, elles font relever la manche de leurs chemises au dessus du poignet, & pendre en derriere vn grand Scapulaire. Mais ce qui m'a semblé plus extraordinaire, est leur coiffure. Elles font venir par-devant deux moustaches noüées avec des cordons; & en arriere elles font aller vne partie de leurs cheveux qu'elles cordonnent. Elles paroissent graves en leurs discours & en leur démarche, & vont toûjours plusieurs ensemble, quand elles marchent dans les ruës.

La chaleur est si vehemente en cette Ville, qu'elle a obligé les Viceroys de contribuer de tous leurs soins, & de leurs deniers pour donner du rafraischissement à ses Habitans. Les vns ont fait venir de belles Fontaines ; les autres ont entretenu en bon estat celles qu'ils ont trouuées faites, d'autres enfin y ont fait ajuster les places publiques : En vn mot toutes choses y estoient tellement à souhait, que le monde y venant demeurer, elle s'est trouuée vne des plus grandes & des plus peuplées Villes de l'Europe, & se fust encor aggrandie dauantage, si la politique des Roys d'Espagne ne l'auoit empesché: car leur conseil craignoit que sa grandeur & sa puissance ne fust vne occasion de se rebeller, & que ses habitans ne fussent trop insolens.

La place qui regne des deux côtez du Château, est tout à fait plaisante & sert de Court à la Noblesse de la ville, qui va s'y promener & n'est pas seulement agreable, parce qu'elle s'étend jusques sur le bord de la Mer, dont la veuë fait vne charmante perspective ; mais aussi par ses deux belles fontaines. La premiere faite par le Duc de Medina Viceroy, est la plus belle de la ville : A l'entour de son grand bassin sont 8. Lions de marbre, qui font autant de jets d'eau, & entr'eux plusieurs autres filets. Au milieu il y a vn bassin plus petit, où quatre hommes montez sur quatre Tigres font rejalir autant de fontaines, & entr'eux sont des testes de differens animaux qui donnent leurs eaux d'vne maniere fort agreable. Tout au milieu il y a vne tasse où quatre Chevaux Marins fournissent de l'eau en abondance ; comme aussi vn Neptune par son Trident. Cette fontaine n'est pas seulement vtile à la ville, mais aussi elle donne vn grand ornement à la place, & de la satisfaction aux curieux.

La seconde fontaine qui orne cette place, est de

Kufman Viceroy, où les Dauphins & les Chevaux Marins forment autant de jets d'eau, qu'ils donnent d'vne maniere agreable & en abondance. En montant plus haut à gauche j'en apperceus vne qui jette son eau en si grande quantité, qu'elle forme vne belle cascade, & plusieurs autres qui sont dispersées çà & là par la ville; que je croy pouvoir former vne petite riviere, si elles estoient vnies ensemble.

Du côté de la Mer à l'extremité de la place qui est devant le Palais, il y a vne belle structure de marbre, où je remarquay plusieurs statuës, deux femmes, deux enfans, & au milieu quatre autres soûtenant vn bassin, qui reçoit ses eaux d'vn jet d'eau fort élevé, & d'vn côté & d'autre sont deux statuës qui s'envoient de l'eau l'vne à l'autre. L'eau de la fontaine qui est dans la place devant ce Palais, est receuë dans vn aqueduc, sur lequel d'espace en espace sont des animaux, comme Tygres, Lions & autres, qui se donnent les eaux les vns aux autres.

A l'extremité de cét Aqueduc est vne autre fontaine, dont la structure est de marbre. Vous y voyés vn grand Fleuve representé couché, & deux Esclaves des deux côtés qui jettent de l'eau agreablement & en abondance, comme aussi quelques autres statuës qui ne donnent pas à cette ouvrage vn petit ornement.

En continuant mon chemin le long du rivage de la Mer, je vis encor trois ou quatre fontaines, ornées de beaux ouvrages de marbre tres-artistement travaillées. Tantost vous y voyez des Dauphins, tantost des Chevaux Marins & autres statuës qui font rejalir leurs eaux agreablement en abondance, ce que l'on ne peut considerer

Ll iiij

qu'avec vn singulier plaisir. En avançant j'apperçeus à main droite vn Roc haut élevé, lequel est vn corps de logis où logent les Espagnols, & à main gauche est *le Château de l'Oeuf*, qui est bâty en avançant sur la Mer, où l'on ne peut aller que par le moyen d'vne levée faite de mains d'hommes, dessus laquelle sont deux Pons-Levis qu'ils levent & qu'ils abaissent selon qu'ils en ont besoin. Là est aussi *la Tour de S. Vincent*, bâtie pour la seureté du Port, qui se rendit au Roy Charles VIII. après que la ville se fut reduite sous son obeïssance, & remarquable pour la resistance qu'y firent les François pendant six mois avec vn courage invincible contre l'effort des Napolitains. L'on y enferme presentement les fols, & on leur donne pour compagnie les enfans désobeïssans à leurs parens. Plus loin est le Pausilippe, au dessus duquel sont plusieurs maisons de plaisance.

Le vingtiéme Mars j'allay visiter *l'Eglise de sainte Marie la Neuve*, gouvernée par des Religieux de S. François. Elle est grande & sa voûte est riche dans ses peintures, & magnifique dans ses dorures. Entre plusieurs Chapelles merveilleusement bien ornées, celle des Ducs de Sesse où l'on honore le corps du B. Iacques Religieux de leur Ordre, mort il y a quatre-vingt ans, paroist par dessus toutes les autres. I'y vis sept Autels ornez de peintures & enrichis de dorures; & plusieurs statuës de marbre fort estimées. Les tombeaux de Lautrec, & de Pierre de Navarre sont à l'extremité de la Chapelle que Consalve neveu du grand Consalve leur à fait ériger. Cela est marqué par vn Epitaphe qui y est. Cette Chapelle est ainsi entretenuë par la devotion des particuliers qui la visitent, & les Religieux du Convent y vont souvent en corps y faire leurs prieres.

Le Chasteau-neuf où j'entray est vne des forteresse les plus considerables de l'Europe. Il fut bâty par Charles I. Roy de Naples, Comte d'Anjou & frere de S. Loüis Roy de France. Alphonse I. plus de deux cent ans aprés le fortifia, comme aussi en suite Charles V. & Philippe II. qui y ont mis la derniere main & en ont fait vne place de consequence. Elle a vne grāde étenduë, elle est fermée de hautes murailles, & gardée aux quatre coins de quatre forts Bastions. Il y a doubles fossez d'vne grande largeur & profondeur, & je vis vn grand corps de logis flanqué de grosses Tours, qui la font comme semblable à la Bastille de Paris, de l'vne desquelles je vis la Mer tout proche à main gauche, le mont Vesuve, la Tour de S. Vincent & à droite l'Arsenal & le logement de la Cavalerie & de l'Infenterie du Viceroy. Delà je fus conduit dans le Donjon où est le Palais du Gouverneur, capable de loger vn Roy & toute sa Cour. Il fut autrefois remply de choses tres-rares & d'ameublemens tres-riches, dont il est à present dépoüillé.

En ce Château il y a vne petite Eglise belle dans ses peintures & dorures, & j'y remarquay vne haute porte enrichie de statuës & ornée de bas reliefs fort estimez. Il est gardé par vne forte garnison Espagnole, & garni d'vn grand nombre de Canons que Charles V. prit sur l'Electeur de Saxe dans la bataille de Mulberg; d'vne grande quantité de Casques, de Boucliers, de Lances: en vn mot de toutes sortes d'armes offensives & deffensives, qui peuvent contribuer à la seureté de la place & à la deffense de la ville; de sorte qu'en cas d'attaque elle feroit vne longue resistence.

Le train du Viceroy est magnifique & aussi superbe que celuy des Princes les mieux accompagnez. Il le fait beau voir sortir avec toute sa suite, où ses Gentils-hommes paroissent par dessus tous les autres. Il est gardé dans son Palais par quatre compagnies, tant d'Infanterie que de Cavalerie, composées d'Espagnols, d'Allemans & de Flamans, qui se relevent de garde tous les jours les vnes les autres. Ie les ay veu arriver au Palais en cét ordre. Vne compagnie de Cavalerie de six vingt hommes tous deux à deux & l'épée nuë à la main, marche à la teste d'vne compagnie d'Infanterie, qui fut conduite & laissée au Palais; & la Cavalerie s'en retourna en son quartier au mesme ordre qu'elle avoit marché.

Strabon appelle le lieu où est bâty le Palais du Viceroy, vne Tasse, à cause qu'il en represente la figure. Il est situé dans le quartier de la ville le plus charmant, à l'entour duquel regnent quatre grands corps de logis qui se joignent par le moyen d'vne galerie.

Estant monté par le grand escalier, ouvrage du Comte d'Ognac, que l'on peut dire en ce genre des plus magnifiques de toute l'Italie, j'entray dans vne sale autant remarquable par sa longueur & par sa largeur, qu'elle est estimée pour son architecture. Iusques icy je n'en ay pas veu de plus belle.

De ce lieu j'allay dans vn appartement achevé par le Comte de Pigneranda, à present Viceroy. Aprés avoir passé cinq ou six chambres de plein pied, j'arrivay sur vne terrasse d'où l'on découvre la Mer & la Ville de Naples à main droite qui font vne veuë agreable. Ie paſſay par pluſieurs chambres richement meublées, l'vne deſquelles eſt remplie de beaux tableaux qui repreſentent merveilleuſement bien toutes ſortes de Chaſſes de beſtes fauves. Entre pluſieurs autres ſales, j'en remarquay vne enrichie de peintures, mais qui eſt ſurpaſſée de beaucoup par celle où le Comte d'Ognac a fait peindre tous les Viceroys qui ont gouverné le Royaume de Naples depuis Gonzague, & il s'eſt fait luy meſme repreſenter à ſes pieds; où proche de luy l'on voit des Loups & des Brebis qui boivent enſemble, pour monſtrer qu'il a bien ſçeu par ſon adreſſe & par ſa prudence accorder la Nobleſſe du Royaume avec le peuple, qui ſembloient eſtre dans vne inimitié irreconciliable.

Au temps que j'eſtois dans ce Palais, le Viceroy ſortit de ſa chambre, qui me parut homme de bonne grace & d'vne mine avantageuſe, & qui a donné des marques de ſon eſprit eſtant Plenipotentiaire à Munſter pour le Roy d'Eſpagne. La Nobleſſe qui compoſe ſa Cour, s'eſtoit miſe en haye dans la premiere chambre, dans la ſeconde ſes Officiers, & dans la troiſiéme ſes Gardes & ſes Suiſſes qui eſtoient tous dans le meſme ordre, qu'ils ne rompirent point juſques à ce qu'il fut arrivé dans la Chapelle où j'entray & que j'admiray, non ſeulement pour ſa grandeur, mais encor plus pour ſes magnifiques peintures, dont vne partie repreſente les hiſtoires de l'ancien Teſtament.

Ie ne parle point de la dorure qui ne luy donne pas vn petit éclat, & qui recevroit vn plus grand ornement, d'vn Crucifix d'or & d'vn tableau d'vne excellente peinture qui en ont eſté enlevez par vn Viceroy, que non pas d'vne Vierge de marbre qui y est presentement, quoy qu'elle soit estimée.

En sortant de ce Palais j'y remarquay vn Balcon fait par le Comte d'Ognac, & en tournant à main gauche j'entray dans vne grande place couverte qui sert de jeu de Paume, & où l'on joue ordinairement au balon, & tout proche est l'escurie du Viceroy, autant considerable pour sa longueur, que pour estre remplie des plus beaux coureurs d'Italie.

Ce mesme jour je vis les Eglises de *sainte Marie de la Vie*, gouvernée par des Religieux Carmes, où je ne vis rien qui merite que j'en fasse vne description particuliere; & celle *de la Sapience*, où sont des Religieuses de l'Ordre de S. Dominique. Elle est bien bâtie, belle dans ses dorures & riche dans ses peintures, que l'on apperçoit dans sa voûte, comme aussi à l'entour de l'Eglise. Entre ces peintures j'admiray trois tableaux parfaitement bien faits; vn dessus le maistre Autel, où N. Seigneur est representé disputant dans le Temple à l'âge de douze ans au milieu des Docteurs : vn autre à main droite contre la muraille du Chœur, où est dépeinte l'adoration des trois Rois : & vis à vis encor vn autre, où sont representées les nopces de Cana en Galilée, où N. Seigneur fit le miracle de la multiplication des pains & des poissons, & où il changea l'eau en vin. En sortant je consideray le Portail où le Pape Paul IV. Caraffa est representé, & à ses pieds sont ces paroles en Latin, *Paulus IV. Carafa Maria Carafa frater.* A côté est sa sœur Fondatrice de ce Convent, & à ses pieds ces paroles. *Maria Carafa Pauli IV.*

Pontificis Maximi sorror: Tout au haut il y a encor : *Sapientia ædificavit sibi domum.* Plusieurs belles sentences tirées des Proverbes de Salomon, sont écrites dans l'Eglise, & les choses contenuës dans les paroles exprimées dans les peintures.

L'Eglise *de N. Dame de Constantinople* est vaste, grande, riche & magnifique dans ses dorures & dans ses peintures, & digne de la curiosité des voyageurs : mais encor plus celle *de N. Dame de la Santé*, gouvernée par des Peres Dominiquains. Elle est bâtie en Croix & appuyée de deux rangs de piliers de chaque côté. Ie ne parleray point ny de ses dorures ny de ses peintures, qui ne contribuënt pas peu à sa beauté, & je m'arresteray seulement à descrire la Chapelle qui est derriere le grand Autel, ou l'on arrive après avoir descendu quelques marches. Elle ne respire que pieté & ne peut mesme qu'elle ne l'inspire dans les cœurs les plus endurcis, aussi entretient-elle la devotion de plusieurs bonnes ames qui la viennent visiter souvent. Elle est toute pavée de marbre & peinte autour. Il y a quatorze Autels, dessous lesquels il y a autant de Lampes allumées qui marquent qu'il y a des corps des saints Martyrs. Sur chaque Autel il y a vn quadre de peinture qui represente leur martyre. L'on y honore les Reliques des deux saintes Catherine, des saintes Messeliane, & Marie Magdelaine. Entre les Martyrs j'y remarquay les saints Thimothée & autres. Sous le principal Autel est le corps du Pape Anther & Martyr. Derriere se voit vn ancien portrait de la Vierge, miraculeux : L'on y monstre le sang du B. pere Bernard Religieux Dominiquain, aussi vermeil que s'il sortoit de ses veines : vne grande Croix de cristal enrichie de pierreries. Dans la Sacristie je vis les Bustes d'argent qui enferment des Reliques de Saints & autres richesses, fermées dans des armoires.

Le Convent est de grande étenduë, l'on y void de grands Dortoirs, de vastes Refectoirs, belle & grande Bibliotheque, & aprés avoir bien monté l'on trouve vn beau & grand Cloître en terrasse, & par dessus encore d'autres terrasses, d'où vous descouvrez la ville avec plaisir.

En passant les ruës la curiosité me porta à entrer dans le College qui est vn fort beau bâtiment & qui a trois grandes aîles. Il y a des colomnes autour en dehors, & de la brique entre deux. D'vn côté il y a vn corps de logis fort superbe & beaucoup plus élevé que le reste. En dedans sont deux rangs de gros piliers. D'vn côté il y en a quatre ordres. Si le dessein de ce bâtiment avoit esté achevé selon sa premiere idée, ce seroit vn parfaitement bel ouvrage.

Le vingt-vniéme Mars j'allay visiter l'Eglise de l'Annonciade gouvernée par des Prestres seculiers, & autrefois fameuse par le grand concours de peuple qui y venoit par devotion, ce qui la rendoit opulente. Elle est belle, grande & bien bâtie ; elle a son plat-fond & sa coupole toute dorée & ornée de peintures. Tout au tour sur chaque pilier il y a vne statuë de marbre.

Delà j'allay dans l'Hospital de l'Annonciade qui luy est attaché, & qui me sembla bâty d'vne maniere fort extraordinaire, & fort commode pour y recevoir les pauvres de quelque condition qu'ils soient, ou hommes ou femmes, ou filles ou garçons, qui y sont traitez avec grand soin, & en grand nombre. Outre les autres bâtimens qui y sont, j'y remarquay vne grande galerie où l'on voit des deux côtés des lits placez le long de la muraille, tous separez d'vn mur, & au dessus des deux côtez regne tout du long comme vn Balcon accompagné de Balustres, sur lequel sont des lits où l'on met les malades. Cela me parut fait avec industrie, comme en effet l'on y a pratiqué toutes choses le plus commodement qu'il s'est pû faire pour l'avantage des pauvres que l'on y fait travailler chacun selon sa portée & selon son talent. Ce que j'y admiray davantage est l'ordre de ce lieu, & la propreté de l'Apotiquairerie, qui est fournie de toutes les choses qui peuvent contribuer au soulagement des malades. Cét Hospital donne tous les ans le dot à plus de deux cent filles, comme aussi à quelques autres, mais en plus petit nombre: Cela se pratique en plusieurs autres Eglises.

Ie vis aussi l'Eglise *de S. Pierre in ara*, ainsi appellée à cause d'vn Autel qui s'y voit, où S. Pierre celebra la Messe. Il y est marqué qu'il donna les ordres à S. Aphrem premier Evesque de Naples, & qu'il baptiza sainte Candide qui en fut la premiere Chrestienne.

L'Eglise *des saints Apostres* est grande, & le maistre Autel en est beau, mais j'arrestay ma veuë particulierement sur celuy qui est à gauche, orné de belles colomnes, d'vn Balustre du plus beau marbre qui se puisse voir, & d'vn tableau d'vne rare peinture.

Le Monastere attaché à cette Eglise est vn des plus spacieux & des plus superbes de la ville. I'y vis deux grands corps de logis fort élevez & d'vne grande étenduë, qui a plûtost apparence d'vn Palais pour loger vn Prince, que d'vn Convent pour loger des Religieux. Ils y ont vn jardin où les verdures font paroistre vn printemps continuel, & les beaux Orangers ne luy donnent pas vn petit ornement.

Le Chasteau saint Elme, ou *saint Erme*, donne de la peine à monter, mais cette fatigue est recompensée par la veuë délicieuse dont l'on jouït en ce lieu.

L'on void tout au bas la Ville de Naples: plus loin la Mer Mediterranée & les Isles d'Ischie, de Caprée & autres. Quelques-vnes comme plus éloignées terminent vostre veuë, & l'œil passe par dessus les autres comme plus voisines.

Ce Château est situé sur vn rocher si élevé au dessus de la ville, qu'il commande aux environs, encor plus qu'à Naples: Il est gardé par vne garnison Espagnole: Le Roy Robert premier fils de Charles II. le bâtit il y a trois cent ans ou environ, & en fit vne forteresse de consequence; depuis l'Empereur Charles V. y ajoûta quelques bâtimens, le fortifia de bastions & en fit vne place si importante, qu'il avoit coûtume d'appeller la bride de Naples. En le visitant il ne se peut que l'on n'admire comme il a esté pratiqué & bâty sur le Roc, ce qui n'a point esté fait qu'avec vne peine inconcevable & vne despense incroyable. L'on y void des lieux de bonne défense, des caves soûterraines, des chemins & des dégrez qui y donnent vn facile accés, & aux Hommes & aux Chevaux, qui y portent les provisions necessaires. L'on y void grand nombre d'armes de toutes sortes, des Canons, des Mousquets & autres machines de guerre, qui ne contribuënt pas moins à la garde du lieu, que sa situation qui ne luy donne pas vn petit avantage.

Il

L'on tient que la Ville a six milles de tour, & ses grands Fauxbourgs garnis de Maisons serrées, la font paroistre plus grande. Ils sont au nombre de 7. sçauoir de *Sainte Marie de Lorette, de Saint Antoine de Vienne, de Sainte Marie des Vierges, de Sainte Marie de l'Estoile, de Jesus Maria.* Adjoustez-y *Sainte Marie du Mont, & Chiaïa* qui est le long du riuage de la Mer. Elle est fermée de plusieurs portes, *de Saint Jean en Carbonere, du Marché, de Rialte, Capouane, des Carmes, Saint Gorle, Saint Janvier, de Nole.* Adjoûtez à celles-là, *la Porte Royale, & la Porte Romaine.*

L'Eglise de S. Iean de Dieu de la paix est d'vne belle structure. L'on y voit plusieurs gentillesses trauaillées sur la pierre. Dans l'Eglise de S. Iean de la Carboniere, est la Sepulture du Roy Robert, loüé par tant de grands hommes, comme par Petrarque, Bocace & autres illustres, & celle de Ieanne sa sœur.

Le mesme jour j'allay sur le Port, où je ne vis que cinq ou six Vaisseaux, & autant de Galeres, quoy qu'il en puisse contenir davantage dans sa longueur & dans sa largeur: Le vent Sudest cy deuant faisoit faire quelquefois aux Vaisseaux naufrage au Port mesme, mais il a esté asseuré contre les bourasques de la Mer par vne Digue dont les fondemens furent commencez il y a trois-cens cinquante ans ou enuiron, par Charles II. Roy de Naples de la maison de France, & depuis ce temps là il a esté accrû par Alphonse premier Roy d'Arragon, & mis en l'estat où il est, & si bien entretenu par ses successeurs qu'on le voit aujourd'huy dans sa perfection. Du bord il auance dans la Mer trois-cens

M m

pas où environ en forme d'vn bras plié. Sa largeur est de soixante pieds. Les fondemens en sont profonds & il bâty si solidement qu'il resiste contre les flots de la Mer.

Ce mole est composé de grosses pierres de taille quarreés, si bien lieés ensemble & avec vn si grand artifice qu'il ne se laisse point surmonter par ce furieux élement.

A son extremité il y a vne fontaine que l'on a en veuë. Son bassin est de marbre, de mesme que quatre grandes statuës qui sont à l'entour & qui donnent leurs eaux fort agreablement. Il n'y a personne qui ne fust surpris de voir ainsi en pleine Mer plusieurs jets d'eau douce, si l'on ne sçauoit que l'on la fait conduire par vn Canal soûterrain par le milieu du mole qui vient aboutir à son extremité. Au bout du ply de ce bras il y a vn petit Fort bâty de brique, & gardé par des Espagnols, au milieu duquel est esleveé la statuë de S. Iavier. L'on void aussi sur cette Digue, vn Fanal bâty en rond de brique, & d'vne hauteur fort considerabl, mis en ce lieu pour la seureté des Vaisseaux, que l'on éclaire par ce moyen quand ils arrivent de nuit au Port. De ce lieu l'on découvre avec plaisir toute l'étenduë de la ville qui aboutit de telle maniere dans ses deux extremités, qu'elle represente vn Croissant aprés vne longueur de deux ou trois milles. C'est ce que j'ay pû remarquer en tournant la veuë de dessus ce Mole vers cette mesme ville.

Delà je me transportay dans l'Arsenal, situé proche de la Mer, grand & vaste. Sa largeur est bien de deux cent pas ou environ, & sa longueur est de mesme mesure. Il a esté couvert pour conserver les Vaisseaux & les Galeres que l'on y travaille, & il est partagé en six galeries, toutes bâties en façon de portiques; dans chacun desquelles l'on peut en mesme temps travailler à quatre Galeres fort commodement. J'en vis deux entierement achevées que l'on devoit mettre sur Mer peu de jours aprés.

De ce lieu passant par devant le Palais du Viceroy, j'en admiray la face. L'on y a bâty vne petite galerie couverte, qu'ils appellent en Italie *Corridore*, qui rend dans le Château neuf, & vne autre de l'autre côté pour aller dans l'Arsenal : ce qui a esté pratiqué adroitement pour la seureté du Viceroy en cas de rebellion du peuple contre son authorité.

Pour le soulagement & la satisfaction des voyageurs, je diray en peu de mots & comme en abbregé ce qui se rencontre en cette ville de plus remarquable. Quoy qu'elle ait esté de temps en temps affligée de la peste, & que mesme il y a quatre ans qu'elle ait fait mourir plus de cent mille ames, elle ne laisse pas neantmoins d'estre toûjours fort peuplée, puisque l'on y compte encor presentement plus de quatre cent mille personnes, parmy lesquelles se rencontrent Princes, Marquis, & Barons & autres de toute condition, qui y sont attirez par la douceur de son air, par la fertilité de son terroir & par sa situation charmante. La chaleur y est quelquefois perilleuse pour ses habitans, mais sur tout pour les étrangers qui ne doivent pas y aborder en esté.

Comme la necessité nous ouvre l'esprit & donne de l'invention ; dans le temps qu'ils ont esté attaquez de peste, ils ont imploré l'assistance de plusieurs Saints qu'ils ont choisis pour leurs protecteurs, ausquels en reconnoissance des graces

Mm ij

receuës de Dieu par leur intercession, ils ont élevé des statuës, ou dans les Eglises, ou dans les places publiques. Saint Ianvier est le premier de leurs deffenseurs, qu'ils ont pris au nombre de quatorze.

Les ruës en sont pavées de grandes pierres de cailloux plates, où l'on marche sans peine. Elles m'ont semblé dans leur plus grande partie fort étroites, & les maisons, & l'Palais qui regnent des deux côtez estant élevez de plusieurs étages, donnent de l'ombre en tout temps, & à toute heure; ce qui est tres-commode en esté en cette ville, où la chaleur est cuisante.

Il n'y a rien de si beau & de si commun que les superbes Monasteres, que l'on peut bien appeller des Palais. Il n'y a rien de si ordinaire & de si magnifique que les belles Eglises, accompagnées de Sacristies remplies de richesses. Les Dorures, les Sculptures & les Peintures, ne leur donnent pas vn petit éclat, & sont fort estimées des experts; le grand nombre ne diminuant rien de l'industrie avec laquelle elles sont travaillées.

Elle est située d'vn côté au long de la Mer, & de l'autre regne vne colline couverte de belles maisons & de jardins délicieux, que l'on voit pareillement au dessus des maisons, sur les toits qui sont plats & entourez de balustres remplis toute l'année de toutes sortes de fleurs, qui luy donnent vn odeur si agreable, qu'on l'appelle *odorifero*; titre qu'elle merite par dessus toutes les autres villes d'Italie.

La Ville & les Faux-bourgs sont si beaux & si bien bâtis, que l'on prendroit les Faux-bourgs pour la Ville, & la Ville pour les Faux-bourgs.

Quoy que le Port de ſoy ne ſoit pas avantageuſement placé pour la ſeureté, il a eſté neantmoins fortifié de telle ſorte par l'induſtrie des Napolitains, que l'on n'y craint plus de mauvaiſe fortune.

La proximité du Mont-Veſuve, a cauſé par fois dans la ville quelques tremblemens de terre, & y a envoyé ſes fumées & ſes cendres. L'on admire neantmoins comme le ravage n'en a point eſté plus grand, & il faut dire que ce gouffre infernal a reſpecté ce paradis d'Italie.

Cette ville autrefois a eſté la retraite de pluſieurs grands Genies, qui y reſpirans vn air doux, y ont compoſé pluſieurs beaux & ſçavans livres, & a eſté feconde en beaux eſprits, qui y ont pris naiſſance. I'ay remarqué qu'ils ſont d'vne converſation agreable, laquelle ils accompagnent d'vne gravité Eſpagnole. Ils ſont courageux & zelez pour la Religion Catholique & ont bon eſprit : ce qu'il faut attribuër en partie à la bonté & à la ſubtilité de ſon air. D'ailleurs auſſi il n'y a rien de ſi inconſtant & de ſi changeant, comme ils ont fait paroiſtre dans leurs revoltes.

Cette ville a eſté ſujette à bien des revolutions, & l'on remarque dans l'hiſtoire qu'elle a eſté maiſtriſée par les Lombards, par les Sarrazins, par les Turcs, par les Normans, les Sueves, les François, les Catalans, les Arragonois, les Flamans, ou les Eſpagnols qui en ſont aujourd'huy les maiſtres.

Entre pluſieurs grands perſonnages qui ſont yſſus de cette ville ou du Royaume, il y a eu dix-huit ſouverains Pontifes.

Le premier fut *Boniface V.* qui prit naiſſance dans la ville, & lequel aprés avoir gouverné l'Eglise 5. ans dix-mois, mourut l'année 622.

Le deuxième pareillemét nay dans Naples, fut *Vrbain VI.* qui mourut l'an de salut 1389. après avoir esté assis sur le throne de S. Pierre onze ans six mois & dix-sept jours.

Le troisième est *Boniface IX.* qui succeda à Vrbain VI. & qui mourut l'an 1404. après vn Pontificat de quatorze ans & onze mois.

Le quatriéme est *Iean XXII.* qui succeda à Alexandre V. mais qui fut déposé dans le Concile de Constance, aprés avoir tenu le Siege cinq ans & quinze jours.

Le cinquième fut *Paul IV.* qui mourut l'an 1560. après avoir aussi tenu le saint Siege quatre ans, deux mois & dix sept jours.

Le sixiéme nommé *Concordius Sother*, estoit natif de Fondi Ville située dans le Royaume de Naples. Il mourut l'an 181. ayant gouverné l'Eglise neuf ans, trois mois & vingt & vn jour.

Le septimème fut *Fœlix III.* nay à Benevent l'an 530. & mourut après avoir presidé quatre ans, deux mois & trois jours.

Le huictiéme fut *Honorius I.* nay dans la Campagnie, qui mourut l'an 635. après avoir regné pres de treize ans.

Le neuviéme fut *Vitalian*, qui prit naissance dans Svergne Bourg de l'Abruzze. Il mourut l'an 672. après avoir gouverné l'Eglise quatorze ans, cinq mois & vingt-neuf jours.

Le dixiéme fut *Leon II.* qui nasquit dans la l'Abruzze Vlterieure, & qui mourut l'an 683. aprés avoir regné dix mois.

Le onziéme fut *Iean VII.* nay à Rossane Ville de la Calabre, lequel ayant gouverné l'Eglise pendant deux ans, sept mois & dix-sept jours, mourut l'an 707.

& d'Italie.

Le douziéme Zacharias nay pareillement dans la Calabre, qui presida dix-ans, trois mois & seize jours, & mourut l'an 772.

Le treiziéme fut *Victor III*. natif de Benevent, qui ne regna qu'vn an & quatre mois.

Le quatorziéme fut *Gelase II*. nay à Gaëte, qui mourut au Monastere de Cluny l'an 1119. aprés avoir regné vn an & cinq jours.

Le quinziéme fut *Gregoire VIII*. qui prit naissance en la Ville de Benevent. Il ne tint le Siege qu'vn mois & vingt-sept jours.

Le seiziéme fut *Gregorie IX*. qui nasquit à Capouë, & mourut l'an 1241. aprés avoir presidé quatorze ans, cinq mois & dix jours.

Le dix-septiéme fut *Celestin V*. natif de Sergne Ville Episcopale, dépendante de Capouë. Il se démit de la Papauté le sixiéme mois.

Le dix-huictiéme & le dernier fut *Innocent VII*. natif de Sulmone, qni mourut l'an 1416. aprés avoir regné deux ans & vingt & vn jour.

LES SEPT
MERVEILLES;

Ie veux dire, les sept choses les plus considerables, de la Ville de Naples, sont celles qui s'ensuivent.

Egid. Rousselet sculp.

M'eſtant propoſé dans la deſcription de mon voyage de parler de la maiſon des Princes & de leur Genealogie, comme auſſi des Eſtats qui leur appartiennent à l'occaſion des païs où j'ay paſſé, dont ils ſont maiſtres; je diray icy vn mot de l'vne & de l'autre pour en donner aux curieux vne legere connoiſſance.

GENEALOGIE DES ROYS D'ESPAGNE.

Les Roys d'Eſpagne ſont de la maiſon d'Auſtriche, laquelle tire ſon origine de Rodolfe Comte d'Haſpourg, qui fut éleu Empereur d'Allemagne l'an 1273. Albert ſon fils tint auſſi l'Empire neuf années, & aprés ſa mort l'Empire ſortit de cette famille, & n'y rentra que l'an 1438. par l'élection d'Albert deuxiéme du nom, qui eut pour ſucceſſeur Frederic quatriéme, auquel ſucceda Maximilian premier ſon fils, qui épouſa Marie fille de Charles dernier Duc de Bourgogne, & heritiere des Païs-bas & de Comté de Bourgogne. De ce mariage vint Philippe Archiduc d'Auſtriche, qui fut marié à Ieanne fille & heritiere de Ferdinand Roy d'Eſpagne, & d'Isabelle de Castille. Philippe & Ieanne eurent Charles tige des Roys d'Espagne, & Ferdinand son puisné, d'où sont descendus tous les Princes qui ont tenu l'Empire depuis plus d'vn siecle, jusqu'à l'Empereur qui regne aujourd'huy ; sçavoir Leopold Ignace qui fut éleu l'année 1658.

Charles Archiduc d'Austriche dont je viens de parler, ayant esté créé Empereur l'an 1519. & ayant recüilly les grandes successions des maisons de Bourgogne, d'Arragon & de Castille, porta sa maison au point de grandeur où nous la voyons maintenant ; de laquelle neantmoins il se dépouilla volontairement l'an 1555. & mourut l'an 1558. aprés avoir remis l'Empire à son frere Ferdinand & ses Royaumes à Philippe son fils vnique, qui les posseda jusqu'à l'année 1598. qu'il mourut, les laissant à son fils Philippe troisiéme qui mourut l'an 1621. & eut pour successeur Philippe quatriéme son fils qui regne maintenant, & qui possede vn grand nombre de païs, & de Royaumes dans les quatre parties du monde.

Premieremét dans l'Europe il tient toute l'Espagne, à la reserve du Portugal. Dans l'Italie il est maistre des Royaumes de Naples, de Sicile & de Sardagne, du Duché de Milan & de plusieurs Villes sur les côtes de Toscane & de Gennes ; Enfin il occupe vne partie des Païs-bas, & la Franche Comté. Dans l'Asie il possede les Philippines, dans l'Afrique des Villes vers le détroit de Gibraltar. Enfin dans l'Amerique il est maistre de la plus belle & de la plus grande partie de ce nouveau monde, car il y possede le Perou, la nouvelle Espagne & plusieurs autres païs avec plusieurs Isles.

DU ROYAUME DE NAPLES.

CE païs fut érigé en Royaume environ l'an CIƆ. de N. Seigneur, lorsque les Sarrasins s'en estant emparez, comme aussi de la Sicile, Tancred Prince Normand aidé de ses enfans, les en chassa avec vne vigueur incroyable, & pour les recompenser de leur valeur, on leur donna des Villes dans la Sicile, & dans le Royaume de Naples. Robert fils de Tancred fut le premier Duc de la Poüille & de la Calabre : Depuis Roger fils de Robert fut le premier Roy de Naples & de Sicile, compris en vn seul Royaume, & appellez les deux Siciles. Ce qu'on appelle à present *Royaume de Naples*, estoit alors *la Sicile de deça le Phare*, mais peu de temps après ils furent divisez en deux Royaumes, & eurent chacun leur Roy ; sçavoir celuy de la Poüille, ou de Naples, & l'autre celuy de Sicile. Depuis ce temps-là ces deux Royaumes ont souvent changé de Seigneurs. Les premiers Roys de Naples ont esté les François Normands, en suite les Allemans, les Sueves, les Angevins sous Clement IV. qui en créa Roy Charles I. d'Anjou Arragonois : les François sous Loüis XI. & Charles VIII. & Loüis XII. qui le partagea avec Ferdinand Roy d'Espagne : mais enfin les François le perdirent tout à fait, & les Espagnols s'en rendirent les maistres & le possedent encor à present.

Ce Royaume a pour ses limites au Couchant, les deux Rivieres d'Esence & de Tronte: du côté du Nord la campagne de Rome, la marche d'Ancone & la Mer Adriatique: au Midy la Mer de Toscane, celle de Sicile & le détroit du Phare de Messine: au Levant la Mer Ionique & l'Adriatique.

Ce païs est divisé en douze principautez. Sa longueur est de 400. milles ou environ: Sa largeur de 150. & son circuit de 1200. milles & plus.

Outre vn grand nombre de Noblesse dont il est remply, il y a six vingt-sept Eveschez & 20. Archeveschez. Clement VII. accorda à Charles V. la nomination à seize de ces premiers, & à dix-huit des derniers: ce qui se pratique encor aujourd'huy. C'est la raison pourquoy on les nomme Eveschez ou Archeveschez Royaux. Leurs meubles ou immeubles appartiennent au Pape, quand les Evesques viennent à mourir; & son Nonce en a dix pour cent.

Ce païs abonde en toutes choses; en grains, en vins, en fruits, en Citroniers, en Orangers, en Figuiers & en tout ce qui est vtile à la nourriture de l'homme, tant l'air y est doux & agreable: Il a des mines de toutes sortes de metaux, & il y a des endroits où l'on trouve du marbre, de l'Albastre, des pierres de touche, de l'Aymant. Vne personne me dit avoir veu vne mine de sel, blanc comme neige. Il est arrousé des fleuves *Volturne*, *Garillan*, *Fornello*, & autres. Ie ne parle point de ses lacs, *Lucrin*, *Averne*, *Agnano* & plusieurs autres.

Parmy plusieurs raretez je ne puis taire le petit animal nommé Tarantule, particulierement si venimeux que l'on ne peut guerir de sa morsure que par le son des instrumens.

Ce Royaume rend vn revenu tres-considerable au Roy d'Espagne, & est vn fief qui releve de l'Eglise depuis qu'Vrbain IV. en eut transporté le droit à Charles I. qui en eut l'investiture de Clement IV. à condition qu'il donneroit tous les ans à l'Eglise quarante mil Ducats & vne haquenée blanche, & que ny luy ny ses successeurs ne pourroient avoir aucune pretension sur l'Empire ny sur les Estats de Lombardie & de Toscane. Mais Iules II. ayant remis cette somme à Ferdinand, Leon X. la rétablit en la reduisant à sept mil écus d'or, à cause de la dispense qu'il donna à Charles Quint qui fut en mesme temps & Empereur & Roy de Naples. Ce qui a continué depuis ce temps-là & se pratique encore aujourd'huy; l'Ambassadeur d'Espagne la veille de S. Pierre apportant au Pape vne bourse dans laquelle il y a sept mil écus d'or, & luy faisant present d'vne haquenée blanche.

Le vingt-deuxiéme jour de Mars 1661. je passay par le grand marché, & delà par la porte des Carmes, sur laquelle je jettay vne œillade, & y consideray la statuë de S. François Xavier que les Napolitains ont choisi pour leur protecteur dans les temps de peste: Au dessous sur la mesme porte, sont representez en peintures la sacrée Vierge & le petit IESVS, & plus bas sont ces paroles en langue Italienne, *sia lodato il santissimo Sacramento, concettione santissima della Beata Vergine senza macchia, &c.* an. 1650. Ie sortis de la Ville de Naples, & ayant cheminé environ quatre milles toûjours dans vn beau chemin & sur le bord de la Mer, je tournay à gauche pour aller au *Mont-Vesuve*, au pied duquel estant arrivé je fus obligé de mettre pied à terre, n'estant pas possible d'en approcher autrement. Ce mont est appellé par ceux du païs *le Purgatoire des étrangers*, pour la difficulté qu'il y a d'y parvenir. L'on marche bien prés d'vne demy lieuë autant quelquefois sur les mains que sur les pieds, qui ne sont point asseurez sur le sable tout cendreux, dans lequel vcnant à s'enfoncer le terroir s'écroûle, & ainsi l'on est obligé parfois de reculer & de faire l'écrevice plûtost que d'avancer. Le bruit de cette montagne a si fort éclaté par toute la terre, & est d'vne si grande reputation dans les histoires pour ses effets prodigieux, qui quoy que naturels ne laissent pas de surprendre, parce qu'ils sont rares, c'est pourquoy j'ay crû estre raisonnable de satisfaire à la curiosité des voyageurs, en faisant vne exacte description de ce lieu.

DV MONT-VESVVE.

LE *Mont-Vesuve*, autremét appellé *le Mont-Veseve*, est fameux dans les histoires pour le feu qu'il a jetté & qu'il jette encor de temps en temps. Il est dans la Campanie ou terre de labeur, à quatre milles de la Ville de Naples, & à trois milles de la Mer. Il a esté ainsi nommé par les anciens à cause des étincelles de feu qu'il vomit parfois. Ie consideray de son bord tout en haut cette grande ouverture que l'on pourroit bien appeller *goufre infernal*, qui est au milieu de la montagne, & qui autrefois representoit la forme d'vn amphitheatre, ou celle *d'vn taſſe*; mais dans la verité ces figures ont eſté vn peu alterées, depuis les derniers incendies. Son tour ſelon le raport de ceux du païs, eſt bien de quatre milles, & la largeur de deux, mais ſa profondeur eſt ſi extraordinaire, qu'elle fait croire que ce lieu eſt vn precipice, qui penetre & qui va chercher les entrailles de la terre, ſi bien que la veuë ſe perd à moitié chemin quand l'on y veut regarder. Il n'eſt pas difficile de comprendre commét ce gou-fre s'eſt formé peu à peu, puiſqu'en ces quartiers & en quelques endroits des environs de Naples, l'on trouve dans le terroir des veines de Bitume, d'Alun & de Souffre produites en partie par l'ar-deur du Soleil qui y eſt cuiſante, & en partie par la qualité de la terre qui a vne diſpoſition prochaine à recevoir la chaleur : Or toutes ces matieres eſtant agitées par les vents qui ſont en-clos dans la terre, & qui ſoufflent avec d'autant plus d'impetuoſité, qu'ils ſortent d'vn lieu où ils ſont contraints, pour en aller chercher vn autre plus naturel, & le feu eſtant ainſi allumé, elles cauſent d'abord de grands tremblemens de terre, & enfin eſtant cuites & conſumées, la montagne s'ouvre avec d'autant plus de violence, que la terre qui les couvre, leur reſiſte & en veut empeſ-cher l'effet : & ainſi elle vomit tout ce qu'elle a dans ſes entrailles, & ce qu'elle a digeré & con-ſumé en elle meſme, comme flâmes, feux, fu-mées, cailloux & cendres ; qu'elle a quelquefois porté ſelon le rapport de quelques autheurs, non ſeulement juſques à Rome, mais meſme juſ-ques en Afrique, ou en Egypte. Ce mont eſt le compagnon du mont Æthna qui eſt dans la Sicile & luy eſt tout ſemblable ; excepté que ce

dernier

jette continuellement en tout temps, & a toute heure feu & flammes, ce qui n'arriue que par fois au premier, dont les efforts & les effets sont dautant plus rares, qu'ils sont prodigieux, & dautant plus violens, que les vents qui sont resserrez dans des lieux sousterrains, cherchent leur liberté avec toutes les impetuositez imaginables: Si bien que l'on diroit proprement que ce mont imite la guerre des Geants, que les Poëtes feignent auoir esté foudroyez & abysmez soubs cette mesme Montagne, laquelle semble estre jointe, & leur avoir livré bataille conjointement avec Iupiter & les autres Dieux, en se seruant de ses flammes, de ses pierres, & de ses cailloux en guise d'armes pour les terrasser; laquelle semble aussi quelquefois attirer le Soleil en terre, changer le jour en la nuit, & enfin couurir le Ciel mesme d'vne grande obscurité. Ce lieu estoit froid dans le temps que ie le vis, il me sembla neantmoins jetter par ses trous qui sont à l'entour, de la fumée, ou pour dire plus veritablement, des vapeurs de soufre qui estoient attirées par la force du Soleil, & lesquelles estant jointes avec les broüillards, dont ce lieu est environné dans la plus grande partie de l'Année, empeschent qu'on ne le puisse voir si facilement. Ses extremitez sont pleines de soufre, & de terre toute reduite en cendre. Ceux qui ont eu la curiosité d'y descendre, ont remarqué, que les endroits qui sont les plus exposez, & au Soleil & à la pluye, sont couverts de sapins verdoyans, ce qu'ils ont veu au haut de ce Gouffre, mais non pas au bas, où les grandes roches, les cailloux d'vne horrible grosseur, les poutres, & les branches d'Arbres qui sont tombées, empeschent que la terre n'y puisse rien produire.

Cette Montagne s'éleve au milieu d'vne Campagne fertile, qui produisoit autrefois des fruits merueilleux, & ce bon vin Grec qui passoit pour des plus delicats du pays. Martial dit dans vn Epigramme, qu'elle estoit toute verdoyante de pampres de Vignes, dont elle estoit couverte, regrettant par là l'incendie qui arriua du temps de l'Empereur Vespasian. Ce qui fertilise merveilleusement ses Campagnes voisines, ce sont les cendres qu'elle y jette, & qu'elle y répand, comme aussi les gazons & les motes de terre qu'elle y enuoye, lesquelles estant toutes cuites par le feu, & dilatées par l'eau, engraissent ce terroir autant qu'il se peut ; d'où vient qu'en ce pays ils l'appellent *la Campagne*, & la Montagne mesme, *la Somma*, pour la merveilleuse abondance de vins & de fruits qu'elle produit. A l'égard de son sommet, de memoire d'homme il a toûjours esté sterile, & rempli de cailloux bruslez, & comme mangez par les flammes.

L'on tient qu'il n'y a pas seulement vne ouverture, mais qu'il y en a plusieurs de tous les costez, causées par les mouvemens de terre, qui font sortir le feu de toutes parts. Vne preuve euidente, pour prouver ce que j'auance, est ce qui arriua du temps de Benoist IX. souverain Pontife il y a cinq ou six cent-ans ; car cette Montagne se creva d'vn costé & il en sortit comme vn fleuve de feu, lequel s'écoula jusques à la Mer, de mesme que l'eau d'vne riviere. Quelques-vns mesme assurent, que l'on peut voir encor aujourd'huy l'endroit de la caverne, & la bouche du lieu. D'abondant, l'on peut apprendre par la lecture de l'Histoire Romaine, qu'il y a eu d'autres ouuertures que celle que l'on voit à present, puisque l'on y lit qu'vn nommé Spartacus Gladiateur, qui donna le premier branfle à la guerre des Fugitifs contre les Romains, fe retira fur le Mont Vefuve, dont il fe feruit comme d'vne forterefle contre fes ennemis, où eftant defcendu auec les fiens par le moyen de chaînes jointes les vnes aux autres, par l'ouuerture qui eft au milieu de cette Montagne, ils en fortirent par vne autre caverne, & furprirent l'Armée des Romains laquelle ils défirent entierement, & qui eftoit conduite par Claudius Preteur Romain.

Ie ne feray point mention de plufieurs autres incendies qui font arriuez de temps en temps, ny des defordres qu'ils ont caufez, ny des tremblemens de terre, qui ont fouvent donné de l'épouuente aux habitans des lieux circonuoifins. Ie ne parleray pas mefme de l'embrafement qui n'eft arriué que depuis deux ans, lequel au rapport de gens à ce connoiffans, qui fe trouuerent alors fur les lieux, jetta & porta fes cendres plus d'vne lieüe de hauteur.

Ie m'arrefteray feulement à defcrire celuy qui arriua du temps de l'Empereur Tite Vefpafian, & qui fut fi étendu, que les cendres en furent portées par les vents non feulement iufques à Rome, mais auffi iufques en Afrique, & en Egypte, qu'il cuifit les poiffons dans la Mer, qu'il fuffoqua les oyfeaux dans l'air, qu'il enfevelit dans ces mefmes cendres les Villes de entieres de *Stabia*, *Herculaneo*, & *Pompeo*. Ie n'ay point de difficulté à croire toutes ces chofes, quoy que d'abord elles femblent incroyables, apés avoir consideré ce precipice, & avoir fait reflexion sur la nature du feu, qui estant renfermé dans les entrailles de la terre, & estant allumé par les vents, fait d'estranges efforts pour tendre à son lieu naturel. Que s'il arriue que les mines que l'on fait joüer quelquefois dans les Sieges, & autres places que l'on veut démolir, portent leur débris jusques à vne lieüe & à deux lieües, & si nous conceuons que le Canon peut aller si loin, comme l'on voit par experience, nous devons attendre vn effet bien plus grand de ces feux enfermez dans les entrailles de la terre.

Le jeune Pline rapporte dans vne Epistre qu'il écrit à Corneille Tacite, que Pline son oncle avoit esté étouffé par les fumées du mont-Vesuve, lorsqu'il voulut en approcher trop prés. Du haut de la montagne je jettay vne œillade à l'entour, mais j'arrestay sur tout ma veuë du côté de la Mer que j'avois en perspective, où je descouvris les *Isles de Caprée*, *d'Ischie* & autres : vers la main droite cette belle Ville de Naples, & le Château de l'Oeuf, qui est bâty sur la Mer, & qui est dans le cercle que la Ville represente de ce côté-là ; au dessus de laquelle paroist vne colline qui regne tout du long, couverte de belles maisons & bordée d'agreables jardins remplis de fleurs pendant toute l'année, tant l'air y est doux. En verité je n'ay point veu de situation plus charmante.

Le vingt-troisiéme Mars je sortis de la Ville de Naples, & passay par *la porte Chiaïa*, au haut de laquelle il y a vn statuë de S. François Xavier, protecteur de la ville, qu'elle luy a fait ériger en reconnoissance des graces qu'elle a receuë de Dieu par son intercession. Cela est déclaré par l'écriture qui se lit au dessus, conceuë en ces termes : *Civitas Napolitana grati animi monimentum posuit an.* 1658. De cette porte j'entray dans vne longue & large place, si agreable qu'elle sert de Court à la Noblesse de la ville. A main droite se presentent à vos yeux des jardins remplis de Citroniers & d'Orangers, & à gauche la Mer. En avançant je vis la Chapelle de S. Leonard gouvernée par des Carmes, bâtie dans la Mer, & dont l'extremité vient rendre sur son bord. Aprés avoir quitté cette place & avancé quatre ou cinq cent pas, je commençay de joüir de la commodité du chemin, qui a esté taillé & pratiqué dans le Roc & dans la montagne, avec vne si grande industrie, que l'on ne peut que l'on n'admire cette entreprise, & qu'en mesme temps l'on ne remercie ses autheurs d'avoir avec tant d'adresse & tant de peine, facilité vne route qui conduit à la veuë de choses tres-remarquables, comme je feray voir cy-aprés.

L'on marche dans ce chemin qui va en serpentant trois cent pas ou environ, auparavant que d'arriver au *Pausilippe.* Il a vingt cinq pas de largeur, & des deux côtez l'on a pour murailles le Roc mesme. Or il a falu travailler extraordinairement pour achever cét ouvrage & le mettre en l'estat où il est : parce qu'il auroit paru difficile au dernier point, ou pour mieux dire impossible à toutes autres personnes qu'aux Romains, qui avoient des richesses immenses.

Quoy que ce travail soit vne chose à admirer, ce n'est pourtant rien en comparaison du *Pausilippe*, qui est vne entreprise de geants, non pas d'hommes ordinaires, qui peut passer pour vne

Nn iiij

des merveilles du monde, & qui fait connoistre la grandeur des Romains. Pour moy je n'ay jamais rien veu qui approchast de cét ouvrage.

DV MONT PAVSILIPPE.

LE mont Pausilippe, est ainsi appellé par les Grecs du mot παῦσις repos & λείπειν laisser, voulant dire qu'auparavant la grotte faite, le chemin de Naples à Pozzolo estoit tres-fascheux, & qu'il faloit extrémement fatiguer pour franchir la montagne; soit que l'on la traversast, soit que l'on en prist le détour. Elle a bien de l'étenduë, & elle est d'vne hauteur prodigieuse. Elle paroist en forme de promontoire du côté de la Mer, sur laquelle elle s'avance, & la descente de ce côté-là en est plus aisée qu'en aucun endroit. Pline rapporte qu'elle produisoit autrefois des vins délicieux, & qu'elle estoit couverte de jardins que l'on void encor aujourd'huy remplis de Citroniers, d'Orangers & d'autres sortes de fruits, de qui mesme les fleurs ont vn charme tout particulier.

Pour abreger & pour rendre plus aisé le chemin de Naples à Pozzolo, l'on perça au bas de la montagne vne allée dans le Roc, dont Seneque fait mention dans vne lettre qu'il écrivit à Luculle, il l'appelle *crypta Neapolitana*, & elle est aujourd'huy nommé *la grotte de Naples*. Quelques impertinens ont voulu attribuer cét ouvrage aux enchantemens du Poëte Virgile, dont l'on monstre le tombeau à la bouche de la Grotte du côté de Naples, que l'on m'a dit estre fait en forme ronde par le dehors, & en carré par le dedans. Les autres veulent que Bassus en soit autheur; mais ils se trompent, puis qu'il n'en est faite aucune mention dans les histoires Coccée, ne peut pas aussi se vanter d'estre l'instrument de cette entreprise.

Ie ne puis aussi donner l'honneur de cét ouvrage à Luculle, puisque Strabon n'en fait aucune mention. La montagne qu'il fit couper & dont il est fait mention dans l'histoire, ce ne fut à autre dessein que de faire venir de l'eau du Golphe de la Mer dans son Vivier remply de poissons.

Il faut donc dire que cette Grotte avoit esté commencée par les Cimmeriens, qui estoient des peuples issus de Scythie, & qui firent leur demeure entre Baïes & Cumes prés le lac d'Averne. Ces peuples habitoient en des cavernes soûterraines, & perçoient les montagnes. L'on dit mesme qu'ils ne regardoient jamais le Soleil, & qu'ils ne sortoient point de ces lieux tenebreux que de nuit : mais cette nation ayant esté chassée, les Grecs commencerent à prendre leurs places, & se servirent de ces antres obscurs pour en faire des bains, des étuves, des chemins & autres commoditez, en suite les Romains à l'exemple des Grecs, estans sur tout portez aux belles entreprises, ajusterent tellement cette Grotte que l'on n'y peut rien ajoûter, ny pour l'ornement, ny pour la commodité.

Laissant à part la diversité de toutes ces opinions, je diray que cét ouvrage est vn des plus hardis & des plus merveilleux, je ne diray pas seulement de l'Europe, mais de toute la terre habitable, & qu'il pourroit bien estre mis parmy les sept merveilles. C'est vne allée que l'on a percée au pied de cette haute montagne pour chercher le niveau de la terre, qui est au delà pour n'estre point obligé de la franchir. Elle est longue de 1500. pas ou environ: deux Carrosses peuvent passer commodement de front dans sa largeur. Elle est haute de quatre ou cinq cent pieds dans ses deux entrées opposées, mais au milieu elle n'a de hauteur que vingt pieds ou environ, ce que l'on a fait à dessein, afin que la lumiere venant à entrer par les deux extremitez plus élevées se ramasse au milieu de la Grotte, dans laquelle autrement il seroit difficile d'entrer sans flambeaux, que je conseillerois aux voyageurs de porter s'ils estoient obligez d'y aller de nuit, à cause de la rencontre des Chevaux, des Chariots & des personnes que l'on y peut faire. Le Roc luy sert de muraille & de voûte, sur laquelle il y a des soûpiraux que l'on a pratiquées entre le Rocher, qui vont en descendant, mais qui communiquent si peu de jour, qu'il est quasi imperceptible. En y passant vne clarté me vint frapper les yeux, qui passa comme vne éclair, & reculant en arriere pour voir cette fenestre, il me parut comme vne grande étoile qui rayonnoit au dedans de cette Grotte qui est pavée de grandes pierres de cailloux. Alphonse premier Roy de Naples & d'Arragon, fit faire ces deux fenestres, en fit le chemin plus large, perça le dos de la montagne & facilita l'entrée de cette caverne qui estoit affreuse, à cause des ronces & des épines qui y estoient, en sorte qu'auparavant l'on avoit horreur d'y entrer sans lumiere re. Pierre de Tolede Viceroy sous Charles V. répara & aggrandit magnifiquement cet ouvrage.

Au milieu de ce tombeau des viuans, il y a vne Chapelle de la Vierge creusée dans le Roc, où il y a vne Lampe qui luit continuellement, & dont les rayons peuvent frapper le voyageur pour faire reflection sur la lumiere éternelle. Du milieu de la Grotte les hommes de pied & de cheval qui entrent par les extremitez ne paroissent que comme des pigmées, & d[ans] vn grand éloignement. L'on y est clos & couvert, & l'on ne doit pas craindre d'y estre incommodé, ny de la pluye, ny du vent, ny des autres injures de l'air, mais bien de la poussiere, qui estant remuée par les pieds des chevaux va en l'air, & ne pouvant trouver de sortie par la voûte, retombe sur vous, ce qui est inevitable.

Seneque en écrivant à Luculle, luy témoigne y avoir esté fort incommodé de la poussiere, & il en parle comme d'vne longue prison remplie d'obscuritez & de tenebres. Delà l'on peut tirer vne consequence, que du temps de Neron il n'y venoit aucune lumiere que celle qui y entroit par ces deux extremitez.

Le témoignage de Strabon est tout à fait opposé à celuy de Seneque, puis qu'il asseure qu'il y avoit en cette Grotte plusieurs fenestres qui y communiquoient de la clarté, & qui ont esté bouchées par les tremblemens de terre & par les negligences des Napolitains.

En sortant du Pausilippe j'entray dans vne plaine extremement fertile, tout environnée de montagnes; & en avançant je joüis du beau chemin qui regne tout au long de la Mer, où j'admiray l'industrie avec laquelle il a esté taillé dans le Roc. Il fut commencé par les Romains qui n'oublioient rien des choses qui pouvoient contribuer à la commodité des passans, & qui pour n'estre pas frequenté estoit devenu fort inutile: mais il fut rajusté & entretenu par les soins de Pierre de Tolede Viceroy.

Lorsque j'entray dans ce chemin, je descouvris à main gauche en jettant la veuë vers la Mer, la petite Isle de Lazaret, où l'on met les pestiferez, lieu celebre par la retraitte qu'y fit Monsieur de Guise il y a quelques années, quand il fut obligé de sortir de la Ville de Naples. Ie vis aussi tout proche l'Isle de Nicyte, qui a bien vn mille de circuit ou environ. Au milieu il y a vne Tour qui domine sur la Mer, & du côté de Pozzolo, son terrein me parut haut élevé & comme escarpé. C'est de cette Isle que Neron fit embarquer sa mere Agrippine à dessein de la faire perir dans vn Vaisseau qui se fendit en deux, mais estant eschapée de ce naufrage, il la fit tuër par Anicete vn de ses Capitaines.

Regardant du côté de la ville de Pozzolo, l'on découvre le Promontoire de Misene, ainsi dit d'vn Troyen qui estoit Trompete d'Enée, lieu si fameux, & immortel pour les ouvrages qu'y ont composé plusieurs sçavans personnages. Ie ne parleray pas de Pline qui y a sejourné long-temps & écrit l'histoire des choses naturelles. Il perit en ces quartiers vers Baule par les fumées du Mont-Vesuve qui le suffoquerent. Ie diray seulement que Virgile a choisi ce lieu pour son Parnasse, & y a composé des vers.

Cette Montagne est toute remplie de Grottes & de cavernes, & est creuse quasi par tout, à

& d'Italie.

bien qu'on la peut dire presque suspenduë en l'air. Cela a donné l'occasion à Virgile de nommer ce Mont *Aërien*, comme il paroist par ces Vers de son sixiéme livre de l'Eneide.

Imponit suaque arma, viro remumque, tubãque,
Monte sub aërio, qui nunc Misenus ab illo
Dicitur, aternumque tenet per sæcula nomen.

Là se voyent encor des restes de Bains & de lacs. Là sont aussi des chemins & des bâtimens voûtez, & d'autres appuyez sur des colomnes de pierres cuites. Entre plusieurs Grottes, est *la Draguara* à demy ruinée. L'on dit qu'elle n'a plus qu'vne allée au milieu, qui a quarante pas de longueur & quatre de largeur, où se voyent quatre chambres à côté, les vnes larges de douze pieds, & les autres de dix-huit. Là proche aussi sont les ruines du Palais de Marcus Lucullus, où l'Empereur Tibere mourut selon le rapport de Tacite & de Suetone.

Avant que d'arriver à Pozzolo je consideray les restes d'vne ruë longue de trois ou quatre cent pas, bâtie sur la Mer & proche son bord, & je ne la quittay pas plûtost que j'entray dans la Ville de Pozzolo.

POZZOLO.

L'Empire Romain estant dans sa vigueur, cette côte maritime de la Campanie qui est à l'entour de Cumes, Misene & Pozzolo, fut en si grande reputation à cause de la douceur de son air, de l'agreément de sa situation, de l'abondance de ses bonnes eaux par excellence, & de la fertilité de ses campagnes, que les Romains y estoient attirez pour en faire leur lieu de délices & de plaisirs, & pour y employer vne partie de leurs richesses en bâtimens & jardins de plaisance.

Pour dire la verité, il ne se peut rien voir de si charmant que l'assiette de ce lieu, rien de si beau que son Port, & l'on ne peut voir ny mesme penser rien au monde de plus agreable, que la colline qui commence vers Pozzolo, qui regne le long de la Mer qui en bat le pied, & qui ne recevoit pas vn petit ornement des maisons de plaisance de Ciceron, de Neron, d'Hortense, de Pison, de Marius, de Cesar, de Pompée, de Servilius & d'autres, dont je parleray cy-après en détail. La Mer y est si gratieuse & si temperée, qu'elle peut passer pour vne Riviere, il semble qu'elle se soit rangée exprés en ces quartiers pour recevoir les étrangers. En vn mot toutes choses y sont si riantes, que les Poëtes ont feint avec raison qu'Vlysse s'estoit arresté en ce lieu, où il trouva tant de délices qu'il oublia facilement les peines & les perils qu'il avoit soufferts & qu'il avoit courus.

Pozzolo dite par les Latins, *Puteoli*, est vne Ville ainsi appellée, ou à cause de l'abondance des Puits, ou à cause de la puanteur de souffre qui exhaloit des sources d'eaux. Les Romains y envoyerent pendant quelques années vn Prefet pour la gouverner, & aprés en firent vne colonie; mais à present elle est beaucoup décheuë de son ancienne beauté & grandeur; & elle est dépoüillée de la plus grande partie de ses richesses. Elle est mesme en plusieurs endroits pleine de restes d'anciens bâtimens, qui ont esté détruits, ou par les tremblemens de terre, ou par les gueres qui y ont esté sanglantes ; ou par le temps qui consume tout. Elle fut aussi autrefois vne grande Ville, mais la Mer en a noyé la meilleure partie, & neantmoins quoy qu'elle ait esté souvent agitée des bourasques de la fortune, elle est encor sur pied, & l'on trouve tant au dedans que dehors de cette Ville, des choses qui ne donnent pas vne petite satisfaction aux curieux des antiquitez. En temps de Guerre l'on en feroit vne place d'importance, à cause de sa situation qui est sur vne colline, ou sur vn Rocher de la Mer, ce qui la fortifie beaucoup, comme aussi ses murailles, & vn seul passage étroit avec vn Pont, par lequel on y peut entrer. On y voit encor au milieu de la Ville qui est Episcopale, vn temple ancien d'ouvrage Corinthien dédié par Calphurnius à Auguste, & aujourd'huy par les Chrestiens à S. Procule.

Il estoit bâty si solidement, que ny les Guerres, ny les tremblemens de terre, ny le temps qui vient à bout de toutes choses, ne l'ont pû entierement détruire. A l'entour de Pozzolo on trouve plusieurs Bains qui ont des proprietez admirables, pour guerir toutes sortes de maladies. Ie ne parle point du temple des Nimphes, que la Mer a englouty dans ses eaux : & je passe aussi sous silence l'Amphitheatre, dont on voit encor quelques restes, & les ruines des Aqueducs qui traversoient les Montagnes, ou qui les environnoient. Ie serois trop long-temps à raconter toutes les choses remarquables que l'on admire en ces Cantons.

Après avoir consideré la Ville je montay dans vne petite Barque accompagné d'vn Antiquaire qui a coûtume d'aider les étrangers dans la curiosité qu'ils ont de voir les antiquitez de ce païs, & fit provision de méches & de bougie pour me conduire dans les lieux obscurs, dont je parleray cy-aprés. Ie ne commençay pas plûtost à voguer sur la Mer que j'admiray les restes du Pont que Caligula fit faire pour aller par Mer, de Pozzole à Baïes, Ville qui en est éloignée de 4. milles. Cette entreprise estoit digne d'vn Empereur Romain, & c'est vne chose quasi incroyable à ceux qui ne l'ont point veuë. Il y fut invité par vne prédiction qui luy fut faite, qu'il seroit Empereur lors qu'il iroit à cheval sur la Mer. Ses piliers sont de pierres de tailes, & ses Arches de brique & de pierres cuites. Il estoit d'vne bonne largeur, mais bas : ce que l'on avoit fait exprés pour trouver le niveau des bâteaux qui estoient dans le milieu du Pont. Plusieurs Arches avançoient dans la Mer des deux côtez. L'on voit encor vers Pozzolo vingt-quatre piliers qui sortent de la Mer en façon de Tours quarrées, & vers la Ville de Baïes on en void quelques ruines à fleur d'eau. Suetone remarque que ce Pont estant achevé Caligula y passa & repassa plusieurs fois, tantost à Cheval, tantost en Chariot, accompagné de soldats Pretoriens & de ses amis. L'on ne pouvoit pas considerer cét ouvrege sans étonnement, & ce qui en reste fait connoistre qu'il n'est pas seulement merveilleux pour estre bâty sur la Mer, mais encor pour sa belle structure & la solidité du bâtiment.

Estant vn peu plus avancé sur la Mer, je jettay la veuë à main droite sur la Ville de Pozzole

& d'Italie.

dont j'admiray la situation, entre laquelle & le lac d'Auerne regne sur le rivage de la Mer vne petite plaine sur vne colline, dont la longueur est bien de cinq cens-pas ou environ mais plus étroite, à cause quelle est resserrée des Montagnes. En ce lieu estoit la Maison de campagne de Ciceron où il auoit basti vne longue galerie dans laquelle se promenant il discouroit de l'éloquence, & pour cela il l'appella *Academie* à l'imitation des Atheniens. Les liures qu'il composa en ce lieu sont appellés, *Les questions Academiques*. Il l'orna de belles Sculptures, & de Peintures tres exquises & d'autres raretez qu'Atticus luy avoit enuoyées de Grece. En vn mot il en fit vne maison si charmante qu'il y faisoit son sejour non seulement au temps de paix, mais encor plus ordinairement dans les temps fâcheux de la Republique.

Il y fut visité & consulté par Cajus Cesar aprés qu'il eut remporté la Victoire durant la guerre Ciuile, par Octauius Cesar & autres Romains des plus qualifiez.

En vn pré qui n'est pas éloigné de ce lieu l'on trouue des sources d'eau chaude dans vne cauerne qui est sous terre au pied d'vne Montagne, laquelle est d'vne nature non moins surprenante que ses effets en sont merueilleux. Outre qu'elle a la vertu de guerir le mal d'yeux, & de fortifier la veuë; elle s'abaisse & s'éleue reglement iour & nuit à l'imitation du flux & reflux de la Mer: Lorsque l'eau croist elle remplit le Bain qui est auprés, qu'ils appellent, *Bagno Ciceroniano*, & lors qu'il est plein elle retourne à sa source, où bien dans la Mer, par des petits canaux qui ont esté faits exprés.

Ayant vogué fur Mer vn mille ou environ je mis pied à terre audela de la maifon de Ciceron, & vis à gauche fur le rivage de la Mer le Lac Lucrin.

LAC LVCRIN.

LE Lac Lucrin eft ainfi appellé du mot Latin *Lucrum*, à caufe du guain confiderable que les Romains tiroient de l'abondance de fes poiffons les plus excellens. Il reffemble plûtoft aujourd'huy à vne grande mare qu'à vn Lac, ayant efté comblé par les terres & cailloux que les Montagnes voifines qui fe font entrouuertes y ont jetté.

Iules Cefar fit faire vn Canal entre le Lac Lucrin & le Lac d'Auerne qui donnoit communication à ces deux Lacs & fit ajufter le Port de Bajes qui eftoit d'vn bon revenu. C'eft ce que nous apprenons de Virgile par ces quatre vers.

An memorem portus, Lucrinoque addita clauftra,
Atque indignatum magnis ftridoribus equor,
Iulia quâ ponto longe fonat vnda refufo,
Tyrrhenufque fretis immittitur æftus Auernis?

L'on ne void aujourd'huy aucuns reftes de ce Port qui a efté enfeveli entierement par les tremblements de terre qui ont efté affez ordinaires en ces Cantons.

Il en arriua vn l'an 1628. la nuit du 29. Septembre

tembre, qui dura sept Iours entiers, & qui mit tout le voisinage dans vne si terrible épouuante, qu'ils ne doutoient pas que ce ne fust le jugement dernier. Ils en auoient estez agité continuellement pendant deux années, mais en ce jour ses effets furent si prodigieux & si surprenans, qu'il remplit de ses cailloux, pierres,& cendres qu'il, jetta vne contreé toute entiere, nommeé, Iltripergalano, & mesme ses Bains, comme aussi les Lacs d'Averne & de Lucrin qu'il couurit entierement. Mais ce qui est encor plus merueilleux, est qu'il vomit vne Montagne toute entiere haute d'vn Mille & qui a bien presentement quatre Milles de tour. Le trou & l'ouuerture qui est audessus, au commencement jettoit du feu, mais l'on dit que presentement l'on y trouue des eaux chaudes. En auançant sur terre ferme je me trouuay sur le bord du Lac d'Averne.

LAC D'AVERNE.

CE Lac fut autrefois appellé *Aorne*, qui vient de l'α Grec priuatif, & ὄρνις, oyseau, comme qui diroit sans oyseaux, mais depuis par quelques changemens de lettres, il a esté nommé par corruption *Averne*, comme aussi le Lac *Acherusien*, comme fait par la Riviere infernale d'Acheron, conformement aux paroles de Virgile

Quando hic inferni ianua regis,
Dicitur, & tenebrosa palus Acheronte refuso.

On l'appelloit encor le Lac de *Tripergola*, du nom de la contrée dans laquelle il se trouve. Autrefois son air au dessus estoit si pestilentieux que les oyseaux y volans tomboient morts, qu son eau estoit si mauuaise que nul n'en beuuoit & i ne fust en danger de mort.

C'est ce qui a donné occasion au Prince des Poëtes Latins de faire ces vers.

Facilis descensus Auerni,
Sed remeare gradum, &c. Hoc opus, hic labor est.

Cette infection est causée par la terre qui est au dessous du Lac, & qui est grasse, sulphurée & remplie d'alun, qui estant allumé par des feux soûterrains fait sortir des exhalaisons puantes, viues & subtiles, qui penetrant l'eau, étouffent les poissons que les Habitans du pays ont trouuez par fois morts au bord de l'eau, & font aussi mourir les oyseaux qui pensent prendre leur essor pour voler au dessus du Lac, estant empestez par le mauuais air qui s'y est répandu : d'où vient que les Poëtes feignent que là est la porte de l'Enfer.

Quelques-vns veulent attribuer la corruption de cette eau à l'ombrage qu'y portoit vn bois dont elle estoit entourée, duquel Tite Liue fait mention, assurant qu'il seruit de retraite aux Samnites, estant poursuiuis par les Romains. Strabon neantmoins dit que de son temps cette vallée où est le Lac, & la Montagne dont il est environné, avoient esté rendus agreables par les soins d'Auguste, qui en avoit fait couper le bois & arracher les épines. Quoy que sa meilleure partie en ait esté engloutie par les tremblemens de terre, à present il a bien encor deux Milles de tour,

& l'eau m'en parut claire & nette. Quoy que quelques vns veulent dire qu'il n'y a pas de fond, l'experience nous doit faire penser le contraire, puisqu'on l'a trouué auec vne corde longue de quarante toises. Sa figure est ronde & il est environné de Montagnes, excepté du côté de la Mer, où est vne douce colline qui a bien quarante ou cinquante pas de largeur. A l'extremité du Lac estoient les Temples de Mercure & d'Apollon. Ce dernier estoit basti de brique & est en forme ronde comme l'on peut juger par ses restes.

Le peuple croit que IESVS-CHRIST, revenant des Limbes accompagné des Saints Peres, passa par vne Montagne situeé proche ce Lac, appellée pour cét effet, *Monte di Christo*, ce qui y a donné occasion à vn Poëte de faire ces deux vers.

Est locus effregit quo portas Christus Auerni.
Et Sanctos traxit lucidus inde Patres.

Quelques vns veulent aussi que les bains de Sainte Croix ont esté ainsi nommez, pource que les enseignes de la Passion y apparurent. En tournant à main gauche, à quarante ou cinquante pas de ce Lac, j'entray dans la grotte de la Sibylle Cumane.

GROTTE DE LA SIBYLLE Cumane.

Plusieurs la prennent pour la grotte que Cocceye fit faire depuis le Lac d'Averne jusques à Cumes. D'autres tiennent que c'étoit vn chemin pour aller du Lac d'Averne à celuy de Lucrin & à la Ville de Baïes. Quelques-vns veulent encor que la grotte qui donnoit le passage de Cumes au Lac Lucrin, appellée *grotta di Pietro di pace*, estoit celle où la Sibylle Cumane se retiroit en solitude pour y mediter ses Oracles ; & se fondent sur ce que l'on y a trouvé quelques restes de chambres richement ornées, qu'ils croyent estre le logement de la Sibylle : mais cette conjecture me paroist legere, puisque les Romains n'estoient pas seulement magnifiques dans les ouvrages particuliers, mais aussi dans les publics ; dans lesquels ils n'espargnoient ny leurs soins ny leurs thresors. Selon l'apparence du lieu l'on pourroit croire aussi qu'ils y avoient fait des Bains qu'ils avoient coûtume d'enrichir d'ornemens.

Les autres asseurent que ce ne fut jamais-là la demeure de la Sibylle, pource qu'on n'y peut pas rester vn quart d'heure sans estre notablement incommodé, n'y ayant point d'ouverture : mais cette raison me semble foible, parce que les fenestres peuvent avoir esté bouchées par les tremblemens de terre des montagnes voisines, qui y ont jetté leurs débris.

Ie ne sçaurois pareillement acquiescer au raisonnement de quelques-vns, qui disent que ce ne fut jamais-là la grotte de la Sibylle, pource que il y en a vne sous la Ville de Cumes, parfaitement semblable à celle dont Virgile fait mention dans ses ouvrages; & que Iustin le Martyr assure avoir voüé : mais les paroles de ces deux autheurs ne convaincront jamais ceux qui les examineront de prés. Outre que la Sibylle pouvoit avoir plusieurs solitudes, où elle pût s'entretenir de ses Oracles avec vne plus grande tranquillité.

Les derniers avancent que c'estoit vne grotte qui conduisoit à Baïes, & ce qui pourroit favoriser cette opinion, est que l'on a bâty vne muraille au milieu pour boucher le passage, où plusieurs personnes avoient esté suffoquées par les exhalaisons mortiferes qui y exhaloient.

Toutes ces opinions sont incertaines, mais vne chose constante est que cette Sibylle faisoit sa demeure en ces quartiers, & qu'elle s'y est renduë celebre par les propheties qu'elle a écrites en neuf livres, dont elle en brûla six pour le mescontentement qu'elle eut du refus que luy avoit fait Tarquin le Superbe, ou selon quelques-vns, Tarquin l'ancien, de la somme qu'elle desiroit de luy pour ses ouvrages; lequel par aprés fut trop heureux d'achepter les trois qui restoient autant que les neuf ensemble. Ils furent conservez avec grand soin dans le Capitole, & mesme les Romains les avoient en si grande veneration, qu'ils les consultoient en plusieurs occasions d'importance & y prenoient leurs Oracles.

Le guide alluma vn flambeau pour me conduire en cette grotte qui est à 40. ou cinquante pas du Lac d'Averne, où d'abord il me fit entrer sous terre dans vne belle allée tirée en droite ligne, taillée & voûtée dans le Roc, longue de plus de cent pas, & large de douze pieds, mais vn peu plus haute.

En y avançant je trouvay à main droite vne porte qui estoit autrefois d'vne belle hauteur, qui est presentement si basse que je fus obligé de ramper pour entrer dans vne petite allée étroite & incommode, ou après avoir cheminé trente pas ou environ, je me trouvay dans la chambre, que l'on dit estre celle de la Sibylle, voûtée dans le Roc. Sa longueur est de quatorze ou quinze pieds : sa largeur de huit, comme aussi sa hauteur.

Son plat-fond estoit peint de fin azur avec de l'or, ses parois enrichis de Corail, de Nacre de Perles & à la Mosaïque : mais toutes ces raretez ont esté corrompuës par l'humidité du lieu, & pour tous restes à la faveur d'vne lumiere, l'on découvre encor vn peu d'azur & de Mosaïque sur la muraille. Là se void vn lieu creusé dans le Roc remply d'eau que l'on dit estre les Bains de la Sibylle : Là aussi l'on me fit voir la porte murée qui estoit la sortie de la Sibylle pour aller à Cumes.

En passant par vne porte qui est à gauche je cheminay par vne allée étroite qui me conduisit dans vne chambre de six pieds de largeur & de vingt-cinq de longueur. Delà je passay dans vn chemin fort pressé qui me mena en vne autre allée, par laquelle j'arrivay aussi dans vne autre chambre haute de vingt pieds, large de six, & longue de quarante : Delà enfin tournant à main droite j'entray dás vne autre chambre large de 9. pieds, ayant six pieds de longueur & autant de largeur. Estant sorty de cette grotte & aprés avoir traversé quelques terres, je vis sur le bord de la Mer les Bains de Ciceron.

BAINS DE CICERON.

CE lieu autrefois appellé les Bains *de Frittole & de Tritole* deux mots Italiens corrompus, est celuy où sont les Thermes de Ciceron. Elles ont la grandeur d'vne belle sale, & sont bien proportionnées dans leur hauteur & largeur : la voûte pratiquée dans le Roc est en son entier, mais les peintures en sont effacées. I'y vis encor à plate-terre les petits reservoirs qui sont secs presentement, mais qui estoient autrefois remplis d'eaux, qui avoient toutes vne vertu particuliere pour la guerison des maux. Proche delà il y avoit des statuës qui en mettant la main sur leurs corps faisoient connoistre la proprieté de l'eau de chaque reservoir : & au bas de ces statuës il y avoit pareillement vne inscription qui faisoit mention de la differente vertu de ces Bains, qui eurent vn tel credit que les Medecins de l'école de Salerne tomberent en jalousie, croyant qu'ils leur faisoient perdre toute leur pratique, & ils vinrent faire ravage dans ce lieu, où ils rompirent les statuës, enleverent les inscriptions & firent d'autres desordres : mais en s'en retournant leur Vaisseau fut submergé entre le Cap de Minerve & l'Isle de Caré. Un Poëte fait la description de ce lieu par ces Vers, & fait aussi mention de ses proprietez.

> *Est locus antiquâ testudine ductus in altum,*
> *Rupe sub ingenti celte cavata Domus:*
> *Qua plena est hominum formis exante paratis,*
> *Ad quid aqua valent quæque figura notat.*
> *Res miranda satis, satis est horrendaque dictu;*
> *Huc veniente die mittitur unda semel.*
> *Hæc eadem partim primùm petit equora, partim*
> *Extenuata fluens reflait unde venit.*
> *Si quis hæc quam olim Bethscuda venerat, ægris,*
> *Quæ semel infirmis morsque ferebat opem.*
> *Hæc nam quotidie iussis aqua subvenit agris,*
> *Rheum angat, stomachum roborat atque caput:*
> *Liberat hydropicos, hic omnis gutta fugatur,*
> *Phlegmaticis prodest, febricitare vetat.*

De ce lieu on monte à la grotte chaude appellé *Sudatoire*, pource qu'elle fait suër : à main droite en avançant on descend dans un lieu où est une eau claire & si chaude, qu'à peine peut on la toucher sans se brûler, & l'on croit que cette mesme eau descendoit par des conduits secrets dans les Bains de Ciceron. Et tournant au lieu par lequel on entre de ce costé-là, l'on voit une fosse extremement profonde, & une autre grotte la proche où l'on peut descendre en plein jour; mais quelquefois avec danger d'y estre suffoqué par les vapeurs qui y exhalent. L'on y apperçoit une flâme, dont la chaleur est si brûlante qu'elle fond les torches que l'on y porte, & éteint la lumiere. Terminez-la vostre marche, si vous ne voulez y trouver le terme de vostre vie.

Estant sorty des Bains de Ciceron je remontay en bâteau & allay côte à côte de la Mer, qui bat le pied de la montagne, où estoient autrefois les maisons de plaisance des Romains, qui en faisoient leur sejour de délices, & qui y estoient attirez par la bonté de l'air & par la situation du lieu, qui est le plus charmant qui soit au monde. Les ruines que l'on y void encor aujourd'huy, soit de bâtimens, soit de temples, soit de grottes ou viviers, donnent assez à connoistre qu'il estoit extremement caressé par la presence des Romains. Les jardins y estoient agreables, les maisons superbes, les viviers remplis de toutes sortes des plus exquis poissons; entre lesquels les Murenes estoient les plus estimées. Aristobule estant descendu à Baïes & considerant ces grands édifices, admira la grandeur des Romains. Les restes que l'on y découvre, font juger que ce lieu estoit fort frequenté par les Romains, qui dans les temps fâcheux de la Republique en faisoient leur sejour de divertissement.

Sur cette plaisante colline qui fait le demy cercle du Golphe de Baïes, estoient situées dans leur plus grande partie, les maisons de campagne de Servilius, de Mammea, de Marius, de Pompée, de Cesar, de Pison, d'Hortense, de Lucullé & autres. Ie feray la description de toutes ces maisons en particulier.

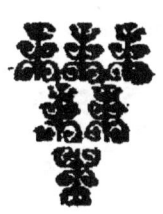

MAISON DE PLAISANCE
de Servilius Vatias.

La maison de plaisance de ce Romain, située entre la Ville de Cumes & le lac d'Averne, avoit vn demy mille d'étenduë, & passoit pour vne des plus délicieuses de ces quartiers. Par les ruines que l'on y void encor, l'on peut juger de la magnificence de ses bâtimens, dont mesme la plus grande partie a esté ensevelie dans la terre, où foüillant l'on a trouvé des anciennes statuës des Empereurs & des Philosophes, parfaitement bien travaillées. Seneque rapporte qu'il y avoit deux grottes faites avec vne despence incroyable; dans l'vne desquelles le Soleil ne penetroit jamais, & dans l'autre il y entroit depuis le matin jusques au soir. Au milieu de la prairie couroit vne eau belle & claire, qui amenoit vne grande quantité de poissons. Servilius surnommé l'heureux sçeut bien prendre son temps pour s'y retirer, & pour éviter les orages & les troubles dont la Republique estoit agitée, afin de viure dans le repos & dans le calme de la Mer de Pozzolo.

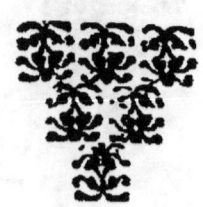

& d'Italie.

MAISON DE PLAISANCE
de Mammea.

LE lieu où estoit la maison de plaisance de Mammea, & où l'eau de la Mer entroit dans des estangs, est appellé *Marmeo* par corruptiõ par les habitans des lieux circonvoisins. Elle fut bâtie par Alexandre Severe en faveur de Mammea sa mere, à laquelle il ne donna pas de moindres marques d'amitié & de respect, qu'il fit paroistre vne équité merveilleuse dans l'administration de l'Empire. C'est le rapport qu'en fait Spartian qui a écrit son histoire, & qui en parle en ces termes. *In matrem Mammeam vnice pius fuit, itaut Romæ in Palatio faceret dietas nominis Mammeæ, quas imperitum vulgus hodie ad Mammeam vocant, & in Baiano Palatium cum stagno, quod Mammea nomine hodieque censetur. Fecit & alia in Baiano opera magnifica, in honorem affinium suorum, & stagna stupenda admisso mari.*

MAISON DE PLAISANCE
de Caius Marius.

La maison de Caius Marius estoit en vn lieu de la colline, si élevé qu'elle paroissoit plûtost pour parler avec Seneque, vne Forteresse pour la defense du païs qui luy estoit soûmis, qu'vn Château de campagne. Elle estoit située entre le Port *Giulio*, & le sein de Baïes & proche du Promontoire de Misene. L'on n'en void aujourd'huy que de miserables ruines, Marius la vendit à Cornelia qui la revendit à Luculle deux cent cinquante mille sesterces. De cette grande somme qu'elle a esté acheptée, l'on peut juger de la magnificence de l'ouvrage.

MAISON DE POMPE'E.

La maison de Pompée estoit sur la colline qui est entre le lac d'Averne & les Bains de Tritoli, appellez *le Sudatoire*: en remuant la terre l'on y trouva le siecle passé, vne statuë de Pompée.

MAISON DE IVLES CESAR.

La Maison de Iules Cesar estoit entre la Mer morte & le sein de Baïes, & situé sur la colline qui est au dessus de la Ville de ce nom. L'on en void quelques ruines çà & là, mais sur tout sur vne langue de terre qui avance sur la Mer qui fait paroistre sa situation merveilleusement agreable. L'on y a trouvé vne statuë avec cette inscription, *Gen. C. Iul. Caf.* qui veut dire; *le Genie de Caïe Iules Cæsar*. Elle represente vn Guerrier vestu d'vn habit qui va à demy jambe, tenant d'vne main vn instrument de Sacrifice, & de l'autre vne Corne d'abondance. Seneque dans le septiéme livre, Ep. 52. parle de ces trois maisons de plaisance en ces termes. *Illi quoque ad quos primos fortuna publica rei, publicas opes transtulit, Caius Marius, & Cneius Pompeius, & Cæsar, extruxerunt quidem villas in regione Baiana, sed illas exposuerunt summis jugis montium. Videbatur hoc magis militare, ex edito speculari, latè longeque subjecta. Aspice quam positionem elegerint, quibus ædificia excitaverint locis, & qualia scies non villas esse, sed castra.*

MAISON DE PISON.

LA Maison de Pison estoit placée sous la Montagne auprés de quelques sources d'eaux chaudes, Neron auoit coustume de s'y retirer pour respirer l'air de la campagne, & pour donner relâche à son esprit qui estoit dans des occupations continuelles. Ce fut en ce lieu où ce fils barbare aussi bien que cruel Empereur, entretint pendant le repas sa Mere Agripinne, touchant vne Feste qui s'y devoit solemniser quelques jours aprés en l'honneur de Minerue, & où il la convioit pour la faire perir en chemin: mais elle s'estant sauveé du naufrage, & luy ayant ensuite leué le masque de pudeur, il la fit assassiner par Anicet vn de ses Capitaines.

MAISON D'HORTENCE

LA Maison d'Hortence estoit au long du Golphe de Baïes prés de la Ville de Baules, & dont je vis quelques ruines sur le bord de la Mer qui en a noyé la meilleure partie. Cette Maison de campagne estoit sur tout celebre pour ses Viuiers, dont Hortence estoit vn grand amateur. Il les pratiquoit sous la Montagne, & mesme il faisoit bastir des arcades voutées, qui avançoient sur la Mer, les vns & les autres se remplissoient de poissons qui s'y retiroient à l'ombrage pour y prendre la fraîcheur. Ie vis des restes d'arcades de ces Viuiers, dont il estoit si curieux qu'il est accusé d'auoir pleuré la mort d'vne de ses Murenes. C'est pour cela que Ciceron par ironie l'appelle le Dieu de la Mer, & le dit heureux en Viuiers, ou il auoit tellement appriuoisé des poissons qu'ils se rendoient obeissans à sa voix. Antonia Mere de l'Empereur Claudius fut en possession aprés Hortence de cette Maison & fut aussi beaucoup passionnée pour ces sortes de divertissemens. L'on dit mesme qu'elle fit mettre à vne Murene deux pendans d'oreille d'or. Dans plusieurs autres lieux il y avoit de ces Viuiers, remplis d'vne grande diversité de poissons. Plusieurs y alloient exprés à la promenade pour en avoir le plaisir. Ce lieu fut souillé du parricide de Neron.

MAISON DE LVCVLLE

LA Maison de Luculle placeé selon quelques vns en terre ferme, prés le promontoire de Misene & selon les autres au pied de ce Mont, vers l'Isle de Procyte, estoit superbe non seulement par ses bâtimens magnifiques & jardins delicieux, mais aussi considerable pour vn viuier qu'il fit faire des plus beaux l'y remarquay encore quelques restes de grottes taillées sous les Montagnes, qu'il fit auec vne dépense excessiue, où les poissons evitans la grande ardeur du Soleil se retiroient à l'ombre, en si grande quantité, que cela ne donnoit pas vn petit passe-temps aux spectateurs, ny vne petite satisfaction à Lucullе, en sorte qu'il disoit luy mesme ne point porter envie a Neptune le Dieu de la Mer.

La situation de ces cantons estoit si charmante, que plusieurs autres Romains en faisoient leur lieu de delices ; mais je me contenteray d'avoir parlé de celles qui ont fait plus de bruit dans les Histoires & reviendray à la suite de mon voyage.

En avançant au dela de la Montagne qui regne au long de la Mer, je decouvris en mesme temps *Le Port de Baies*, dont j'admiray la situation.

LE PORT DE BAIES.

LE Port de Baies fut fameux du temps que les Romains frequentoient ces cantons, & que mesme l'on peut juger par les grands piliers bastis de brique qui paroissent sur la Mer, comme des Rochers. Il est formé de Montagnes qui le deffendent de tous les mauvais vents, où les Vaisseaux sont auec autant de seureté, que s'ils estoient sur vn Canal. Son embouchure est à

est si estroite, que je ne croy pas qu'on puisse s'en emparer quelque peu de resistance que l'on y fist. C'est ce qui a invité Philippe Roy d'Espagne, & selon quelques vns Charles cinq, de bastir vne forteresse au haut de la Montagne, pour dominer sur la Mer, & à l'entreé du Port, & pour empécher que nul n'en prenne possession parce qu'avec grande peine l'on l'en feroit sortir.

L'on me fit remarquer à l'extremité du Port sur le bord de la Mer *Les Temples de Diane & de Venus*, qui sont encor de bout, en partie bastis en forme ronde & enrichis de pierres de marbre : & celuy *de Venus*, est plus dans son entier. Ces belles antiquitez se trouuent au long du Golphe de Baïes dont je diray icy vn mot

GOLPHE DE BAIES

LE Golphe de Baïes s'étend bien trois Milles ou environ depuis le Promontoire de Misene jusques au Lac d'Auerne, & quatre ou cinq Milles du Lac d'Auerne jusques à Pozzolo. Le mont de Misene est vis avis la Ville de Pozzolo, & la Mer qui est entre les deux, est bien de trois Milles & demie. Cette plage de la Mer qui est environ de dix Milles, est la plus charmante que l'on puisse trouuer dans toute L'Italie, sur laquelle estoit basti cette belle Ville de Baïes. Dans cette contreé qui ne peut avoir au plus

P p

que cinq milles de longueur & deux de largeur on découvre encor plusieurs bâtimens ; les vns renversez par terre & à demy ruinez, les autres entierement détruits & ensevelis dans la terre, mais pas vn dans son entier, quoy que les Romains eussent envie par la solidité de ces grands édifices d'éterniser leur memoire : ce qui nous doit faire penser que Dieu bien souuent confond les hommes dans leurs desseins. Il se peut dire en verité que toute la terre, hors la Ville de Rome, n'avoit rien de pareil pour la grandeur, & magnificence des bâtimens, rien de si plaisant que la situation, rien de si doux que son air ; & rien de si delicieux que ses jardins : en vn mot rien de si charmant que tout ce canton suivant mesme le recit qu'en a fait Horace.

Nullus in orbe locus Baiis prælucet amœnis.

Boccace fait vne description de ce lieu dans son quatriéme livre *Dell'amorosa fiametta.*

LA VILLE DE BAIES.

LA Ville de Baïes est ainsi appelleé de *Baius* compagnon d'Vlysse, qui y fut enseveli ; en son temps tres belle dans sa grandeur, tres riche & tres peupleé ; mais depuis ruineé par les Lombards. Les Romains y estoient attirez par la douce temperie de son air, par la commodité de ses bâtimens, par sa charmante situation, qui avoit la Mer en perspectiue, par les delices de ses jardins; en vn mot par la fertilité de toutes choses & par la proprieté de ses eaux chaudes, qui dans le sentiment de Pline estoient si ardentes, qu'elles cuisoient les viandes; & dont la vertu estoit si remarquable qu'elles guerissoient toutes sortes de maladies. Ioseph en son livre de l'Antiquité des Iuifs en fait mention en ces termes. *Baia parua ciuitas Campaniæ, quinque stadiorum interuallo distans est à Dicearchia.* L'on ne void plus rien de cette belle Ville que des restes de chemins, que l'on découvre à trauers de l'eau, & quelques ruines dispersées çà & là sur terre ferme. Ce lieu autrefois si beau par ses Palais & ses jardins, est hideux par ses ronces & ses épines: & est autant abandonné en ces temps-cy qu'il estoit frequenté autrefois par les Romains les plus qualifiez. L'on ne peut se souuenir de son premier estat, qu'en mesme temps l'on ne conçoiue de la douleur de le voir ainsi desert, & qu'il n'y reste plus rien de toutes ses delices que la situation la plus agreable qui soit sur la terre habitable.

En auançant je mis pied à terre, & ayant passé par vne douce éminence qui est à deux ou trois cent pas de la Mer, je visitay le tombeau d'Agripine.

LE TOMBEAV D'AGRIPINE.

LE tombeau d'Agripine est entre le mont Misene, & la Maison de Caius Cesar. Quand j'eus allumé vn flambeau, j'entray sous terre & ayant passé par vne grotte obscure, j'arrivay au lieu de cette sepulture qui est comme en rond, voutée, travaillée de stuc & longue de 12. ou 15. pieds, large de 6. ou 7. & si basse que l'on est obligé de se baisser vn peu pour y demeurer. L'on y montre sur le plat-fond en y approchant de la lumiere, Agripine representée à cheval & des raisins à la main. Tout à l'entour sont representez pareillement sur le Stuc differentes especes d'Oyseaux travaillez avec grand artifice, comme Cygnes, Griffons, & plusieurs autres. Là proche l'on voit les restes du Temple d'Hercules basti à la Dorique, en faveur d'Agripine, & dont les ruines font voir évidemment la grandeur des anciens Romains.

L'on void aussi en ces quartiers des restes d'Aqueducs, des eaux que l'on conduisoit dans la Ville de Baïes, & dans les maisons voisines en les faisant traverser les Montagnes. Ils en faisoient des reservoirs, dont quelques vns ont été entierement ruinez par les tremblemens de terre; les autres détruits en partie & les autres sont dans leur entier. Il y en a sous terre dont les routes sont si embarassées, que si l'on vouloit s'y cômettre

& d'Italie.

sans guide, il seroit à craindre de n'en pouuoir revenir & de s'y perdre comme dans vn labyrinthe : ce qui fait voir assez évidemment, que les Romains n'ont épargné ny peine ny argent pour faire venir les sources d'eaux du voisinage, pour en faire des reservoirs, que le peuple ignorant a nommez tantôt Piscines merveilleuses, tantôt Cent-chambrettes, & tantôt d'vn autre nom à leur phantaisie. Ie me contentay de voir ces deux lieux comme les plus fameux. I'entray dans ce premier qu'ils appellent *la Piscine Merveilleuse*, proche du tombeau d'Agripine.

LA PISCINE ADMIRABLE.

LA Piscine Admirable est ainsi nommée à cause de sa belle & grande Architecture & à cause de son superbe bâtiment sous terre, où l'on va par des Escaliers si commodes, que des cheuaux tout chargez y pourroient descendre facilement. Le jour y vient si beau & si clair, que l'on s'imagineroit plûtôt d'estre sur la terre que dessous. Elle est voutée & enduite de pierres polies, méleés de chaux. Elle peut auoir de longueur 150. pas, 50. de largeur & 30. de hauteur, & est appuyée sur 48. grosses colomnes quarreés, tres-larges & tres-hautes : & l'on void encor dans la muraille quelques conduits de l'eau qui estoit amenée en ce lieu.

Quelques vns assurent que cét ouurage est du

magnifique Lucullus, qui de son Palais qui estoit proche y venoit en été pour y prendre du rafraischissement, & pour y avoir le divertissement de ses Murenes & autres poissons qu'il avoit en differens petits reservoirs. D'autres veulent que cette Piscine fut faite exprés pour le rafraischissement de l'armée des Romains, dont vne bonne partie prenoit son quartier d'hyver en ces Cantons.

Ie sortis de ce lieu pour aller aux *Cent-chambrettes*, où j'entray aprés avoir passé par vne sale, bien appellée par son nom, puis qu'elle sert presentement d'étable pour les Bestiaux.

LES CENTS CHAMBRETTES.

CE lieu fut destiné pour le rafraischissement de l'armée navale des Romains : & mesme Auguste Cesar s'en servit pour faire hyverner ses troupes. L'on y arrive par vne entrée à present fort basse, & est ainsi appellé pour les petites chambres soûterraines bâties de briques, si solidement & avec tant d'industrie, que l'on diroit que ce seroit vn ouvrage de quelques heures & non pas de plusieurs siecles. Qui auroit le temps & la curiosité d'arrester en ces quartiers, il pourroit descouvrir des restes de grands bâtimens, de tombeaux & autres raretez. Pour moy en les passant sous silence, je retourne à la suite de mon voyage, & diray que je passay par la place où estoit *le grand Marché*.

LE MARCHE' DV SAMEDY.

CE Marché estoit entre Baïes & le Promontoire de Misene: Les boutiques qui y estoient & dont on void encor quelques ruines, se suivoient immediatement. Là estoit vn Cirque où l'on representoit des jeux pour le divertissement des peuples. Quelques-vns mesme asseurent par la situation du lieu, que c'estoit celuy où Neron avoit invité sa mere Agripine. Les jeux que l'on y celebroit, estoient si solemnels qu'ils duroient pendant cinq jours entiers, ce qui donnoit vn grand passe-temps aux Romains. La Mer Morte où j'allay n'est pas éloignée de ce lieu.

LA MER MORTE.

LA Mer Morte n'est autre chose, sinon vn espace de terre où l'on faisoit entrer l'eau de la Mer separée de la grande Mer par vne chaussée fort large, aux deux extremitez de laquelle sont deux petites collines qui la font paroistre en forme ronde. L'on tient qu'elle a bien deux milles de largeur & de circuit vne fois autant. Ce lieu estoit vn Port asseuré pour les Vaisseaux de l'armée navale que l'on y retiroit, & où ils estoient aussi seurement que sur vne riviere. Les Empereurs Auguste & Tibere y ont eu leur flotte. Corneille Tacite en fait mention en ces termes. *Italiam vtroque mari duæ classes, Misenum apud & Ravennam, proximumque Galliæ littus rostratæ naves præsidebant, quas Actiaca victoria captas Augustus in oppidum Forojuliense miserat valido cum remige.* Quelques-vns tiennent que Lucullus magnifique en toutes ses entreprises, fit enclore cette Mer pour y reserver des poissons: d'autres disent que Neron avoit commencé ce lieu pour donner communication de la Mer de Pozzolo avec celle d'Ostie, & ainsi abreger le chemin de Rome à Naples. Cette entreprise paroist non seulement tres-difficile, mais aussi impossible; ainsi ne nous arrestons pas d'avantage en ce lieu, allons aux Champs Elysées.

CHAMPS ELYSEES.

LEs *champs Elysées* ont esté ainsi appellez de λύσις qui signifie *separation*, pource que les anciens s'imaginoient qu'en ce lieu estoit la demeure des ames bien-heureuses, quand elles estoient separées du corps. Quelques-vns les ont placez *aux Isles Canaries*, autrement dites *Fortunées*: les autres vers *les colonnes d'Hercules* en la Province des Gades: & les derniers vers la Mer

Morte de Baïes. Ce qui paroist plus vray-semblable, si l'on considere la situation de ce lieu tout à fait charmante, la bonté de son air & la fertilité de son terroir. Les Infidelles feignoient estre le lieu où les bonnes actions de la vie aprés la mort estoient recompensées, pour exciter par là les hommes aux actions les plus heroïques. Là estoit vn continuel printemps : la veuë des fleurs qui y estoient n'estoit pas moins agreable que l'odeur en estoit charmante : on y entendoit vn doux murmure des fontaines qui l'arrousoient. Là le chant de divers oyseaux charmoit les oreilles : là on estoit servy des mets les plus exquis & les plus délicieux, tels que l'on pourroit desirer. Les miseres, la vieillesse & les passions en estoient bannies : en vn mot là estoit le bien sans estre accompagné de mal, le plaisir qui n'estoit suivy d'aucune inquietude ; vne abondance de toutes choses qui en excluoit la disette. C'est ainsi que parle de ce lieu la superstition Payenne & la fiction des Poëtes. Mais vne chose veritable, est que ce lieu est tres-charmant par son assiette, par la douceur de son air & par la fecondité de sa campagne. C'est vne grande plaine vnie qui s'étend jusques sur le bord de la Mer, & à l'entour de laquelle regne vne douce colline, que l'on tient avoir deux milles de circuit, autrefois couverte de Grenadiers, d'Orangers & Citroniers, qui aprés avoir fait sentir vne odeur suave de leurs fleurs, produisoient des fruits en abondance. Il est vray que ce lieu satisfait tellement la veuë, qu'on a peine de le quitter.

Là proche ils reduisoient les corps en cendres, & les mettoient par aprés en des trous pratiquez dans vn bâtiment en oval, fait à peu prés comme vn Colombier.

Après avoir fait cette ronde qui regne au long des Golphes de Baïes & de Pozzolo, & admiré ce lieu qui fut si fort caressé par la presence des Romains, qui y ont comme érigé vn Theatre de leur grandeur & magnificence; je remontay en bâteau & pris le chemin le plus court de Pozzolo; d'où je sortis par la route autrefois frequentée par les Romains qui venoient de Rome à Naples, comme l'on peut juger par les restes que l'on y void encor. A deux milles au delà ou environ je mis pied à terre & entray dans l'Eglise des Capucins dédiée à S. Ianvier, & bâtie sur le chemin l'an 1583. par les Napolitains au lieu mesme où ce saint fut martyrisé avec Procule, Sosius & Festus. Au bas d'vn grand Crucifix qui est au milieu de l'Eglise, l'on void écrit ce vers Latin.

Aspice mortalis: pro te datur Hostia talis.

Dans vne Chapelle qui est à main droite en entrant dans l'Eglise, je vis le martyre de S. Ianvier & de ses compagnons, representé au dessus de l'Autel, & dans deux armoires qui sont aux deux côtez du tableau, l'on void à droite le Buste au naturel de S. Ianvier, & au dessous ces deux vers Latins.

Hic caput abscissum nec victum morte cruore,
Tot post secla potest hoc animare caput.

A gauche l'on void vne pierre pleine du sang de ce Martyr, & au bas.
Hic cruor effusus mirè spectabilis, extra
Venas, hic didicit vivere cade cruor.

De la maison des Peres on découvre la Mer, la Ville de Pozzolo, le Château de Baïes & plusieurs Isles : je croy que l'on voyageroit bien par toute la terre auparavant qu'on pust joüir d'vne veuë plus agreable.

La memoire de S. Ianvier est trop respectée en ce Royaume pour ne pas dire vn mot de l'histoire de son martyre. Ce Saint eut la teste coupée au lieu mesme où est l'Eglise des Capucins l'an 289. Son corps fut emporté & enseuely par vn de Benenent à *Marciaxo* proche de Pozzolo, dont vne Dame vertueuse vint ramasser le sang qu'il avoit répandu & le mit dans deux phioles de verre, qu'elle conserva en sa maison bien pretieusement. Depuis le corps de ce Saint fut transferé à *Benevent* : delà à *Monte Vergine*, Monastere des Religieux de S. Benoist à vingt-deux milles de Naples, d'où il fut apporté l'an 1494. dans l'Eglise Cathedrale qui luy est dédiée, & il y est exposé à la veneration des peuples. L'an 325. ce Saint apparut à vn Napolitain, & luy ayant dit d'aller au lieu où il avoit souffert le martyre, & qu'il y trouveroit sa teste & vn de ses doigts parmy les épines ; s'y estant transporté il les trouva & les ensevelit en vn lieu proche, où il retourna avec l'Evesque de Naples accompagné de son Clergé, pour faire sortir de terre ce thresor caché & l'apporter dans la Ville de Naples. La Dame de Pozzolo qui jusques-là avoit conservé le sang du Martyr l'apporta à l'Evesque, qui estant approché du Chef, commença à boüillir & à se liquefier visiblement dans la phiole, quoy qu'il fust auparavant comme petrifié. Ce miracle a continué depuis ce temps-là ; & tous les ans l'on fait vne procession solemnelle, où l'on porte ces pretieuses Reliques par la Ville, qui sont exposées en vn lieu de repos sur vn theatre dressé exprés, ou l'on approche le pretieux Chef de la phiole, dans laquelle le sang se liquefie & se fond devant les yeux de tout le môde. C'est ce quim'en a esté rapporté par des personnes dignes de foy.

Delà en poursuivant ma route j'allay voir *la Solphatare*, ou *mine de soufre*, qui en fournit le païs en abondance.

LA SOLPHATARE.

LA *Solphatare*, autrement dite, *la Soufriere*, à cause du soufre qu'elle jette incessamment, est aussi appellée *Leucogée*; de γῆ. terre, & de λευκή. blanche, à cause de l'Alun & du Vitriol qu'elle produit, dont la couleur approche de la blancheur. On la nomme aussi *les forges de Vulcain*, ou *la campagne Phlegrée*, du mot Grec φλέγομαι brûler; à cause des flâmes que l'on y void continuellement, ce qui a donné occasion aux Poëtes de feindre que les geants ont esté ensevelis sous cette montagne dans les Enfers, où ils avalent & rejettent en suite les feux & les flâmes, ce qui cause les tremblemens de terre.

Et moto scopulos terrasque inuertere dorso.

Ce lieu autrefois haut élevé a esté consumé par succession de temps par les feux continuels qu'il a vomy, & a esté applany jusques à la hauteur de la prochaine vallée : si bien qu'aujourd'huy l'on y void vne grande fosse, dont le circuit est de six ou sept cent pas & plus, la largeur de trois ou quatre cent, & la longueur vn peu plus.

L'on void sortir de ses trous dispersez çà & là, des fumées & des exhalaisons qui font respirer aux habitans voisins vn air de soufre, & par fois les vapeurs en sont si fortes, qu'elles vont jusques à Naples par le moyen des vents; & pour lors il seroit dangereux d'estre en ce lieu, dautant que les fumées pourroient surprendre la respiration & suffoquer tout à coup.

Ie consideray la terre de ce lieu, qui a par tout la couleur de soufre ; mais sur tout je m'arrestay à regarder à son extremité, la fournaise qui jette sans discontinuer du soufre par ses bouches, dont l'on void sortir des fumées, qui dans vne nuit obscure paroistroient des flâmes. I'eus la curiosité de faire mettre dans vn de ses trous du papier qui en fut tiré vn moment aprés si sec, qu'il se reduisoit en poussiere entre les mains.

Cette montagne a nourry de tout temps dans ses entrailles des feux ardens, qui ont causé en ce païs des tremblemens de terre, & en jettant ses débris en a remply les vallées voisines, de mesme que des montagnes elle a fait des vallées. C'est vne merveille de nature que Dieu a voulu rendre perpetuelle pour attirer l'admiration des hommes, & pour demander leur reflection sur sa toute puissance & leur attention à connoistre sa souveraine sagesse, en penetrant les secrets de la nature.

En avançant mon chemin à vn mille au delà ou environ, je m'arrestay à considerer *la grotte du chien*.

LA GROTTE DV CHIEN.

LA grotte du Chien est vne petite Caverne situ̇ée au pied de la montagne qui environne le lac d'Agnano. Elle peut avoir en son entrée trois pieds de largeur, huit de longueur & six de hauteur ou environ. Tout ce lieu est empesté, mais sur tout vn endroit où l'on ne peut passer sans danger de mort, qui est quasi inévitable. Cela donne occasion de l'appeller tantost *caverne de Charon*; tantost *bouche mortelle*; quoy qu'elle soit nommée le plus ordinairement *grotte du Chien*, pour l'experience des chiens, qui n'y sont pas plûtost entré qu'on les void chanceler sur leurs pieds, rouler les yeux dans la teste, écumer horriblement & tomber comme morts par terre; & dont ils ne reviendroient jamais si on ne les jettoit promptement dans le lac qui n'en est qu'à douze ou quinze pas, ce qui leur fait revenir les esprits & qui leur sert de contrepoison à cette exhalaison charonniene. Plusieurs personnes y estant entrez sont tombés dans vn évanoüissement, dont ils ne sont jamais revenus, & ainsi ont esté payez de leur temerité.

Cecy provient des exhalaisons qui sortent de lieux soûterrains mélées de vapeurs de Soufre, d'Alun & autres matieres combustibles, si viues & si subtiles, qu'elles saisissent la respiration & suffoquent tout à coup. I'ay veu de mes propres yeux sortir de cét antre infernal vne fumée si mince & si subtile, qu'elle n'est pas visible ny perceptible à celuy qui n'y a pas d'attention. Approchez de terre vn flambeau allumé, il s'esteint, elevés-le de trois où quatre pieds, il se rallume de mesme que la lumiere d'vne chandele, quand vous la mettez dans la fumée du feu, elle la perd; quand vous la haussez & reculez, elle la reprend. Il ne faut point enfin qualifier ces choses de miracle, puis qu'elles sont dans les limites de la nature que Dieu luy a prescrites par sa souveraine sagesse.

LE LAC D'AGNANO.

Qvelques vns veulent dire que ce Lac est ainsi appellé, comme si l'on disoit *aqua anguinum, eaux de Serpens*, à cause de ces animaux qui sy estant precipitez par pelotons du haut des Rochers, n'en reviennent jamais : les autres asseurent qu'autrefois il y avoit là vne Ville qui a esté ruinée par les tremblemens de terre ; & que depuis les eaux s'y estant assembleés, il s'est formé ce Lac, dont l'eau à ce qu'on tient est salée au dessous, àcause des mines de sel; & douce au-dessus. Tout cela est incertain ; mais vne chose constante, est que l'eau de ce Lac rend l'air si contagieux, que les Habitans circonvoisins ont fuy son voisinage, & qu'ils s'en sont allez ailleurs. Si on le mettoit à sec, comme on le pourroit faire, ce canton seroit bien tost habité. Il a deux Milles de circuit, environné de Montagnes, qui presentent des Rochers à la veuë, & le peuple grossier qui croit toutes choses de leger, pense qu'il n'y a point de fond au milieu. Il ne faut pas se mettre beaucoup en peine de voir les restes d'vn Vivier que l'on avoit pratiqué au pied de la montagne, & que l'on avoit creusé par dessous, puis que presentement il est remply de bouë : mais les Bains de S. Germain meritent la curiosité des voyageurs.

LES BAINS DE SAINT Germain.

ILs sont ainsi appellez, pource que selon quelques-vns S. Germain y estant allé, trouva parmy ces vapeurs mortelles, Paschal mort long-temps auparavant, & luy ayant demandé pourquoy il estoit en ce lieu, il respondit qu'il souffroit cette peine pour avoir pris le party de Laurens contre le Pape Symmachus, mais il en fut délivré par les prieres de ce Saint.

Ces Bains sont pareillement appellez *Thermes de Fumerolles*, à cause des fumées & des vapeurs qui en sortent continuellement, si chaudes qu'elles font suër ceux qui y entrent. Ils ont vne proprieté si souveraine contre plusieurs sortes de maladies, que quelques-vns asseurent que l'eau apporté d'ailleurs, & exposée à ses vapeurs, en contracte la vertu.

Les sept Merveilles

LES SEPT
MERVEILLES,

Qui sont aux environs de la Ville de Naples, c'est à dire les sept choses qui sont dignes de l'application des Voyageurs, sont celles qui s'ensuivent.

Ægid. Rousselet sculp.

Je pourrois bien parler des autres Bains & raretez qui se trouvent en ces quartiers, mais il me suffira d'avoir fait mention des choses principales qui font plus de bruit, & qui peuvent contenter la curiosité du voyageur, & entretenir l'esprit des sçavans dans l'histoire Romaine.

Je continuay donc ma route, & ayant passé par le Pausilippe, cette fameuse grotte, je retournay à Naples en l'hostellerie des trois Rois.

Le vingt-quatriéme Mars, vne personne d'esprit me dit beaucoup de choses dans l'entretien, qui meritent bien l'attention des voyageurs. Entre autres, que le Viceroy qui ne l'est que pour trois ans s'il n'est continué, est Capitaine general du Royaume, & absolu dans les affaires de la guerre, quoy qu'il demande parfois l'avis de son Conseil d'Estat, mais que pour celles de Iustice & de Police, il assemble en son Palais, duquel il prend avis auparavant que de publier ses ordonnances. Que le mesme Viceroy commande aux Garnisons des places que le Roy d'Espagne a dans l'Estat de Toscane. Il me dit de plus que les sept principaux Officiers du Royaume aprés le Viceroy estoient le Grand Connestable, le Grand Iusticier, le Grand Amiral, le Grand Chambellan, le Grand Protonotaire, le Grand Chancelier, & le Grand Senéchal. Que les Conseillers de *Capoana* jugent les causes Civiles & Criminelles, que chacun rapporte à sa Rote : Que l'on peut appeller de ce Conseil au Collateral : Que le Tribunal de la Vicairerie, qui est le dernier de tous, a pour chef vn Regent, homme d'épée, & que les Conseilliers qui composent cette Iurisdiction vont rapporter leurs causes aux Rotes du sacré Conseil, qui confirme ou revoque les décrets de la Vicairerie.

Qq ij

Que le Tribunal de la Sommarie est étably pour les affaires qui regardent le Domaine du Roy: qu'il est composé d'vn Lieutenant qui en est chef, de six Presidens & autres. Luy demandant la maniere de rendre la justice dans les Provinces du Royaume, il me dit qu'en chacune il y a vne Audience composée de quatre Auditeurs qui jugent les causes importantes, mesme les crimes commis en la campagne, mais que l'on appelle de leurs Sentences à la grande Cour de la Vicairerie.

Pour terminer enfin la conversation, il me dit qu'en chaque Ville il y a vn Gouverneur homme d'épée avec vn Docteur pour Iuge; en d'autres vn Capitaine, & que dans chaque Province il y a vn Commissaire de campagne; & plusieurs autres choses, qui me firent connoistre qu'il avoit vne parfaite intelligence en ces sortes de matieres, mais il est temps de sortir de son entretien pour continuer ma route.

RETOVR DE NAPLES A Rome par la mesme route.

SI je n'eusse esté averty que les Bandis prenoient les avenuës du Mont-Cassin pour voler les passans, je n'aurois pas manqué de voir ce lieu si celebre par la retraitte qu'y fit S. Benoist an 529. où il institua vne regle de la vie Religieuſe qui a eſté vn modele aux Religieux de ſon Ordre, & qui a donné depuis à l'Egliſe tant d'illuſtres perſonnages & en ſcience, & en vertu. Il falut pourtant me priver de cét avantage pour reprendre la meſme route.

Le vingt-cinquiéme Mars 1661. je partis de Naples de l'Hôtellerie des trois Rois, la retraite ordinaire des François, & en ſortis par la porte du S. Eſprit, laiſſant à droite le Faux-bourg S. Antoine, & paſſay par la Ville d'*Averſe* qui a eſté bâtie nouvellement ſur les ruines de celle d'*Atella*, & par *Capoüe*. Ie ne diray point comme les délices de cette Ville furét la ruine de l'armée d'Annibal, côme elles relaſcherent le courage de ſes ſoldats & perdirent Annibal, qui peu aprés déclina & fut contraint de rendre la Ville à Fulvius, côme Tite-Live le rapporte en ſon vingt-ſixiéme livre. Ie ne pûs m'empeſcher de conſiderer cette agreable campagne que l'on découvre de tous côtés, depuis Naples juſques à Capoüe, plantée d'Ormeaux & de Meuriers, embraſſez par des ſeps de vigne qui produiſent du vin le plus exquis : & au deſſous eſt vne moiſſon abondante. Ie ne croy pas qu'il y ait dans toute la terre habitable vn païs plus fertile. Aprés avoir cheminé ſeize milles j'arrivay à Caſcagne qui fut le lieu de mon repos.

Le 26. Mars je ſortis de Caſcagne, & ayant paſſé le Fleuve Garillan auprés duquel eſt le Mont de Secubo fort renommé pour ſes bons vins, & les Palus où Marius qui fut ſept fois Conſul ſe cacha, évitant la furie de Sylla ſon ennemy, je vins à Mola, & commençay de joüir de la commodité du beau pavé qui me conduiſit juſques à l'Hôtellerie ſituée ſur le bord de la Mer, d'où je découvris Gaïete, Ville qui paroiſt avancer vn peu dans la Mer, & faire comme vne Peninſule: De la l'on void vne tour haut élevée au deſſus de la Ville, où Monſieur de Guiſe il y a quelques années fut retenu priſonnier du Roy d'Eſpagne.

Elle paroiſt vne forstereſſe inexpugnable, & aſſiſe comme ſur vne Montagne dans la Mer. Elle fut fortifiée par Ferdinand Roy d'Arragon & de Naples, aprés en avoir chaſſé les François qui auparavant l'avoient ſaccagée. Vn peu en deçà de Mola l'on void des ruines de la Ville de *Formia*. Auprés eſt le Tombeau de Ciceron, & quelques vns veulent que ce fut en ce meſme lieu qu'il fut tué par l'ordre de Marc Antoine, dans le temps qu'il cherchoit à s'embarquer pour éviter ſa tyrannie. En avançant chemin j'arrivay à Fondi Ville de la voye Appie, dont le pays eſt tres plaiſant pour le voiſinage de la Mer, pour la veuë des Montagnes couvertes d'Oliviers, & pour ſa plaine fertile en Orangers, Citroniers, & pluſieures autres ſortes de fruits qui repreſentent vn continuel printemps, ces arbres conſervant leurs fueilles & les fruits y pendant tout le cours de l'année.

Le 27. Mars je paſſay Terracine Ville ſur la voye Appie proche de la Mer Tyrrhene, & la derniere de la Romagne, dont l'Egliſe Cathedrale fut autrefois vn Temple dedié à Iupiter.

A l'entrée de la Ville on trouve vne grande porte, où la Mer eſt d'vn coſté & vne tour de l'autre, que l'on dit avoir eſté taillée dans vn Rocher avec vne peine incroyable, pour la ſeureté de la Mer, qui eſt de ce coſté la. A cent pas delà il y a vne autre tour quarrrée que le Pape

Gregoire XIII. fit faire pour la deffence des habitans contre les courses des Turcs.

De ce lieu j'arrivay à l'ancienne Ville de Piperne, située sur vne Montagne. Tite-Live dans son Histoire fait mention de la réponce que ses Habitans firent au Senat Romain, par lequel estant interrogez s'ils souhaitoient auoir la paix, ils répondirent qu'ils desiroient de l'auoir perpetuelle, si il estoit a propos; mais qu'ils n'en vouloient joüir qu'vn momēt s'il n'étoit pas expediēt.

Le 28. Mars je partis de Fondi & arrivay à la Ville de Sermonette. De son Château situé sur vne haute Montagne qui resista à l'armée de l'Empereur Charles-Quint; je jouyssois d'vne veuë la plus charmante que l'on puisse voir. Ie considerois avec plaisir la prairie spacieuse, arrousée d'vne Riviere qui l'environne. Au delà il y a vn grand bois dont la couleur de verdure encor qu'elle ne soit pas si viue que celle de la prairie, fait vn mélange agreable. Au milieu de ce Bois il y a vne Tour sur le grand chemin proche le Palus de Pontine. Ce Duché a grande étenduë, & appartient à vn Seigneur, dont le pere estoit neveu du Pape Paul IV.

En continuant ma route je vins à Velletri, Ville qui est de l'Evesché d'Albane, petite à la verité, mais remplie de Noblesse & d'habitans de bonne mine, qui ont érigé vne grande statuë de bronze qui represente Vrbain VIII. en reconnoissance des bienfaits qu'ils ont receus de ce souverain Pontife. Mais ce qui est beau sur tout à voir dans cette Ville, c'est *la Vigne* du Cardinal Ginetti natif de ce lieu. Le Palais en est agreable dans sa situation; commode dans ses appartemens, charmant dans sa politesse, & considera-

Qq iiij

ble dans tout ce qui le compose. Ie montay par vn escalier beau & facile sur vne terrasse qui est au dessus du logis, d'où je découvrois vne vaste campagne, la Mer, la Ville, & mesme au delà la veuë en est charmante. Ce lieu ne reçoit pas vn petit ornement des balustres de marbre, comme aussi des statuës, des colomnes, & des peintures qui font vn abbregé de toutes les beautez imaginables, mais la gentillesse du jardin ne cede en rien à la beauté du Palais; les eaux qui mouïllent la Ville viennent s'y répandre de terrasse en terrasse, formant des cascades & arrousans les allées couvertes: ce qui donne en été vn rafraischissement tout à fait plaisant. Cette vigne dans sa grandeur est vne des plus achevées qui se trouvent dans l'Estat Ecclesiastique.

Le vingt-neuviéme Mars je sortis de Velletri & arrivay par vn chemin pavé en descendant, dans vne pante douce proche le lac de Castel-gondolfe, où je tournay à gauche, & aprés avoir cheminé 2. milles au long du lac, j'arrivay aux Capucins d'Albane qui sont dans la situation la plus agreable que l'on puisse souhaitter. C'est vne chose tout à fait charmante de se promener dans leur jardin. Delà premiere terrasse où est vne fontaine qui jette de l'eau en abondance, je donnay vne œillade à gauche & vis la campagne de Rome, couverte autrefois de superbes édifices, mais qui en est dépoüillée presentement, & dont les grandes ruines font desirer d'en voir les bâtimens entiers, & donnent du regret de les voir ainsi démolis; En regardant à droite l'on découvre *Frescati*.

En montant sur vne autre terrasse beaucoup plus élevé, la veuë est plus étenduë. L'on découvre la Mer qui fait à l'œil vne agreable perspective: à gauche dans la plaine qui est au long de son rivage, l'on void encor des ruines des Villes, *du Latium*, comme de celle de *Lavinium* bâtie par Enée, & ainsi appellée du nom de *Lavinia* sa seconde femme: comme aussi des restes *de la Ville d'Ardée*, siege Royal de Turnus Prince des Rutulois, bâtie par Danaé mere de Persée, & ainsi appellée du mot Latin *Ardere*, qui signifie *brûler*, à cause du feu qui l'embraza. En tournant l'œil à main droite j'apperçeus Ostie Ville Episcopale, située à l'embboucheure du Tybre, bâtie par Ancus Martius au rivage de la Mer, & qui estoit comme le magazin de toutes les richesses qui arrivoient à Rome par Mer.

Si vous voulez monter sur la troisiéme terrasse qui est à l'extremité d'vne belle allée & faite en rond, vous joüirez d'vne veuë qui s'étendra bien plus loin, & en regardant le jardin de ces Peres, vous y verrez les belles allées de Lauriers : en vn mot vous sortirez de ce lieu tres-satisfait.

I'en descendis pour aller à Albane petite Ville qui n'a rien de considerable, si non qu'elle est vn des 6. Eveschez qui appartiennent aux six plus anciens Cardinaux. *Le tombeau des trois Horaces* n'en est qu'à cent pas : je le consideray avec d'autant plus d'attention, qu'il me parut d'vne figure toute extraordinaire. Il est de forme quarrée; aux quatre coins il y a quatre pyramides de pierres de taille, & au milieu vne autre plus élevée & plus grosse, qui est creusée exprés par dessous pour y mettre les cendres de ces trois freres.

Poursuivant ma route je repassay par Albane, & en avançant je cheminay vn mille ou environ au long du lac de Castel-Gandolphe, & aborday au Château de ce mesme nom par vne grande & large ruë.

CASTEL-GANDOLPHE.

Castel-Gandolphe est vn Château bâty sur vne éminence au rivage du lac de ce nom, sur vne pointe de terre qui y avãce à douze milles de Rome, & qui autrefois appartenoit aux Sanseverins Romains, dont les Armes sont encor restées sur la face du Palais. C'est presentement le sejour des Papes, qui l'ont augmenté de quelques appartemens, & mesme Alexandre VII. qui sied à present, y fait travailler: quoy que les Souverains Pontifs y soient plutost attirez par la bonté de son air, que par la magnificence de cette maison, dont le jardin est situéé sur le penchant le plus doux de la montagne, d'où l'on a vne veuë des plus agreables.

En sortant du Château j'arrestay pour considerer les beaux commencemens de l'Eglise que le Pape Alexandre VII. fait bâtir, & qu'il a dédiée à S. Thomas de Villeneuve, lequel il a luy mesme canonizé. Elle a trois Chapelles & est bâtie en Dome, à l'entour duquel sont écrites ces paroles en Latin: *Dispersit, dedit pauperibus, justitia eius manet in seculum saculi, cornu eius exaltabitur in gloria.* Au dessus de la porte en dedans de l'Eglise, on lit cette inscription aussi en Latin:

Alexander Septimus Pontifex Maximus, beato Thoma Archiepiscopo Valentino, inter Sanctos ab se relato, ædem à solo exstructam, cujus primum fundamenti lapidem Flavius Cardinalis Chisius fratris filius posuerat, solemni ritu dedicavit, anno sal. M. DC. LX.

En avançant & en approchant à cinq ou six milles de Rome en deça, je cheminay continuellement entre des antiquailles & plusieurs ruines de toutes sortes de bâtimens, qui font dire à quelques-vns mais sans raison, que la Ville de Rome y estoit bâtie, & qu'elle a changé de situation. Les autres veulent que ce sont des restes d'vne rüe tirée en droite ligne du lieu, où est la porte Saint Sebastien iusques à Albane, & qui estoit bordée des deux côtez de boutiques ; en sorte qu'vne lettre estant donnée d'vne boutique à l'autre, estoit incontinent renduë de Rome à Albane. L'on trouva encor en ma presence en foüillant avant en terre de grandes pierres de cailloux plates, dont le chemin estoit pavé, & qui a esté couvert par les décombles des bâtimens qui y sont tombez.

La campagne de Rome de ce côté-là me parut sterile, quoy qu'en tirant vers la porte de Saint Sebastien, il y ait vne veine de terre assez bonne, où la vigne qui y est plantée produit de bon vin.

En avançant je m'arrestay pour voir *il capo di Bue, tombeau des Metelles*, ainsi appellé pour les testes de Bœufs qui sont à l'entour au dehors, comme aussi des festons de fleurs. Il est en forme ronde & bâti entierement de pierre de taille d'vne prodigieuse grosseur. Il est creux par le dedans, & s'eleve par en haut en diminuant toûjours dans sa largeur, jusques à vne ouverture de moyenne grandeur qui y communique la lumiere. Cette piece merite bien d'estre veuë.

Là proche estoient des lieux spatieux fermez de murailles & bâtis pour retirer des Officiers d'armée, comme aussi vn autre tout voisin, où l'on enfermoit des soldats sous la clef, de peur qu'ils ne fissent des desordres dans la campagne. On le nommoit *le champ Pretorien*; l'on en void encor quelques ruines.

Entrant dans Rome par la porte de Saint Sebastien j'y cheminay vn bon quart d'heure sans rencontrer personne. C'est ainsi que cette Ville, qui autrefois estoit la pierre d'Aymant de toutes les Nations de la terre, s'en voit aujourd'huy abandonnée, & ne pûs m'empescher en mesme temps de faire reflection sur l'inconstance de toutes les choses du monde, mesme de celles qui semblent promettre vne éternité.

LES SEPT MERVEILLES;

C'est à dire les sept choses les plus remarquables, depuis Naples jusques à Rome, sont celles qui s'ensuivent.

SECOND ET NOVVEAV

recit, de ce qui est le plus remarquable dans la Ville de Rome.

Contenant entre autres choses, les Ceremonies qui s'y observent pendant la semaine Sainte.

LE 30. Mars allant dans Rome par *la ruë du Cours*, si belle qu'elle sert de promenade aux Romains; je remarquay parmy plusieurs Palais celuy du Prince Ludovise. A son extremité du costé de la porte del Popolo, il y a vn Obelisque que l'on apperçoit des trois plus grandes ruës de Rome: sçavoir *de la ruë des Grecs : de celle du Cours & de celle della Ripetta*, ainsi appellée pource qu'elle est proche du Tybre. Ce Fleuve fut autrefois appellé *Albula*, à cause de la blancheur de ses eaux, & a esté nommé le Tybre depuis que *Silvius Tyberinus* Roy des Albanois y fut submergé: ou bien à cause que *Tibri*, Roy des Toscans fut tué sur son rivage. Il prend sa source du Mont Apennin, & n'est dans ses commencements qu'vn petit ruisseau, qui se grossit par la décharge de 42. tant torrents que fleuves. Les principaux sont l'Anien, le Teveron ; & la Nera. Ayant arrousé cent cinquante Milles de pays, & plus, & divisé la Toscane du Latium, & la Ville de Rome en deux, il se va rendre par deux bouches dans la Mer de Toscane prés la Ville d'Ostie.

Quelques-vns veulent qne les Empereurs Romains luy ont fait changer son lit, & qu'il avoit autrefois son Cours au pied du Capitole jusques au Palais Majeur vers S. Anastase ; mais que depuis Tarquin l'Ancien le restablit en sa place & qu'Auguste le fit élargir pour empêcher les jnondations. L'on tient mesme qu'Aurelian le resserra entre deux murailles jusques à son emboucheure, & que l'on en void encor quelques ruines. Quelques precautions que les Empereurs Romains y ayent apporté, cela n'a pas empêché que ses debordemens n'ayent fait des dégasts & des desordres de temps en temps, & apporté a la Ville de grandes incommoditez. Entre plusieurs celle qui arriva du temps de Clement VIII. est des plus remarquables, par les ruines qu'elle a causées dans la Ville de Rome. Son eau en est toute à fait vilaine & bourbeuse, composée du limon de la terre quelle attire de dessus les Montagnes. Quelques-vns disent que quand elle s'est reposée, elle est saine à boire : mais sur tout quand elle est mélée avec celle du Fleuve Aniene laquelle estant sulphurée, empéche par son sel quelle ne se corrompe si facilement, & la purifie de telle sorte que l'on estime qu'elle est tres bonne à boire, & qu'elle se peut garder long-temps.

Le trente-vniéme Mars j'allay voir *le College Romain* fondé par Gregoire XIII. & gouuerné par des Peres Iesuites. L'on a abbatu plusieurs bâtimens à l'entour qui en ostoient la veuë, & fut bâty par *Martin Lunghi*. Il est magnifique dans son estenduë & fait vn ornement considerable de ce côté-là à la Ville de Rome. Son architecture est tout à fait bien conceuë, & encor mieux pratiquée. Il est enrichy de quelques fenestres de marbre, & embelly par vne grande porte ornée de marbre. Si les dehors ont de l'éclat, le dedans n'est pas moins magnifique. La Court en est spatieuse, les appartemens en sont commodes, les sales & les chambres y sont pratiquées avec toute l'industrie imaginable, pour la commodité des estudians. En vn mot tout y est riant, tout y est grand, tout y est superbe. Les Peres Iesuites y donnent leur temps & tous leurs soins pour l'instruction de la jeunesse : aussi est-ce que ce College est le seminaire des souverains Pontifes, des Cardinaux & autres personnes qui parviennent aux premieres dignitez Ecclesiastiques. Ces Peres qui y ont vn appartement considerable pour sa grandeur & pour la commodité, ne s'appliquent pas seulement à enseigner les sciences aux jeunes gens, mais ils s'estudient serieusement à entretenir leur devotion par des exercices de pieté continuelles, par des Catechismes, des exhortations & des predications. Ils portent mesme leur zele aux quatre coins de la Ville, pour instruire en public les pauvres ; pour les preparer à la confession & Communion, qui se fait tous les mois en quelque Eglise spatieuse. Cette pratique de pieté comme elle est ordinaire, est cause de grands biens : elle est d'vn grand exemple par toute la Ville, & luy est d'vne si grande édification, que non seulement les pauvres gens, mais encor la

Noblesse se trouve presenteà cette devotion.

Parmy les Peres qui se rendent celebres par leur doctrine, je ne puis passer sous silence le Pere Kirkhere le plus sçavant hôme de l'Europe dans la Mathematique, comme il a fait voir par plusieurs volumes qu'il a donnez au public. C'est vne chose tout à fait surprenante & agreable de voir ses machines, qui font paroistre l'adresse de ses mains, mais encor plus la grandeur de son imagination & la force de son esprit. Il les monstre aux curieux, avec bonté & avec plaisir.

L'Eglise de S. Ignace proche ce College, autrefois dédiée à sainte Marie de l'Annonciation, est dans le rang des belles qui se voyent dans la Ville, & a esté mise en l'estat où elle est, par le Cardinal Ludovise frere de Gregoire XV. comme il est marqué sur la porte au dedans de l'Eglise, qui est grande & bien ornée. Sa Tribune est enrichie de peintures de Zuccaro, mais le S. François est de Mutian : Au dessus du tableau du grand Autel, sont ces paroles : *Ego vobis Romæ propitius ero.* En avançant vers la Sacristie je vis les tombeaux de la maison de Ludovise. Dans la muraille est celuy de Gregoire XV. sur lequel sont écrites ces paroles. *Gregorius Decimus-quintus Ludovisius, Pontifex Maximus.* Et au dessus est celuy de son Neveu qui estoit Cardinal, où sont ces paroles, *Ludovisius Cardinalis, sanctæ Romanæ Ecclesiæ Vicecancellarius, hujus templi fundator.* De plus aux quatre coins, au bout des piliers d'vn côté. *Lavinia Albergata Fiani Dux, Gregorij Decimiquinti Pontificis Optimi Maximi fratris vxor.* Et de l'autre : *Lavinia Ludovisia, Plumbini & Venusiæ Principis filia.* Vis à vis: *Gregorius Philippus Ludovisij Plumbini & Venusiæ Principis filius.*

A l'autre pilier du mesme côté : *Horatius Ludovisius Plumbini, & Venusiæ Principis filius.*

L'aprés-disnée j'allay à l'Eglise de N. Dame du Peuple, où les jours de Festes les plus charmantes voix se font entendre devant tres-bonne compagnie ; les vns & les autres y estant attirez, pour ce qu'elle fut titulaire d'Alexandre VII. du temps qu'il estoit Cardinal, que l'on tasche pour cette raison de rendre celebre. En sortant de l'Eglise, j'entray dans le jardin qui est en tres-bon air, & dont les allées couvertes sont agreables.

Le premier Avril je visitay l'Eglise des SS. Apostres, titulaire d'vn Cardinal & autrefois Collegiale ; mais depuis Pie II. l'a mise entre les mains des Religieux de S. François. Elle fut bâtie par Constantin auprés de ses Thermes, & depuis a esté reparée, Sixte IV. fit refaire la Tribune, & Iules II. fit faire le Portique de l'Eglise, sur lequel sont écrites ces paroles. *Sedente Sixto IV. Pontifice Max. Iulius Cardinalis sancti Petri ad vincula Nepos, hanc Basilicam pene collabentem restituit.* Sixte V. a fondé le College de S. Bonaventure, où l'on enseigne les Religieux, & où se fait vne Academie de beaux esprits.

Le deuxiéme Avril je vis encor vne fois l'Eglise de la Trinité du Mont, gouvernée par des Religieux Minimes François, que Sixte V. fit titulaire d'vn Cardinal. Elle a esté embellie de temps en temps par des François, & enrichie des Peintures de Daniel de Volterre & de Zuccaro. Les Bourgheses y ont vne Chapelle qui est des plus belles. A l'occasion de la Feste en pareil jour de S. François de Paule leur Fondateur, ils avoient exposé sur le grand Autel toute leur argenterie & leurs Reliques. Entre plusieurs je remarquay

Rr ij

vn grand Buste d'argent, où estoient enfermées des Reliques de ce Saint, dont il y avoit des dents aussi enfermées dans vne fleur de Lys de christal enrichie d'or, & soûtenuë par deux Anges d'or. Cét ouvrage est délicatement travaillé.

Le troisiéme Avril ayant passé par dessus le Pont S. Ange, je sortis de la Ville de Rome par *la Porte Angelique*, autrement dite *de S. Pierre*, laquelle fut refaite par Pie IV. qui y fit placer de chaque côté vn Ange de marbre en bas reliefs, au dessus desquels sont gravées ces paroles: *Angelis suis mandavit de te, vt custodiant te in omnibus vijs tuis*: Aprés avoir franchy la montagne assez difficile, quand je fus arrivé au faiste, j'oubliay les fatigues passées, aussi-tost que j'apperceus cette gentille & agreable *Vigne-Madame*, appellée ainsi *de Madame la Duchesse de Parme* qui en estoit la maistresse, & qui appartient presentement au Duc de ce mesme nom. Elle est fort diversifiée dans ses allées couvertes, où l'on prend le rafraischissement avec grand plaisir: plusieurs jets d'eau qui y sont, luy donnent vn merveilleux agreément: mais je m'arrestay sur tout à considerer vn grand Canal remply d'vne si grande quantité de poissons de toutes sortes, que l'on les voit aller par troupes à fleur d'eau, qui se chassent l'vn l'autre pour attraper la pasture qu'on leur jette. Mais encor ce que j'admiray & consideray par dessus toutes choses en cette charmante & agreable maison, fut sa situation, laquelle est en forme d'Amphitheatre à l'égard du païs circonvoisin: duquel vous joüissez d'vne veuë tout à fait agreable: L'on y voit le Tybre, & les grandes prairies au deçà & au delà de ce fleuve, se presentent à l'œil & luy font vn objet agreable.

Quand vous aurez apperçeu le Pont Mol, & la Ville de Rome, jettez vostre veuë au dessus, & vous découvrirez d'vn côté Castel-Gandolphe, & de l'autre Frescati & Tivoli: qui paroissent dans vn grand éloignement. Cette veuë est assurement des plus belles qu'il y ait aux environs de Rome.

Le quatriéme Avril j'entray dans l'Eglise de Sainte Croix, dite des Luquois, bâtie en vn lieu que l'on appelloit autrefois *Forum Suarium*, parce que là estoit le Marché des Porcs. Cette Eglise fut premierement consacrée à S. Nicolas, & depuis à S. Bonaventure. Elle estoit alors gouvernée par des Capucins. Cét Ordre fut fôdé par Mathieu Baschi Recollet dans le Convent de Monte-Falcone dans la marche d'Ancone, poussé par vn pieux desir de faire reuivre les anciennes regles de S. François, qui commençoient peu à peu à serelascher, mais qu'il pratiqua & ses compagnons, avec la derniere austerité & exactitude. Clement VII. donna approbation à cette Reforme; Paul III. la confirma & ils furent honorez du nom de Religieux par les Peres du Concile de Trente. Elle commença l'an 1525.

Les Capucins ayant esté approchez du Palais de Monte-Cavallo par Vrbain VIII. l'on donna cette Eglise aux Luquois. Ie leus au dessus de la porte au dedans de l'Eglise ces paroles. *Lucensium natio multis ab Vrbano octavo Pontifice Optimo Maximo ornata beneficijs, nobili hac æde sub novo sanctæ Crucis & sancti Bonaventuræ titulo ad sacros vsus accepta, tanti Principis demū, forisque, de Christiana re optimè meriti, & pietatem & munificentiam eius singularis observantiæ nomine testatam voluit. Anno S. M.DC.XXXI.*

ejus Pontificatus octavo. Au dessus du grand Autel dans vne niche pratiquée dans la muraille, il y a vn Crucifix où N. Seigneur est representé vestu & parfaitement semblable à celuy qui est à Luques. Au bas sont ces paroles : *Regnavit à ligno crucis.* Sur la muraille de l'Eglise il y a vne Carte, où je l'eus l'histoire de ce Crucifix miraculeux. Ie la diray en peu de paroles. Nicodeme ayant vne idée de N. Seigneur fortement imprimée dans l'esprit, & ayant entrepris de representer sa ressemblance, il n'en eut pas plûtost formé le corps, qu'il s'endormit dans la difficulté qu'il trouva à faire la representation du Chef, mais à son reveil il trouva l'ouvrage achevé par la main d'vn Ange. Estant prés de mourir il raconta toute l'histoire à vn de ses parens & luy mit entre les mains ce Crucifix qu'il conserva pendant sa vie. Il a esté depuis gardé jusques au huictiéme siecle dans la terre Sainte, où vn Evesque de Luques s'estant transporté, eut vne revelation que ce Crucifix estoit entre les mains de Seleuce qu'il alla voir, & qui luy monstra le lieu où il estoit. Cét Evesque l'emporta dans vn Vaisseau qui sans estre conduit d'aucun Matelot arriva heureusement en Italie au Port de la Ville de Lune, dont les habitans se promenans sur le rivage de la Mer, eurent la curiosité d'entrer dans ce Vaisseau, d'où ils voulurent aussi emporter le Crucifix : mais leurs efforts furent inutiles. La contestation estant survenuë entre les Luquois & les habitans de Lune à qui l'auroit, les Evesques des deux Villes convinrent ensemble de le mettre dans vn Chariot attellé de deux jeunes Taureaux, & que là où ils iroient sans estre conduits, l'on tomberoit d'accord qu'il y demeureroit. En sorte que ces Taureaux ayans tourné du côté de Luques, les Luquois en furent les maistres, & l'ayans mis dans la Cathedrale hors de la Ville, il fut transporté miraculeusement dans celle de S. Martin où il est encor exposé à la devotion & veneration des pelerins, qui poussés d'vne sainte curiosité y abordent de toutes les parties de l'Europe.

Ce n'est pas sans raison qu'il est appellé *miraculeux*, parce qu'il fait tous les jours des miracles. Entre plusieurs on m'en a dit vn qui est remarquable par dessus tous les autres. Vn jeune homme estant venu par devotion honorer ce Crucifix, & voyant que plusieurs personnes luy faisoient des presens considerables & qu'il n'avoit rien que la volonté, il s'avisa de jouer d'vn instrument qu'il avoit, dont la melodie charma tous les assistans, & se voulant approcher du Crucifix pour l'adorer & le baiser, ce Crucifix luy tendit ses pieds en luy presentant les souliers d'argent dont ils estoient revestus, & ayant revelé ce miracle, il fut en suite publié par tout.

Baronius dans son histoire Ecclesiastique, dit qu'vne personne estant à Hierusalem apprit de deux Religieux qui gardoient le tombeau de N. Seigneur, que si on regardoit dans le Crucifix qui est à Lucques, l'on y trouveroit des Reliques. L'Evesque du lieu en ayant eu la revelation, y regarda & y trouva vne partie de la Couronne d'épines de N. Seigneur, vne phiole de son sang, que Nicodeme avoit ramassé, vn cloud de la Croix à laquelle N. Seigneur fut attaché & autres, dont l'on fit part à la Ville de Lune, mais elles ont esté depuis transportées à Sarzane où elles sont aujourd'huy honorées. Cét Evesque en voulant encor prendre d'autres, il en fut empesché par vne lumiere, & par vne nuée qui se dissipa peu à peu.

Le cinquiéme Avril j'allay voir le Palais que l'on commence proche le College Romain pour le Prince Pamphile : quand il sera achevé il sera des plus beaux & des plus spacieux de Rome.

L'aprés-disnée du mesme jour en considerant le Palais du Cardinal Vrsin, je vis dans la Cour vne fontaine qui jette plus de trente pieds de haut, à ses côtez deux Lions qui en sont d'étachez, mais qui rendent par leur gueule vn filet d'eau dans le bassin. Ce quartier de Rome m'a semblé beau & remply d'vne grande quantité de beaux Palais.

Delà j'entray dans l'Eglise Nouve qui n'en est pas éloignée, & où j'entendis les quatre entretiens familiers des Peres de l'Oratoire qui ne sont pas seulement vtiles pour ceux qui commencent à se perfectionner dans la langue Italienne, mais aussi pour ceux qui veulent s'entretenir dans la pieté & dans l'Oraison mentale. Aprés les quelque sermons l'on chanta quelques prieres en Musique. Cette pratique de devotion est digne de la pieté de ces bons Peres, qui par ce moyen détournent plusieurs personnes d'vne vie licentieuse & faineante.

Le sixiéme Avril j'allay veoir *le Palais Medicis*, placé sur *le Mont-Pincius* & dans le quartier de la Trinité du Mont, d'où l'on a la plus belle veuë que l'on puisse souhaiter. En tournant face l'on void la Ville de Rome dans toute son étenduë ; & mesme la campagne qui est au delà ; ce qui represente à l'œil vne perspective non moins charmante que divertissante.

& d'Italie. 6$$

Regardant de l'autre côté je considéray la face de ce Palais, considerable pour ses raretez, pour sa hauteur & pour son Architecture : mais ce qui y est surprenant & agreable à voir, est vne fontaine qui rejalit à vne fenestre en dehors de quarante ou cinquante pieds de hauteur, retombant dans vn balcon.

De là j'allay dans le Palais par vn bel escalier, dont les Sales & les Chambres sont remplies des plus exquises Peintures & des plus rares Sculptures. I'en nommeray les plus remarquables.

Dans la premiere Sale parmy plusieurs statuës, j'admiray celles qui pressurent du raisin, comme aussi les autres qui en ont entre les mains, vne statuë d'Apollon avec son Arc & vn serpent, celle de Ganimede avec son Aigle, & autres, dont quelques-vnes sont sur des colomnes de marbre, & les autres à plate-terre. Parmy les peintures, j'y remarquay trois tableaux qui representent divinement les forges de Vvlcain. Dans vne chambre à côté de la Sale j'arrestay ma veuë sur deux gladiateurs qui luitent ensemble, chef-d'œuvre de Sculpture estimé de tout le monde. Il ne se peut rien de plus achevé que leur posture, rien de plus fini que leurs os, que l'on compteroit les vns aprés les autres. En passant dans vne autre Chambre, entre plusieurs l'on me fit remarquer celle d'vn païsan, qui dans vne posture courbée aiguisant la faucille, entendit parler de la conjuration de Catilina, laquelle par ce moyen fut découverte. Cette Sculpture est la plus belle de Rome. L'on me fit voir encor en vne autre chambre vne Venus qui passe pour vne merveille en cét art.

Estant descendu dans vne galerie qui est au dessous, j'eus sujet de considerer avec plaisir plusieurs raretez, mais sur tout vn grand nombre de statuës que l'on void dans des niches, comme des Hercules, des Sabines & autres. Ie vis sous le Portique du côté du jardin deux Lions du plus beau marbre qui se puisse voir. Là auprés il y a vne fontaine agreable par ses jets d'eau, qu'elle fait rejalir de tous côtez, & par les statuës d'vn Mercure, & d'vn Apollon. Là pareillement se voyent deux grandes Cuves de pierre, où l'on tient que les Empereurs Romains prenoient leurs bains. Si l'on donne vne œillade vers le Palais, l'on ne void que bas reliefs, des statuës placées dans leurs niches, dont quelques-vnes sont revestuës de Porphyre rouge fort éclatant.

La beauté & l'agreément du jardin répond parfaitement à la magnificence du Palais. Il est en face du logis & comme en terrasse. En y faisant le tour par des allées, j'y remarquay vne Cleopatre couchée auprés d'vne ouverture que l'on a faite dans la muraille qui ferme ce jardin, à l'extremité duquel je vis Niobé avec ses quatorze enfans qui furent tous persez de fléches, & qui sont tous representez en differentes postures. Il y a vn cheval au milieu de ces statuës, & le tout est sous vn toict que l'on a fait exprés pour conserver cette piece merveilleuse. En tournant j'y apperceus vn quarré remply de fleurs des plus agreables à la veuë.

En me promenant dans ce jardin je me trouuay sur vne terrasse, de laquelle estant monté par cinquante marches, j'arriuay sur vne butte haut esleuée faite en façon de Parnasse, d'où la veuë jouïroit d'vne grande estenduë, si elle n'estoit point empeschée par les Cyprés d'vne prodigieuse hauteur dont elle est enuironnée. De ce lieu

& d'Italie. 635

on descend doucement sur vne autre terrasse où est tout à l'entour vne balustrade de marbre, & auprés vn bois couvert qui sent tout à fait sa solitude, & qui en Esté est vn lieu delicieux pour y prendre la fraischeur. Il ne se peut rien de plus charmant que cette vigne.

Le septieme Avril 1661. jour de la Creation du Pape, y ayant six ans complets qu'il fut promû à cette dignité, j'allay au Palais de Montecavallo, où je me trouuay present en compagnie de plusieurs Estrangers dans vne Sale, où sa Sainteté prit ses habits de deux Cardinaux, en presence de plusieurs autres qui y estoient rangez, & qui en sortirent deux à deux, en luy faisant vne inclination tres profonde. Sa Sainteté fut apportée dans vne Chaise, soûtenuë par douze Officiers, avec le bruit des Trompettes dans la Chapelle, où ayant prié Dieu sur vn Oratoire preparé devant le grand Autel, il monta à son Throsne : Incontinent aprés le Celebrant commença la Messe, & les mesmes Ceremonies furent obseruées que j'ay exposées cy-devant : Ce qui fait que ie n'vse point de redites.

L'aprés-disnée du mesme jour je retournay à la Vigne Bourghese qui me fut pour la seconde fois vn sujet d'admiration. En m'en reuenant je passay par *la Porte Pinciene*, qui a encor retenu son nom du Senateur *Pincius*, qui y avoit son Palais. De ce lieu en avançant, j'entray dans le petit Jardin de Monsieur Fassagno Prelat, qui en peu d'espace contient baucoup de choses tres-plaisantes, qui satisfont merueilleusement la veuë ; y vis des fleures de differentes sortes & de diverses couleurs, Oranges, Citrons, alleés couvertes, olieres : Au milieu vn bassin duquel cinq ou six filets d'eau rejalissent tout à l'entour: mais ce que j'y admiray davantage, est sa situation charmante; d'où je pris vn singulier plaisir de voir cette belle & grande Ville qui fait à la veuë vne agreable perspectiue.

Le 8. Avril sur la reputation qui court par toute l'Europe de la Maison du Cardinal d'Este à Tivoli, je fus invité de m'y acheminer, & sortis de la Ville de Rome par la porte de S. Laurens, dont je laissay l'Eglise à droite, & passay par dessus le Pont qui est sur la riviere du Teveron, & à quatre milles de la Ville. A huit milles au delà de ce Pont j'en passay vn autre (apres avoir veu les miserables ruines de l'ancienne Ville de *Collatinum*, & le *Mont Porcia* où estoit *la Maison de plaisance de Porcius Cato*) qui est sur l'*Anien*, fleuve assés signalé. L'on tient qu'il a pris son nom d'*Anio Roy des Hetrusciens*, lequel ne pouvant atteindre Cethegue qu'il poursuivoit pour le ravissement de sa fille, se precipita par desespoir dans ce Fleuve que l'on appelle *Teverone*. Il prend sa source des *Monts Thebains*, & apres avoir arrosé la plaine de Tivoli, se vient rendre avec trois autres lacs dans le Tybre.

Ce fleuve a des proprietez merveilleuses, qui donnent tout sujet d'admirer les secrets de la nature. C'est vne chose constante qu'il couvre d'vne croûte de pierre, les branches d'arbres, les plantes & autres herbes que l'on y jette. Le corps d'vn homme y ayant esté jetté, & s'estant attaché par les cheveux à vn arbre dans l'eau, en fut tiré tout petrifié. Cela est si veritable, que l'on voit encor les rivages & les lieux qu'il mouille, se revestir d'vne croûte de pierre. Mesme dans la

& d’Italie.   637

plaine de Tivoli voisine de ce fleuve, l’on void des cailloux qui y ont esté produits par la vertu de son eau.

Dans cette mesme plaine, le fond de pierre de quelques Marests & Lacs qui s’y trouvent, ne peut estre attribué qu’à la proprieté de l’eau de ce fleuve qui s’y dégorge. Il arrive bien souvent qu’il s’y forme par je ne sçay quel hazard, de l’Anis, du Fenouil, des Amandes & autres confitures seiches, si bien contre-faites, qu’il sembleroit mesme aux plus fins qu’elles sortiroient de la boutique de l’Espicier, & non du fond de l’eau : Estant servies dans les festins, le plat de pierre se convertit incontinent en vn plat de ris, lorsque l’on voit les friands attrapez.

Il faut presentement rechercher la cause de ces merveilles. Les personnes qui se sont étudiées à les connoistre, sont tombées d’accord que cette eau prenoit cette qualité & cette vertu des cendres, aussi déliées que des atomes, reduites en poussiere par le feu & les embrasemens sous-terrains, qui communiquant leurs vapeurs & leurs exhalaisons grossieres, & se mélant avec l’eau des fontaines & des rivieres, leur donnent la proprieté de petrifier ; principalement quand ces menuës parties de cendres venant à se rapprocher, à se reünir & à se refroidir, forment des cailloux & des pierres qui s’attachent facilement à tout ce qu’elles rencontrent, qu’elles revestent d’vne croûte de pierre, & qu’elles petrifient ainsi.

Ce qui m’a esté dit du Mont-Apennin, me paroist encor plus merveilleux. Au pied de ce Mont en quelques endroits, il y a des profondeurs qui sont comme des grottes & des cavernes, d’où les eaux coulant du haut par les fentes, se rallient en tombant, & se petrifient si bien, que vous voyez sur l'heure se former de grandes colomnes de differentes figures, des ressemblances de gros troncs d'arbres, des centaures & des statues si bien contrefaites, que l'on diroit qu'elles sortiroient de la boutique du Sculpteur.

Mais pour revenir au fleuve *Teverone*, l'on tient que son eau est bonne à boire, & mesme medecinale, quand elle s'est reposée quelque temps. Elle coule à travers les mines de Bitume, d'Alun & de Soufre, dont elle prend la couleur & l'odeur qui me vint au nez, en passant sur le Pont qui est à douze milles de Rome, si forte qu'elle surprend la respiration.

A deux ou trois milles au delà de ce Pont en approchant de *Tivoli*, je vis sur le chemin à gauche vn tombeau en forme ronde *de Marcus Plautius Septemuir Epulonum*, que les Romains luy avoient dressé en reconnoissance des services qu'il leur avoit rendus : *Ob res in Illyrico bene gestas*, comme il est remarqué dans l'inscription qui est sur ce tombeau. C'est ce Plautius qui se tua lors qu'on preparoit les funerailles de sa femme, dont les corps furent brûlez & les cendres mises ensemble. Il a esté appellé le tombeau des amans.

En avançant je découvris l'éminence, sur laquelle sont encor quelques ruines de la maison de Ciceron où il fit *ses questions*, que l'on appelle *Tusculanes* : enfin aprés avoir fait quinze ou seize milles toûjours par de tres-beaux chemins, j'arivay dans la Ville de Tivoli.

TIVOLI.

Les premiers fondateurs de la Ville de Tivoli, sont les Grecs qui la bâtirent avant la fondation de Rome, & mesme selon quelques-vns, auparavant la guerre de Troye. Quelques-vns veulent qu'elle est ainsi appellée de *Tiburtus*, qu'on tient avoir esté fils de cét Amphiaraus, qui mourut à Thebes. Les autres assurent que son premier fondateur fut *Catille*, fils d'*Amphiaraus*, qui luy donna le nom de son frere & l'appella *Tibur*; c'est pourquoy Horace appelle *Tivoli les murailles de Catille.*

Ses habitans honoroient par dessus toutes les autres Idoles, celle d'Hercules que les Grecs respectoient dans vn Palais à Tivoli, comme les Romains leur Dieu Iupiter dans le Capitole. Ils offroient souvent des sacrifices à ce Dieu en des temples differens qu'ils avoient bâtis en son honneur : Ses sacrificateurs estoient nommez *Herculanei*, & la Ville *Herculée* : outre que comme ils reconnoissoient ce Dieu pour Protecteur de la terre ferme, ils luy édifioient des temples au rivage de la Mer, croyans qu'elle luy porteroit respect, & qu'elle ne feroit aucun dommage sur terre par ses inondations.

Cette Ville est à seize milles de Rome ou environ, située dans sa campagne, & sur le penchant de la montagne, qui la couvre de tous côtez, excepté du côté de Rome que l'on a en perspective. Elle est presentement petite, mais fermée de murailles. La bonté de son air, la fertilité de son terroir & sa situation tres-agreable, y ont de tout temps attiré vn grand peuple, comme l'on peut mesme remarquer par les ruines des bâtimens & des jardins, que le temps & les guerres qui ont esté sanglâtes en ces quartiers, ont ruiné peu à peu, & qui n'en ont laissé que de miserables restes. Quoy que l'Eglise Cathedrale dediée à S. Estienne soit petite, elle est embellie de peintures & en bon estat, par les soins qu'en prend le Cardinal de sainte Croix qui en est Evesque. De ce lieu je m'en allay à la fameuse Cascade de Tivoli.

LA CASCADE DE TIVOLI.

LE fleuve Anien s'estant jetté dans trois lacs, & ayant coulé par des montagnes & par des forests, vient faire vne descente si precipitée dans Tivoli, qu'on luy a donné le nom de *Cascade*, qui veut dire en langue Italienne *cheute d'eau*, que l'on ne peut voir sans admiration. Elle tombe pour l'ordinaire sur des rochers épouvantables, d'vne hauteur si prodigieuse, qu'elle s'y brise & envoye de l'eau au visage de ceux qui en sont éloignez de cent pas, & se fait entendre plus loin de cinq cens, par son bruit. Mais ce qui est encor plus admirable, est qu'elle remplit l'air l'air d'obscurité & de nuages, sur lesquelles le Soleil répandant ses rayons, fait paroistre vn Arc-en-ciel à ceux qui en sont tant soit peu éloignez, & l'eau va avec tant d'impetuosité, qu'elle mine la terre où elle se cache, à vingt pas du lieu où elle tombe: puis on la void paroistre entre les rochers, en suite dequoy elle s'engouffre encor vne autrefois dans la terre, & se dérobe à la veuë dans vn espace de deux cent pas, & reparoist dans dans vne prairie qu'elle fertilise merveilleusement. Cette Cascade est tres-curieuse à voir: l'on fait passer l'eau dans la Ville, non seulement pour faire tourner les Moulins, mais aussi pour faire des Canaux dans les jardins.

Prés de cette cascade l'on voit les ruines de l'ancien *Palais d'Adrian*, qui consistent en vn petit bâtiment rond, environné de colomnes, dont les chapiteaux sont délicatement travaillez, & auprés de ces ruines l'on voit aussi les restes de *la grotte de la Sibylle* Tiburtine qui prit naissance en ces Cantons, & qui y prononça ses Oracles. Elle fut appellée par les Latins *Albunea*, & par les Grecs *Leucothea*, qui l'adoroient comme vne Déesse, & luy consacrerent vn bois, vn temple, & vne fontaine.

Le jardin du Cardinal d'Este où j'allay, est vne chose qui merite d'estre veuë par les plus curieux.

JARDIN DV CARDINAL d'Este à Tivoli.

LE jardin fait le siecle passé par le Cardinal Hippolite d'Este, avec vne despense incroyable, & entretenu par vn Cardinal de ce mesme nom, est vne merveille qui surprend les esprits les plus forts & les plus difficiles, soit que l'on considere le Palais situé dans le lieu le plus agreable de la montagne qui a esté applanie, riche en ses Peintures, rare en ses Sculptures, considerable pour son Architecture, royal en ses appartemens & magnifique en ses autres richesses : soit que l'on jette la veuë sur les differens jardins tres-plaisans, où l'on ne sçait ce que l'on doit admirer davantage, ou les labyrinthes faits avec tant d'artifice, que l'on a de la peine d'en sortir quand on s'y est vne fois engagé ; ou les délicieux boccages, qui par leur verdure dont ils ne se dépoüillent jamais, representent vn continuel printemps ou les petites forests, des demy Cercles chargez de statuës, dont la matiere est autant magnifique, que l'ouvrage en est artistement travaillé : soit que l'on regarde les grottes des Nymphes d'autant plus admirables, qu'il semble qu'elles soient du travail de la nature, & non de la main de l'artisan : soit que l'on ait attention sur la diversité des fontaines qui y rejalissent de tous côtés ses allées, dans les grottes & en differens jardins, tantost donnant leurs eaux en haut par des statuës, tantost les faisant rejalir du haut en bas, formans des nappes, des tapis & des Cascades: soit enfin que l'on ait égard aux allées couvertes, qui outre qu'elles fournissent de la verdure toute l'année, en été vous y goûtez agreablement la fraischeur, & n'y estes exposé ny au vent, ny à la pluye, ny à l'ardeur du Soleil. Il ne se peut pas trouver vn lieu plus charmant & plus délicieux, où la nature & l'art disputent à qui l'emportera. Il faut presentement que je parle en détail des beautez de ce lieu.

I'entray donc en cette Vigne délicieuse par vne porte qui est au dessus de la Ville, & vis dans vne petite galerie couverte le long du corps de logis les cinq rochers pratiquez dans la muraille, autant agreables par les differends jets d'eau qu'ils donnent, que par leurs belles niches travaillées à la Mosaïque.

Delà j'allay au plus haut de la colline. Sur sa douce descente en face du Palais, l'on a applany quatre places, en chacune desquelles l'on a pratiqué vn jardin où rien ne manque, ny pour la politesse, ny pour l'agrément. D'vn jardin l'on descend dans l'autre par le milieu par trois escaliers de pierre, dont les côtez sont arrousées de differens ruisseaux, qui aprés avoir charmé les oreilles d'vn murmure agreable, vont tomber dans leurs bassins. Chaque jardin est partagé en son rang, où l'on peut arrester avec plaisir pour se promener sous les treilles & sous les allées couvertes; & pour y considerer les differens objets de verdure, d'vne couleur plus éclatante, d'vne plus éteinte, où vous respirez vn air doux de la bonne odeur, dont la diversité des fleurs le remplissent, & pour le dire en vn mot, vous sortez tres-contens, aprés avoir veu tant de beautez.

Me promenant sur la plus haute terrasse, je consideray les quatre jardins qui en sont dominez, & qui forment autant de terrasse sur le panchant de la colline. Aprés avoir passé entre des arbrisseaux & des petits bois, je me trouvay dans vne petite sale ouverte de quatre côtez, où j'eus loisir d'admirer les belles statuës *de la Déesse Prmione, de Thetis, d'Esculape, de Flore, d'Arithuse, de Pandore & autres.*

Descendant dans le premier jardin on trouve à main droite, le Colosse du cheval Pegase, qui de son pied fait reialir en haut vne belle fontaine. En suite l'on void dans les bois & dans les Rochers, vne caverne, où proche des statuës *de Venus & de Bacchus*, quatre amours representez avec des bouteilles qu'ils tiennent dans la main, font autant de jets d'eau. La proche quelques petits ruisseaux descendent entre des Rochers, qui vont tomber dans vn Lac avec vn bruit fort divertissant. La aussi se voyent deux Colosses, l'vn *de la Sibille Tiburtine*, & l'autre *de Melicerte*. Plus au dessous proche du mesme Lac, l'on trouve les deux statuës des fleuves Anien, & Herculanée, qui sont appuyeés sur des vases dont l'eau sort abondamment & se jette dans le Lac, comme aussi des cruches que tiennent dix Nymphes. A l'autre costé du jardin à l'extremité à gauche on void *Rome* representé en déesse guerriere en vn grand demy cercle avec ses plus memorables bâtimens, qui l'accompagnent & placée au milieu des sept collines: Sa statuë est de marbre Parien, plus grande &

plus haute qu'vn homme ordinaire, en forme de Vierge, avec vne robe courte & trouffée, le genouil nud, l'épée au côté, le cafque en tefte, vn dard à la main droite, & vn bouclier à la gauche. Les bâtimens quelle a tout au tour, font *le Pantheon, le Capitole, & les principaux Cirques, Theatres, Colomnes, Obelifques, Maufoleés, Arcs Triomphaux, Pyramides, Aqueducs, & Bains.* Le Tybre y verfe de l'eau par vne grande vrne dans la Ville, & dans le milieu de fon cours & de fon canal, il y a vne Ifle faite en forme d'vn navire de pierre qui a pour arbre vn Obelifque affis au milieu, & eft chargé de quatre Temples, qui font celuy d'Efculape en poupe, & ceux de Iupiter, de Berecinthie, & de Faufte en proüe: mais au deffus en vne colline on void des ftatuës d'Hermites & de Bergers fi bien faites, que l'on diroit qu'elles font animées.

Ce jardin me parut bien avoir la longueur de deux cent pas ou environ, bordée d'vn cofté d'vne paliffade, & de l'autre de deux petits canaux larges de trois pieds. Le premier eft bordé de trois en trois pieds de differens oyfeaux, & de vafes, qui font tous vn jet d'eau: outre cela tout du long font reprefentez en bas reliefs les Metamorphofes d'Ovide, mais particulierement celles qui concernent Orphée. Au fecond petit Canal font reprefentée des trois en trois pieds des teftes de toutes fortes d'animaux, qui rendent toutes de l'eau, & qui forment autant de fontaines. Quoy que ces bas reliefs foient gaftez en partie, par leurs reftes neantmoins l'on peut juger de la beauté de l'ouvrage quand il eftoit en fa perfection.

Ss iij

De ce premier jardin je descendis dans le second qui ne luy cede en rien pour la diversité des beautez qu'il contient. On y trouve vn bocage verd entre certains rochers, par le milieu desquels coulent quelques fontaines, & que l'on pourroit nommer le Ciel des oyseaux, pource qu'on y voit sur les arbres plusieurs figures d'oyseaux battans des aîles, & chantans si agreablement, qu'ils paroissent vivans : ce qui se fait par le vent, par l'eau, & par les petites cannes cachées industrieusement parmy les branches des arbres : mais aussi-tost que le hibou paroist ils demeurent dans le silence & recommencent à chanter lors qu'il disparoist.

Il faut voir ensuite *la Fontaine des Dragons* qui jettent de l'eau par leurs gueules, & font vn si grand bruit avec leurs trompettes, qu'il vous sembleroit entendre le tonnere. Cette mesme fontaine fournit vne Girandole d'eau fort agreable. Mais il ne faut pas oublier de voir *la grotte de la Nature*, ornée de plusieurs statuës, où vous entendrez des Orgues qui rendent vne merveilleuse harmonie par le moyen des soufflets aydez seulement du mouvement de l'eau. Il n'y a rien de si charmant.

Dans le troisiéme jardin j'y admiray les belles fontaines; mais sur tout je m'arrestay à considerer les trois petits Lacs que l'on doit reduire en vn, pour y recevoir les eaux d'vne belle Cascade que l'on fait venir du Fleuve Teverone par de grands tours. Il fait beau se promener à l'entour de ce Canal, pour voir cette grande cheute d'eau qui vient en abondance & d'vne hauteur considerable. Iettez la veuë du dernier jardin vers le Palais, & vous découvrirez d'vne œillade toute les beautez representeés sur ces Amphitheatres naturels. En premier lieu le Palais se presente à vos yeux, Au milieu avance vn balçon qui fait comme vn autre ordre. En suite, les quatre jardins en terrasse. Sur le troisiéme vous voyez les petits bassins en forme ronde, qui jettent de l'eau des deux costez, & le tout au milieu du jardin si bien pratiqué, qu'il ne se peut rien voir de plus beau. Tournez la veuë à droite à l'extremité du jardin, vous découvrirez encor vne cheute d'eau entre des verdures, & des bassins d'eau en forme ronde. Cet objet est si agreable qu'il n'y a rien de pareil dans ce jardin. Vous y trouverez d'vn côté la fontaine de Triton, & de l'autre celle de Venus : & vous y admirerez des labyrinthes aussi agreables que pleins d'artifice. En vn mot en ce lieu se trouve tout ce qui peut rendre vne vigne agreable ; & je ne croy pas qu'on y puisse rien ajoûter.

En sortant de Tivoli je passay sous vn couvert d'Oliviers qui pendant vne demy heure me garentit de l'ardeur du Soleil, qui commençoit estre vehemente, je découvris Frescati, où j'arrivay en l'Hôtellerie de la Fortune, aprés avoir fait douze milles.

FRESCATI.

FRescati petite Ville ainsi appellée par les Italiens, pour l'air frais que l'on y respire en tout temps dans ses jardins délicieux, & par les

Latins *Tusculum*; est comprise dans *le Latium* & est à douze milles de Rome. Elle fut premierement bâtie par *Telegus* fils *d'Vlisse* & *de Circé*; & fut détruite par les Papes du temps de Frederic Ænobarbe, d'autant que ses habitans avoient esté assez hardis pour donner secours aux Imperialistes. Depuis ce temps elle n'a pû se restablir dans son premier estat.

Elle est situee sur la croupe d'vne montagne, fermée de murailles, & est Episcopale. Sa Cathedrale est dédiée à S. Pierre, & fut vn des six premiers Eveschez annexez aux six plus anciens Cardinalats.

Quoy que cette Ville soit renommée pour estre le lieu ou Ciceron fit ses questions Tusculanes, il faut neantmoins tomber d'accord qu'elle reçoit encor vn bien plus grand éclat des jardins des Princes Ludovise, Bourghese & Aldobrandin, qui sont autant de sujets d'admiration, où les Italiens font sur tout paroistre leur adresse à ménager & partager les eaux. Elles meritent bien vne description particuliere.

Le neufiéme Avril j'allay voir la maison délicieuse & charmante du Prince Ludovise, où j'arrivay par vne avenuë agreable, quoy qu'elle soit de côté.

JARDIN DU PRINCE Ludovise.

LA beauté de cette maison ne cede en rien à celle que ce Prince a dans la Ville de Rome. Le Palais en est beau & remply d'vn grand nombre de tableaux les plus exquis.

En descendant à l'extremité de la Cour, je me trouvay sur vne terrasse faite en demy cercle, & ornée de balustres. De là l'on découvre la Ville de Rome & toute sa campagne, la veuë en est tout à fait charmante. En deça de la terrasse il y a vne fontaine qui jette son eau d'vne belle hauteur & en abondance, comme aussi vne autre qui n'en est pas éloignée faite en forme de bassin, à l'entour duquel l'on me fit saillir plusieurs jets d'eau d'vne maniere fort agreable.

De là je consideray la Cascade d'eau dont la source est à deux milles; mais on luy a fait prendre vn détour de sept ou huit milles, à cause des montagnes qui se sont rencontrées sur le chemin. Cette Cascade jette son eau de la montagne, & la versant abondamment sur son panchant, coule jusques au pied du rocher qu'elle moüille de tous côtez, & n'est pas plûtost tombée, qu'en mesme temps on la fait paroistre par vne infinité de jets d'eau qui surprennent les spectateurs.

Il fait aussi beau voir au long de la muraille bâtie dans la terrasse, soixante petits bassins qui donnent leurs eaux avec abondance. En quelque lieu que vous vous trouviez dans ce délicieux jardin, l'eau vous assaille de tous côtez, soit que vous marchiez dans les allées, soit que vous montiez ou descendiez les dégrez, soit que vous passiez par les portes, soit que vous consideriez la Cascade; & mesme des lieux dont on se deffieroit le moins. Tel croiroit boire son vin pur estant assis à vne table que l'on met là exprés, qu'on luy envoye de l'eau sur luy & dans son verre d'vn petit rocher pratiqué dans la muraille. Quelque precaution qu'on y apporte, il faut s'attendre d'estre moüillé. Il est vray que l'eau est mesnagée en ce lieu avec toute l'industrie possible, & jusques à present je n'ay rien veu de pareil. De ce lieu *j'allay au jardin du Prince Bourghese*.

JARDIN DV PRINCE Bourghese.

La vigne du Prince Bourghese, appellée autrement le *Mondragon*, est à vn mille de Frescati. La hauteur & la grandeur de son Palais, & sa situatiō sur le plus haut de la montagne, donne l'empire à ce lieu par dessus les autres maisons de Frescati, d'où j'eus le plaisir de voir Rome, sa campagne & mesme la Mer, quoy qu'elle en soit éloignée. La Court en est belle & grande, & bornée par trois aîles de bâtimens, qui outre leur belle Architecture se font admirer par leurs Sculptures délicatement travaillées, Peintures délicieuses, superbes ornemens, & par le grand nombre des beaux appartemens capables de loger vn Roy & sa suite. J'admiray par tout ce Palais de belles peintures qui sont autant de chef-d'œuvres des plus excellens Peintres de ce temps & du siecle passé, qui se sont acquis en cét art vne reputation immortelle: Sçavoir *des Carasses, de Raphaël d'Vrbin, de Zuccharo, de Dominiquain, de Guide, du Capucin, de Michel Ange, d'André de Sarte, de Ioseph Arpinas, d'Alberto-duro*. En vn mot ce Palais peut passer pour vn cabinet des merveilles de la Peinture.

L'on me fit voir vne galerie, où en entrant je remarquay Orphée au milieu des animaux qu'il charme par son instrument & qu'il fait danser, & vis à vis à l'extremité de la galerie, il y a vn tableau de Lanfranc, qui represente la fable de Polypheme.

La Cene d'Alberto-Duro merite l'application & l'admiration des curieux. Parmy plusieurs ouvrages de sculptures, j'y remarquay dans vne galerie deux Bustes bien travaillez, l'vn est de Iules Cesar, & l'autre est de Flavia.

Ie consideray dans vne des chambres du Palais, deux grottes, où des fontaines jettent leurs eaux d'vne gentille maniere. Dans l'vne il y a la statuë de Bacchus : Ie fus bien surpris de voir que le Dieu du vin fournit tant d'eau, mais sur tout par vne grappe de raisin, & l'autre par vne statuë fait saillir son eau fort agreablement. Si vous allez sur vn balcon qui est en saillie en dehors du corps de logis, l'eau ne manquera pas de vous moüiller si vous attendez que l'on tire vne corde qui est proche.

En descendant du Palais je remarquay deux terrasses qui sont les vnes sur les autres. La premiere qui est la plus basse, est la plus grande & regne au long du corps de logis, & toute bordée de belles balustrades, & de chaque côté sont deux fort belles colomnes de pierre travertine fort élevées.

De quelque côté que vous regardiez ce Palais, mais particulierement du jardin, vous y trouvez toûjours vne nouvelle matiere de vous satisfaire. D'vn côté vous découvrez vn portique fort estimé, & pour la délicatesse de son architecture & pour ses statuës. Vis à vis aussi de l'autre côté du jardin il y a vn bâtiment en croissant, où vous n'admirerez pas moins dans les enfoncemens de grottes qui s'y voyent, les belles statuës & les jets d'eau qui saillissent de tous côtez, que la Girandole au milieu de la place qui remplit les oreilles d'vn bruit épouvantable, & qui imite le tonnerre, la pluye & la gresle. Les deux autres côtez du jardin sont environnez de murailles; au dessus desquelles sont d'espace en espace plusieurs belles statuës.

Vous auez pareillement dans les jardins dequoy contenter vostre curiosité : dans l'vn desquels dans vne étenduë environ de deux arpens, vous voyez six quarrez où vous ne sçavez ce que vous devez admirer davantage, ou les palissades de Myrthe & de Lauriers dont ils sont fermez, ou bien la diversité des fleurs dont ils sont remplis, ou bien les fontaines qui dans chacun de ces quarrez jettent leurs eaux.

Iettez vne œillade plus loin sur plusieurs belles allées qui sont aussi agreables pour leur longueur, comme pour leur verdeur de toutes couleurs, du vif & du naissant, il ny a rien de si charmant. Ie ne parle point des bois ombragez, ny des petites forests d'Oliuiers & de Chesnes verds qui y sont tres-communs. De la terrasse l'on me fit voir vn lieu fermé, où l'on faisoit autrefois nourriture de bestes fauues, & au delà à vn demy mille ou environ, l'on me fit remarquer dans vn fond vne autre maison de plaisance, appartenante au mesme Prince, qui est comme son lieu de retraite & de solitude. Si la curiosité vous porte à la voir, l'accez en est facile, mais moy je me contente de cette description, & sans tarder je partis pour aller au *jardin de Belveder*.

IARDIN DES ALDOBRANdins.

CEtte maison est appellée *Belveder*, pour sa charmante situation, & pour la diuersité de belles choses qu'elle contient, qui meritent d'estre veuës. Elle est l'ouvrage du Cardinal Aldobrandin, & elle est possedée aujourd'huy par le Prince Pamphile, à cause de sa femme heritiere des Aldobrandins. Elle surpasse dans la beauté & dans la gentillesse de ses eaux & dans son dessein bien executé, non seulement celle de la Ville de Frescati, mais aussi de toute l'Italie. J'y arrivay par vn chemin large qui va en montant & est fait en allée, bordé des deux côtez d'vne haye viue d'vne belle hauteur, & au bout de l'avenuë vne fontaine se presenta à mes yeux, recevant son eau d'enhaut, sans qu'on apperçoive après sa perte. J'arriuay en suite sur vne plate-forme qui commande à tout le bas, faite en demy cercle & bordée de plusieurs vases à l'antique, remplis d'vne si grande diversité de plantes, qu'ils meritent bien vne œillade des curieux. Au milieu de cette terrasse qui fait face à l'avenuë, l'on void vne grotte agreable pour trois belles statuës & trois fontaines qui jettent leurs eaux continuellement & abondamment. Aux deux extremitez il y a vne grotte, qui outre qu'au dessus elle donne de l'eau par divers endroits des Navires qui y sont representez, elle en fournit encor par dedans en abondance. Vous pouvez aussi considerer à droite & à gauche de cette premiere terrasse deux petits quarrez de Chesnes verds, qui font vn bois fort épais & sont accompagnez de deux quarrez de bouis, qui representent à la veuë plusieurs figures, parmy lesquelles je remarquay vn Quadran.

La seconde terrasse qui va en demy cercle, est bordée d'vne muraille de brique de hauteur d'appuy, le long de laquelle d'espace en espace, sont quarante trois vases qui font autant de jets d'eau, ce qui se voit en montant à cette terrasse ; mais dans la face il y a en bel ordre, vne quantité d'Orangers dans des pots, qui font vn objet fort agreable.

Sur la troisiéme terrasse vous y découurirez toutes choses tres-charmantes. Vous y verrez la

Palais, dont la face en est bien inventée & encor mieux executée; la structure delicate, les chambres aussi proprement que richement meublées, & d'une sale basse vous verrez commodement la cheute des eaux & la plus grande partie des gentillesses de ce lieu par une ouverture faite exprés: j'en trouvay le dessein fort ingenieux.

En sortant du Palais j'entray dans la court qui n'est pas separée du jardin, où je trouvay une grande place bornée d'un beau bâtiment, qui a deux aîles, dont le milieu est en demy cercle. C'est de ce lieu que j'admiray toutes les beautez qui peuuent jamais provenir des eaux, je regarday en haut & vis un torrent qui fait diverses chutes sur le panchant de la Montagne, dans un espace de deux cent toises: & quoy qu'elle soit fort haute, on peut s'y promener a l'entour en carosse. La sont pareillement de petits sentiers & degrez qui peuuent servir à ceux qui veulent visiter toutes choses sur son panchant. L'on a percé une Montagne pour faire venir cette Cascade dont la source en est à cinq milles, & coule en si grande abondance, qu'elle fait saillir devant vos yeux sur la Montagne en chemin faisant par des Bassins une infinité de fontaines, & descend fort agreablement entre des arbrisseaux: ce qui fait un objet fort agreable à la veuë.

Si vous desirez voir les choses plus exactement, il faut franchir la Montagne, & pour lors vous découvrirez plusieurs curiositez dignes d'arrester vostre veuë. Vous verrez comme l'eau se precipite entre les degrez des deux costez; plusieurs sortes d'animaux dont l'un recevant l'eau qui descend, en fait part à son compagnon qui vient à la recevoir & à la vuider de mesme. Vous diriez qu'ils seroient d'intelligence de se la renvoyer l'vn à l'autre. Vous verrez plusieurs fontaines, que l'on fait sortir de toutes parts & vous serez fort habile si vous en sortez sans estre mouillé. Vous verrez vne colomne de la hauteur de vingt pieds, ou environ, par laquelle l'eau monte secretement au plus haut, que l'on fait paroistre en boüillon pour décendre aprés par certains canaux, qui sont à l'entour jusques au plus bas. En verité c'est vne chose tout à fait agreable à voir.

C'est dans ce demy cercle où l'on a tout suiet d'arrester son attention. Là vous voyez dans vn Bassin vn Lion jetter de l'eau de plus de vingt pieds de hauteur, & vn Chien qui est au dessous la rend aussi d'vne maniere fort agreable. Là se voyent cinq grands enfoncemens qui font autant de Grottes. Celle du milieu est *d'Atlas*, qui y est representé en vne grande statuë de pierre, & qui porte le Monde representé par vne grosse boule de pierre qui estant percée de tous costez fait saillir vne infinité de jets d'eau, comme aussi les Armes de Clement VIII. la Thiare & les Clefs. Les arbres du jardin des Hesperides, le Dragon qui garde les pommes d'or, deux ou trois Déesses qui tiennent des fleurs forment des fontaines sans nombre; & l'eau venant à tomber sur vn rocher qui a plusieurs pointes, fait vne Cascade la plus agreable du monde. Là au milieu du Bassin *de la Grotte d'Atlas* qui surpasse toutes les autres, l'on void la Girandole qui sort de terre avec tant d'effort que l'eau se convertit en escume, & le plus fort de sa colere passé, elle tombe comme de la gresle, & enfin finit en pluye,

aprés

finit après avoir fait vn bruit qui imite la foudre. Là d'vn bassin tout proche sortent de terre par dessus l'eau des Testes & des Mains. Ce sont de ces Geans qui furent precipitez.

Dans chacune des deux Grottes, qui sont à costé de la grotte d'Atlas, & qui jettent de l'eau en abondance, il y a des statuës plus grandes que l'ordinaire & dans deux autres qui sont voisines & vis à vis l'vne de l'autre, à gauche est representé *le Dieu Paon* qui joüe du flageolet par le moyen du vent que l'on fait entrer de force adroitement par des tuyaux, & de l'autre costé il y a *vn Hippocentaure* qui sonne du cors, & qui envoye son bruit à plus d'vne lieüe, qui se fait par le moyen du vent que l'on tient renfermé & que l'on fait monter par vn artifice admirable. Vostre curiosité doit porter vostre esprit à raisonner sur la maniere que cela se pratique.

A main droite proche la grotte d'Atlas, est *la sale des 9. Muses*, qui est peinte par dedans & qui represente *les Metamorphoses d'Ouide*. Au dessus de la porte en dedans ces vers latins sont écrits.

Huc veni Musis comitatus Apollo :
Hic Delphi, hic Helicon, hic mihi Delos erit.

Il fait merveilleusement beau de voir à l'extremité de la sale, les 9. Muses qui accompagnent Apollon sur le Parnasse, fort proprement vestuës avec leurs instrumens dont elles joüent par le moyen de l'eau & qui font vn concert merveilleux. Là le cheval Pegase battant le roc avec le pied en fait sortir l'eau. Là les orgues joüent tres agreablement, dont l'eau fait hausser & baisser les soufflets. Là s'entendent les plus douces voix des oyseaux, si bien contrefaites & si harmonieuses, que l'on diroit facilement que la nature a voulu assembler en ce lieu la plus parfaite Musique. Là aux deux costez du Parnasse sont deux statuës qui representent des filles sçavantes, receües au nombre des 9. Muses. Là sont des retraites de vens qui soufflent continuellement vn air frais par divers endroits en forme de soupiraux qu'ils font aller d'vn costé & d'autre. Si vous mettez vne petite boule, pourveu qu'elle soit legere, sur vn petit trou qui est au milieu de la sale, le vent la portera & la conservera en l'air & la fera danser quelque temps fort agreablement. Vous pouvez aussi éprouver la force du vent en mettant vostre main sur le trou, que vous aurez peine de tenir en mesme estat: en sortant a la porte l'on vous le fait siffler aux aureilles: mais à cette sortie prenez garde à des surgeons d'eau qui viennent moüiller par dessous Ie ne vous diray pas insensiblement, mais tressensiblement; cette eau venant de petits trous que les plus clair-voyans ne sçauroient appercevoir. Il ne se peut rien de mieux inventé que ce lieu, rien de mieux executé: les eaux ne peuvent pas estre ménagées avec plus d'adresse; & je croy que l'artifice de s'en servir y est poussé à bout. Enfin cette Maison est la plus agreable que l'on se puisse imaginer.

L'aprés dinée j'allay voir le Convent des Religieux de Camaldoli, dont S. Romualde premier Fondateur mourut il y a 120 ans. Il est distant de Frescati de deux milles ou environ. On les peut bien appeller les Peres Hermites, non seulement pour la vie retirée qu'ils meinent, mais aussi pour le lieu qui represente agreablement vn desert, Leur Convent est au milieu du jardin, partagé par ruës qui ont de chaque costé cinq petites solitudes. De quelque part quasi que vous jettiez la veuë, vous voyez vn lieu qui ne respire que le desert. Vous découvrez d'vn costé vn bois, qui est planté sur vne Môtagne & qui côtinuë dans le panchant, qui vient joindre le jardin, ou l'on peut prédre dans de belles aleés vne promenade fort agreable De l'autre costé il y a vne vallée toute couverte d'arbres d'vne belle hauteur, & sans ordre : ce qui fait paroistre le lieu plus rustique outre qu'il n'est point entouré de murailles Vn Pere me receut avec beaucoup de civilité & me montra son appartement semblable à ceux des autres Religieux, qui consiste en vne chambre, antichambre, étude, jardin & le tout fort étroit & resserré, Ils imitent les Chartreux, non seulement en leurs habits : mais dans leur maniere de vie. Ils portent des habits blancs, des souliers de bois ouverts de tous costés; On leur apporte a manger dans leur cellules, ne se trouvant dans le refectoir que quelquesfois l'année & ne se voyant que rarement. Ils n'ont point l'vsage de la viande, s'ils n'y sont contraints par les maladies.

De la maison l'on me conduisit dans l'Eglise fondée par les devotions d'vn particulier, qui se trouvant en danger de mort fit vœu de la bâtir. Elle est dediée à S. Romualde Sous le Maistre Autel est le corps de S. Theodore Martyr ; & autrefois dans vne Chapelle qui est à droite ornée de peintures, & belle pour son Architecture, reposoient les corps de quatre Saints, mais le feu les à consumez.

Delà je me transportay aux Capucins à vn Mille de Frescati. Ils ont vne Terrasse d'vne fort belle longeur, qui leur fait vn jardin tout à fait regulier. I'y admiray les beaux quarrez de Myrthes & de Lauriers ; mais encor plus la belle veuë que j'auois à gauche, où je découvris toute la Campagne de Rome, de l'autre costé *Montechino*, & *Monteportiano*, qui est bâti sur vne éminence. Ie ne croy pas que l'on puisse souhaitter vne plus belle veuë. Ie partis fort satisfait de ce lieu pour m'en retourner à Rome, allant toûjours par de tres-beaux chemins & en approchant de la Ville, je découvris à gauche plusieurs ruines d'anciens bâtimens, mais je ne m'y arrêtay pas, & passay par vne porte qui est au dessous de l'Aqueduc, que Claudius fit faire, qui fut encor vne fois pour moy vn sujet d'admiration, considerant les pierres de taille dont il est bâti, sa hauteur & sa largeur. C'est cét Aqueduc dont j'ay parlé cy-dessus & que Sixte V. fit venir dans la Ville de Rome, où j'arrivay aprés avoir passé par la porte de S. Iean.

LES SEPT
MERVEILLES,

C'est à dire les sept choses qui meritent le plus la curiosité des Voyageurs, aux dehors de la Ville de Rome, sont celles qui suivent.

Le dixiéme Avril Dimanche des Rameaux, la ceremonie des Palmes se fit en la Chapelle du Palais, où le Pape fut apporté dans sa chaise Pontificale sur son Throne; & où apres la benediction des Rameaux, il en fit la distribution aux Cardinaux qui receurent des cannes: en suite aux Evesques, aux Prelats, aux Ambassadeurs, & aux Etrangers, à qui il donna des branches d'Oliviers; qui s'étant trouvez en bon nombre firent durer long-temps cette ceremonie.

La Procession se fit en suite où sa Saincteté estoit ombragée d'vn Dais & portoit vne Palme en forme de Croix de ses deux mains cachées d'vn petit voile, accompagnée des Cardinaux, Evesques, Prelats, Officiers, Religieux & autres, tenans tous leurs Palmes & marchans en leur rang. En suite sa Sainteté remonta sur son Throne & l'Officiant commenca à celebrer la sainte Messe. Il est vray que je sortis tout édifié & rempli d'admiration, du bel ordre qui s'observe en cette action, de l'éclat & de la maiesté en laquelle elle se fait, nonobstant le grand concours de monde qui s'y trouve present.

Le onziéme Avril je me promenay par la Ville, dont j'eus tout le suiet d'admirer les grandes ruës, la hauteur des bâtimens &, la magnificence des beaux Palais qui y sont frequens. Quoy qu'elle soit peuplée en plusieurs endroits, elle est deserte dans sa meilleure partie; ce que l'on ne peut voir qu'avec vne douleur sensible, quand on fait reflexion quelle a esté autrefois vn concours de toutes les Nations, & vne des plus peupleés de la terre.

Le douziéme Avril je sortis hors de la Ville pour aller voir sa Campagne qui fut anciennement appellée, *Latium*, & occupée par *les Arcades, les Trojens, les Aurunces, les Volsques, les Osques, les Ausones, les Catilles* & plusieurs autres.

Son terroir ne paroist pas fertile, sur tout en allant du costé de la mer, où sont quelques Lacs & Marests qui donnent le pasturage aux bestiaux.

Le port d'Ostie n'est qu'à douze milles de Rome. Là est l'emboucheure du Tybre, sur lequel les bâteaux chargez viennent dans la Ville y apporter toutes les commoditez.

Les anciennes ruines que l'on trouve par les chemins peuvent arrêter les plus curieux pour faire reflexion sur la magnificence & la grandeur des Romains qui estoient superbes dans toutes leurs entreprises.

Le treiziéme Avril l'on montra avec ceremonie en l'Eglise de S. Pierre *le Voile de la Veronique*, sur lequel la face de N. Seigneur est imprimée, la lance qui perça son côté & autres semblables Reliques.

L'aprés dinée en pareil jour se fit entendre en l'Eglise de S. Apollinaire un mélange de voix les plus delicates de Rome; où le son des orgues & de plusieurs autres instrumens charmoient les oreilles par leur harmonie. Celà se pratique en cette Eglise assez ordinairement. Des plus excellens Musiciens s'y trouvent, qui y attirent bonne compagnie.

Sur le soir je passay dans le Palais du Cardinal Spada, où en dedans je remarquay des statuës à l'entour du corps de logis: & en dehors sur la muraille il y a quelques inscriptions ingenieuses, faites à l'occasion des Empereurs Romains & des Consuls.

& d'Italie. 665

Delà j'entray dans l'Hôpital de la Trinité qui en est proche, & où l'on reçoit les Pelerins pendant quelques jours, qui y sont traitez avec grand soin & charité. Ie vis en ce jour les Cardinaux Antonio & Carlo, & le Prince Palestrine tous de la Maison des Barberins servir les pauvres ; ce qui édifia beaucoup toutes les personnes qui s'y trouverent & qui furent témoins de leur zele charitable. Ils servoient les hommes, & les Princesses, les Femmes, & les Filles qui en sont separées.

Le quatorziéme Avril jour du Ieudy Saint, j'allay au Vatican, où le Pape s'estoit retiré pour celebrer par sa presence la solemnité de ce grand jour. Vn Cardinal y celebra la Messe en la Chapelle : il ne s'est rien passé dans les ceremonies, que je n'aye remarqué cy-devant ; c'est pourquoy je ne veux point vser de redite. La ceremonie de ce jour est si belle qu'elle merite bien que je m'y arreste pour en faire vne aussi exacte description qu'il me sera possible.

La Messe achevée, le Pape accompagné des Cardinaux, ayans tous des cierges à la main, porta le saint Sacrement en la Chapelle Pauline, qui fut placée dans vn petit Tabernacle fait en forme de petit tombeau, qui estoit tout au haut du saint Sepulchre que l'on y avoit preparé. Le déssein m'en parut si ingenieux & si bien executé, que j'en veux aussi faire la description en peu de paroles.

A l'extremité de la Chappelle se presenta à ma veuë vn enfoncement en perspective d'éloignement, où l'on faisoit paroistre trois Autels les vns sur les autres, que quelques degrez distinguoient, & que le panchant fait exprés faisoit discerner facilement. Tout au deſſus eſtoit vn Tabernacle fait en forme de vaſe; & encor plus haut vn petit Tombeau, où le ſaint Sacrement fut mis. Toute la Chapelle eſtoit merveilleuſement éclairée par plus de quatre cent cierges.

Le Pape en ſuite fut porté dans ſa Chaiſe, au lieu où ſe fulmina la bulle d'excommunication; où aprés qu'il eut reçeu l'obedience des Cardinaux en la maniere que j'ay décrite cy-devant, eſtant porté & élevé ſur ſa chaiſe Pontificale de deſſus le balcon qui avance en ſaillie en dehors, de deſſus le Portail de S. Pierre, il donna la benediction au peuple qui eſtoit en grande foule en bas dans la grande place, & qui faiſoit ſi grand bruit que j'eus de la peine d'entendre la lecture de la Bulle, quoy que je me trouvay ſur ce meſme balcon. Elle ſe fit en cette maniere. Le Secretaire qui eſtoit à la gauche du Pape leut la Bulle en Latin, & le Cardinal Mancini qui eſtoit à la droite repeta les meſmes choſes en langue vulgaire.

Elle contient pluſieurs articles. En premier lieu elle porte excommunication contre les Lutheriens, Calviniſtes, Zuingliens, Vvicleſiens, Anabaptiſtes & autres. 2. contre ceux qui veulent s'ingerer de leur propre mouvement à lever Gabele ou faire des loix dans l'Eſtat de l'Egliſe. 3. contre ceux qui font violence aux Cardinaux ou Nonces du ſaint Siege, directement ou indirectement. 4. contre ceux qui falſifient les expeditions *in forma brevis*. 5. contre ceux qui maltraitent les pelerins, & qui les empeſchent d'executer leurs deſſeins. 6. contre ceux qui perſecutent le ſaint Siege, contre les vſurpateurs du bien de l'Egliſe & autres. l'entene

& d'Italie.

dis que l'on dit sur la fin de la lecture que cette Bulle avoit esté publiée *apud sanctum Petrum 14.-genses Aprilis an.* 1661. *Pontificatus nostri septimo.* En suite le Pape dit quatre ou cinq Oraisons; & s'estant levé sur son Siege, il jetta vn cierge allumé dans la place de S. Pierre, que les pelerins ou autres personnes ne laissent point tomber à terre, faisant mesme vn party pour l'avoir tout entier. Cette ceremonie se fait avec grand éclat, & finit par la benediction que le Pape donne au peuple, suivie du bruit du Canon du Chasteau Saint-Ange & des boëtes du Vatican, avec le tintamarre des Trompettes.

On porta en suite sa Sainteté dans la sale des Ducs, où il descendit de sa Chaise pour monter sur vn throsne qui luy estoit preparé, & d'où il descendit aprés la lecture faite du passage de l'Escriture, qui fait mentiō du lavement des pieds des Apostres par IESVS-CHRIST: duquel le Pape estant Vicaire en terre, & voulant estre le parfait imitateur, à son exemple lava les pieds de treize pauvres vestus chacun d'vne robbe de serge blanche, ayans des bas & des bonnets de mesme étoffe, & rangez sur des hauts bancs au long de la muraille. Ils sont ainsi vestus des deniers de sa Sainteté, qui leur donne aussi à chacun vne medaille d'or & vne d'argent, & ils emportent les deux serviettes, dont l'vne sert à table, & l'autre au lavement des pieds, qui se fait en cette maniere.

Le Pape est accompagné en cette action de Prelats & de personnes Laïques de grande consideration. L'vn d'eux tient le bassin, & vn autre versant l'eau d'vne éguere sur le pied du pauvre, sa Sainteté aprés le luy avoir essuyé d'vne serviette, luy baise le pied & en fait autant à tous les autres dans le mesme ordre. Aprés quoy sa Sainteté sert ces pauvres à table, leur donnant à boire, & leur servant des plats qui luy sont presentez par des Prelats qui se mettent à genoux. Il faisoit beau voir les gentillesses de confitures dressées sur cette table. Là estoient des pyramides de sucre. Là l'on voyoit des paons pleins de dragées. Là la sacrée Vierge estoit representée sur vn Asne, tenant le petit IESVS & S. Ioseph auprés. Là estoient S. Pierre & S. Paul. Là se voyoit vn Dome tout de gelée, au milieu estoient la Thiare & les clefs de S. Pierre, & au dessus de tout des montagnes sur montagnes, & vne étoile encor au dessus, qui sont les armes d'Alexandre VII. & autres figures travaillées avec vn si grand artifice, qu'on les admiroit. Elles sont données par le Cardinal Patron aux plus grands Seigneurs de Rome. Les Cardinaux sont traittez ce jour dans le Palais du Pape fort magnifiquement, & est vray que toute cette action s'est passée avec grande édification de tous les presens, témoins de la haute pieté du Pape.

Les Romains en ce jour employent toute leur industrie pour faire paroistre en quelques Eglises de la Ville des Sepulchres. Ie vis celuy qui estoit dressé dans l'Eglise de S. Iacques des Espagnols, dont la belle perspective estoit éclairée d'vne infinité de cierges allumez, outre que la grande quantité d'argenterie, de paniers à fleurs & autres gentillesses, luy donnoient vn grand éclat.

Le Sepulchre de l'Eglise de San-Quirico estoit infiniment plus beau. I'y admiray sur vn theatre élevé vne tres-belle perspective entourée de nuës, au milieu de laquelle paroissoit le sepuldre de *Iesus-Christ*, qui estoit ensevely. Deux excellens Musiciens habillez en Anges firent entendre leurs voix d'vn ton affectif, faisant entendre aux spectateurs qu'il faloit quitter le peché, puisque IESVS-CHRIST estoit venu au móde, qu'il estoit mort & ensevely pour le salut des hommes. Il ny a point de cœur si endurcy qui n'en fust touché sensiblement, & qui ne s'attendrist. La mesme chose se repete en differentes heures du jour.

La procession *de' Batuti*, se fit en ce jour à deux heures de nuit, & partit de l'Eglise de S. Marcel, où plus de quatre cent personnes se trouverent vestuës d'habits de penitens, sçavoir d'vne maniere de sac de treillis rouge, ayans tous des flambeaux allumez en la main; & à la teste estoit porté vn grand Crucifix, au dessus duquel estoit vne Couronne environnée de lumiere. Plusieurs de ces Penitens frappoient si fort leurs épaules de disciplines, qu'elles en estoient toute meurtries; & de plusieurs le sang couloit sur le corps. Les Peres Capucins suivoient avec leurs corbeilles remplies de douceurs, pour fortifier le cœur de ceux qui tombent en foiblesse. Ils allerent en ordre jusques dans vne Chapelle du Vatican, où ils firent leurs prieres. Comme l'on ne peut qu'on ne loüe cette devotion selon la fin qu'on se propose, & selon le motif pour lequel on la fait, l'on ne peut aussi approuver le grand bruit avec lequel elle se pratique.

Le quinziéme Avril au matin la Messe se celebra en solemnité dans la Chapelle du Pape, & l'aprés-disnée l'on monstra en quelques Eglises les Reliques les plus precieuses, & je me trouvay en l'Eglise de S. Pierre, où l'on fit voir à vn grand concours de monde qui y estoit, & qui y est attiré par cette consideration, les Reliques dont voicy le dénombrement. Le bout de la lance avec laquelle N. Seigneur eut le côté percé, en chassé dans vn christal, & au dessus la figure du bout de la lance : le vrays bois de la Croix sur laquelle N. Seigneur fut crucifié, enchassé dans vne Croix d'argent doré, dont les bords sont enrichis de pierreries : en suite le voile de la Veronique, sur lequel la face de Iesvs-Christ est imprimée, il est dans vn quadre, enfin la Croix de S. André. Vn Chanoine de l'Eglise avec le surplis & accompagné de deux autres Ecclesiastiques, tenans en main vn cierge allumé, monstre ces Reliques du haut des quatre balcons, en faisant trois benedictions avec chaque Relique. Plusieurs Confrairies y viennent en procession, à dessein d'honorer ces saintes & pretieuses Reliques. Les pelerins jusques au nombre de cinq ou six cent y arriuerent en ordre, vn desquels à la teste portoit vn Crucifix.

Ie passay delà dans l'Eglise de l'Appolinaire, où j'entendis les plus belles voix de la Ville, qui mélées avec le son de divers instrumens faisoient vn concert si surprenant, que les oreilles les plus délicates en estoient charmées.

Le seiziéme Avril la Messe fut celebrée solemnellement dans la Chapelle du Pape, & l'on monstre en pareil jour en plusieurs Eglises les Reliques, pour satisfaire à la curiosité des pelerins, qui arrivent en ce saint temps dans la Ville, pour participer à toutes ces devotions.

Le dix-septiéme Avril 1661. jour de Pasques, je vis sortir sa Sainteté du Palais Vatican, allant dans l'Eglise de S. Pierre en cét ordre. Ses Offiriers marchoient, en suite les Prelats & Evesques : quelques-vns de ces derniers portoient les Thiares du Pape, enrichies de Perles, de Diamans, d'Esmeraudes, d'Escarboucles ; en vn mot de pierres les plus pretieuses. Les Cardinaux suivoient deux à deux, & les vns & les autres s'arresterent devant la Chapelle de Sixte, dans vn parquet qui y avoit esté disposé exprés, où pareillement sa Sainteté portée sur sa Chaise, ayant à ses côtez deux Officiers avec des aîles de Cherubins, descendit pour prier Dieu sur vn Oratoire & adorer le saint Sacrement exposé sur l'Autel de cette Chapelle. Il en partit dans le mesme ordre pour aller dans le Chœur, où il ne fut pas plutost arrivé qu'il chanta d'vne voix forte : *Deus in adiutorium meum intende*, & dans le temps que le Chœur chanta le reste, les Cardinaux firent leur obedience à la maniere accoûtumée. Quelques-vns resterent pour luy donner ses habits Pontificaux, qu'ils luy mirent les vns sur les autres. Entre plusieurs je remarquay *vne Mosette double*, pour representer les deux Patriarchats des deux Églises : *le Pallium* qu'on donne aux Archevesques & autres de differentes sortes. Sa Sainteté estant habillée fit vn tour dans le parquet des Cardinaux, dont trois se détascherent pour venir baiser les habits de sa Sainteté, qui estant arrivée à l'Autel, commença *l'Introibo* accompagnée du Cardinal Doyen, d'vn Cardinal Officiant, de deux Cardinaux Diacres Honoraires : de quatre Evesques qui representent les 4. Patriarchats ; d'vn Diacre & d'vn Sousdiacre Grecs & autres. Il faisoit beau voir ce grand nombre d'Officiers, observer le plus bel ordre du monde, sans se troubler & sans aucune confusion. Ie diray icy vne partie des choses qui se sont passées pendant le saint Sacrifice de la Messe, pour satisfaction des curieux 1. deux Cardinaux au temps que commençoit la Messe vinrent aux deux extremitez de l'Autel pour representer ceux qui touchoient les deux bouts du linge où N. Seigneur fut ensevely 2. que l'Epistre en Latin fut chantée par vn Auditeur de la Rote, & l'Evangile par vn Cardinal Diacre, accompagné de six personnes qui tenoient des flambeaux; mais que l'Epistre en Grec, & l'Evangile furent dites par deux Grecs, qui n'avoient à leurs côtez que deux flambeaux 3. que le Sousdiacre Latin & le Soudiacre Grec, comme aussi le Diacre Latin & le Diacre Grec, portoient ensemble le livre à sa Sainteté pour recevoir sa benediction, & que le Grec en marchant laissoit toûjours la main droite au Latin. 4. que le Cardina Assistant encense debout le Pape, & que le Cardinal Diacre encensant les Cardinaux leur fait à chacun vne inclination devant & aprés. 5. que les Ambassadeurs & les parens de sa Sainteté luy donnent à laver ses mains. 6. que sa Sainteté fit vne Croix à l'élevation du Corps & du Sang de Iesvs-Christ. 7. que le Pape quitta l'Autel pour aller à son Throne qui luy estoit preparé à l'extremité du Chœur, auquel le Cardinal Diacre porta vn Calice qui sert pour faire l'Ablution, & ensuite retournant à l'Autel, il apporta le Corps & le Sang de N. Seigneur aprés les avoir montrez, en faisant plusieurs signes de Croix : Approchant, sa Sainteté décendit deux marches de son Throne & se mit à deux genoux pour adorer le Corps de N. Seigneur, & puis se leva pour le prendre sur vne patene que

le Cardinal

le Cardinal Diacre tenoit devant soy, & en fit la Consomption; après quoy il prit le sang avec vn chalumeau d'Or 8. que le Pape donna la Communion au Diacre sous les deux Especes & qu'il communia aussi de sa propre main les Cardinaux Diacres, ses Parens, les Senateurs, les 4. Conservateurs, & les Ambassadeurs.

La Messe finie le Pape precedé de ses Officiers, des Prelats, des Evesques & des Cardinaux qui marchoient en ordre, fut porté dans sa Chaise dans vn Oratoire qui luy estoit preparé devant la Chapelle *del Santissimo*, qu'ils adorerent tous ensemble le Corps de N. Seigneur exposé sur l'Autel. Ils en sortirent aussi en ordre pour conduire sa Sainteté à la loge du Vatican, au dessus du Portail de S. Pierre, ombragée d'vn Dais en dehors, d'où sa Sainteté donna la benediction à vne grande foule de peuple, qui estoit dans la place de S. Pierre, & qui fut bien-tost suivie du bruit des boëtes du Vatican & du Canon du Chasteau-Saint-Ange.

Ce jour la Ville estoit toute en joye, pour estre celuy que le Pape fut couronné en l'année 1655. Vne Girandole de feu fut representée au Chasteau S. Ange. L'on voyoit les feux dans les ruës, & les lanternes aux fenestres, qui sont toutes marques d'vne réjoüissance publique.

L'après-disnée on exposa en plusieurs Eglises les Reliques les plus pretieuses, & de temps en temps on les monstre en ceremonie, de quelque lieu élevé. On les nomme tout haut en Latin & en Italien, pour se rendre plus intelligible à toutes sortes de personnes qui se trouvent en grand nombre, & qui honorent de bon cœur ces Reliques de tant de Saints, qui ont respandu si courageusement leur sang pour soûtenir la Foy de Jesus-Christ contre les Infidelles.

Cette semaine Sainte se passe toute en belles ceremonies, en solemnitez & en devotions par toute la Ville. C'est en ce temps que les voix de Rome les plus délicates se font entendre dans les Eglises. C'est en ce temps que l'on y découvre les thresors des Reliques les plus pretieuses. C'est en ce temps que les Predicateurs les plus fameux prennent possession des Pupitres pour annoncer la parole de Dieu : En vn mot c'est en ce temps où il semble que les Romains à l'envy les vns des autres, donnent des marques de pieté. Il n'y a personne si dure & si insensible qu'elle puisse estre, qui ne soit touchée fortement de toutes ces pratiques de devotion, & j'aurois soûhaité de finir là la description de Rome, pour laisser au lecteur cette belle idée de pratique de vertu dans l'esprit ; mais pour m'acquiter de ma promesse, il faut que je parle du temps auquel l'Eglise a commencé de posseder des biens temporels.

Ie diray aussi quelque chose des mœurs des Romains, en suite je feray mention de l'ordre des Papes, qui depuis S. Pierre se sont succedé les vns aux autres. Et enfin je concluray par les sept Merveilles de la Ville de Rome, pour laisser l'idée au Voyageur d'vne Ville remplie de choses si admirables. Ie commence à parler de l'Estat de l'Eglise.

DV BIEN DE L'EGLISE ET en quel temps elle a commencé à le posseder.

LA connoissance du bien de l'Eglise, mais particulierement du temps auquel elle a commencé de le posseder, est assez incertaine & assez cachée. Ie diray neantmoins & en peu de mots, ce que j'en ay pû découvrir par la lecture des meilleurs & plus veritables Historiens, la plus part desquels tombent d'accord que l'Eglise ne possedoit que la Ville de Rome, du temps que les Lombards & les Exarches de Ravenne regnoient en Italie. Encor l'on ne sçait pas qui la luy a donnée. Quelques-vns croyent que ç'a esté Constantin, mais avec beaucoup d'incertitude. Depuis Leon d'Ostie en son histoire du Mont-Cassin, parlant de la donation que Pepin Roy de France fit au saint Siege, dit en ces termes. *Ce grand Roy du consentement de ses enfans donna à saint Pierre & à son Vicaire plusieurs Villes d'Italie, comme Parme, Regge, Mantouë, Mont-Selice, avec tout l'Exarchat de Ravenne, les Provinces de Venise & d'Istrie, qui en dépendoient auparavant. De plus tout le Duché de Spolete & Benevent, & signa cette donation avec ses fils & les plus grands de sa Cour.* En 774. Char-

Vv ij

lemagne après avoir vaincu Didier Roy des Lombards, confirma le don que son pere Pepin avoit fait au saint Siege.

Blondus & d'autres historiens disent que Henry cinquiéme Empereur, & le Pape Paschal eurent de grands differends pour la collation des benefices, ce qui fait que plusieurs des Villes que Pepin avoit données au Pape, prirent le party de l'Empereur. Aussi le Pape en acquit beaucoup d'autres par la mort de Mathilde Princesse de Toscane, qui fit l'Eglise son heritiere l'an 1115. qu'elle mourut. L'authorité du Pape & de l'Empereur diminuant par leurs propres querelles, plusieurs Villes se servirent de cette conjoncture pour secouër le joug & se diviserent. Pavie & Tortone commencerent à se faire la guerre en l'an 1107. les Genois & les Pisans firent le mesme en 1119. & Milan & Come en 1126. Les Papes & les Empereurs estant moins d'accord qu'auparavant, Alexandre III. se refugia en France, & l'Empereur Frederic premier, gastant avec son armée la pluspart de l'Italie, se hastoit d'aller à Rome, lorsque les Italiens en l'année 1167. se liguerent à Bergame pour la liberté commune de l'Italie. Frederic premier dit Barbe-rousse perdit la pluspart de son armée dans plusieurs rencontres & se retira en Allemagne, pour éviter la honte qu'il recevoit en Italie, l'Empereur ne profitant rien dans la suite de la guerre, qu'il recommença plusieurs fois contre les Villes confederées, & leur puissance augmentant environ l'an 1288. L'Empereur Rodolphe premier leur rendit leur liberté pour vne somme d'argent. Le siecle suivant, l'Italie estant plus travaillée que jamais de guerres civiles, les Genois en 1338. élû virent vn Duc nommé Boccanegra, pour chasser la discorde de leur Ville, & plusieurs grands Seigneurs se rendirent maistres de plusieurs Villes, dont Benoist douziéme approuva & reconneut l'authorité, ce qu'il faisoit pour se fortifier contre l'Empereur Loüis de Baviere. Ainsi les Scaligers soûmirent Veronne & les Villes voisines, la maison de Este prit Ferrare, & les Gonsagues la Ville de Mantouë. Voila en peu de mots l'origine du bien de l'Estat Ecclesiastique. Voyons presentement où s'étend son Domaine.

LE DOMAINE ECCLESIAstique.

L'Estat Ecclesiastique comprend vne grande partie du païs Latin & de la Toscane. Il a au Midy le païs du grand Duc de Toscane, avec la Mer Thirrenienne: à l'Orient le Royaume de Naples; au Septentrion la Seigneurie de Venise le long du Pô & la Mer Hadriatique; à l'Occident le Mantüan, le Mirandule, & le Modenois. Cét Estat renferme le païs de Picene, autrement appellé la Marche d'Ancone, la Flaminie ou Romagne, le territoire de Bologne la Grasse, le Duché de Ferrare, le territoire de Perouse, vulgairement dit *Perugino*, le Duché d'Vrbin, le Duché de Spolete, le territoire d'Orviete, le patrimoine de S. Pierre, le païs Latin ou Campagne de Rome.

La Marche d'Ancone comprend les Villes d'Ancone, Recanati, Loreto, Tolentino, Macerata, Sinigaglia & autres. La Romagne comprend Ravene, Rimini, Cesene, Sarsine, Forli, Fayence, Imole, Ferrare, Comacchio, Boulogne, dont le territoire outre Boulogne enferme encor quelques autres Villes, mais qui sont de petite importance. Le Duché de Ferrare enferme Ferrare & quelques Bourgs. Le territoire d'Orviete comprend quelques Villes, parmy lesquelles est Arrezzo, qui appartient au grand Duc de Toscane. Le Duché de Spolete comprend Todi, Narni, Assise & autres. Dans le Duché d'Vrbin sont les Villes de Simgaglia, Pesaro, Fano, la petite republique de Sanmarin. Le Patrimoine de S. Pierre donné à l'Eglise par la Comtesse Maltilde, comprend Viterbe la Capitale, Orvieto, Acquapendente, S. Laurens, Bolsena, Civita-Vecchia, le Duché de Castro, Ronciglione, le Duché de Farnese, le Duché de Bracciano & autres. Le Latium fut ainsi appellé, ou de son Roy *Latinus*, ou à cause de sa largeur parce que nul païs en Italie ne s'étend d'avantage entre la Mer & les montagnes. Il comprend Ostie, Terracine, Veletri, Gandolfe, Tivoli, Frescati & plusieurs autres. Ses bornes sont au Nord, le Mont-Apennin, & la Riviere Anio; au Levant l'Ins, au Midy la Mer Tyrrhene; & le Tybre à l'Occident.

MOEVRS DES ROMAINS.

LEs Romains autrefois ont esté si grands Politiques, qu'ils ont donné des reglemens par leurs loix, presque à toutes les parties de l'Vnivers, que nous appellons encor aujourd'huy le Droit Romain. Ils ont esté si courageux qu'ils se sont rendus maistres de toute la terre ; si subtils & si sçavans, qu'ils ont emporté le prix en toutes sortes de sciences parmy les gens doctes, & quoy que les Romains d'aujourd'huy soient beaucoup décheus de cét estat éminent, il se peut dire neantmoins qu'ils ont retenu quelque chose de leurs predecesseurs, puis qu'ils ne manquent ny de courage ny d'ambition, accompagné d'vn veritable honneur. Ils ont pour la pluspart communement l'esprit ouvert pour toutes sortes de sciences, quoy qu'ils s'adonnent plus à la Politique : ils sont d'vne conversation gentille & agreable, mais la civilité par dessus toutes choses regne parmy eux. I'en ay moy mesme éprouvé les effets dans le sejour que j'ay fait à Rome, mais comme j'en dis les perfections, il me doit estre aussi permis de parler de leurs defauts. Ils sont avares, entierement dissimulez, jaloux au dernier point, & beaucoup interressez. Ce qui doit surprendre à l'égard de cette Ville, & qui doit estre attribué à la Providence de Dieu toute merveilleuse, est que le saint Siege y ait toûjours

V v iiij

esté & y subsiste encor, nonobstant la grande persecution que les souverains Pontifes y ont soufferte des Empereurs Tyrans.

Vne autre merveille, est que Dieu y ait conservé l'integrité de la Doctrine Catholique, & la pureté de la foy, Chrestienne parmy la corruption des mœurs qui s'y est glissée

Vne troisiéme merveille, est que la tyrannie des Empereurs n'a pû empescher que les Papes n'ayét esté élûs, & ne se soient succedez les vns aux autres dans tous les siecles. On les nomme dans l'ordre qui suit.

ORDRE DES PAPES ET COMme ils ont succedé les vns aux autres.

ENtre les argumens les plus convainquans, dont l'Eglise Catholique bat en ruine les Heretiques de ce temps; je n'en trouve point de plus puissant que la succession des Papes les vns aux autres sans interruption, lesquels Iesvs-Christ a laissez ses Vicaires sur terre, pour gouverner le troupeau, pour le salut duquel il a répandu son sang. Certes cela seul devroit suffire pour attirer ces esprits endurcis & ces ames opiniastres, au giron de la veritable Eglise qui ne se rencontre que dans l'Apostolique, Romaine & Vniverselle, établie par l'esprit de Dieu & non pas dans vne particuliere inventée par l'artice du Demon, & fabriquée par la malice des hommes. Commençons donc à monstrer cét ordre qui s'est gardé inviolablement sur terre depuis l'Ascension de N. Seigneur Iesvs-Christ, qui laissa S. Pierre pour son successeur.

1.

S. Pierre de Bethsaida en Galilée, Apostre & Martyr tint le siege 24. ans 5. mois 12. jours.

2.

S. Lin, de Volaterre dans la Toscane, tint le siege 11. ans deux mois 23. jours.

3.

S. Clete, Romain & Martyr, regna 12 ans 7. mois 11. jours

4.

S. Clement, Romain & Martyr, tint le siege 9. ans six mois & 4. jours.

5.

S. Anaclete, Grec & Martyr tint le siege 9. ans deux mois & 28. jours.

6.

S. Evariste, Syrien & Martyr a regné 8. ans deux mois 28.

7.

S. Alexandre, Romain, tint le siege dix ans 5. mois 21. jour.

8.

S. Sixte, Romain & Martyr, regna 9. ans dix mois.

9.

Telesphore, Grec & Martyr, a regné dix ans 9. mois & 27. jours.

10.

S. Hygin, Grec & Martyr, a regné 3. ans 11. mois & 28. jours.

11.

S. Pie, d'Aquilée, tint le siege 4. ans 5. mois & 27. jours.

12.

S. Anicete, Syrien, du bourg de Numise & Martyr, tint le siege 8. ans 8. mois & 24. jours.

13.

S. Sother, de Fundi dans la Campagne de Rome, tint le siege 7. ans 11. mois 17. jours.

14.

S. Eleuthere, Nicopolitain, regna 15. ans 3. jours.

15.

S. Victor Africain, regna 49. ans 5. mois & 26. jours.

16.

S. Zephyrin Romain, regna 18. ans & 18. jours.

17.

S. Callixte Romain, tint le siege 5. vint. mois & 12. jours.

18.

S. Vrbain Romain, regna 6. ans 7. mois & 4. jours.

19.

S. Pontian Romain, tint le siege 9. ans 5. mois & 2. jours.

20.

S. Anthere de la Ville de Petilie dans la Calabre, tint le siege 1. mois & 14. jours.

21.

S. Fabian Romain, a regné 15. ans & 14. jours.

22.

S. Corneil Romain, tint le siege 2. ans 4. mois & 8. jours.

23.

S. Lucius tint le siege vn an 4. mois & 14. jours.

24.

S. Estienne Romain, a regné 3. ans 5. mois & 16. jours.

25.

S. Sixte 2. Athenien, tint le siege 11. mois & 18. jours.

26.

S. Denis Moyne Grec, a regné 11. années 3. mois & 14. jours.

27.

S. Felix Romain, a tenu le siege 4. ans & 5. mois.

28.

S. Eutychian, de la Ville de Lune en Toscane, tint le siege 8. ans 6. mois & 4. jours.

29.

S. Caïus, de Solonie en Palinatie, a tenu le siege 12. ans 4. mois & 6. jours.

30.

S. Marcellin Romain, a regné 7. ans 11. mois & 19. jours.

31.

S. Marcel Romain, a regné 5. ans 6. mois & 21. jours.

32.

S. Eusebe Grec, a regné vne année 7. mois & 21. jours.

33.

S. Miltiade Affriquain, regna 3. ans & 2. mois.

34.

S. Sylvestre Romain, tint le siege 21. ans & 4. jours.

35.

S. Marc Romain, tint le siege 8. mois & 22. jours.

36.

S. Iules Romain, a regné 15. ans 7. mois & 17. jours.

37.

Saint Liberius Romain, a occupé le siege 15. ans 4. mois & 17. jours.

38.

S. Damase Espagnol, occupa le siege 16. ans 2. mois & 10. jours.

39.

S. Siricius Romain, tint le siege 13. ans vn mois & 14. jours.

40.

S. Anastase Romain, tint le siege 4. ans vn mois & 13. jours.

41.

S. Innocent d'Albane, tint le siege 15. ans 2. mois & 10. jours.

42.

S. Zosime de Cesarée en Cappadoce, tint le siege 2. ans 4. mois & 7. jours.

43.

Boniface Romain, a regné 4. ans 9. mois 24. jours.

44.

S. Celestin Romain, a regné 8. ans 5. mois 3. jours.

45.

Sixte 3. Romain, tint le siege 7. ans & 11. mois.

46.

S. Leon le Grand, Romain, tint le siege 14. ans & 11. mois.

47.

S. Hilaire, de Calari en Sardaigne, tint le siege 6. ans 3. mois & 10. jours.

48.

Simplicius, de Tivoli, tint le siege 14. ans 6. mois & 24. jours.

49.

S. Felix 2. Romain, a regné 8. ans xi. mois & 18. jours.

50

S. Gelase, Afriquain, tint le siege 4. ans 8. mois & 19. jours.

51.

Anastase 2. Romain, a occupé le siege un an, IX. mois & xi. jours.

52.

Cœlius Symmachus, de Sardaigne, a regné 15. ans 7. mois 28. jours.

53.

Hormisde, de la Ville de Venafri en la Campagne heureuse, a tenu le siege 9. ans 11. jours.

54.

Jean Toscan, a tenu le siege 2. ans 9. mois 15. jours.

55.

Felix 3. de Benevent en l'Abruzze, a occupé le siege vne année & deux jours.

56.

Boniface 2. Romain, tint le siege vn an & 2. jours.

57

Iean 2. Romain, tint le siege 2. ans. 4. mois & 6. jours.

58.

S. Agapete, Romain, a occupé le siege 1. mois & 19. jours.

59.

Silvere, de la Ville Abella de la Campagne heureuse, a regné 3. ans & 11. jours.

60.

Vigilius, Romain, a regné 18. ans 7. mois 15. jours.

61.

Pelage, Romain, a regné 4. ans 10. mois & 18. jours.

62.

Iean 3. Romain a tenu le siege 10. ans 9. jours

63.

Benoist, Romain, a regné 4. ans 2. mois & 15. jours.

64.

Pelage 2. Romain, tint le siege 10. ans 11. mois 29. jours.

65.

Saint Gregoire le Grand, Romain, a regné 14. ans 6. mois 8. jours.

66.

Sabinian, Toscan, presida à l'Eglise vn an 5. mois & 9. jours.

67.

Boniface 3. Romain, tint le siege vn an 2. mois & 28. jours.

68.

Boniface 4. de Valerie en la Campagne de Rome, a occupé le siege 6. ans 8. mois & 12 jours

69.

Deusdedit, Romain, a regné 3. ans 19. jours

70.

Boniface 5. Napolitain, presida 3. ans 9. mois 19. jours.

71. Honoré

71.

Honoré, de la terre de Labeur, tint le siege 11. ans xi. mois & 7. jours.

72.

Severin, Romain, tint le siege 2. ans 4. jours.

73.

Iean 3. de Zara en Dalmatie, fut le souuerain pasteur de l'Eglise vn an 9. mois & 18. jours.

74.

Theodore, Grec, tint le siege 6. ans 6. mois 19. jours.

75.

Martin de Todi dans la Toscane, a regné 6. ans 1. mois & 26. jours.

76.

Eugene, Romain, a esté le chef de l'Eglise 2. ans 9. mois & 14. jours.

77.

Vitalian, Italien, a regné 14. ans 5. mois & 29. jours.

78.

Adeodatus Romain, tint le siege 4. ans 5. mois 16. jours.

79.

Domnus, Romain, a presidé à l'Eglise deux ans 5. mois & dix jours.

80.

Agathon, Sicilien, Moyne tint la chaire de S. Pierre deux ans six mois & 4. jours.

81.

Leon II. Sicilien, tint le siege dix mois 17. jours.

82.

Benoist II. Romain, tint le siege dix mois & 17. jours.

83.

Iean V. d'Antioche en Syrie, fut Pape vn an & 9. jours.

84.

Conon, de la Ville de Tomes, gouverna l'Eglise xi. mois & 3. jours.

85.

Sergius, d'Antioche, a regné 13. ans 8. mois & 23. jours.

86.

Iean IV. Grec, à regné 3. ans 9. mois & 12. jours

87.

Iean VII. de Rossane Ville de Calabre, a gouverné l'Eglise 2. ans 7. mois & 17. jours.

88.

Sisinius, Syrien, gouverna l'Eglise 20. jours

89.

Constantin, de Syrie, gouverna l'Eglise 7. ans 1. mois & 20. jours.

90.

Gregoire II. Romain, fut Pape 15. ans 16. mois & 21. jours.

91.

Gregoire III. Syrien, fut Pape 10. ans 8. mois & 10. jours.

92.

Zacharie, Grec, gouverna l'Eglise 10. ans 3. mois & 9. jours.

93.

Estienne II. Romain, tint le siege 4. jours.

94.

Estienne 3. Romain, tint le siege 5. ans & 28. jours.

95.

Paul, Romain, a regné 10. ans 1. mois.

96.

Estienne IV. Sicilien, a regné 3. ans 5. mois & 27. jours.

97.

Adrian, Romain, gouverna l'Eglise 23. ans 10. mois & 17. jours.

98.

Leon 3. Romain, tint le siege 20. ans 7. mois 18. jours.

99.

Estienne v. Romain, gouverna l'Eglise 6. mois 24. jours.

100.

Paschal, Romain, fut Pape 7. ans 3. mois & 17. jours.

coi.

Eugene 2. Romain, fut Pape 3. ans 6. mois 24. jours.

cii.

Valentin, Romain, fut Pape vii an & 10. jours

ciii.

Gregoire 4. Romain, fut Pape 16. ans.

ciiii.

Sergius 11. fut Pape 3. ans 2. mois & 3. jours.

cv.

S. Leon, Romain, fut Pape 8. ans 6. mois & 6. jours

cvi.

Benoist III. Romain, fut Pape 2. ans 8. mois & 16. jours.

cvii.

Nicolas, Romain, a regné 9. ans 6. mois & 20. jours.

cviii.

Hadrian II. Romain, tint le siege 4. ans 11. mois 12. jours.

cix.

Iean VIII. Romain, tint le siege 10. ans 2. jours

cx.

Marin, du pays des Falisques en Toscane, fut Pape vn an 2. mois & 28. jours.

cxi.

Hadrian III. Romain, tint le siege 1. an 3. mois & 19. jours.

cxii.

Estienne VI. Romain, a regné 6. ans & 9. jours.

cxiii.

Formose, de Porto, a regné 4. ans 6. mois & 18. jours.

cxiv.

Boniface VI. Romain, tint le siege 15. jours.

Xx iij

CXV.

Eſtienne VII. Romain, fut Pape vn an 2. mois & 19. iours.

CXVI.

Romain, Toſcant, fut Pape 4. mois 23. jours

CXVII.

Theodorus II. Romain, a regné 20. jours.

CXVIII.

Iean IX. de Tivoli, fut Pape 2. ans & 4. jours

CXIX.

Benoiſt IV. Romain, fut Pape 3. ans 6. mois & 15. jours.

CXX.

Leon V. d'Ardée proche de Rome, du Village de Priape, tint le ſiege vn mois & 10. jours

CXXI.

Chriſtofle, Romain, tint le ſiege 7. mois.

CXXII.

Sergius III. Romain, fut Pape 7. ans 3. mois & 16. jours.

CXXIII.

Anaſtaſe III. Romain, tint le ſiege 2. ans 2 mois & 22. jours.

CXXIIII.

Lando-Herebo fut Pape 6. mois & 22. jours

CXXV.

Iean X. Romain, fut Pape 14. ans 2. mois & 16. jours.

cxxvi.

Leon vi. Romain, fut Pape 6. mois & 15. jours.

cxxvii.

Estienne viii. Romain, fut Pape 2. ans vn mois & 15. jours.

cxxviii.

Iean xi. Romain, tint le siege 4. ans 11. mois & 15. jours.

cxxix.

Leon vii. Romain fut Pape 3. ans 6. mois & 10. jours.

cxxx.

Estienne ix. Romain, a regné 3. ans 4. mois & 15. jours.

cxxxe.

Martin 11. Romain, fut Pape 3. ans 6. mois 13. jours.

cxxxii.

Agapet 11. Romain, fut Pape 9. ans 7. moi & 10. jours.

cxxxiii

Iean xii. Romain, fut Pape 8. ans 4. mois 6. jours.

cxxxiv.

Benoist v. Romain, tint le siege vn mois & x. jours.

X x iiij

cxxxv.

Iean xiii. Romain, fut Pape 6. ans 11. mois & 8. jours.

cxxxvi.

Donus 11. Romain, tint le siege 3. mois.

cxxxvii.

Benoist v. dit Romain, fut Pape vne année & 3. mois.

cxxxviii.

Boniface vii. Romain, fut Pape vne année 1. mois 12. jours.

cxxxix.

Benoist vi. Romain, fut Pape 9. ans 1. mois & 10. jours.

cxl.

Iean xiv. de Pauie, fut Pape 8. mois & 2. jours

cxli.

Iean xv. Romain, a tenu le siege 9. ans 6. mois & 10. jours.

cxlii.

Iean xvi. Romain, fut Pape 4. mois.

cxliii.

Gregoire v. Saxon, regna 2. ans 7. mois & 25. jours.

cxliv.

Sylvestre 11. d'Aquitaine, fut Pape 4. ans 6. mois & 12. jours.

cxlv.
Iean xvii. Romain, fut Pape 4. mois & 25. jour

cxlvi.
Iean xviii. Romain, fut Pape 5. ans. 7. mois & 29. jours.

cxlvii.
Sergius iv. Romain, fut Pape 2. ans 9. mois & 12. jours.

cxlviii.
Benoist vi. dit vii. Romain, a presidé à l'Eglise 11. ans 8. mois 21. jours.

cxlix.
Iean XIX. Romain, fut Pape 8. ans 9. mois & 9. jours.

cl.
Benoist VIII. dit 9. de la Ville de Frescati, fut Pape 11. ans 4. mois & 20. jours.

cli.
Gregoire VI. Romain, fut Pape vn an 7. mois & 20. jours.

clii.
Clement II. Saxon, gouverna l'Eglise 9. mois & 19. jours.

cliii.
Damase II. de Baviere, a regné 23. jours.

cliiii.
Leon ix. François, tint le Pontificat 5. ans 2. mois & 8. jours.

clv.

Victor II. de Suabe en Allemagne, fut Pape 2. ans 3. mois & 16. jours.

clvi.

Estienne x. dit IX. Lorrain, tint le siege 7. mois & 28. jours.

clvii.

Nicolas II. gouverna l'Eglise 2. ans 6. mois & un jour.

clviii.

Alexandre II. natif de Milan, gouverna l'Eglise 11. ans 6. mois & 22. jours.

clix.

Gregoire VII. natif de Soane en Toscane, gouverna l'Eglise 12. ans 1. mois & 3. jours.

clx.

Victor III. de Benevent en l'Abruzze, gouverna l'Eglise 1. an 3. mois & 24. jours.

clxi.

Vrbain II. de Chastillon au Diocese de Rheims, a regné 11. ans 4. mois & 18. jours.

clxii.

Paschal II. de Toscane, tint le siege 18. ans 5. mois & 7. jours.

clxiii.

Gelase II. de Gaiete, gouverna l'Eglise 1, an & 5. jours.

clxiv.

Calixte II. tint le Pontificat 5. ans 10. mois & 13. jours.

clxv.

Honoré II. Bolonois, fut Pape 5. ans 2. mois & 3. jours.

clxvi.

Innocent II. Romain, tint le siege 13. ans 7. mois & 8. jours.

clxvii.

Celestin II. d'Vmbrie, gouverna l'Eglise 5. mois 13. jours.

clxviii.

Lucie II. fut Pape 11. mois & 4. jours.

clxix.

Eugene III. de la Ville de Grandmont au Diocese de l'Isle, gouverna l'Eglise 8. ans 4. mois & 10. jours.

clxx.

Anastase IV. Romain, fut Pape 1. an 4. mois & 24. jours.

clxxi.

Adrian IV. Anglois, fut Pape 4. ans & 9. mois.

clxxii.

Alexandre III. Siennois, gouverna l'Eglise 2. ans 11. mois & 23. jours.

clxxiii.

Lucie III. Luquois, fut Pape 4. ans 2. mois & 18. jours.

clxxiv.

Vital 3. de Milan, fut Pape 1. an 10. mois & 25. jours.

clxxv.

Gregoire 8. de Benevent, tint le Siege vn mois & 27. jours.

clxxvi.

Clement 3. Romain, fut Pape 3. ans 2. mois & 15. jours.

clxxvii.

Celestin 3. Romain, a regné 6. ans 9. mois & 11. jours.

clxxviii.

Innocent 3. natif d'Anagne, a regné 8. ans 6. mois & 9. jours.

clxxix.

Honoré 3. Romain, fut Pape 6. ans & 8. mois.

clxxx.

Gregoire 9. de la Ville de Capoüe, a regné 14. ans. 5. mois & 10. jours.

clxxxi.

Celestin 4. de Milan, fut Pape 17. jours.

clxxxii.

Innocent 4. Genois, fut Pape 11. ans 5. mois & 14. jours.

clxxxiii.

Alexandre 4. natif d'Agnano, fut Pape 6. ans 5. mois & 5. jours.

& d'Italie

clxxxiv.

Vrbain 4. de Troye en Champagne, gouverna l'Eglise 3. ans 1. mois & 4. jours.

clxxxv.

Clement 4. de S. Gilles en Languedoc, gouverna l'Eglise 3. ans 9. mois & 25. jours.

clxxxvi.

Gregoire 10. de Plaisance, fut Pape 4. ans 4. mois & 10. jours.

clxxxvii.

Innocent v. François de la Province de Bourgogne, a gouverné l'Eglise 5. mois & 2. jours.

clxxxviii.

Hadrian v. Genois, fut Pape 4. mois 7. jours.

clxxxix.

Iean 20. dit 21. de Lisbone en Portugal, fut Pape 8. mois & 5. jours.

clxxxx.

Nicolas 3. Romain, fut Pape 2. ans 8. mois & 22. jours.

cvci.

Martin 2. dit 4. Tourangeau, fut Pape 4. ans 1. mois & 7. jours.

cxcii.

Honoré 4. Romain, fut Pape 2. ans 2. jours.

cxciii

Nicolas 4. d'Ascoli en la Marche d'Ancone, fut Pape 4. ans 1. mois & 14. jours.

CXCIV.

Celestin v. de Salmone, fut Pape 5. mois &
7. jours.

CXCV.

Boniface VIII. d'Anagno, fut Pape 8. ans 9.
& 19. jours.

CXCVI.

Benoist 10. dit 11. de Trevise, fut Pape 9.
mois & 6. jours.

CXCVII.

Clement v. Gascon, regna 8. ans 10. mois &
16. jours.

CXCVIII.

Iean XXI. dit XXII. de Cahors en Quercy, fut
Pape 18. ans 3. mois & 28. jours.

CXCIX.

Benoist XI. dit XII. de Saverdun en la Comté de
Foix, tint le Pontificat 6. ans 4. mois 6. jours.

CC.

Clement VI. de Malmous en Limosin, fut Pape
10. ans & 7. mois.

CCI.

Innocent v. Limosin, fut Pape 9. ans 8. mois
& 26. jours.

CCII.

Vrbain v. de Grisac en Gévaudan, fut Pape 8.
ans 2. mois & 17. jours.

cciii.

Gregoire XI. de Malmont en Limosin, fut Pape 7. ans 2. mois & 27. jours.

cciv.

Vrbain VI. Napolitain, tint le siege 11. ans 6. mois & 8. jours.

ccv.

Boniface IX. Napolitain, tint le siege 14. ans & 11. mois.

ccvi.

Innocent VII. de Sulmone en l'Apouille, tint le siege 2. ans & 2. jours.

ccvii.

Gregoire XII. Venitien, aregné 8. ans 7. mois & 5. jours.

ccviii.

Alexandre V. de l'Isle de Crete, tint le siege 10. mois & 8. jours.

ccix.

Iean XXII. dit XXIII. Napolitain, tint le siege 5. ans 15. jours.

ccx.

Martin III. dit S. Romain, tint le Pontificat 13. ans 3. mois & 12. jours.

ccxi.

Eugene 4. Venitien, fut Pape 15. ans 11. mois & 12. jours.

ccxii.

Nicolas v. de Sarzane dans le Luquois, a regné 8. ans & 9. jours.

ccxiii.

Callixte 3. de Valence en Espagne, fut Pape 3. ans 3. mois & 26. jours.

ccxiv.

Pie 2. Siennois, fut Pape 5. ans, 11. mois & 19. jours.

ccxv.

Paul 2. Venitien, tint le Pontificat 6. ans 10. mois & 19. jours.

ccxvi.

Sixte 4. du village d'Albezzole en la côte de Genes, fut Pape 13. ans 5. jours.

ccxvii.

Innocent 8. Genois, fut Pape 7. ans 10. mois & 27. jours.

ccxviii.

Alexandre 6. de Valence en Espagne, fut Pape 11. ans 8. jours.

ccxix.

Pie 3. Siennois, fut Pape 26. jours.

ccxx.

Iules 2. Genois, fut Pape 9. ans 3. mois & 12. jours.

ccxxi.

Leon 10. de Florence, fut Pape 8. ans 8. mois & 21. jours.

ccxxii.

ccxxii.

Hadrian VI. de la Ville d'Vtrecht en Hollande, fut Pape 1. an 8. mois & 6. jours.

ccxxiii.

Clement VII. de Florence, gouuerna l'Eglise 10. ans 10. mois & 8. jours.

ccxxiv.

Paul III. natif de Canin en la Duché de Castre, fut Pape 15. ans 29. jours.

ccxxv.

Iules III. Romain, fut Pape 5. ans 1. mois & 16. jours.

ccxxvi.

Marcel II. du Mont-Pulcian dans la Toscane, a regné 22. jours.

ccxxvii.

Paul IV. Napolitain, fut Pape 4. ans 1. mois 24. jours.

ccxxviii.

Pie IV. Milanois, fut Pape 5. ans 11. mois & 15. jours.

ccxxix.

Pie V. de la Ville de Bosco dans le Milanois, gouuerna l'Eglise 6. ans 3. mois & 23. jours.

ccxxx.

Gregoire XIII. nommé *Hugues Boncompa-gon*, famille illustre & ancienne de Boulogne, grand Iurisconsulte, aprés avoir passé par les

Y y

charges d'Assesseur du Senat, d'Abbreviateur & de Referendaire de l'vne & l'autre Signature; Paul III. le fit Vicaire civil de l'Auditeur de la Chambre. Sous Iules III. il fut Secretaire Apostolique. Paul IV. le fit Evesque à son retour du Concile de Trente où il assista. Pie IV. le fit Cardinal Titulaire de saint Sixte & l'envoya Legat en Espagne. Aprés la mort de Pie V. il fut élevé à la dignité de Souverain Pontife le 13. May l'an 1572. Son Pontificat est illustre par de belles actions. Il accorda les Polonois avec les Moscovites, & fit vne ligue contre le Turc avec Charles IX. Roy de France & Philippe Roy d'Espagne. Il donna mesme secours à l'Empereur & au Roy d'Espagne contre les Heretiques ; mais vne des actions les plus memorables qu'il ait faites pendant son regne, est la diversité des Colleges & des Seminaires qu'il a fondez à Rome, & en differens endroits de l'Europe, pour l'instruction de la jeunesse, & dans la pieté & dans la doctrine. Il mourut l'an 1585. aprés avoir regné 12. ans 10. mois & 28. jours.

CCXXXI.

Sixte V. nommé *Perretti*, de Montalte en la Marche d'Ancone, de basse extraction, s'acquit vne telle reputation dans l'Ordre des Cordeliers dont il estoit Religieux, qu'il passa parmy eux aux premieres charges. Sous Pie IV. il accompagna Hugues Boncompagnon qui alloit Legat en Italie. Pie V. luy donna l'Evesché de sainte Agathe, & le fit Cardinal Titulaire de S. Hierosme: en suite il fut mis dans le siege de S. Pierre en la place de Gregoire XIII. Il extermina par ses soins les Bandis d'Italie, & fit observer tres-exactement la Police de la Ville de Rome, qu'il a embellie de plusieurs édifices qui ne contribuent pas peu à son ornement. Il mourut aprés avoir gouverné l'Eglise 5. ans 4. mois & trois jours.

CCXXXII.

Vrbain VII. Romain, nommé *Iean Baptiste Castanée*, fut Docteur en Droit dans la fameuse Vniversité de Boulogne. Du temps de Iules III. il accompagna le Cardinal Veralle son oncle & Legat en France : au retour il eût l'office de Referendaire & l'Archevesché de Rossane. Paül IV. le fit Gouverneur de Peruse. Pie IV. l'envoya Legat en Espagne. Gregoire XIII. l'envoya Nonce à Venise, & il alla Legat aux païs Bas, pour negotier la Paix entre le Roy Philippe & les Espagnols. Au retour il fut fait Conseiller de l'Estat Ecclesiastique, & en suite Cardinal par le mesme Pape Gregoire, XIII. qui l'envoya Legat à Boulogne. Il mourut 13. jours aprés son élection, sans mesme estre couronné.

CCXXXIII.

Gregoire XIV. nommé *Nicolas Sfondrato*, de Cremone dans l'Estat de Milan, fut Docteur de Pavie. Pie IV. luy donna l'Evesché de Cremone, Gregoire XIII. le fit Cardinal. Il donna le premier le Chapeau rouge aux Cardinaux Religieux, qui le portoient auparavant de la couleur de leur Ordre. Il mourut aprés 10. mois & 10. jours de Pontificat.

CCXXXIV.

Innocent IX. nommé *Iean Anthoine Fachinetti* Boulonnois, aprés avoir pris le degré de Docteur dans Boulogne vint à Rome. Pie IV. le fit Evef-que de Nicaſtro dans la Calabre, & le manda pour aſſiſter au Concile de Trente. Pie V. l'envoya Nonce à Veniſe. Gregoire XIII. le fit Patriarche de Hieruſalem, Preſident de l'Inquiſition & Cardinal du titre des quatre ſaints Couronnez. Il mourut enfin aprés avoir gouverné l'Egliſe 2. mois.

ccxxxv.

Clement VIII. nommé *Hippolite Aldobrandin,* Florentin. Il fut Auditeur de Rote & Pataire ſous Sixte V. en ſuite Cardinal envoyé Legat en Pologne. Il s'employa fort pour oſter le different ſurvenu entre le Roy de France & le Duc de Savoye, à l'occaſion du Marquiſat de Saluces. Mais les quatre choſes qui ont rendu ſon regne memorable, ſont la converſion d'Henry IV. Roy de France : la Paix qu'il établit entre le Roy de France & le Roy d'Eſpagne : la reduction du Duché de Ferrare à l'obeïſſance du ſaint Siege, & la celebration du grand Iubilé. Il mourut l'an 1605. aprés avoir tenu le ſiege 13. ans ou environ.

ccxxxvi.

Leon XI. nommé *Alexandre de Medicis,* Florentin fut Archeveſque de Florence. Gregoire XIII. le fit Cardinal du titre des Saints Iean & Paul : Clement VIII. l'envoya Legat en France, pour moyenner la Paix entre le Roy de France & le Roy d'Eſpagne. Il mourut 27. jours aprés ſon Pontificat.

CCXXXVII.

Paul V. nommé *Camille Bourghese*, Romain, fut Referendaire de l'vne & l'autre signature, & Vicelegat à Boulogne, Gregoire XIV. le fit Auditeur de la Chambre. Clement XIV. le fit Cardinal titulaire de S. Chrysogon & son Vicaire à Rome. Outre qu'il procura la reünion des Nestoriens à la foy Catholique & Romaine, il se rendit mediateur de la Paix entre les Princes Chrestiens, comme entre Rodolphe Empereur & l'Archiduc Mathias son frere, & détourna l'orage dont l'Italie estoit menacée, à cause des pretentions du Duc de Savoye au Marquisat de Montferrat, & mourut ayant tenu le siege 15. ans 9. mois & 15. jours.

CCXXXVIII.

Gregoire XV. nommé *Alexandre Ludovise*, de la Ville de Boulogne, où il prit le dégré de Docteur. Gregoire XIII. l'établit le premier Iuge du Capitole. Clement VIII. le fit Referendaire de l'vne & l'autre signature, & en suite il fut Auditeur de Rote. Paul V. luy donna l'Archevesché de Boulogne & l'envoya Nonce en Piemont, pour appaiser le different suruenu entre le Duc de Savoye & le Duc de Mantouë, à cause de quelques places dans le Marquisat de Montferrat. Il canoniza saint Isidore, saint Ignace, S. François Xavier, sainte Therese & S. Philippe de Neri, & deceda aprés avoir regné 2. ans & 4. mois.

CCXXXIX.

Vrbain VIII. nommé *Maffée Barberin*, de Florence, fut Docteur en Droit à Pise : & sous

Sixte V. Referendaire de l'vne & l'autre signature. Gregoire XIV. luy donna la signature de grace. Il fut aussi Clerc de la Chambre Apostolique, & estant venu Nonce en France, Paul V. le fit Cardinal du titre de S. Pierre *in montorio*, Legat à Boulogne, Protecteur du Royaume d'Escosse, Prefet de la signature de Iustice & Evesque de Spolete. En son temps le Duché d'Vrbin fut reüny au saint Siege par la mort du Duc sans enfans mâles. Ce Pape a embelly Rome de plusieurs & superbes bâtimens, & a canonizé Elisabeth d'Arragon Reyne de Portugal, & André de Corsin Religieux Carme, a beatifié André Avellino Theatin : Marie de Pazzi, Religieuse de N. Dame du Mont-Carmel, & Foelix de Cantalice Capucin. Il est mort aprés avoir tenu le siege 21. an moins 8. jours.

CCXXXX.

Innocent X. nommé *Iean Baptiste Pamphile*, Romain, fut fait Docteur aux loix. Clement VIII. luy donna la charge d'Advocat Consistorial, & en suite le fit Auditeur de la Rote. Gregoire XV. l'envoya Nonce à Naples. Vrbain VIII. le nomma Auditeur de la Legation du Cardinal Barberin en France, & exerça la mesme charge en Espagne, où il demeura Nonce ordinaire, & depuis le mesme Pape l'a employé dans les Congregations du S. Office de la propagation de la foy & de l'immunité Ecclesiastique : Enfin il mourut aprés avoir gouverné l'Eglise pendant dix ans.

CCXXXI.

Alexandre VII. par ses vertus & par son mérite élevé à cette sublime dignité, après avoir passé par les emplois les plus considerables: car il fut premierement Inquisiteur à Malthe, puis Vicelegat de Ferrare, Nonce à Cologne, en suite Nonce extraordinaire pour la Paix generale qui se traitoit à Munster, d'où ayant esté rappellé à Rome il fut fait Cardinal & Secretaire d'Estat par Innocent X. qui avoit vne si grande estime pour luy, qu'vn peu auparavant sa mort il le recommanda aux autres Cardinaux comme la personne la plus propre pour prendre la place qu'il estoit prés de quitter; laquelle il remplit dignement depuis le septiéme Avril 1655. jusques à present.

Comme je trouve vn nombre infiny de belles choses, rares, superbes & magnifiques dans la Ville de Rome; je ne me contenteray pas de nommer sept merveilles en general, mais j'en feray des specifiques en subdivisant les generiques; & ainsi en vne page le Voyageur curieux aura devant les yeux tout ce qui est le plus admirable dans cette grande Ville. Commençons à les dire.

LES SEPT PRINCIPALES
Merveilles de la Ville de Rome, dont chacune est subdivisée en sept autres particulieres de son espece.

1. Les Palais accompagnées de leurs jardins.

1. Le Palais Vatican.
2. Le Palais MonteCavalle.
3. Le Palais Farnese.
4. Le Palais Bourghese.
5. Le Palais Palestrine.
6. Le Palais Mazarin.
7. Le Palais Medicis.

2. Les Sculptures.

1. Du Palais de Farnese.
2. Du Palais de Medicis.
3. De la Vigne Bourghese.
4. Du Palais Iustinian.
5. Du Capitole.
6. De la Vigne Ludovise.
7. Du Vatican.

3. Les Peintures.

1. De l'Eglise de S. Pierre.
2. Du Vatican.
3. Du Palais Farnese.

Journal d'un Voyage, &c.

4. Du Palais Justinian.
5. Du Palais Bourghese.
6. De Monte-Cavallo.
7. Du Capitole.

4. Les Eglises accompagnées de leurs Reliques & beautez.

1. l'Eglise de S. Pierre.
2. Sainte Marie Majeure.
3. S. Iean de Latran.
4. S. Paul hors la Ville.
5. l'Eglise des Iesuites.
6. l'Eglise Neufue.
7. Sainte Agnes.

5. Les Fontaines.

1. Du Vatican.
2. De la Place S. Pierre.
3. De la Place Navone.
4. De la Vigne de Monte-alto.
5. De Monte-Cavallo.
6. La Fontaine de Trevi ; de l'Acqua Felice; de S. Pierre in montorio, & de la place de Farnese.
7. De la Vigne Ludovise.

6. Les antiquitez saintes, sçavoir les Catacombes, accompagnées de leurs Reliques.

1. De S. Callixte Pape.
2. De S. Agnes.
3. De S. Marcellin & de S. Pierre.
4. De S. Priscille.
5. De saint Sebastien.
6. Des SS. Prime & Felicien.
7. De S. Iules Pape.

7. *Les Antiquitez prophanes.*

1. *Les Obelisques.*
2. *Les Colomnes.*
3. *Les Thermes.*
4. *Les Tombeaux.*
5. *Les Amphitheatres.*
6. *Les Aqueducs.*
7. *Les Temples.*

A ces sept Merveilles j'adjoûteray les Vignes.

1. *Vigne Madame, hors Rome.*
2. *Vigne Pamphile, hors Rome.*
3. *Vigne Bourghese.*
4. *Vigne Ludovise.*
5. *Vigne Montalte.*
6. *Vigne du Vatican.*
7. *Vigne de Monte-Cavallo.*

Et à toutes les Merveilles precedentes, je joindray la galerie de la place de S. Pierre en Arcades, ouvrage du Cavalier Berin, le plus fameux Architecte de l'Europe.

LE CHEMIN DE ROME A Lorete, avec les noms des Villes, Bourgs & Villages, & les choses les plus remarquables, distribuées en Merveilles.

LE dix-huictiéme Avril 1661. en sortant de la Ville de Rome, à qui je fis mes adieux & rendis mes hommages, je tournay face & jettay vne œillade sur cette belle Aiguille de la place de N. Dame du peuple, placée à l'extremité des trois plus grandes ruës, d'vne telle maniere qu'elle sert de guide à ce quartier de la Ville qui est le plus habité, & je passay par la porte *del Popolo*, & sur le Pont Mole, ayant laissé au delà le chemin de Florence, pour prendre celuy de Lorete, & pour passer par *prima Porta*, Village à sept milles de Rome : & aprés avoir fait sept autres milles j'arrivay au Lion blanc, Hôtellerie placée à vne portée de mousquet de *Castel-nuovo*, Bourg. Iusques icy la terre me sembla sterile en grains, mais abondante en foins, qui sont le long du Tybre, que je laissay à main droite à trois milles au delà. En tournant la veuë j'apperçeus entre les montagnes la Coupole de S. Pierre, Castel-Gandolphe & autres lieux, quoy qu'extrememement éloignez.

Plus avant je passay par *Arignano*, Bourg à sept milles de *Castel-nuovo*. En avançant à droite est S. Areste, Ville située sur vne haute montagne & à gauche l'Apennin, qui separe l'Italie en deux, & aprés avoir cheminé cette aprés-disnée toûjours sur des terres fertiles, & passé vn Pont qui est sur la Trente, j'arrivay à l'Hôtellerie des trois Rois de *Citta-Castellana*, Ville Episcopale & fermée de murailles, & à neuf milles d'Arignano.

Le 19. Avril en sortant de Citta-Castellana & cheminant par vne route difficile, ayant de temps en temps à droite & à gauche des precipices; je passay par *Borgetto* Bourg à 4. Milles de Citta-Castellana, & par *Otricoli*, à 4. Milles de Borgetto, Bourg situé sur vne Montagne, & proche le Tybre : audela duquel on apperçoit les Bourgs *d'Ostie*, & *de Pleve*. A Gauche je découvris vn precipice d'vne profondeur si extraordinaire que je pris vn singulier plaisir à regarder en bas vn torrent d'eau qui coule sur vn grand penchant entre des arbrisseaux, avec tant de rapidité qu'elle fait retentir vn grand bourdonnement dans les oreilles, & me rendis aussi tost dans la Ville *de Narni*, à 7. Milles d'*Otricoli* en l'Hostellerie de la Cloche.

NARNI.

Narni est vne Ville Episcopale, dont la Cathedrale est dédiée à S. Iuvenal. Elle me parut peuplée, bâtie au pied d'vne Montagne, au dessus de laquelle il y a vne forteresse qui luy commande absolument. La cascade qui en est à deux Milles, est vne chose prodigieuse à voir.

En sortant de Narni je cheminhay quatre ou cinq cent pas dans des chemins tres fâcheux, dont je perdis la memoire incontinent apres que j'eus trouvé vne plaine non seulement fertile, mais agreable par ses arbres rangez par allées. Il y faisoit beau voir la diversité des verdures que le prin-temps faisoit paroistre à mes yeux : & c'est vne chose plaisante de voir les Maisons des particuliers bâties de tous côtez. Ie n'ay point veu en Italie.vn pays plus peuplé & plus fertile.

Aprés avoir fait 7. Milles j'arrivay à *Terni* en l'*Hôtellerie du Maure*.

TERNI.

TErni est vne Ville qui fut bâtie selon quelques-vns du regne de Numa Pompilius, & a esté appellée *Interanna Naarte*, pource qu'elle est située entre deux bras du Fleuve Nera. L'on peut juger par les ruines des bâtimens que l'on y voit encore, qu'elle a esté de plus grande consideration qu'elle n'est presentement, quoy que dans sa petitesse elle soit remplie de gens de bonne mine & que l'on y voye quelques Palais: entre autres celuy *du Comte de Spada*. Elle est Episcopale & située dans la partie de la Vmbrie la plus fertile, & renommée par Pline pour sa fecondité, qui est en partie causée par les fontaines & les ruisseaux qui arrousent son terroir, sur lequel on coupe les herbes deux ou trois fois l'année, & par la bonté de son terroir qui estant dans vne belle exposition du Soleil, produit toutes sortes de biens en abondance.

Le 20. Avril estant sorti de *Terni* aprés avoir cheminé trois Milles ou environ entre des terres agreables & fertiles; j'entray en des chemins difficiles, laissant à main droite de tres hautes Montagnes. Ie passay par *Strettura* Bourg, à sept Milles de *Terni* & bâty sur vne éminence si étroite que l'on a esté obligé d'en resserrer les Maisons.

A trois Milles au delà je franchis vne Montagne tres-rude, où dans vn espace de deux Milles je marchois de temps en temps sur le bord des précipices; & en arrivant à *Spolete* en l'Hostellerie de l'Ange, j'apperceus sur vne autre Montagne, vn Aqueduc qui conduit l'eau d'vne Fontaine que l'on prend à trois Milles, pour la faire venir dans la Ville qui est à sept Milles de *Stretura*.

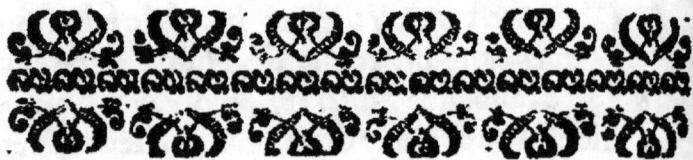

SPOLETE.

Spolete est la Ville Capitale du Duché d'Vmbrie, & fut autrefois le sejour des Princes de Lombardie, & où Theodoric avoit son Palais : Elle est bâtie en partie sur la plaine & en partie sur le panchant de la Montagne, où est le Château. Dans son circuit qui est bien de deux Milles, elle me parut peuplée & y enferme outre les Iesuites, les Capucins, les Cordeliers, & les Augustins, vne Eglise collegiale & celle de S. Gregoire qui en estoit Evesque, où l'on honore les reliques de cinq mille Martyrs : sa Cathedrale est dediée à la Vierge. Cette Ville a son Gouverneur, & l'on y void quelques ruines qui donnent à connoistre qu'elle est décheuë de son ancienne splendeur.

A la sortie de Spolete j'entray dans vn chemin non seulement plaisant par la varieté des objets de differentss verdures qui se presentoient à ma veuë, mais aussi par la fertilité de son terroir,

noir, qui produit toutes sortes de biens en a-
bondance pour les delices de la vie. Là sur le
panchant d'vne Montagne sont des Maisons de
particuliers, des villages, des Châteaux qui font vn
objet tout à fait charmant. Aprés avoir passé à *S.*
Iacques, village à 4. Milles de *Spolete*, en avan-
cant 4. autres Milles & en tournant la veuë à
gauche, j'admiray avec quelle industrie on à
partagé vne petite Riviere per Canaux pour la
faire ruisseller dans les terres & pour les ferti-
liser : delà j'arrivay à *Foligni* à 8. Milles de *S.*
Jacques.

FOLIGNI.

Foligni est vne Ville de la Vmbrie, située dans vne plaine, d'ou l'on a vne belle veuë de tous côtez. Dans son circuit qui est bien de deux Milles, elle est fermée de murailles & bien peuplée : dans l'Oratoire petite Eglise, l'on ho-nore le corps du *B. Iean Baptiste Vitellius*. La proche il avoit sa chambre où est presente-ment vn Autel : les meubles que l'on y montre & dont il se servoit ; donnent à connoistre qu'il pratiquoit la pauvreté. Dans l'Eglise des Reli-gieuses de S. François, l'on honore le corps de la B. Angelina Fondatrice de l'Eglise de Monte-falco, & les corps des Martyrs Philippes & Iacques. La grande Eglise de S. Felician qui fut Evesque de ce lieu, & qui est la Cathedrale, merite vne

Zz

œillade des curieux. Elle est depositrice des corps de S. Petrillo & de sainte Messaline, que l'on montre dans vn tombeau de marbre. Dans vne Chapelle je remarquay le martyre de S. Felician, representé en peinture. I'y vis aux quatre coins les Statuës des quatre Evangelistes & au dessus celles des quatre Peres de l'Eglise. L'Annonciade en mignature qui se void dans la niche d'vne Chapelle, est d'vn travail exquis. En sortant de l'Eglise je vis la place où sont les plus beaux Palais; celuy du Gouverneur y tient bien son rang.

Le 21. Avril je sortis de *Foligni* & après avoir passé vne Montagne, j'arrivay à la Ville de Monte-falco qui en est éloignée de quatre lieuës.

MONTE-FALCO.

Monte-Falco est vne petite Ville fermée de murailles dans l'Vmbrie. Sa situation qui est sur vne haute Montagne la fait découvrir de loin & connoistre en ces quartiers; mais ce qui rend ce lieu sur toutes choses celebre, est *l'Eglise des Religieuses de sainte Claire* dépositrice des reliques tres-pretieuses de cette Sainte. L'on me la montra derriere le Maistre Autel à travers vne grille habillée en Religieuse. Son visage est couvert d'vn petit voile de soye tout à fait transparent; les traits en sont si beaux

& si vifs qu'vn Peintre en pourroit tirer facilement sa veritable ressemblance. Les cartilages de ses mains & de ses pieds, sont si bien distinguez qu'on les croyroit encor animez de vie. Son corps est dans vne Chasse d'argent & sa teste est couronnée d'vne triple couronne enrichie de Perles, de Diamans, d'Emeraudes & autres pierres tres rares. Elle a dans ses doigts des Bagues d'vn grand prix. Son habit brille de tous côtez, estant entremêlé de Fleurs de filets d'Or & d'argent. Là est vn petit Ange d'argent qui tient vn doigt de Sainte Anne enchassé dans vn Crystal. Là aussi est vne phiole où l'on conserue le Sang qui sortit du Cœur de la Sainte, aussi vermeil que s'il sortoit des veines d'vne personne viuante. On le vit bouillir à la naissance de l'Heresie de Calvin.

Proche du Grand Autel à gauche, l'on me fit voir à travers d'vne petite grille son cœur fendu en deux parties, enchassé en argent. Là se voit vne Croix d'argent où se voyent tous les instrumens de la Passion de IESVS-CHRIST, qui se sont trouvez en chair dans le cœur de la Sainte. Là se void aussi le Crucifix dont l'on distingue le visage. Là est vne discipline, vne éponge. Là dans les branches de la Croix sont trois boules que l'on a trouvé pareillement dans son cœur. Elles pesent toutes également : si neantmoins l'on en met vne dans la balance contre les deux autres, le poids se trouve égal. L'on en a fait autrefois l'experience & mesme il me fut dit qu'ayant coupé vn petit morceau d'vne, il pesa autant que le tout ensemble. On les a veuë fenduës en deux depuis l'Heresie de Calvin, par ressentiment mesme de l'outrage que l'Eglise a reçeu des erreurs diaboliques de cét Heresiarque. Ie n'ay pas veu en toute l'Italie, vne plus belle, plus sainte & plus entiere relique; & l'on peut dire en cette occasion que Dieu est admirable dans ses Saints, qu'il fait honorer aprés leur mort par des miracles continuels. L'on ne peut que l'on ne soit touché & que l'on n'ait quelque sentiment de devotion quand l'on void la vertu des Saints si bien recompensée.

Estant retourné à *Foligni* par le mesme chemin, j'en repartis & cheminay pendant vn mille dans vne belle avenuë. En avançant je passay par *Aspelo* dans vne route facile, qui fut incōtinent suivie d'vne fascheuse, vn mille ou environ pendant en deça *Assisi*, lieu si celebre & si illustre par la naissance qu'y a prise S. François, qui y a jetté les fondemens d'vn Ordre, qui a donné depuis son établissement, & tant de si grands personnages à l'Eglise.

ASSISI.

Assisi est vne Ville du Duché de *Spolete*, ainsi appellée *du Mont-Asis* qui en est proche. Elle est honorée du titre d'Évesché; mais ce qui la rend sur tout considerable, sont les trois Eglises bâties les vnes sur les autres, dédiées au grand saint François. L'on n'entre point dans celle où est son corps, depuis que Nicolas IV. est mort pour avoir eu la curiosité de le voir. Ie vis celle qui est tout au dessus, où je ne remarquay rien de considerable: en sorte que je m'arrestay dans celle du milieu qui est d'vne bonne grandeur, & dont la voûte est solide. Son tour est merveilleusement bien travaillé. Entre plusieurs pensées que l'on y void écrites en Latin; j'y remarquay celles-cy: *Hic Franciscus pauper & dives in cœlos abit & virtutibus coronabitur.* Le grand Autel, sous lequel est le corps de S. François, est fermé d'vne grille de fer, & sous deux autres Autels sont les corps de 5. Saints. Vn Religieux me monstra le thresor des Reliques qu'ils conservent en vn armoire bien pretieusement. Entre autres il y a vne épine de la Couronne de nostre Seigneur, vne pointe d'vn des clouds desquels il fut attaché en Croix, de la Colomne à laquelle il fut attaché & flagellé, de la pierre du Tombeau où il fut ensevely, des cheveux, de l'habit, & de la ceinture de la Vierge, vne paire de souliers que S. François porta aprés qu'il eut receu les Stigmates sur le mont-Aluerne, vne Corne d'yvoire avec deux baguettes de bois, qu'vn Roy de Babylone donna à S. François, où sont écrites ces paroles: *Cum ista campana sanctus Franciscus populum ad prædicationem convocabat, & cum istis baculis percutiendo, silentium imponebat*, la Ceinture de corde de S. François, vn Cilice qu'il portoit sur luy, vn parchemin sur lequel S. François a écrit des loüanges à N. Seigneur, sur ces paroles: *Tu es sanctus*, le linge avec lequel S. François essuyoit les larmes de ses yeux, des cheveux de S. Loüis Roy de France, le Chef du B. Ruffin compagnon de S. François, cinq Chefs de saintes Martyres compagnes de sainte Vrsule, quelques ossemens de saint Stanislaus, des cheveux de sainte Catheri-

Z z iij

ne Vierge & Martyre, les Chefs de S. Geron & de ses compagnons, vne dent & vn doigt de S. Blaise. Enfin vne infinité d'autres, le tout enchassé, ou en christal, ou en argent.

En sortant de l'Eglise je me promenay sur la terrasse, où il y a vne galerie couverte, faite en forme de Cloître, & d'où la veuë est d'autant plus agreable, qu'elle est tout à fait rustique. Plus loin en avançant dans la Ville, j'entray dans l'Eglise de sainte Claire, où sont des Religieuses de l'Ordre de S. François. Ce qui la rend sur tout considerable, est qu'elle est la dépositrice du corps de sainte Claire, de plusieurs Reliques de Saints & de Saintes, & du Crucifix qui parla à S. François, que les Religieuses monstrent à travers vne grille en tirant vn rideau.

LES SEPT MERVEILLES;

Depuis Rome jusques à Assisi, je veux dire les sept choses qui doivent estre veuës, & qui sont dignes de la curiosité des Voyageurs, sont celles qui suivent.

Le vingt-deuxiéme Avril à la sortie de *Foligni*, je passay à Colle qui en est à deux milles, & deux milles au delà à gauche est *Cartare*, Bourg ainsi appellé pour le Papier que l'on y fait incessamment, pour la chente d'eau qu'ils ont en ce lieu en abondance. J'arrivay en suite ayant cheminé quasi toûjours par de mauvais chemins, à *la Maison-neuve* à cinq milles de *Colle*, où vis à vis j'eus le divertissement d'vne Cascade d'autant plus belle, qu'elle presentoit à ma veuë trois ou quatre napes d'eau par étages.

L'aprés-disnée je passay par vn lieu que l'on appelle, *il Domito*, & au delà à *Montefiorito*, où je vis à gauche vn lac de trois ou quatre milles de tour, & à droite de grandes prairies bornées par de hautes montagnes, ce qui est dautant plus agreable à la veuë, que cela continuë jusques à *Serravalle*, Bourg à sept milles de la Maison-neuve, & ainsi appellé, parce qu'il est serré de montagnes, d'où j'eus le plaisir de considerer vne autre Cascade qui se forme de l'eau qui vient entre les montagnes.

Le vingt-troisiéme Avril estant sorty de *Sarravalle*, je passay par *la Muccia*, Bourg qui en est à six milles, & par *Polverine*, autre Bourg à trois milles de *la Muccia*, & arrivay à l'*Hôtellerie de la Fontaine*, que l'on nomme *de Valcimara*, quoy que le Village en soit éloigné d'vn demy mille, & bâty sur le panchant d'vne montagne. Là finit la Vmbrie, dont la Capitale est *Peruse*.

En sortant de ce lieu, je consideray les sommets des hautes montagnes, toutes blanchies de neige, sur l'vne desquelles j'apperçeus *Piene* Bourg, & sur le panchant des collines, je vis à droite & à gauche des Villages & des maisons, qui font à la veuë vn objet agreable, & qui oſtent vne partie de l'ennuy que l'on prend dans les mauvais chemins ſerrez de montagnes ; car ſouvent l'on eſt contraint de deſcendre de Carroſſe : mais particulierement en arrivant à Tolentin, en *l'Hôſtellerie de l'Ours*, où j'employay le reſte du jour à voir ce qui y eſt de plus curieux.

TOLENTIN.

Tolentin eſt vne Ville Epiſcopale à neuf milles de *Valcimara*, placée ſur vne éminence qui rend ſa ſituation agreable, & don la Cathedrale eſt dédiée à S. François ; mais ſur toutes choſes celebre pour la demeure qu'y a faite S. Nicolas de Tolentin Religieux de S. Auguſtin ; aprés qu'il fut averty par vn Ange de quitter vn Château qui n'eſt pas éloigné de la Ville, où il avoit pris naiſſance, pour venir finir le reſte de ſes jours à *Tolentin*, luy diſant ces paroles : *Finis dierum erit Tolentini*. L'Egliſe qui luy eſt conſacré & gouvernée par des Religieux de S. Auguſtin, eſt vne choſe à voir, non ſeulement à cauſe de ſon beau Portail qui a eſté fait des deniers *des Viſconti*, à cauſe de ſon plat-fond enrichy de Peintures, de dorures & de ſtatuës ; mais auſſi à cauſes de Reliques qu'elle conſerve. Quelques-vns aſſeurent que le corps de ce Saint eſt en quelque lieu de l'Egliſe, & conjecturent qu'il eſt du côté du Cloître, fondez ſur ce que mettant la teſte dans vn trou qui eſt dans la muraille, l'on entend quelque bruit. Cela est incertain ; mais vne chose certaine, est que l'on conserue dans vn grand coffre de fer que l'on ouure en presence du Magistrat qui en a la clef, de tres-pretieuses Reliques : entre autres le bras de S. Nicolas de Tolentin, qui ayant esté coupé par vn Religieux pour le porter en Allemagne, il ne pût jamais auancer chemin, & ainsi fut obligé de le rendre. Là est aussi le bâton dont il fut frappé par le Diable, & vn Cilice de fer que le Saint portoit sur luy.

J'entray dans le Cloître où l'on me monstra vne vielle porte que les Religieux disent estre faite du temps de ce Saint, & au lieu mesme où il fut frapé. L'on me fit voir pareillement le Puits profond, où ne pouuant trouuer vne goutte d'eau, le Saint comme vn autre Moyse, ayant frappé d'vne baguette, en fit sourdre vne source, qui leur sert encor presentement.

Ce Saint s'est signalé par les merueilles qu'il a operées & opere encor tous les jours. Les plus remarquables se voyent en Peintures dans le Cloître, j'en rapporteray icy quelques-vnes. Il est representé, comme ce Saint estant malade enuoya querir du pain chez sa voisine, qui l'ayant trempé dans l'eau, en prit & en guerit ; depuis ce temps l'on n'a parlé que de la vertu de ce pain : comme plusieurs personnes ont esté déliurées des plus grands dangers, lors qu'ils se sont déuoüées à ce Saint : comme il fit vn jour estant à table enuoler des Perdrix toutes rosties : comme deux Aueugles recouurerent la veuë par ses prieres, côme il multiplia visiblement la farine dans le sac d'vne femme, qui luy auoit donné vn pain par charité : comme le poignard d'vn voleur rebroussa sur le pain de ce Saint, que portoit vn Savoyard sur luy : comme par son application l'on arresta l'incendie qui estoit prest de reduire en cendre l'Eglise de S. Marc à Venise : enfin plusieurs autres que ce grand Saint a operées, qui font honorer sa memoire en ce lieu, qui entretiennent les particuliers dans la devotion, & qui font que ce lieu est fort frequenté.

Le quatorziéme Avril en sortant de Tolentin, je cheminay dans vne terre fertile & dans des campagnes agreables, où aprés avoir fait dix milles, j'arrivay par vne belle avenuë à *Macerata*.

MACERATA.

LA Ville de Macerata qui a son Evesque & son Gouverneur, est vne des plus belles & des plus peuplées de la Marche d'Ancone. Dans sa situation qui est sur vne montagne, l'on découvre la Mer, quoy qu'elle en soit éloignée. J'en descendis par vne plaine arrousée par les Rivieres de *Potenza* & *Aspidos*, pour aller dans la Ville de Recanati, qui en est éloignée de dix milles.

RECANATI.

REcanati est vne Ville qui fut bâtie des ruines de *Helvia Ricina*, détruite par les Goths. Quelques-vns mesme assurent que l'on voit encor quelques restes de cette ancienne Ville. Elle est bâtie au long d'vne haute montagne & spatieuse, environnée de fertiles & agreables collines. Elle est beaucoup plus longue que large; ce qui la fait appeller par les Italiens *Longo*. Dans la grande Eglise est le tombeau de Gregoire XII. qui renonça au Souverain Pontificat dans le Concile de Constance. En sortant de Recanati j'apperceus *la Coupole* de l'Eglise de N. Dame de Lorete, & passay par *l'Abbaye de S. Iean in Pertica*: & descendant dans vne vallée je laissay sur la main droite vn Aqueduc, que le Cardinal Scipion de Bourghese fit faire pour conduire l'eau du champ de Recanati jusques dans *Lorete*, qui en est à trois milles, où j'arrivay en *l'Hôtellerie de l'Ours d'or*, la plus fameuse de la Ville. En entrant j'admiray le grand concours de pelerins qui estoient en si grand nombre, qu'à peine trouvoit-t'on place pour marcher.

LE CHEMIN DE ROME A Lorete, avec les noms des Villes, Bourgs & Villages, & leur distance.

DE Rome à Prima Porta.	7. milles.
De Prima Porta à Castel nuovo.	7. milles.
De Castel nuovo à Argnano.	7. milles.
De Argnano à Citta Castellana.	9. milles.
De Citta Castellana à Borgheto.	5. milles.
De Borgheto à Otricoli,	4. milles.
De Otricoli à Narni.	8. milles.
De Narni à Terni.	8. milles.
De Terni à Strettura.	7. milles.
De Strettura à Spolete,	7. milles.
De Spolete à S. Iacques,	4. milles.
De S. Iacques à Foligni,	8. milles.
De Foligni à Montefalco,	5. milles.
De Foligni à Assisi,	6. milles.
d'Assise à Colle,	2. milles.
De Colle à la Maison neuve.	5. milles.
De Maison neuve à Serranalle.	7. milles.
De Serranalle à la Muccia.	6. milles.
De la Muccia à Polverine.	3. milles.
De Polverine à Valcimara,	8. milles.
De Volcimara à Tolentin,	9. milles.
De Tolentin à Macerata,	10. milles.
De Macerata à Recanati,	10. milles.
De Recanati à N. Dame de Lorete,	3. milles.

De Rome à Lorete, cent cinquante cinq milles.

LORETE.

CEtte Province autrefois appellée *le pays des Picenes*, nommée aujourd'huy *la Marche d'Ancone*, fut gouvernée par les Lombards après qu'ils se fussent retirez de l'obeïssance de l'Empire Romain ; & depuis ses Habitans ayant longtemps respiré leur liberté, sont tombez sous l'authorité du S. Siege qui en est presentement dans vne possession paisible & absoluë.

Il ne se peut rien de plus agreable que ce pays, diversifié par ses valleés & par les collines. Il ne se peut rien de plus temperé que son air ; & son terroir est si fertile, qu'il abonde en toutes sortes de biens : ce qui à donné occasion à Tacite de l'appeller *la Ville du rafraischissement des armeés* ; & à Appian, *le jardin d'Italie*.

Ce pays comprend quelques Duchez, Principautez, Gouvernemens, & plusieurs Villes Episcopales : entre lesquelles Lorete fut inserée par Sixte V. Elle est située comme au milieu de l'Italie & de la Marche d'Ancone, sur vne colline qui fut autrefois profanée par vn temple dedié à Iunon ; & selon quelques vns, elle se nomme *Lorete*, parceque là proche estoit vn bois de Lauriers. Elle s'est agrandie peu à peu ; & le mesme Pape Sixte V. ayant dessein de l'étendre jusques a Recanati, ordonna aux Habitans du pays de bâtir des Maisons de ce coîté la, dont l'on void encor quelques vnes à la file. Pour en faciliter les approches aux Pelerins, les Papes Clement VII. Sixte V. & Gregoire XIII. ont fait couper la Montagne voisine, nommée *Montereale*, pour leur faire respirer vn Ciel doux & pur. Clement VII. & Pie V. en ont fait desseicher les Marests & les eaux croupissantes: ils ont fait couper les bois à l'entour, pour laisser la liberté aux vents de purifier l'air: pour y attirer des Habitans ils leur ont accordé des privileges, & les ont déchargez d'impôsts: pour les assurer dans la Ville, Iules II. Leon V. & Sixte V. l'on fermée de murailles, & fortifiée de boulevards: en vn mot ils l'ont munie de toutes les fortifications necessaires pour sa deffense, & jusques à present elle a esté conseruée par la protection qu'elle reçoit du Dieu des Armeés, qui prend soin de deffendre la Maison où il s'est fait Homme, & où a commencé le premier & le plus incomprehensible de nos mysteres. Plusieurs Empereurs Turcs pour avoir voulu attenter à ce saint lieu, ont esté châtiez exemplairement de leur temerité; Dieu les ayant confondus dans leurs desseins.

Le 25. Avril me promenant dans la Ville, je pris vn singulier plaisir quand je vis arriver vn nombre infini de Pelerins, qui y abordent de toutes les parties de la, Chrestienté dans toutes les saisons de l'année: mais particulierement au Printemps & en Automne. Il fait beau les voir marcher en ordre, comme par Esquadrons, portans des Enseignes, des Croix, & des Etendarts, accōpagnez de leurs cloches, chantans les loüanges de Dieu & le prians tous ensemble à haute voix, faisant choix parmy eux de quelques

Officiers

Officiers, qu'ils respectét, & ausquels ils obeissent: mais ce qu'ils font d'vn si grand courage, qu'ils touchent le cœur des passans qu'ils excitent à la devotion. Ils sont receus en cét ordre dans la Ville par des Trompettes qui les conduisent avec leur tintamare jusques à la porte de l'Eglise, où ils ne sont pas plutôt arivez qu'ils se trainent à deux genoux jusques à la sainte Maison, & vont tout à l'entour en cette posture, avec de grands soûpirs, les vns jettant des larmes & se battant la poitrine; les autres donnant avec liberalité l'aumône aux pauvres, & faisant des presens à la Sacristie. Il n'y a point de cœur si endurcy qui n'y soit touché; & les plus froids & insensibles y sont frapez de sentimens de pieté, & se trouvent embrasez. Souvent méme les Heretiques qui n'y alloient que par curiosité s'y sont convertis.

Le dessein du Palais qui est proche de l'Eglise, & où logent les Iesuites Penitentiers, l'Evesque, le Gouverneur & plusieurs autres, fut donné par Bramante au temps de Sixte IV. commencé par Iules II. continué par les Papes Clement VII. Paul III. Pie IV. Gregoire XIII. jusques au temps de Paul V. & d'Vrbain VIII. auquel il fut achevé. Il est tres-commode, & dans la diversité de ses appartemens, il y en a vn toûjours de prest pour les Princes & autres personnes de qualité, qui y viennent par devotion. Ie descendis dans les caves, considerables pour estre bien voûtées, tres-spacieuses & remplies de toutes sortes de vins, pour le rafraischissement des pelerins. L'on vous en donne à goûter du plus excellent, & si vous y voulez mettre de l'eau, sortez de ce lieu pour voir la fontaine, qui est comme au milieu de la place. Elle vous en fournira en abondance. Le Cardinal Antonio Maria la fit venir de Recanati au temps de Paul V. Sa figure est Octangulaire, & le tour a esté fermé de balustrades de fer. Dans sa hauteur qui est bien de trente pieds, elle est à trois étages. Par en haut au premier de ces étages quatre statuës & quatre Aigles donnent de l'eau par leur bec abondamment, laquelle tombe en panaches de tous côtez. Plus bas quatre Dragons la rendent par leurs gueules dans vn autre bassin fait en coquille, & au troisiéme quatre Tritons montez sur autant de Dauphins la versent dans le dernier bassin où elles se reünissent toutes. Cét ouvrage qui est tout de bronze est de *Pierre Paul* & de *Tarquin Giacometti*, tous deux yssus de la Ville de Recanati.

En avançant je me trouvay au bas des degrez du Portail, où est la statuë de Sixte V. en bronze. A l'entour sont les quatre Vertus Cardinales, representées par quatre statuës aussi de bronze; & d'autres histoires en bas reliefs. Le dessein du Portail de l'Eglise est ingenieux, bien inventé & mieux executé, aux dépens d'Antonio Maria Cardinal. L'on y void ces paroles en Latin. *Gregorio XIII. Pontifici Optimo Maximo, Philippo Cardinali Vastamilla protectore anno* 1583. Tout au haut sont les armes de Sixte V. Au dessous sont ces paroles: *Deipara Domus in qua Verbum Caro factum est.* Plus bas est l'Image de N. Dame en bronze. D'vn côté de ce Portail il est écrit: *Sixtus V. Pontifex Maximus Ecclesiam hanc ex Collegiata Cathedralem constituit,* 16. *mensis Aprilis anno* 1581. *Pontificatus primo.* De l'autre côté: *Sixtus V. Pontifex Maximus, Picenus, Lauretum oppidum Episcopali dignitate ornatum civitatis jure donauit an.* 1586. *Pontificatus primo.*

& d'Italie. 739

Des deux côtez sont ces mots : *Philippus Cardinalis Vastavilla Protector.*

L'Eglise dont le dessein est de Bramāte, fut commencée dans sa meilleure partie par Paul II. & achevée par Sixte IV. Elle est entourée en dehors d'vne galerie couverte, où dans le besoin l'on pourroit retirer quelques soldats pour sa seureté, & les Boulevards faits par Leon X. peuvent aussi contribuer à sa deffense. Par le dedans l'on void les Chapelles briller par leur stuc mis en or, & éclater par de tres-excellentes peintures, les vnes travaillées sur les murailles & les autres dans des tableaux. Entre autres je remarquay dans la Chapelle de l'Annonciade vne Annontiation de la main de Zuccaro, & plus bas S. Christophe qui y est representé portant le Sauveur du mōde. La Visitation & les nopces de la Vierge avec S. Ioseph, sont deux autres chef-d'œuvres de peinture de cette mesme Chapelle. Dans celle du Rosaire il y a S. Dominique d'vn côté & de l'autre S. Thomas accompagné de deux Anges, ayant sur sa poitrine vn Soleil, pour signifier que par sa doctrine il éclaire toute l'Eglise. Dans la Chapelle de S. Iean Baptiste, il y est representé baptisant N. Seigneur. Cette peinture n'est pas moins estimée que les precedentes. Dans le Chœur des Chanoines, l'on admire la Cene de Loti. Dans la Chapelle du saint Sacrement & dans celle de sainte Anne, cette Sainte y est representée enseignant N. Dame, qui reçoit l'instruction de sa mere avec humilité, & plusieurs autres que l'on void par toute l'Eglise. I'arrestay sur tout mes yeux sur la coupole, ainsi élevée par le Cardinal de la Roüere, & couverte de plomb par le Cardinal d'Vrbin sous Pie IV. enrichie de peintures par

Aaa ij

Antonio Maria Gallo sous Paul V. A l'entour sont ces paroles : *Antonius Maria Gallus hanc ædificari curavit an.* M. D. LXXXVI. Comme aussi la gloire où la Vierge fut élevée par les Anges, qui sont representez à l'entour de la coupole ensemble avec les quatre Evangelistes. Les peintures en sont tres-viues & tres bien travaillées : telles enfin que la plume n'est pas suffisante d'écrire ce que le pinceau y a exprimé. Au dessous du Dome est la maison de la sacrée Vierge, dont je feray la description.

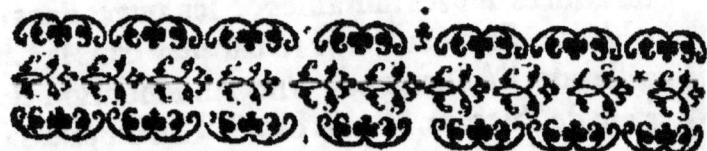

LA MAISON DE NOSTRE Dame de Lorete.

NY la montagne de Sinai où Moyse reçeut la Loy de Dieu, ny celle de Moria, signalée par le sacrifice d'obeïssance, qu'Abraham fit de son fils à Dieu, ny le temple de Salomon, où estoit enfermée vne infinité de richesses, ne peuvent estre comparées à cette sainte maison où la sacrée Vierge a pris naissance & a esté élevée, où estant saluée par l'Ange Gabriel, elle conceut vn Homme-Dieu dans ses chastes entrailles, où le Verbe s'est racourcy, & où le Fils de Dieu s'est fait fils de l'homme. Les Anges arracherent cette sainte maison de ses fondemens de Nazareth, le neuviéme May 1291. & l'apporterent le mercredy aprés l'Ascention sur l'heure de minuit dans la Sclavonie sur vne colline entre la Ville de Fiume & Terfatto au temps de l'Empereur Rodolphe & du Pape Nicolas IV. où elle fut honorée par vn grand concours de monde pendant trois ans & sept mois, & en suite transportée le dix Decembre l'an 1294. sous Boniface VIII. vers Recanati en vn bois tout joignant la Mer, lequel estant devenu vne retraite de voleurs, elle en fut retirée pour la troisiéme fois, & transferée huit mois après sur vne petite montagne, dont la possession estant contestée par deux freres, elle fut enlevée aprés quatre mois, & mise dans le grand chemin à deux milles de la Mer dans la Ville de Lorete, où elle est presentement. Il semble que la sacrée Vierge ait voulu choisir sa demeure en Italie, pour estre le lieu le plus connû de l'Europe, le plus commode pour y aborder par ses ports, pour estre aussi le lieu où l'heresie ne devoit point trouver d'entrée, & où la devotion pour cette sainte Mere de Dieu, devoit regner davantage.

Les Habitans de Recanati se sont toûjours montrez fort affectionnez à honorer ce saint lieu. Ils éleverent à l'entour quelques portiques; sur le mur ils firét represéter en peinture les Mysteres & les translations de cette sainte Maison & firent bâtir vn Autel pour donner facilité aux pelerins d'entendre la Messe de loin. Ayans tenté en vain d'appuyer par le dehors les murailles d'autres nouvelles, on a esté obligé de laisser quelque espace entre les deux. L'on fit mesme bâtir vne Eglise pour l'enfermer. Les Papes Iules II. Leon X. Clement VII. & Gregoire XIII. l'ont fait encroûter par le dehors du plus beau marbre qui se puisse voir; où sont des bas reliefs & des statuës travailleés par les plus excellens ouvriers, & qui représentent les mysteres de la sacrée Vierge. Devant l'Autel de l'Annonciade l'on void l'Annonciation : à la Fenestre de la sainte Maison la Visitation, comme aussi S. Ioseph & N. Dame en la Ville de Bethléem.

Là se void la Sibylle Libique & le Prophete Hieremie d'vn costé ; & de l'autre est la Sibylle Delphique & le Prophete Ezechiel. Du costé du Septentrion sont les Epousailles de la Vierge avec S. Ioseph ; la naissance de la sainte Vierge.

Là est aussi representé vn Enfant avec vn chien qu'vne Femme regarde en se soûriant; Cette piece est merveilleuse à voir. Entre ces deux ouvrages est la Sibylle Phrygie & le Prophete Daniel ; du mesme costé je vis la Sibylle Tiburtine & le Prophete Amos en habit de pasteur, & la Sibylle Hellespontique & le Prophete Esaie.

Du costé du Midy sont representeés la Nativité de N. Seigneur, l'Adoration des Mages; & dans des niches sont la Sibylle Cumée & le Prophete Dauid avec la teste du Geant à ses pieds, la Sibylle Erythrée & le Prophete Zacharie, la Sibylle Delphique & le Prophete Malachie. A L'Orient est representé le passage de la Vierge, les transports de sa Maison : la Sibylle Samie & le Prophete Moyse d'vne sculpture tres rare, la Sibylle Cumée & le Prophete Balaan. Il ne se peut rien voir de plus achevé que tout cét ouvrage.

Aprés avoir parlé des dehors de cette sainte Maison, disons quelque chose de la disposition du dedans que je vis. Elle fut apportée sans fondement & sans plancher. Au dessus estoit vne cheminée qui paroissoit comme vn petit clocher. Elle estoit couverte d'vn toict de bois azuré & parsemé de petites étoiles azureés & doreés. Ses murailles font de brique & à l'entour eſtoient comme de petites Arcades où les Ecuelles eſtoient placeés. Sa longueur à peu prés eſt de 30. pieds. ſa largeur de 12. & ſa hauteur de 15.

Il n'y avoit qu'vne feneſtre & vne porte, au deſſus de laquelle eſtoit vne Armoire où la Vierge mettoit ſes écritures, & où l'on conſerue preſentement quelques Vaſes, dont elle ſe ſervoit, & qui ſont de terre cuite, en forme de taſſe & de petits plats. Pluſieurs malades ont eſté gueris pour avoir beu de l'eau qui avoit paſſé par vne de ces Ecuelles. Là étoit l'Autel conſacré par S. Pierre: là étoient des Peintures qui repreſentoient quelques Saints & Saintes, & les Myſteres de la ſainte Caſe, qui ont eſté en partie effacez par l'indiſcretion des peuples.

L'on m'ouvrit vn petit coffre, d'où l'on tira quelques étoiles de bois azurées, détachées de la voûte. Elles ſont d'vn bois incorruptible, comme auſſi tout celuy qui y a eſté employé. Vne ſolive ayant eſté miſe à terre & foulée d'vn grand nombre de peuple, ne s'vſe point dans le temps meſme qu'on eſt obligé d'y renouveller les pierres. Au deſſus de la cheminée, l'on void vne image de bois de cedre de N. Dame tenant le petit Iesvs couronée d'vn Diadéme & couverte d'habits tres-pretieux: cét ouvrage eſt de S. Luc. Là eſt vn Crucifix, dont la Croix eſt auſſi d'vn bois incorruptible. Il fut placé par les Apoſtres ſur l'Autel, mais il eſt preſentement ſur la feneſtre de la ſainte Caſe, & l'on n'a jamais pû le faire changer de place.

La hauteur de cette divine maiſon a eſté diminuée d'vn tiers, à cauſe de la nouvelle voûte de marbre ſoûtenuë par vne crepiſſure, en dehors de mesme matiere, à laquelle en de lans sont suspenduës les Lampes & les Chandeliers. Paul III. la fit mettre en la place de celle de bois, & fit faire pareillement quatre portes dont les materiaux que l'on osta pour les placer, servirent à boucher l'ancienne porte; & la cheminée devant laquelle est l'Autel de S. Pierre qui estoit auparavant proche du mur, & sur lequel estoit l'Image de la sainte Vierge. La Fenestre par laquelle l'Ange entra pour luy annoncer qu'elle seroit Mere de Dieu, a esté vn peu élargie & mise plus au milieu du mur. Elle est quarrée & en dehors il y a vne grille de fer. L'on me fit remarquer à peu pres le lieu où la sainte Vierge receut cette adorable nouvelle: de plus l'on me montra vn morceau de planche qui estoit à la voute: deux escuelles traversées de filets d'Or dont la Vierge se servoit: sur l'Autel vne pierre consacrée par S. Pierre. De plus l'on me fit voir la cheminée, large de 3. ou 4. pieds & le lieu où vn Evesque prit vne brique avec permission du Pape; mais cet Evesque ne put jamais guerir qu'apres l'avoir restituée.

La N. Dame faite par S. Luc, est toute couverte de richesses. Vous y voyez vne chaisne composée de plusieurs topases: vne couronne d'or enrichie de Perles, donnée par Anne Marie Princesse de Savoye: vn cordon de l'Ordre de la Toison, orné de Perles & d'Emeraudes: vn Collier de Rubis, de Perles, & de Diamans qui luy pend sur le sein: vn autre Collier de Perles luy a esté mis sur le front; Le petit Iesus qu'elle porte entre ses mains, brille tout en Or, en Perles & en Diamans; & tient vne Sphere à la main, qui est vn present d'vn Prince Leopold. Ie ne parle point des vétemens les plus superbes que plusieurs puissances de la terre ont donnez à cette sainte Image par devotion, mais je diray seulement que j'y ay veu plus d'vne cinquantaine de Lampes d'argent; quelques vnes d'Or massif: celle que les Venitiens ont donnée est d'vn grand prix. Parmy plusieurs chandeliers j'en remarquay deux d'or massif donneés par Marie Magdelaine d'Austriche Grande Duchesse de Toscane. Ie vis pareillement deux couronnes d'or massif donneés par Anne d'Austriche Mere de Louys XIV. A l'entour de la plus petite par le dedans; il y a ces paroles: *Sceptra dedit Christus nunc reddo coronam.* & à l'entour de la plus grande: *Nunc mea jam tua corona erit.* Vn Ange d'argent tient entre ses bras vn Dauphin d'or massif, qu'il presente à la Reyne du Ciel & de la terre, donné par la mesme Reyne Mere de Louys XIV. L'on me montra trois ou quatre petis Enfans tous d'or massif: des Flambeaux, des Statuës, des quadres & vne infinité prodigieuse de richesses: la robbe dont l'Image de la Vierge estoit vétuë lors quelle fut apportée en ce lieu, enchassée dans vn coffre d'argent; & on la voit à travers d'vne vitre. Dans vne autre petite Armoire l'on conserue le crane de S. Gereon: la teste de S. Stanislaus Roy de Pologne: de la vraye Croix enchassée superbement. Le derriere de l'Autel où est la cheminée, est tout encroûté de lames d'argent & de plusieurs autres richesses que des particuliers ont donneés pour marquer leur respect envers la sainte Vierge, & pour laisser à la posterité des témoignages de leur pieté. Sortons de ce saint lieu pour entrer dans la Sacristie.

La grande Sacristie fut ainsi ordonnée par Clement VIII. au temps que le Cardinal Maria

Gallo en estoit le protecteur. Elle peut avoir vingt pas de largeur & quarante-cinq de longueur: elle est bien appellée le Thresor, à cause du nombre infiny de choses pretieuses qui sont enfermées dans les armoires qui regnent à l'entour. Il y fait beau voir la grande quantité de Perles, de Lampes, de Flambeaux, de Vases sacrez, de Burettes, de Calices, de Rubis, de Saphirs, de Diamans, de Couronnes, de Coliers de Perles, d'Amethistes, de Topases, d'Esmeraudes, de Berils, de pierres d'Agates, de Iaspe, d'Ambre, de Corail, de Christaux: en vn mot de toutes sortes de pierres preticuses que l'homme a pû trouver par son art, tous dons de Rois, de Reynes, de Princes & de Princesses de l'Europe, qui ont rendu ce pieux tribut à la Reyne du Ciel & de la Terre.

Entre vne infinité de raretez, je vis vne Colombe toute d'or, émaillée avec vne double couronne de mesme matiere enrichie de Diamans. Elle a esté donnée par le Prince Pamphile neveu d'Innocent X. Vn Aigle chargé de Diamans estimé trente mil écus, presenté par Marie Reyne de Hongrie & de la maison d'Austriche: vn Cœur d'or d'vne grosseur considerable, où au dessus d'vn côté est écrit le nom de IESVS en Diamans, & de l'autre celuy de *Maria*. Le Cœur se fend en deux parties: d'vn côté l'on y voit le Portrait de la Vierge, & de l'autre celuy de la Reyne d'Angleterre, qui luy presente son cœur, & a esté donné par la mesme Reyne: vn Cœur enrichy de Diamans, & au milieu vne Esmeraude d'vne grosseur prodigieuse, donné par Henry III. à son retour de Pologne: vne Custode de Lapis enrichie d'or & vne fleur de Lys d'or au dessus:

& d'Italie. 747

cette piece est inestimable: tout l'habillement d'un Prestre, vn devant d'Autel tout couvert de grosses perles, Chasubles, vne Chapelle d'Ambre, sçavoir trois grands Chandeliers, vne Esguiere, deux Burettes, vn Bassin, & le tout est estimé plus de cent mille écus; il fut donné par vne Chanceliere de Pologne : vne Chappe toute couverte de Diamans, il ny a rien de si riche, & donnée par Isabelle Infante d'Espagne : vne grosse Perle où l'Image de la Vierge se trouve imprimée naturellement, il ny a rien au monde de si rare : vn Diamant donné par vn Doria, estimé douze mille écus, vn autre de la mesme valeur donné par vn Allemand, la Couronne que la Princesse Christine Reyne de Suede a donnée d'or pur toute couverte de Diamans, comme aussi le Sceptre d'or en est tout couvert. Vn service d'Autel de Lapis, c'est à dire Esguiere, Burettes, Chandeliers du Comte Olivarés : vn service de Corail donné par l'Archiduc Leopold, deux Couronnes d'or enrichies de Perles d'vne Reyne de Pologne, deux autres Couronnes chargées de Perles de l'Archiduchesse d'Austriche, vne Croix d'or enrichie de cinq gros Rubis d'vne grosseur extraordinaire, elle est d'vn prix inestimable & donnée par vne Duchesse de Nevers : vn Livre donné par vn Duc de Baviere ; le dessus en est chargé de Diamans & le dedans est remply de mignatures : les yeux & le Cœur presentez par la Duchesse de Savoye le tout couvert de Diamans. L'on m'ouvrit le Cœur où je vis le Portrait de la Vierge & celuy de la Duchesse : Ie ne parleray point des grosses Perles, des Croix des Chevaliers de toutes sortes d'Ordres, des Bagues & autres joyaux dont le nombre est infiny ;.

mais je diray seulement pour achever, qu'il y a plusieurs Villes representées sur des lames d'argent, comme celles de *Milan*, de *Ferrare*, de *Boulogne*, de *Taberne* en Alsace, de *Famagolta* en Savoye, de *Nancy* en Lorraine, & la Bastille en France presentée par Monsieur le Prince de Condé dans le temps qu'il sortit de prison, *tout l'Estat de Montealto* sur vn tableau d'argent, les Villes *d'Ascoli*, de *Fermo*, de *Recanati*, *d'Ancone* & autres.

D'vn côté en entrant l'on voit dans vne armoire vne robbe d'argent sur vne Image de la Vierge, donnée par Clement VIII. & sur laquelle la Ville de Ferrare est representée. Aprés avoir fait mention des richesses qui sont enfermées dans le thresor Temporel, il faut dire vn mot du thresor spirituel, duquel plusieurs personnes & de toute Religion ont puisé des sources de faveurs & de bien-faits par l'intercession de N. Dame de Lorete, qu'ils ont invoquée & qui a operé sur elles vne infinité de merveilles. Les Infidelles ont abandonné leurs fausses Divinitez pour reconnoistre le veritable Dieu: les Heretiques ont abjuré leurs heresies: les Fideles ont esté confirmez dans leur creance: les cœurs les plus endurcis & les plus glacez ont esté attendris & embrasez de l'amour de Dieu: en vn mot toutes sortes de personnes & de tout sexe ont reçeu des faveurs du Ciel par le moyen de N. Dame de Lorete. Entre vne infinité de miracles, j'en rapporteray trois ou quatre. Deux Peres Capucins s'estant embarquez sur Mer dans vn Vaisseau, la tempeste le fit perir en conservant les Peres qui avoient invoqué N. Dame de Lorete ; l'eau leur servant de guide & les conduisant à bon port, la Mer n'entreprenant pas de perdre ceux que la sacrée Vierge protegeoit.

Deux Iuifs aveugles ayant esté conduits en ce saint lieu, n'y furent pas plûtost arrivez qu'ils recouvrerent la veuë du corps & celle de l'esprit. Vne personne ayant douté de la verité de l'histoire de cette sainte maison, tomba comme demy morte, mais ayant invoqué N. Dame de Lorete elle reprit ses esprits, & en suite luy restant encor dans l'ame quelque doute, il devint aveugle des yeux du corps, mais il ouvrit ceux de l'esprit & reconnut la verité de N. Dame de Lorete, qu'il invoqua vne seconde fois & qui ne refusant jamais les personnes qui implorent son secours, luy rendit la veuë avec les forces & la fermeté pour ne plus douter.

Les Turcs ayans par vne cruauté plus que Barbare arraché & tiré les entrailles du corps d'vn prestre Sclavon, il les porta entre ses mains à N. Dame de Lorete, à qui il les presenta. Cela arriua sous le Pontificat de Leon X. Ie passeray soubs silence vn grand nombre d'autres merveilles que la sacrée Vierge a operées en faveur de ceux qui ont demandé sa protection. Disons vn mot à present des Officiers de cette sainte Maison.

Leon X. donna à la Ville vn Gouverneur & vn Vicaire pour les affaires civiles & Ecclesiastiques: mais Iules II. rendit le Gouverneur Maistre de ces deux justices, & voulut luy mesme estre le Protecteur de ce saint lieu Sixte IV. y augmenta le nombre des Prestres: Innocent VIII. y mit les Carmes: Iules II. declara l'Eglise Chapelle pontificale, en faisant participans les Prestres: Leon X. la fit Collegiale, comme aussi Clement VII. l'accrût de nouveaux Officiers, mais Sixte V.

ayát erigé Lorete en Ville, il en fit vne Eglise Cathedrale. Le premier protecteur fut le Cardinal Hierôme de la Roüere au temps de Sixte IV. Depuis, la protection en a demeuré entre les mains des Cardinaux, & le protecteur choisit vn Chanoine qui a soin du Thresor : vn autre qui fait l'Office de pasteur : trois Clercs qui gouvernent la sainte Maison.

L'Evesque prend parmy les Chanoines vn Penitentier & trois personnes qui administrent les Sacremens. De plus il choisit vn Chanoine qui a soin du Chœur & de la Sacristie Episcopale. Iules III. y envoya S. Ignace accompagné de quatorze Peres de sa compagnie, qui ont fait depuis l'office de penitentiers, & qui ont continué depuis ce temps-là avec beaucoup de fruit & de consolation pour les pelerins : parmy plusieurs souverains Pontifes bien-faicteurs de cette divine maison, Leon X. & Gregoire XIII. se sont signalez, mais sur tout Sixte V. Parmy les Cardinaux l'on nomme le Cardinal Antonio Maria Gallo, qui a employé de grands deniers pour l'embellissement de ce lieu.

LES SEPT
MERVEILLES:
Ie veux dire les sept choses les plus considerables, depuis Assisi jusques à Lorete, sont celles qui suivent.

A. vid. Bouylart sculp.

LE CHEMIN DE LORETE A Venise, avec les noms des Villes, Bourgs & Villages, & les choses les plus remarquables, distribuées en Merveilles.

Le 26. Avril je m'embarquay, quoy que sur terre dans vn Carosse fait en forme de Barque, & sortis de Lorete pour aller à Ancone, où j'arrivay apres avoir fait 15. milles en terres grasses qui rédent les chemins mauvais.

ANCONE.

Ancone est vne Ville Episcopale & Capitale de la Province d'Ancone; ainsi appellée, pource-que son haure bâti du temps des Romains, & reparé par l'Empereur Traian, au rivage de la Mer Adriatique; est courbé en forme de coudes, dit par les Grecs ἀγκών. Quoy qu'il soit vray que dans son enceinte il ne puisse pas contenir beaucoup de Vaisseaux, il faut neantmoins tomber d'accord que ce n'est pas sans raison qu'il a eu toûjours reputation entre tous les ports d'Italie, quoy qu'aujourd'huy il soit vn peu décheu de ce premier estat, n'estant plus frequenté comme il a esté autrefois, ce qu'il faut plutôt attribuer au changement & à l'inconstance de l'esprit de l'homme, qu'à la situation du lieu qui a toûjours esté la mesme. Le mole que l'on y a bâti qui avance bien dans la Mer deux cent pas ou environ, ne rend pas ce port peu considerable & met les Vaisseaux en seureté. L'on s'y promene sur de petites galeries bâties & revetuës de brique. D'vn costé sont deux forts boulevards qui le deffendent, & de l'autre vn petit Bastion. Si vous jettez la veuë du costé de la Mer, vous verrez vne perspective agreable & en tournant la veuë vers la Ville, vous en admirerez la situation sur le panchant d'vne Montagne, dont la pante va jusques au Port: en telle sorte que de la plus grande partie des maisons l'on découvre la grande Mer qui est en face à la Ville. Tout ce lieu a particulierement sa situation sur trois éminences. Sur la premiere est le Château fortifié de Bastions & de Canons, sur la seconde qui est comme au milieu, la plus grande partie des maisons sont bâties. Là est la sale des Marchands, riche en ces Peintures & magnifique par ses belles Statuës.

Sur la troisiéme éminence est l'Eglise de S. Cyriaque, la Cathedrale, non seulement considerable pour son Portail, qui est tout de marbre, mais aussi pour avoir en dépost plusieurs pretieuses Reliques, comme les corps de S. Cyriaque, de S. Marcellin : du B. Antoine Feratis : vne partie du Chef de S. Iacques le Mineur : de l'é-

...ge : vn morceau d'vn cloud de la Croix, & l'Habit sans coûture de N. Seigneur : du dra[p] dans lequel N. Seigneur fut ensevely : de la [c]olomne a laquelle il fut flagellé & autres.

Tout proche est l'Eglise des Carmelites où l'on [h]onore pour reliques, le Chef de sainte Iulienne; [q]uelques vnes des onze mille Vierges, & du bois [de] la vraye Croix. L'Eglise du Rosaire est assez [b]elle : sur la voute sont des Peintures qui repre[s]entent admirablement tous les Mysteres de la [tre]s-sainte Vierge. C'est vne chose tout à fait [c]harmante que cette éminence appellée *le Pro[mo]ntoire Cumere*, sur lequel il y avoit autrefois [v]n Temple dedié à Venus ; de voir cette vaste [é]tenduë de la Mer, la courbeure du Port, l'assiette [de] la Ville, & la situation du Promontoire.

En sortant de la Ville je remarquay dans la For[te]resse vn lieu éminent que Sixte V. fit ajuster [p]our placer du Canõ & apres avoir cheminé trois [m]illes au long de la Mer dans de mauvais che[m]ins, j'arrivay à l'Hôtellerie qui se trouve sur la [r]oute.

Le 27. Avril à 8. milles de l'Olmo je passay [s]ur vn Pont qui est sur vne petite Riviere, où [p]roche a main droite, je vis vn Château bâti en [la] campagne en forme ronde & fortifié d'vn dou[b]le rempart : deux milles au dela sur la route l'on [t]rouve les Maisons brulées; lieu qui a esté ainsi [n]ommé depuis que les Turcs y mirent le feu, [ap]rés avoir pris captifs tous les Habitans. A sept [m]illes au dela j'arrivay à l'Ange. Hôtellerie à [tr]ois ou quatre cent pas hors la Ville de Sini[g]aglia.

Bbb ij

SINIGAGLIA.

Sinigaglia est vne Ville qui fut bâtie par les Gaulois Senonois, qu'ils appellerent *Sena*, qui fut depuis nommé *Senegaglia* ou *Senogalla*, pour la distinguer de *Sienne* Ville de la Toscane, & qui est aujourd'huy dite par corruption, *Sinigaglia*. Elle est dans la Marche d'Ancone & du Duché d'Vrbin, située sur le bord de la Mer Adriatique, & proche de la Riviere de Mise où Asdrubal fut tué & son armée taillée en pieces par Livius Salinator & C. Neron. Elle est aussi proche le fleuve *Cesano*, qui n'est pas éloigné de la Ville. Fabius & Decius deux Consuls Romains y remporterent vne victoire signalée contre les Gaulois, Samnites & autres peuples, dont l'armée estoit composée. Cette Ville est petite, mais bien peuplée, Episcopale, entourée de fossez, fermée de hautes murailles, fortifiée de Bastions & de Boulevards, gardée du côté de la Mer par vn Château muny de quatre grosses Tours, enjolivées de creneaux : en vn mot elle est en estat de faire vne vigoureuse resistance.

Quoy que l'on dise que l'air n'y est pas sain, il faut neantmoins tomber d'accord qu'elle est dans vne assiette agreable par la Mer qui luy fait la perspective : & quoy que l'eau douce bonne à boire y soit rare, cette incommodité est bien recompensée par la commodité du Port & du Canal, qui

& d'Italie.

apportent les Barques chargées jusques aux portes de la Ville.

Dans l'Eglise de S. Pierre, les Chapelles sont enrichies de belles peintures. Sur le maistre Autel il y a vne Assomption, à sa main droite sainte Claire y est representée avec vn Ange, & de l'autre le B. Gaëtan, où il y a aussi vn Ange. L'Annonciade qui est dans l'Eglise du saint Sacrement de l'ouvrage de Guide, est vne chose à voir & surpasse les autres peintures qui y sont.

En sortant de Sinigaglia, je cheminay presque toûjours sur le bord de la Mer dans vn chemin affermy par les sables que la Mer y jette, quoy qu'en quelques endroits l'on trouve des Fondrieres causées par des ruisseaux, qui en coulant dans la Mer creusent les lieux par où ils passent. Aprés avoir fait dix milles sans rencontrer aucun lieu pour arrester, j'arrivay à Fano en l'Hôtellerie du Maure d'or.

FANO.

Fano, Ville ainsi appellée à cause d'vn Temple de la Fortune qui y fut bâty par les Romains, est située dans la voye Flaminie & sur le bord de la Mer. L'on y void encor quelques restes d'vn Arc Triomphal, qui fut érigé en l'honneur d'Auguste qui y envoya vne Colonie, laquelle fut appellée *Iulia Fanestris*. Aprés avoir long-temps respiré sa liberté, mesme malgré les

Bbb iij

Ducs d'Vrbin qui ont tasché de s'en emparer, elle s'est soûmise volontairement au saint Siege, qui aujourd'huy en est encor en possession. Elle est Episcopale & située dans la Marche d'Ancone. Elle est entourée de Fossez & fermée de murailles de brique d'vne hauteur considerable, deffenduës par des Tours que l'on y void d'espace en espace, soûtenuës du côté de la Mer par de bons Bastions; en vn mot en cas d'alarme elle pourroit se deffendre contre les Turcs qui viennent de temps en temps faire des incursions en ces quartiers.

Le dedans de la Ville paroist tout à fait agreable, soit que l'on considere la brique dont elle est bâtie, soit que l'on jette la veuë sur ses beaux Palais, soit que l'on regarde les ruës qui en sont fort propres. Pour la commodité de ses habitans, on a fait exprés vn Canal, revestu de pierres de taille en forme de Nacelle, où en levant les escluses ont fait entrer les Barques chargées de toutes sortes de commoditez. L'assiette en est si avantageuse, qu'elle a attiré plusieurs Convents qui y ont leurs établissemens. Sans m'arrester à parler des Capucins, des Cordeliers, Recolets, Peres de l'Oratoire & autres; je diray seulement que dans l'Eglise Cathedrale j'admiray vn beau tableau de l'Assomption sur le maistre Autel, & à droite je remarquay vne Chapelle riche dans ses peintures & dans ses sculptures

L'Eglise de S. Pierre gouvernée par les Peres de l'Oratoire, par ses peintures & par ses sculptures qui ornent ses Chapelles, surpasse de beaucoup toutes les autres. L'on y void N. Seigneur dans vn tableau donnant les clefs à S. Pierre qui les reçoit avec grande humilité, & vne Annontiation, deux chef-d'œuvres de Guide: celles qui sont dans la voûte qui representent vne Assomption, S. Pierre & S. Paul se donnant l'adieu & autres, sont de tres-beaux ouvrages de Sordo de la Ville d'Vrbin.

A la sortie de la Ville l'on trouve la Riviere d'Argila, & vn peu au delà du fleuve Metaure la campagne, où Narses premier Exarque de l'Italie & chef de l'armée de l'Empereur Iustinian, deffit Totila Roy des Goths, qui furent ainsi chassez de l'Italie ayant tué leur Chef en cette bataille.

Bbb iiij

LES SEPT
MERVEILLES.

Ie veux dire les sept choses les plus considerables qui meritent la curiosité des Voyageurs, depuis Lorete jusques à Fano, sont celles qui suivent.

Le vingt-huictiéme Avril en sortant de Fano je cheminay sur le bord de la Mer environ quatre milles, & pris vn singulier plaisir de voir à soixante pas de son bord vn Dauphin, qui tantost se plongeoit dans l'eau & tantost y surnageoit, mais il me fallut quitter ce divertissemét & cette route, pour prendre mon chemin à gauche sur vne montagne assez rude, qui me fit perdre quelque temps de voüe la Mer, qui peu aprés se presenta à ma veuë & arrivay à *Pesaro* à cinq milles de *Fano*.

PESARO.

PEsaro est vne des principales Villes qui dépendent du Duché d'Vrbin, qui sont situées dans la Marche d'Ancone. L'on tient qu'elle fut bâtie par les Romains cent dix-neuf ans avant la venuë de IESVS-CHRIST auprés du fleuve Isauro, dont elle a pris le nom en changeant quelques lettres. Ils en firent vne Colonie 569. ans aprés la fondation de Rome, & elle fut beaucoup endommagée au temps que la terre s'y entre-ouvrit: ce qui arriva aprés que Marc Antoine y eut conduit des Romains pour l'habiter, & vn peu devant qu'il fust vaincu par Auguste. Depuis ayant esté ruinée par Totila Roy des Goths, elle fut rétablie par Belisaire.

Quoy qu'elle soit presentement petite, elle est agreable dans sa situation qui est sur le bord de la Mer; la brique qui entre dans ses bâtimens leur donne bien de l'éclat. Elle est fermée de bonnes murailles, fortifiée de bastions, gardée d'vn Château: bien peuplée, polie dans ses ruës; en vn mot jolie dans tout ce qu'elle contient. Les Ducs d'Vrbin y faisoient leur sejour en hyver; & l'on tient que l'air y est si mauvais en esté, que la pluspart de ses habitans vont en leurs maisons de campagne, ou dans quelque autre Ville, où ils respirent vn air plus salutaire. Ie ne parle point des Eglises & des Convens qui y sont, non plus que du Palais où anciennement demeuroient les Ducs, ny mesme de celuy qui est au delà du *fleuve* Isauro, appellé *Poggio Imperiale*, pource que Frederic III. Empereur y mit la premiere pierre, & depuis accrû de bâtimens par vn Duc d'Vrbin qui en faisoit sa maison de plaisance, mais je diray vn mot du Duché d'Vrbin.

DV DVCHE' D'VRBIN.

LE Duché d'Vrbin a du côté du Nord la Mer Adriatique & vne partie de la Romagne: au Midy l'Estat du grand Duc: au Couchant la Ombrie comme aussi vne partie de la Romagne: au Levant la Mer Adriatique & la Marche d'Ancone. Il peut avoir dans sa longueur soixante milles & trente-cinq dans sa largeur. Il comprend les Villes d'Vrbin qui en est la Metropolitaine, Pesaro, Sinigaglia, Fossombrone & Cagli qui sont dans la Marche d'Ancone, la Ville d'Eugubio dans la Ombrie, & S. Leon dans la Romague. Il comprend aussi plusieurs forteresses, Ports de Mer, Bourgs Villages & autres lieux. Il a esté reüny depuis quelques années au saint Siege, aprés avoir esté possedé quelque temps par les Ducs d'Vrbin de la maison de la Roüere, qui faute d'enfans mâles ont esté obligez de le rendre à l'Eglise : En continuant ma route & ne quittant point la Mer de veuë, j'arrivay à Catholica à dix milles de Pesaro.

CATHOLICA.

Catholica est vn petit Village de l'Evesché de Rimini à vingt pas de la Mer. Il est ainsi appellé, non seulement à cause de la retraite qu'y firent les Evesques Orthodoxes qui refuserent de suivre le party des Evesques Arriens du Concile de Rimini, mais aussi à cause de la Religion Catholique qu'ils enseignoient à tous venans en ce lieu. L'on void cette histoire écrite sur la muraille en sortant de l'Eglise.

En sortant de Catholica je côtoyay la Mer en cheminant sur son rivage, ou ne la perdant point de veuë, & dans des plaines remplies de tout ce qu'vne terre peut produire par excellence. En avançant aprés avoir fait quinze milles, je passay par le Fauxbourg de Rimini par la porte de S. Barthelemy & par dessous l'Arc Triomphal, qui fut érigé en l'honneur d'Auguste Cesar, pour le soin qu'il prit de faire ajuster les cinq plus beaux chemins, mais sur tout celuy de Flaminie, qui alloit de Rome à Rimini. Cela est est marqué sur cét Arc ; *quod viæ munitæ sint*. Quoy que la rage des barbares & le temps qui consomme tout, ayent en partie effacé cét ouvrage, ils n'ont pû neantmoins faire éclipser le tout aux yeux des hommes. L'on juge encor par quelques colomnes de marbre & quelques bas reliefs, par sa hauteur, par sa largeur & dans tout ce qui le compose, qu'il estoit vn des plus magnifiques qui se trouvassent en Italie. J'arrivay en suite à la Ville de Rimini à l'Hôtellerie de la Corne.

RIMINI.

Rimini Ville de la Romagne, qui fut faite Colonie par les Romains l'an 485. aprés la fondation de Rome, est appellée *Ariminum* de sa Riviere qui passe au pied, nommée presentement *Marecchia*, qui prend sa source de la montagne de Sammarino, sur laquelle Auguste bâtit vn Pont de grandes pierres quarrées de marbre, qui joint la voye Flaminie à l'Emilie, & le Fauxbourg à la Ville. Parmy quelques ruines d'antiquitez, l'on void des restes d'vn theatre de brique. Les Maletestes en ont esté les maistres, comme aussi les Venitiens, qui ayans fait accord avec Iules II. en laisserent la domination à l'Eglise. La Ville est Episcopale, & la Cathedrale en est dediée à sainte Colombe, dont on y conserve le Chef. Elle est magnifique en quelques endroits par ses beaux Palais. Ceux de la place de la Fontaine ainsi appellée, pour la fontaine qui est au milieu, ne luy donnent pas vn petit éclat, non plus que ceux des Maletestes qui paroissent par dessus les autres. Dans la place du Marché je m'arrestay pour lire ces paroles sur vn piedestal : *Cajus Cæsar Dictator, Rubicone superato à vili bello commilitones suos hic in foro Ariminensi adsequutus est.* L'on me monstra le lieu celebre par vn grand miracle, qui peut servir de témoignage pour confondre les Heretiques qui nient la realité du corps de JESVS-CHRIST. Vn Heretique par vne impieté détestable mit vne Hostie consacrée dans vne botte de foin que l'on presenta à vn Cheval affamé qui n'y toucha jamais ; & quelques-vns ajoûtent qu'il l'adora par vne inclination. Parmy plusieurs Eglises qui sont en cette Ville, comme des Iesuites, des Capucins, des Recolets, des Dominiquains, des Servites & autres ; je consideray sur tout celle de S. François, mise en l'estat où elle est par Pádolphe Maleteste, ce qui se lit sur le Portail, beau dans son Architecture, riche dans son marbre dont il est composé, & magnifique par ses belles colomnes de mesme matiere. *Pandulphus Malatesta Adulfi filius, voto posuit an.* 1400.

Les Chapelles de l'Eglise sont parfaitement belles par leurs Arcades de marbre, haut élevées, enrichies de bas-reliefs, ornées de belles statuës : & ce qui n'est pas moins beau à voir, c'est vne ceinture de bas reliefs qui font le tour de l'Eglise ; entre les piliers de laquelle je remarquay les tombeaux élevez de terre, où ont esté mis les corps de quelques personnes de remarque. Si cette

Eglise avoit esté achevée, elle auroit égalé en beauté les plus magnifiques.

DE LA ROMAGNE.

LA Romagne appellée par les Italiens, *Romagna*, fut nommée par Charlemagne Romandiole. Elle a au Levant, vne partie de la Marche d'Ancone & le Golphe de Venise: au Midy vne partie de la mesme Marche, & les états du Grand Duc: au Nord vne partie du Golphe de Venise: au couchant les Etats du Duc de Modene & de la Mirandole & la Lombardie. Elle comprend les Villes de Ferrare, Boulogne, Comacchio, Ravenne, Rimini, Cesene, Cervie, Sarsine, Faenza, Forli, Imole & autres Villes, Bourgs & Villages. Elle peut avoir de longueur 110. milles & 90. de largeur, & fait vne partie de la Lombardie, considerable pour sa fertilité & abondance de tous biens.

Le 29. Avril & partis de Rimini, je passay par la porte de S. Iulian & admiray vne seconde fois le Pont fait par Auguste, dont le plan d'vn bout à l'autre me parut aussi plat que celuy d'vne galerie; tant il est fait avec artifice: & cheminant dans l'espace de dix milles en beaux chemins, je decouvrois à droite & à gauche des plaines, dont l'abondance des bleds & des fruits me faisoit juger facilement de la bonté de la terre & me trouvay insensiblement dans la petite Ville de Sa qn, qui outre qu'elle est fermée de murailles, veut se vanter de posseder *la fleuve Rubicon* acause des cailloux rouges qui s'y trouvent: mais dans la verité, suivant le rapport de tous les Historiens, il se trouve à cinq milles delà, & mesme je le passay en carosse, quoy qu'en hyver on le passe sur vn Pont, à la sortie duquel les curieux doivent lire l'histoire de Iules Cesar, qui en ce lieu leva le masque de pudeur qu'il avoit eu de combattre sa patrie en disant *Jacta est alea.* Il declara pour lors aux Romains la guerre & perdit Pompée qu'il fit fuir de la Ville de Rome. Trois milles au delà ou environ l'on trouve la Ville de *Sarsine*, où je décendis en l'Hôtellerie à l'enseigne des Anges.

SARSINE.

Sarsine est vne Ville Episcopale de la Romagne, au pied de l'Apennin, qui fut autrefois si puissante, qu'elle donna vn secours considerable aux Romains pour empecher l'irruption que les Gaulois vouloient faire en ces pays en traversant les Alpes. Elle a esté long-temps sous la domination des Maletestes, mais estant tombée sous l'authorité de l'Eglise, Leon X. la donna aux Pies: Elle est fermée de remparts revêtus de brique, qui est fort commune en cette route. Dans la grande place il y a vne fontaine d'vne jolie structure; au haut est vne grosse pomme de pin, qui jette son eau dans vn bassin soûtenu par

quatre

quatre Tritons qui font autant de jets d'eau; & plus bas il y a quatre figures qui forment quatre fontaines. Dans la Cathedrale l'on conserve le corps de S. Maure en grande veneration. Cette Ville est encore celebre pour estre le lieu de la naissance de Plaute, vn des plus facetieux Poëtes entre les Comiques. Varon disoit de luy que si les Muses eussent voulu parler, elles se fussent servies de sa langue.

Estant sorti de Sarsine j'allay l'espace de sept milles en des chemins où de tous côtez je découvrois d'agreables campagnes qui me conduisirent à *Forlimpopoli*.

FORLIMPOPOLI.

JE sçay que cette Ville a esté ruinée & rétablie plusieurs fois; mais il seroit inutile de raconter icy ses desastres, je diray seulement qu'elle est appellée, *Forum Popilij*, quelle est située dans la Romagne, & dans la voye Emilie; que son siege Episcopal fut transferé à Brittinoro l'an 1370. quelle est entourée de murailles & fortifiée de bons Bastions, & gardée d'vn château.

En continuant ma route & avançant vn mille ou environ, je passay sur le pont qui est sur la riviere *Ronque*, qui me rendit dans l'avenuë, où ayant cheminé vn mille je passay par la porte d'*i Gothi* & arrivay dans la Ville de *Forli* en l'Ho-

Ccc

tellerie de la poste à trois milles de *Forlimpopoli.*

FORLI.

Forli Ville de la Romagne située entre les Fleuves *Ronco* & *Montone*, appellée, *Forum Livij*, tant pour le marché qui s'y faisoit qu'acause que les Habitans d'vn Bourg nommé *Livio* vinrent y demeurer. Les Romains en ont esté vn long-temps les Maistres, ensuite les Boulonnois, mais ennuyez de la domination de ceux cy, ils se donnerent à l'Eglise; ensuite dequoy s'en estant voulu retirer, Martin IV. fit abbatre les murailles & la dōna aux Māfredi: estāt enfin passée entre les mains des Ordelafi, ils la fermerent de murailles. & par apres Sixte IV. en fit present a vn nommé Riario de la Ville de Savone: mais Cesar de Borgia s'en estant emparé par force, elle revint au domaine de l'Eglise qui en est aujourd'huy en possession. Le territoire qui est à l'entour est tres fertile & son air tres subtile: aussi a elle produit de grands personnages, & en sciences & en valeur. Dans son circuit fermé de murailles, elle peut avoir deux milles & plus. Son Château & ses bons Bastions ne contribuent pas peu à sa deffense. Dans la grande place au dessus d'vne colomne posée sur vn pied-destal les Habitans ont placé vne Vierge tenant le petit Iesus, & qui a des flammes derriere elle, en memoire de ce qu'vne Image de la Vierge fut preservée du feu qui consomma toute la maison où elle estoit. Là est l'Eglise de S. Mercurial premier Evesque de la Ville, laquelle est vne Abbaye de S. Benoist d'vn tres-bon revenu. Sa tour bâtie de brique, est d'vne hauteur considerable & fenduë depuis le haut jusques en bas, depuis le tremblement de terre arrivé le mois passé, qui fit vn ravage furieux en ces quartiers. Les piliers de l'Eglise sont pareillement de brique & dans l'vne des Chapelles l'on honore le corps de S. Mercurial. L'on y avoit voulu apporter le chef, mais ayant esté plusieurs fois transferé il s'est toûjours miraculeusemét retrouvé dans l'Eglise de la Trinité où il est presentement. Son bras est dans l'Eglise Cathedrale dediée à la sainte Croix. Parmy plusieurs Chapelles qui s'y voyent, je m'arrestay sur tout à considerer celle *della Madonna del fuoco*, ainsi appellée acause d'vne Vierge representée sur vne carte, & qui tient le petit Iesus ; ayans l'vn & l'autre vne couronne d'or qui brille par ses pierres pretieuses enchaslées richement, & que l'on trouva miraculeusement sauvée du feu qui avoit reduit en cendre la maison d'vn particulier de cette ville, I'en viens de parler presentement. L'on ne void en cette Chapelle que dorures éclatantes, des riches Peintures, des colomnes & des statuës des mieux travailléés & de marbre du plus beau : en vn mot elle est magnifique dans tout ce qui la compose : aussi est-ce en lieu où le monde de la Ville vient plus ordinairement faire ses devotions.

L'on me fit voir vis à vis dans vne autre Chapelle, l'Image de N. Dame qui est marquée de sãg au visage, depuis qu'vn soldat l'eut frappée. L'on y montre aussi vne semblable Image qui parla &

persuada vn jeune homme de se faire Religieux. L'on honore pareillement dans vne autre Chapelle les Reliques de S. Valerian, de ses compagnons & de plusieurs autres.

Le 30. Avril je sortis de Forli, & passay à Faenza Ville qui en est éloignée de dix milles.

FAENZA.

LA Ville de Faenza située dans la Romagne & nommée par les Latins *Faventia*, n'est point assurée du nom de ses premiers Fondateurs; mais l'on sçait certainement, qu'elle a esté suiette a divers changemens de Seigneurs : Totila la ravagea, comme aussi Federic premier & Federic II. son Fils, qui la prit sur les Habitans qui tenoient le party de l'Eglise; mais estant venuë sous l'authorité des Manfredi, ils la rétablirent. En suite elle fut sous la domination des Boulonnois, de Mainardo Pagano son Citoyen, des Venitiens & en dernier lieu de l'Eglise, qui en est aujourd'huy en possession.

L'on remarque de ses Habitans qu'ils sont de bon naturel, qu'ils viuent entre eux en bonne intelligence, & qu'ils aiment sur tout leur patrie. Le territoire de cette Ville est fertile, & l'air que l'on y respire, est sain : Elle est separée de ses fauxbourgs par la riviere de Lamon, sur laquelle il y a vn beau pont, mais elle est sur tout celebre pour la vaisselle de Fayence, que l'on y travaille en perfection, & que l'on debite en tous les cantons de l'Europe.

En avançant dans ma route cinq milles au-delà je paſſay par *Caſtello Bologneſe*, petit Bourg, dependant des Boulonnois, depuis le temps qu'ils prirent connoiſſance d'vn crime qui y fut commis, & qui ne fut recherché ny du Duc d'Vrbin ny des Villes circonvoiſines; par le fleuve Senterne & par la porte de Faenza en l'Hôtellerie de la poſte de la Ville d'Imola.

IMOLA.

LA Ville d'Imola ſituée dans la Romagne eſt appellée par les Latins; *Forum Cornelij*, pour ce que Cornelius fut là envoyé par les Romains pour y exercer la Iuſtice. Elle fut ruinée par Narſes, mais reparée par Iuon II. Roy des Lombards. En ſuite les Boulonnois, & les Manfredi en ont eſté les maiſtres, comme auſſi Galeazzo Sforza, qui la donna en dot à vn nommé Hierôme Riario; & peu aprés elle fut priſe par Ceſar Borgia, qui la ſoumit à l'obeïſſance de l'Egliſe qui la poſſede encor aujourd'huy.

Cette Ville eſt gardée par vne bonne forterreſſe; l'air y eſt tres-bon, Martial l'a reſpiré long-temps, & vn nommé *Tartagno* dit le *Monarque des Loix* y a pris naiſſance. Elle eſt remplie d'vn bon nombre d'Egliſes, pluſque toutes celles que j'ay rencontrées ſur la route. Elle eſt Epiſcopale & sa Cathedrale est dediée à S. Cassian, dont on honore le corps au dessous du Chœur, comme aussi ceux de S. Projette & de S. Chrysologue, enchassez dans des tombeaux de bois doré. L'on honore pareillement en cette Eglise, dans vne Chapelle le corps de S. Donat, quelques Reliques de sainte Vrsule, vn bras de S. Cassian, la Patene de S. Pierre Chrysologue, & autres.

Estant sorty d'Imola par la porte de Boulogne, je passay le Bourg du Château S. Pierre, qui en est éloigné de sept milles, quelques Pons & quelques metairies. Estant entré dans vne avenuë agreable, j'apperceus dans vne distance de sept ou huit milles *la Tour Degli Asinelli* de Boulogne, dont la hauteur est prodigieuse ; & en chemin faisant à droite & à gauche, je vis avec vn singulier plaisir des allées plantées de Meuriers tout chargez de vignes par dessus ; & par dessous il y a du bled à foison. L'on ne peut pas voir dans toute l'Italie vne terre plus fertile, l'on ne sçauroit joüir d'vne perspective plus charmante, & l'on ne peut pas trouver vn païs plus délicieux. J'arrivay ainsi par cette route agreable dans la Ville de Boulogne à dix milles du Château S. Pierre par la porte de la grande ruë, où je descendis en l'Hôtellerie de saint Marc.

LES SEPT
MERVEILLES;

Ie veux dire les sept choses les plus considerables, depuis la Ville de Tyano jusques à Boulogne, sont celles qui suivent.

Ccc iiij

BOULOGNE.

BOulogne fut autrefois du nombre des douze Villes principales que les Toscans possedoient au delà de l'Apennin. Ils en furent chassez par les Gaulois, & les Gaulois par les Romains. Ces derniers y establirent vne Colonie, elle fut en suite sous la domination des Grecs, des Lombards & de l'Exarchat de Ravénes: aprés quoy elle se remit en liberté comme les autres Villes de la Lombardie, dont elle joüissoit avec douceur si elle n'eust esté troublée par les Lambertasses, qui la reduisirent dans la derniere servitude, de laquelle pourtant ils furent tirez par le Pape, auquel elle se soûmit volontairement: en vn mot sur ses derniers temps, elle a fort souvent changé de gouvernemens, estant tantost occupée par les Papes, tantost par les Rois de France, tantost par les Pepoli, les Visconti, les Bentivogli; elle est enfin sous la domination du Pape, quoy que fort libre. Elle est Archiepiscopale, & elle fut accruë du temps de l'Empereur Gratian, reparée & mesme aggrandie par S. Petrone, & augmentée peu à peu jusques à ce jour qu'elle a cinq milles de circuit, deux milles de longueur, vn mille de largeur & vn peu plus. Elle n'a pour forteresse que ses murailles de brique, ayant plus de confiance en l'vnion & en la valeur de ses habitans, que dans les fortifications qu'ils pourroient neantmoins avoir facilement, si l'on considere leurs richesses. Elle est situëe dans la voye Emilie & dans le païs de la Romagne, si fertile qu'on luy a donné le surnom de *Grasse*, car l'on dit communement *Bologna la grassa*. Elle est magnifique dans ses beaux Palais, tres-peuplée, mais sur tout de Noblesse qui ne peut trafiquer, qu'en mesme temps elle ne déroge à son extraction : Le Pape y envoye vn Legat, & elle depute vers le Pape vn Ambassadeur, pour se maintenir dans ses droits & dans sa liberté, qui est neantmoins beaucoup décheuë de son premier estat, & qui n'a plus que l'apparence de son ancienne condition. Si vous la considerez d'vn lieu éminent hors la Ville, elle representera à vos yeux vn Navire. D'vn côté est la Prouë & de l'autre la Pouppe : la Tour Degli Asinelli fait le Mas, la Tour de Garisenda l'échelle, & les autres Tours les sartes. Elle est remplie de tant de belles choses, qu'elle merite vne description particuliere.

Le premier jour de May je visitay *l'Eglise de saint Sauveur*, qui est grande & belle, non seulement à cause qu'elle est appuyée sur des colomnes cannelées ; mais aussi parce qu'elle est enrichie d'excellentes peintures. A main gauche dans vne Chapelle il y a vne Ascension bien faite, mais surpassée de beaucoup par vn Sauveur representé dans la Tribune, ouvrage de Guide Boulonnois.

L'Eglise de S. Petrone Evesque de la Ville, est considerable dans sa hauteur, sa largeur & sa longueur, riche en ses peintures, magnifique dans le dessein de son Portail qui est demeuré imparfait, & elle est soûtenuë de piliers d'vne prodigieuse grosseur & hauteur. Ce fut en ce lieu que Charles V. fut Couronné Empereur par les mains de Clement VII.

L'Eglise de S. François gouvernée par des Cordeliers, est grande. Le Tabernacle de marbre qui est sur le maistre Autel, est vne chose à voir. Il est à trois étages & enrichy de bas-reliefs. Au premier les miracles de S. François y sont representez : au second les Apostres ; & au troisième les Saints de l'Ordre. Ce chef-d'œuvre est de Lazaro Cesario Boulonnois, comme il est marqué dans son Epitaphe qui est à vn pilier de l'Eglise. A côté il y a vne statuë de marbre de S. François, & vne autre de S. Anthoine de Padouë. Dans vne place qui est à côté de l'Eglise, il y a vne statuë de S. François élevée sur vne haute colomne.

L'Eglise de S. Barbatian est jolie : le dessein du Tabernacle m'en a paru industrieux. Il est à jour soûtenu de petites colomnes, le tout d'vn bois si bien marbré, que les plus fins le prendroient pour du marbre veritable.

A l'entour de l'Eglise du bon IESVS gouvernée par des Prestres seculiers, on void des peintures qui representent les miracles que Dieu a operez en faveur de ceux qui ont invoqué le saint nom de IESVS.

L'Eglise de S. Paul est vne des plus belles de la Ville & deservie par les Peres Theatins. La structure en est délicate & ingenieuse, les peintures en sont exquises & les dorures magnifiques, qui n'estant pas épargnées dans les Chapelles, ne leur donnent pas vn petit éclat. Au dessus du maistre Autel il y a vn Tabernacle de marbre des plus beaux qui se puissent voir & dont l'invention est merveilleuse. Il y a quatre grosses colomnes, entre lesquelles est representé vn Tyran tenant le glaive à la main, & S. Paul en posture de recevoir le coup. Il est à jour & tout de marbre : comme aussi le pavé de la Tribune & les ballustres qui l'enferment. Cét ouvrage fut fait aux despens du Cardinal Spada dans le temps qu'il estoit Legat, lequel fit aussi reparer vne partie de l'Eglise.

L'Eglise de S. Dominique gouvernée par des Peres Dominiquains, surpasse de beaucoup la precedente. Entre plusieurs belles Chapelles j'arrestay particulierement la veuë sur celles du Rosaire & de S. Dominique, considerables dans leur grandeur & riches dans leurs peintures. Derriere l'Autel où il faut monter est le corps de ce Saint dans vn tombeau de marbre enrichy de bas-reliefs, & dans vn Tabernacle est son Chef orné de plusieurs figures d'or & d'argent. Il ne se peut rien voir de plus riche. Le Chœur de cette Eglise est travaillé avec vn merveilleux artifice. Là est representé l'histoire du vieil & du nouveau Testament sur le bois de petites pieces rapportées ensemble si adroitement, qu'il ne se peut rien de mieux.

Mais ce qui est par dessus toutes choses remarquable en cette Eglise, est le Reliquaire où l'on conserve de tres-pretieuses Reliques. Entre autres le doigt de S. Thomas enchassé dans vn christal : vne main d'vn des saints Innocens : vne épine de la Couronne de N. Seigneur : des cheveux de la Vierge : du bois de la vraye Croix, vne teste de l'vne des onze mille Vierges & plusieurs autres. L'on me fit voir pareillement la Bible écrite de la main d'Esdras en langue Hebraïque.

Si l'Eglise est rare dans tout ce qui la compose, le Convent n'est pas moins magnifique: les Cloîtres en sont beaux, les chambres des Religieux commodes, les Dortoirs sont autant de belles galeries, la Bibliotheque est vaste & remplie de bons Livres: les Caves sont remarquables pour leurs voûtes & pour leur étenduë. Dans le lieu où estoit la cellule de S. Dominique, l'on a pratiqué vne petite Chapelle; & ce Saint y est representé dans vn quadre, comme prenant son repos. L'on me monstra aussi dans vn lieu separé dans le Cloître, vne Lampe d'argent travaillée à jour avec tant d'artifice & de délicatesse, que je ne crois pas qu'il y ait rien en Italie & peut-estre dans l'Europe de mieux fait en ce genre. Ie ne parle point des tombeaux des hommes illustres de leur Ordre que l'on void de tous côtez. Ie diray seulement qu'en sortant de l'Eglise j'apperçeus deux colomnes: sur l'vne est la Vierge, & sur l'autre S. Dominique.

Dans l'Eglise de S. Procule Abbaye de l'Ordre de S. Benoist, l'on honore les corps des saints Procules, dont l'vn fut Archevesque de Boulogne & l'autre fut martyrizé. On void dans ce Monastere la cellule où Gratian composa les Decretales, & en sortant de l'Eglise je vis sur la muraille ces deux vers en Latin.

Si procul à Proculo, Proculi campana fuisset;
Tunc procul à Proculo Proculus ipse foret.

Ces vers furent faits à l'occasion d'vn jeune homme nommé Procule, qui se retiroit à l'étude toutes les fois qu'il entendoit la cloche de ce Convent, ce qu'il reïtera si souvent qu'il en mourut.

Ie me trouvay en pareil jour à la ceremonie de la reception du Gonfalonier, qui est celuy qui est le premier Officier de Iustice, & qui gouverne la Police de la Ville, conjointement avec le Cardinal Legat. Il fut conduit au Palais accompagné des Officiers de Iustice, de la Noblesse & d'vne grande foule de monde. Cela se fait avec grand bruit & grand éclat tous les deux mois qu'il sort de charge, & n'y peut rentrer que six ans aprés son élection. Il se fit voir en ce jour dans son Palais où toute la Ville se transporte, qui le considere assis, ayant à ses côtez les personnes les plus Nobles, aussi assises auprés de luy.

La place qui est devant l'Eglise de S. Petrone ne reçoit pas vn petit éclat des Palais dont elle est environnée. Dans celle qui est tout proche, outre les maisons magnifiques j'y admiray vne fontaine, au haut de laquelle il y a vne grande statuë de bronze, qui represente Neptune avec son Trident. Aux quatre coins à ses pieds sont quatre Tritons, qui tiennent chacun vn Dauphin qui jettent de l'eau. Entre ces Tritons il y a quatre Testes de Lion qui donnent l'eau par les yeux, par gueule & par les oreilles. Vn peu plus bas il y a quatre coquilles bien travailleés, qui reçoivent les eaux de ces Tritons, qui les rendent par plusieurs jets d'eau, & tout en bas aux quatre coins de la fontaine, il y a quatre Femmes qui representent quatre charitez, qui de chaque mammelle forment six filets d'eau, & deux à leurs pieds.

En ce jour se porta par les ruës *la N. Dame miraculeuse de S. Pierre in Borgo* par ceux de la confrairie de S. Roch habillez en Penitens.

Ie n'ay point jusques à present veu de Ville en

Italie, où la noblesse imite davantage la mode, les coûtumes & les mœurs des François. Ses hommes & les Femmes sont habillez à la Françoise : & la jalousie ne donne pas si fort le martel en teste à ces premiers qu'ils ne laissent leurs femmes dans vne honneste liberté & conversation. Ses Habitans sont ingenieux, civils, sur tout aux François : si spirituels qu'il en est sorti plusieurs grands personnages, & en science & en vertu. Elle a donné à l'Eglise plusieurs souverains Pontifes, comme Honorius II. Lucius II. Gregoire XIII. Innocent IX.

En me promenant dans la Ville, j'y remarquay de beaux endroits où les rües sont droites & larges Entre plusieurs beaux Palais il y a ceux *de' Campeggi*, où vn concile s'assembla au temps de Iules III. *des Pepoli, des Malvezzi, de' Rovina, des Fachinetti* ; appartenant autrefois au Pape Innocent IX. & l'on me montra la place du Palais *des Bentivogli*, qui a esté ruiné & dont la place à present s'appelle *il Guasto*. Ie ne croy pas que l'on puisse trouver vne Ville où les Maisons soient plus proprement meubleés ; mais ce quelle a par dessus les autres Villes d'Italie, est qu'elle est accommodée de portiques des deux côtez des rües, où l'on va à couvert de l'ardeur du Soleil, & de l'incommodité de la pluye & où en se promenant l'on découvre & à droite & à gauche des perspectiues dans les courts qui arrestent les passans pour se divertir agreablement. En passant j'entray dans vne de ces maisons où je vis vn cabinet remplie de toutes sortes de curiositez pour ce qui regarde la medecine. I'y admiray les squelettes d'Hommes, d'animaux, d'oyseaux. Il ne se peut rien voir de plus curieux. Ils les exposent quelques jours de l'année dans les places publiques, pour le contentement des Curieux.

L'Egliſe del corpus Domini deſervie par des Religieuſes de ſainte Claire n'a rien de conſiderable, ſinon quelle a en dépoſt le corps de la *B. Catherine de Vigri*, qui prit naiſſance à Boulogne l'an 1413. & qui mourut en ce Convent qu'elle fonda l'an 1463. On la voit à travers vne muraille où il y a vne petite feneſtre grillée, à l'entour de laquelle eſt vn Ange en peinture qui tient entre les mains vne Lyre, où ces paroles ſont écrites : *Cecinit Angelus in Lyra, & gloria eius inve videbitur*: Elle eſt aſſiſe dans vne chaiſe & veſtuë en Religieuſe : ſon viſage, ſes pieds & ſes mains ſont découvertes : Elle a vne Couronne d'or ſur la teſte, des bagues aux doigts toutes couvertes de Diamans tres-pretieux : Elle a vn Crucifix en la main droite, & de la gauche elle tient vn petit livre qu'elle a compoſé, appellé *le Sette armi Spirituali*. Pluſieurs perſonnes dignes de foy rapportent encor en cette meſme Ville qu'ils luy ont veu depuis quarante ou cinquante ans couper les ongles & les cheveux de temps en temps, qui luy croiſſoient viſiblement. C'eſt aſſurement vne relique des plus entieres, je ne diray pas ſeulement de l'Italie, mais de toute l'Europe.

Le 2. jour de May j'allay au jardin des Simples, grand & regulier & enfermé d'vne grille de fer, qu'il faut faire ouvrir pour reconnoiſtre la grande diverſité des plantes qui s'y rencontrent. Cela ne donne pas peu de contentement aux curieux, mais ſur tout à ceux qui en ont quelque connoiſſance, ou qui veulent l'acquerir.

Delà je montay au Palais par vn eſcalier fort beau : je vis arriver le Cardinal Farneſe pour lors Legat.

Legat, accompagné d'vn grand nombre d'Officiers & de Noblesse. J'eus sujet d'admirer en ce Palais plusieurs choses, entre autres la Chapelle, non seulement considerable dans sa grandeur, mais aussi dans ses exquises peintures. Iettez la veuë sur le plat-fond, vous y verrez le pere Eternel parfaitement bien representé & d'autres peintures, faites premierement par le Cardinal Borromée dans le temps qu'il estoit Legat, & reparées depuis peu par le Cardinal Farnese. Ie vis de plus vers le magnifique appartement du Legat, vne galerie remplie de peintures, où j'appris par vne inscription qui s'y lit, comme quatre Cardinaux de la creation de Paul III. sont parvenus au souverain Pontificat: sçavoir Iules III. à Monte: Pie IV. Medicis: Paul IV. Caraffa: Marcel II. Cervani.

L'appartement où l'on reçoit les Princes & les Ambassadeurs, merite d'estre veu, où aprés avoir passé six ou sept chambres de plein pied proprement meublées, je m'arrestay dans vne galerie embellie de peintures, au bout de laquelle il y a vne fenestre qui donne veuë sur la grande place. Descendant de ce Palais qui a quatre faces, où tout est grand, superbe & magnifique, l'on trouve vn corps de logis qui est l'appartement pour loger les Officiers.

L'aprés-disnée je sortis de la Ville pour aller à *S. Michel aux Bois*, Monastere des Peres Olivetans. Ils sont vestus de blanc & suivent la regle de S. Benoist. Leur fondateur est Bernard Ptolemée de la Ville de Sienne, à quinze mille de laquelle sur le Mont-Olivet, il jetta les fondemens de cét Ordre celebre par toute l'Italie, il y a trois cent ans ou environ. L'on ne sçait où est son corps,

Ddd

Quelques-vns conjecturent qu'il est sous la coupole du Dome de Sienne. L'on a de la peine pour arriver en ce lieu, mais l'on est bien-tost recompensé de ses fatigues par la quantité de belles choses que l'on y void. La situation en est d'autant plus charmante, qu'elle fait descouvrir la Ville dans toute son étenduë, representant la figure d'vn Navire, considerable aussi pour l'air doux que l'on y respire. Les Cloîtres soûtenus sur des piliers, les Dortoirs d'vne largeur & longueur considerable, la Bibliotheque remplie de Livres fort exquis, font vne partie de la beauté de ce Convent. Dans vn Dortoir fait en ovale & soûtenu de piliers, sont representez la naissance, la vie & les Miracles de S. Bernard en tres-belles peintures : ou j'admiray par dessus toutes l'ouvrage de Guide qui y a dépeint plusieurs personnages qui faisoient des presens à S. Benoist : cette piece est vn chef-d'œuvre. Là est aussi representé comme ce Saint par le signe de la Croix oste les obstacles que le Diable avoit mis pour empescher le bâtiment d'vn Convent : & mesme l'on y void des personnes qui veulent remüer des pierres & qui n'en peuvent venir à bout.

L'Eglise dans sa petitesse est jolie & propre, où aprés avoir monté quelques marches j'arrivay au Chœur, où j'admiray les sieges des Religieux qui sont travaillez de petites pieces de bois rapportées ensemble. Cét ouvrage est fort rare. Le quadre du maistre Autel qui represente l'Assomption, merite vne œillade des curieux, comme aussi la Sacristie qui en son genre surpasse encor toutes les beautez de ce Convent. Elle est grande & large, & en partie encroûtée de bois à personnages de pieces rapportées, & en quelques endroits enrichy de peintures, qui représentent quelques actions des Peres, tant de l'ancien que du nouveau Testament. Mais ce que j'admiray davantage, est l'Archange S. Michel tenant vne lance à la main & terraçant le Diable, ouvrage de bronze fort estimé.

Delà j'allay voir l'Eglise de l'Annonciade des Religieux de S. François. Ils ont trois Cloîtres & trois jardins. Leur Eglise est enrichie de peintures ; mais j'arrestay ma veuë sur celles qui sont à l'entour de la Nef, où sous les images l'on lit des vers Latins à main droite. En voicy quelques-vns dans leur ordre.

Ante crucem luge : crux & dabit ista salutem.

Au dessus IESVS-CHRIST tenant sa Croix entre ses bras.

Cælestis flores sic quem rigat imber amoris.

Au dessus vn S. Ioseph, ayant entre les mains vne baguette verdoyante & chargée de fleurs. Au dessus de la porte au dedans de l'Eglise d'vn côté.

Fac Virgo reparet, mulier si perdidit orbem.

Au dessus la Vierge donnant son consentement à vn Ange qui est de l'autre côté tenant vn Lys à la main, sous lequel sont écrites ces paroles.

Vincula sunt Virgo per te soluenda Tyranni.

En suite.

Quas terris iam pauit oues, nunc ducit ad astra.

Au dessus est S. Petrone monstrant la Ville de Boulogne.
En suite.

Ddd ij

Virgo nupta Deo mortales odit amantes.

Au dessus la Vierge tenant le petit IESVS, & sainte Catherine ayant la Couronné sur sa teste, faisant vœu de se donner au petit IESVS.
En suite.

Vt precibus gignas fructus, tibi lilia florent.

An dessus S. Anthoine de Padouë, tenant de la main droite vn Livre, & de l'autre vn petit enfant. De l'autre costé de la Nef vers le maistre Autel, sont écrites ces paroles.

Relligio tantis quid timeat nixa columnis?

Au dessus S. Dominique mettant la main sur l'épaule de S. François.
En suite.

Clavibus hic cœli tibi regna recluserit alti.

Saint Pierre au dessus ayant deux Clefs sur les bras, & les mains fermées.
En suite.

Obstitit externis intus stans ignibus ignis.

Au dessus vn Cardinal en priere.
En suite.

Angelico concessa choro mihi crede tributa.

Au dessus est vne Image de la sacrée Vierge.
En suite.

Imperat en morti, mortis qui jussa subivit.
En suite.

Vulnera ne peccans addas, satis ista fuere.

Au dessus est encor la Vierge qui a le cœur percé des sept flèches d'amour.

En suite.

Suspiciens cœlos, cœlorum regna reclude.

La Tour de Garisinda que je consideray en passant, est penchante & faite avec vn si grand artifice, qu'elle donne apprehension de sa chûte à ceux qui la regardent. Estant demeurée imparfaite, il faut tomber d'accord qu'elle est surpassée par *la Tour de Gli Asinelli* pour sa hauteur. Ces deux Tours ont esté faites par deux familles de Boulogne à l'envie l'vne de l'autre.

L'Empereur Theodose le jeune merite vne gloire immortelle, pour auoir fondé en cette Ville l'an 425. vne Vniuersité, qui depuis ayant esté augmentée par les Empereurs Charlemagne & Lothaire, s'est renduë si celebre qu'elle attiroit des écoliers de toutes les parties de l'Europe: de laquelle on peut dire que les Muses y ont éleué leur Parnasse, & qu'elles y ont eu commerce auec les plus beaux esprits. Entre plusieurs je nommeray Iean André & Ozon, les deux Oracles du droit Canon & du droit Civil. Là Accurcius fit la Glose. Là Gregoire IX. fit les Decretales, Boniface VIII. le sixiéme, & Iean XXIII. les Clementines. Ainsi l'on peut dire asseurement auec Azon: *Legalium studiorum Monarchiam semper tenuit Bononia.*

Son College, qu'ils appellent *Lo Studio*, est vn des plus beaux bâtimens de la Ville. I'y vis galeries sur galeries, & dans les quatre aîles qui sont à l'entour les chambres & les Classes, dans leur plus grande partie ornées de peintures, y sont pratiquées. Entre lesquelles celle de l'Anatomie merite qu'on s'y arreste, non seulement pour considerer son lambris de bois accompagné de statuës des plus celebres Medecins de la Ville ; sur le plancher les douze Zodiaques, & au milieu la statuë d'Esculape & d'Apollon : mais aussi pour remarquer comme toutes choses y ont esté disposées avec vne telle adresse, que plus de cinq cent personnes peuvent voir faire l'Anatomie d'vn corps, sans qu'elles se nuisent les vnes aux autres.

Ce College est accompagné de quelques autres, comme de ceux qu'a fondé Gilles Carella pour les Espagnols, & Sixte V. pour ceux de la Marche, d'vn autre pour les Vltramontains & Piemontois, & de quelques autres qui sont dispersez dans la Ville.

Le troisiéme May je visitay la Chapelle où est vne N. Dame appellée miraculeuse depuis le temps, qu'ayant sauté en l'air avec la Chapelle & les murailles de la Ville, minées par les Espagnols qui l'assiegeoient de ce côté-là, elle retomba dans sa mesme place & dans la mesme situation : ce qui étonna si fort les ennemis, qu'ils leverent le siege & quitterent leur entreprise.

Les Eglises des Religieux *de Camaldoli* & *de Val-Ombrosa* sont belles & ornées de peintures & de statuës. L'Eglise de S. Pierre qui est la Cathedrale, merite bien d'estre considerée. Elle est plus large que longue, n'estant pas achevée. C'est vn grand vaisseau, l'on admire sa voûte pour sa large & haute structure. Dans le Chœur de chaque côté il y a six colomnes cannelées, dont la hauteur & la grosseur sont prodigieuses. Ie ne parle point des Reliques des Saints dont elle est la depositrice, ny des peintures & sculptures, dont elle peut tirer vne partie de son éclat. Ie diray seulement que l'Archidiacre a par dessus tous, le privilege de faire les Docteurs.

L'*Eglise de S. Iacques* est gouvernée par des Religieux Heremitans qui suivent la regle de S. Augustin. Ie n'y ay rien veu qui merite d'estre remarqué ; mais bien dans l'*Eglise de S. Iean du Mont* déservie par des Chanoines Reguliers de S. Augustin, où l'on conserve du bois de la vraye Croix, le corps de la *B. Helene d'All'oglio*, où l'on admire le tableau de sainte Cecile, chef-d'œuvre de Raphaël d'Vrbin.

L'*Eglise des Servites* est belle ; mais ce qui surprend davantage, est le Convent où toutes choses sont grandes & magnifiques. L'on y void de beaux Cloîtres : l'on y admire de grands Dortoirs les vns sur les autres ; où l'on voit tout du long les Bustes qui representent les Religieux de l'Ordre qui se sont signalez en sainteté ou en science. Ie ne fais po[...] mention de la Bibliotheque, embellie de p[...], remplie de tres-bons Livres, & dont le vaisseau est grand, non plus que des escaliers qui pourroient estre vn ornement dans les plus beaux Palais : mais je diray qu'ils me monstrerent vne Cruche qui servit aux Nopces de Cana en Galilée, lorsque N. Seigneur convertit l'eau en vin. Il y a à l'entour des arbres & des fleurs qui y sont gravées ; & l'on ne sçait precisement de qu'elle matiere elle est.

L'Ordre des Servites fut fondé il y a quatre cent ans ou environ par sept Florentins, qui se retirerent sur vne montagne à 7. milles de Florence. Ils ont vn bien-heureux Philippe dans leur Ordre, mort il y a deux cent ans. Ils le representent avec la Thiare aux pieds, à cause qu'il se retira dans les deserts de peur d'estre Pape. Ils ont encor S.

François de Sienne à Sienne, mais S. Pellegrin qui estoit aussi de cette Ville, est à Forli.

L'*Eglise de S. Estienne* est vne des plus considerables de la Ville, pour le grand concours de monde qui y va continuellement, & qui y est attiré par devotion pour y honorer les Reliques dõt ce lieu a le dépost. Elle est fort ancienne, & l'on tient qu'elle fut bâtie par S. Petrone parent de l'Empereur Theodose. Son intention fut de faire paroistre en ce lieu tout ce qui est de la Passion de N. Seigneur, cõme le Porche de la maison de Pilate, le Mont-Olivet, la Colomne & le Coq dessus.

Elle est divisée en quatre parties. Dans l'vne est le Sepulchre de marbre de S. Petrone enrichy de bas-reliefs & environné de colomnes. Il a la forme du Sepulchre de N. Seigneur, dont il y a mesme quelques morceaux. Dans vne autre est le corps de S. Isidore Evesque de Seville, & les corps des trois Maries. Dans vne autre repose le corps de S. Florian patron de la Ville & Martyr, qui y est représenté en bas-relief à l'entour du tombeau où il est, avec quarante autres Martyrs. Dans la derniere enfin est le corps de sainte Iulienne, & dans vne Chapelle l'on honore les tombeaux de S. Vital & de S. Agricole Boulonnois. Leur Martyre est representé en peintures dans cette Chapelle.

Dans vne des 7. Eglises de S. Estienne, on honore vn Crucifix miraculeux peint en huile sur la muraille, & vne Croix d'or longue d'vn pied, qui enferme du bois de la vraye Croix teint du sang pretieux de N. Seigneur, & formé en Croix par les mains propres de S. Petrone qui eut ce present de l'Empereur Theodose.

Dans vne autre Eglise l'on voit la vraye bande

que N. Dame avoit aux pieds de la Croix teinte de quelques taches de sang ; l'on voit aussi de la Manne du Desert qui paroist comme de petites pierres blanches en forme de Dragées : vne Dent de S. Estienne : vn pied de sainte Catherine Vierge & Martyre : les Chefs de S. Isidore : de S. Florian : de sainte Petrone que l'on porte tous les ans à l'Eglise de ce nom, & que l'on y laisse pendant vn jour; moyennant six mil écus qu'ils donnent en gage, pour assurance que l'on la rendra le lendemain. Toutes ces Reliques sont enchassées superbement dans de l'argent d'oré. Dans vne Chapelle est cette Image miraculeuse dont il sortit du sang, quand elle fut outragée par vn Scelerat. En vn mot tout ce lieu merite d'estre visité; & je ne m'étonne pas qu'il est appellé *Sancta Sanctorum*, puis qu'il est le thresor des plus pretieuses reliques.

Le 4. May me promenant dans la Ville, je remarquay les trois plus belles rües, qui sont celle de S. Donat, la grande rüe, & celle de S. Estienne. Outre que les portiques qui font autant de galeries en sont fort beaux, la largeur & la longueur en est considerable. Elles sont ornées de tous côtez de beaux Palais où il fait beau veoir les perspectives que l'on découvre dans les Maisons en allant par les rües.

Hors la Ville l'on honore vne Vierge faite par S. Luc dans la Chapelle de *Montegardia*. Elle fut apportée par vn Catholique de la Ville de Constantinople où elle estoit avec cette inscription. *Voyla l'Image de la Vierge faite par S. Luc, destinée pour le Mont-de la garde.*

J'allay aux Chartreux, qui sont à vn mille de la Ville. Leur Cloistre, leurs appartemens, &

leurs jardins sont spatieux. Ils ont vn Canal de la riviere du Rhin, lequel fait quantité de petits ruisseaux dans le jardin, & qui le rendent fort fecond. L'Eglise est belle & polie. En entrant elle se forme en Croix; aux deux côtez de laquelle sont deux Chapelles ornées de beaux quadres de Peintures. L'vn represente la Communion de S. Hierôme faite par vn Carasse, & l'autre vne Assomption. Au tour sont cinq grands quadres de Peintures les plus exquises, & des Peintres les plus fameux: j'y admiray aussi les tableaux qui sont à l'entour de la Nef, & du Chœur; mais j'arrestay mes yeux sur tout, sur le Couronnement d'épines de N. Seigneur & la Flagellation; ouvrages des Carasses.

L'Eglise des Mendians pour ses excellentes Peintures, surpasse sans comparaison toutes les autres. Ce sont tous chef-d'œuvres des Peintres les plus fameux de l'Italie. Les deux tableaux dont l'vn represente N. Seigneur mort, & l'autre Iob rétabli dans ses richesses, & plusieurs personnes qui luy viennent apporter des presens, sont du fameux Guide, & celuy qui represente N. Seigneur appellant S. Mathieu à l'Apostolat, est des Carasses, outre plusieurs autres.

Le Palais du Marquis de Cespi où j'allay, est vne chose à voir: Entre vne infinité de Peintures & d'autres raretez qui sont dans vne galerie, & dans les chambres, j'y admiray les trois chef-d'œuvres de Guide, dont l'vn represente Ioseph arresté par son manteau: vn autre, S. Sebastien; le dernier la mort & la vie sur vne mesme personne. Les deux quadres qui representent deux paysages, sont de Rosa Espagnol; & celuy où vn Maistre presente vn miroir à son écolier pour luy donner connoissance de soy-mesme est de Baptiste Volaterra. Là est aussi vn miroir où des fleurs sont peintes avec grand artifice. Le cabinet fait de pierres pretieuses est vne chose tout à fait magnifique, mesme l'argenterie que l'on void au dessus, ne luy donne pas vn petit éclat. Ie ne croy pas que dans la Ville de Boulogne, l'on voye vn Palais rempli d'vn plus grand nombre de curiositez.

Ie sortis de ce lieu pour aller voir la merveilleuse Horloge, chef-d'œuvre du sieur Manelli, qui avec vne industrie & artifice qui est connû de luy seul, la fait aller & marquer les heures sãs ressorts, sans contrepoids & sans cordes. C'est son premier ouvrage qu'il destine au grand Duc.

Le 5. May m'entretenant avec vn Homme d'esprit, il me dit beaucoup de choses à l'avantage de cette agreable Ville, qui fut autrefois si puissante, qu'elle resista à l'Empereur Federic Barberousse, dont elle prit le Fils son successeur, nommé Enzo qu'elle garda long-temps prisonnier. Outre qu'elle a soûtenu la guerre pendant trois ans contre les Venitiens, elle a plusieurs fois assujetti les Villes d'Imola, Forli, Faenza & plusieurs autres. Elle s'est enfin si bié maintenuë qu'elle peut passer parmy les plus grandes, les plus peupleés & les plus belles Villes d'Italie & de la Lombardie, où elle est situeé, dont je diray vn mot pour suivre ma methode.

LOMBARDIE.

L'On divise ordinairement la Lombardie en deux parties : celle qui est *au dela du Pô*, & celle qui est au deçà de ce fleuve. *La Cispadane* comprend le Montferrat, Plaisance, Parme, Modene. *La Transpadane* comprend les Duchez de Milan, & de Mantouë, Bresse, Bergame, Pavie, Trente, &c. Les Alpes & l'Apennin la bornent du côté du Midy, du Couchant & du Nort ; & la Mer Adriatique ou Venise, du côté du Levant. Sortons de la Ville de Boulogne & pour satisfaire à mon dessein & divisons-en les beautés en 7. Merveilles.

LES SEPT
MERVEILLES,

de la Ville de Boulogne: Ie veux
dire les sept choses qui meritent le
plus l'attention & l'admiration des Curieux, sont
celles qui sui-
vent.

Le 6. May 1661. à la sortie de Boulogne je m'embarquay sur le Canal que l'on a fait venir exprés du Rhin par le moyen d'vne muraille épaisse, qui le traverse, & qui joint ses deux bords ensorte que ses eaux sont conduittes par vn lieu profond jusques à Boulogne : ce qui donne à cette Ville & aux lieux circonvoisins, la facilité de moudre leurs grains, de sier des ais, de fourbir les armes, de filer la soye, de piler l'épicerie par diverses machines & enfin de faire du papier & de conduire les barques. Cela est d'vne merveilleuse commodité au voisinage & enrichit ses Habitans.

A main droite entre le Septentrion & l'Orient, en suivant le Canal l'on trouve *Bentivoglio*, belle maison des Seigneurs de ce mesme nom. Plus avant *Malalbergo*, Hôtellerie a quinze milles de Boulogne & de Ferrare. Au delà l'on quitte le Canal pour prendre terre, où aprés avoir cheminé 200. pas ou environ l'on s'embarque sur *le Pô* l'vn des beaux Fleuves de l'Europe, soit que l'on considere ses bords où sont de tres belles prairies, soit que l'on jette la veuë sur son eau qui est tres claire, & qui mesme dans ses debordemens ne gaste point les terres, mais plutôt les engraisse; soit pour sa largeur & sa profondeur. Ainsi ce n'est pas sans raison que Virgile l'appelle *le Roy des Fleuves, Fluviorum rex Eridanus*. Il prend sa source du Mont-Vesule en Lombardie; & ayant reçeu plus de 20. Fleuves tant des Alpes que de l'Apennin, il les entraine avec soy dans la Mer Adriatique par 6. bouches vers Venise. A mesure que l'on avance, le Pô va en s'élargissant & je débarquay à deux cent pas de *Ferrare*, Ville à 15. milles de *Malalbergo*. Les marches que l'on void encor aux foſſez du Château, font reſſouvenir que l'on y alloit autrefois de la Ville s'y embarquer.

FERRARE.

CEtte Ville n'eſt pas fort ancienne, & Leander tient que les habitans *de Ferraria la Transpadane* luy ont donné le nom; leſquels par l'ordre de Theodoſe le jeune paſſerent le Pô, & l'ayant bâtie, la nommerent *Ferrare*. Eſtant aſſiegée par Encelino, elle fut deffenduë ſi vigoureuſement par Aroni d'Eſte, que le Pape la luy donna pour recompenſer ſa valeur, ſous condition que ce ſeroit vn fief dépendant de l'Egliſe, & que ſi les enfans mâles venoient à manquer, il luy ſeroit reüny. Ainſi de pere en fils, ils l'ont poſſedée juſques à Alphonſe II. qui eſtant mort ſans enfans legitimes, ce Duché eſt revenu à l'Egliſe au temps de Clement VIII. nonobſtant les oppoſitions de Ceſar d'Eſte, auquel le Pape ceda Reggio & Modena, Carpi, la Carfagnague avec les dépendences, ſe reſervant le Duché de Ferrare comme propre de l'Egliſe, & l'vſufruit de Comacchio pour les frais qu'il avoit faits pour ſoûtenir la guerre que Ceſar d'Eſte avoit entrepriſe injuſtement.

Le ſeptiéme May me promenant dans la Ville, je remarquay qu'elle a le Pô à l'Orient, & au Midy, & qu'elle eſt ſituée dans vn lieu mareſcageux: ce qui rend ſon air groſſier & de difficile accé accés si l'on y arriue en esté. Elle me parut plus abandonnée qu'aucune autre de celles que jay veuës en Italie, quoy qu'il semble que quelque Noblesse y a resté, laquelle se plaist aux comedies que l'on y represente sur vn magnifique Theatre que l'on y voit & qui a cousté de grands deniers.

Elle fut environnée de fossez & de murailles par l'*Exarche Smaragdus*, l'an 658. erigée en Evesché par *le Pape Vitalian*, augmentée en jurisdiction des 12. prochaines Bourgades par *l'Empereur Constant II.* & d'vne Vniversité fondée par *l'Empereur Federic II.* en dépit des Boulonnois: mais depuis elle a esté fortifiée & accreuë par les trois derniers Ducs, & si bien embellie qu'elle passe pour l'vne des plus belles, des plus grandes & des plus fortes places d'Italie : ayant en quelques endroits ses fossez pleins d'eau & des Bastions qui la deffendent merveilleusement : comme aussi sa citadelle bâtie par *le Pape Clement VIII.* qui depensa vne grande somme d'argent pour ce dessein si bien entendu, qu'elle regarde & la Ville & le Pô, dont les marais qu'il fait, l'avoisinent. Elle est fortifiée de 6. beaux bastions. Au milieu de la place est la statuë de pierre de Clement VIII. & sur sa base sont ces paroles.

Ne recedente Pado Ferraria fortitudo
recederet, Martem Neptuno
substituit.

Les ruës en sont belles, droites, larges & si longues que quelques vnes sont à perte de veuë. Elle est ornée de plusieurs magnifiques Palais, entre autres de ceux des anciens Ducs, du Marquis de Ville bâti en pointe de Diamant ; du Marquis de Bentivoglio, qui a vne face enrichie de beaux bas reliefs de marbre, qui representent plusieurs armoiries des plus illustres familles. Sur la porte sont les armes de la Maison des Bentivoglio soûtenuës de deux grandes statuës accompagneés de plusieurs autres gentillesses, & le tout travaillé superbement en marbre.

Entre plusieurs belles places je consideray la *Neuve* entourée de maisons & de portiques; quoy que celle-cy soit surpassée par *la grande place*, où est la statuë d'vn Pape sur vn piedestal. Là sont deux statuës de bronze haut éleveés de deux Princes de la maison d'Este. L'vn est assis & a auprés de luy quatre petites statuës de brôze: l'autre est monté à cheval. Cet ouvrage de bronze ne donne pas à cette place vn petit éclat, non plus que *le Dome* dont le beau portail, & trois galeries qui sont les vnes sur les autres, la font paroistre magnifique. En entrant dans l'Eglise je consideray au milieu vne structure enrichie de statuës & de bas reliefs. Dans le chœur le tombeau de marbre d'Vrbain III. dans vne Chapelle à ses quatres coins, quatre statuës d'Evesques de Ferrare. Dans vn Reliquaire j'honoray quelques Reliques, entre autres quelques vnes de S. George, vn bras de S. Maurille, dont le corps ayant esté en cette Eglise transferé plusieurs fois, a toûjours retourné dans l'Eglise de S. George hors de la Ville, où il est encor.

En entrant dans l'Eglise de S. Benoist j'en consideray la grandeur, le superbe Tabernacle dont les colomnes canneleés & accompagneés de statuës & de plusieurs autres gentillesses, font l'ornement, & l'Epitaphe d'Ariostte qui se lit en ces termes sur vne colomne. *Ludovico Areosto, Pëëta, Patritio Ferrariensi. Augustinus Mustus,* tanto viro ac de se bene merenti tumulum & effigiem marmoream, ære proprio. P. C. Anno salutis M. DLXXXIII. Alphonso secundo Duce. Vixit annos 59. Obijt anno salutis 1533. 8. idus Iunij. En entrant dans le Monastere, en vn endroit où il avoit esté enterré, l'on y lit pareillement cet Epitaphe en vers Italiens.

Qui giace l'Ariosto, Arabi odori,
Spiegate, o aure a questa tomba intorno,
Tomba ben digna d'immortali honori:
Ma tropo a si gran busto humil soggiorne,
Ossa felici, voi d'incensi, & sion,
Habbiate il viso ogn' hor cinto, & adorno,
Et da li Hesperij liti, & da li Eoi:
Vengan mille bell' alme a veder voi.
Qui giace quel ch'el seme di Rugiero,
Fermate i passi al suo sepulcro avante;
Dite, ne pur in parte andrete al vero,
Che'n quanto è sotto al gran peso d'Atlante,
Di cui non fu di cinto il sacro regno,
Spirto piu bel, né più sublime ingegno.

Dans la belle Eglise de S. Dominique l'on voit la sepulture de Iean Baptiste *Cintio Giraldo*, tres disert en son temps dans la langue Italienne, de Gasparo & d'Allessadro Sardi, celebres Historiens de Peregrino Prisciano qui a composé l'Histoire de Ferrare ; & de quelques autres qui se sont signalez par leurs écrits.

L'Eglise du S. Esprit bâtie en Croix & gouvernée par des Recolets, est d'vne fort belle architecture & paroist aussi large que longue tant les aisles en sont regulieres. Ses Chapelles sont grandes & portent leurs ornemens jusques au haut de

La grandeur & les Peintures de l'Eglise de S. Paul gouvernée par des Peres Carmes, en font le principal ornement. Dans le Chœur sont representez en trois quadres le martyre de S. Paul, sa conversion & l'adoration des Mages.

L'Eglise de S. François est belle & grande, & soûtenuë de piliers entre lesquels sont des statuës elevées sur des piedestaux qui representent quelque vertu.

L'Eglise des Chartreux est vn somptueux édifice auſſi pour sa grãdeur & sa belle structure, que pour le grand nombre des Chapelles qui sont toutes ornées de tres-exquises peintures. Au fond de l'Eglise derriere le Chœur, il y a vn S. Roch. Au milieu dans vne Chapelle qui est à main droite, est representé le Iugement, & vis à vis dans vne autre Chapelle, l'Ascension, sans parler de plusieurs autres. Leur Convent est magnifique: il fut fondé il y a cent cinquante ans ou environ, par vn Marquis d'Este, dont le tombeau est dans le Cloître entouré de colomnes qui portent vne couverture qui le garantit des injures du temps. Leur maison est considerable, non seulement pour sa grandeur, & pour la brique dont elle est bâtie & qui ne luy dõne pas peu d'éclat, mais aussi pour son Cloistre qui est tout environné de colomnes.

L'Eglise des Theatins est grande & belle, & quoy qu'elle ne soit ornée, ny de peintures ny de dorures, elle ne laisse pas de paroistre beaucoup, tant pour sa blancheur que pour la délicatesse de sa structure. Ce qui est commencé de leur Convent, promet quelque chose de magnifique, & leur Bibliotheque reçoit son ornement, non seulement des beaux livres qui y sont, mais encor des portraits des Prestres de leur Ordre, qui se sont signalez dans la science ou dans la pieté.

FERRAROIS.

LE Ferrarois a du côté du Midy la Romagne & le Ravennois : au Levant le Golphe de Venise : au Nord le Veronois : au Couchant le Boulonnois, les Estats des Ducs de Mantoue & de la Mirandole. Son païs est plat, mais fertile & abondant en plusieurs choses que l'on porte à Venise. Le Legat a sa garde, & est chef de la Iustice & de la Police du païs, mais le General commande pour le fait des armes, non seulement au Ferrarois, mais aussi au Boulonnois & dans toute la Romagne.

Les Ferrarois ont bon esprit & ont de la disposition, non seulement aux armes, mais aussi aux lettres : Ils sont francs, serieux & agreables dans leur conversation, civils aux étrangers : & cette Ville a produit d'illustres personnages dans les lettres & dans les armes : Il est temps de sortir de la Ville de Ferrare, aprés neantmoins que nous aurons parlé de ses sept Merveilles.

LES SEPT
MERVEILLES

de la Ville de Ferrare ; c'est à dire, les sept choses qui meritent le plus l'admiration des Voyageurs, sont celles qui suivent.

Egid. Rousselet sculp.

Le huictiéme May je partis de Ferrare, & m'embarquay sur le Canal fait pour la commodité du commerce. Trois milles au delà j'entray dans le grand Pô, fleuve considerable, non seulement pour ses beaux rivages, mais aussi pour ses plaines agreables & fertiles au dernier point. En avançant l'on trouve *Loreo*, Bourg assez bien bâty & situé sur le bord du Pô, à trente cinq milles de Ferrare.

Le neufiéme May je sortis de *Loreo*, & laissant le Pô je veguay sur la Mer, & en avançant quelques milles je trouvay à main gauche la petite Ville de *Chioggia*, à quinze milles de *Loreo*, située sur les rivages de la Mer. Son Port est assez bon, & ses habitans ont reputation d'étre bons jardiniers & pescheurs, & adroits Matelots. Elle fut beaucoup augmentée par les peuples d'Este & de Monselice, Bourgs du Padoüan, qui s'y refugierent pour fuir la tyrannie des Huns qui ravageoient l'Italie; & aussi celebre pour avoir esté le theatre de guerre entre les Venitiens & les Genois. Tout proche sont des fortifications arrousées de la Mer pour asseurer ses Côtes. Vn peu au delà du mesme côté est vn Bourg appellé *Palestrine*.

En avançant 12. milles, je vis à main droite *Malamocco*, Ville Episcopale, dont le siege fut transferé à *Chioggia*: mais fameuse autrefois pour avoir esté le lieu où le Doge faisoit sa residence, & presentement celebre pour estre le Port de Venise, qui en est à six milles. C'est de la que l'on apperçoit à plein cette superbe *Ville de Venise*, dont les loüanges sont dans la bouche de tout le monde, & dont la situation au milieu de la Mer fait l'étonnement de toute la terre habitable. Au delà

& d'Italie.

de *Malamocco*, je vis un petit Château bâty sur le bord d'vne Isle, dont la face est ornée de deux petites obelisques. Plus loin je découvris à droite *les Eglises du S. Esprit*, & de *sainte Marie de la Grace* : & à gauche je remarquay vn lieu fortifié de bastions, où est vne Eglise au milieu, comme aussi vne levée de terre, qui dans vn espace de trente milles regne au long de la Mer, qui par la force de ses eaux s'est faite vne digue & vn rempart, & s'est donné à elle-mesme des limites qui empeschent que les terres voisines ne soient noyées, & que les habitans ne soient incommodez par les frequentes inondations de ce furieux élement. En approchant par des solives chassées dans la Mer, l'on marque ses endroits les moins profonds que l'on doit éviter, si l'on ne veut prendre sable : & en avançant j'arrivay à Venise à six milles de *Malamocco* en l'*Hôtellerie de l'Istriano* que je preferay à celles *de Nicolô* & *de Liofante*.

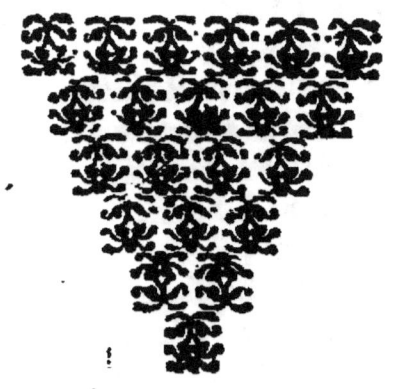

LE CHEMIN DE LORETE A
Venise, avec les noms des Villes, Bourgs & Villages, leurs distances & les choses les plus considerables qui s'y rencontrent, distribuées en Merveilles.

DE Lorete à Ancone,	quinze milles.
d'Ancone à Olmo,	deux milles.
d'Olmo à Case brucciate,	dix milles.
De Case brucciate à Sinigaglia,	sept milles.
De Sinigaglia à Fano,	dix milles.
De Fano à Pesaro,	cinq milles.
De Pesaro à Catholica,	dix milles.
De Catholica à Rimini,	quinze milles
De Rimini à Savignan,	dix milles.
De Savignan au fleuve Rubicon,	cinq milles.
Du fleuve Rubicon à Sarsine,	trois milles.
De Sarsine à Forlim-Popoli,	sept milles.
De Forlim-Popoli à Forli,	trois milles.
De Forli à Faënza,	dix milles.
De Faënza à Castello Bolognese,	cinq milles.
De Castello Bolognese à Imola,	cinq milles.
d'Imola à Chasteau S. Pierre,	sept milles.
Du Chasteau S. Pierre à Boulogne,	cinq milles.
De Boulogne à Malalbergo,	quinze milles.

Le chemin de Lorete à Venise.
De Malalbergo à Ferrare, quinze milles.
De Ferrare à Loreo, quarante milles.
De Loreo à Chioza, dix milles.
De Chioza à Malamocco, dix milles.
De Malamocco à Venise, six milles.

De Lorete à Venise deux cent trente milles.

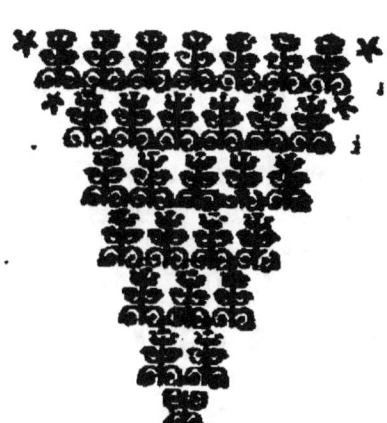

VENISE.

Venise est la plus forte Ville du monde sans aucunes fortifications, la plus imprenable sans autres deffenses que celles que sa situation qui est au milieu de la Mer, luy donne; le cabinet des merveilles & de tout ce qu'il y a de plus beau & de plus rare: superbe en ses Palais, dont la délicatesse de l'Architecture & les meubles magnifiques font la splendeur; riche en ses Peintures qui y sont tres-belles, quoy qu'elles y soient plus communes qu'en aucune autre Ville d'Italie, considerable pour sa grandeur, puis qu'elle a bien huit milles de circuit & beaucoup plus pour le commerce qui s'y fait de toutes les parties du monde. Elle est vne merveille sans pareille, vn sujet d'étonnement pour tout le monde, & pour le dire en vn mot, vn ouvrage des Dieux: pensée du Poëte Sannazar, qu'il exprime en ces Vers.

Viderat Adriacis Venetam Neptunus in undis
Stare Urbem, & toto ponere jura mari:
Nunc mihi Tarpeias quantumvis Iupiter arces,
Obijce, & illa tui moenia Martis, ait.
Si Pelago Tibrim præfers, Urbem aspice utrãq;
Illam homines dices, hanc posuisse Deos.

Avant que de faire la description des choses les plus rares de cette belle Ville, je diray deux mots du gouvernement de cette fameuse Republique, de son Estat dans lequel est compris le Duché de Venise, des mœurs des Venitiens; & en suite je feray la description des beautez particulieres de la Ville.

DU GOUVERNEMENT DE LA Republique de Venise.

LEs premiers fondemens de Venise ayant esté jettez à Realte par les habitans d'Aquilée, Concorde, Opiterge & autres Villes du païs, appellé *Venetia*, nom qui fut donné depuis à la Ville, qui choisirent cette bizarre assiette, à cause de la persecution d'Attila qui ravageoit toute l'Italie, & bâtirent en ces Cantons en plusieurs endroits & en chaque lieu, firent choix de Consuls qui les gouvernoient & en suite de Tribuns: ce qui dura depuis l'an 420. jusques en 679. auquel temps ils nommerent un Duc, dont le pouvoir devint si absolu, que cela les obligea de nommer vn maistre des Chevaliers, dont le nom ayant esté éteint la cinquiéme année, ils reprirent des Ducs, & comme le suffrage du peuple dans ces sortes d'élections avoit apporté par fois quelques troubles, ils les reformerent l'an 1292. & firent vn nouvel ordre que la Republique a toûjours gardé depuis ce temps-là inviolablement. Par leur politique, par leur valeur, & par l'observation exacte des loix, ils sont parvenus à vn tel point de grandeur, que d'vne retraite de pauvres Paoureux, ils en ont fait la Republique la plus puissante de toute la Chrestienté. Elle n'a point changé de gouvernement, nonobstant l'inconstance de l'esprit de l'homme qui se plaist au changement; elle n'a jamais esté prise & a toûjours gardé sa virginité, quoy qu'elle ait esté attaquée plusieurs fois par les Princes les plus puissans de l'Europe liguez ensemble pour la détruire. Les mouvemens des seditions internes qui s'y sont soûlevez ont esté incontinêt appaisez, mais à mon avis ce qui leur donne vne gloire incomparable, est qu'ils resistent au Turc le plus redoutable ennemy de la terre habitable : ce qu'il faut attribuer à vne protection de Dieu toute particuliere, qui combat pour eux & avec eux pour les recompenser des soins qu'ils prennent de conserver parmy eux la pureté & l'integrité de la Religion Catholique. Que cecy soit dit en general : disons presentement quelque chose en particulier de son gouvernement.

Quoy que *le Doge* ainsi appellé par corruption, au lieu de *Duce*, soit le Prince du Senat, & quoy que les décrets se publient en son nom, il ne peut pourtant rien conclure que par l'avis des Senateurs, puis qu'il n'a qu'vne voix au grand Conseil, quoy qu'il en ait deux au Senat ; & mesme vne personne d'esprit avec laquelle je m'entretins pendant quelque temps, me dit que ce Prince ne peut faire entrer en son alliance les Estrangers dans sa famille, qu'avec le consentement du Senat, qu'il ne peut sortir de son Palais que les jours de ceremonie, & pour lors il est accompagné des Senateurs; qu'il va les Mercredys dans le Palais advertir les Iuges de rendre justice. En cette action il est suiui de ses Conseillers & des principaux des quarante. Il me dit de plus, qu'il ne respond pas à l'heure mesme aux Ambassadeurs, mais qu'il doit dire qu'il prendra advis du Senat, que les lettres des Princes Estrangers luy sont veritablement adressées, mais il ne les lit point qu'en presence du college : que lors qu'il est malade, les Conseillers en eslisent vn d'entre eux qui prend sa place & qui en fait la fonction, & lors qu'il est mort, le plus ancien parmy eux luy succede jusques au lendemain, que l'on procede à l'élection d'vn nouveau Prince, dans laquelle il s'observe tant de choses que je ne croy pas qu'il soit de ce lieu de les rapporter. Ie renvoye le Lecteur curieux aux livres qui en parlent au long & je me contenteray de dire qu'estant élu, le lendemain il va dans l'Eglise de S. Marc, où sur vn lieu élevé en publique son élection, & descendant au Chœur il se met a deux genoux devant le Grand Autel & fait serment entre les mains du Primicier sur les Evangiles, de bien administrer la Republique & de conserver l'Eglise dans son état. Le mesme Primicier en luy donnant l'Estendart rouge, luy dit : *Ie remets entre les mains de vostre Serenité, cet Estendart, pour marque d'vne vraye domination :*

& le nouveau Duc répond : *Je le reçoy au nom de Dieu & de nostre protecteur S. Marc.* Apres quelques autres ceremonies il est porté dans la place & retourne au Palais, où le plus jeune des 4. Electeurs luy met la coiffe sur la teste & le plus âgé la Couronne ducale.

De plus poussant plus avant nostre conversation il me dit que toutes sortes de monnoyes de l'Etat, estoient marqueés de ses armes & que sous son nom l'on dépeche toutes les patentes de la Republique & l'on publie les loix, enfin qu'il épouse la Mer en y jettant vn anneau. Il m'entretint aussi des differens tribunaux de justice ; comme *du grand Conseil*, qui est comme le premier mobile de tout l'Etat. Là se fait l'élection du Prince & des principaux Magistrats de la Republique; & quoy que quelques vns soient choisis par le Senat ou par le Conseil des dix, ils puisent leur pouvoir de ce Tribunal, cóme de leur source. *Le Conseil des dix* appellé *le redoutable* fut creé l'an 1310. & fut sur tout étably pour châtier les seditieux & les sectaires. *Le Conseil de Pregadi* est composé de 120. Senateurs, & delibere des affaires les plus importantes, comme de la paix, de la guerre & des Ligues. *La Seigneurie* est composée du Duc & de 6. Conseillers: & est appellée *Le petit Conseil*. Ses Conseillors ont seance avec le Duc & mesme donnent avec luy audience aux Ambassadeurs, & accordent les privileges. Le Collège où la Seigneurie entre, est composé *des sages de terre ferme, des sages des Ordres, des sages Grands & de trois chefs des 40. Criminels*. Là pareillement on donne audience aux Ambassadeurs ; là on lit les lettres des Princes Etrangers ; là on propose de donner des commissions. Cette personne comme tres-intelligente dans ces matieres, me dit que le grand Chancelier demeure en charge toute sa vie, & qu'il a le secret de toutes les affaires les plus importantes de l'Estat, que le General d'armée de terre ferme tient le premier rang prés du Prince, que le General de Mer ne doit approcher de Venise avec vn Vaisseau armé, mais qu'il doit y aborder avec peu de gens & plusieurs autres choses: mais il est temps de finir cette conversation, & de dire vn mot de l'Estat de la Republique.

L'ESTAT DE LA REPVBLIque de Venise.

L'Estat de Venise en Italie a au Levant le Golphe de Venise en partie, comme aussi les Archiducs d'Austriche; au Couchant l'Estat de Milan: au Nord les Grisons & les Trentins: au Midy l'Estat de Milan en partie, l'Estat du Duc de Mantoüe: celuy du Pape & le Golphe de Venise. Ils le divisent en Estat de terre ferme & de Mer. Celuy de terre ferme comprend le Duché de Venise avec ses Isles, appellé par les Venitiens *Dogado*, qui a au Levant le Golphe de Venise: au Midy le Polesine de Rougio: au Nord la Marche de Trevise & le Frioul: & au Couchant le Padoüan. La Marche Trevisane, outre Venise & ses Isles, enferme le Padoüan, le Vicentin, le Veronois & dans la Lombardie le Bress.

Fff

san, le Bergamaſc, le Poleſine de Rouigo & le Fricul. L'on ſubdiviſe ſon Eſtat de Mer en terre ferme & en Iſle. La terre ferme de l'Eſtat de Mer, comprend leur païs maritime de la Preſque-Iſle-d'Iſtrie, & ce qu'ils poſſedent en Dalmatie, en Albanie ou Epire, & pluſieurs Iſles dont ils ſont les maiſtres.

DES MOEVRS DES VENI-tiens.

LEs Venitiens m'ont paru d'vne bonne mine, d'vne taille bien proportionnée, d'vne couleur viue, & plûtoſt blond que noir. Pour l'ordinaire ils naiſſent auec vne ouuerture d'eſprit merueilleuſe pour la Politique & pour la conduite dans les affaires, qui eſt inſeparable de la prudence : ce qui ne contribuë pas peu à rendre leur Eſtat floriſſant, & des plus fameux de ceux qui ſont ſur la terre habitable. Ils ſont magnifiques en leurs actions, & reüſſiſſent des mieux dans les Arts & dans les ſciences : mais ces perfections ne ſont pas ſans defauts. Il n'y a point de peuple en Italie qui ſe laiſſe plus maiſtriſer par les paſſions de l'auarice, de la colere, de l'ambition & de l'amour, qui regne en cette Ville plus licentieuſement qu'en aucun endroit d'Italie. Les femmes y ont bon eſprit, & ſont ſur tout charmantes dans leur conuerſation : elles ſont pompeuses & magnifiques dans leurs habits, ce que l'on permet à la vanité qui est comme inseparable de ce sexe, mais non pas aux nobles Veniciens qui sont vestus simplement, & dont la despense est reglée, qu'ils n'osent outre passer. Ces femmes pour la pluspart empruntent leur beauté du fard qu'elles mettent sur leurs visages pour se donner de la blancheur: elles prennent leurs bonnes graces de leurs habits, qui ne leur donnent pas vn petit éclat, & leur belle taille des patins qu'elles portent si hauts, qu'elles sont obligées de s'appuyer pour marcher. La Noblesse y parle bon Italien, quoy que parfois il soit mêlé de quelques mots impropres du païs; mais la langue du bourgeois & du menu peuple est tout à fait corrompuë. Il y auroit beaucoup d'autres choses à observer; mais il est temps de faire la description de la Ville de Venise, & de parler en détail de toutes ses beautez.

Le neuviéme May 1661. je me promenay dans Venise entierement bâtie sur pilotis, & situeé dans le dernier recoin de la Mer Adriatique, fortifiée naturellement par ses eaux, environnée de soixante petites Isles, retranchée par plusieurs Canaux & divisée par des ruës, que les Ponts qui sont en grand nombre joignent les vnes aux autres. Ces ruës sont propres & pavées de brique; mais resserrées dans leur largeur par les boutiques remplies de marchandises les plus rares, dont la ruë de la Mercerie qui va de S. Marc jusques au Pont Realte, semble surpasser toutes les autres, qui tres-souvent aux jours de ceremonie fait voir les étoffes les plus magnifiques, qui sont travaillées en cette Ville en perfection: comme aussi les Cires, les Diamans, les Perles & autres

F ff ij

raretez. Il fait beau voir la multitude des beaux Palais, dont la délicatesse de l'Architecture ne cede en rien aux richesses; dont le marbre, la Peinture & les meubles magnifiques font le principal ornement. Les plus beaux sont au long du grand Canal. C'est d'ailleurs vne chose plaisante que de voir le grand nombre de Legumes qui y abordẽt, la qualité & la quantité des poissons qui se débitent au Pont Realte & dans la place de S. Marc, où les Venitiens s'assemblent tous les jours avec les étrangers de toutes les parties de la terre; dont les mœurs, la taille, le langage sont tout à fait differens, où les nouvelles qu'vn chacun débite de sa nation, & les bouffoneries des Charlatãs qui discourent à merveille sur la vertu de leurs drogues, font vne partie de vostre divertissement. Elle abonde en toutes choses, non seulement necessaires à la vie, mais aussi pour la passer avec délices : & il semble que les païs voisins, & mesme les plus éloignez, travaillent à l'envie l'vn de l'autre, pour luy procurer cét avantage. Ils prennent l'eau douce à l'emboucheure de la Brente & au Puits de S. Nicolas du rivage, dont l'eau est douce, quoy qu'elle soit au milieu de la Mer, outre celle des Cisternes qui leur tombent du Ciel. Les Architectes y ont élevé des Palais les plus superbes, les Sculpteurs, des statuës les mieux travaillées; mais sur tout les Peintres, comme Titian, Tentoret, Paul Veronois, Bassan & autres, y ont laissé autant de chef-d'œuvres que d'ouvrages, qui quoy qu'ordinaires en cette Ville ne laissent pas d'estre tres-rares. Les six Confrairies de S. Theodore, de S. Roch, de S. Marc, de la Charité, de S. Iean l'Evangeliste & de la Misericorde en sont remplies des plus exquises. Aprés ce discours general parlons en détail.

L'Eglise de S. Marc Chapelle du Duc qui est representé sur la porte à la Mosaïque, est vne des plus superbes de l'Europe. Elle fut bâtie par le Duc Participatio l'an 828. qui outre qu'il y fit transporter le corps de S. Marc qui y a esté depuis honoré, eut soin de la faire desservir par vn Primicier chef de vingt-quatre autres Prestres que l'on a depuis élevez à la qualité de Chanoines.

Par le dehors la structure en est belle, & son Portail est le plus riche qui se puisse voir. Dans le milieu est vne arcade haute & large, accompagnée de trois autres de chaque côté quoy que plus petites, dont les colomnes de marbre & de Porphyre, les bas-reliefs & les statuës font le principal ornement. Au dessus il y a vne plateforme ou sont quatre Chevaux de bronze doré, qui tiennent le pied en l'air comme s'ils estoient prests de marcher: ils sont fort estimez, & furent apportez de Constantinople, au temps que les Veniciens s'en rendirent les maistres.

Aprés avoir consideré ce Portail & les huit portes de bronze qui l'accompagnent, j'entray dans l'Eglise, où je découvris tant de differentes beautez, & de si rares en leurs especes; qu'elles me furent toutes en particulier vn sujet d'étonnement. L'or y brille de tous côtez, les Peintures les plus rares se presentent à la veuë. Là l'on void de tresbelles Sculptures, des ouvrages à la Mosaïque les mieux travaillez; le Porphyre y est aussi commun que le marbre, & le bon nombre des colomnes qui y sont, dans leur plus grande partie, ont esté apportées de la Grece: en vn mot elle est vne des merveilles de Venise, & ne peut-estre plus richement ornée. Elle est faite en forme de Croix, & au dessus il y a cinq Coupoles couvertes de

Fff iiij

plomb. A l'entour il y a des statuës de marbre, chacune couverte de sa Tribune, soûtenuë de quatre petites colomnes. Tout le tour est bâty en grãdes arcades & en portiques ornez de deux ordres de colomnes, de bas-reliefs, de statuës, & le tout de marbre le plus beau. Tout le pavé est de petites pieces de marbre & de porphyre rapportées ensemble, avec tant d'artifice que dans leurs differentes couleurs elles representent en quelques endroits de l'Eglise, des Lions, des Renards, des Coqs ; mais ce qui est estimé le plus beau en cét ouvrage, c'est vn Soleil qui est proche le Chœur, comme aussi les figures qui sont dans les Chapelles. Là est vn portique autant large que le Portail de l'Eglise, enrichy de colomnes & pavé à la Mosaïque. A main droite il y a vne Chapelle où est le tombeau d'vn Cardinal appuyé de six statuës. Tout cét ouvrage est de bronze, comme aussi l'Image de la Vierge qui est sur l'Autel tenant le petit IESVS, & a ses côtez S. Iean Baptiste & S. Pierre.

En avançant l'on trouve vn tombeau de marbre environné de bas-reliefs & vn marbre quarré de couleur rouge, sur lequel le Pape Alexandre III. mit le pied sur le col de l'Empereur Frederic ; & où sont encor gravées ces paroles : *Super Aspidem & Basiliscum ambulabis.*

Parmy plusieurs Chapelles j'arrestay sur tout ma veuë sur celle de S. Iean Baptiste, où sont les Fonts de bronze, & qui est ornée de la plus belle Mosaïque. Là l'on void vne grande pierre, sur laquelle il eut la teste coupée. Dans vne autre Chapelle de l'Eglise l'on void sur la muraille deux pieces de marbre jointes ensemble, qui representent naturellement & sans artifice l'effigie d'vn homme.

Le Chœur est separé de la Nef par des ballustres de marbre, où sont deux Pupitres soûtenüs sur des colomnes de marbre de differentes couleurs. Là l'on void en rang N. Seigneur en Croix avec les douze Apostres: Là la Vierge & S. Marc sont representez. Le grand Autel est couvert d'vne grande Tribune appuyée de quatre belles colomnes de marbre, où sont gravez vne infinité de bas-reliefs, qui representent l'ancien & le nouveau Testament. L'Annonciation y est representée en deux statuës, l'vne de la sacrée Vierge, & l'autre de l'Ange qui luy annonça la nouvelle qu'elle seroit mere de Dieu. A chaque côté de la Tribune il y a trois statuës & plusieurs Lampes d'argent doré. Les quatre colomnes d'Albâtre transparent comme cristal, accompagnées de deux de marbre de chaque côté, sont des plus fines & des plus rares. Mais ce qui surpasse encor toutes ces beautez, est la grande plaque d'argent doré qui est au dessus du grand Autel, couverte de pierreries les plus pretieuses.

Sur l'arcade de la porte du thresor où j'entray, furent representez par l'Abbé Ioachim, S. François & S. Dominique dans leurs habits & ressemblances, quoy que ces Saints ne soient venus au monde que long-temps aprés. Pour ayder la memoire des curieux, je diviseray le thresor en spirituel & temporel. Dans le spirituel sont les Reliques: du sang pretieux de IESVS-CHRIST: du sang miraculeux qui sortit d'vn Crucifix de bois qui fut frappé par vn Iuif: du lait & des cheveux de la Vierge: de la robbe que N. Seigneur portoit lors qu'il fut monstré au peuple par Pilate: le crane de la teste de S. Iean Baptiste: le coûteau qui coupa l'oreille de Malchus: vne jambe de S.

Fff iiij

Matthieu: vn morceau de la vraye Croix: vn pouce de S. Marc: vn doigt de la Magdelaine: vne Image de la Vierge faite par S. Luc: vn caillou ensanglanté du sang de S. Estienne: les Actes des Apostres en lettres d'or, écrits de la main de S. Iean Chrysostome: l'Evangile de S. Marc escrite par le mesme Evangeliste, & plusieurs autres que je passe sous silence pour parler du thresor temporel.

I'admiray dans ce thresor vn grand nombre de raretez & de richesses, comme vn Calice grand d'vn pied & demy orné à l'entour de pierres pretieuses. Entre plusieurs Chandeliers, j'en remarquay vn des plus beaux qui se puissent voir: deux Couronnes d'or couvertes de Perles: quatre tasses, chacune composée d'vne seule piece d'Agathe: quatre Escarboucles, dont la moins pesante est de six onces: vn Saphire pesant dix onces: vn Plat fait d'vne seule Esmeraude: vn grand Vase d'vne seule pierre de Granate: vne grosse Perle enchassée dans de l'or, enrichie à l'entour d'autres pierres pretieuses: vne Vierge d'or émaillée & ornée de Perles, de Rubis & autres raretez: vne Croix d'or toute couverte de Perles & autres pierres plus riches.

Au haut du thresor l'on me monstra vn des plus beaux Saphirs que l'on puisse voir: vn Diamant enchassé en or, donné par Henry III. Roy de France: le bonnet Ducal enrichy de gros Rubis, d'Esmeraudes, de Saphirs & de Perles les plus belles: douze Cuirasses: douze Couronnes d'or couvertes de Perles: vne grappe de raisin de cristal merveilleusement bien travaillée: deux cornes de Licornes. I'y admiray encor plusieurs vases d'Agathe, de cristal & d'autres matieres les plus precieuses. Là est vn S. Hierosme representé en ouvrage Mosaïque. Là est vne Mithre, au haut de laquelle est vne Escarboucle d'vn prix inestimable. L'on void des vases de diverses sortes de pierres de grand prix, qui faisoient l'ornement du Buffet de l'Empereur Constantin, tombez dans la possession de la Republique, au temps qu'elle se rendit maistresse de Constantinople : Ie ne parle point des Chandeliers d'or, d'argent & de cristal, ny des Croix d'or, ny d'vn Messel couvert de pierreries, qu'ils ont eu de sainte Sophie de Constantinople. Ie ne fais point mention non plus des paremens tres-riches donnez par Loüis XI. Roy de France, ny d'vne infinité d'autres raretez.

Le Clocher qui est hors de l'Eglise se fait voir par sa hauteur considerable : Au bas est vne structure de marbre orné de bas-reliefs & de statuës de bronze, & au haut il est enrichy de marbre. Tout au dessus il y a vn Ange qui tourne au gré du vent, mais ce qui est plus merveilleux, c'est que l'on monte tout au haut sans aucuns dégrez, & de là l'on jouït d'vne veuë autant agreable qu'étenduë. Vous y découvrez *le Lido*, je veux dire le rempart que la Mer s'est fait à elle mesme dans vn espace de trente-cinq milles qui garantit la Ville de Venise & les Isles voisines des inondations : les Ports de Malamocco & de Chioggia : les Forteresses faites à l'emboucheure de ces Ports: la Ville de Venise & toutes les Isles voisines : les montagnes de Carnie & d'Istrie : la Lombardie : les emboucheures de l'Adige & du Pô, & au delà les Alpes de Baviere & autres lieux encor plus éloignez.

L'Horloge qui est au haut de la Tour dans cette

mesme place, est curieuse à voir. Les Heures y sont frappeés par deux statuës de bronze, & au quadran sont representez la Lune & les 12. signes qui ont leurs mouvemens selon le cours du Zodiaque. Au dessus est vne image de la Vierge devant laquelle trois Roys passent & saluënt en cette maniere. Vne Etoille sort suivie d'vn Ange sonnant de la Trompette & les trois Roys viennent en suite portant chacun leur present & la Couronne sur la teste, qu'ils ostent en passant, & en faisant vne inclination profonde à la Vierge, & s'en retournant en leur maison par vne autre porte que par celle par laquelle ils sont sortis. L'invention m'en a paru ingenieuse & bien executée.

A l'extremité de la place du côté du Canal *della Giudecca*. je vis deux colomnes de marbre qui ont esté apporteés de la Grece, & placeés en ce lieu par Berratiero, qui pour le payement de son travail ne demanda autre recompense sinon qu'il fust permis de joüer là aux dez à tous venans. Sur l'vne est vn Lion de bronze doré, & sur l'autre est la statuë de S. Theodore qui foule à ses pieds vn Crocodile & tient d'vne main vne lance, & de l'autre vn bouclier. C'est entre ces deux colomnes qu'on punit les criminels.

Au milieu de la place sont trois grands Masts de Navire enfoncez dans des bases de bronze, travailleés à figures, qui representent la liberté de la Ville qui n'a reçeu aucune atteinte depuis l'établissement de la Republique. Au dehors de la chambre sur la mesme place je vis quatre statuës de porphyre jonites ensemble, de quatre freres qui ayans ramassé de grandes richesses dans le negoce, les ont laisseés aux Venitiens pour en enrichir leur thresor.

Le Palais où l'on rend la justice, & où est la demeure du Duc, est vn des plus superbes bâtimens de L'Europe. Il fut commencé par *Angelo Participatio*; mais depuis ayant esté consumé par le feu ou entierement, ou en partie, il a esté releué de ses cendres plus riche qu'auparavant. Il a esté autrefois couvert de plomb mais depuis l'incendie de 1574. on y mit du bronze en la place. Il n'est pas tout àfait quarré mais il paroist vn peu exceder en longueur. En dedans & en dehors l'on y découvre tant de beautez, que l'on ne pourroit pas sans temerité entreprendre d'en faire vne parfaite description. I'y admiray au dehors l'elevation de cet édifice, où le marbre les bas reliefs & les colomnes ne sont point épargneés: par le dedans le grand nombre de Chambres, de Sales, de Galleries, & le tout enrichy des peintures de Paul Veronois, de Tentorete, & d'autres Peintres les plus fameux. Ses deux faces de devant sont revétuës de marbre & de porphyre, & le derriere est de pierres d'Istrie, orné d'vn grand nombre d'arcades, de colomnes, de bas reliefs, & d'autres gentillesses. Chaque face a sa porte; celle qui est du côté de l'Eglise de S. Marc en a vne de marbre; au dessus est vn Lion aislé & le Duc Foscaro en marbre blanc. Vis a vis du côté du Nord, sont les principaux escaliers qui vont au logis du Duc. Au pied des degrez sont deux Colosses de marbre, dont l'vn represente Mars, & l'autre Neptune : & plus haut les statuës d'Adam & d'Eve. Vis a vis du principal degré, il y a vne inscription en lettres d'or en l'honneur d'Henry IV. Roy de France. Montez du côté du Sudest les superbes degrez, ils vous conduiront à main gauche à l'appartement du Prince ; & à main droite au College, dont la voute est gravée, dorée & peinte avec un artifice merveilleux. Au bout de la sale est le siege du Duc, & là Venise est representée comme une Reyne qui luy met la couronne sur la teste. C'est en ce lieu que le Prince donne audience aux Ambassadeurs. Delà j'entray dans une autre grande Sale, où sont representeés les Provinces que possedent les Venitiens sur la terre ferme, sans parler des statuës des Empereurs. Allant du côté de la Mer, on entre dans les tribunaux du Conseil des Dix où tout est magnifique.

La sale du grand Conseil surpasse toutes les autres dans sa longueur, dans sa largeur, & dans ses Peintures. Elle fut bâtie l'an 1309. & depuis fut ornée de Peintures qui ayant esté perduës par l'incendie qui y arriva l'an 1574. ont esté rétablies dans l'état où on les void aujourd'huy. Paul Veronois & Tentoret y ont fait autant de chef-d'œuvres que d'ouvrages. L'on parle du Paradis de ce dernier, comme d'une piece achevée. Les victoires & les guerres de la Republique & les combats de mer y sont merveilleusement bien representez, comme aussi l'Histoire d'Alexandre III. & de Federic Barberousse, avec la prise de Constantinople. Tout au haut sont les Princes de la Republique & autres pieces de Peintures les plus estimeés. Vis a vis du siege du Duc à l'autre bout de la Sale dans un grand quarré de marbre, est l'Image de la Vierge tenant le petit Iesus, environnée de quatre Anges. Dans une autre Sale je vis des Esclaves en peinture, l'adoration des Mages & l'entrée d'Alexandre III. dans Venise qui sont autant de chef-d'œuvres.

Delà j'entray dans les sales d'armes, qui en sont

& d’Italie.

remplies des plus vtiles & des plus curieuses. Là est vn Fanal de Cristal, vn Gantelet semé de Rubis, des Epeés toutes nuës: des Pistolets tout chargez, des Hallebardes, des Cuirasses & autres Armes prestes à armer 1500. Nobles en cas de necessité. Là est vn petit coffre où quatre Pistolets par dedans sont ajustez avec tant d'industrie, qu'ils tueroiét celuy qui ouvre le coffre s'ils estoiét chargez. Là est vne petite coulevrine d'argent portée par vne petite charette aussi d'argent. Là est vne belle Ascension en peinture. Là est vn quadre qui represente la Ligue de Cambray contre la Republique. L'on y voit d'vn côté Venise representée en Femme, vn Doge l'épée à la main, & vn Lion auprés: vn Taureau sur lequel est vn homme armé qui porte les armes de tous ceux qui furent de la Ligue. L'on me montra vne machine de bronze travaillée à jour qui a la forme d'vne grosse lanterne. Le feu étant dedans il se communique en mesme temps à vne grande quantité de meches par le moyen de la poudre qui est dans vn petit conduit qui est tout au tour. Là est la cuirasse d'Henry III. Là est vn Buste de bronze de Bragadin qui fut écorché vif par les Turcs: vn Buste de Carrare dernier Tyran de Padouë. Il a des fléches au tour de luy & vn colier de fer dont il se servoit pour faire mourir les hommes. Là sont 2. Hallebardes qui tirent chacune 7. coups de chaque côté: vne petite couleuvrine qui tire dix coups à la fois: vne autre qui en tire 20. Là est vn cheval de bronze où est la statuë de Camatlan, celuy qui resista dans Padouë aux forces de l'Europe: les Corcelets couverts de côtes demail des principaux combattans qui se trouverent à la prise de Hierusalem, comme du

Doge de Venise & d'autres: les Armes dont les Turcs se servent dans leurs combats: vn cabinet d'ebene, où est vn grand nombre de petites statuës de bronze merveilleusement bien travaillées: la visiere d'Attila Roy des Huns, des Epées garnies de perles & de Diamans & autres pierres pretieuses. Là pareillement l'on void vne Image de la Vierge faite par S. Luc: le portraict de sainte Iustine, ouvrage de Titian & vne infinité d'autres raretez.

En descendant dans la cour jettez vne œillade sur tout le Palais, qui fait trois aîles de bâtimens, & sur l'Eglise de S. Marc qui est d'vn côté, je croy que vous ne pouvez rien voir de plus beau: les deux puits d'eau douce dont le tour est de bronze enrichy de bas reliefs, n'apportent pas vne petite commodité à la Ville.

Sortant du Palais j'entray dans la place de S. Marc; où j'admiray les superbes bâtimens qui regnent tout au tour. Là le marbre n'est pas épargné non plus que les colomnes & les bas reliefs. A son extremité est l'Eglise de S. Geminian. Sur cette mesme place, je vis *la Zecca* c'est à dire la maison où se bat la Monnoye de la Republique, où je ne vis rien de considerable, mais bien dans la Bibliotheque, où j'arrivay par vne sale ornée de Bustes de marbre en quantité, de quelques statuës, & de bas reliefs qui representent les sacrifices des anciens. Elle est spatieuse & dans sa voute ornée de Peintures qui representent cet Art & ses inventeurs, ouvrages de Tentoret, de Titian, de Paul Veronois, & de Palma: mais elle reçoit encor vn bien plus grand ornement tant des livres imprimez qui y sont rangez dans les armoires, que des Manuscripts qui sont en ordre sur 22. pupitres de chaque costé: parmy lesquels je remarquay les œuvres de S. Augustin & de S. Thomas, & vn Ptolomée dont les cartes sont merveilleusement belles. Petrarque y donna ses livres & les Cardinaux Grimani & Niceno l'ont beaucoup augmentée.

En descendant de ce lieu je me trouvay dans la place où est *le Broglio*, où les nobles Senateurs se promenent en discourant auparavant que d'entrer dans le Palais. De là l'on me fit voir sur le bord de la Mer, vne Galere bien armée qui n'en desempare jamais & qui est là pour la garde du Palais, de la Zecca & de la place de S. Marc.

Le 10. May je vis partir le General que la Republique envoyoit en Candie. Il sortit de la Ville en son habit rouge de Magistrat dans vne Gondole parée d'vn Damas de la mesme couleur, & de la crépine d'or à l'entour, accompagné de Nobles & de Dames Venitiennes, & d'vn si bon nombre d'étrangers que la Mer estoit toute couverte de Gondoles, sur laquelle l'on entendoit l'harmonie de toutes sortes d'instrumens, qui charmoit les aureilles : Le tintamare des trompettes y resonnoit, comme aussi le bruit des Canons qui tirent de toutes parts dans les Vaisseaux, qui sont obligez de rendre cet honneur au General, lequel monta dans vn Vaisseau qui l'attendoit en pleine Mer bien au dessus de Malamocco port de Venise, où j'arrestay vn moment, d'autant plus dangereux, qu'il est profond & exposé au mauvais vent. Ie le laissay pour retourner à Venise qui me fut vn port plus asseuré.

Le 11. May je me promenay dans vne gondole, dont il y a si grande quantité en cette Ville qu'elle peut aller au nombre de 7. à 8. mille, sur les Canaux qui la traversẽt de tous costez. Or quoy que le Canal Royal soit grand & beau, il est neantmains surpassé par celuy que l'on appelle le Grád, & qui a mille trois cent pas de longueur & de largeur plus de quarante. Sur le dernier est bâty le fameux *Pont Realte*, qui a coûté des sommes immenses. Quoy qu'il ne soit pas long, l'artifice en est pourtant admirable. Le marbre n'y est pas épargné, & il est bordé des deux costez de ballustres de cette matiere. Quoy qu'il ny ait qu'vne seule arche il ne laisse pas de porter vingt-quatre boutiques couvertes de plomb, douze de chaque costé, où l'on monte par trois rangs de dégrez, soixante-six par le milieu, & par chaque costé cent quarante-cinq. Il ne se peut rien voir en ce genre de plus merveilleux dans l'Europe.

Delà j'allay au *Fondaco de' Todeschi*, ainsi appellé en langue vulgaire, pource que la nation Allemande en fait son magazin, y retirant ses marchandises. C'est vn grand quarré de corps de logis, où sont deux galeries l'vne sur l'autre, & a l'entour vn bon nombre de chambres: Sa face par le dehors est embellie de peintures. La place des Marchands où j'allay est proche du grand Canal, ils s'y promenent tout le matin sous des galeries couvertes qui y ont esté faites exprés.

L'Arsenal est la merveille de Venise, que l'on peut appeller la boutique de Mars, pour le grand nombre de toutes sortes d'armes, qui y sont pour équiper vne armée de Mer & de terre. Dans son circuit qui est bien de deux milles, il est fermé de hautes murailles que l'on conserve par des poutres que l'on a chassé dans la Mer & qui en rompent l'impetuosité. L'on y entre par vne seule porte & par vn seul Canal, sur lequel l'on conduit les
Vaisseaux

Vaisseaux au Grand Canal. Plus de mille ouvriers y travaillent incessamment en bois, en fer, en bronze & en chanure, en differens departemens. Les sales meritent d'estre venës non seulement acause de leur propreté, mais encor plus acause qu'elles sōt remplies d'armes de differentes manieres, & en si grande quantité, qu'il y en a bien pour armer cent mille hommes.

I'y vis la cuirasse de Scanderberg : celle d'vn Duc qui se comporta si vaillamment dans la bataille de Lepante : du Duc de Bergame, qui regagna toutes les places qui avoient esté prises par la ligue du Pape, de l'Empereur, & des François : vne maniere de petites coulevrines qui tirent sans que les ennemis y voyent mettre le feu : vn habillement d'vn gros cuir fait de telle maniere que le fer ne le peut percer. Les armes en maniere de petis pistolets meritent d'estre remarqueés, pour avoir esté faites exprés afin de les cacher sous la robbe, par vn nommé Baigmonte de Trepoli; dont la conspiration fut découverte. Ie ne parle point des Piques, des Arquebuses, des Mousquets, des Corcelets, qui y sont en tres grand nombre, ny des Epeés, des Casques, des Cuirasses n'y, de plusieures armes anciennes, que les Venitiens ont emporteés sur leurs ennemis. Ie passeray aussi sous silēce les Ballistes, dōt on se servoit à battre les murailles avant que l'artillerie fut inventée : quelques bardes pour armer les chevaux à l'antique : des trompettes de feu en grand nombre. A l'extremité des sales sont tous les étendarts emportez sur les Turcs

Parmy vne grande abondance de fauconneaux, de coulevrines, de grands & de petits Canons qui sont distribuez en differens lieux, j'en remarquay

Ggg

deux d'vne longueur & grosseur prodigieuse, pris sur les Turcs : vn autre qui a 7. bouches : vn autre de cuir : vne prodigieuse quantité d'artillerie pour armer des Galeres, & y admiray les trompettes de feu longues comme des Piques qui ont au bout vne canne de bois, pleine de bales, de poudre & autres choses preparées avec artifice. Cette arme a deux fins : car outre qu'elle sert de pique pour arrester l'ennemy, elle met le feu de loin, & par fois fait vn grand dommage : il ne se peut rien de mieux ordonné.

L'on travaille en des lieux separez, aux Canons, aux cordes, à la toile, aux clouds, au fer, au bois. Là galerie où se font les cordes est longue de 400. pas, où deux gros pilliers de brique supportent deux autres galeries de mesme longueur dans lesquelles l'on travaille aux galeres qui sont en tout ce lieu au nombre de cent, en comptant celles que l'on a gagné sur les Turcs, & qui sont toutes placées en lieux couverts, à l'entour de l'Arsenal : où me promenant j'apperçeus plusieurs Vaisseaux, Galions, & galeasses. Parmy ces dernieres j'en remarquay vne dont les masts ont prés de 100. pieds de longueur & sont gros à proportió ; les clouds qui y sont éployez ont aussi dix ou 12. pieds de longueur. Cette machine est si pesante qu'il est besoin de 400. Galeriens pour la faire marcher. Si vous entrez par curiosité en quelque vne, vous y admirerez les belles & grandes chambres, & vous vous imaginerez que c'est plutôt vn Palais bâty sur terre qu'vn Vaisseau que l'on doit mettre sur Mer.

Le Vaisseau appellé *le Bucentaure*, sur lequel le Prince va épouser la Mer le jour de l'Ascension, est à voir pour l'or qui y brille de toutes parts, pour les bas-reliefs travaillez dans le bois avec grand artifice, pour ses petits compartimens dorez qui parent la couverture, pour son plancher d'vn bois de differentes couleurs, pour ses colomnes orneés de bas-reliefs, qui soûtiennent la couverture avec dix statuës. D'vn côté Venise y est representée en vne statuë; & de l'autre celle de Scanderberg. En vn mot il est tres beau dans tout ce qui le compose.

L'on peut avancer comme vne verité tres constante, que cet Arsenal n'en a point de pareil sur la terre; & que les armes y sont travailleés par des ouvriers de grande experience, qui depuis vn siecle ont trouvé des secrets merveilleux pour choisir le bois propre & trouver le moyen de le conserver, pour la trempe des metaux, & la façon de fondre le bronze, pour observer la forme, la figure & la bonne grosseur de l'artillerie. Pendant que le Roy de France Henry III. dînoit on luy prepara vne galere & trois Canons, ils en montrent encor vn fort façonné par le dehors. La Republique luy ayant presenté vne cuirasse, ce Prince luy dit qu'il s'en pareroit pour son service.

Le 12. May j'allay en l'Isle de Muran à vn mille de Venise, autrefois le refuge des Altinates & Opitergiens fuyans la perseqution des Huns. La Ville qui y est bâtie est appellée *vne autre Venise* & est les delices des Venitiens non seulement pour ses Palais & pour ses jardins; mais encore pour le bon nombre des Eglises qui y sont: entre lesquelles est celle de S. *Pierre le Martyr* gouvernée par des Peres Dominiquains, dont le Monastere & des plus beaux, & la Bibliotheque remplie de livres tres rares, en font le principal ornement. Cette Isle a trois milles de tour & est divisée en deux parties par vn grand Canal,

Mais ce qui merite sur tout l'admiration des curieux, sont les fournaises où l'on travaille avec grande artifice toutes sortes de Verres, Vases de christal, & miroirs. Ils y representent avec vne industrie sans pareille en reliefs, des Orgues, des Canons, des Navires, des Galeres, des Châteaux & plusieurs autres choses enrichies d'or & d'argent & de toutes sortes de couleurs: il ne se peut certes rien voir de plus surprenant. Ie me fis ouvrir des armoires des plus excellens ouvriers, où il me montrerent leurs ouvrages, qui me parurent autant de chef-d'œuvres. I'y admiray les vases d'Agathe, de Chalcedoine, d'Emeraudes, d'Hiacinthe, & autres qu'ils contrefont à miracle: j'y admiray deplus trois tasses differentes, l'vne sur l'autre, qui se communiquent la liqueur que l'on y met les vnes aux autres par de petits conduits: & quatre verres qui se tiennent l'vn à l'autre & qui en beuvant se communiquent le vin Ils representent des fleurs & des oyseaux de differentes couleurs, les plus beaux qui se puissent imaginer, & autres ouvrages curieux travaillez sur le verre par les plus excellens ouvriers & les plus ingenieux de l'Europe en ce métier, qui luy en font part & qui en parent les cabinets les plus curieux.

L'Eglise de S. Donat est ancienne, & n'est considerable que parce quelle est la depositrice du corps de ce Saint & de celuy de S. Geraldo Gentilhomme Venitien.

Au retour entre Venise & Muran je descendis dans l'Isle de S. Michel, où je vis l'Eglise dédiée à cet Archange & gouvernée par des Religieux de Camaldoli qui ont eu miraculeusement vn morceau de la vraye Croix. La estvne Chapelle magnifique par ses colônes cannelées dont elle est environnée, & par ses bas-reliefs travaillez sur le marbre : j'y remarquay l'Adoration des Mages, la Naissance de Iesvs-Christ, & l'Annonciation.

Le treizième May j'allay voir l'Eglise de S. Iean & de S. Paul, considerable dans sa grandeur, dans sa structure & dans son pavé de marbre de differentes couleurs. Son tabernacle & son maistre Autel est vn ouvrage des plus beaux : les colomnes de marbre tres-fin y soûtiennent des deux côtez vne tribune de marbre enrichie de bas-reliefs & d'autres gentillesses. Au dessus paroist la statuë de la sacrée Vierge, qui tient le petit Iesvs, & en bas d'vn côté est la statue de S. Iean, & de l'autre celle de S. Paul, Martyrs. En haut d'vn côté est celle de S. Thomas d'Aquin : & de l'autre celle de sainte Catherine de Sienne. Entre plusieurs Chapelles, celle du Rosaire est remarquable par son pavé de marbre & par ses peintures qui y sont des plus exquises, ouvrage de Paul Veronois, Tentorete, & autres Peintres les plus fameux. Ils y ont representé les mysteres du Rosaire & de la sainte Vierge, dont la statuë est sur vn Autel de marbre dans vne chaise qui est soûtenuë par huit Anges, & environnée de sept à huit colomnes, le tout d'vn fort beau marbre.

La Chapelle de S. Louys où est la statuë de ce Roy, est magnifique dans ses peintures, d'orures, colomnes de marbre & Anges dorez. Dans le quadre qui est sur l'Autel, est representé le petit neveu de S. Louys Evesque de Toulouse.

Les miracles de S. Hiacynthe qui sont representez en peinture dans la Chapelle qui luy est dediée, sont de Bassan & de Palma: & le quadre où est le martyre de S. Iean & de S. Paul, est vn chef-d'œuvre de Titian admiré de tout le monde. Sous l'Autel est le corps de sainte Godentiane.

Entre vne infinité de tombeaux ornez de colomnes de marbre, de statuës, de bas-reliefs, dont quelques-vns portent leurs magnificences jusques au haut de l'Eglise, je m'arrestay sur tout à considerer celuy du Prince Leonard Lauredan, qui resista avec tant de vigueur dans Padouë, qu'il fit lever le siege aux ennemis: Sa statuë est au milieu d'vne grande structure de marbre. Les deux colomnes de chaque côté, entre lesquelles sont d'autres statuës, & les beaux bas-reliefs ne luy donnent pas vn petit éclat. Les quatre chevaux qui portent quatre Seigneurs Venitiens, qui ont rendu quelque service signalé à la Republique, sont d'vn ouvrage en partie travaillé sur du bois & en partie sur du bronze: Parmy plusieurs ouvrages de peinture, on y admire vn combat naval merveilleusement bien representé.

Le Convent est vn des plus superbes d'Italie: l'Hospice est vne sale d'vne prodigieuse grandeur: En passant dans le lieu où les Religieux s'assemblent par fois, j'y vis vn submergement representé en peinture avec beaucoup d'artifice, & dans la sale de recreation la vie & le martyre de S. Iean & de S. Paul. Leur Refectoir est grand & beau, mais ce qui le rend plus remarquable, est vn ouvrage de Paul Veronois, qui represente les nopces de Cana en Galilée; ou cinquante personnages paroissent divinement faits. Dans vn coin est la teste d'vn mort qui est admirable. Les Religieux y sont superbement logez, ils ont de plein pied vne sale, vne chambre, vne court, vn jardin remply d'Orangers, vn Oratoire, vne étude peinte : le tout étant de suite, cela fait vne jolie perspective.

Proche l'Eglise est vne Chapelle pavée de marbre, où est exposée vne Image de la Vierge faite par S. Luc, qui fut apportée de Constantinople. Là sont representées en peinture les miracles qu'elle a operées ; & dans la place qui est devant, est la statuë de bronze de Barthelemy Coglione monté à cheval. Cét ouvrage est sur vn piedestal, enrichy de colomnes de marbre & de bas-reliefs.

Le quatorziéme May je vis les Iesuites, Eglise autrefois possedée par les Religieux *Crociferi*, fondez par S. Clement Evesque de Hierusalem, & où son corps est honoré. La Chapelle *della Madonna di Pietra*, est ainsi appellée, à cause de plusieurs statuës de Saints, de Saintes, & d'Anges, parmy lesquelles est celle de la Vierge tenant le petit IESVS. Dans la Chapelle de sainte Barbe l'on honore son corps. Sur le maistre Autel est vne Assomption de Palma : en differentes Chapelles, vne Nativité de Tentoret, le martyre de S. Laurent : des Carasses : la Decollation de S. Iean, de Palma qui en a enrichy, & le plat-fond & le tour de la Sacristie. Là est vn quadre qui represente l'invention de la Croix, & comme la veritable d'entre les trois resuscite vn mort : vn autre où est l'entrée de l'Empereur Constantin dans Constantinople, portant la vraye Croix, & allant nuds pieds : sa suite va aprés, où vne personne porte sa Couronne, & où l'on void aussi S. Clement qui vient au devant : trois autres quadres font voir les differens habits que portoient autrefois *les Crociferi*. En cette Eglise on honore le

Chef du grand S. Gregoire de Nazianze : vne dent & vne côte de S. Christophe : des Reliques de S. Ignace & de S. François Xavier, & quelques autres. Le tombeau qui y est d'vn Prince de Venise merite vne œillade des curieux, & les colomnes de marbre & les statuës de mesme matiére, ne le rendent pas moins superbe que plaisant à la veuë.

Le Portail de l'Eglise de S. François est paré de deux statuës, & son Chœur de deux superbes tombeaux. La Chapelle des Contarini par dessus toutes les autres éclate dans son pavé de differentes couleurs & dans ses dorures, dont la voûte & son tour sont ornez. Dans l'Eglise de S. Procule est vn quadre d'vne descente de Croix de Palma.

Le quinziéme May j'allay voir l'Eglise de S. Michel des Religieux Augustins. Sur la grande porte en dedans il y a vne statuë de bronze doré d'vn de la maison des Contarini, qui favorisa les François en la journée de Marigny, & pour recompense François premier luy permit de porter les armes de France. Dans vne Chapelle la mort de la Vierge est en peinture : dans vne autre est vn tableau, où la Vierge & S. Ioseph sont merveilleusement bien representez. Le maistre Autel est de marbre, comme aussi le Tabernacle qui est embelly de plusieurs colomnes. D'vn côté est la statuë de S. Marc qui a vn Lion à ses pieds, & de l'autre sainte Claire de Montefalcone, qui tient vne balance. Au haut sont arrangez cinq ou six Anges de marbre : les deux côtez du Chœur sont revestus de marbre : d'vn côté est la statuë de S. Augustin, & celle de sainte Monique : de l'autre S. Nicolas de Tolentin, & à chaque côté dans le haut sont six Apostres. La Sacristie est pavée d'vn fort beau marbre & ne reçoit pas vn petit lustre des peintures qui y sont. Parmy plusieurs je m'arrestay à considerer le quadre où est representé le martyre de S. Estienne. Dans le Convent il y a vn Cloître où sont representez en peintures de Paul Veronois, les mysteres de l'ancien & nouveau Testament, comme le sacrifice d'Abraham, & auprés vn mystere du nouveau; & ainsi successivement. Quoy qu'elles soient vn peu effacées, elles ne peuvent cacher l'industrie de l'ouvrier qui s'y découvre facilement.

L'Eglise du saint Sauveur, dont la statuë y est representée & des mieux faites, est vne grande Paroisse bien bâtie, pavée du plus beau marbre, qui dans ses diverses couleurs represente differentes figures. Le quadre du maistre Autel est vne transfiguration de Titian, & dans vne Chapelle est l'Annonciation du mesme ouvrier. Dans celle de S. Theodore protecteur de Venise, repose son corps, & tout auprés l'on bâtit vne Eglise qui luy est dédiée, dont le Portail est achevé. Dans le haut est la statuë de S. Theodore qui foule aux pieds vn Dragon; & à chaque côté il y a deux Anges.

Dans l'Eglise de S. Iob des Religieux de S. François est le superbe tombeau de Monsieur d'Argenson, mort en cette Ville Ambassadeur pour le Roy de France. Il est haut élevé & d'vn marbre noir tres-poly, appuyé de deux Lions couronnez de marbre blanc: A côté au dessus il y a vn Ange aussi de marbre blanc: & il y a vne autre forme de sepulchre élevé, qui par le bas commence en triangle & finit par le haut en pyramide. Il est d'vn marbre noir si lustré, qu'il en est comme transparent: Au dessus il y a vn beau chapiteau bien travaillé, sur lequel sont deux grands Anges de marbre blanc, qui tiennent les armes avec la Couronne de ce Comte. A chaque côté de ce tombeau est vne colomne d'vn beau marbre noir & vn pilastre. Ces paroles y sont écrites: *Amantissimo patri Renato, amantissimus filius Renatus, nominis & Legationis, vtinam & virtutum heres, cultu Christiano consecrauit, Senatusque pietati commendavit.*

Le seiziéme May j'allay dans *la Gindecca*, Isle separée de Venise d'vn demy mille; ainsi appellée, pour la demeure que les Iuifs y faisoient autrefois. Dans son circuit qui est bien de deux milles, elle est remplie de plusieurs & agreables maisons de plaisance, accompagnées de jardins délicieux pour leur propreté & politesse. Les Eglises y sont au nombre de douze ou quatorze. Dans celle de S. Catolde est le corps tout entier de sainte Iulienne de Padouë decedée l'an 1226. Celle du Redempteur, dont le Portail est beau & qui est gouvernée par des Capucins, fut bâtie par l'ordre du Senat l'an 1576. Sur la porte sont ces paroles qui en font mention, *Christo Redemptori civitate gravi pestilentia liberata, Senatus ex voto.* La structure en est agreable & elle est bien proportionnée dans sa hauteur, sa longueur & sa largeur. Sur le maistre Autel il y a vn grand Crucifix en bronze, comme aussi les statuës de S. François & de S. Marc qui sont à ses costez. Les Chapelles en sont ornées de beau marbre & de tres-exquises peintures. L'Ascension, la Nativité & l'Assomption sont trois chef-d'œuvres de Bassan, comme aussi la Flagellation de N. Seigneur qui est dans la Sacristie: mais la Vierge qui tient le petit Iesvs est de la main de Titian, comme aussi vne autre dans vne Chapelle auprés de l'Eglise, & les deux petits enfans qui aux deux costez joüent de l'instrument, sont de Cardelin. Dans l'Eglise de S. Iacques gouvernée par des Servites, j'honoray vn Crucifix merveilleux, & derriere le maistre Autel j'admiray les belles colomnes, & vne Assomption tres-bien faite.

Le dix-septiéme May j'allay à *l'Isle de S. George le Majeur* à vn demy mille de la Ville ainsi nommée, à cause d'vne Eglise qui y est dédiée à ce Saint & desservie par des Religieux de S. Benoist qui y ont vn Convent des plus superbes d'Italie. I'y arrivay par de tres-beaux escaliers, sur l'vn desquels est la statuë de la Prudence, qui tient vn miroir; celle de la Iustice qui a vne épée & vne balance; & au milieu vne statuë de femme qui a sous elle vn Lion & vn homme. Estant monté j'y admiray plusieurs choses: entre autres vn Dortoir ou le marbre n'est pas espargné, les deux grands Cloîtres environnez de deux rangs de colomnes; les vastes Refectoirs, la Bibliotheque remplie de tres-bons livres: mais sur tout l'Apotiquairerie, où la diversité des drogues ne manque pas pour le soulagement des malades, & où la distillation de toutes sortes de plantes se fait dans des phioles qui en reçoivent les eaux. Ie ne croy pas qu'il y en ait en Italie vne plus belle. Le jardin en est délicieux & tout à fait agreable dans ses allées couvertes faites en berceau, où l'été l'on peut sentir la fraischeur: vne desquelles regne tout au tour du jardin & est sur vne terrasse, d'où l'on void la Mer dans vne belle étenduë. Ce fut en ce lieu que je reconnus le mouvement du flux & du reflux de la Mer Mediterranée, puisque dans vn espace de deux heures que j'y demeuray, elle abbaissa de deux ou trois pieds.

L'Eglise dont le Portail est magnifique, est autant considerable pour sa belle structure que pour son marbre dont elle est pavée. Son maistre Autel en est composé, sur lequel sont quatre statuës de bronze des quatre Evangelistes; & au dessus Dieu le Pere qui porte vn globe doré, & deux Anges aux deux costez. Dans vn quadre qui est à gauche, la multiplication des pains est representée; & à droite la Cene. Là pareillement sont les statuës de S. Romain, de S. Benoist, de S. Colombe & de S. Maur. Le Chœur des Religieux qui est separé du Chœur du chant par quatre grandes colomnes cannelées est remarquable, non seulement pour les sieges & les bas-reliefs qui y sont travaillez avec grand artifice; mais aussi pour les deux quadres en peinture, de l'ouvrage de Tentoret. Les Chapelles en sont merveilleusement enrichies de peintures. Dans vne est vne Nativité, & dans vne autre le martyre de S. Lucie, des Bassans. Dans vne autre est vn Crucifix de bois bien travaillé, & derriere il y a vne pierre de parangon d'vne prodigieuse grosseur. Dans celle de S. Estienne où son corps est honoré, je vis son martyre representé dans vn quadre, & dans celle où repose le corps de S. Pantaleon, il y a vne colomne qui naturellement fait voir vn Crucifix; & la table de l'Autel qui est de marbre, fait voir sans artifice vne teste de mort, des oyseaux, vne teste de Sanglier & autres choses. Sur la grande porte est le tombeau d'vn Duc, & d'vn costé sont quatre statuës des Evangelistes, & de l'autre celles des quatre Peres Latins. A l'entour de la Nef sur les piliers, sont les portraits des Empereurs, Roys, Princes & autres grands Seigneurs qui ont esté Religieux de leur Ordre. La Chapelle détachée de l'Eglise est le lieu de la sepulture des Abbez & des Religieux: Sous son Autel est le corps de S. Paul Martyr, & dessus est representée vne belle descente de Croix. Là est vne Sacristie remplie d'vne tres belle argenterie. Là est vn thresor de Reliques tres pretieuses: entre autres celles de S. Cosme Ermite, de S. Cosme & de S. Damian, de S. Estienne; les chefs de S. George, de S. Eustache, de S. Iacques & de S. Fœlix & plusieurs autres. Il est vray que ce Monastere pour la diversité de ses beautez est des plus beaux de toute l'Italie.

Le 18. May je visitay l'Eglise patriarchale de S. Pierre, à laquelle le Patriarche a son Palais attaché; & où est le corps de Laurent Iustinian Martyr, & la main droite de S. Cyprian; je n'y ay rien veu de considerable, sinon vne Chapelle qui est des plus belles, l'Autel, le pavé, le Tabernacle & deux colomnes de chaque côté, sur lesquelles sont les statuës de S. Pierre & de S. Paul avec trois autres d'autres Saints qui sont de marbre. Dans vn quadre est representé l'Adoration des Mages; & dans l'autre Moyse qui convertit le peuple d'Israël en montrant le serpent.

Dans l'*Eglise de S. Denis* est le corps de S. Iean Martyr & dans celle *di Vergine*, est le corps de S. Pie Martyr. Ce sont deux monasteres de Religieuses.

Dans l'*Eglise de sainte Anne* dont le plat-fond merite vne œillade, j'admiray vn des plus beaux tombeaux d'Italie, *de Marino Grimano*, qui fut Prince de Venise. C'est vne merveilleuse structure de marbre qui monte jusques au sommet de l'Eglise. D'vn cofté eft le fepulchre du Mary; & de l'autre celuy de fa femme. Ils font appuyez tout deux de deux ftatuës: au bas de l'vn & de l'autre font reprefentez en bronze le couronnement du Prince, la fefte & la joye publique. Ils font entre deux grandes Colomnes; fur leurs bafes font des bas-reliefs & au deffus font les quatre ftatuës, de la Force, de la Prudence, de la Iuftice, & de la Temperance. Au milieu de toute l'étenduë du tombeau il y a vne grande table de bronze doré, appuyée de deux ftatuës. L'on voit fur ce tombeau les belles actions de ce Duc fort bien reprefenteés, & autres gentilleffes merveilleufement bien travailleés & qui font accompagneés de trois autres ftatuës.

L'Eglife de N. Dame de Miracoli eft belle dans fon marbre & dans fa voute de menuiferie dorée & bien travaillée. Elle eft depofitrice de quelques Reliques, comme des dents de S. Eftienne, de S. Apollonie, de S. Fortunat & d'autres.

Le 19. May je me fis conduire en gondole vers le Château vieux & le Château neuf, deux fortereffes à deux milles de Venife, qui fōt à l'oppofite l'vne de l'autre, bâties exprés en ce lieu pour deffendre la Ville de l'infulte des Vaiffeaux ennemis, qui pourroient l'attaquer de ce cofté là, cōme le plus foible & que l'on arréteroit partout facilement par le moyen de groffes chaînes de fer, que l'on feroit aller d'vn Château à l'autre. L'on y void vne machine en forme de Vaiffeau, laquelle on pourroit enfoncer dans l'eau & en y mettant de la terre, l'on en feroit vne Foreteffe.

Auprés du Château vieux il y a vne grande court tout environnée de bâtimens, que l'on appelle *le Palais des Soldats*. Tout autour font deux rangs de portiques l'vn sur l'autre. Là est L'Eglise de S. Nicolas in Lido des Religieux de S. Benoist. Sur le Maistre Autel il y a vn tombeau où sont conservez les corps des S. Nicolò Oncle & Nepveu, & Theodore Martyr. Leurs statuës sont dessus. Dans vne Chapelle il y a vn grand Crucifix fait d'vne piece: dans vne autre la Vierge est representée tenant le petit Iesus & aux quatre coins vn Ange. Tous ces ouvrages sont d'autant plus beaux, qu'ils sont de marbre. Dans vne autre l'on admire vne Assomption de Bassan & sur les chaires des Religieux la vie de S. Nicolas en bas-reliefs. Dans la Sacristie, l'on voit *la Crosse di san Nicolo* & vne des cruches où se fit par N. Seigneur I. C. le miracle du changement d'eau en vin, aux nopces de Cana en Galilée. Auprés est la petite Isle de S. Servol où est vn Convent de Religieuses qui s'y retirerent du temps que la Canée fut prise par les Turcs.

L'Eglise de S. Zacharie où est vn monastere de Religieuses de S. Benoist, est considerable pour son portail & pour son pavé qui est de marbre, pour sa grandeur & autres choses qui la composent. Le Tabernacle du Maistre Autel est tres beau. Au haut tout autour il y a des Anges; & à l'entour de l'Autel vne grande structure, qui le couvre, appuyée de plusieurs colomnes. Dans sa face sont representées en des quadres les principales actions de la passion de N. Seigneur. Les tableaux de Salviati, de Ribellini & de Paul Veronois qui sont en differentes Chapelles, sont estimez, & l'on y honore les corps des Sains enfermez en des Tombeaux de marbre, comme des SS. Nerée, Achillée, Pancrace, de sainte Sabine Martyre, de S. Theodore Confesseur, & autres,

Le 20. May j'allay dans l'Isle de Sainte Helene, ainsi nommée pour vne Eglise qui y est dédiée à cette Sainte, gouvernée par des Religieux du Mont-Olivet. Son corps y est honoré dans vne Chapelle, où il y a vn Tombeau de marbre orné de bas-reliefs & de petites statuës. L'Adoratiõ des Mages representée dãs le quadre du Maistre Autel, est bien faite. En sortant de l'Eglise, j'apperceus au milieu du portail, le Tombeau d'vn Capitaine General des Venitiens, où sa statuë est à genoux, tenant la Croix & le tout est de marbre.

Dans l'Isle de la Chartreuse, je vis le Convent des Chartreux accompagné de jardins agreables & d'vne Eglise enrichie de Peintures. Dans vn quadre du Maistre Autel N. Seigneur est representé appellant S. André, S. Iacques & S. Philippe. Dans vne Chapelle, la Vierge tient Iesvs-Christ mort, & dans vne autre il est representé en Croix. En haut sont les statuës des quatre vertus Cardinales, & au milieu la Renommée.

Les 7. Merveilles

LES SEPT MERVEILLES

des dehors de Venise qui doivent
estre veuës par les curieux,
sont celles qui sui-
vent.

Le 21 May je pris place dans le grand Conseil parmy les Etrangers dans la grande Sale, où se trouverent plus de mille Nobles Venitiens, pour l'élection d'vn Procurateur. Le Duc estoit assis dans son tribunal, & avoit à sa main droite & à sa gauche les principaux Officiers des differentes justices, comme le Chef de la quarantie criminelle, quelques Conseillers, le Chancelier & autres Ministres, les Advocats du commun & les chefs du Conseil des dix estoient prés des portes: les Censeurs presque au milieu; les Auditeurs vieux & nouveaux vn peu plus sur les coins; & le reste des Nobles au plus bas de la Sale. Les procurateurs de S. Marc n'entrent jamais en ce Conseil, si ce n'est à la creation d'vn Duc.

Le Grand Chancelier appelle le nom du Magistrat que l'on doit élire, & par aprés fait prêter le serment aux Officiers cy dessus nommez, qu'ils feront observer exactement les loix du Conseil: ensuite on fait venir devant le Duc les Nobles, qui en tirant de trois vaisseaux, deux petites boules dorrées, demeure Electeur qui se font ainsi jusques au nombre de 36. qui se retirent dans des chambres, pour entendre du Secretaire la lecture des loix des élections, qui met en vn vase neuf petites boules distingueés par des nombres. Le plus vieil Electeur en tire vne & connoist s'il doit nommer vn competiteur du premier, du second ou autre Magistrat, & celuy qui est competiteur du premier Magistrat, a la premiere voix; & nomme le Gentilhomme qui luy plaist. Estant éleus, ils n'entrent point au Conseil pour balotter, mais ils s'en vont lors que les Secretaires mettent devant le Tribunal du Duc les billets des Magistrats, avec les noms des Electeurs & le nombre du Ma-

Hhh ij

gistrat qui leur sera écheu par sort. Ensuite le Grand Chancelier lit les noms des Magistrats & de leurs competiteurs, & les nommez se retirent jusques à ce qu'ils ayent esté balottez, & alors des enfans vont par la Sale recueillir les suffrages de tous les Nobles que l'on porte au Prince, & l'on separe en differens vaisseaux ceux qui rejettent d'avec ceux qui reçoivent, & celuy qui se trouve en avoir plus que ses competiteurs, est receu Magistrat. Ce que l'on fait pareillement aux autres: puis le Grand Chancelier les appelle à haute voix & leur dit de se presenter devant les Censeurs pour faire serment qu'ils n'ont rien fait contre les loix, & plusieurs autres ceremonies tres curieuses à sçavoir: mais je serois trop long de les expliquer icy toutes. Passons à d'autres choses.

Le 22. May je vis le cabinet d'vn curieux, où parmy vne infinité de raretez je remarquay de grands pots de bronze sur des piedestaux, à l'entour desquels sont gravées diverses figures: trois grands pots de Fayence où sont representées des Peintures agreables, du dessein de Raphaël d'Vrbin: deux Momies d'homme d'Egypte, la corne d'vne Licorne, vn Crocodile, & plusieurs autres choses.

Le Chœur de l'Eglise des Conventuels que je visitay à pareil jour, est separé de la Nef, par vne grande structure de marbre divisée par compartimens: en chacun desquels est representé vn Saint en bas relief, & au dessus sont plusieurs statuës de divers Saints. Aux deux côtez du Chœur sont deux Tombeaux qui portent avec les colomnes & les statuës, leur magnificence jusques au sommet de l'Eglise. Dans vne Chapelle est le tombeau de

& d'Italie.

Melchiori Trivisani qui joignit au Domaine des Venitiens la Ville de Cremone; & ce fut luy qui donna à cette Eglise le Sang miraculeux de N. S. que l'on conserve dans la Sacristie & qui y est éclairé continuellement de deux Lampes allumées. Je ne parle point de l'Assomption en Peinture du Titien qui est sur le maistre Autel, comme aussi de l'Annonciation qui est dans la Chapelle de S. Hierôme où est sa statuë en marbre accompagné de quatre ou cinq autres merveilleusement belles: mais je diray que dans vne Chapelle de l'Eglise de sainte Luce, l'on conserve le corps tout entier de cette sainte, vétuë d'vn habit de velours enrichy de Perles & autres pierres precieuses, comme aussi les Couronnes quelle a sur la teste. Dans cette Chapelle sont representez en Peinture le Martyre de la sainte & la vision qu'elle eut de S. Agathe, qui luy predit qu'elle seroit sainte & Martyre.

Le 23. May je visitay l'Eglise de S. Roch, dont le corps y est honoré sous le Maistre Autel. Ses Peintures qui representent en partie la vie de ce saint sont estimées des meilleures; mais sur tout celles qui sont dans l'échole qui est proche, où il y a tout sujet d'admirer dans vne galerie la diversité de ces ouvrages qui sont autant de chef-d'œuvres.

Dans vne Chapelle de l'Eglise des Theatins il y a vn quadre du B. Caetan, environné des vertus; & dessus le Pere Eternel a des Anges tout au tour de luy. Dans vne autre Chapelle sainte Françoise Romaine est en bronze avec son Ange Gardien.

Au tour de l'Eglise de S. Laurens Monastere de Religieuses, sont des statuës de saints & de saintes: son maistre Autel porte sa magnificence jusques au sommet de l'Eglise: son Tabernacle est de marbre de differentes couleurs, & considerable non seulement pour estre haut éleué, mais aussi par ses petites colomnes, & par ses statuës de bronze. A côté sont de grandes colomnes de marbre noir, entre lesquelles sont des statuës de Saintes, & au dessus celles des Saints, dont il ont les corps dans cette Eglise. Entre ces statuës il y a des Anges & entre les Anges le petit Iesvs: toutes choses y sont parfaitement bien disposées. Là est vne copie du Paradis de Tentoret dont l'original est dans la grande Sale du Palais de S. Marc.

Dans la coupole de l'Eglise de S. Gregoire des Grecs, Dieu le Pere est representé en peinture, environné d'Anges & de Saints. Sur le maistre Autel il y a vne image de la main de S. Luc. D'vn côté est vn quadre de S. Gregoire, & de l'autre est celuy de S. Nicolas Evesque.

Le vingt-quatriéme May je vis dans *l'Isle de S. Valle della gratia* la petite Eglise des Servites. Dans l'Isle de N. Dame de Lorete, vne Chapelle bâtie à la ressemblance de la maison de la Vierge, & dans *l'Isle del Christo di Povillo*, dans vne Eglise il y a vn Crucifix miraculeux en reliefs, qui à la teste baissée depuis plus de trois cent ans; ce qui arriva en faveur d'vne personne qui avoit presté vne somme d'argent à vn autre qui en nioit la debte.

Dans vne Chapelle de l'Eglise de S. Anthoine, sont les tombeaux de deux Princes de Venise, enrichis de statuës d'vne excellente sculpture. Dans l'Eglise de sainte Marine on honore le corps de cette Sainte, & l'on conserve la robbe de soye dont elle se servoit, qui est encore en son entier;

quoy qu'elle la portast il y a quatre cent ans.

En pareil jour se fit l'élection d'vn Procurateur, qui fut suivie de grandes ceremonies & de réjoüissances publiques. Le Senat alla entendre la Messe à saint Sauveur, & de la fut à l'Eglise de S. Marc: en suite les Senateurs saluënt les vns aprés les autres le nouveau reçeu: plusieurs vont chez luy l'en feliciter: vous n'entendez l'aprésdinée que le bruit des Canons & des boîtes, le tintamare des Trompettes, le son de toutes sortes d'instrumens de ceux qui vont à sa maison: les marchands exposent au public leurs marchandises les plus riches, toutes sortes de personnes se masquent: en vn mot toute la Ville est remplie d'vne joye vniverselle.

Le vingt-cinquiéme May je fus au *Ghetto* des Iuifs, où je vis avec plaisir la quantité de draps d'or & de soye, dont ce peuple endurcy fait trafic.

C'est vne chose agreable de se trouver en quelque nopce de Noble Venitien, où les conviez & les conviées sont en bon nombre richement vétus, de voir les reduits publics, où toutes sortes de personnes sont receuës à joüer, pourveu qu'elles soient masquées: de se promener dans les jardins délicieux de la *Giudecca* & de *Muran*, & en été tous les soirs sur le grand Canal en gondole pour prendre le frais. C'est vne chose plaisante de considerer vers le Pont-Realte la diversité des pierres pretieuses, si bien contrefaites, qu'elles parent les Dames de l'Europe, & font l'éclat de ses plus grandes foires. Vous pouvez observer la Noblesse assemblée tous les jours dans la place de S. Marc, & remarquer le respect que les jeunes Nobles portent aux anciens. Il n'y a rien de si charmant que d'entendre les belles voix dans les Eglises aux festes solemnelles, comme aussi les Comedies en musique sur les theatres de la Ville, dont vous admirez la beauté. Entendez vne cause à l'Audience, vous descouvrirez dans les Advocats autant d'éloquence, que de gravité dans les Iuges, qui imprime fort le respect à ceux qui sont presens: mais dans l'élection de quelque Magistrat, vous verrez en vn clein d'œil la majesté de cette Republique si renommée par toute la terre habitable.

Les curieux en peintures peuvent estre satisfaits, puisqu'en cette Ville elles sont tres-ordinaires & tres-exquises, ouvrages des Titians, des Tentorets, des Pauls Veronois, des Bassans. Les rejoüissances publiques continuent quasi toute l'année, l'on se masque tres-souvent, l'on danse les festes dans plusieurs endroits de la Ville: le combat des Taureaux avec les chiens, est conduit par les Nobles Venitiens qui en prennent le soin, & se fait les Vendredis en presence d'vne grande foule de monde qui y vient de tous les Cantons de la Ville. Le combat des Castellans & des Nicolottes est divertissant, & est permis à dessein par la Republique pour partager les esprits qui se joindroient plus difficilement en cas de sedition contre leur patrie; mais sur toutes choses la cérémonie du jour de l'Ascension est à voir, & j'en feray icy la description.

Le vingt-sixiéme May 1661. jour de l'Ascension, je vis le mariage de la Mer contracté & reïteré tous les ans à pareil jour, par le Doge en son habit Ducal le plus brillant, accompagné des principaux Officiers de la Republique aussi dans leurs vestemens les plus éclatans, & suivy de cinq ou six cent personnes, soit étrangers, soit habitans de la Ville qui monterent avec le Duc dans le Bucentaure, qui avoit esté conduit de l'Arsenal à la place de S. Marc, & que deux cent Rameurs faisoient marcher sur l'eau d'vn pas égal avec vne gravité merveilleuse, précedé, entouré, & suivy de deux ou trois milles gondoles, où celles des Ambassadeurs estant des mieux parées paroissent par dessus les autres & le suivent de prés. Il ne commence pas plûtost de marcher que l'on entend le bruit des Canons, qui vient de tous côtez retentir dans les aureilles, avec l'agreable tintamare des Trompettes, & l'harmonie charmante de differens instrumens. En avançant entre le Château vieux & le Château neuf, sur le bord de la Mer, il y a vne grande foule de monde qui luy fait vne bordure, comme aussi des soldats en haye qui saluënt le Doge d'vne infinité de mousquetades, & tout au long il y a vne traisnée de poudre qui met le feu aux boîtes, qui font vn grand bruit. En continuant la route vn demy mille au dessus l'on arreste le Bucentaure, & en tournant le Doge jette vne bague d'or dans la Mer en disant ces paroles: *Sponso te in signum veri & perpetui Dominij.* Au retour le Prince entend la Messe à *S. Nicolas in Lido*; où les Religieux le viennent recevoir avec la Croix & la Banniere à la porte de l'Eglise, & le conduisent sur le throsne qui luy est preparé. Proche de luy est le Nonce du Pape en vn lieu vn peu plus bas; comme aussi le throsne du Patriarche qui est de l'autre côté. Quand on dit l'Evangile, il tient vn cierge à la main: quelque temps aprés il est encensé, & en suite les principaux Officiers de sa suite. La Messe dite, les Secretaires marchent les premiers, puis le Prince, en suite les Senateurs & autres Officiers, qui vont tous ensemble au festin qui leur est preparé par le Prince dans vne Sale, où le Buffet éclatant par son or & par son argenterie, & les peintures excellentes ne satisfont pas moins la veuë, que les mets les plus délicieux contentent le goust.

Cette ceremonie du mariage de la Mer, s'est faite depuis le temps qu'Alexandre III. alla au-devant du Duc Ziani qui avoit pris Othon fils de Frederic Barberousse son plus grand ennemy, & l'ayant rencontré entre le Château vieux & le Château neuf, tira vn anneau de sa main, & en la mettant au doigt du Doge, il luy donna le pouvoir d'étendre sa domination sur la Mer. Ce mesme jour la Noblesse Venitienne sort de Venise & va au cours sur le Canal de Muran, où la plus belle compagnie paroist dans son éclat & dans sa pompe, dans des gondoles superbement parées. Elle y prend le frais & quelquefois vn peu plus qu'on ne voudroit; car les Matelots bien souvent par adresse ou par malice vous envoyant de gros boüillons dans les Gondoles, il faut estre bien subtil pour n'en pas estre moüillé. J'aurois encor vne infinité de choses à dire de cette Ville la merveille du monde, & il faudroit faire estat de composer vn volume, si j'entreprenois de descrire tout en d'étail. Ainsi je finiray en luy disant à dieu par les Vers du Poëte Sannazare.

& d'Italie.

Quis rursus Venetæ miracula proferet orbis,
  Vna instar magnique simul orbis habet?
Vna Italum regina, alse pulcherrima Roma
  Æmula, quæ terris, quæ dominaris aquis.
Tu tibi vel Reges cives facis, ô decus, ô lux
  Ausonia, perquam libera turba sumus!
Per quam barbaries nobis non imperat, & sol
  Exoriens nostro clarius orbe micat.

LES SEPT
MERVEILLES,

de la Ville de Venise : Ie veux dire les sept choses qui meritent le plus l'attention & l'application des Curieux, sont celles qui suivent.

Le vingt-septiéme May je sortis de Venise dans vne Piotte faite en forme de barque, & aprés avoir navigé sur Mer cinq milles, j'entray à *Lissa Fusina* sur la Riviere de Brente, qui me conduisit à Padoüe qui en est à deux milles, & preferay cette commodité à celle des Chariots qui se trouvent en ce lieu. De quelque maniere que l'on y aille, la route en est agreable, non seulement pour les beaux Palais que l'on découvre de tous côtez, mais aussi pour les spatieuses & fertiles campagnes.

DV PADOVAN.

LE Padoüan a au Levant le Duché de Venise : au Couchant le Vicentin : au Nord la Riviere de Muson : au Midy l'Adige & le Polesine de Rovigo. Il comprend les Villes d'Este qui a donné le nom aux Princes de cette illustre maison ; *Arquato Montanare*, lieu renommé pour le sejour que Petrarque y a fait pendant sa vie, & pour estre celuy de sa sepulture, sans parler de plusieurs autres Villes, Bourgs & Villages qui ne sont pas éloignez des Rivieres, de la Brente & Bacchillon ou autres de plus de 2. lieuës : ce qui fertilise merveilleusemét le païs qui est abondát en grains, en vins, en fruits & autres biés de la terre. L'on en remarque qu'il a produit d'excellens esprits : il faut neantmoins tomber d'accord que la Ville de Padoüe surpasse les autres pour la

& d'Italie. 863
fecondité de son terroir, c'est ce qui en fait dire
Bologna la grassa, ma Padoüa la passa.

PADOVE.

Padoüé appellée par les anciens *Patavium*,
& par les Italiens *Padoüa*, eut son commencement d'Antenor aprés la destruction de Troye.
Les Romains en ont fait tant d'estat, qu'ils luy ont
accordé le droit de Bourgeoisie ; & mesme luy
donnerent le pouvoir de faire choix de son Senat, & en recompense les a assisté quelquefois de
troupes contre leurs ennemis. Elle fut ruinée par
Attila & en suite par les Lombards, aprés avoir
esté rétablie par Narses, mais elle respira la liberté au temps de Charlemagne & de ses successeurs, & se gouverna par des Consuls & par des
Gouverneurs, puis elle tomba sous la tyrannie
d'Ecelin ; aprés sa mort les Papafava en ont esté
les maistres : le dernier de ce nom fut François,
dépossedé de son Estat par le Vicomte de Milan :
mais la Republique de Venise ayant pris son party, elle rétablit son fils dans l'estat de son Pere,
& mesme y ajousta Verone : en suite dequoy
ayant déclaré la guerre à la Republique il fut pris
prisonnier, & ainsi depuis 1406. Padoüé & son
Estat sont demeurez aux Venitiens. Elle est comprise dãs la Marche de Trevise & dãs la Lombardie, arrousée des Rivieres de Bacchiglione & de
la Brente qui remplit ses fossez d'eau, & moüil-

lant la Ville en plusieurs endroits, n'est pas peu vtile à ses habitans. Son circuit est de six milles: elle est fermée de doubles murailles, fortifiée de bastions & de Bouleverds: en vn mot la Republique l'a mise en tel estat, qu'elle assure Venise du côté de la Lombardie & de la Romagne, & peut passer pour vne place des plus fortes d'Italie.

Le 28. May je me promenay par la Ville sous les portiques qui garantissent & de l'ardeur du Soleil & de la pluye, fermeés de 14. portes; & en consideray les murailles par le dedans, accompagneés de creneaux & d'vne galerie sur laquelle on peut se promener. Elle fut autrefois tres peuplée & comme vne autre Ville d'Athenes pour les estudes: mais à present elle est deserte; quoy quelle soit frequentée encor d'vn assez bon nombre d'Etudians.

Entre plusieurs Palais qui sont dispersez çà & là dans les belles places de la Ville, j'admiray celuy de la Iustice qui fut consommé par le feu: mais relevé l'an 1420. par les Venitiens de ses cendres infiniment plus beau; & dans l'état où il se void aujourd'huy, il n'est pas moins considerable pour sa grandeur, que parce qu'il n'est soûtenu d'aucunes colomnes ny appuyé de poutres, bien que le toict soit couvert de plomb, & qu'il ait 86. pieds de largeur & 256. de longueur. Ses Peintures representant plusieurs actions de la vie humaine avec les signes celestes, à l'influence desquels elle est soûmise, ne contribuent pas peu à son embellissement, comme aussi les effigies & les Epitaphes des Padoüans illustres en science, ne donnent pas vne petite reputation à ce lieu, que l'on desire de voir pour ce sujet par dessus toutes les Villes

les Villes d'Italie, estant celuy particulierement où on lit l'Epitaphe de Tite Liue qui y a immortalisé son nom par ses écrits. En voicy les termes.

V. F.
T. Liuius.
Liuiæ. T. F.
Quartæ L.
Halis.
Concordialis
Patavi
Sibi & suis.
Omnibus.

L'on y lit pareillement ces vers.

Ossa tuumque caput, cives tibi, maxime Livi,
Prompto animo hic omnes composuere tui,
Tu famam æternam Romæ patriæq; dedisti.
Huic oriens, illi fortia facta canens :
At tibi dat patria hæc, & si maiora liceret,
Hoc totus stares aureus ipse Loco.

Dans le Palais du Gouverneur où j'allay, je vis dans les beaux appartemens, deux Salons enrichis de peintures. Celuy du commun où se rend la justice est beau par sa gallerie, par ses piliers de marbre, qui le soûtiennent & par ses peintures, entre lesquelles je remarquay vne Vierge & vn S. François fort estimez. Ie vis aussi le Palais des Foscari autrefois appellé *des Arenes* pour les combats qui se faisoient en ce lieu là.

L'vniuersité de cette Ville fut fondée par Charlemagne, & augmentée par Vrbain IV. & l'Empereur Federic II. Elle fut autrefois si florissante, qu'on pouvoit bien l'appeller vne autre Academie d'Athenes, mais elle est presentement beaucoup déchüe de son premier estat, quoy qu'elle ait son échole publique, qui est vn des plus beaux bâtimens de la Ville, quarré & environné de deux galleries soûtenuës de colomnes. Entre plusieurs chambres & sales, je m'arrestay sur tout à considerer celle de l'Anatomie, où vn Amphitheatre est dressé avec tant d'industrie que plus de mille personnes peuvent voir la dissection d'vn corps sans s'incommoder.

En passant j'entray dans *le jardin des Simples*, qui est en forme ronde, & environné de terrasses. Il fut planté l'an 1546. & depuis ce temps il a esté remply de plantes les plus rares, pour y exercer les Echoliers de Medecine, qui en peu de temps peuvent par ce moyen avancer en cette science.

Le 29. May en sortant de l'Eglise de S. Laurent j'arrestay ma vouë sur *le Tombeau d'Antenor* fondateur de cette Ville, quoy que quelques vns estiment qu'il ayt esté mis par Barberousse en sa memoire : Il est soûtenû de quatre colomnes & au dessus il y a vne couverture de marbre où sont écrits ces vers.

Inclitus Antenor patriam vox nisa quietem,
Transtulit huc Henetum Dardanidumque fugas
Expulit Euganeos, Patavinam condidit urbem,
Quem tenet hic humili marmore cesa domus.

Proche est vn Tombeau dont l'Epitaphe est en Grec, les curieux pourront l'examiner & aller ensuite dans la maison d'vn particulier, pour y voir vn Colosse, vn Hercule couché, vn Buste de Luerecte. Dans l'Eglise de la Confrairie de S. Antoine, je remarquay les peintures de Titian, qui representent les Miracles de ce Saint: André Mantegna s'est signalé par ses peintures dans celle de S. Christophe.

L'Eglise Cathedrale dediée à Sainte Sophie est bien bâtie. Dans vne Chapelle qui est sous le Chœur repose le corps de S. Daniel Martyr, dans vn Tombeau de marbre enrichi de bas-reliefs sur bronze, qui representent le Martyre de ce Saint, comme il est attaché à la queuë d'vn cheval, comme il est cloué entre deux aix, &c. Derriere le Tombeau est vne pierre sur laquelle il a esté martyrisé. On conserve aussi en cette Eglise vn pied de S. Laurent, & dans vne Chapelle vne Vierge celebre par le miracle qu'elle fit dans la maison d'vn Padoüan: depuis lequel temps elle f. t trâsportée en ce lieu, où elle est soûtenuë de quelques Anges. L'Autel en est paré de beau marbre & de plusieurs statuës de bronze, comme dans l'Eglise bâtie par S. Prodocime premier Evesque de la Ville, & enrichie par l'Empereur Henry IV. où est son tombeau & celuy de sa Femme nommée Berte. L'Epitaphe en est conceu en ces termes.

Presulis & Cleri presenti predia Fano,
Donavit Regina jacens hoc marmore Berta:
Henrici regis Patani celeberrima quarti,
Coniux tam grandi dans memoranda perennis.

Apres avoir veu dans la petite Eglise des Religieux de S. François 8. statuës de marbre des mieux travaillées, j'allay dans la grande Eglise de sainte Iustine soûtenuë de quatre rangs de gros pilliers, & toute pavée de marbre. Entre les peintures j'y admiray sur le Maistre Autel l'Ascension, faite par Paul Veronois, & parmy les Reliques j'honoray les corps de S. Luc, de S. Mathias, de trois Saints Innocens, de S. Prodocime, de Sainte Iustine, de S. Iulian, de S. Maxime, de S. Vrie, de Sainte Felicité Vierge & de S. Arnaud Martyr qui sont en differentes Chapelles. L'on me montra deux pierres dont sur l'vne l'on coupoit la teste aux Martyrs, & sur l'autre S. Prodocime celebroit la Messe. Au Chœur des Religieux l'ancien & le nouveau Testament sont merveilleusement bien representez & la Sacristie n'est pas seulement considerable pour la riche argenterie qui y est & pour ses superbes ornemens: mais encor plus pour estre la dépositrice de tres Saintes Reliques enchasseés superbement ou dans de l'argent où dans du Christal. Les chefs de S. Prodocime & de Sainte Iustine sont dans des Bustes d'argent, & l'on me montra aussi la plume de S. Marc Evangeliste.

La magnificence du Convent qui est vne Abbaye de S. Benoist d'vn grand revenu & où la reforme a eu son commencement, respond bien à la beauté de l'Eglise. Il est bâty de grandes pierres de taille, & en vn lieu où estoit autrefois vn temple dedié à la Concorde. Dans l'vn des Cloîtres je remarquay en belles peintures la vie de S. Benoist.

Le trentiéme May je visitay *l'Eglise de S. Antoine de Lisbone*, appellée dans la Ville *il Santo*, qui sans doute surpasse en beauté toutes les autres de Padoüe, tant pour son dessein que pour la rareté de ses marbres, de ses peintures, de ses bas-reliefs & autres ornemens. Ses six Domes sont couverts de plomb, & ses deux Clochers sont de brique entourez de petites colomnes: Toute l'Eglise est pavée de marbre de differentes couleurs, & tout autour du Chœur il y a vne belle structure aussi de marbre par compartimens; entre lesquels sont des quarrez de bas-reliefs de bronze. Les chaises des Religieux representent en bas-reliefs toute la vie de Iesvs-Christ. En peu de têps l'on peut connoistre ceux qui ont esté Papes & Cardinaux dans l'Ordre de S. Benoist, en regardant les tableaux à l'entour de l'Eglise qui les representent. Il y a aussi en cette Eglise vn tableau qui represente la Vierge & Iesvs, S. Anthoine & S. Bernardin. Le grand Autel est orné de marbre le plus beau, & l'on y voit vn grand Chandelier de bronze estimé pour ses agreables figures. La Chapelle de S. Felix Pape & martyr & où est son corps, est ornée des peintures de Giotto Florentin: Ces peintures representent la Passion de N. Seigneur. Dans la Chapelle du saint Sacrement il y a vn beau Tabernacle de marbre. Il y a aussi dans cette Eglise plusieurs tombeaux, comme ceux des deux Luans pere & fils: du B. Luc compagnon de S. Anthoine de Lisbone & de plusieurs autres. Mais ce qui y surprend davantage, est la Chapelle de S. Anthoine de Padouë, qui est si superbe en son marbre, si rare en ses bas-reliefs, & si admirable en ses richesses, que toutes ces choses ensemble & mesme separées, font autant de sujets d'admiration. Elle est toute de marbre, & il y a tout autour des bas-reliefs qui representent les miracles de ce Saint: entre autres comme avec vn vers il cassa du marbre, comme il est en deux lieux: en mesme temps à Padouë & à Lisbone, où il resuscita vn pere que

I ii iij

la Iustice fit mourir, pour avoir esté faussement accusé d'avoir tué son enfant & plusieurs autres, que je serois trop-long à raconter. Sous l'Autel on y honore son corps.

Le jour de sa feste l'on porte en solemnité par la Ville quelques-vnes de ses Reliques & autres richement enchassées, pour rendre ce jour plus celebre. La Sacristie s'en peut appeller vn thresor, puis qu'elle en a le dépost de plusieurs : I'y vis le menton avec vne partie de la machoire du mesme S. Anthoine de Padoüe, dans vne Buste d'argent enrichy de plusieurs pierres pretieuses, l'on me fit remarquer vn Diamant de grand prix; sa langue & vn de ses doigts : du sang de la playe de S. François : vne côte de S. Bonaventure : le vers avec lequel S. Anthoine de Padoüe cassa du marbre : trois Chefs de Compagnes de sainte Vrsule : vne partie du Cilice du Saint : des cheveux & du lait de la Vierge : de la colomne de N. Seigneur : trois épines de sa Couronne : du sang de S. Felix Pape & martyr : j'y vis vne custode couverte de pierres pretieuses : vn encensoir admirablement bien travaillé : vn petit Navire garny de Masts, de voiles, de cordes & vn modele de la Ville de Padoüe, le tout d'argent.

L'on m'ouvrit les armoires où sont les riches paremens des Autels de l'Eglise, entre lesquels ceux qui ont esté donnez par vn Roy d'Espagne tiennent le premier lieu : j'y vis des manuscrits du Saint & de Scote ce grand Scholastique. Delà j'allay voir le Convent qui est vn des plus superbes d'Italie. Il est grand & vaste ; car l'on y void quatre Cloîtres, plusieurs Dortoirs, galleries & autres lieux. La Bibliotheque remplie de livres, tant imprimez que manuscrits merite d'estre veuë: En vn mot il n'y a rien de si riche que cette Eglise, & rien de si magnifique que ce Convent, rien de si pretieux que cette Sacristie, & le tout ensemble fera vne des sept merveilles de la Ville de Padouë.

Ils sont en reputation en cette Ville d'avoir bon esprit, d'estre civils aux estrangers: sur tout quand ils esperent en tirer avantage. Elle a sous sa jurisdiction particuliere, les six Vicariats d'Oriago, Teolo, Liviano, Arqua, Coüselve & Anguillaça: pour le gouvernement de chacun desquels elle élit tous les ans vn Gentil-homme de la Ville qui y rend justice. Mais il est temps que je sorte de la Ville de Padouë, aprés que j'auray fait la description de ses sept merveilles selon la methode que je me suis proposée.

LES SEPT
MERVEILLES.

de la Ville de Padoüe: Je veux dire les sept choses qui meritent le plus la curiosité du Voyageur, sont celles qui sui-vent.

Le 31. May 1661. je partis de Padoüé dans vn Chariot jusqu'à *Lissa Fusina*, ou je commençay à m'embarquer sur *les Lagunes* qui me conduisirent à Venise, Ville qui me fut vne seconde fois vn sujet d'admiration & d'étonnement. En effet je ne crois pas que dans toute la terre habitable il y ait rien de si rare & de si singulier : parce qu'en son genre elle surpasse sans doute les sept merveilles du monde, tant vantées par les anciens. C'est l'idée qui m'en est demeurée dans l'esprit ; mais il faut que je luy fasse mon adieu, quoy qu'avec regret pour prendre la route d'Allemagne.

FIN.

LES CHOSES LES PLVS REmarquables que j'ay veuës, depuis la Ville de Nice jusques à Naples, en passant par Genes, Florence, Rome & allant de Rome, à Lorete, Venise & Padouë, distribuées en sept merveilles.

Les sept choses les plus remarquables depuis Nice jusques à Genes.

1. L'Illustre maison de Savoye.
2. Forteresse de Nice.
3. Nostre Dame de Laghette à deux lieuës de Nice.
4. Iardin du Prince de Morgues en deça Menton.
5. Saint Reme.
6. Forteresse de Final.
7. Savone.

Les sept merveilles de la Ville de Genes.

1. Eglise de l'Annonciade.
2. Eglise de S. Ambroise.
3. Eglise de saint Cyre.
4. Eglise de S. Laurent.
5. Strada Nuova.
6. Palais.
7. Le Port.

Les sept merveilles de Pise.

1. L'Eglise de S. Iean.
2. Le Baptistere de saint Iean.
3. Il campo Santo.
4. Il Campanile.
5. Eglise de S. Estienne.
6. Iardin des simples.
7. Vniversité.

Les sept choses les plus remarquables de Livorne.

1. Le Port.
2. La statuë du Duc Ferdinand, & les quatre esclaves.
3. Le Dome.
4. Le Palais du Gouverneur.
5. La grande place.
6. Le trafic.
7. L'Eglise des Grecs.

Les sept merveilles, c'est à dire les sept choses les plus considerables de la Ville de Lucques.

1. Les remparts de la Ville.
2. L'Eglise de S. Martin.
3. Le Palais.
4. L'industrie des habitans.
5. Nostre-Dame des miracles.
6. Le Gouvernement.
7. L'Arsenal.

877

Les sept merveilles, c'est à dire les sept plus belles choses de Florence.

1. Le Dome.
2. Le Clocher.
3. Le Baptistere.
4. La Chapelle de S. Laurens.
5. Le vieux Palais du grand Duc.
6. Le Palais de' Pitti.
7. Le Poge Imperial.

Les sept merveilles de Sienne.

1. Le Dome.
2. La grande place.
3. Le Gouvernement de l'Estat.
4. La propreté.
5. Les eaux.
6. L'Eglise de S. Dominique.
7. La Chapelle de sainte Catherine de Sienne.

Les sept choses les plus remarquables, depuis Rome jusques à Capouë.

1. Situation de Marino.
2. Sermonette.
3. Terracine.
4. Porcello, porte qui fait la separatiō du Royaume de Naples & de l'Estat Ecclesiastique.
5. Le beau chemin pavé par les Anciens Romains.
6. Fondi.
7. Capouë.

Les sept merveilles de la Ville de Naples.

1. Les Eglises dans leur quantité & qualité, accompagnées de leur Sacristies & de leurs Convens.
2. Les Chartreux.
3. Les fontaines.
4. Le Palais du Vice-roy.
5. Les Chasteaux, Neuf, de l'Oeuf & de S. Erme.
6. La situation de la Ville.
7. Le Mole du Port.

Les sept merveilles qui sont aux environs de la Ville de Naples.

1. La grotte de Naples en sortant de la Ville.
2. La Solfatare proche Pozzolo.
3. La grotte du Chien proche Pozzolo.
4. La grotte de la Sibylle Cumée proche le lac d'Averne.
5. La Piscine admirable proche la Mer-Morte.
6. Les champs Elysées proche la Mer-Morte.
7. Le Mont-Vesuve à 4. milles de Naples.

Les sept merveilles depuis Naples jusques à Rome.

1. La Ville de Gaïete.
2. Le Palais du Cardinal Ginetti à Velletri.
3. Les Capucins d'Albane.
4. Le tombeau des trois Horaces à Albane.
5. Castel-Gandolphe.
6. Eglise de S. Thomas de Ville-Neuve à Castel-Gandolphe.
7. Le tobeau des Metelles, autrement dit Capo di buc en deçà la porte de saint Sebstien.

Les 7. merveilles des dehors de la Ville de Rome.

1. Tivoli à seize milles de Rome.
2. Frescati à douze milles de Rome.
3. Les Capucins d'Albane.
4. Le Convent des Religieux de Camalde-
   ... à 2. milles de Frescati.
5. Castel-Gandolphe.
6. Ostie à 12. milles de Rome.
7. Les antiquitez.

Les sept merveilles de la Ville de Rome, dont chacune est subdivisée en sept autres particulieres de son espece.

1. Les Palais accompagnez de leurs jardins.

1. Le Palais Vatican.
2. Le Palais Monte-Cavallo.
3. Le Palais Farnese.
4. Le Palais Bourghese.
5. Le Palais Palestrine.
6. Le Palais Mazarin.
7. Le Palais Medicis.

2. Les sculptures.

1. Du Palais de Farnese.
2. Du Palais Medicis.
3. De la vigne Bourghese.
4. Du Palais Iustinian.
5. Du Capitole.
6. De la vigne Ludovise.
7. Du Vatican.

3. Les peintures.

1. L'Eglise de S. Pierre.
2. Du Vatican.
3. Du Palais Farnese.
4. Du Palais Iustinian.
5. Du Palais Bourghese.
6. De Mōte-Cavallo.
7. Du Capitole.

4. Les Eglises accompagnées de leurs Reliques & beautez.

1. L'Eglise de S. Pierre.
2. Sainte Marie Majeure.
3. Saint Iean de Latran.
4. Saint Paul hors la Ville.
5. L'Eglise des Iesuites.
6. L'Eglise Neuve.
7. Sainte Agnes.

5. Les fontaines.

1. Du Vatican.
2. De la Place S. Pierre.
3. De la Place Navone.
4. De la vigne Mōtealto.
5. De Monte-Cavallo.
6. La fontaine de Trevi, de l'Acqua Felice, Saint Pierre in Montorio, & de la place de Farnese.
7. De la vigne Ludovise.

6. Les antiquitez

8. Les antiquitez Saintes, sçavoir les Catacombes, accompagneés de leurs Reliques.

1. De S. Callixte Pape.
2. De sainte Agnes.
3. De S. Marcellin & S. Pierre.
4. De S. Priscille.
5. De saint Sebastien.
6. Des SS. Prime & Felician.
7. De S. Iules Pape.

A ces sept merveilles j'adjoûteray les Vignes.

1. Vigne Madame hors Rome.
2. Vigne Pamphile hors Rome.
3. Vigne Borghese.
4. Vigne Ludovise.
5. Vigne Montealte.
6. Vigne du Vatican.
7. Vigne de Monte-Cavallo.

Et à toutes ces merveilles precedentes je joindray la Galerie de la place de S. Pierre en Arcade, ouvrage du Cavalier Bernin, le plus fameux Architecte de l'Europe.

━━━━━━━━━━━━━━━━━━━━━━━━━━━

Les sept merveilles depuis Rome jusques à Assisi.

1. La Cascade de Narni.
2. Eglise de S. Gregoire dans la Ville de Spolete.
3. Aqueduc.
4. Le Dome à Foligni.
5. Monte-Falco.
6. L'Eglise de saint François à Assisi.
7. L'Eglise de Sainte Claire.

Kxx

Les sept choses les plus considerables, depuis Assisi jusqu'à Lorete.

1. L'Eglise de S. Nicolas à Tolentin.
2. Le Cloistre.
3. La maison de la Vierge.
4. L'Eglise.
5. Le Thresor à Lorette.
6. La fontaine de la place.
7. Le Palais.

Les sept merveilles depuis Lorete jusqu'à Fano.

1. Le Port d'Ancone à Ancone.
2. La situation de la Ville.
3. Eglise de saint Siriaque.
4. Le Château à Ancone.
5. La Ville de Sinigaglia.
6. La Ville de Fano
7. L'Eglise de saint Pierre à Fano.

Les sept merveilles depuis la Ville de Fano, jusqu'à Boulogne.

1. Ville de Pesaro à Pesaro.
2. Poggio Imperiale.
3. L'Eglise de S. François à Rimini.
4. Le Pont.
5. La Cathedrale à Forli.
6. L'Eglise de saint Mercurial à Forli.
7. La vaisselle de Fayence à Fayence.

Les sept merveilles de la Ville de Boulogne.

1. Les Eglises.

1. De S. Paul.
2. De S. Dominique.
3. De S. Michel in Bosco.
4. Des Servites.
5. De S. Estienne.
6. De saint Petrone.
7. Des Mendians.

2. Les Palais.

1. Du Gonfalonière.
2. Du Marquis Cespi.
3. De Fantouffi.
4. De Fachinetti.
5. De Malvezzi.
6. De Pepoli.
7. De Rovina.

3. L'Vniversité.
4. Les Portiques.
5. La grande place, avec les Palais & la fontaine.
6. Sainte Catherine de Vigri, dās l'Eglise del Corpus Domini.
7. Les Couuents des Monasteres.

Les sept plus belles choses de la Ville de Ferrare.

1. La Citadelle.
2. Le Palais du Duc.
3. Le Dome.
4. L'Eglise de Benoist à Ferrare.
5. L'Eglise de Chartreux.
6. Les fortifications de la Ville.
7. L'Eglise des Theatins.

KKk ij

Les sept merveilles des dehors de Venise, qui doivent estre veuës par les curieux.

1. Isle de Murren.
2. Isle S. George.
3. La Giudeca.
4. Malamocco.
5. Castel-Nuevo & Castel-Vecchio.
6. Isle de N. Dame de Lorete.
7. Isle sainte Helene.

Pour le huitiéme on y peut ajoûter la Chartreuse.

Les sept merveilles de le Ville de Venise.

1. Les Eglises.

1. De S. Marc.
2. De S. Geminian.
3. SS. Iean & Paul.
4. Saint Michel.
5. Saint Pierre.
6. Saint Sauveur.
7. Saint Iob.

2. Les Palais.

1. De S. Marc.
2. De Cornaro.
3. De Contarini.
4. De Giustiniani.
5. De Grimani.
6. De Moncenigo.
7. De Loredano.

3. Les Peintures.

1. Du Palais de S. Marc.
2. L'Echole de S. Roch.
3. L'Eschole de la Charité.
4. De S. Georges.
5. De S. Zacharie.
6. De S. Iean & Paul.
7. De sainte Marie Majeure.

4. La durée Iustice & Estats de la Republique.
5. L'Arcenal.
6. Le thresor & sales d'armes.
7. Le Clocher, l'Horloge, la Monnoye, la Bibliotheque dans la place de S. Marc.

Par dessus ces sept merveilles j'y ajoûteray la solemnité du jour de l'Ascensiõ qui fera la huitiéme.

Les sept merveilles de la Ville de Padoüe.

1. L'Eglise de S. Anthoine.
2. L'Eglise de sainte Iustine.
3. L'Eschole publique.
4. Le Palais de la Iustice.
5. Le Palais du commun.
6. Le Palais du Gouverneur.
7. La Forteresse de la Ville.

Imprimé chez LOVIS VAVGON prés le Puits-Certain, à l'Ecu de Bretagne 1667.

PAR GRACE ET PRIVILEGE du Roy.

PAR GRACE ET PRIVILEGE DV ROY: En datte du vingt-quatriéme Septembre, signé GVITONNEAV. Il est permis à MICHEL VAVCON d'imprimer ou faire imprimer vn *Voyage d'Italie avec ses raretez*, en tel Volume & Caractère que bon luy semblera, le temps & espace de dix ans: Pendant lequel temps deffences sont faites à tous Libraires & Imprimeurs de l'imprimer, ny le faire imprimer à peine de mille livres d'amende, payable par chacun an contrevenant, vn tiers à nous, vn tiers à l'Hospital Général, & l'autre tiers à l'exposant, confiscation des exemplaires contrefaits, de tous despens domages & interests, ainsi qu'il est plus amplement contenu audit Privilege.

www.ingramcontent.com/pod-product-compliance
Lightning Source LLC
Chambersburg PA
CBHW070855300426
44113CB00008B/841